VW.

00 371 → 29209467   Elmar

~~28622951~~

~~9395807~~

~~0346~~

? 0031~~6~~ 3252286   Olga

1.08.06 → 26483856   Signija

Bruder von Olga Arnolds
Bruder von Vija Uldis
Sohn von Uldis Nauris

00371 2 9705062 Santa

L

6.6.
Gints   Alvis Skribāns   Dāvis   Sandis

Santa
27.05.   Talsu iela 41-3   Ģirts Ilze

Alvis
5.11.   Tukums   LV. 3100   Gints Santa

Sandis

23.02.Solagu Ilze   Baldrian- Hopfen Ber. dragees

Baldr. wurzel Ti
Hopfen

4 00 839 5 00405

Santa942@inbox.lv

LATVIEŠU-VĀCU / VĀCU-LATVIEŠU

vārdnīca

Ap 25 000 vārdu

Wörterbuch

LETTISCH-DEUTSCH / DEUTSCH-LETTISCH

Etwa 25 000 Stichwörter

AVOTS

LATVIEŠU-VĀCU

vārdnīca

Wörterbuch

LETTISCH-DEUTSCH

Sastādījusi *Larisa Vjatere*
Mākslinieks *Uldis Baltutis*

ISBN 9984–700–65–8

VĀRDNĪCAS LIETOTĀJIEM

Latviešu-vācu vārdnīcā ietverts ap 12 500 vārdu, tā papildināta ar jaunākajiem vārdiem un jēdzieniem no aktuālākajām dzīves jomām.

Latviešu pamatvārdi sakārtoti alfabēta kārtībā. Pamatvārda daļa, kas ilustratīvajos piemēros atkārtojas, ir atdalīta ar paralēlēm (‖). Vārda daļa, kas piemērā atrodas aiz tildes (~), pievienojama pamatvārda daļai, kas atrodas paralēļu priekšā. Ja pamatvārds piemērā atkārtojas negrozītā veidā, tas apzīmēts ar pirmo burtu. Piemēram :

atvaļinājum‖s U´rlaub *m*; iet ~ā – auf (in) Urlaub gehen*

numurs Númmer *f*; garderobes n. – Garderóbenmarke *f*

diena Tag *m*; dzimšanas d. – Gebúrtstag *m*

Fonētiskā transkripcija vāciskajā daļā parādīta tikai citvalodu vārdiem, piem.,

asambleja Assemblee [asãˊble:] *f*

biļetens Bulletin [byləˊtɛ̃:] *n*

un tiem svešvārdiem, kuros vācu *v* izrunājams kā latviešu *v,* piem., vārdiem

vāze Váse [v..] *f*

revīzija Revisión [..v..] *f*

Ar vertikālu līniju (|) vācu vārdos atdalīti burti *ie*, ja tie katrs apzīmē savu skaņu, piem., Famíli|e, Líni|e.

Vācu-latviešu vārdnīcā dots vācu valodas pamatvārdu krājums – ap 12 500 vārdu, kas papildināts ar jaunākajiem vārdiem un jēdzieniem, kā arī biežāk lietojamie frazeoloģiskie izteicieni.

Vācu pamatvārdi sakārtoti alfabēta secībā. Tilde (~) aizstāj salikteņa pirmo daļu, kura pamatvārdā atdalīta ar paralēlēm (‖), piem.:

Régen‖bogen *m* varavīksne; **~mantel** *m* (jālasa: *Régenmantel*) lietusmētelis; **~schirm** *m* (jālasa: *Régenschirm*) lietussargs.

Ja piemēros attiecīgais pamatvārds atkārtojas nemainītā formā, tad dots tikai sākuma burts, piem.:

ánlehnen piesliet; die Tür a. – pievērt durvis; **sich a.** atbalstīties, pieslieties.

Fonētiskā transkripcija parādīta vārdiem, kuru izruna var radīt grūtības.

Vārdnīcā lietotās fonētiskās transkripcijas zīmes

[:] Kols aiz patskaņa nozīmē, ka patskanis izrunājams gari, piem., vārdā **Chile** [ˈtʃiːlɛ].

[~] Cirkumfleksa zīme virs patskaņa norāda, ka patskanis ir nazāls.

[æ] Vaļējs īss *e* (līdzīgs latviešu platajam *e*), piem., vārdā **Canberra** [kænˈberə].

[ãː] Garš nazāls *a*, piem., vārdā **Orange** [oˈrãːʒə].

[ʌ] Īss dobjš *a*, piem., vārdā **Rugby** [ˈrʌkbi].

[ə] Īss neskaidrs *e* neuzsvērtā zilbē, piem., vārdā **Loge** [ˈloːʒə].

[eː] Garš slēgts *e*, piem., vārdā **Teheran** [teː[h]əˈraːn].

[ɛ] Īss vaļējs *e,* kā vārdos **Kiew** [ˈkiːɛf], **Dnepr** [dnjɛpr].

[o] Īss slēgts *o,* kā vārdā **Rosé** [roˈzeː].

[oː] Garš slēgts *o,* kā vārdā **Depot** [deˈpoː].

[ɔ] Īss vaļējs *o,* kā vārdā **Sonne.**

[ɔ̃ː] Garš nazāls *o,* piem., vārdā **Ballon** [baˈlɔ̃ː].

[øː] Garš slēgts *ö,* kā vārdos **Öl, Friseur** [friˈzøːr].

[œ] Īss vaļējs *ö,* kā vārdā **völlig.**

[yː] Garš slēgts *ü,* kā vārdā **früh** [fryː]

[ŋ] *ng,* kā vārdā **Enge.**

[z] Izrunājams kā latviešu *z.*

[ʃ] Izrunājams kā latviešu *š.*

[ʒ] Izrunājams kā latviešu *ž.*

[v] Izrunājams kā latviešu *v.*

[tʃ] Izrunājams kā latviešu *č.*

Visiem pamatvārdiem, ja tiem ir vairāk par vienu zilbi, parādīts uzsvars, liekot uzsvara zīmi virs attiecīgā patskaņa, piem., **Fabrík, Statión.**

Ja uzsvērtais patskanis ir ar pārskaņu vai rakstīts ar lielo burtu, uzsvara zīme dota aiz attiecīgā patskaņa, piem., **üˈber, Äˈhre, Aˈbsicht.**

Divskaņiem uzsvara zīme likta virs pirmā komponenta, piem., **láufen.** Ja šis komponents ir ar pārskaņu vai rakstīts ar lielo burtu, uzsvara zīme dota aiz attiecīgā divskaņa, piem., **äu´ßere, Äu´ßerung, Ei´sen.** Ja kādam vācu vārdam var būt divējāds uzsvars, tas parādīts ar divām uzsvara zīmēm, piem., **wéshálb** (jālasa: *wéshalb* vai *weshálb*). Uzsvara zīme nav dota vārdiem, kam uzsvars parādīts fonētiskajā transkripcijā, piem., **Route** [´ru:tə].

Ar smalku vertikālu līniju (|) atdalīti burti **ie,** ja tie apzīmē katrs savu skaņu, piem., **Líni|e.**

Homonīmi apzīmēti ar mazajiem latīņu burtiem *a, b, c,* piem.:

Kíeferᵃ *m* žoklis;

Kíeferᵇ *f* priede.

rītᵃ schlúcken

rītᵇ mórgen

Ar pustrekniem arābu cipariem apzīmētas vārdu nozīmes, piem.:

Gang *m* **1**. gaita; **2**. gājums; gājiens; **3**. eja; gaitenis; **4**. ēdiens.

sīksts 1. zäh, **2**. (*skops*) knáus[e]rig, geizig.

Ja pamatvārds vai kāda no tā nozīmēm ārpus konteksta nav pārtulkojami, bet lietojami tikai dažos savienojumos, tad aiz pamatvārda likts kols, kam seko attiecīgais savienojums ar tulkojumu, piem.:

ábstatten: j-m einen Besuch a. – apciemot kādu.

bas‖s: ~ām kājām – barfuß, barfüßig

Idiomātiskie izteicieni, kas neiederas nevienā no dotajām nozīmēm, ievietoti aiz romba (◇),piem.:

Bild *n* **1**. glezna; **2**. ģīmetne; **3**. ilustrācija; attēls; ◇ im ~e sein – būt lietas kursā.

rok‖a Hand *f;* ◇ uz savu ~u – auf eigene Faust; uz ātru ~u – schnell.

Starp tulkojumiem, kas ir tuvi sinonīmi, likts komats; ja nozīmes atšķirība starp tulkojumiem ir liclāka, tie atdalīti cits no cita ar semikolu.

Vārda fakultatīvās daļas vai fakultatīvie vārdi likti kvadrātiekavās, piem.:

krü´mmen [sa]liekt; [sa]locīt;

Kórk[en]zieher *m* korķvilķis.

Apaļajās iekavās stāviem burtiem ir doti varianti, piem.:

Gedénktafel *f* piemiņas (memoriālā) plāksne.

valoda Sprache *f;* dzimtā (mātes) v. – Muttersprache *f*

Apaļajās iekavās kursīviem burtiem doti skaidrojumi, piem.:

ánmachen 1. piestiprināt; **2**. sagatavot (*ēdienu*); **3**. iedegt (*gaismu*); aizdedzināt (*uguni*); iekurt (*krāsni*).

spieķis 1. Stock *m*; **2**. (*ritenī*) Speiche *f*

Atsevišķos gadījumos vācu vārdiem pievienoti stilistiskie un lietošanas sfēras apzīmējumi, piem.:

Gewébe *n* 1. audums; **2.** *anat., bot.* audi;

Láufbahn *f* 1. *sp.* skrejceļš; **2.** *pārn.* dzīves gājums; karjera.

Stipri vai nekārtni lokāmie darbības vārdi apzīmēti ar zvaigznīti (*); to pamatformas dotas tabulā vārdnīcas beigās, piem., **sehen*** (tabulā: sehen – sah – gesehen).

Vārdnīcā ievietotajiem saliktajiem darbības vārdiem (piem., **ánsehen***, **betrágen***, **vergéhen***) pievienotā zvaigznīte norāda, ka šo darbības vārdu pamatformas darināmas, izmantojot tabulā ievietoto vienkāršo darbības vārdu (šajā gadījumā: *sehen, tragen, gehen*) pamatformas.

Rekcija (pārvaldījums) vācu vārdiem parādīta tajos gadījumos, kad tā vācu un latviešu valodā ir atšķirīga, piem.:

wárten (*auf*) gaidīt;

dénken (*an ar akuz.*) domāt (*par ko*)

Vācu alfabēts

Aa	Hh	Oo	Vv
Bb	Ii	Pp	Ww
Cc	Jj	Qq	Xx
Dd	Kk	Rr	Yy
Ee	Ll	Ss	Zz
Ff	Mm	Tt	
Gg	Nn	Uu	

Saīsinājumi

akuz. – akuzatīvs
anat. – anatomija
arh. – arhitektūra
arheol. – arheoloģija
astr. – astronomija
av. – aviācija
bazn. – baznīcas termins
biol. – bioloģija
bot. – botānika
celtn. – celtniecība
dat. – datīvs
dator. – datortehnika
daž. noz. – dažādās nozīmēs
dipl. – diplomātijas termins
dsk. – daudzskaitlī lietojams lietvārds
dzelzc. – dzelzceļa termins
ek. – ekonomika
el. – elektrība
etn. – etnogrāfija
etw. – etwas
f – sieviešu dzimtes lietvārds
filoz. – filozofija
fiz. – fizika
fiziol. – fizioloģija
fot. – fotogrāfija
glezn. – gleznniecība
gram. – gramatika
ģen. – ģenitīvs
ģeogr. – ģeogrāfija
ģeol. – ģeoloģija
hum. – humoristiski
jaun. – jaunatnes žargons
j-d – jemand
j-m – jemandem
j-n – jemanden
j-s – jemandes
jur. – juridisks termins
jūrn. – jūrniecība
kalnr. – kalnrūpniecība
kul. – kulinārija
ķīm. – ķīmija
lauks. – lauksaimniecība
lit. – literatūra
m – vīriešu dzimtes lietvārds
mat. – matemātika
med. – medicīna
met. – meteoroloģija
mil. – militārs termins
min. – minerāls
mūz. – mūzika
n – nekatras dzimtes lietvārds
niev. – nievājošā nozīmē
novec. – novecojis vārds
ofic. – oficiālā valodā lietojams vārds
ornit. – ornitoloģija
pārn. – pārnesta nozīmē
pol. – politisks termins
poligr. – poligrāfija
psih. – psiholoģija
rel. – reliģija
sar. – sarunvalodā lietojams vārds vai izteiciens
sk. – skaties
sp. – sports
teātr. – teātra termins
tehn. – tehnika
vēst. – vēsture
vsk. – vienskaitlī lietojams lietvārds
vulg. – vulgārisms
zool. – zooloģija

A

ābele A′pfelbaum *m*

abi béide; a. divi – [álle] béide; abās pusēs – beiderseits (*ar ģen.*), zu beiden Seiten

abiturients Abituriént *m*

āboliņš Klee *m*

ābols A′pfel *m*

abonements Abonnement [..nə′mā:] *n*; (*teātra, koncertu*) A′nrecht *n*

abonents Abonnént *m*; Bezíeher *m*

abonēt abonníeren; bestéllen; (*laikrakstu – arī*) hálten*

abort‖s A′btreibung *f*; Féhlgeburt *f*; ~a aizliegums – Abtreibungsverbot *m*

abpusējs béiderseitig, zwéiseitig

abscess Ei′teransammlung *f*, Ei′terherd *m*, Abszéss *m*

absolūts absolút

absolvēt absolvíeren [..v..]

abstinence Enthálts amkeit *f*; Abstinénz *f*

abstrakts abstrákt

absurds absúrd, wídersinnig

acs 1. Au′ge *n*; acīmredzot – óffenbár, offensíchtlich; no pirmā acu uzmetiena – auf den ersten Blick; 2. (*adatai*) Öhr *n*; 3. (*tīkla*) Másche *f*

acumērs *tikai vsk.* Au′genmaß *n*

acumirkl‖is Au′genblick *m*; Momént *m*; vienā ~ī – im Augenblick, im Nu, im Handumdrehen

ačgārni 1. (*otrādi*) verkéhrt, úmgekehrt; 2. (*aplam*) únsinnig

āda 1. (*cilvēka*) Haut *f*; 2. (*dzīvnieka*) Fell *n*; Pelz *m*; 3. (*izstrādāta*) Léder *n*; ◇ līst vai no ādas laukā – aus der Haut kríechen*

adāmmašīna Stríckmaschine *f*

adapteris *dator.* Adápter *m*

adaptēšanās, adaptācija A′npassung *f*, Adaptatión *f*; sociālā a. – Sozialisíerung *f*

adat‖a Nádel *f*; injekcijas a. – Kanüle *f*; ~as acs – Nádelöhr *n*; ◇ sēdēt kā uz ~ām – wie auf Nadeln (glühenden Kohlen) sitzen*

adatterapija *med.* Akupunktúr *f*

adīklis Stríckzeug *n*

adīt strícken; wírken

adjektīvs *gram.* A′djektiv *n*, Ei′genschaftswort *n*

adjutants Adjutánt *m*

administrācija Administratión *f*; Verwáltung *f*; (*viesnīcā*) Rezeptión *f*

administratīv‖s administratív; ~ā kārtā – auf dem Verwáltungswege

administrators Administrátor *m*; Verwálter *m*; (*viesnīcā*) Empfángschef *m*

admirālis Admirál *m*

adoptēt adoptíeren, als Kind ánnehmen

A

adresāts Adressát *m*, Empfä'nger *m*

adrese Adrésse *f*; (*pasta sūtījumiem — arī*) A'nschrift *f*; elektroniskā pasta a. – E-Mail-Adrésse *f*; interneta a. – Web-Adresse *f*

adresēt adressíeren (*an ar ak.*); ríchten (*an ar ak.*)

adverbs *gram.* Advérb [..v..] *n*, U'mstandswort *n*

advokāts [Réchts]anwalt *m*; ar juridiskas institūcijas lēmumu klientam iecelts a. – Pflíchtverteidiger *m*

aerobika Aeróbik *f*

aerosol‖s Aerosól *n*; ~a tvertne – Aerosolbombe *f*

aeroterapija Aerotherapíe *f*

afekts Affékt *m*; A'ngespanntheit *f*; A'moklauf *m*

afēra Schwíndelgeschäft *n*; Líebschaft *f*, Líebesabenteuer *n*

afērists Hóchstapler *m*; (*laulību*) Heíratsschwindler *m*

afiš‖a A'nschlag[zettel] *m*; ~u stabs – Lítfaßsäule *f*, A'nschlagsäule *f*

agonija Tódeskampf *m*; Agoníe *f*

agrāk 1. frü'her, éher; ne a. kā pulksten astoņos – nicht vor acht Uhr; **2.** (*senāk*) frü'her, éhemals, zuvór

agrākais frü'here (der, die, das); (*kādreizējs*) éhemalige (der, die, das)

agrārpolitika Agrárpolitik *f*

agrārreforma Agrárreform *f*, Bódenreform *f*

agresija Aggressión *f*

agresīvs aggressív

agri früh; ◇ a. vai vēlu – früher oder später; a. no rīta – frühmórgens

agronomija Agronomíe *f*, Lándwirtschaftskunde *f*

agronoms Agronóm *m*, Lándwirt *m*

agr‖s früh; ~ā rītā – frühmórgens, am frü'hen Mórgen

aģents Agént *m*; Vertréter *m*; nekustamā īpašuma tirdzniecības a. – Immobílienhändler *m*; tirdzniecības a. – Hándelsvertreter *m*

aģentūra Agentúr *f*; reklāmas a. – Wérbeagentur *f*; ziņu a. – Náchrichtenagentur *f*

aģitācij‖a Agitatión *f*, Wérbung *f*; ~as kampaņa – Wérbekampagne *f*

aģitators Agitátor *m*, Au'fklärer *m*

aģitēt agitíeren (*für*), wérben (*für*)

aicinājums 1. Au'fforderung *f*; (*ielūgums*) Ei'nladung *f*; **2.** (*uzsaukums*) Appéll *m*; Au'fruf *m*; **3.** *pārn.* Berúfung *f*

aicināt [éin]laden*; áuffordern; a. viesos – zu Gast laden*

AIDS (*vīruss*) tikai vsk. saīs. HIV [ha:li: 'fau] *n*; AIDS Aids [eidz] *n*; AIDS negatīvs – HIV-negativ; AIDS pozitīvs – HIV-positiv

aijāt wíegen

aila: loga a. – Fénsteröffnung *f*; durvju a. – Tü'röffnung *f*

ail‖e Rubrík *f*; sadalīt ~ēs – rubrizíeren

aina 1. Bild *n*; Széne *f*; **2.** (*lugā*) Széne *f*

ainav∥a Lándschaft *f;* ~u gleznciecība – Landschaftsmalerei *f*

airēšana *sp.* Rúdern *n*

airēt rúdern

airis Rúder *n*

ait∥a Schaf *n;* ~as gaļa – Hámmelfleisch *n;* ~u bars – Scháfherde *f;* ~u suns – Schä´ferhund *m;* ~u gans – Scháfhirt *m,* Schä´fer *m*

aitāda Scháffell *n*

aiz 1. (*norādot vietu*) hínter (*ar dat. vai ak.*); (*viņpus*) jénseits (*ar ģen.*); **2.** (*izsakot secību*) nach; **3.** (*norādot cēloni*) vor (*ar dat.*); aus; a. prieka – vor Freude; a. mīlestības – aus Liebe

aiza Kluft *f,* Schlucht *f*

aizbaidīt verschéuchen; fórtjagen

aizbāznis Pfrópfen *m,* Stö´psel *m;* (*tapa*) Zápfen *m,* Spund *m*

aizbāzt 1. (*aiz kā*) stécken; **2.** (*caurumu*) verstópfen; (*ar tapu*) verspü´nden

aizbēgt entflíehen*;* flü´chten; entláufen*

aizbīdīt 1. (*projām*) wégschieben*, fórtrücken; **2.** (*ciet*) zúschieben*; (*priekšā*) vórschieben*; a. atvilktni – die Schublade zuschieben*; a. aizbīdni – den Riegel vorschieben*

aizbīdnis Ríegel *m;* (*krāsns*) Schíeber *m*

aizbildinājums Vórwand *m,* Entschúldigung *f;* (*attaisnojums*) Réchtfertigung *f;* tukšs a. – eine faule Ausrede

aizbildināties (*ar ko*) vórschützen; a. ar slimību – eine Krankheit vorschützen

aizbildnība *jur.* Vórmundschaft *f*

aizbildnis Vórmund *m;* noteikt par aizbildni – j-n zum Vormund bestellen

aizbilst befü´rworten; a. labu vārdu par kādu – ein gutes Wort für j-n einlegen

aizbraukšana A´bfahrt *f;* A´breise *f*

aizbraukt fórtfahren*; ábfahren*; wégfahren*

aizceļot verréisen, ábreisen

aizcietējums Verstópfung *f*

aizcirst (*durvis*) zúschlagen*, zúwerfen*

aizdare Verschlúss *m;* (*apģērba aizdare ar klipsi*) Kléttverschluss *m*

aizdedz∥e *tehn.* Zü´ndung *f;* ~es svece – Zü´ndkerze *f*

aizdedzināt, aizdegt 1. ánzünden; **2.** (*piem., ēku*) in Brand sétzen

aizdegties Féuer fángen*; sich entzü´nden

aizdevums Dárlehen *n;* īstermiņa a. – kurzfristiges Darlehen

aizdom∥as Verdácht *m;* turēt ~ās – verdä´chtigen, Verdacht hegen (*gegen j-n*)

aizdomīgs verdä´chtig; (*aizdomu pilns*) árgwöhnisch

aizdot léihen*

aizdrāzties (*projām*) davónstürmen, davónrasen; (*garām*) vorbéistürmen, vorbéirasen aizdusa A'temnot *f*; A'tembeschwerde *f*

aizdzīt fórttreiben*, verjágen; verschéuchen

aizgādnība Pflégschaft *f*

aizgalds Verschlág *m*; (*cūkām*) [Schwéine]koben *m*

aizgriezt (*ciet*) zúdrehen; (*skrūvi*) féstschrauben

aizgulēties sich verschláfen*

aiziet (*projām*) fórtgehen*; (*uz kaut kurieni*) géhen*

aizkars Vórhang *m*; Gardíne *f*; aizvelkams caurspīdīgs a. – Stóre *m*

aizkavēt (*aizturēt*) áufhalten*; (*radīt šķēršļus*) verhíndern

aizkavēties sich verspä'ten

aizkustināt rü'hren, bewégen, ergréifen

aizkustinošs rü'hrend, ergréifend

aizlaidne Jalousie [ʒaluʼziː] *f*; Rólladen *m*; Róllo *n*

aizlidot fórtfliegen*, *sar.* jetten [ʼdʒɛtn]

aizliegt verbíeten*; unterságen; verwéhren; a. kādam runāt – j-m den Mund verbieten*

aizliegums Verbót *n*; profesiju a. – Berúfsverbot *n*; alkohola a. – A'lkoholverbot *n*; apdzīšanas a. – Überhólverbot *n*; apstāšanās a. transportlīdzekļiem – Hálteverbot *n*; stāvēšanas a. automašīnām – Párkverbot *n*; a. smēķēt – Ráuchverbot *n*

aizlīmēt zúkleben, zúleimen

aizmāršība Vergésslichkeit *f*

aizmāršīgs vergésslich

aizmest (*projām*) wégwerfen*; (*kaut kur*) wérfen*

aizmigt éinschlafen*; in Schlaf fállen*

aizmirst vergéssen*

aizmugure Híntergrund *m*; *mil.* Hínterland *n*; (*kuģa, lidmašīnas vai automašīnas*) Heck *n*

aiznest (*projām*) fórttragen*, fórtbringen*; (*uz kaut kurieni*) trágen*

aizņemt (*telpu*) éinnehmen*; (*vietu*) besétzen

aizņemties léihen*, bórgen; *sar.* púmpen

aizņemts 1. (*par vietu*) besétzt; 2. (*par cilvēku*) beschäʼftigt

aizņēmum‖s A'nleihe *f*; valsts a. – staatliche Anleihe; parakstīties uz valsts ~u – die staatliche Anleihe zeichnen

aizpogāt zúknöpfen

aizrādījum‖s Hínweis *m*; (*rājiens*) Verwéis *m*, Rü'ge *f*; izteikt ~u – einen Verweis aussprechen

aizrādīt hínweisen*; (*izteikt aizrādījumu*) verwéisen*

aizraujošs hínreißend, páckend; fasziníerend

aizraut 1. (*projām*) fórtreißen*; (*līdzi*) mítreißen*; 2. *pārn.* hínreißen*; (*saviļņot*) ergréifen*; (*sajūsmināt*) begéistern, fasziníeren

aizrautība Begéisterung *f*

aizrauties (*ar ko*) sich begéistern (*für*); ◇ man aizrāvās elpa – mir vergíng der Atem

aizrīties sich verschlúcken

aizsardzīb‖a 1. Schutz *m*; autortiesību a. – Ú'rheberschutz *m*; dabas a. – Natúrschutz *m*; datu a. – Dátenschutz *m*; darba a. – A'rbeitsschutz *m*; mātes a. – Mútterschutz *m*; patērētāju tiesību a. – Verbráucherschutz *m*; pieminekļu a. – Dénkmalschutz *m*; sieviešu a. – Fráuenschutz *m*; **2.** *mil.* Vertéidigung *f*; A'bwehr *f*; pretgaisa a. – Lúftabwehr *f*; ~as rūpniecība – Wéhrindustrie *f*; ~as spēki (*valsts visas militārās organizācijas un militārie spēki*) – *dsk.* Stréitkräfte *f*

aizsargāšanās (*nepieciešamā*) Nótwehr *f*

aizsargāt (*pasargāt no kaut kā*) ábschirmen

aizsargcepure Schútzhelm *m*

aizsargpote Schútzimpfung *f*

aizsargreakcija A'bwehrreaktion *f*

aizsegt zúdecken; verhü'llen, bedékken, verdécken

aizsiet zúbinden*; zúschnüren; a. mezglu – einen Knoten knüpfen

aizsist 1. (*ar dēļiem*) zúschlagen*; **2.** (*strauji aizvērt*) zúschlagen*, zúwerfen*

aizskart 1. ánrühren, berü'hren; ánfassen; **2.** *pārn.* verlétzen, krä'nken, beléidigen; a. kāda intereses – j-s Interessen schmälern; kādu a. – j-m zu nahe treten

aizskriet (*kaut kur*) [hín]laufen*; (*projām*) fórtlaufen*

aizslēgt zúschließen*, ábschließen*, schlíeßen*

aizslietnis Schirm *m*

aizsmacis héiser; aizsmakusi balss – rauhe (belegte, heisere) Stimme

aizsniegt erréichen

aizspriedums Vórurteil *n*

aizprostot [ver]spérren; verstópfen

aizsprosts Spérre *f*; (*dambis*) Damm *m*; Stáudamm *m*; Híndernis *n*

aizsprūds, aizšaujamais Ríegel *m*

aizstāvēšan‖a Vertéidigung *f*; ~ās runa – *jur.* Vertéidigungsrede *f*, Plädoyer [..doa'je:] *n*; ~ās uguns – *mil.* A'bwehrfeuer *n*

aizstāvēt vertéidigen; j-n in Schutz nehmen*

aizstāvēties sich vertéidigen; sich wéhren; sich zur Wehr setzen

aizstāvis 1. Vertéidiger *m*; **2.** *jur.* [Réchts]-anwalt *m*; (*aizrunātājs*) Fü'rsprecher *m*

aizsteigties 1. (*projām*) fórteilen; **2.**: a. kādam priekšā – j-n überhólen; j-m zuvórkommen*; a. notikumiem priekšā – den Eréignissen vórgreifen*

aizsūtīt [áb]schicken, [áb]senden*

aizsviest (*projām*) wégwerfen*; (*uz kaut kurieni*) wérfen*; schléudern

aiztecēt 1. flíeßen*; **2.** (*par laiku*) vergéhen*, verrínnen*; verflíeßen*

aizturēt 1. áufhalten*; ánhalten*; a. elpu – den Atem anhalten*; **2.** (*apcietināt*) féstnehmen*

aizturis Spérrbolzen *m*; Spérrvorrichtung *f*

aizvainojums Krä'nkung *f*; Verlétzung *f*; Beléidigung *f*

aizvainot krä'nken; verlétzen; beléidigen

aizvakar vórgestern

aizvākt wégräumen; (*atstātu automašīnu*) ábschleppen; automašīnu aizvākšanas dienests – A'bschleppdienst *m*

aizvējš ein vor Wind geschü'tzter Ort, ein dem Wind ábgekehrter Ort; Wíndschatten *m*

aizvērt schlíeßen*, zúmachen

aizvest (*projām*) fórtführen; (*uz kaut kurieni*) fü'hren; bríngen*

aizvietošana (*darbā*) Vertrétung *f*; a. darbā grūtniecības atvaļinājuma laikā – Mútterschaftsvertretung *f*

aizvilkt (*projām*) fórtziehen*; fórtschleppen; (*ciet*) zúziehen*; (*priekšā*) vórziehen*

aizzīmogot (*durvis*) zúsiegeln; (*vēstuli*) versíegeln

ajatolla *rel.* Ajatólla *m*

ak! ach!, oh!, o!; ak tā – ach so; ak vai! – o weh!

aka Brúnnen *m*

akācija *bot.* Akázi|e *f*

akadēmija Akademíe *f*

akadēmiķis Akademíemitglied *n*; Akadémiker *m*

akadēmisks akadémisch

akcents 1. (*uzsvars*) Akzént *m*; Betónung *f*; 2. (*izrunas veids*) Tónfall *m*; Akzént *m*; 3. *pārn.* Náchdruck *m*

akcija[a] *ek.* A'kti|e *f*, A'nteilschein *m*; parastā a. – Stámmaktie *f*; personāla a. – Personálaktie *f*; priekšrocību a. – Vórzugsaktie *f*; uzrādītāja a. – I'nhaberaktie *f*; vārda a. – Námensaktie *f*

akcija[b] (*rīcība*) Aktión *f*; Ei'nsatz *m*; plaša vēriena a. – Großeinsatz *m*

akcionārs *ek.* Aktionä'r *m*, A'kti|enbesitzer *m*, A'kti|eninhaber *m*, A'kti|enhalter *m*

akcīze *ek.* Akzíse *f*, [índirekte] Verbráuchssteuer *f*

aklimatizēties sich akklimatisíeren, sich éingewöhnen; sich ánpassen

akl‖s blind; ~ā zarna – Blínddarm *m*; kļūt ~am – blind werden, erblínden; padarīt ~u – blénden; ~ā iela – Sáckgasse *f*

aklums Blíndheit *f*; krāsu a. – Fárbenblindheit *f*

akmens Stein *m*; kapakmens – Grábstein *m*; apaļš bruģakmens – Kátzenkopf *m*; nierakmens – *med.* Níerenstein *m*

akmeņlauztuve Stéinbruch *m*

akmeņogle *parasti dsk.* Stéinkohle *f*

akn‖as Léber *f*; ~u desa – Léberwurst *f*

akordeons Akkórdeon *n*, Zíehharmonika *f*

akords Akkórd *m*

akots (*dzīvniekam*) *dsk.* Gránnenhaare; (*labībai*) Gránne *f*

akreditēt 1. *ek.* akkreditíeren; **2.** *pol.* akkreditíeren, begláubigen; akreditācijas raksts – Begláubigungsschreiben *n*

akreditīvs, kredītvēstule *ek.* Akkreditív *n*

akrils Acrýl *n*

akrobāts Akrobát *m*

aksesuāri Accessoire [aksɛ'soa:r] *n*

aktieris Scháuspieler *m*

aktīvi *ek. dsk.* Aktíva [...v...] *f*

aktīvists Aktivíst [..v..] *m*

aktivitāte Aktivitä't [..v..] *f*

aktivizēt aktivíeren [..v..], in Tä'tigkeit sétzen

aktīvs aktív

akt‖s 1. (*rīcība*) Hándlung *f*; **2.** (*dokuments*) A'kte *f*, U'rkunde *f*; **3.** (*svinīga sapulce*) eine féstliche Sítzung; ~u zāle – Au'la *f*, Féstsaal *m*

aktuāls aktuéll; zéitgemäß; a. jautājums – aktuélle (brennende) Frage

akumulator‖s *tehn.* Akkumulátor *m*, Sámmler *m*; uzlādēt ~u – einen Akkumulator aufladen

akupunktūra *med.* Akupunktúr *f*

akūts 1. *med.* akút; **2.** (*par problēmu u.tml.*) akút, brénnend

akvarelis Aquaréll *n*

akvārijs Aquárium *n*

āķis Háken *m*; makšķerāķis – A'ngelhaken *m*

ala Hö'hle *f*; Loch *n*; (*piem., lapsai*) Bau *m*

albums A'lbum *n*

aldaris Bráuer *m*

aleja Allée *f*

alergēns *med.* Allergén *n*

alerģija *med.* Allergíe *f*; putekšņu a. – Póllenallergie *f*

alfabēt‖s Alphabét *n*; sakārtot pēc ~a – alphabetisíeren

alga Lohn *m*; (*kalpotāju*) Gehált *n*; (*aktiera*) Gage ['ga:ʒə] *f*, Honorár *n*; (*jūrnieka*) Héuer *f*; dienas a. – Tágessatz *m*; minimālā a. – Míndestlohn *m*; tarifa a. – Taríflohn *m*; tīrā a. – Néttolohn *m*

algo‖t lö'hnen; ~ts darbs – Lóhnarbeit *f*

alianse *pol., mil.* Alliánz *f*; Bü'ndnis *n*

āliņģis Wú[h]ne *f*

alkoholisk‖s alkohólisch; ~i dzērieni – geistige (alkoholische) Geträ'nke, *dsk.* Alkohólika

alkoholisms Trúnksucht *f*

alkohol‖s A'lkohol *m*; ~a līmenis asinīs – A'lkoholspiegel *m*; ~a patēriņš – A'lkoholkonsum *m*

alksnis E'rle *f*

alkt séhnen, gelü'sten (*nach*), verlángen, schmáchten

almanahs A'lmanach *m*

alnis Elch *m*

alpaka (*lamas suga*) A'lpaka *n*

alpīnisms Alpinísmus *m*, Bérgsport *m*

alpu-: a.pļava – Alm *f*; a. vijolīte – A'lpenveilchen *n*, Zyklámen *n*; a. zvaigznīte – E'delweiß *n*

altāris A'ltár *m*

alts 1. (*balss*) Alt *m*, A'ltstimme *f*; **2.** (*instruments*) A'ltgeige *f*, Brátsche *f*

alumīnijs Alumínium *n*
alus Bier *n*; tumšais a. – Málzbier *n*; gaišais a. – Hélle *n*; a. darītava – Bíerbrauerei *f*; a. kauss – Bíerseidel *n*; a. raugs – Bíerhefe *f*
alva Zinn *n*
alveja *bot.* Aloe ['a:loe] *f*
alvot [ver]zínnen
aļģe A'lge *f*; jūras a. – [Sée]tang *m*
amatieris Amateur [..'tø:r] *m*; Líebhaber *m*; (*tehnikas nozarēs – arī*) Bástler *m*
amatniecība Hándwerk *n*
amatnieks Hándwerker *m*; (*kas nokārtojis amatnieka eksāmenu*) Gesélle *m*
amatpersona A'mtsperson *f*
amat‖s 1. (*postenis, darba vieta*) Amt *n*; Pósten *m*; Stélle *f*; A'nstellung *f*; Berúf *m*; ~a noslēpums – Berúfsgeheimnis *n*; **2.** (*arods*) Hándwerk *n*; Gewérbe *n*
ambulance Ambulánz *f*, Ambulatórium *n*
amēba Amö'be *f*
ametists *min.* Amethýst *m*
amnestija Amnestíe *f*; Begnádigung *f*; Stráferlass *m*
amorāls ámorálisch, únsittlich
amortizators *tehn.* Stóßdämpfer *m*
ampula Ampúlle *f*
amputēt amputíeren
āmrija *zool.* Víelfraß *m*
āmurs Hámmer *m*
analfabētisms Analphabétentum *n*
analfabēts Analphabét *m*

analīze Analýse *f*; Untersúchung *f*; pieprasījuma a. *ek.* – Náchfrageanalyse *f*; psihoanalīze – Psýchoanalyse *f*; asins a. – Blútprobe *f*
analizēt analysíeren
anamnēze *med.* Anamnése *f*, Vórgeschichte einer Krankheit *f*
ananass A'nanas *f*
analoģisks analóg
anarhija Anarchíe *f*; Gesétzlosigkeit *f*
anatomija Anatomíe *f*
anekdote Anekdóte *f*; Witz *m*
anēmija *med.* Blútarmut *f*, akuter Blútmangel *m*, Anämíe *f*
angārs *av.* Hangár *m*, Flúgzeughalle *f*, Flúgzeugschuppen *m*
angīna *med.* Angína *f*, [Háls]bräune *f*
anīss Anis [a'ni:s *vai* 'a:...] *m*
anket‖a Frágebogen *m*; aizpildīt ~u – den Fragebogen ausfüllen
anklāvs Enkláve [..və] *f*, Ei'nschlussgebiet *n*
anonīms anoným
anotācija Zusámmenfassung *f*
ansamblis Ensemble [ã'sã:b(ə)l] *n*
anšovs *iht.* Sardélle *f*
antagonisms Antagonísmus *m*
antena Anténne *f*; paraboliskā a. – Parabólantenne *f*
antibiotika *med.* Antibiótikum *n*
antidepresants Antidepressívum *n*
antifašistisks antifaschístisch
antīk‖s antík; ~ā māksla – die antike Kunst

antikvariāts Antiquariát *n*; *(senlietu – arī)* Antiquitä´tenhandlung *f*; *(grāmatu)* A´ltbuchhandlung *f*

antipātija Antipathíe *f*, A´bneigung *f*

antireliģisks antireligiö´s

antiseptisks *med.* antiséptisch; a. līdzeklis – Antiséptikum *n*

antivīruss A´ntivirus [..v..] *m*

anulēt annulíeren; áufheben*; für úngültig erklä´ren; a. līgumu – áuflösen

aorta Púlsader *f*

ap 1. *(norādot vietu)* um; ap stūri – um die Ecke; **2.** *(aptuvenības nozīmē)* gégen; um; an *(ar ak.)*; etwa; ap divdesmit skolēnu – an die zwanzig Schüler

apakš‖a U´nten *n*; no augšas līdz ~ai – von oben bis unten

apakšā únten

apakšbikses U´nterhose *f*, Slip *m*

apakšnoma U´nterpacht *f*, *sar.* A´ftermiete *f*

apakšsvārki U´nterrock *m*

apakštase U´ntertasse *f*

apakšveļa Léibwäsche *f*, U´nterwäsche *f*; *(eleganta sieviešu veļa)* Dessous [dε´su:] *n*

apakšzem‖e U´nterwelt *f*; ~es dzelzceļš – U´ntergrundbahn *f*, U-Bahn *f*, Métro *f*; ~es eja – únterirdischer Gang

apaļkoki *dsk.* Rúndhölzer

apaļš rund

aparāts Apparát *m*; Gerä´t *n*; valsts a. – Stáatsapparat *m*; projekcijas a.

tehn. – Projektións apparat *m*, Diaskóp *m*   **A**

apātija Apathíe *f*, Téilnahmslosigkeit *f*

apaugļot befrúchten

apaugļoties sich befrúchten

apav‖i Schúhwerk *n*; ~u krēms – Schúhkrem *f*, Schúhwichse *f*

apbalvojums Au´szeichnung *f*

apbalvot áuszeichnen; verléihen*

apbedīt beérdigen, bestátten, béisetzen

apbēdināt betrü´ben; krä´nken

apbērt 1. beschü´tten; überschü´tten; **2.** *pārn.* überschü´tten; a. ar jautājumiem – mit Fragen bestü´rmen (überschü´tten)

apbraukāt eine Rúndfahrt máchen; *(apceļot)* beréisen

apbrīnojams erstáunlich; bewúndernswert

apbrīnot bewúndern; *(ziņkārīgi)* ánstaunen

apbruņojums Au´srüstung *f*; Bewáffnung *f*

apbruņot áusrüsten; bewáffnen

apburošs bezáubernd, berü´ckend, entzü´ckend, réizend

apburt fasziníeren, bezáubern; *(noburt)* verzáubern, bánnen, verhéxen

apbūve Bebáuung *f*

apcelt hä´nseln; zum Bésten hában*; nécken

apceļot beréisen; *(kājām)* durchwándern; eine Réise (Wánderung) máchen

A

apcept (*uz straujas liesmas*) ánbraten*; (*ar pārkaisītu sieru*) gratiníeren

apcerējums A'bhandlung *f*; A'briss *m*

apciemot besúchen; (*j-m*) einen Besúch máchen (ábstatten)

apcietinājums Arrést *m*; [Gefä'ngnis]haft *f*; iepriekšējs a. – *jur.* Béugehaft *f*

apcietināt verháften, inhaftíeren, féstnehmen*

apcirknis (*labībai*) Kórnspeicher *m*

apcirpt stútzen; beschnéiden*; verschnéiden*

apdare Beárbeitung *f*; Au'fmachung *f*; (*grāmatas*) Au'sstattung *f*

apdāvināts begábt, talentíert

apdegt ánbrennen

apdegum‖s Brándverletzung *f*; ~a brūce – Brándwunde *f*; (*no saules*) Sónnen-brand *m*

apdomāt bedénken*, überlégen; erwä'gen*

apdomāties überlégen, sich besínnen*

apdomīgs bedä'chtig; besónnen; úmsichtig

apdraudēt bedróhen; gefä'hrden

apdrošināšan‖a Versícherung *f*; dzīvības a. – Lébensversicherung *f*; a. pret nelaimes gadījumiem – U'nfallversicherung *f*; kravu transportlīdzekļu a. – Káskoversicherung *f*; mantas a. – Háusratversicherung *f*; obligātā a. – Háftpflichtversicherung *f*; pārapdro-

šināšana – Rü'ckversicherung *f*; ~as aģents – Versícherungsagent *m*

apdrošināt versíchern; a. dzīvību – sein Leben versíchern

apdullināt betäu'ben

apdzīvot bewóhnen

apelsīns Apfelsíne *f*, Oránge [o'rã:ʒə] *f*; sarkanais a. – Blútorange *f*

apendicīts *med.* Blínddarmentzündung *f*; Appendizítis *f*

apēnot beschátten

apēst áufessen*; verzéhren

apgabals Gebíet *n*; Bezírk *m*; vēlēšanu a. – Wáhlbezirk *m*; Revíer [..v..] *n*

apgādāt versórgen; unterhálten*; (*ar inventāru*) áusstatten, áusrüsten

apgāde Versórgung *f*; Au'sstattung *f*, Au'srüstung *f*; sociālā a. – Soziálfürsorge *f*, Soziálhilfe *f*

apgādība U'nterhalt *m*

apgaismojum‖s Beléuchtung *f*; Licht *n*; mākslīgā ~ā – bei künstlichem Licht

apgaismot 1. beléuchten; 2. *fot.* belíchten

apgaita: dzelzceļa a. – Strécke *f*; (*mežkopībā*) Fórstrevier *n*; policijas a. – Polizéistrreife *f*

apgalvojums Beháuptung *f*, Versích[e]rung *f*, Betéuerung *f*

apgalvot beháupten, versíchern, betéuern

apgāzt 1. úmwerfen*, úmstoßen*, úmkippen; 2. (*atspēkot*) widerlégen

apgrieziens Umdréhung *f*
apgriezt[a] verschnéiden*; beschnéi-
den*; *(apcirpt)* stützen
apgriezt[b] **1.** úmdrehen; **2.** *(uz otru
pusi)* wénden*
apgriezties sich úmdrehen; sich úm-
wenden*
apgrozīb‖a U'mlauf *m*; U'msatz *m*;
laist ~ā – in Umlauf bringen*
(setzen); naudas a. – Géldumlauf *m*
apgrozījums *ek.* U'msatz *m*; tīrais a. –
Néttoumsatz *m*
apgrūtinājums Belä'stigung *f*; *jur.*
Belástung *f*
apgrūtināt belä'stigen, belásten; be-
schwéren
apgulties sich hínlegen; *(iet gulēt)* zu
Bett géhen*; sich níederlegen
apgūt sich *(dat.)* áneignen, sich
(dat.) zu éigen máchen; a. zinā-
šanas – Kenntnisse erwerben*; a.
jaunu teritoriju – eine Gegend
erschließen*
apģērb‖s Kléidung *f*; gatavu ~u
veikals – Konfektiónsgeschäft *n*;
~u rūpniecība – Bekléidungsin-
dustrie *f*; ~a gabals – *sar.* Klamótte *f*
apģērbt *(kaut ko)* ánziehen*; *(kādu)*
ánkleiden
apģērbties sich ánkleiden, sich án-
ziehen*
apieties behándeln; úmgehen**(mit)*;
slikti a. – misshándeln
apiņi *bot.* Hópfen *m*
apjautāties sich erkúndigen *(nach)*;
náchfragen *(bei j-m)*

apjomīgs úmfangreich, voluminö's
[v..]
apjoms U'mfang *m*; Au'smaß *n*;
Volúmen [v..] *n*
apjukt verwírrt (verlégen) wérden*;
den Kopf verlíeren*
apjukums Verwírrung *f*, Verlé-
genheit *f*, Verstö'rtheit *f*
apkaisīt bestréuen
apkakle Krágen *m*
apkalpe 1. *mil.* Bedíenung *f*; **2.** *jūrn.*,
av. Besátzung *f*, Mánnschaft *f*,
Bemánnung *f*
apkalpošana Bedíenung *f*; medi-
cīniskā a. – ä'rztliche Betréuung
apkalpot bedíenen; *(viesus – arī)*
áufwarten *(ar dat.)*
apkalpotājs: viesu a.– Kéllner *m*
apkalt beschlágen*
apkampt umármen, umfássen, um-
fángen*
apkarot bekä'mpfen
apkārt um; um ... herúm; umhér;
ringsherúm; ◇ laiks jau a. – die
Zeit ist schon um
apkārtne Umgébung *f*, U'mgegend
f, U'mkreis *m*
apkaunot beschä'men; blamíeren;
(publiski) ánprangern
apklusināt zum Schwéigen brín-
gen*; *(bērnu)* berúhigen, be-
schwíchtigen; besä'nftigen
apklust verstúmmen, still wérden*,
verhállen
apkope Betréuung *f*; Pflége *f*; teh-
niskā a. – Wártung *f*

A

apkopēja Pútzfrau *f*, Ráumpflegerin *f*

apkopt (*telpas*) áufräumen; (*bērnus, saimniecību u. tml.*) besórgen; (*tehniskas ierīces, automašīnas*) wárten

apkrāpt betrü'gen*, hintergéhen*; *sar.* ü'bers Ohr háuen

apkur‖e Héizung *f*; centrālā a. – Zentrálheizung *f*; ~es sezona – Héizperiode *f*

apķīlāšana *jur.* Beschlágnahme *f*; Pfä'ndung *f*; Konfiskatión *f*

aplaimot beglü'cken

aplaudēt applaudíeren, Béifall klátschen

apledot veréisen

aplenkt éinkreisen; éinkesseln; (*pilsētu*) belágern

aplenkum‖s Ei'nkreisung *f*; Ei'nkesselung *f*; (*pilsētas*) Belágerung *f*; ~a stāvoklis – Belágerungszustand *m*

apliecība Au'sweis *m*; Beschéinigung *f*; personas a. – Personálausweis *m*; gatavības a. – Réifezeugnis *n*; miršanas a. – Tótenschein *m*

apliecinājums Begláubigung *f*; (*notariāls*) Beúrkundung *f*, Legislatión *f*

apliecināt bezéugen; (*parakstu*) begláubigen; (*rakstiski*) beschéinigen

apliet begíeßen*; (*apšļakstīt*) besprítzen

aplikt 1. (*ap kaut ko*) úmlegen; **2.** (*ar kaut ko*) belégen

aplis 1. Kreis *m*; **2.** *sp.* Rúnde *f*

aploksne [Bríef]umschlag *m*

apmācība U'nterricht *m*; Au'sbildung *f*; militārā a. – militä'rische [Aus]bildung *f*; pieaugušo a. – Erwáchsenenbildung *f*

apmācies bewö'lkt; a. laiks – trübes Wetter

apmācīt unterríchten; áusbilden

apmainīt úmtauschen; áustauschen; a.veļu – Wäsche wechseln

apmākties sich bewö'lken; sich verfínstern

apmaldīties sich verírren, sich verláufen*

apmale Bórte *f*; Ei'nfassung *f*; Kánte *f*; (*cepurei*) Krémpe *f*; (*svārkiem*) Bórte *f*; (*ietvei*) Bórdsteinkante *f*

apmānīt betrü'gen*; täu'schen; ◇ j-n hinters Licht führen

apmeklējum‖s Besúch *m*; ~a atļauja (*slimnīcā, cietumā*) – Besúchserlaubnis *f*

apmeklēt besúchen; a. slimnieku – einen Kránkenbesuch machen

apmeklētāj‖s Besúcher *m*; ~u laiks (*slimnīcā, cietumā*) – Besúchszeit *f*

apmelot verléumden; (*aprunāt*) beklátschen

apmēram úngefähr, étwa, an, gégen; a. pēc mēneša – in etwa einem Mónat

apmēr‖s U'mfang *m*; Au'smaß *n*; plašos ~os – in großem Ausmaß

apmest 1. (*otrādi*) úmwerfen*; (*ap pleciem*) úmwerfen*, úmschlagen*; **2.** (*ar apmetumu*) verpútzen

apmesties (*uz dzīvi*) sich níederlassen*; (*nometnē*) kampíeren

apmetums Verpútz *m*

apmežot áufforsten, befórsten

apmierināt befríedigen, zufríedenstellen; a. visas prasības – allen Anforderungen gerécht werden*; a. izsalkumu – den Húnger stíllen

apnicīgs lä'stig; *sar.* ä'tzend

apnikt ü'berdrüssig wérden* (*ar gen.*); satt hában* (bekómmen*); man tas ir apnicis – ich habe es satt

apņēmība Entschlóssenheit *f*

apņēmīgs entschlóssen

apolitisks ápolítisch

appelēt schímm[e]lig wérden, verschímmeln

applaucēt verbrü'hen

apprecēties sich verhéiraten, héiraten

aprakstīt beschréiben*; schíldern

apraksts Beschréibung *f*; dzīves a. – Lébensbeschreibung *f*, Lébenslauf *m*; darba a. – Berúfsbeschreibung *f*; policijas meklējamās personas a. – Stéckbrief *m*

aprakt begráben*, vergráben*; verschárren

apreibināt beráuschen; betäu'ben

aprēķināt beréchnen; (*novērtēt*) veránschlagen*

aprēķins Beréchnung *f*; iepriekšējs a. – Vóranschlag *m*, Kalkulatión *f*

aprikoze Aprikóse *f*

aprīkojums Au'srüstung *f* (*mit Maschinen, Anlagen*); Au'sstattung *f*, Ei'nrichtung *f*

aprīlis Apríl *m*

aprindas *dsk.* Kréise; speciālistu a. – Fáchkreise; darījumu a. – Geschä'ftskreise

apriņķot umkréisen

aprite *ek.* U'mschlag *m*

aprīt verschlíngen*; áuffressen*

aprobežots 1. éingeschränkt; **2.** (*par cilvēku*) beschrä'nkt

aproce 1. Manschétte *f*; **2.** (*rokassprādze*) A'rmband *n*, A'rmreif *m*

aprunāt beklátschen

aprunāties réden, spréchen*; sich unterhálten*; sich bespréchen*, sich beráten*

aprūpe Betréuung *f*, Fü'rsorge *f*; sociālā a. – Soziálfürsorge *f*

apsaldējums Erfríerung *f*

apsardzība Bewáchung *f*; Schutz *m*

apsargāt 1. beschü'tzen; **2.** (*uzraudzīt*) bewáchen

apsaukt zur O'rdnung rúfen*; zuréchtweisen*

apse E'spe *f*, Zítterpappel *f*

apsegt bedécken; zúdecken

apsēsties sich sétzen; Platz néhmen *

apsiet úmbinden*; bínden*

āpsis *zool.* Dachs *m*

apskatīt besíchtigen; sich (*dat.*) ánsehen*; sich ánschauen

apskats Schau *f*; U'mschau *f*; Rúndschau *f*; nedēļas a. – Wóchenschau *f*

apskaust benéiden

apsolīt verspréchen*, zúsagen; svinīgi a. – gelóben

apspiest unterdrü'cken; niederschlágen*

apspriede Berátung *f*; Bespréchung *f*

apspriest beráten*; bespréchen*; erö'rtern

apspriesties sich beráten*; berátschlagen; (*vest sarunas*) verhándeln

apstādījumi *dsk.* [Grü'n]anlagen

apstāk‖lis 1. U'mstand *m*; 2.: ~ļi – *dsk.* Verhä'ltnisse; dzīves ~ļi – Lébensverhältnisse; darba ~ļi – A'rbeitsverhältnisse; lietas ~ļi – Sáchlage *f*, Sáchverhalt *m*, *jur.* Tátbestand *m*; vainu mīkstinoši ~ļi *jur.* – mildernde U'mstände; zināmos ~ļos – unter Umständen; nekādos ~ļos – unter keinen Umständen

apstarojums Bestráhlung *f*

apstarot bestráhlen

apstāšanās Stíllstand *m*; (*sirds nepietiekamība*) Hérzversagen *n*

apstāties stéhen bleiben*; (*braucot*) ánhalten*; ínnehalten*; Hált machen

apstiprināt bestä'tigen; bekrä'ftigen; bejáhen; (*kā pareizu*) verifizíeren

apstrādāt 1. beárbeiten; verárbeiten; 2. (*zemi*) bebáuen, bestéllen

apstrāde (*elektroniskā datu a.*) *dator. saīs. vsk.* EDV – elektrónische Dátenverarbeitung *f*

apstrīdēt bestréiten*; *jur.* ánfechten*

apsudrabot versílbern

apsūdzēt ánklagen; beschúldigen

apsūdzētais *jur.* (*kriminālprocesā*) A'ngeklagte *m*; (*civilprocesā, atbildētājs*) Beklágte *m*

apsūdzīb‖a A'nklage *f*; Beschúldigung *f*; ~as raksts – A'nklageschrift *f*

apsveikt 1. begrü'ßen, willkómmen héißen*; 2. (*vēlēt laimes*) beglü'ckwünschen; gratulíeren (*ar dat.*)

apsveikum‖s 1. Begrü'ßung *f*, Willkómmensgruß *m*; ~a – runa Begrü'ßungsrede *f*; 2. (*laimes vēlējums*) Glü'ckwunsch *m*, Gratulatíon *f*

apsvērt erwä'gen*, überlégen; in Betrácht zíehen*

apsvērums Erwä'gung *f*, Überlégung *f*

apšaubāms zwéifelhaft; frágwürdig; bedénklich, ánfechtbar

apšaubīt bezwéifeln, ánzweifeln; in Fráge stéllen

apšaudīt beschíeßen*

apšuvums (*sienas panelis*) Tä'felung *f*

aptauj‖a U'mfrage *f*, Befrágung *f*; Méinungsumfrage *f*; izdarīt ~u – eine Umfrage halten*

aptaukoties Fett ánsetzen, fett wérden

aptieka Apothéke *f*

aptīt úmwickeln; hü'llen

aptumsums: Saules a. – Sónnenfinsternis *f*; Mēness a. – Móndfinsternis *f*

aptumšot verdúnkeln

apturēt ánhalten*; stóppen; (*piem., motoru*) ábstellen

aptuveni ánnähernd, úngefähr

aptvarste Rázzia f, Polizéistreife f

aptvert 1. umfássen; **2.** (ar prātu) begréifen*; [er]fássen

apūdeņot bewä′ssern; beríeseln; apūdeņošanas ierīce – Bewä′sserungsanlage f

apvainojums Beléidigung f, Krä′nkung f

apvainot beléidigen; krä′nken

apvainoties ü′belnehmen*; sich beléidigt fü′hlen, sar. sáuer wérden*

apvāks U′mschlag m, Cover [′kavər] n; [Schútz]umschlág m

apvalkāts schä′big, ábgetragen, ábgenützt

apvalks Hü′lle f, Umhü′llung f

apvārsnis 1. Horizónt m; **2.**: gara a. – Gesíchtskreis m

apvedceļš U′mführung f

apvērsums U′mwälzung f, U′msturz m; valsts a. – Staatsstreich m

apvidus Gégend f; Gelä′nde n

apvidvārds val. Dialektísmus m

apvienība Veréinigung f, Veréin m, Verbánd m; Bund m

apvienošanās Veréinigung f; Verschmélzung f; ek. Fusión f

apvienot veréinigen, veréinen

apvienoties sich veréinigen; sich zusámmenschließen*

apzaļumot grü′nanpflanzen, begrü′nen

apzeltīt vergólden

apzīmējums Bezéichnung f

apzīmētājs gram. Attribút n

apzināties sich bewússt sein* (ar ģen.)

apzināts bewússt; absíchtlich; vórsätzlich

apzinīgs gewíssenhaft, pflíchtbewusst

apziņ‖a Bewússtsein n; pienākuma a. – Pflíchtgefühl n; pēc labākās ~as – nach bestem [Wíssen und] Gewíssen; vainas a. – Schúldgefühl n; ~as traucējumi – Bewusstseinsstö′rung f

apžēlot begnádigen

apžēloties sich erbármen (ar ģen.), Erbármen háben* (mit j-m)

ar 1. mit; braukt ar vilcienu – mit dem Zug fahren*; ar prieku – mit Freude; ar katru dienu – mit jedem Tag, von Tag zu Tag; **2.**: ar zināmiem noteikumiem – unter gewíssen Bedíngungen; ar svešu vārdu – unter fremdem Namen

ārā (apzīmējot vietu) dráußen; (apzīmējot virzienu uz runātāju) heráus; nāc ā.! – komm heraus !; (apzīmējot virzienu no runātāja) hináus; ej ā.! – geh hinaus!

ārājs Pflü′ger m

aramzeme A′ckerboden m, A′ckerland n

arbūzs Wássermelone f

ardievu! auf Wíederseh[e]n!

ārdīt 1. (adījumu, šuves) áuftrennen; **2.** (sienu) [úm]wenden

ārdurvis Au′ßentür f

areāls Areál n

ārēj‖s 1. äu′ßerlich; palikt ~i mierīgam – äußerlich ruhig bleiben*;

A

2. (*ārzemju*) áuswärtig; Au′ßen-;
~ā tirdzniecība – Au′ßenhandel *m*

arēna Aréna *f*; (*pārn. – arī*) Scháu-
platz *m*

arestēt verháften, féstnehmen*, in-
haftíeren

arests Haft *f*, Verháftung *f*, Inhaf-
tíerung *f*

arfa *mūz.* Hárfe *f*

argumentēt begrú′nden, Arguménte
vórbringen*

arguments Argumént *n*, Bewéis-
grund *m*; pārliecinošs a. – ein
stichhaltiges Argument

arhitekts Architékt *m*; ainavu a. –
Gártenarchitekt *m*; iekštelpu a. –
I′nnenarchitekt *m*

arhitektūra Architektúr *f*; Báukunst *f*

arhīvniecība Archivístik *f*; Archív-
wissenschaft *f*

arhīvs Archív *n*

arī auch; gléichfalls; ne tikvien..., bet
arī... – nicht nur..., sondern auch...

ārien‖e Äu′ßere *n*; no ~es – von
außen

ārija *mūz.* A′ri‖e *f*

āriškīgs äu′ßerlich, auf Äu′ßerlich-
keiten bedácht

aritmētika Arithmétik *f*

arka *arh.* Bógen *m*; triumfa a. –
Triúmphbogen *m*

ārkārtīgi áußerórdentlich, äu′ßerst;
ā. mierīgi – äußerst ruhig

ārkārtīgs áußerórdentlich, áußerge-
wöhnlich

arkls Pflug *m*

ārlietu-: ā. ministrija – Ministérium
für Au′swärtige A′ngelegenhei-
ten, Au′ßenministerium *n*

armija Armée *f*, Héer *n*; Austrijas
armija – Búndesheer *n*; Vācijas
a. – Búndeswehr *f*

arnika *bot.* A′rnika *f*

arodbiedrīb‖a Gewérkschaft *f*; ~as
darbinieks – Gewérkschaftsfunk-
tionär *m*

arodizglītība Berúfsausbildung *f*,
Fáchausbildung *f*, Fácharbeiter-
ausbildung *f*

arod‖s Fach *n*, Gewérbe *n*; (*pro-
fesija*) Berúf *m*; ~a apmācība –
Fáchunterricht *m*

arodskol‖a Gewérbeschule *f*; Fách-
schule *f*; pabeigta apmācība ~ā –
Fáchabitur *n*

ārpolitika Au′ßenpolitik *f*

ārprātīgs wáhnsinnig, írrsinnig, ver-
rü′ckt

ārprāts Wáhnsinn *m*, I′rrsinn *m*

ārpus áußer; áußerhalb; ā. konkursa –
außer Wettbewerb; dzīvot ā. pil-
sētas – außerhalb wohnen

ārpus‖e Au′ßenseite *f*; no ~es – von
außen

ārstēšana Behándlung *f*; Kur *f*; am-
bulatoriskā ā. – ambulánte Be-
handlung *f*; pēcoperācijas ā. –
Náchbehandlung *f*

ārstēt behándeln

ārsts Arzt *m*; ā. speciālists – Fácharzt
m; vispārējo slimību ā. – Allge-
méinarzt *m*; iekškīgo slimību ā. –

Interníst *m*; ausu, kakla, deguna ā. –
Hals-Nasen-Ohren-Arzt *m*

ārštata- áußerplanmäßig, nicht fest
ángestellt

art pflü'gen, áckern

artērija *anat.* Artéri|e *f,* Schlágader *f*

artikuls *gram.* Artíkel *m*

artilērija *mil.* Artilleríe *f*

artišoks *bot.* Artischócke *f*

artrīts *med.* Arthrítis *f*

artroze *med.* Arthróse *f*

arvien ímmer, stets

ārvalstnieks Au'sländer *m*; Au's-
landsbürger *m*; áusländischer
Stáatsangehöriger *m*

ārzem‖es Au'sland *n*; braukt uz ~ēm –
ins Ausland fahren*

ārzemnieks Au'sländer *m*

ārzona Stéueroase *f*; *sar.* Stéuer-
paradies *n*

asaka Grä'te *f*

asambleja Assemblee [asā'ble:] *f*

asara Trä'ne *f*

asaris *iht.* Barsch *m*

asarot trä'nen

aseptika Sterilitä't *f*

asfaltēt asphaltíeren

asināt (*nagus*) schä'rfen; (*nazi, cirvi*)
schléifen, wétzen; (*zīmuli*) spít-
zen

asin‖s Blut *n*; a. rezervju banka –
Blútbank *f*; cukura daudzums ~īs –
tikai vsk. Zúckerspiegel *m*

asinsaina, asinsanalīze Blútbild *n*

asinsgrupa *med.* Blútgruppe *f*

asinsizplūdums Blúterguss *m*

asinspirt‖s Massáker *m*; sarīkot ~i –
massakríeren   **A**

asinsradniecība Blútverwandtschaft *f*

asinsrite Blútkreislauf *m*

asinsspiediens Blútdruck *m*; augsts
a. – hóher Blútdruck; zems a. –
níedriger Blútdruck

asinsvads Blútgefäß *n*, A'der *f*

asinszāle *bot.* Johánniskraut *n*

asiņains blútig; (*asinīm notraipīts*)
blútbefleckt

asiņošana Blútung *f*; (*stipra*) Blút-
sturz *m*

asiņot blúten

asistents Assistént *m*

asmens Klínge *f*

asns Keim *m*

asociācija Assoziatión *f*; Verbánd
m; Veréinigung *f*

asorti *parasti vsk.* Allerléi *n*

asprātība 1. Schárfsinn *m*; **2.** (*iztei-
ciens*) Witz *m*

asprātīgs schárfsinnig, géistreich;
wítzig

ass[a] scharf; asas sāpes – heftige
Schmerzen; asa atbilde – schroffe
(barsche) Antwort; asa piezīme –
spitz[ig]e Bemérkung

ass[b] A'chse *f*

aste Schwanz *m*; Schweif *m*; apcirsta
a. – gestutzter Schwanz

astere *bot.* A'ster *f*

astma *med.* A'sthma *n*

astoņpadsmit áchtzehn

astoņdesmit áchtzig

astoņi acht

A

astotais áchte

astotdaļfināls *sp.* A'chtelfinale *n*

astrofizika *fiz.* Astrophysík *f*

astroloģija Astrologíe *f*, Stérndeutung *f*

astronomija Astronomíe *f*

atalgojums (*alga*) Gehált *n*; (*atlīdzība*) Belóhnung *f*; (*atradēja a. par atradumu*) Fínderlohn *m*

atalgot belóhnen; entlóhnen

atašejs Attaché *m*

ataudze Reproduktión *f*; iedzīvotāju a. – Bevö'lkerungsreproduktion *f*

atauga Júngwald *m*

atbals‖s E'cho *n*; Wíderhall *m*; rast ~i *pārn.* – Widerhall finden*

atbalstīt 1. stü'tzen; **2.** *pārn.* unterstü'tzen; befü'rworten

atbalst‖s 1. Stü'tze *f*; ~a punkts – Stü'tzpunkt *m*; **2.** *pārn.* Unterstü'tzung *f*, Fö'rderung *f*; Rü'ckendeckung *f*

atbilde A'ntwort *f*; Erwíderung *f*

atbildēt ántworten; erwídern

atbildētājs: automātiskais tālruņa a. – A'nrufbeantworter *m*

atbildīb‖a Verántwortung *f*; *jur.* Háftung *f*; uzņemties ~u – die Verantwortung übernéhmen*; saukt pie ~as – zur Verantwortung ziehen*

atbildīgs verántwortlich; a. uzdevums – verántwortungsvolle Aufgabe *f*

atbilst entspréchen*

atbilstība Entspréchung *f*; Analogíe *f*

atbilstošs entspréchend

atbraukt ánkommen*, éintreffen*; ánlangen

atbrīvošana Befréiung *f*; Erlö'sung *f*; (*no darba*) Entlássung *f*; (*īslaicīgi*) Suspendíerung *f*; (*no apcietinājuma – arī*) Fréisetzung *f*

atbrīvot befréien; erlö'sen; (*no darba*) entlássen*; (*uz laiku*) suspendíeren; (*no apcietinājuma – arī*) fréilassen*, fréisetzen

atbruņošanās A'brüstung *f*; a. konference – Abrüstungskonferenz *f*

atbruņot entwáffnen

atbruņoties ábrüsten

atcelmot róden

atcelt áufheben*; ábschaffen; widerrúfen; a. no amata – enthében

atcerēties sich erínnern (*an ar ak., ar ģen.*)

atdarinājums Náchbildung *f*; Náchahmung *f*; Imitatión *f*

atdarināt náchahmen; náchbilden

atdot 1. gében*; híngeben*; übergében*; a. visus savus spēkus – seine ganze Kraft híngeben*; a. savu vietu (*piem., tramvajā*) – seinen Platz abtreten*; **2.** (*atpakaļ*) zurü'ckgeben*

atdzimšana Wíedergeburt *f*, Renaissance [rənɛ'sāːs] *f*

atdzist kalt wérden*; ábkühlen; erkálten

atdzīvināt wíeder beleben; belében

āte *iht.* Stéinbutt *m*

ateisms Atheísmus *m*

ateljē Atelier [atəl'je:] *n*; gleznotāja a. – Máleratelier *n*

atelpa A'tempause *f*, *sar.* Verschnáufpause *f*

atentāt‖s Attentát *n*, [Mórd]anschlag *m*; izdarīt ~u – ein Attentát verü'ben

ateroskleroze *med.* Atheroskleróse *f*

atestācija Beschéinigung *f*, Qualifikatión *f*, Qualifikatiónsattest *m*, Attestíerung *f*

atestāts Zéugnis *n*; skolas beigšanas a. – Abitúrzeugnis *n*; skolēna liecība – Schúlzeugnis *n*

atgadījums Vórfall *m*; Eréignis *n*; Begébenheit *f*

atgādinājums Ermáhnung *f*, Máhnung *f*; rakstisks a. – Máhnbrief *m*, Máhnschreiben *n*

atgādināt erínnern (*an ar ak.*); máhnen (*an ar ak.*)

atgadīties geschéhen*; passíeren; vórkommen*, vórfallen*

atgādne Mérkblatt *n*

atgriešanās Rü'ckkehr *f*, Wíederkehr *f*; a. mājās – Héimkehr *f*; (*slavenas personas a. darbā pēc ilgāka pārtraukuma*) Come-back [kam'-bɛk] *n*

atgriezenisks rü'ckwärtig, rü'ckwirkend (*ar atpakaļejošu spēku*), rü'ckgängig, rü'ckläufig

atgriezt 1. (*vaļā*) áufdrehen; **2.** (*nogriezt*) ábschneiden*; áufschneiden*

atgriezties zurü'ckkehren, zurü'ckkommen *

atgūt wíedergewinnen*, wíedererlangen, zurü'ckgewinnen*

atiešana (*par vilcienu u. tml.*) A'bfahrt *f*

atiet (*par vilcienu u.tml.*) ábfahren*

atjaunošana Ernéuerung *f*; Wiederhérstellung *f*; (*sarunu*) Wiederáufnahme *f*; (*ēku*) Wiederáufbau *m*

atjaunot ernéuern; wiederhérstellen; (*sarunas*) wiederáufnehmen*; (*ēku*) wiederáufbauen

atjautība Géistesgegenwart *f*; Schlágfertigkeit *f*; Fíndigkeit *f*

atjautīgs géistreich; schlágfertig; fíndig, nicht auf den Mund gefállen sein

atkal wíeder, wíederum; a. un a. – immer wieder, aber und abermals

atkala Glátteis *n*

atkaļķot entkálken

atkāpšanās *mil.* Rü'ckzug *m*; Rü'ckmarsch *m*; (*no amata*) Rü'cktritt *m*

atkāpties *mil.* sich zurü'ckziehen*; (*no amata*) zurü'cktreten*, ábtreten*

atkarāties ábhängen*

atkarīg‖s ábhängig; būt ~am – ábhängig sein*; a. no alkohola – álkoholabhängig; a. no narkotikām – drógenabhängig; a. no tabletēm – tabléttenabhängig

atkārtojums Wiederhólung *f*; (*par slimību*) Rü'ckfall *m*

atkārtot wiederhólen; (*kādam pakaļ*) pateikt – náchsagen; nodziedāt – náchsingen; norunāt – náchsprechen

A

atkārtoties sich wiederhólen

atkausēt ábtauen

atklājums Entdéckung *f*

atklāšana 1. Entdéckung *f*; (*no-zieguma – arī*) Au'fdeckung *f*; **2.** (*sēdes, izstādes*) Eró'ffnung *f*; **3.**: mīlestības a. – Líebeserklärung *f*

atklāt 1. entdécken; (*noziegumu, noslēpumu – arī*) áufdecken; **2.** (*sēdi, izstādi u. tml.*) eró'ffnen

atklāti óffen; a. sakot – offen geságt

atklātība 1. O'ffenheit *f*; **2.** (*sabiedrība*) Ö'ffentlichkeit *f*

atklātne Póstkarte *f*

atklāts óffen; áufrichtig; (*neslēpts*) únverhohlen

atkopt áufpäppeln; auf die Béine bríngen

atkorķēt entkórken

atkritum‖i A'bfall *m*; Müll *m*; (*rūpniecībā*) dsk. A'bfälle, dsk. Rü'ckstände; indīgie a. – Gíftmüll *m*; kodolatkritumi – Atómmüll *m*; rūpniecības a. – Industríemüll *m*; sadzīves a. – Háusmüll *m*; atkritumviela – A'bfallprodukt *n*; ~u izgāztuve – Deponíe *f*

atkusnis *met.* Táuwetter *n*

atlaide (*maksājot par preci skaidrā naudā*) Skónto *m vai n*; (*no kopējās naudas summas*) Pauschále *f*; (*vairumtirdzniecības*) Rabátt *m*

atlaidināt (*gaļu, produktus*) áuftauen

atlaist entlássen*; géhen lássen*; a. brīvībā – freilassen*; a. no darba – entlassen*

atlaisties 1. hérfliegen*; **2.** (*atgulties*) sich hínlegen

atlants A'tlas *m*

atlētisks athlétisch

atlīdzīb‖a Vergü'tung *f*; Kompensatión *f*; (*zaudējuma*) Entschä'digung *f*; Schádenersatz *m*; komisijas a. – Kommissiónsgebühr *f*; bez ~as – únentgéltlich

atlīdzināt entgélten*; (*zaudējumu u.tml.*) entschä'digen (*j-n für etw.*); vergü'ten

atliekas *dsk.* Réste; *dsk.* Ü'berreste

atlikt‖a 1. (*atpakaļ*) zurü'cklegen; **2.** (*uz vēlāku laiku*) áufschieben*, verlégen

atlikt‖b (*palikt pāri*) [ü'brig]bleiben*

atlikums Rest *m*; naudas maksājuma a. – Réstbetrag *m*, Réstzahlung *f*; preču a. – Réstposten *m*

atloks (*uzvalkam, mētelim*) Revérs [..v..] *n*; (*biksēm*) U'mschlag *m*; (*piedurknei*) Au'fschlag *m*

atļauja Erláubnis *f*; Genéhmigung *f*; ieroču a. – Wáffenschein *m*; darba a. ārzemniekiem – A'rbeitserlaubnis *f*; uzturēšanās a. – Au'fenthaltgenehmigung *f*

atļaut erláuben; gestátten; genéhmigen

atļauties sich erláuben; (*uzdrošināties*) sich die Fréiheit néhmen*; to es varu [sev] a. – das kann ich mir leisten

atmaksāties sich [ver]lóhnen, sich áuszahlen

atmaskot blóßstellen; entlárven
atmata Bráche f, Bráchland n
atmazgāšana (naudas) sar. Géld-
wäsche f
atmest (plānu, domu u. tml.) áuf-
geben*; a. ieradumu – eine Ge-
wóhnheit ablegen; a. dzeršanu –
das Trinken lassen*
atmiņ∥a 1. Gedä′chtnis n; **2.:** ~as –
Erínnerung f; dsk. Erínnerungen;
3. dator. Spéicher m
atmosfēra Atmosphä′re f
atmosties erwáchen, áufwachen
atnākt kómmen*; a. par vēlu – zu
spät kommen*
atnest bríngen*; hólen
atņemt 1. wégnehmen*, ábnehmen*;
(ar varu) entréißen*; a. kādam
tiesības – j-m das Recht ent-
zíehen*; **2.** mat. subtrahíeren, áb-
ziehen*
atombumba Atómbombe f
atomenerģija Kérnenergie f, Atóm-
energie f
atomieroči dsk. Atómwaffen, Kérn-
waffen
atoms Atóm n
atomsvars Atómgewicht n
atpakaļ zurü′ck; uz priekšu un a. –
hin und her
atpalicis zurü′ckgeblieben; (pārn. –
arī) rü′ckständig; garīgi a. – lérn-
behindert
atpalikt zurü′ckbleiben*; (par pulk-
steni) náchgehen*
atpogāt áufknöpfen

atpūsties sich erhólen, áusruhen,
áusspannen
atpūta Erhólung f; Si∥ésta f
atradenis Fíndelkind n
atradne ģeol. Fúndort m, Vórkom-
men n, Róhstoffvorkommen n
atradums Fund m
atraidīt ábweisen*; zurü′ckweisen*;
áblehnen; a. lūgumu – eine Bitte
abweisen* (abschlagen*)
atraisīt lósbinden*; lósmachen; (mez-
glu) áufknüpfen
atraitne Wítwe f
atraitnis Wítwer m
atraitnīte bot. Stíefmütterchen n
atrakcij∥a Attraktion [..′tsio:n] f; ~u
parks – Vergnü′gungspark m
atrakstīt schréiben*
atrast[a] fínden*; heráusfinden*; áus-
findig máchen
atrast[b] (atradināties) sich entwö′hnen
(von vai ar ģen.); verlérnen
atrasties 1. sich befínden*; líegen*;
Rīga atrodas pie Daugavas – Riga
liegt an der Daugava; **2.** (par kaut
ko pazudušu) sich fínden*
atraugas Au′fstoßen n; Rülps m
atraugāties áufstoßen*; rü′lpsen
atraut 1. ábreißen*; **2.** (vaļā) áuf-
reißen*; **3.** (atpakaļ) zurü′ck-
reißen*; **4.:** a. no darba – von der
Arbeit abbringen* (ablenken)
atrauties 1. sich lösreißen*; **2.** pārn.
sich ábsondern; sich zurü′ckziehen*
atražošana ek. Reproduktión f
ātri schnell, rasch, geschwínd

A

atriebība Ráche f, Vergéltung f

atriebties sich rä′chen

atrisinājums [Au′f]lösung f

atrisināt [áuf]lösen

atrofija med. Atrophíe f

ātr‖s schnell, rasch, geschwínd; ļoti ā. – rasánt; ~ā palīdzība – die Nóthilfe f

ātršuvējs (dokumentu) Schnéllhefter m

ātrums Geschwíndigkeit f, virsskaņas ā. – Ǘberschallgeschwindigkeit f; maksimālais ā. uz autoceļa – Ríchtgeschwindig-keit f

atruna Au′srede f; Vórwand m; jur. Kláusel f

atrunāt ábraten* (j-m etw., j-m von etw.), j-m etw. áusreden

atrunāties sich áusreden, Au′sflüchte máchen; (ar ko) vórschützen; a. ar nevaļu – Zeitmangel vorschützen

ātrvilciens (starp lielām pilsētām) I′ntercity m; ā. tikai vsk. Expréss m; starppilsētu ekspresis – I′ntercityexpress m

atsacīšanās (kaut ko darīt) Wéigerung f; (no kaut kā) Verzícht m

atsacīties (kaut ko darīt) sich wéigern; (no kaut kā) verzíchten (auf ar ak.)

atsaite Strang m

atsauce Fußnote f

atsaucīgs entgégenkommend, téilnahmsvoll

atsauksme Gútachten n, Begútachtung f; (pozitīva vai kritiska) parasti vsk. sar. – Feed-back [′fi:dbɛk] n; rakstiska a. – Empféhlung f; Referénz f

atsaukt (sūtni) ábberufen*; (rīkojumu, darījumu) rü′ckgängig máchen; a. atpakaļ – zurü′ckrufen*; (nepareizu ziņu) widerrúfen*, dementíeren

atsaukties 1. [auf einen Ruf] ántworten; 2. (piem., uz likumu) sich berúfen*

atsaukums Deménti n; Wíderruf m; Dementíerung f

atsavināt jur. entéignen, zwángsenteignen

atsegt áufdecken; fréilegen; pārn. enthü′llen

atsevišķ‖s éinzeln; (šķirts) gesóndert; ~i dzīvot – gesondert leben

atsisties [án]prallen; stóßen*; [áuf]-prallen; [áuf]schlagen*

atskaite[a] (ziņojums, pārskats) Réchenschaft f; Réchenschaftsbericht m

atskaite[b] (laika a.) Countdown [′kaʊntdaʊn] m

atskanet erschállen, ertö′nen; wíderhallen

atskaņa Reim m

atskaņot spíelen

atskaņotājs Rekórder m; (mazs kasešu atskaņotājs ar austiņām) sar. Walkman [′wɔ:kmən] m; skaņuplašu a. – Pláttenspieler m; kompaktdisku a. – CD-Player [tse:′de:ple:jər] m

atskriet hérlaufen*, herbéilaufen*, heránlaufen*
atskrūvēt lósschrauben
atslāņoties ábblättern
atslēdznieks Schlósser *m*
atslēga Schlü'ssel *m*; uzgriežņu a. – Schráubenschlüssel *m*; priekš-karamā a. – Vórhängeschloss *n*
atslēgt áufschließen*
atspere Féder *f*; (*matracī*) Sprúng-feder *f*
atsperīgums Spánnkraft *f*, Elastizitä't *f*
atspiesties (*uz*) sich stü'tzen (*auf ar ak.*); (*pret*) sich léhnen (*gégen*)
atspirdzinājums Erfríschung *f*
atspirdzinošs erfríschend
atspirgt erquícken; (*atveseļoties*) ge-nésen*; sich erhólen
atspoguļot wíderspiegeln
atstarotājs (*velosipēda vai automa-šīnas aizmugurē*) Rü'ckstrahler *m*
atstarpe (*telpā*) A'bstand *m*; Distánz *f*; (*laikā*) Zéitabstand *m*
atstāstījums Wíedererzählung *f*; sa-tura a. – I'nhaltsangabe *f*; Wíeder-gabe *f*
atstāstīt wíedererzählen, nácherzählen
atstāt 1. lássen*; zurü'cklassen*; a. mantojumu – ein Erbe hinter-lássen*; a. iespaidu – Eindruck machen; a. novārtā – vernách-lässigen; **2.** (*pamest*) verlássen*
atstatums Entférnung *f*, A'bstand *m*
atstumt 1. (*nost*) ábrücken; (*atpakaļ*) zurü'ckschieben*; **2.** *pārn.* ver-stóßen*

atsūtīt schícken, sénden*; zúschicken, zúsenden
atsvars 1. (*svaru bumba*) Gewícht *n*; **2.** *tehn.* Gégengewicht *n*
atsveicināties sich verábschieden, A'bschied néhmen*
atsvešināšanās Entfrémdung *f*
atšifrēt entzíffern, entschlü'sseln; enträ'tseln
atšķaidīt verdü'nnen; (*ar ūdeni*) [ver]wä'ssern
atšķirība U'nterschied *m*; Verschíe-denheit *f*
atšķirt 1. (*saskatīt atšķirību*) unter-schéiden*; **2.** (*atdalīt*) trénnen; (*norobežot*) ábsondern; **3.** (*grā-matu*) áufschlagen*
atšķirties 1. (*būt citādam*) sich un-terschéiden*; **2.** (*atdalīties*) sich trénnen; (*norobežoties*) sich áb-sondern
attaisīt ö'ffnen, áufmachen; áuf-schlagen*
attaisnojums Réchtfertigung *f*, Ent-schúldigung *f*
attaisnot 1. réchtfertigen; **2.** *jur.* fréisprechen*
attaisnoties sich réchtfertigen
attālums Entférnung *f*, A'bstand *m*; Distánz *f*
attāls entférnt, entlégen
attaukot entfétten
atteikums A'bsage *f*; Zurü'ckwei-sung *f*; *sar.* A'bfuhr *f*
atteka Flússarm *m*
attēlot dárstellen; schíldern

A

attēls A'bbild *n*; A'bbildung *f*; Bild *n*

attiecīb‖a Bezíehung *f*, Verhä'ltnis *n*; ~ā uz – in Bezug auf (*ar ak*.); ~ā uz mani – was mich betrífft; diplomātiskās ~as – diplomátische Bezíehungen; radnieciskas ~as – Verwándtschaftsbeziehungen; ražošanas ~as – Produktiónsverhältnisse; *jur*. tiesiskās ~as – Réchtsbeziehung *f*; sabiedriskās ~as – Ö'ffentlichkeitsarbeit *f* (*Public Relations*)

attiecīgs entspréchend; betréffend; éinschlägig

attieksme Verhálten *n*; Verhä'ltnis *n*; Ei'nstellung *f*

attiekties sich bezíehen* (*auf ar ak*.), betréffen* (*ar ak*.)

attīrīšana: ūdens a. – Wásseraufbereitung *f*

attīstība Entwícklung *f*; Wérdegang *m*

attīstīt entwíckeln; (*darbību*) entfálten; áusbauen

attīstītājs *fot*. Entwíckler *m*

attīstīties sich entwíckeln; sich entfálten; (*paplašināties*) evolvíeren

attīstīts entwíckelt; (*garīgi – arī*) áufgeweckt

atturēties sich zurü'ckhalten*; sich enthálten* (*ar ģen*.)

atturība Zurü'ckhaltung *f*; Entháltsamkeit *f*; (*pret alkoholu*) Abstinénz *f*

atturīgs zurü'ckhaltend; reservíert [..v..]; entháltsam

atvadīties sich verábschieden, A'bschied néhmen*

atvainošanās Entschúldigung *f*

atvain‖ot entschúldigen; ~ojiet! – entschúldigen Sie!, [bitte um] Entschúldigung!

atvainoties sich entschúldigen

atvaļinājum‖s U'rlaub *m*; grütniecības un dzemdību a. – Mútterschaftsurlaub *m*; mācību a. – Bíldungsurlaub *m*; iet ~ā – auf (in) Urlaub gehen*

atvaļināt aus dem Díenst entlássen*, in den Rúhestand versétzen, pensioníeren

atvars Strúdel *m*; [Wásser]wirbel *m*

atvasara A'ltweibersommer *m*, Náchsommer *m*

atvase *bot*. Spross *m*, Trieb *m*

atvasinājums A'bleitung *f*; Derivát *n*

atvāzt áufklappen; ö'ffnen

atvērt ö'ffnen, áufmachen

atveseļoties genésen*

atvest [herbéi]führen, bríngen*, hólen

atvieglojum‖s Vergü'nstigung *f*; nodokļu ~i – stéuerliche Vergü'nstigungen

atvieglot erléichtern

atvienot ábschalten; ábstellen

atvilkt (*šurp*) heránziehen*, heránschleppen; (*līdz kādai vietai*) zíehen*, schléppen; (*nost*) wégziehen*; ◇ a. elpu – Atem holen (schöpfen)

atvilktne Schúbfach *n*, Schúblade *f*

atvilkums A′bzug *m*; algas a. –
Lóhnabzug *m*

atzarojums, atzars A′bzweigung *f*

atzīme 1. (*piezīme*) Vermérk *m*;
Notíz *f*; A′nmerkung *f*; 2. (*sekmju
vērtējums*) Nóte *f*, Zensúr *f*

atzīmēt 1. (*pierakstīt*) notíeren;
vermérken, ánmerken; ábhaken;
2. (*jubileju u. tml.*) begéhen*

atzinība A′nerkennung *f*; (*pateicība*)
Erkénntlichkeit *f*

atzinums 1. (*uzskats*) A′nsicht *f*,
Eráchten *n*; 2. (*speciālista*) Be-
fúnd *m*; (*par kādu darbu*) Gút-
achten *n*

atziņ‖a Erkénntnis *f*; Ei′nsicht *f*; nākt
pie ~as – zur Erkenntnis (Einsicht)
kommen* (gelángen)

atzīšanās Gestä′ndnis *n*; Ei′nge-
ständnis *n*; Bekénntnis *n*; Au′ssage
f; rakstiska a. terorisma nozie-
gumā – Bekénnerbrief *m*, Bekén-
nerschreiben *n*

atzīt ánerkennen*; (*vainu*) gestéhen*;
(*kļūdu*) éinsehen*

atzīties éingestehen*, gestéhen*; ein
Gestä′ndnis áblegen

atzveltn‖e [Rü′cken]lehne *f*; ~es
krēsls – Lehnstuhl *m*

audējs Wéber *m*

audekls Léinwand *f*, Léinen *n*

audiokasete Audiokassétte *f*

auditorija Auditórium *n*, (*telpa –
arī*) Hö′rsaal *m*; Léhrraum *m*

auditors Prü′fer *m*, Wírtschaftsprüfer *m*

audits *ek.* Prü′fung *f*

audum‖s Gewébe *n*, Stoff *m*; ~i –
Stoffe, Textíli‖en; a. (*ko pārdod
metros*) Méterware *f*

audzējs Geschwúlst *f*; ļaundabīgs
a. – bösartige Geschwulst; lab-
dabīgs a.– gutartige Geschwulst

audzēknis Zö′gling *m*

audzēšana (*kultūraugu*) A′nbau *m*

audzēt (*augus*) [án]bauen; zíehen*;
(*dzīvniekus*) zü′chten; (*matus*)
wáchsen lássen*

audzināšana Erzíehung *f*

audzināt erzíehen*

audžubērns Pflégekind *n*

audžuvecāki *dsk.* Pflégeeltern

augkopība Pflánzenzucht *f*

auglīgs frúchtbar

auglis Frucht *f*; augļi – Obst *n*; *dsk.*
Frü′chte

augļkopība O′bstanbau *m*

augļošana Wúcher *m*

augļotājs Wúcherer *m*

augonis Geschwü′r *n*, Abszéss *m*,
Furúnkel *m*

aug‖s Pflánze *f*; Gewä′chs *n*; Kraut
n; ārstniecības ~i – Arznéikräuter,
Héilkräuter; garšaugi – Gewü′rz-
kräuter; ~u valsts – Pflánzenwelt *f*

augsne Bóden *m*; mālaina a. –
Léhmboden *m*; smilšaina a. –
Sándboden *m*

augstāk‖ais höchst, óberst; ~ā la-
buma – höchster (bester) Qualitä′t;
~ā izglītība – Hóchschulbildung *f*;
~ā mērā – höchst, im höchsten
Grade (Maße)

A

augstceltne Hóchhaus *n*

augstlēkšana *sp.* Hóchsprung *m*

augstprātīg‖s hóchmütig, überhéblich; izturēties ~i pret kādu – j-n von oben herab behandeln

augsts hoch; a. spiediens *met.* – Hoch-druck *m*

augstsirdīgs gróßmütig, gróßzügig

augstskola Hóchschule *f*

augstum‖s Hö'he *f*; ~a bailes – Hö'henangst *f*

augstvērtīgs hóchwertig

augš‖a: no ~as līdz apakšai – von oben bis unten; līdz ~ai – bis oben; uz ~u – nach oben; ~ā – oben

augt wáchsen*; heránwachsen*

augum‖s Wuchs *m*; Gestált *f*; liela ~a – groß von Wuchs

augusts Augúst *m*

aukla Schnur *f*, Bíndfaden *m*

aukle A'mme *f*; Kínderfrau *f*, Kíndermädchen *n*; auklīte, kas pēc līguma strādā ārzemēs – Aupair-Mädchen *n*

auklēt 1. (*kopt*) wárten, pflégen; bábysitten; 2. (*aijāt*) wíegen

aukslējas *anat.* Gáumen *m*

aukstasinība Káltblütigkeit *f*, Gelássenheit *f*

aukstasinīgs káltblütig, gelássen

auksts kalt

aukstums Kä'lte *f*

auns Hámmel *m*, Scháfbock *m*, Wídder *m*

aura Au'ra *f*, Au'sstrahlung *f*

auskari O'hrgehänge *n*, *dsk.* O'hrringe

ausma Mórgendämmerung *f*, Mórgengrauen *n*

auss Ohr *n*; (*brieža*) Láuscher *m*; (*zaķa*) Lö'ffel *m*

aust[a] (*audumu*) wében*; wírken

aust[b]: a. rīts (diena) – der Morgen (der Tag) dämmert (graut, bricht an); es dämmert, es tagt

austere A'uster *f*

austrumi O'sten *m*, Oríent [o'rient] *m*, Mórgenland *n*

austrumvācietis (*bijušās Austrumvācijas iedzīvotājs*) *sar.* O'ssi *m*

austuve Weberéi *f*

aušīgs álbern; áusgelassen

autiņbiksītes Wíndelhose *f*, Wíndelspreizhose *f*

autobiogrāfija Autobiographíe *f*, Lébenslauf *m*

autobraucējs Fáhrer *m*, Fü'hrer *m*; (*slikts*) *sar.* Sónntagsfahrer *m*

autobuss Au'tobus *m*; (*ar savienojumu starp vagoniem*) Gelénkbus *m*

autoceļš Au'tobahn *f*, Férnverkehrsstraße *f*

automašīn‖a Au'to *n*, Wágen *m*; lietota a. – Gebráuchtwagen *m*; smagā a. – Lástkraftwagen *m*; vieglā a. – Persónenkraftwagen *m*; ~as uzlauzējs – Au'toknacker *m*; neliels kravas auto, ar kuru aizvāc automašīnas no ielas – A'bschleppwagen *m*; neliels kravas automobilis preču izvadāšanai – Líeferwagen *m*; sporta automobilis ar 2 durvīm – Coupe [ku'pe:] *n*;

bērnu automobilis ar pedāļiem –
Kéttcar [..ka:r] *m*; liels un grezns
automobilis – Limousíne [..mu..]
f; paliels automobilis kā dzīvojamā
mājiņa – Wóhnmobil *n*; ļoti vecs
un tāpēc vērtīgs automobilis –
Oldtimer ['o:ltaimər] *m*
automātisks automátisch
automāts Automát *m*; telefona a. –
Mü'nzfernsprecher *m*; bankas
automāts, bankomāts – Bánk-
automat *m*; transporta biļešu a. –
Fáhrkartenautomat *m*; cigarešu a. –
Zigaréttenautomat *m*; kafijas a. –
Káffeeautomat *m*
autonomija Autonomíe *f*; Sélbst-
ständigkeit *f*; U'nabhängigkeit *f*
autonoms autonóm
autopārvadājumi Fráchtverkehr *m*
autoritāte Autoritä't *f*; Ei'nfluss *m*;
A'nsehen *n*
autorizēt autorisíeren; bevóllmäch-
tigen; ermä'chtigen
autors Au'tor *m*, Verfásser *m*; U'r-
heber *m*
autortiesības Autórenrecht *n*, Ver-
fásserrecht *n*, U'rheberrecht *n*

autsaiders Au'ßenseiter *m*
auz‖as Háfer *m*; ~u pārslas – *dsk.*
Háferflocken; ~u tume – Háfer-
schleim *m*
avanss Vórschuss *m*
avārij‖a Havaríe [..v..] *f*; (*motora*)
Pánne *f*; (*kuģa*) Schíffbruch *m*;
(*draudošs stāvoklis uz ūdens*)
tikai vsk. Séenot *f*; ~as zīme auto-
mašīnām – Wárndreieck *n*;
~as dienests (*automašīnām*) –
Pánnendienst *m*
avene Hímbeere *f*
aviācija Flúgwesen *n*
aviokatastrofa Flúgzeugabsturz *m*
avitaminoze Vitamínmangel *m*
avīze Zéitung *f*, Blatt *n*
avīzpīle *sar.* Zéitungsente *f*
avokado Avocádo *f*
avot‖s Quélle *f*; karstais a. – Ther-
málquelle *f*; ieņēmumu a. – Ei'n-
nahmequelle *f*; zināt no drošiem
~iem – etw. aus sicherer Quelle
wissen
azartspēle Hazárdspiel *n*, Glü'cks-
spiel *n*
āzis Zíegenbock *m*

B

bacilis Bazíllus *m*
badīt mit den Hö'rnern stóßen*
badmintons *sp.* Bádminton *n*
bad‖s Húnger *m*; ciest ~u – Hunger
leiden*; ~a diēta – Húngerkur *f*

bagātība Réichtum *m*; Réichhaltig-
keit *f*
bagātīgs réichlich; reich; ergíebig
bagātināšana *tehn.* A'nreicherung *f*,
Verédelung *f*

bagāt‖s reich; ~a raža – reiche
(ergíebige) Ernte

bagāž‖a Gepä'ck *n*; rokas b. –
Hándgepäck *n*; nodot mantas ~ā –
das Gepäck áufgeben*; ~as glabā-
tava – Gepä'ckaufbewahrung *f*;
~as vagons – Gepä'ckwagen *m*;
~as ratiņi – Gepä'ckkarren *m*

bagāžnieks Dáchträger *m*; Kóffer-
raum *m*; (*automobiļa jumta*) Dách-
gepäckträger *m*

bagijs *sp.* Buggy ['bʌgi] *m*

baidīt schrécken, ä'ngstigen

baidīties sich fü'rchten, sich ä'ng-
stigen, fü'rchten, Angst hában

baig‖s gráuenvoll, únheimlich; omi-
nö's; man ir ~i – es graut (graust)
mir

bailes Furcht *f*, Angst *f*; b. no aug-
stuma – Hö'henangst *f*; slimīgas
b. – Phobíe *f*

bailīgs ä'ngstlich, fúrchtsam

baits *dator.* Byte [bait] *n*

bāka Léuchtturm *m*

bakalaurs Bakkaláureus [..us] *m*

bakas *dsk.* Pócken, *dsk.* Bláttern;
vējbakas – *dsk.* Wíndpocken

baklažāns *bot.* Aubergíne
[obɛr'i:nə] *f*, Ei'erfrucht *f*

baktērija Baktéri‖e *f*, Baktérium *n*

baldriāns Báldrian *m*

balēt bléichen*; ábfärben

baletdejotāja Ballétttänzerin *f*, Balle-
rína *f*

baletdejotājs Ballétttänzer *m*

balets Ballétt *n*

balināt bléichen

balkons Balkón *m*; (*teātrī*) Rang *m*

balle Ball *m*

ballistika *mil.* Ballístik *f*

balneoloģija Bä'derkunde *f*; Héil-
quellenkunde *f*

balodis Táube *f*

balons Ballón *m*; meteoroloģiskais
b. – Wétterballon *m*

balotēties sich zur A'bstimmung/
Wahl stellen; kandidíeren

bāls blass, bleich, fahl

balsene *anat.* Kéhlkopf *m*

balsināt tü'nchen, wéißen

balsošana A'bstimmung *f*, Stímm-
abgabe *f*; aizklāta b. – gehéime
A'bstimmung; personālā b. – ná-
mentliche A'bstimmung

balsot stímmen, die Stímme ábgeben*;
ábstimmen

balss Stímme *f*; b. lūzums – Stímm-
bruch *m*; b. reģistrs – Stímmlage *f*

balsstiesības Stímmrecht *n*

balsstiesīgs stímmberechtigt

balstīties sich stü'tzen

balsts Stü'tze *f*; Halt *m*; tilta b. –
[Brü'cken]pfeiler *m*

baltmaize Wéißbrot *n*

balts weiß

balva 1. Preis *m*; ceļojošā b. –
Wánderpreis *m*; 2. (*dāvana*) Ge-
schénk *n*; Gábe *f*

balzams Bálsam *m*

baļķis Bálken *m*; līdzsvara b. *sp.* –
Schwébebalken *m*

bambuss Bámbus *m*

banāls banál; (*nodrāzts*) ábgedro-
schen; platt
banāns Banáne *f*; banānrepublika
sar. – Banánenrepublík *f*
banda Bánde *f*; Rótte *f*
bandāža Schútzverband *m*; Stü'tz-
verband *m*
bandinieks (*šaha spēlē*) Báuer *m*
banditisms Banditísmus *m*
bandīts Bandít *m*
bandrole Banderóle *f*; Stréifband *n*
bandžo *mūz.* Bánjo *n*
banga Wóge *f*
bangojums Brándung *f*
banka Bank *f*; asins b. – Blútbank *f*;
datu b. – Dátenbank *f*; hipotēku
b. – Hypothékenbank *f*; orgānu
b. – Orgánbank *f*; valsts b. –
Stáatsbank *f*; centrālbanka VFR –
Búndesbank *f*
bankomāts Géldautomat *m*, Bánk-
automat *m*
bankrotēt Bankrótt máchen, bank-
rottíeren
bankrot‖s Konkúrs *m*; ~a procedūra –
Konkúrsverfahren *n*
baņķieris Bankier [baŋ'kje:] *m*
baraka Barácke *f*
baravika Stéinpilz *m*
bārbele Berberítze *f*
bārd‖a Bart *m*; ~as nazis – Rasíer-
messer *n*
bārene, bārenis Wáise *f*, Wáisenkind *n*
bargs streng, hart; gráusam
barība 1. Náhrung *f*; **2.** (*dzīvnieku*)
Fútter *n*

baritons *mūz.* Báriton *m*
barjer‖a 1. Barriére *f*, Schránke *f*;
Spérre *f*; dzelzceļa b. – Báhn-
schranke *f*; ielas b. – Stráßensperre
f; tarifu b. – Zóllschranke *f*; **2.** *sp.*
Hü'rde *f*; pārvarēt ~u – die Hürde
nehmen*
barjerskrējiens *sp.* Hü'rdenlauf *m*
bārmenis Bármixer *m*; Bárkeeper *m*
barometrs Barométer *n*
barošana Ernä'hrung *f*; mākslīgā b. –
kü'nstliche Ernä'hrung *f*
barot nä'hren, fü'ttern; (*lopus*) fü'ttern
barotne *biol.* Nä'hrboden *m*
bars Ménge *f*; Schar *f*; (*odu u. tml.*)
Schwarm *m*
barterdarījums Bártergeschäft *n*,
Táuschgeschäft *n*
bārt schélten*; tádeln, rü'gen
barvedis A'nführer *m*; (*dzīvnieks*)
Léittier *n*
baseins Bécken *n*; akmeņogļu b. –
Steinkohlenbecken *n*; upes b. –
Flussbecken *n*
basketbols *sp.* Básketball *m*
bas‖s^a: ~ām kājām – bárfuß, bárfüßig
bass^b *mūz.* Bass *m*
baterij‖a Batteríe *f*; ielikt jaunu ~u –
eine neue Batteríe éinsetzen; (*sau-
les*) Solárzelle *f*
batuts *sp.* Trámpolin [..li:n] *n*
bauda Genúss *m*
baudīt geníeßen*
baumas Gerü'cht *n*; Geréde *n*; klīst
b. – das Gerücht geht um
bauslis *rel.* Gebót *n*

bāze 1. (*pamats*) Básis *f,* Grúndlage *f;* **2.** *mil.* Stü′tzpunkt *m,* Militä′r- stützpunkt *m;* raķešu b. – Ra- kétenbasis *f;* **3.** (*iestāde*) Zent- rálstelle *f;* Station *f;* ekskursiju b. – Au′sflugsstation *f;* tūristu b. – Tourístenheim *n*

baziliks *bot.* Basílikum *n*

baznīca Kírche *f*

bāzt stécken; (*piem., maisā*) stópfen

bazūne *mūz.* Posáune *f*

bažas Besórgnis *f,* Sórge *f*

bažīties besórgt sein* (*um*), sich sórgen (*um*); sich kü′mmern (*um*)

bebrs *zool.* Bíber *m*

bēdas Kúmmer *m;* Gram *m*

bēdāties sich grä′men, sich hä′rmen

bēdīgs tráurig; trü′bselig; betrü′bt

bedre Grúbe *f;* (*uz ceļa*) Schlágloch *n*

bēglis Flü′chtling *m*

bēgšana Flucht *f;* (*no notikuma vietas pēc avārijas izraisīšanas*) Fáhrerflucht *f;* aizbēgt no no- tikuma vietas – Fáhrerflucht be- géhen*

bēgt flíehen*, [sich] flü′chten

bēgums E′bbe *f*

beidzot éndlich, schlíeßlich, zulétzt

beigas E′nde *n,* Schluss *m;* Au′sgang *m;* laimīgas b. – Háppyend *n*

beigt beénd[ig]en; schlíeßen*; (*iz- beigt*) Schluss máchen, áufhören

beigties énden; ein E′nde néhmen*; zu E′nde géhen*

beisbols *sp.* Baseball [′be:sbo:l] *m*

beladonna *bot.* Tóllkirsche *f*

bende Hénker *m,* Schárfrichter *m*

bēniņi [Dach]boden *m*

benzīns Benzín *n;* parastais b. – Normálbenzin *n;* superbenzīns – Súperbenzin *n;* aviācijas b. – Ke- rosín [..z..] *n*

bēres Beérdigung *f,* Begrä′bnis *n,* Béisetzung *f*

berete Barétt *n;* Báskenmütze *f*

bērnīb‖a Kíndheit *f;* kopš (no) ~as – von Kindheit auf (an)

bērns Kind *n;* rūpju b. – Sórgen- kind *n*

bērnudārzs Kíndergarten *m;* Kín- derhort *m*

berze *fiz.* Réibung *f*

berzēt réiben*

bērzlape Täu′bling *m*

bērzs Bírke *f*

bestsellers Béstseller *m,* Réißer *m*

bet áber; (*pēc nolieguma*) sóndern

betons Betón *m*

bez 1. óhne (*ar ak.*); b. izņēmuma – ohne Ausnahme; **2.** áußer (*ar dat.*); b.tam – außerdém; bez manis tur bija vēl... – außer mir war da noch...

bezbailīgs fúrchtlos, únerschrocken

bezbēdīgs sórglos, sórgenfrei

bezdarbniek‖s A′rbeitslose *m;* ~a pabalsts – A′rbeitslosengeld *n*

bezdarbs A′rbeitslosigkeit *f*

bezdelīga Schwálbe *f*

bezdibenis A′bgrund *m;* Kluft *f*

bezgalīgs unéndlich, éndlos, grén- zenlos

bezgaumīgs geschmácklos
bezizejas- áusweglos; b. stāvoklī, bezpalīdzīgs – áufgeschmissen
bezjēdzīgs sínnlos, únsinnig
bezkaunība U′nverschämtheit f, Fréchheit f
bezmaksas- únentgeltlich, kóstenlos
bezmiegs Schláflosigkeit f
beznaudas- bárgeldlos; b. norēķins – bargeldlose Verréchnung f, bargeldloser Záhlungsverkehr m
beznodokļu- stéuerfrei; b. zona – steuerfreie Zóne
bezpajumtnieks O′bdachlose m
bezpartijisks partéilos
bezpeļņas- ek. ertráglos, únrentabel, gewínnlos, non-profit
bezrūpība Sórglosigkeit f
bezrūpīgs sórglos, sórgenfrei, únbekümmert
bezsāls- sálzfrei
bezsamaņa Bewústlosigkeit f; īss apziņas zudums – Black-out n
bezspēcīgs kráftlos; máchtlos; sar. áusgepowert
bezsvara- gewíchtslos
bezvalstnieks Stáatenlose m
bezvējš Wíndstille f
biatlons sp. Bíathlon [..atlɔn] n
Bībele Bíbel f
bibliotēka Bibliothék f
bibliotekārs Bibliothekár m
bičvolejbols sp. Béachvolleyball [′bi:tʃ..] m
bidē Bidet [bi′de:] n
bīdīt schíeben*, rü′cken

biedrība Geséllschaft f; Genóssenschaft f; Bund m; Veréin m; ārstu b. – Ä′rztebund m; dzīvnieku aizsardzības b. – Tíerschutzverein m; patērētāju b. – Konsúmgenossenschaft f; sporta b. – Spórtverein m
biedrs Kamerád m; Gefä′hrte m; (darba, amata) Kollége m; partijas b. – Partéimitglied n; (arodbiedrības) Genósse m
biete Béte f; róte Rü′be
biezenis Mus n
biezoknis Díckicht n, Wíldnis f; (krūmu) Gestrü′pp n
biezpiens Quark m
biezputra Brei m, Grü′tze f
biez‖s 1. dick; ~a drāna – dicker Stoff; **2.** dicht; ~i mati – dichtes Haar
biežs häu′fig
bifšteks kul. Beefsteak [′bi:fste:k] n
bijība E′hrfurcht f, E′hrerbietung f
bikini Bikíni m
bikses Hóse f; riteņbraucēju b. – Radlerhose f
bikšturi dsk. Hósenträger
biķeris Bécher m; olu b. – Ei′erbecher m
bilanc‖e ek. Bilánz f; starpbilance – Zwíschenbilanz f; tirdzniecības b. – Hándelsbilanz f; uzņēmuma b. – Unternéhmensbilanz f; sastādīt ~i – eine Bilanz erstellen
bilancspējīgs bilánzsicher; b. grāmatvedis – bilanzsicherer Búchhalter

bildināt (*j-m*) einen [Héirats]antrag machen

biljards Billard ['biljart] *n*

biļete Kárte *f*; ieejas b. – Ei'ntrittskarte *f*; braukšanas b. – Fáhrkarte *f*, Fáhrschein *m*; ieejas vai braukšanas sezonas b. – Dáuerkarte *f*; Tícket *n*

biļetens Bulletin [bylə'tɛ:] *n*; ámtliche Bekánntmachung *f*, Tágesbericht *m*; (*vēlēšanu*) Wáhlzettel *m*, Stímmzettel *m*

biogrāfija Biographíe *f*, Lébenslauf *m*

bioloģija Biologíe *f*

bionika Biónik *f*

biotops Bíotop *m vai n*

birojs Büró *n*; advokāta b. – A'nwaltskanzlei *f*

birt fállen*; (*par smiltīm*) ríeseln

birzīgs (*akmens, ķieģelis*) brö'ck[e]lig

birzs Hain *m*

birža Bö'rse *f*; darba b. – A'rbeitsamt *n*; akciju b. – A'ktienmarkt *m*; preču b. – Wárenbörse *f*; vērtspapīru b. – Efféktenbörse *f*

bise Flínte *f*, Bü'chse *f*, Schrótflinte *f*

biskvīts Biskuit [..'kvi:t] *m vai n*

bīstams gefä'hrlich

bistro Bistró *n*

biškopība Imkeréi *f*, Bíenenzucht *f*

biškopis I'mker *m*, Bíenenzüchter *m*

biškrēsliņi *bot.* Ráinfarn *m*

bite Bíene *f*

bits *dator.* Bit *n*

bīt‖s *mūz.* Beat [bi:t] *m*; ~a mūzika – Beatmusik *f*

bize Zopf *m*, [Háar]flechte *f*

biznesmenis Búsinessman ['biznismen] *m*, Geschä'ftsmann *m*

bizness Busineß ['biznis] *n*, Geschä'ft *n*

blakne *med.* Begléiterscheinung *f*

blakts Wánze *f*

blakus 1. (*prievārds*) nében (*ar dat. vai ak.*); **2.** (*adverbs*) danében; nebenán; nebeneinánder

blanšēt blanchíeren [..ʃ..]

blaugznas *dsk.* Kópfschuppen

blāvs blass, matt

blāzma Schein *m*; vakara b. – Abendrot *n*

blēdība Betrúg *m*; Schwíndel *m*

blēdīgs betrü'gerisch; schwíndlerisch

blēdis Betrü'ger *m*, Schwíndler *m*

blefot (*biznesā, kāršu spēlē*) blúffen

blefs Bluff [..ʌ..] *m*, I'rreführung *f*

bleizers (*sporta jaka*) Blázer ['bleizər] *m*

blēņas 1. U'nsinn *m*; Quatsch *m*; **2.** (*nedarbi*) U'nfug *m*

blēņoties 1. (*muļķoties*) U'nsinn (Quatsch) máchen; **2.** (*darīt nedarbus*) U'nfug tréiben*

bliete Rámme *f*

blietēt rámmen

blīvēt verdíchten

blīvs dicht

blīvums Díchte *f*

blokāde Blockáde *f*, Spérre *f*; ekonomiskā b. – Wírtschaftsblockade *f*; eksporta b. – Au'sfuhrsperre *f*; importa b. – Ei'nfuhrsperre *f*; finanšu b. – Finánzblockade *f*;

informācijas b. – Náchrichten-
sperre *f*; valūtas b. – Devísen-
sperre *f*
bloks *daž. noz.* Block *m*
bloķētājs (*automašīnu bloķējamā
ierīce*) Párkkralle *f*
bluķis Klotz *m*
blusa Floh *m*
bluzons Blouson [blu'zɔŋ] *m vai n*
blūze Blúse *f*; Hémdbluse *f*
blūzs *mūz.* Blues ['blu:z] *m*
bļaut schréien*, brü'llen, grö'len
bļoda Schü'ssel *f*; mazgājamā b. –
Waschschüssel *f*; zupas b. – Terríne *f*
bobslejs *sp.* Bóbrennen *n*
bodijs (*sieviešu veļa*) Body ['bɔdi] *m*
boilers Bóiler *m,* Héißwasser-
speicher *m*, Dúrchlauferhitzer *m*
bojā: iet b. – zugrúnde géhen*,
úntergehen*
bojājums Beschä'digung *f*; Scháden
m; (*pēc avārijas nelabojami auto-
mašīnas bojājumi*) Totálschaden *m*
bojāt beschä'digen; verdérben*
bojāties verdérben*
bokseris Bóxer *m*
bokss Bóxen *n,* Bóxkampf *m*
bole Bowle ['bo:lə] *f*
bolings Bowling ['bo:liŋ] *n*; Kégel-
spiel *n*
bolīt: b. acis – die Augen rollen
bombardēt bombardíeren, mit Bóm-
ben belégen
bordelis *sar.* Bordéll *n*; pilsētas
rajons, kurā ir daudz bordeļu –
Rótlichtviertel *n*

borts Bord *m*
bradāt wáten
brāķis Au'sschuss *m*
brālēns Cousin [ku'zɛ:] *m*
brālīgs brü'derlich
brālis Brúder *m*; vārdabrālis – Námens-
vetter *m*
brāļadēls Néffe *m*
brāļameita Níchte *f*
brašs stramm; schnéidig; brav
braucējs 1. Fáhrer *m*; **2.** (*pasažieris*)
Fáhrgast *m,* Passagier [..'ʒi:r] *m*;
sacīkšu b. – Rénnfahrer *m*
brauciens Fahrt *f*; Réise *f*; jūras b. –
Séefahrt *f*; dienesta b. – Díenst-
reise *f*
braukt fáhren*; b. satiksmes līdzeklī
bez biļetes – schwárzfahren*
brauniņš Browning ['brau..] *m,*
Browningpistole *f*
brāzma Wíndstoß *m*, Bö *f*; lietus b. –
Régenschauer *f*
breiks (*deja*) Breaktanz ['bre:k..] *m*
brēka Geschréi *n,* Lärm *m*
brēkt schréien*
bremze *tehn.* Brémse *f*; avārijas b. –
Nótbremse *f*
bremzēt 1. brémsen; **2.** *pārn.* hémmen
brendijs Brandy ['brɛndi] *m*
brīdinājums Wárnung *f,* Verwár-
nung *f*
brīdināt wárnen; verwárnen; máhnen
brīd‖is Wéile *f*; Momént *m*; uz ~i –
auf eine Weile; īstajā ~ī – im
rechten Augenblick
briedis *zool.* Hirsch *m*

briesmas Gefáhr *f*; viņam nedraud b. – er ist außer Gefahr

briesmīgs schrécklich, fúrchtbar, entsétzlich, grä'sslich

briest (*uzbriest*) quéllen; (*nobriest, nogatavoties*) heránreifen

briljants *min.* Brillant [bril'jant] *m*

brilles Brílle *f*; nēsāt b. – eine Brille tragen*

brīnišķīgs wúnderbar; wúnderschön; wúndervoll

brīnīties sich wúndern; stáunen

brīnums Wúnder *n*; nav b.! – kein Wunder !

brīnumsvecīte Wúnderkerze *f*

brist wáten (*durch*); (*pa sniegu*) stápfen (*durch*)

brīvdien‖a 1. [árbeits]freier Tag; **2.:** ~as – *dsk.* Féri‖en

brīvība Fréiheit *f*; vārda b. – Rédefreiheit *f*; preses b. – Préssefreiheit *f*; ticības b. – Gláubensfreiheit *f*

brīvklausītājs (*students*) Fréihörer *m*, Gásthörer *m*

brīvlaiks *dsk.* Féri‖en

brīvosta Fréihafen *m*

brīvprātīgs fréiwillig

brīv‖s frei; ieeja ~a – Eintritt frei; ~a vieta – 1) (*piem., tramvajā*) ein freier Platz; 2) (*darbā*) freie (vakánte[v..]) Stelle

brīžiem zuwéilen; zéitweise

brokastis Frü'hstück *n*; sausās b. (*pārslas un augļi*) Mü'sli *n*

brokastot frü'hstücken

brokāts *tekst.* Brokát *m*

brokers *ek.* Bróker *m*, Mákler *m*

brokoļi Brókkoli *m*

bronhi *med. dsk.* Bronchien ['brɔnçiən]

bronhīts *med.* Bronchítis *f*

bronza Bronze ['brɔ̄:sə] *f*

brošūra Broschü're *f*

brūce Wúnde *f*

bruģis Kópfsteinpflaster *n*; Pfláster *n*

brūklene Préiselbeere *f*

brūnināt *kul.* bräu'nen

brūns braun

bruņas Pánzer *m*; bruņucepure – [Stahl]helm *m*; bruņukuģis *vēst.* – Panzerschiff *n*

bruņošanās Rü'stung *f*

bruņot‖s bewáffnet; ~a sacelšanās – bewaffneter Aufstand; ~ie spēki – *dsk.* Streitkräfte

bruņurupucis Schíldkröte *f*

brutāls brutál; grob

bruto brútto; b. svars – Brúttogewicht *n*

brūvēt bráuen

būda Hü'tte *f*; b. kalnos – Bérghütte *f*; medību b. – Jágdhütte *f*

budēlis *etn.* Vermúmmte(r) *m*

budžets Budget [by'dʒe:] *n*, Háushalt *m*; valsts b.– Stáatshaushalt *m*; Etát *m*; aizsardzības b. – Wéhretat *m*

buferis (*automašīnai*) Stóßstange *f*

bufervalsts Púfferstaat *m*

bufete 1. (*skapis*) Büfétt *n*, A'nrichte *f*; **2.** (*uzkožamo pārdotava*) Büfétt *n*,

Erfríschungsraum *m*, I'mbiss-
stube *f*
buldozers *tehn*. Planíerraupe *f*
buljon‖s Fléischbrühe *f*; Kráftbrühe *f*;
Bouillon [bul'jɔ:] *f*; ~a kubiņš –
Brü'hwürfel *f*
bullis Búlle *m*, O'chse *m*
bulta 1. Pfeil *m*; **2.** (*pie durvīm*)
Bólzen *m*, Ríegel *m*
bulvāris Boulevard [bulə'va:r] *m*
bumba 1. Ball *m*; **2.** *mil*. Bómbe *f*;
vēstuļbumba – Bríefbombe *f*; ūdeņ-
raža b. – H-Bombe *f*; neitronu b. –
Neutrónenbombe *f*; b. ar laika
degli – Zéitbombe *f*
bumbiere Bírne *f*, Bírnbaum *m*
bumbieris Bírne *f*
bumbvedējs *av*. Bómber *m*, Bóm-
benflugzeug *n*
Bundestāgs *pol*. Búndestag *m*
bundesvērs Búndeswehr *f*
bungas Tróommel *f*; Páuke *f*
bur‖**as** Ségel *n*; ~u laiva – Segelboot *n*
burāšana Ségelsport *m*; b. uz ledus –
Eissegeln *n*
burbulis Bláse *f*; ziepju b.– Séifen-
blase *f*
burbuļot (*urdzēt*) ríeseln, múrmeln;
(*mutuļot*) sprúdeln
burbuļvanna Whirlpool ['wə:lpu:l] *m*
būris Kä'fig *m*
burka Glas *n*; ievārījuma b. – Ein-
machglas *n*
burkāns Móhrrübe *f*, Mö'hre *f*

burtisks búchstäblich, wö'rtlich
burtnīca Heft *n*; rūtiņu b. – Rechen-
heft *n*
burts Búchstabe *m*; Létter *f*
burvīgs bezáubernd, záuberhaft;
réizend
burzīties kníttern, knü'llen
buržuāzija Bourgeoisie [burʒoa'zi:] *f*
būt 1. sein*; nevar b.! – nicht
möglich!; vai drīz būs ? – wird's
bald?; b. klāt – dabéi sein*, zu-
gégen sein*; **2.** (*piederības nozī-
mē*) háben*; viņam ir laba atmiņa –
er hat ein gutes Gedä'chtnis; viņam
nav laika – er hat keine Zeit
būtisks wésentlich; essentiéll
būtne Wésen *n*; dzīva b. – Lebewesen
n; pasaku b. – Fabelwesen *n*
būvatļauja Báuerlaubnis *f*
būve Bau *m*; statņu b. – Fáchwerk *n*;
pāļu b. – Pfáhlbau *m*
būvekspertīze Báuexpertise *f*
būviekārta Báuanlage *f*
būvinspektors Báuinspektor *m*
būvinženieris Báuingenieur
[..inən'jø:r] *m*
būvlaukums Báuplatz *m*
būvniecība Báuwesen *n*
būvnormatīvs Báustandard *m*
būvobjekts Báuobjekt *n*
būvprojekts Báuplan *m*
būvstrādnieks Báuarbeiter *m*
būvuzņēmējs Báuunternehmer *m*
būvuzraugs Báuaufseher *m*

C

cālis Kü′cken *n*

cauna *zool.* Márder *m*

caur durch (*ar ak.*); smieties c. – asarām – unter Tränen lachen

caurbrauktuve Dúrchfahrt *f*, Dúrchweg *m*

caurduršana (*ādas, ausu, lūpu u. c. izšaušana rotu ielikšanai*) Píercing [..s..] *n*

caurdurt (*automašīnai riepu*) dúrchschlagen

caureja Dúrchfall *m*

cauri durch (*ar ak.*); ūdens sūcas c. – Wasser síckert durch; spīdēt c. (*arī pārn.*) – durchschimmern; tikt c. (*arī pārn.*) – durchkommen*

caurlaid‖e Dúrchlass *m*; Kapazitä′t *f*; Passíerschein *m*, Ei′nlassschein *m*; ~es punkts – Passíerstelle *f*

caurmēr‖s Dúrchschnitt *m*; ~ā – im Durchschnitt

caur‖s 1. (*par apģērbu, apaviem*) zerríssen; c. zobs – hohler Zahn; **2.:** ~u nakti – die ganze Nacht [hindúrch]; ~ām dienām – tagelang

caurspīdīgs dúrchsichtig

caurule Rohr *n*; Rö′hre *f*

caurumot durchlö′chern

caurumotājs (*papīru*) Lócher *m*

caurums Loch *n*; atslēgas c. – Schlü′sselloch *n*; ozona c. – Ozónloch *n*

caurvējš Zúgwind *m*, Zúgluft *f*

cedēt *jur.* zedíeren

cehs Wérkabteilung *f*; Wérkhalle *f*

cēlējs 1. Erbáuer *m*; **2.:** panikas c. – Pánikmacher *m*; neslavas c. – Verléumder *m*

cēlgāze ķīm. E′delgas *n*

celibāts *bazn.* Zölibát *n*

cēliens (*lugā*) Akt *m*, Au′fzug *m*

celis Knie *n*; nomesties ceļos – kní′[en; in die Kní‖e sínken*

cēlkoksne E′delholz *n*

cēlmetāls E′delmetall *n*

celmlauzis Báhnbrecher *m*, Wégbereiter *m*, Pioníer *m*, Vórkämpfer *m*

celms 1. [Báum]stumpf *m*; **2.** *val.* Stamm *m*

cēlonis U′rsache *f*, Grund *m*

cēlonisks kausál, úrsachlich, úrsächlich

cēls édel; c. mērķis – hohes Ziel

celt 1. hében*; **2.** (*būvēt*) báuen; áufbauen; **3.:** c. gaismā – ans Licht (an den Tag) bringen*; c. iebildumus – Einwände machen (erhében*)

celties 1. (*kājās*) áufstehen*; **2.** (*augšup*) áufsteigen*; **3.** (*paaugstināties*) stéigen*; sich hében*; **4.** (*rasties*) hérkommen*

celtne Bau *m*; Gebäu′de *n*

celtniecība 1. Báuwesen *n*; **2.** *pārn.* Au′fbau *m*

celtnieks 1. (*būvstrādnieks*) Báuarbeiter *m*; **2.** (*arhitekts*) Báumeister *m*

celtnis 1. Kran *m*; **2.** (*lifts*) Fáhrstuhl *m*; Au′fzug *m* ceļabiedrs (*ceļojumā*) Réisegefährte *m*; Mítreisende *m*

ceļasoma Réisetasche *f*; [Réise]-koffer *m*

ceļazīme (*uz sanatoriju*) Ei'nweisung *f*; (*uz atpūtas namu*) U'rlaubsscheck *m*; (*uz darba vietu*) Bestímmung *f*, Beórderungsschein *m*

ceļinieks Wánderer *m*

ceļmala Wégrand *m*

ceļojumčeks Réisescheck *m*, Travellerscheck ['trɛvələr..] *m*

ceļojum‖s Réise *f*; īss c. – Trip *m*; doties ~ā – eine Reise antreten*

ceļot réisen

ceļotājs Réisende *m*

ceļrādis Wégweiser *m*

ceļ‖š Weg *m*; Bahn *f*; galvenais c. – Vórfahrtsstraße *f*; Piena Ceļš *astr.* – Mílchstraße *f*; ~u! – Bahn frei!; laimīgu ~u! – glückliche Reise!; ~ā, pa ~am – unterwégs; mums ir pa ~am – wir haben densélben Weg

ceļteka *bot.* Wégerich *m*

ceļvedis Réiseführer *m*

cements Zemént *m vai n*

cen‖a Preis *m*; ārkārtīgi zema c. – Schléuderpreis *m*; vienāda c. dažādiem produktiem – Ei'nheitspreis *m*; iepirkuma c. – A'nkaufs-, Ei'nkaufspreis *m*; dempinga c. – Dumpingpreis ['dampiŋ..] *m*; minimālā c. – Míndestpreis *m*; tirgus c. – Márktpreis *m*; melnā tirgus c. – Schwárzmarktpreis *m*; spe-

kulatīva c. – Wúcherpreis *m*; ◇ par katru ~ u – um jeden Preis

cenrādis Préisliste *f*

censonis (*skolā*) Stréber *m*

censties (*pēc kā*) strében; (*pūlēties*) sich bemü'hen, sich Mü'he gében*

centība Ei'fer *m*, Strébsamkeit *f*

centīgs éifrig, strébsam

centimetrs Zentiméter *n*

centners (*100 kg*) Dóppelzentner *m*

centrālapkure Zentrálheizung *f*

centrāle Zentrále *f*; telefona c. – Vermíttlung *f*

centrāls zentrál

centrifūga (*veļas*) Wä'scheschleuder *f*

centr‖s Zéntrum *n*, Míttelpunkt *m*; preses c. – Préssezentrum *n*; skaitļošanas c. – Réchenzentrum *n*; tirdzniecības c. – Ei'nkaufszentrum *n*; ~a uzbrucējs *sp.* – Mittelstürmer *m*

cents (*monēta*) Cent *m*; (*eiro sīkākā naudas vienība*) Cent *m*

cenzēt zensíeren, behö'rdlich beúrteilen

cepeškrāsns Báckofen *m*, O'fenröhre *f*

cepešpanna Brátpfanne *f*; Kü'chenblech *n*

cepetis Bráten *m*

ceplis Zíegelbrennerei *f*

cep‖t (*gaļu*) bráten*; (*maizi*) bákken*; (*karstā eļļā*) frittíeren; ~ti kartupeļi – *dsk.* Brátkartoffeln

cepts (*svaigi*) ófenfrisch

cepumi Gebä'ck *n*, Báckwerk *n*; sāļie c. – Brézel *f*; apaļi c. – Plä'tzchen *n*

cepure Mü'tze *f;* *(platmale)* Hut *m;*
c. ar nagu – Schírmmütze *f*

cer‖ēt hóffen; ~ams – hóffentlich

cerīb‖a Hóffnung *f;* bez ~ām –
hoffnungslos; zaudēt ~as – die
Hoffnung aufgeben* (verlíeren*);
~u stars – Hoffnungsschimmer *m*

ceriņi *bot.* Flíeder *m*

cērme Spúlwurm *m*

cesija *jur.* Zessión *f,* A'btretung
(einer Forderung) f, Übertrágung
(eines Anspruchs) f

ceturksnis Víertel *n;* stundas c. –
Víertelstunde *f*

ceturtais víerte

ceturtdiena Dónnerstag *m; rel.* Zaļā
C. – Grü'ndonnerstag *m*

cidonija *bot.* Quítte *f*

ciedrs Zéder *f*

cielava *ornit.* Stélze *f*

ciemkukulis Gástgeschenk *n*

ciems[a] Dorf *n;* Wéiler *m*

ciem‖s[b]: būt ~os – zu Besúch sein*;
iet ~os – zu Besuch gehen*

cienīgs 1. wert, wü'rdig; 2. *(piem.,
pēc izskata)* wü'rdevoll

cienījams éhrbar, éhrwürdig; *(uz-
runā)* geéhrt; veréhrt

cienīt schä'tzen, áchten

cieņ‖a 1. A'chtung *f;* Respékt *m;* ar
~u *(vēstules beigās)* – hochach-
tungsvoll; 2. *(cienīgums)* Wü'rde *f*

ciest 1. léiden*; dúlden; 2. *(paciest)*
ertrágen*, áushalten*; áusstehen*

ciešanas *(sāpes)* Léiden *n; (bēdas)*
Leid *n*

cieš‖s eng; dicht; fest; ~a draudzība –
enge (feste) Freundschaft; ~i
blakus – eng (dicht) nebenein-
ánder; gulēt ~ā miegā – fest schla-
fen*

ciete Stä'rke *f*

ciet‖s hart; fest; ~a maize – hartes
Brot

cietsirdīgs hártherzig, hérzlos

cietumnieks Inhaftíerte *m; (izbēdzis)*
Au'sbrecher *m; (kas drīkst strā-
dāt ārpus cietuma, bet nakšņo
cietumā)* Fréigänger *m*

cietums Gefä'ngnis *n; ofic.* Justíz-
vollzugsanstalt *f; sar.* Knast *m*

cietumsods Gefä'ngnisstrafe *f*

cietušais O'pfer *n,* Geschä'digte *m,*
Betróffene *m*

cigarete Zigarétte *f; sar.* hašiša vai
marihuānas c. – Joint [dʒɔint] *m*

cigārs Zigárre *f*

cigoriņš *bot.* Chicoree ['ʃikore] *m* vai *f*

cik wíe viel; wie; c. tas maksā? – was
(wie viel) kostet das?; c. pulk-
stenis? – wie spät ist es?, wie viel
Uhr ist es?; c. viņam gadu? – wie
alt ist er?; ◇ c. man zināms –
soviel ich weiß

ciklons *met.* Zyklón *m*

cikls Zýklus *m;* ražošanas c. – Pro-
duktiónszyklus *m;* Túrnus *m*

cikos um wíe viel Uhr

cilāt hében*; c. vecas lietas *pārn.* –
alte Geschíchten aufrühren

cildots verédelt

cilindrs Zylínder *m*

cilmvieta Hérkunftsort *m*; Hérkunfts-land *n*

cilpa Schlínge *f*; (*āķa iekabināšanai*) Ö′se *f*

cilts Stamm *m*

ciltsgrāmata (*lauksaimniecībā*) Stámmbuch *n*, Hérdbuch *n*

cilvēce Ménschheit *f*

cilvēcīgs ménschlich, humán

cilvēcisks ménschlich

cilvēk‖s Mensch *m*; ~i – Leute

cilvēktiesības *dsk.* Ménschenrech-te

cimds Hándschuh *m*; dūrainis – Fáusthandschuh *m*, Fäu′stling *m*

cīnītājs Kä′mpfer *m*

cīnīties kä′mpfen; ríngen*; *sar.* fighten [′faitən]

cīņa 1. Kampf *m*; **2.** (*sporta veids*) Ríngen *n*, Ríngkampf *m*; vēršu c. – Stíerkampf *m*

cionisms Zioní smus *m*

ciparnīca Zífferblatt *n*

ciparripa (*tālrunim*) Wä′hlscheibe *f*

cipars Zíffer *f*

cīpsla *anat.* Séhne *f*

cirk‖s Zírkus *m*; ~a mākslinieks – Artíst *m*

cirpt schéren*

cirsma Hólzschlag *m*

cirst háuen, hácken; c. malku – Holz hauen (hacken); c. kokus – Bäume fällen; ◇ c. pļiķi – eine Ohrfeige versétzen (geben*)

cirta Lócke *f*, Ríngel *m*

cirtains lóckig, kraus

cirtējs: malkas c. – Holzhauer *m*; meža c. – Holzfäller *m*; (*kaln-rūpniecībā*) Háuer *m*

cirtiens Hieb *m*; Streich *m*

cīrulis Lérche *f*

cirvis Axt *f*, Beil *n*

cīsiņš Wü′rstchen *n*

ciska *anat.* [O′ber]schenkel *m*

cista *med.* Zýste *f*

citāddomājošs ánders gesínnt

citādi 1. ánders; tā vai c. – so oder so; **2.** (*pretējā gadījumā*) sonst

citāds ein ánderer

cītara Zíther *f*

citāts Zitát *n*

citēt zitíeren, ánführen

cītīgs éifrig, strébsam; fléißig

citronliāna *bot.* Spáltkölbchen *n*

citrons Zitróne *f*

cit‖s ein ánderer; ~u reizi – ein anderes Mal, ein andermal; c. ~u – einánder; ~iem vārdiem – anders geságt; tas ir kas c. – das ist etwas anderes

cittautietis Frémdstämmige *m*, Frémd-länder *m*

citur ánderswo, írgendwo ánders

civildienests (*karadienesta vietā*) *tikai vsk.* Zivíldienst [..v..] *m*, Wéhrersatzdienst *m*

civilizācija Zivilisatión [..v..] *f*

civilkodekss *jur.* Bü′rgerliches Ge-sétzbuch *n*

civillaulība *jur.* Zivílehe [..v..] *f*, freie Ehe *f*, Lébensgemein-schaft *f*

civillikums *jur.* Zivílgesetzbuch [..v..] *n*
civiltiesības Zivílrecht [..v..] *n*
cūciņas *med.* Mumps *m*; Zíegenpeter *m*
cūk‖a Schwein *n*; ~as gaļa – Schwéinefleisch *n*; (*sivēnmāte*) Sau *f*; meža c. – Wíldschwein *n*; ~u pupa – Sáubohne *f*
cukini Zucchini [tsʊˈki:ni] *f*

cūkkopība Schwéinezucht *f*
cukurbiete Zúckerrübe *f*
cukur‖s Zúcker *m*; niedru c. – Róhrzucker *m*; graudu c. – Wüˈrfelzucker *m*; ~a aizvietotājs – Süˈßstoff *m*; ~vate – Zúckerwatte *f*
cukurtrauks Zúckerdose *f*
cunami Tsunámi *m*
cunfte Zunft *f*; Iˈnnung *f*

Č

čabēt ráscheln
čakls fléißig
čalot 1. (*par ūdeni*) ráuschen, pläˈtschern; **2.** (*runāt*) pláudern, schwátzen
čārterreiss Charterflug [ˈtʃa:..] *m*
čaukstēt ráscheln; (*par zīdu*) ráuschen; knístern; kníttern
čaumala Schále *f*
čeks Scheck *m*; (*kases*) Kássenzettel *m*, Kássenbon *m*; norēķinu č. – Verréchnungsscheck *m*; skaidras naudas č. – Bárgeldscheck *m*, Bárscheck *m*; uzrādītāja č. – Iˈnhaberscheck *m*
čells *mūz.* Cello [ˈtʃɛ..] *n*
čempions *sp.* Méister *m*; pasaules č. – Weltmeister *m*
čemurs (*ziedu*) Dólde *f*; (*ogu*) Tráube *f*
četrdesmit víerzig
četri vier
četrpadsmit víerzehn

četrstūris Víereck *n*
cības (*vingrošanai*) Túrnschuhe, *dsk.* Spórtschuhe; (*rītakurpes*) *dsk.* Háusschuhe, *dsk.* Pantóffeln
ciekurs Zápfen *m*
ciepstēt píep[s]en
cigāniete Zigéunerin *f*
cigāns Zigéuner *m*
cikstēt knárren, quíetschen; kréischen
cili (*pipars*) Chili [ˈtʃi:li] *m*
cipkarte Chipkarte [ˈtʃip..] *f*
cipss (*kartupeļu*) *dsk.* Kartóffelchips
civināt zwítschern
cizburgers *kul.* Cheeseburger [ˈtʃi:z..] *m*
cuguns Róheisen *n*; Gússeisen *n*
cukstēt flüˈstern, ráunen
cūla Geschwüˈr *n*; Wúnde *f*; kuņģa č. – Mágengeschwür *n*
cūsk‖a Schlánge *f*; ~u dīdītājs – Schlángenbeschwörer *m*

D

dab‖a 1. Natúr *f;* ~as bagātības –
Natúrschätze *dsk.;* brīvā ~ā – im
Fréien; **2.** *(raksturs)* Natúr *f;* Gemǘt
n; lēnas ~as cilvēks – ein Mensch
von sanfter Natur

dabasgāze E´rdgas *n*

dabisk‖s natǘrlich; ~ā lielumā –
lébensgroß

dabūt bekómmen*, erhálten*; d.
iesnas – sich *(dat.)* einen Schnúp-
fen hólen

dabzinātnes Natúrwissenschaft *f*

dadzis Klétte *f;* Dístel *f;* kā d. acī –
wie ein Dorn im Auge

dadzītis *ornit.* Stíeglitz *m*

daiļliteratūra schö´ne Literatúr *f,*
Belletrístik *f*

daiļrade [kü´nstlerisches] Scháffen *n*

daiļslidošana *sp.* Ei´skunstlauf *m*

daiļš schön

daiļums Schö´nheit *f*

daina léttisches Vólkslied *n,* Dáina *f*

dakšiņa Gábel *f*

dakts Docht *m*

dalailama Dálai-Láma *m*

dalīb‖a A´nteil *m;* Téilnahme *f;*
ņemt ~u – Anteil nehmen* *(an
ar dat.)*

dalībnieks Téilnehmer *m,* Betéiligte
m; *(akciju sabiedrībā)* Téilhaber
m, Geséllschafter *m;* konkursa d. –
Préisbewerber *m*

dalībvalsts Mítgliedstaat *m*

dālija *bot.* Dahlie ['da:liə] *f*

dalīt 1. téilen; éinteilen; glíedern;
2. *mat.* dividíeren

dalīties 1. sich téilen; **2.** *mat.* dividí-
eren; **3.** *(ar kādu)* téilen

daltonisms *med.* Fárbenblindheit *f*

daļ‖a 1. Teil *m;* d. *(procentos)*
Prozéntsatz *m;* pa ~ai – zum Teil;
téilweise; pa lielākai ~ai – grö´ß-
tenteils, méistens; **2.** *(nodaļa)* Ab-
téilung *f;* kadru d. – Personál-
abteilung *f;* ◇ kas tev par ~u? –
was geht es dich an?

daļiņa Partíkel *n;* Téilchen *n*

daļskaitlis Brúchzahl *f,* Bruch *m*

dāma Dáme *f*

dambis Damm *m*

dambrete Dámespiel *n*

darbaspēks A´rbeitskraft *f*

darbdien‖a Wérktag *m;* ~ās – wérktags

darbgalds Wérkbank *f*

darbīb‖a 1. Tä´tigkeit *f;* A´rbeit *f;*
sirdsdarbība – Hérztätigkeit *f;* pār-
valdes d. – Verwáltungstätigkeit *f;*
pētnieciska d. – Fórschungstätig-
keit *f;* saimnieciskā d. – wírt-
schaftliche Tä´tigkeit *f;* ~as lauks –
Wírkungskreis *m;* **2.** *(norise)*
Hándlung *f;* Aktión *f;* karadar-
bība – *dsk.* Kríegsoperationen;
~as vārds – Verb [v..] *n,* Zéitwort *n*

darbietilpīgs árbeitsaufwendig

darbīgs tä´tig; áktív

darbinieks A´rbeiter *m;* Funktionä´r
m; algots d. – A´rbeitnehmer *m;*

partijas d. – Partéifunktionär *m*;
arodbiedrības d. – Gewérkschafts-
funktionär *m*

darblaiks A´rbeitszeit *f*; saīsināts d. –
Téilzeitarbeit *f*

darbnespēja A´rbeitsunfähigkeit *f*

darbnīca Wérkstatt *f*; remontdarb-
nīca – Reparatúrwerkstatt *f*

darbojošs intákt

darboties 1. árbeiten; wírken; **2.** (*funk-
cionēt*) árbeiten, funktioníeren;
(*par mehānismu – arī*) láufen*

darb‖**s 1.** A´rbeit *f*; īslaicīgs d. – Job
m; blakusdarbs – Nébenberuf *m*,
Nébenbeschäftigung *f*; fizisks d. –
Múskelarbeit *f*; garīgs d. – Kópf-
arbeit *f*; lauku d. – Féldarbeit *f*;
teicams d. – Qualitá´tsarbeit *f*;
pārbaudes darbs (*mācību iestādē*,
rakstisks) – Klausúr *f*; virsstundu
d. – *dsk.* Ü´berstunden; (*pastāvīgs
tirdzniecības vai amatniecības
jomā vai pakalpojumu sniegšanā*)
Gewérbe *n*; darbs nepilnu d.
dienu – *tikai vsk.* Téilzeitarbeit *f*;
tāds, kas neattiecas uz ~u – berúfs-
fremd; darbabiedrs – [A´rbeits]-
kollege *m*; ~a birža – A´rbeitsamt
n; ~a laiks – A´rbeitszeit *f*; Díenst-
zeit *f*; **2.** Werk *n*; A´rbeit *f*; mākslas
d. – Kúnstwerk *n*; **3.** (*rīcība*) Tat *f*;
labs d. – gute Tat

darbspēja A´rbeitsfähigkeit *f*

darbuzņēmējs *jur.* Unternéhmer *m*

darbvedis Sáchbearbeiter *m*, Referént
m; Schríftführer *m*

dārdēt dónnern; pērkons dārd – der
Donner grollt, es donnert

dārdzība Téuerung *f*, Vertéuerung *f*;
dzīves d. – *dsk.* Lébenshaltungs-
kosten

dārgakmens E´delstein *m*

dārglietas Schmuck *m*, *dsk.* Juwélen

dārg‖**s** téuer; (*vērtīgs*) kóstbar; ~ais
draugs! – teurer (lieber, werter)
Freund!

darījum‖**s** Hándel *m*, Geschä´ft *n*;
sar. Deal *m*; biržas d. – Bö´rsen-
geschäft *n*; jūras pārvadājumu d. –
Séefrachtgeschäft *n*; maiņas d. –
Táuschgeschäft *n*; uzticības d.,
uzticēšanās d. – Tréuhandgeschäft
n; noslēgt ~u – einen Handel (ein
Geschäft) abschließen*

darīšan‖**a** A´ngelegenheit *f*; jaukties
cita ~ās – sich in fremde Angele-
genheiten míschen; tā nav mana d. –
das ist nicht meine Sache, das geht
mich nichts an

darīt tun*; máchen; neko d. – nichts
zu machen; d. kādam pāri – j-m
etw. zuléid[e] tun; d. zināmu
(*kādam ko*) – mítteilen

darva Teer *m*

darvot téeren

dārzeņi Gemü´se *n*

dārzeņkopība Gemü´sebau *m*

dārzkopība Gártenbau *m*

dārzniecība Gärtneréi *f*

dārzs Gárten *m*; augļu d. – O´bstgarten
m; sakņu d. – Gemü´segarten *m*;
vaļējs alus d. – Bíergarten *m*

datele *bot*. Dáttel *f*
dat‖i *dsk*. A′ngaben, Dáten; biogrā-
fiski d. – *dsk*. Personáli|en; ~u
bāze – Dátenbank *f*
datne *dator*. Datéi *f*
datorgrafika *dator*. Compútergrap-
hik *f*
datorika, datorzinātne Computer-
wissenschaft [kɔm′pju:tər..] *f*
datorpirāts Hácker *m*
datorprogramma Compúterpro-
gramm *n*
dators *dator*. Compúter *m*; (*pārnē-
sājamais*) Nótebook [′noutbuk] *n*
datorspēle *dator*. Compúterspiel *n*
datortehnika *dator*. Compútertech-
nik *f*
datorvaloda *dator*. Compútersprache *f*
datorvīruss *dator*. Compútervirus
[..v..] *m*
datums Dátum *n*; kāds šodien d.? –
welches Datum haben wir heute?
daudz viel; d.vairāk – viel mehr
daudzkārt víelmals; óftmals
daudznāciju-: d. valsts – Nationali-
tä′tenstaat *m*
daudzpusīgs víelseitig
daudzreiz víelmal[s]; óftmals
daudzskaitlis *gram*. Plúral *m*, Méhr-
zahl *f*
daudzum‖s Ménge *f*; (*skaits*) Zahl *f*;
lielā ~ā – in großen Mengen
dauzīt klópfen (*piem., paklāju*);
schlágen*; hä′mmern
dauzīties 1. hä′mmern, [laut] klópf-
fen; **2.** (*palaidņoties*) U′nfug tréi-

ben*; nedauzies! – sei artig!; **3.**: d.
apkārt – sich herúmtreiben*
dāvan‖a 1. Geschénk *n*; **2.**: ~as
pārn. – Talént *n*; Begábung *f*;
Gábe *f*; žēlastības d. – A′lmosen *n*
dāvinājums *jur*. Schénkung *f*
dāvināt schénken
dažādība Víelfältigkeit *f*; Mánnig-
faltigkeit *f*; (*atšķirība*) Verschíe-
denheit *f*; Víelfalt *f*
dažāds verschíeden, verschíedenartig
dažreiz mánchmal, zuwéilen
daž‖s manch; d. labs – manch einer;
~ā ziņā – in gewísser Hinsicht; ~i –
einige, manche; ~os vārdos – in
einigen (kurzen) Worten
debates Debátte *f*
debess Hímmel *m*; debespuse –
Hímmelsrichtung *f*, Hímmelsge-
gend *f*
debetēt *ek*. belásten, im Soll éin-
tragen/búchen
decembris Dezémber *m*
dedzība Ei′fer *m*; Féuer *n*, Elán *m*
dedzīgs féurig; éifrig; léidenschaft-
lich
dedzināšana Verbrénnung *f*; (*ļaun-
prātīga*) Brándanschlag *m*, Bránd-
stiftung *f*
dedzināt 1. brénnen*; **2.** (*par sauli*)
brénnen*, séngen
defekts Defékt *m*; Féhler *m*; Mángel
m; runas d. – Spráchfehler *m*
deficīts *ek*. Defizít *n*, Féhlbetrag *m*;
ārējās tirdzniecības d. – Au′ßen-
handelsdefizit *n*; budžeta d. –

D

Háushaltsdefizit *n*; preču d. – Wárenmangel *m*

definēt definíeren

degbumba *mil.* Brándbombe *f*

deglis 1. (*lampai*) Docht *m*; **2.** (*spridzeklim, šāviņam*) Zü′nder *m*; **3.**: gāzes d. – Brénner *m*

degpunkt‖s 1. Brénnpunkt *m*, Fókus *m*; **2.** *pārn.* Míttelpunkt *m*; uzmanības ~ā – im Mittelpunkt des Interésses

degt 1. brénnen*; **2.** *pārn.* glü′hen, brénnen*

degunradzis *zool.* Náshorn *n*

degun‖s *anat.* Náse *f*; ◇ bāzt visur savu ~u – seine Nase in alles stecken; nokārt ~u – die Nase hängen lassen*

degviela Brénnstoff *m*, Tréibstoff *m*; *sar.* Sprit *m*; raķešu d. – Rakéten- treibstoff *m*; aviācijas d. – Kerosín *n*

degvīns Bránntwein *m*

deja Tanz *m*; tautas d. – Vólkstanz *m*

dejot tánzen

dēka A′benteuer *n*

dekāns Dekán *m*

deklamēt deklamíeren, vórtragen*

deklarācija Deklaratión *f*; nodokļu d. – Stéuererklärung *f*; ienākumu d. – Ei′nkommen[s]erklärung *f*; muitas d. – Zólldeklaration *f*

deklarēt deklaríeren, erklä′ren

dekodēšana Dekodíerung *f*

dekodētājs Dekodíerer *m*

dekorācija Dekoratión *f*; Bü′hnen- bild *n*

dekors Dekór *n vai m*

dekrēts Dekrét *n*; Verórdnung *f*

deldēt 1. ábnutzen; (*drēbes* – *arī*) ábtragen*; **2.** (*parādu*) tílgen

dēle Blútegel *m*

delegācija Delegatión *f*, A′bordnung *f*

delegāts Delegíerte *m*, A′bgeord- nete *m*

dēlis Brett *n*; *tehn.* sadales d. – Scháltbrett *n*; rasējamais d. – Réiß- brett *n*; smilšu d. – Sándboard [..bo:d] *n*

delna *anat.* Hándfläche *f*

dēls Sohn *m*

deltaplāns Déltaplan *n*; Hä′nge- gleiter *m*

dēļ wégen (*ar ģen.*); um...wíllen (*ar ģen.*); infólge (*ar ģen.*); tevis dēļ – déinetwegen; slimības dēļ – kránk- heitshalber; šā iemesla dēļ – aus diesem Grunde

demilitarizācija Entmilitarisíerung *f*

demisija Demissión *f*, Rü′cktritt *m*

demobilizēt demobilisíeren

demokrātija Demokratíe *f*

demokrātisks demokrátisch

demonstrācija Demonstratión *f*; Kúndgebung *f*; (*gājiens* – *arī*) Au′fmarsch *m*

demonstrēšana Demonstratión *f*; Vórführung *f*; filmas d. – Fílm- vorführung *f*

demping‖s *ek.* Dumping [′dʌm..] *n*, Préisunterbietung *f*; ~a cenas – *dsk.* Schléuderpreise

deniņi *anat.* Schlä′fe *f*

departaments Departement
[departə'mã:] *n*; Verwáltungsbezirk
m; A'bteilung *f*; Behö'rde *f*
depo Depot [de'po:] *n*
deponēt *ek*. in Deposít gében; depo-
níeren, hinterlégen
deportēt deportíeren, zwángsver-
schicken
depozitārijs Wértpapierdepot
[..de'po:] *n*; Depositórium *n*
depozīts *ek*. Deposítum *n*; *dsk*. De-
posíten
depresija Depressión *f*; *ek*. Tíef-
stand *m*
deputāts Deputíerte *m*, A'bgeord-
nete *m*
derētᵃ **1.** (*būt piemērotam*) táugen
(*zu*), sich éignen (*zu*); **2.** (*būt
laikā*) pássen; **3.** (*noderēt*) nútzen,
nü'tzen; tas nekur neder – das
nutzt zu nichts
derētᵇ (*slēgt derības*) wétten
derības Wétte *f*; noslēgt d. – eine
Wette eingehen*
derīgs 1. (*piemērots*) táuglich; **2.** (*no-
derīgs*) nü'tzlich, nútzbringend;
(*par biļeti u.tml.*) gü'ltig
desa Wurst *f*; griežamā d. – Schnítt-
wurst *f*; smērējamā d. – Stréich-
wurst *f*
desant‖s Lándung *f*; (*vienības*) *av.
dsk.* Lándetruppen, *jūrn. dsk.*
Lándungstruppen; izcelt ~u –
[Landungs]truppen anlanden
deserts Náchtisch *m*, Dessert [dɛ'sɛ:r] *n*
desmit zehn

desmitais zéhnte
desmitdaļa Zéhntel *n*
desmitcīņa *sp.* Zéhnkampf *m*
destilēt destillíeren
dēstīt pflánzen, sétzen
dēsts Pflä'nzling *m*, Sétzling *m*
dēt Ei'er légen
detaļ‖a 1. Detail [de'tai] *n*, Ei'nzelheit
f; **2.** *tehn.* Teil *m*; mašīnas ~as –
dsk. Maschínenteile
detektīvs Detektív *m*
deva Ratión *f*; (*zāļu*) Dósis *f*; Gábe *f*;
pārmērīga d. – Ü'berdosis *f*
devalvācija *ek.* A'bwertung *f*, Deval-
vatión [..valva..] *f*, Wä'hrungsab-
wertung *f*
devīgs fréigebig
deviņdesmit néunzig
deviņi neun
deviņpadsmit néunzehn
devītais néunte
devīze (*reklāmā*) Wérbespruch *m*,
Schlágwort *n*; (*politikā*) Wáhl-
spruch *m*, Léitspruch *m*, Wáhl-
parole *f*, Devíse *f*
dezinfekcija Desinfektión *f*, Ent-
séuchung *f*
dezinficēt desinfizíeren, entséuchen
dezodorants Deodoránt *n*; *saīs.*
Deo *n*
dežūra Dienst *m*; nakts d. – Nácht-
dienst *m*; operatīvā d. – Beréit-
schaftsdienst *m*
dežurants Díensthabende *m*; O'rd-
ner *m*
dežurēt Dienst hában* (tun*), im

Dienst sein*; d. pie slimnieka – bei einem Kranken wachen

diabēts *tikai vsk.* Diabétes *m*

diafragma *anat.* Zwérchfell *n*

diagnostika Diagnóstik *f*; agrīnā d. – Frü'herkennung *f*; kompjūter-diagnostika – Compúterdiagnostik *f*

diagnoz‖e Diagnóse *f*; noteikt ~i – die Diagnose stellen

diagramma Diagrámm *n*

dialektisks daléktisch

dialekts Múndart *f*, Dialékt *m*

dialogs Dialóg *m*, Zwíegespräch *n*

diametrs Diaméter *m*, Dúrchmesser *n*

diapozitīvs Diapositív *n*, Día *n*

diatēze *med.* Diathése *f*

dibens 1. (*jūras, upju, trauku*) Grund *m*; (*mucai*) Bóden *m*; **2.** (*sēžam-vieta*) Gesä'ß *n*, Híntern *m*

dibināšana (*personīgas firmas vai veikala dibināšana, radot darba-vietu sev*) Existénzgründung *f*

dibināt grü'nden; stíften

dīdžejs Dískjockey [..dʒɔki] *m*

diedzēt kéimen lássen

diegs Fáden *m*; Zwirn *m*; (*izšūšanai, adīšanai*) Garn *n*; kokvilnas d. – Twist *m*; magnētiskais d. uz kredītkartes – Magnétstreifen *m*

diemžēl léider

dien‖a Tag *m*; dzimšanas d. – Ge-búrtstag *m*; *ek.* mēneša pēdējā d. – U'ltimo *m*; Valentīna d., 14. feb-ruāris – Válentinstag *m*; papild-diena garajā gadā, 29. februāris – Schálttag *m*; strādāt nepilnu darba ~u – hálbtags arbeiten; ~as norma – Tagessoll *n*; katru ~u – täglich; pa ~u – tags; tagsüber; mūsu ~ās – heutzutage

dienasgrāmata Tágebuch *n*

dienasnauda (*komandējuma*) Táge-geld *n*

dienest‖s Dienst *m*; ~a pakāpe – Rang *m*; ātrās palīdzības d. – Beréitschaftsdienst *m*; glābšanas d. – Réttungsdienst *m*; pircēju apkalpošanas d. – Kúndendienst *m*; valsts slepenais d. – Náchrich-tendienst *m*

diennakts Tag und Nacht; d. darba laiks – gánztägig

dienvidi Sü'den *m*

dienvidnieks Sü'dländer *m*

diēt‖a Diä't *f*; nulles d. – Núlldiät *f*; ievērot ~u – Diät halten*

dietoloģija Diätétik *f*

dievināt vergö'ttern

dievkalpojums *bazn.* Góttesdienst *m*; (*katoļu dievkalpojums, parasti vakarā*) Vésper [f..] *f*

dievs Gott *m*

diezgan 1. (*pietiekoši*) genúg, ge-nü'gend; nu ir d.! – [es ist] ge-nug!; **2.** zíemlich; d. labs – ziem-lich gut

difterija *med.* Diphtheríe *f*

dīglis Keim *m*

dīgt kéimen

dīkā mü'ßig; stāvēt d. – 1) müßig stehen*; 2) (*par mašīnām*) [still]-stehen*

dīkdienis Mü′ßiggänger *m*, Níchts-
nutz *m*, Táugenichts *m*

diksilends *mūz*. Dixieland
[′diksilɛnt] *m*

dīkstāve Stíllstand *m*; *(mašīnas)*
Wárte-zeit *f*

dīkt súmmen

diktāts Diktát *n*

diktatūra Diktatúr *f*

diktēt diktíeren

diktofons Diktíergerät *n*

diktors A′nsager *m*; Sprécher *m*

dīķis Teich *m*

dīķsaimniecība Téichwirtschaft *f*

diletants Láie *m*; *niev*. Dilettánt *m*

dilles Dill *m*

dilt 1. *(par drēbēm, apaviem)* sich
ábtragen*, verschléißen*; **2.** *(par
Mēnesi)* ábnehmen*

dimants *min*. Diamánt *m*

dimdēt drö′hnen

dinozaurs Dinosáuri|er *m*

diplomātisks diplomátisch

diplomāts Diplomát *m*

diplomdarbs Diplómarbeit *f*

diploms Diplóm *n*; *(amatnieka)* d. –
Méisterbrief *m*

direkcija Direktión *f*

direktors Diréktor *m*

diriģents Dirigént *m*; *(neliela or-
ķestra)* Kapéllmeister *m*

diriģēt dirigíeren

disciplīna Disziplín *f*

disertācija Dissertatión *f*, Dóktor-
arbeit *f*

disidents *rel., pol*. Dissidént *m*

diskete *dator*. Diskétte *f*, Dáten-
träger *m*

diskonts *ek*. Diskónt *m*, Diskóntsatz *m*

diskotēka Diskothék *f*

disk‖sᵃ Dískus *m*; automašīnas de-
koratīvais d. – Zíerfelge *f*; mag-
nētiskais d. *dator*. – Magnétplatte
f; ~a mešana *sp*. – Diskuswerfen *n*

disksᵇ *(cietais)* *dator*. Féstplatte *f*

diskusija Diskussión *f*; telediskusija
(televīzijas raidījums) – Tálkshow
f; *(seminārs, darba diskusija)*
Workshop [′vø:rkʃɔp] *m*

diskutēt diskutíeren

diskžokejs *mūz*. Dískjockey *m*

dispečers Dispatcher [..′pɛtʃər] *m*;
av. Flúglotse *m*

displejs *dator*. Display [dis′plei] *n*,
Bíldschirm *m*

dispozīcija Dispositión *f*

disputs Dispút *m*; Stréitgespräch *n*;
Kontrovérse *f*

distanc‖e Distánz *f*; *(dzelzceļā un
sportā – arī)* Strécke *f*; drošības d.
starp automašīnām – Sícherheits-
abstand *m*; ieturēt ~i – den Sicher-
heitsabstand einhalten*

distancēšanās A′bstand *m*; ieturēt
distanci, lai izvērtētu notikumus
vai attieksmi pret cilvēku – Ab-
stand gewinnen*

distrofija Ernä′hrungsstörung *f*

dīvainība *(īpatnība)* *sar*. Mácke *f*

dīvains séltsam, sónderbar; éigen-
tümlich; wúnderlich

dīvāns Díwan *m*

divatā zu zweit, zu zwéi[en]; (*runāt*)
únter vier Au'gen

divdabis Partizíp *n*

divdesmit zwánzig

divdesmitais zwánzigste

divdomīgs zwéideutig; ánzüglich

divējāds zwéierlei

div‖i zwei; abi d. – [alle] beide; viens
no ~iem – eins von beiden; pa d. –
zu zwei[en]

dividende *ek.* Dividénde [..v..] *f*,
Gewínnanteil *m*

divkāršs dóppelt, zwéifach

divkauja Duéll *n*, Zwéikampf *m*

divkosīgs dóppelzüngig; falsch;
héuchlerisch

divpadsmit zwölf

divplāksnis *av.* Dóppeldecker *m*

divreiz zwéimal

divriten‖is [Fáhr]rad *n*, Zwéirad *n*;
kalnu d. – Mountainbike ['mauntn-
baik] *n*; braukt ar ~i – Rad
fáhren*

divstobrene Bü'chse *f*

dizains Design [di'zain] *n*; Stýling *n*

dīzelis *tehn.* Díesel *m*, Díeselmotor *m*

dīzeļkuģis Mótorschiff *n*

dīzeļvilciens Díeselzug *m*

dizentērija Ruhr *f*

dižciltīgs ádlig; vórnehm, nóbel

dižens groß; erháben; d. darbs –
große Tat, Großtat *f*; d. mērķis –
erhábenes Ziel

dižoties gróßtun*; prótzen, práhlen

dobe Beet *n*

dobjš dumpf, hohl

dobs hohl

dobums 1. (*kokā*) Hö'hle *f*, Hö'h-
lung *f*; (*lapsas ala*) Fúchshöhle *f*;
2. *anat.* Hö'hle *f*; acu d. – Au'en-
höhle *f*; mutes d. – Múndhöhle *f*

docents Dozént *m*

dokers Dóckarbeiter *m*

doks *jūrn.* Dock *n*

doktors Dóktor *m*; habilitēts d. –
habilitíerter Dóktor

dokumentāl‖s Dokumentár-; ~a
filma – Dokumentarfilm *m*

dokument‖s Dokumént *n*; (*tieslietu,
vēstures – arī*) U'rkunde *f*; auto-
mašīnas vadītāja apliecība un teh-
niskā pase – Zúlassungspapiere *f*;
uzrādīt ~us – seine Papíere (Do-
kuménte) vorweisen*, sich aus-
weisen*

dom‖a 1. Gedánke *m*; Idée *f*; (*pēkšņa*)
Ei'nfall *m*; **2.** (*uzskats*) Méinung *f*;
sabiedriskā d. – die öffentliche
Meinung; pēc manām ~ām – meiner
Meinung nach

domāt 1. dénken* (*an ar ak.*); méi-
nen, gláuben; kā jūs to domājat? –
was meinen Sie damít?; **2.** (*būt
nodomājušam ko darīt*) [ge]dén-
ken*, beábsichtigen

domīgs náchdenklich

dominants dominánt

domnieks *vēst.* Rátsherr *m*

domraksts Au'fsatz *m*

domstarpības *dsk.* Méinungsver-
schiedenheiten, Stréitigkeiten, Dif-
ferénzen

domubiedrs Gesínnungsgenosse *m*
dona (*maizei*) Kánten *m*
donors Blútspender *m*
dopings Au'fputschmittel *n,* Dóping *n*; lietot dopingu – dopen
dosjē Dossier [dɔ'sje:] *n*
dot gében*; dod šurp! – gib her!; d. ceļu – aus dem Wege gehen*, Platz machen; d. roku – die Hand geben*; d. priekšroku – bevór-zugen; vórziehen*; d. vietu – Platz abtreten* (anbieten*); ◇ dots pret dotu! – wie du mir, so ich dir!
dotācija *ek*. Subventión *f*
dotēt dotíeren; *ek*. subventioníeren
dotības Begábung *f*; Veránlagung *f*, *dsk*. A'nlagen; Talént *n*
doties sich begében*; d. ceļojumā – sich auf eine Reise begeben*; eine Reise antreten* (machen); d. jūrā (*par kuģi*) – in See stechen*
doza Dósis *f*
dradži *dsk*. Gríeben
draiskoties mútwillig sein*, áus-gelassen sein*
draiskulīgs mútwillig, áusgelassen
drāma Dráma *n*
dramatisks dramátisch
dramaturgs (*lugu rakstnieks*) Dra-mátiker *m*
draudēt dróhen; viņam briesmas nedraud – er ist außer Gefahr
draud‖i Dróhung *f*; ~u vēstule – Dróhbrief *m*
draudze *bazn*. Geméinde *f*
draudzene Fréundin *f*

draudzēties befréundet (gut Freund) sein*
draudzība Fréundschaft *f*
draudzīg‖s fréundschaftlich; būt ~ās attiecībās – in freundschaftlichen Beziéhungen stehen*
draugs Freund *m*
drausmīgs entsétzlich, gráuenhaft, fü'rchterlich, fúrchtbar
drava Imkeréi *f*, Bíenengarten *m*
drāzt schnítzen; d. zīmuli – den Bleistift spitzen
drāzties sáusen, rásen; hétzen
dražeja Dragee [dra'ʒe:] *n*
drēbe Stoff *m*; Zeug *n*
drēbes *dsk*. Kléider; Kléidung *f*
drebēt zíttern; bében; d. aiz aukstuma – frösteln; zeme dreb – die Erde bebt
drēbnieks Schnéider *m*
drebuļi Scháu[d]er *m*; Frö'steln *n*; mani krata d. – 1) (*aiz aukstuma*) es fröstelt mich; 2) (*drudzis*) ich habe Schüttelfrost
drēgns násskalt; feucht
drenāža Drä'nung *f*
dresēt dressíeren, ábrichten; (*cilvēkus*) dríllen
dresētājs Dresseur [..'sø:r] *m*; [Tíer]-bändiger *m*, Dompteur [..'tø:r] *m*
driģene *bot*. Bílsenkraut *n*
drīkstēt dü'rfen*; vai drīkst? – darf man?, gestátten Sie?
driskas *dsk*. Fétzen; *dsk*. Lúmpen
drīz bald; ~āk – éher
drīzumā bald, bínnen kúrzem

droga (*augu, ķīmiska vai minerāl-
viela, no kuras gatavo medika-
mentus*) Dróge *f*

drosm‖e Mut *m*; Tápferkeit *f*; Wá-
gemut *m*; saņemt ~i – Mut fassen

drosmīgs mútig; tápfer; mútvoll

drošinātājs *el.* Sícherung *f*

droši vien wahrschéinlich; sícher

droš‖s *daž. noz.* sícher; ~a pa-
slēptuve – sicheres Verstéck; ~as
ziņas – sichere Nachrichten; d.
līdzeklis – sicheres (erpróbtes)
Mittel

drudzis Fíeber *n*; mani krata d. – ich
habe Schüttelfrost; dzeltenais d. –
Gélbfieber *n*; nātru d. – Nés-
selfieber *n*; siena d. – Héuschnup-
fen *m*

drudžains fíeberhaft; héktisch

drukns stä'mmig, untersétzt

drūms dü'ster; fínster; trü'be

drumstala (*kaula, stikla*) Splítter *m*;
(*trauka*) Schérbe *f*

drupans (*zeme, maize*) krü'melig;
(*akmens*) brö'ck[e]lig

drupas *dsk.* Trü'mmer

drupināt [zer]brö'ckeln; (*maizi*)
[zer]krü'meln

druska Krúme *f*, Krü'mel *m*, Brók-
ken *m*

drusku étwas, ein wénig, ein bíss-
chen

druva Kórnfeld *n*

drūzma Gedrä'nge *n*; Gewü'hl *n*;
(*jūklis*) Gewímmel *n*

drūzmēties sich drä'ngen

dublēt dublíeren, dóubeln

dubļains schmútzig; schlámmig;
dréckig

dubļi Schlamm *m*; Schmutz *m*;
Dreck *m*

dubļusargs (*automašīnai*) Kót-
flügel *m*

dubults dóppelt

ducis Dútzend *n*

dūdas Dúdelsack *m*

duļķains trü'b[e]

dūmdesa Räu'cherwurst *f*; Dáuer-
wurst *f*

dūmenis Schórnstein *m*; E'sse *f*;
(*liels*) Schlot *m*

dūmi Rauch *m*; (*biezi*) Qualm *m*

dumjš dumm, beschéuert, *sar.* doof

dumpoties rebellíeren, sich empö'ren;
méutern

dūmvads Ráuchfang *m*

dūnas *dsk.* Dáunen; Flaum *m*

duncis Dolch *m*

dundurs Brémse *f*

dunēt drö'hnen; dónnern; gróllen

dūņ‖as Schlamm *m*; ~u vannas –
dsk. Schlammbäder, *dsk.* Moor-
bäder

dūraiņi *dsk.* Fáusthandschuhe; *dsk.*
Fäu'stlinge

dūre Faust *f*

dūriens *daž. noz.* Stich *m*; saules d. –
Sónnenstich *m*; karstuma d. –
Hítzschlag *m*

durt stéchen*

durv‖is Tür *f*; automašīnas aiz-
mugures d. – Héckklappe *f*; ◇

lauzties atvērtās ~īs – offene Türen einrennen*; kādam parādīt d. – j-m die Tür weisen*

dus‖a Rúhe *f*; Schlaf *m*; saldu ~u! – 1) angenehme Ruhe!; 2) (*mirušam*) sanfte Ruhe!

dusmas Zorn *m*; Ä′rger *m*; lielas d. – Wut *f*

dusmīgs zórnig; bö′se; (*sapīcis*) ä′rgerlich; ļoti d. – wü′tend

dusmoties (*uz kādu*) bö′se sein (*ar dat., auf ar ak.*); (*par ko*) sich ä′rgern (*über ar ak.*)

duša Dúsche *f*, Bráuse *f*; dušas telpa – Dúschbad *n*

dūš‖a Mut *m*; Courage [ku′ra:ʒə] *f*; man ir slikta d. – es ist mir übel; tukšā ~ā – auf nüchternen Magen

dūšīgs tü′chtig; krä′ftig

dūzis (*kāršu spēlē*) Ass *m*

dvēsele Séele *f*

dvielis Hándtuch *n*

dvīņi *dsk.* Zwíllinge

dzeguze Kúckuck *m*

dzeja Díchtung *f*; Poesíe *f*

dzejnieks Díchter *m*, Poét *m*

dzejolis Gedícht *n*

dzejot díchten

dzēliens (*piem., bites*) Stich *m*; (*čūskas – arī*) Biss *m*

dzēlīgs béißend; ä′tzend; bíssig; gíftig

dzelme Tíefe *f*

dzelonis (*augiem, ezim*) Stáchel *m*; (*rozei*) Dorn *m*

dzeloņplūme Mirabélle *f*

dzeltens gelb

dzeltēt vergílben

dzelzceļnieks Ei′senbahner *m*

dzelzceļ‖š Ei′senbahn *f*; šaursliežu dz. – Schmálspurbahn *f*; pilsētas dz. – Stádtbahn *f*; ~a satiksme – Ei′senbahnverkehr *m*; trošu dz. – Séilbahn *f*

dzelzs Ei′sen *n*

dzelzsbetons Ei′senbeton *m*; Stáhlbeton *m*

dzemde *anat.* Gebä′rmutter *f*

dzemdēt gebä′ren*

dzemdīb‖as Gebúrt *f*; Entbíndung *f*; ~u nams – Entbíndungsanstalt *f*; ~u nodaļa slimnīcā – Entbíndungsstation *f*

dzenis *ornit.* Specht *m*; dižraibais dz. – Búntspecht *m*

dzensiksna *tehn.* Tréibriemen *m*

dzērājs Trínker *m*, Trúnkenbold *m*

dzērien‖s Geträ′nk *n*; alkoholiski ~i – *dsk.* Spirituósen

dzert trínken*

dzērve *ornit.* Kránich *m*

dzērvene Móosbeere *f*

dzesēt [áb]kühlen; kä′lten; erkálten lássen; dzesējamā kaste ar vāku – Kü′hlbox *f*

dzēst 1. lö′schen; 2. (*uzrakstīto*) áuslöschen, radíeren; 3. (*parādus*) tílgen

dzidrināt klä′ren

dzidrs klar; dúrchsichtig

dziedāšana Síngen *n*; Gesáng *m*; (*ar fonogrammu*) tikai vsk. Playback [′pleibɛk] *n*

dziedāt síngen*; (*par gaili*) kräʹhen; (*par lakstīgalu*) schlágen*

dziedātājs Säʹnger *m*

dziedēt héilen, kuríeren

dziedniecība Héilkunst *f*

dziednieks (*alternatīvo ārstniecības metožu pielietotājs*) Héilpraktiker *m*

dziedzeris Drüʹse *f*

dziesma Líed *n*; tautas dz. – Vólkslied *n*; popmūzikas dz. – Song *m*

dzija Garn *n*

dziļš tief

dziļums Tíefe *f*

dzimšan‖a Gebúrt *f*; ~as diena – Geburtstag *m*

dzim‖t gebóren sein* (wérden*); kad jūs esat ~is? – wann sind Sie geboren?

dzimt‖ais: ~ā zeme – Héimatland *n*; ~ā valoda – Múttersprache *f*

dzimte *gram.* Geschlécht *n*

dzimten‖e Héimat *f*; ilgas pēc ~es – Héimweh *n*

dzimums Geschlécht *n*

dzimumzīme Múttermal *n*

dzinējs Tríebwerk *n*; raķešdzinējs – Rakétenantrieb *m*; Rakétentriebwerk *n*; reaktīvais dz. – Düʹsenantrieb *m*

dzinis *dator.* Diskéttenlaufwerk *n*

dzintars Bérnstein *m*

dziņa Tríeb *m*; dzīvības dz. – Lébenserhaltungstrieb *m*; dzimumdziņa – Geschléchtstrieb *m*

dzirde Gehöʹr *n*

dzirdēt höʹren; viņš slikti dzird – er ist schwerhörig

dzirdne (*dzīvniekiem, putniem*) Träʹnke *f*

dzīres Féstmahl *n*

dzirkstele Fúnke[n] *m*

dzirkstīt sprüʹhen; fúnkeln

dzirnavas Müʹhle *f*

dzīrot zéchen, schmáusen; féiern

dzīsla Séhne *f*; Aʹder *f*; ūdens dz. – Wasserader *f*; zelta dz. – Goldader *f*

dzist erlöʹschen*

dzīt[a] tréiben*; dz. pēdas – spüʹren; die Spur verfólgen

dzīt[b] (*par brūci*) héilen, vernárben

dzīties (*pēc kaut kā*) jágen (*nach*); dz. pakaļ – náchjagen

dzīve Lében *n*; dzīvesveids – Lebensweise *f*; dzīvesvieta – Wohnort *m*; vidējais dzīves ilgums – Lébenserwartung *f*

dzīvība Lében *n*

dzīvnieks Tier *n*; mitoloģijā vai pasakā fantastisks dz. – Fábeltier *n*

dzīvoklis Wóhnung *f*; (*komunālais dzīvoklis, kurā īrniekiem ir kopīga saimniecība*) Wóhngemeinschaft *f*; parasti dārgs dz. uz augstceltnes plakanā jumta – *tikai vsk.* Penthouse [ʹpenthaʊs] *n*; dzīvokļu celtniecība – Wohnungsbau *m*

dzīvot 1. lében; **2.** (*kaut kur*) lében, wóhnen; kur jūs dzīvojat? – wo wohnen Sie?

dzīvotspēja Lébensfähigkeit *f*

dzīv‖s 1. lebéndig; ~as būtnes – *dsk.* Lébewesen; ~ās valodas – lebende Sprachen; **2.** *pārn.* lébhaft; rége; ~a satiksme – reger Verkéhr

dzīvsudrabs Quécksilber *n*

dzīvžogs Hécke *f*

džemperis Jumper [ˈdʒʌmpə(r)] *m*

džez‖s *mūz.* Jazz [dʒæz] *m*; ~a orķestris – Jazzkapelle *f*

džinkstēt (*ausīs*) sáusen, bráusen; (*par kukaiņiem*) súmmen; (*par lodēm*) pféifen*

džinsi *dsk.* Jeans [ˈdʒiːns]

džips (*mašīna*) Jeep [ˈdʒiːp] *m*

džogings *sp.* Dáuerlauf *m*, Jogging [ˈdʒɔgiŋ] *n*

džudo *sp.* Judo [ˈjuːdo] *n*

džungļi Dschúngel *m vai n*

E

ecēt éggen

ēdamistaba Spéisezimmer *n*

ēdams éssbar; geníeßbar

ēdienkarte Menú *n*; Spéisekarte *f*

ēdiens Eˈssen *n*; Spéise *f*; saldais ē. – Süˈßspeise *f*, Náchtisch *m*; gatavs ēdiens, kas ir tikai jāuzsilda – Fértiggericht *n*, Schnéllgericht *n*; diētisks ē. – Schónkost *f*

ēdnīca 1. Gáststätte *f*; (*studentu*) Ménsa *f*; vienkārša ē., kur ēd, stāvot kājās – Stéhimbiss *m*; **2.** (*ēdam-telpa*) Spéisehalle *f*, Spéisesaal *m*

efektīvs effektív, wírksam; effiziˈént

egle Fíchte *f*, Tánne *f*

egoists Egoíst *m*

eiforija Hóchgefühl *n*, Hóchstimmung *f*

eikalipts Eukalýptus *m*

eiro (*naudas vienība no 1999. gada*) Euˈro *m*

eiročeks Euˈroscheck *m*

eitanāzija *med.* Stérbehilfe *f*; Euthanásie *f*

eja Gang *m*

ēka Gebäuˈde *n*

ekijs ECU, Ecu [eˈkýː] *m vai f*

ekoloģija Ökologíe *f*

ekoloģisks ökológisch

ekonomija Ökonomíe *f*

ekonomika Wírtschaft *f*; ēnu e. – Scháttenwirtschaft *f*; pasaules e. – Wéltwirtschaft *f*; tirgus e. – Márktwirtschaft *f*

ekosistēma Ökosystém *n*

ekotūrisms Ökoturísmus *m*

ekrāns (*kino*) Léinwand *f*; (*televizora vai datora monitora*) Bíldschirm *m*; radara e. – Radárschirm *m*

eksāmen‖s Exámen *n*, Prüˈfung *f*; braukšanas e. – Fáhrprüfung *f*; mutisks e. – Kollóquium *n*; rakstisks e. – Klausúr *f*; likt ~u – ein Examen (eine Prüfung) ablegen (machen)

eksaminēt prü'fen, examiníeren

ekselence Exzellénz *f*

eksemplārs Exemplár *n*

eksistence Existénz *f*; Dásein *n*

eksistēt existíeren

ekskavators Bágger *m*

ekskursants Au'sflügler *m*

ekskursija Au'sflug *m*; Rúndfahrt *f*; (*zinātniska*) Exkursión *f*

eksotisks exótisch; cilvēks, augs vai dzīvnieks no eksotiskām zemēm – Exót *m*

ekspansija Expansión *f*, Au'sdehnung *f*, Au'sbreitung *f*

ekspedīcija *daž.noz.* Expedition *f*

ekspeditors Spediteur [..'tø:r] *m*

eksperiments Experimént *n*, Versúch *m*

ekspertīze Begútachtung *f*, Gútachten *n*, Expertíse *f*

eksperts Sáchverständige *m*, Gútachter *m*, Expérte *m*

eksplodēt explodíeren

eksplozīvs brisánt

ekspluatācij‖a 1. Au'sbeutung *f*; **2.** *tehn.* Betríeb *n*; nodot ~ā – in Betrieb nehmen* (setzen)

ekspluatēt áusbeuten

eksponāts Exponát *n*; Au'sstellungsgegenstand *m*; Au'sstellungsstück *n*

eksportēt exportíeren, áusführen

eksports Expórt *m*, Au'sfuhr *f*

ekspresis 1. Gepä'ckträger *m*; **2.** (*vilciens*) Expréss *m*

ekstrakts Extrákt *m vai n*, Au'szug *m*

ekstrēmisms *parasti vsk. pol.* Extremísmus *m*; kreisais e. – Línksextremismus *m*

ekstrēmistisks (*labēji*) réchtsextremistisch

ekvators Äquátor *m*

ekvinokcija *astr.* Tagundnáchtgleiche *f*

ekzēma *med.* Ekzem [εk'tse:m] *n*

elastīgs elástisch; déhnbar; bíegsam

elastīgums Elastizitä't *f*; pieprasījuma e. *ek.* – Náchfrageelastizität *f*

elegants elegánt, smart

elektrība Elektrizitä't *f*; (*strāva*) Strom *m*; (*gaisma*) eléktrisches Licht

elektrisk‖s eléktrisch; ~ā strāva – elektrischer Strom

elektrostacija Elektrizitä'tswerk *n*, Kráftwerk *n*

elektrovilciens eléktrischer Zug *m*

elementār‖s elementár, Elementár-; ~ā izglītība – Elementárbildung *f*

elements Elemént *n*

elite Elíte *f*, Au'swahl *f*, Au'slese *f*

elkonis E'll[en]bogen *m*

elkoņbalsts (*krēslam*) A'rmlehne *f*

elle Hö'lle *f*

elp‖a A'tem *m*; atvilkt ~u – Atem holen (schöpfen); ~as trūkums – Atemnot *f*

elpināt [be]átmen; izdarīt mākslīgo elpināšanu – kü'nstlich [be]átmen

elpot átmen

elpvads *anat.* Lúftrohr *n*

elsot schlúchzen

elst kéuchen

eļļ‖a Öl *n*; ~as krāsa – Ö'lfarbe *f*

eļļot ö'len, éinölen

emalja Email [e'mai] *n,* Emaille [e'maljə] *f,* zobu e. – Zahnschmelz *m*

embargo *ek.* Embárgo *n,* Spérre *f*; uzlikt e. – ein Embargo verhängen

emigrants Au'swanderer *m,* Emigránt *m*

emigrēt áuswandern, emigríeren

emisārs Emissár *m,* A'bgesandte *m*

emisija *ek.* Emissión *f,* Nótenausgabe *f*

emocija Gemü'tsbewegung *f,* Gefü'hls-zustand *m,* Emotión *f*

ēna Schátten *m*

enciklopēdija Enzyklopädíe *f*

enerģija Energíe *f*; Tátkraft *f*

enerģisks enérgisch; tátkräftig

enkur‖s A'nker *m*; izmest ~u – den Anker [áus]werfen; pacelt e. – den Anker híeven

entuziasts Enthusiást *m*; Schwä'r-mer *m*; Bewúnderer *m*

enzīms Enzým *n,* Fermént *n*

eņģe [Tü'r]angel *f*

eņģelis *rel.* E'ngel *m*; sargeņģelis – Schútzengel *m*

epidēmija Epidemíe *f*; Séuche *f*

epilepsija Fállsucht *f*

ēr‖a Ä'ra *f*; pirms mūsu ~as – vor unserer Zeitrechnung

ērce Zécke *f,* Mílbe *f*; putekļu ērcīte – Háusstaubmilbe *f*

ercs (*kāršu spēlē*) Herz *n*

ērglis *ornit.* A'dler *m*

ērģeles *mūz.* O'rgel *f*

ērkšķis Dorn *m,* Stáchel *m*

ērkšķoga Stáchelbeere *f*

erotisks erótisch

erozija Erosión *f*; augsnes e. – Bódenerosion *f*

ērtīb‖a Bequémlichkeit *f,* Komfórt *m*; ~as (*papildu – par ko pie preces papildus jāmaksā*) E'xtra *n*

ērts bequém; komfortábel

ērzelis Hengst *m*

es ich

esamība 1. (*eksistence*) Dásein *n*; 2. *filoz.* Sein *n*

eskadriļa *av.* Stáffel *f*

eskalators Rólltreppe *f*

ēsma Kö'der *m*

esperanto *val.* Esperánto *n*

ēst éssen*; péisen; (*par dzīvnie-kiem*) fréssen*; fúttern

estētika Ästhétik *f*

estētisks ästhétisch

ēstgriba Appetít *m*; E'sslust *f*

estrād‖e Estráde *f*; ~es mūzika – Unterháltungsmusik *f*

ēšana E'ssen *n*

etaps Etáppe *f*

ēteris Ä'ther *m*

ētika E'thik *f*

etiķete (*uz precēm*) Etikétt *n*; (*galma*) Etikétte *f*

etiķis E'ssig *m*

etvija Etui [e'tvi:] *n*

evakuācija Evakuíerung [..v..] *f,* A'btransport *m*

ēvele Hóbel *m*

ēvelēt hóbeln

ēzelis E'sel *m*

ezers Sée *m*

ezis I'gel *m*

F

fabrika Fabrík *f*

fagots Fagótt *n*

fajanss Stéingut *n*; Majólika *f*

faksimils Faxímile *n*

faks∥**s** (*aparāts*) Fáxapparat *m*, Fáxgerät *n*; nosūtīt pa ~u – fáxen; ~a numurs – Fáxabruf *m*

faktisks tátsächlich

faktors Fáktor *m*; riska f. – Rísikofaktor *m*; rēzus f. – Rhésusfaktor *m*

fakts Tátsache *f*

fakultāte Fakultä́t *f*

familiārs familiä́r; úngezwungen

fanātisks fanátisch

fane (*sieviete, it īpaši popzvaigznes fane, kas cenšas ar to nodibināt personisku, seksuālu kontaktu*) *sar.* Groupie ['gru:pi] *n*

fans Fan *m*

fantāzija Phantasíe *f*; Ei´nbildungskraft *f*

farmaceits Pharmazéut *m*

farmācija Arznéimittelkunde *f*

farmakoloģija Pharmakologíe *f*, Arznéiverordnungslehre *f*

fascinēt fasziníeren

fasēt ábpacken

fasons Fasson [fa´sõ:] *f*, Schnitt *m*

fašisms Faschísmus *m*

fašists Faschíst *m*

fatamorgāna Trúgbild *n*, Fáta Morgána *f*

fāze Pháse *f*

februāris Fébruar *m*

federācija Föderatión *f*, Bund *m*

federatīv∥**s** föderatív; ~a republika – Búndesrepublik *f*

feļetons Feuilleton [foejə´tõ:] *n*

fenhelis *bot.* Fénchel *m*

fēns (*matu žāvējamais aparāts*) Fön *m*

feodālisms Feudalísmus *m*

ferma Farm *f*; lándwirtschaftlicher Betríeb *m*; Báuernhof *m*; putnu f. – Geflǘgelfarm *f*

ferments Fermént *n*

fermeris Fármer *m*; Lándwirt *m*; Báuer *m*

festivāls Féstival [..v..] *n, dsk.* Féstspiele

figūra *daž. noz.* Figúr *f*; (*augums – arī*) Gestált *f*

fiksēt fixíeren

filcs Filz *m*

fileja *kul.* Filet [fi´le:] *n*

filharmonija Philharmoníe *f*

filiāle Filiále *f*, Zwéigstelle *f*; Níederlassung *f*

film∥**a** Film *m*; [Fílm]streifen *m*; mākslas f. – Spíelfilm *m*; multiplikācijas f. – Zéichen[trick]film *m*; krāsaina f. – Fárbfilm *m*; mikrofilma – Míkrofilm *m*; uzņemt ~u – einen Film drehen

filmēt fílmen

filologs Philológe *m*; klasiskais f. – A´ltphilologe *m*

filoloģij∥**a** Philologíe *f*; ~as fakultāte – philológische Fakultät

filozofija Philosophíe *f*
filozofs Philosóph *m*
filtrs Fílter *m* vai *n*
fināls *sp.* Finále *n*; E'ndkampf *m*; E'ndspiel *n*
finieris Furníer *n*, Spérrholz *n*
finišs *sp.* Finish ['finiʃ] *n*, E'ndspurt *m*, E'ndkampf *m*
firma Fírma *f*; būvfirma – Báufirma *f*; tirdzniecības f. – Hándelsfirma *f*; piegādātājfirma – Líeferfirma *f*
fizika Physík *f*
fizioloģija Physiologíe *f*
fizisks phýsisch, kö'rperlich; f. darbs – körperliche Arbeit
fizkultūra Gymnástik *f*; ārstnieciskā f. – Kránkengymnastik *f*
flanelis *tekst.* Flanéll *m*
flauta *mūz.* Flö'te *f*
flīze Flíese *f*
flokši *bot.* Phlox *f* vai *m*
flomāsters Fílzstift *m*
flote Flótte *f*; jūras kara f. – [Kríegs]-marine *f*; tirdzniecības f. – Hándelsflotte *f*
foajē Foyer [foa'je:] *n*, Wándelhalle *f*
folija (*alumīnija*) Fólie [..liə] *f*
folklora Folklore ['fɔlklo:r] *f*; Vólkskunde *f*
fonds Fonds [fɔ̃:] *m*; Stíftung *f*; pensiju f. – Pensiónsfonds *m*; privātais pensiju f. – príváter Pensiónsfonds *m*
fons Fond [fɔ̃:] *m*; Híntergrund *m*
fonts *dator.* Font *m*
forma 1. *daž. noz.* Form *f*; plūdlīniju

f. – Stromlinienform *f*; **2.** (*apģērbs*) U'nifórm *f*
formalitāte Formalitä't *f*
formāls forméll
formāts *daž. noz.* Formát *n*
formula Fórmel *f*
formulēt formulíeren; áusdrücken
fosfors *ķīm.* Phósphor *m*
fotoaparāts Fótoapparat *m*
fotografēt fotographíeren
fotogrāfija 1. Fotographíe *f*; **2.** (*attēls*) Fóto *n*, [Fóto]aufnahme *f*; Fotographíe *f*
fotogrāfs Fotográph *m*
fotomodelis Módel *n*
fotouzliesmojums Blítzlicht *n*
fragments Fragmént *n*; Brúchstück *n*
frakcija Fraktión *f*, Parlaméntsfraktion *f*; Sarkanās Armijas f. (*teroristiska organizācija Vācijā*) – Rote-Armée-Fraktion *f*
frakts *ek.* (*vedmaksa*) Fracht *f*
frāze Phráse *f*
frēze *tehn.* Frä'se *f*; (*ielu tīrāmā mašina, kas sniegu nopūš*) Schnée-fräse *f*; augsnes f. – A'ckerfräse *f*, Bódenfräse *f*
frikadele *kul.* Fléischkloß; (*kartupeļu*) Knö'del *m*
frizētava Friseurgeschäft [..'zø:r..] *n*, Friseursalon *m*
frizieris Friseur [..'zø:r] *m*, Frisö'r *m*
frizūra Frisúr *f*, Háartracht *f*, Háarschnitt *m*
fronte Front *f*; negaisa f. – Gewítterfront *f*; aukstuma f. – Káltwetterfront *f*

frotē Frottee [..'te:] *n*; f. dvielis – Frottíerhandtuch *n*

frustrācija Frust *m*

funkcija Funktión *f*

furunkuls *med.* Furúnkel *m vai n*

futbolists Fúßballspieler *m*, Fúßballer *m*

futbol‖s *sp.* Fúßball *m*; ~a komanda – Fußballmannschaft *f*; ~a sacīkstes – Fußballspiel *n*

G

gabaldarbs Akkórdarbeit *f*, Stü'cklohnarbeit *f*

gabalpreces Stü'ckgut *n*

gabal‖s Stück *n*; pa ~u – von weitem

gadadiena Jáhrestag *m*

gadagrāmata Jáhrbuch *n*

gadalaiks Jáhreszeit *f*

gādāt 1. (*rūpēties*) sórgen (*für*); **2.** (*sagādāt*) besórgen, bescháffen

gadatirgus Mésse *f*; grāmatu g. – Búchmesse *f*; datortehnikas g. – Compútermesse *f*

gādība Sórge *f*; Fü'rsorge *f*

gādīgs sórgsam, fü'rsorglich

gadījum‖s 1. Fall *m*; Vórfall *m*; avārijas g., negaidīta situācija – Nótfall *m*; izņēmuma g. – Sónderfall *m*; apdrošināšanas g. – Versícherungsfall *m*; atsevišķs g. – Ei'nzelfall *m*; nekādā ~ā – auf keinen Fall, keinesfalls; vajadzības ~ā – im Nótfall; **2.** (*izdevība*) Gelégenheit *f*; izdevīgs g. – eine günstige Gelegenheit; **3.** (*nejaušība*) Zúfall *m*

gadīties geschéhen*; passíeren; sich eréignen; vórkommen*; tas gadās bieži – so etwas kommt oft vor

gad‖s Jahr *n*; finanšu g. – Geschä'ftsjahr *n*; budžeta g. – Háushaltsjahr *n*; dibināšanas g. – Grü'ndungsjahr *n*; saimnieciskais g. – Wírtschaftsjahr *n*; garais g. – Scháltjahr *n*; šai ~ā – in diesem Jahr, dieses Jahr; pirms ~a – vor einem Jahr; ~u no ~a – von Jahr zu Jahr; jahráus, jahréin; cik tev ~u? – wie alt bist du?

gadsimts Jahrhúndert *n*

gaidīt wárten (*auf ar ak.*); erwárten

gailene *bot.* Pfífferling *m*

gailis 1. Hahn *m*; **2.** (*ierocim*) A'bzug *m*

gaism‖a Licht *n*; dienas ~ā – bei Tageslicht; policijas vai ātrās palīdzības zilā signāluguns – Bláulicht *n*; zibspuldzes g. – Blítzlicht *n*; ritmizēta g. diskotēkās – Líchtorgel *f*

gaiss Luft *f*; retināts g. – dü'nne Luft *f*

gaišmatains blond, blóndhaarig

gaišreģis Héllseher *m*

gaišs hell, licht

gait‖a 1. Gang *m*, Gángart *f*; **2.** (*norise*) Gang *m*; Lauf *m*; Verláuf *m*; laika

~ā – im Laufe der Zeit; tukšgaita – Léerlauf *m*

gājējs Fúßgänger *m*; (*uz ielas – arī*) Passánt *m*

gājiens 1. Zug *m*; Au'fmarsch *m*; U'rmzug *m*; **2.** (*gājums*) Gang *m*; g. uz pilsētu – ein Gang in die Stadt

gājputns Zúgvogel *m*

galaktika *astr.* Galaxie [..'ksi] *f*

galantērija *dsk.* Kúrzwaren, *dsk.* Galanteríewaren

galaprodukts E'ndprodukt *n*

galdauts Tíschtuch *n*

galdnieks Tíschler *m*

gald‖s Tisch *m*; klāt ~u – den Tisch decken

galerija *daž. noz.* Galeríe *f*; gleznu g. – Gemä'ldegalerie *f*

galerts *kul.* Sü'lze *f*

galete *kul.* Knä'ckebrot *n*

galīgs éndgültig

galotne 1. Gípfel *m*; Spítze *f*; (*kokam – arī*) Wípfel *m*; **2.** *gram.* E'ndung *f*; **3.** (*šahā*) E'ndspiel *n*

gal‖s E'nde *n*; Schluss *m*; (*iznākums*) Au'sgang *m*; ~u ~ā – schließlich, letzten Endes

galv‖a Kopf *m*, Haupt *n*; kailu ~u – mit bloßem Kopf, barhaupt, barhäuptig; mācīties no ~as – auswendig lernen; valdības g. – Regíerungschef [..ʃɛf] *m*

galvaskauss *anat.* Schä'del *m*

galvassāpes Kópfschmerz *m*, Kópfweh *n*

galvaspilsēta Háuptstadt *f*

galven‖ais Háupt-; ~ā stacija – Háuptbahnhof *m*; g. ārsts – Chefarzt ['ʃɛf..] *m*; tas ir g. – das ist die Hauptsache

galvenokārt hauptsä'chlich, vórwiegend

galvojums *ek.* Bü'rgschaft *f*, Bü'rgschaftsleistung *f*, Garantíe *f*, Háftung *f*

galvot bü'rgen (*für*), háften (*für*); garantíeren

galvotājs Bü'rge *m*, Gewä'hrsmann *m*, Garánt *m*

gaļ‖a Fleisch *n*; maltā g. – Háckfleisch *n*; ~as ēdiens – Fléischgericht *n*; ~as [maļamā] mašīna – [Fléisch]wolf *m*; ~as buljons – Fléischbrühe *f*; gaļēdājs dzīvnieks – Fléischfresser *m*

gan 1. schon; wohl; g. viņš nāks – er wird schon kommen; tas g. – das schon, das wohl; taisnība g.! – es ist wohl wahr!; **2.:** gan...,gan... – bald...,bald...

ganāmpulks Hérde *f*

gandarījums Genúgtuung *f*

gandrīz fast, beináh[e]

gangrēna *med.* Brand *m*

gangsteris Gángster *m*

ganības Wéide *f*; Wéideland *n*

ganīt wéiden, hü'ten

gans Hirt *m*

gar längs (*ar ģen.*); entláng (*ar ak. vai an ar dat.*); gar upi – längs des Flusses, den (am) Fluss entlang

garaiņi Dampf *m,* Wásserdampf *m*
garām vorbéi, vorü'ber; paiet g.–
vorbéigehen (*an ar dat.*)
garāmgājējs Passánt *m*
garantēt garantíeren, gewä'hrleisten
garastāvokl‖is Stímmung *f,* Láune *f;*
būt labā ~ī – guter Laune sein*
garāža Garáge [..ʒə] *f;* (*pazemes*)
Tíefgarage *f*
gardēdis Gourmet ['gʊrme:] *m;* Féin-
schmecker *m*
garderobe Garderóbe *f;* A'nkleide-
raum *m*
gards schmáckhaft, lécker
gardums Léckerbissen *m*
garīdznieks Pástor *m;* Pfárrer *m*
garīg‖s 1. géistig; ~ais darbs –
Géistesarbeit *f;* géistige A'rbeit;
2. géistlich
garlaicīgs lángweilig; ö'de
garlaikoties sich lángweilen
garnele *iht.* Garnéle *f*
gārnis *ornit.* Réiher *m;* zivju g. –
Físchreiher *m*
garnitūra (*mīksto mēbeļu*) Pólster-
garnitur *f*
garoza Krúste *f;* Rínde *f;* maizes g. –
Brótkruste *f;* smadzeņu g. – Gróß-
hirnrinde *f*
gars Geist *m*
gar‖š lang; ~a auguma – hoch von
Wuchs, von hohem Wuchs, hóch-
gewachsen; (*par ceļu*) weit
garša Geschmáck *m*
garšaugi Gewü'rzkraut *n;* Kü'chen-
kraut *n*

garšīgs schmáckhaft, wóhlschmek-
kend
garšot schmécken; kósten; tas garšo
labi – das schmeckt gut
garšviela *kul.* Gewü'rz *n,* Wü'rze *f*
garums Lä'nge *f*
gastrīts *med.* Gastrítis *f*
gastronomija Gastronomíe *f*
gatavība Beréitschaft *f*
gatavot beréiten, zúbereiten; g. uz-
devumus – die Aufgaben vor-
bereiten
gatavoties sich vórbereiten
gatavs 1. fértig; **2.** (*kaut ko darīt*)
beréit; **3.** (*nogatavojies*) reif;
4. (*māja vai dzīvoklis, kas gatavs
lietošanai*) bezúgsfertig
gaudot héulen
gaum‖e Geschmáck *m;* tā ir ~es lieta –
das ist Geschmác[s]sache
gaumīgs geschmáckvoll
gauss lángsam
gavēnis *rel.* Fástenzeit *f;* pēdējās
dienas pirms gavēņa – Fástnacht *f;*
rel. pirmā gavēņa diena pēc kar-
nevāla – A'schermittwoch *m*
gavilēt júbeln, jáuchzen
gāz‖e Gas *n;* ~es vads – Gásleitung *f;*
izpūtēja g. – A'bgas *n;* ~es plīts –
Gásherd *m*
gāzt 1. stü'rzen; g. (*nolaist*) kokus –
Bäume fällen; **2.:** gāž kā ar spai-
ņiem – es gießt in Strömen
gāzties stü'rzen
gejs Gay *m*
genoms Genóm *n*

gēns *biol.* Gen *n*; viss pārmantoto gēnu kopums – E'rbgut *n*; gēnu pētnieks – Génforscher *m*; gēnu manipulācija – Génmanipulation *f*; ar pārveidotiem gēniem – génmanipuliert; gēnu mutācija – Génmutation *f*; gēnu tehnoloģija – Géntechnologie *f*

gepards *zool.* Gepárd *m*

geto Gétto *n*

gide (*jauna sieviete, kas gadatirgos vai ceļojumos pavada grupu un sniedz informāciju*) Hóstess *f*

gids Réiseleiter *m*; Frémdenführer *m*

gigantisks gigántisch; ríesig

glabāšan‖a Au'fbewahrung *f*; [Be]-wáhrung *f*; Verwáhrung *f*; nodot ~ā – in Verwáhrung geben*

glabāt 1. áufbewahren; 2. (*noslēpumu, pieminu u. tml.*) [be]wáhren

glabātava (*aizslēdzams nodalījums stacijas bagāžas glabātavā*) Schlíeßfach *n*

glābšan‖a Réttung *f*; ~as laiva – Réttungsboot *n*; ~as dienests – Réttungsdienst *m*, Beréitschaftsdienst *m*

glābt rétten

glaimot schméicheln

glāstīt stréicheln; (*apmīļot*) líebkosen

glaukoma grü'ner Star *m*

glāze Glas *n*; konjaka g. – Kógnakschwenker *m*

glezna Bild *n*, Gemä'lde *n*

glāžturis Glásbehälter *m*

gleznains málerisch; (*par stilu*) bíldhaft

gleznojums Maleréi *f*; alu g. – Hö'hlenmalerei *f*; sienas g. – Wándmalerei *f*

gleznotājs Máler *m*; Kü'nstler *m*

gliemezis Schnécke *f*; gliemeža gaitā – im Schnéckentempo

gliemežnīca Múschel *f*; tālruņa klausules g. – Hö'rmuschel *f*

glikoze Tráubenzucker *m*; Glukóse *f*

glīts hübsch, nett

globāls globál

gludeklis Bü'geleisen *n*, Plä'tteisen *n*; tvaika g. ar ūdens tvertni – Dámpfbügeleisen *n*

gludināt bü'geln, plä'tten

gluds glatt; ében

glūnēt láuern

gluži ganz, vö'llig; g. pareizi – ganz récht

gļēvs 1. féig[e]; 2. (*vājš, vaļīgs*) schláff; izrādīties gļēvam un nevarīgam – verságen; zaudētājs – Verságer *m*

gļēvulība Féigheit *f*

gļēvulis Féigling *m*; *sar.* Schláppschwanz *m*

gļotāda *anat.* Schléimhaut *f*

gļotas Schleim *m*

godalga Preis *m*

godalgot [mit einem Preis] áuszeichnen, den Preis zúsprechen* (*ar dat.*)

godbijīgs éhrfurchtsvoll, éhrerbietig

godīgs éhrlich, rédlich, éhrenhaft; fair [fɛ:ər]; rechtscháffen; intéger

godināt éhren; (*sumināt*) féiern

godkārīgs éhrgeizig

G

god‖s E′hre *f*; ~a vārds! – E′hren-
wort!; ~a loceklis – E′hrenmitglied
n; ~a pienākumu izpildot bez
maksas – éhrenamtlich

gokarts *sp.* Gókart *m*

golfs *sp.* Golf *n*

gondola Góndel *f*; Mēness g. –
Móndlandefähre *f*

govs Kuh *f*

gozēties sich áalen; g.saulē – sich
sónnen

grabažas Kram *m*, Trö′del *m*, Rúm-
pel *m*; Gerü′mpel *n*

grābeklis Hárke *f*, Réchen *m*

grabēt ráttern; kláppern

grābt 1. *(ar grābekli)* hárken; 2. *(tvert)*
gréifen*, pácken

grabulis *(bērnu)* Rássel *f*

graciozs graziö′s, zíerlich; ánmutig

grād‖s *daž. noz.* Grad *m*; divdesmit
~u auksts – zwanzig Grad Kälte

grafika Gráphik *f*

grafiks 1. *(slīdošais – darbā)* Gléit-
zeit *f*; 2. gráphische Dárstellung *f*;
Diagrámm *n*

grāfiste Gráfschaft *f*

grafīti Graffíto *n*; *dsk.* Graffíti

graizīt schnítzeln; zerschnéiden*

grāmata Buch *n*; mācību g.– Léhr-
buch *n*; noguldījumu grāmatiņa –
Deposítenbuch *n*; *rel.* dziesmu g.–
Gesáng[s]buch *n*

gramatika Grammátik *f*

grāmatnīca Búchhandlung *f*

grāmatvedība Búchführung *f*, Búch-
haltung *f*

grāmatvedis Búchhalter *m*

grambains hólp[e]rig, úneben

grams Gramm *n*

grandiozs grandiós, überwä′ltigend

grants Kies *m*

graudaugi *dsk.* Getréidepflanzen

graudkopība Getréidebau *m*

graud‖s 1. Korn *n*; 2.: ~u cukurs –
Wü′rfelzucker *m*

graut zerstö′ren; verníchten; unter-
gráben*

grauzdēt rö′sten; brénnen*

grauzdiņš Toast [to:st] *m*; zupas g. –
Croûton [kru′to:] *m*

grauzējs *zool.* Nágetier *n*

grauzt nágen *(an ar dat.)*; knábbern
(an ar dat.)

grava Schlucht *f*

gravīra Gravü′re [..v..] *f*, Stich *m*;
vara g. – Kúpferstich *m*

grāvis Gráben *m*

gražīgs láunisch, láunenhaft, *niev.*
zíckig

greblis *(kokapstrādē)* Schnítzmesser *n*

grēda Háufen *m*; Stoß *m*, Stápel *m*

gredzen‖s Ring *m*; saderināšanās g. –
Verlobungsring *m*; laulības g. –
Ehering *m*; mīt ~us – Ringe
tauschen

greiders *tehn.* Stráßenpflug *m*

greipfrūts Grapefruit [′greipfru:t] *f*

greizs *(šķībs)* schief; *(līks)* krumm

greizsirdība Ei′fersucht *f*

greizsirdīgs éifersüchtig

grēkāzis Sü′ndenbock *m*; tāds, uz
kuru noveļ vainu – Búhmann *m*

grēkot sü′ndigen

grēks Sü′nde *f*

gremdēt versénken; táuchen

gremošana Verdáuung *f*

gremot 1. káuen; **2.** (*sagremot*) verdáuen

greznība Pracht *f*, Prunk *m*, Lúxus *m*

greznot schmü′cken, verzíeren

grezns prä′chtig, prúnkvoll, luxuriö′s

griba Wílle *m*; gribasspēks – Wíllens- kraft *f*

grib‖ēt wóllen*; mö′gen*; es ~ētu zināt – ich möchte wissen; ~ot negribot – wohl óder ü′bel, vólens nólens

grīda [Fúß]boden *m*, Díele *f*

grīdlīste Fúßbodenleiste *f*

grīdsega Téppich *m*

griesti Décke *f*

grieze *ornit.* Rálle *f*

griezīgs schrill, géllend

griezt[a] schnéiden*

griezt[b] dréhen; g. muguru – den Rücken kehren

griezties 1. sich dréhen; (*ap savu asi*) kréisen; g. atpakaļ – úm- kehren, zurü′ckkehren; **2.** (*pie kāda*) sich wénden* (*an ar ak.*)

griezums Schnitt *m*; apģērba g. – Kléiderschnitt *m*; matu g. – Háar- schnitt *m*; zelta g. – der Góldene Schnitt

griķi Búchweizen *m*

griljāža *kul.* Karamélle *f*

grils Grill *m*

grīļoties schwánken, wánken; wáckeln

grimētājs (*profesionāls aktieru g. un frizieris*) Máskenbildner *m*

grimt sínken*; úntergehen*

gripa *med.* Gríppe *f*

grīstēt *av.* trúdeln

groks Grog *m*

groziņš *kul.* (*pildīts cepums*) Pastéte *f*

grozīt 1. dréhen; wénden* (*arī vāji locīts*); **2.** (*mainīt*) ä′ndern

grozīties 1. sich dréhen, sich wénden*; **2.** (*mainīties*) sich ä′ndern

grozs Korb *m*; sauļošanās g. – Strándkorb *m*; uz muguras ne- sams g. – Trágkorb *m*; klūgu g. – Wéidenkorb *m*; preču g. *ek.* – Wárenkorb *m*

groži (*parasti dsk.*) Zü′gel

grūdiens Stoß *m*; Ruck *m*

grumba Fálte *f*, Rúnzel *f*, Fúrche *f*

gruntsgabals Grúndstück *n*

gruntsnoma (*zemes rente*) Grúnd- rente *f*

gruntsūdens Grúndwasser *n*

grupa Grúppe *f*; darba g. – Arbeits- gruppe *f*; asinsgrupa – Blutgruppe *f*; sociālā g. – Soziálgruppe *f*; vecuma g. – Altersgruppe *f*; mērķa g. – Zielgruppe *f*; (*jauniešu g. ar kopīgām interesēm un laika pa- vadīšanu*) Clíque *f*

grupējums Grुppíerung *f*; (*kas at- šķēlies no pamatgrupas*) *pol.* Splíttergruppe *f*

grūst stóßen*; (*bīdīt*) rü′cken

grūstīties sich [einánder] stóßen*; (*drūzmēties*) sich drä′ngen

G

grūti schwer; schwíerig; man ir g.–
1) ich habe es schwer; 2) es fällt
mir schwer (*ko darīt*)

grūtīb‖as Schwíerigkeit *f* (*parasti
dsk.*); *sar.* Schlamássel *m vai n*;
būt ~ās – im Schlamassel sit-
zen*

grūtniecība Schwángerschaft *f*; ārpus-
dzemdes g. *med.* – Extrauter-
íngravidität *f*

grūts schwer; schwíerig; g. darbs –
schwére (hárte) A´rbeit

grūtsirdīgs schwérmütig

gruveši *dsk.* Trü´mmer, Schutt *m*

gruzdēt glímmen*, schwélen

gruži Schutt *m*; (*saslaukas*) Kéh-
richt *m vai n*; būvgruži – Báu-
schutt *m*

guba Háufen *m*; (*siena, salmu, la-
bības*) Díeme *f*

gubernators (*ASV pavalsts*) Gou-
verneur [guvɛrˈnøːr] *m*

gudrība Klúgheit *f*; Wéisheit *f*

gudrs klug, geschéit; wéise

gulbis *ornit.* Schwan *m*

gulēt 1. schláfen*; **2.** (*neaizmidzis*)
líegen*

gulētājs Schlä´fer *m*; Septiņi gulētāji,
(*27. jūnijs*) – tikai vsk. bez art.
Síebenschläfer

gulsnis Schwélle *f*

gulta Bett *n*; Láger *n*; saliekamā g. –
Kláppbett *n*

gultne Bett *n*; upes g. – Flússbett *n*

guļamistaba Schláfzimmer *n*

guļammaiss Schláfsack *m*

guļbūve Blóckbau *m*, Blóckhaus *n*

gumija Gúmmi *m*; dzēšamā g. –
Radíergummi *m*; ieveramā g. –
Gúmmiband *n*; putu g. – Scháum-
gummi *m*

gurdens mü´de, matt

gurķis Gúrke *f*

gurns Hü´fte *f*, Lénde *f*

gūsteknis Gefángene *m*; karagūstek-
nis – Kríegsgefangene *m*

gūst‖s Gefángenschaft *f*; saņemt ~ā –
gefángen nehmen*

gūt gewínnen*; erzíelen

gvarde Gárde *f*

Ģ

ģenerālis Generál *m*

ģenerālkonsuls Generálkonsul *m*

ģenerālplāns Generálplan *m*

ģenerators Generátor *m*

ģenētika Genétik *f*

ģeniāls geniál

ģēnijs Genie [ʒeˈniː] *n*

ģenitīvs *gram.* Génitiv *m*

ģeogrāfija Geographíe *f*, E´rdkunde *f*

ģeoloģija Geologíe *f*

ģeometrija Geometríe *f*

ģerbonis Wáppen *n*

ģērbt 1. (*kādu*) ánkleiden, ánziehen*;
2. (*ko mugurā*) ánziehen*

ģērbties 1. sich ánkleiden, sich án-ziehen*; **2.** (*valkāt drēbes*) sich kléiden; ģ. gaumīgi – sich geschmáckvoll kleiden; pārspīlēti un bezgaumīgi ģ. un krāsoties – *sar.* sich áufdonnern

ģībonis O´hnmacht *f*, Bewússtlosigkeit *f*

ģībt in O´hnmacht fállen*

ģilde Gílde *f*

ģimen‖e Famíli‖e *f*; (*kas apmaiņas kārtībā uzņem citas valsts skolnieku*) Gástfamili‖e *f*; ~es svinības – Familiefest *n*; ~es loceklis – Familienmitglied *n*; ~es loks – Familienkreis *m*

ģīmetne Bild *n*, Bíldnis *n*

ģimnāzija Gymnásium *n*

ģipsis Gips *m*

ģitāra Gitárre *f*

H

habilitācija Habilitatión *f*

habilitēts habilitíert

haizivs *iht.* Háifisch *m*, Hai *m*

halucinācija Sínnestäuschung *f*

halva *kul.* Hálwa *n*

hamburgers *kul.* Hámburger *m*

hantele *sp.* Hántel *f*

haoss Chaos ['ka:ɔs] *n*

harmonija Harmoníe *f*

harmonikas Zíehharmonika *f*; mutes h.– Múndharmonika *f*

harta Charta ['ka..] *f*

hašišs Háschisch *n*; *saīs.* Hasch *n*

helikopters Húbschrauber *m*, Helikópter *m*

hemoglobīns *med.* Hämoglobín *n*

hepatīts *med.* Léberentzündung *f*, Gélbsucht *f*, Hepatítis *f*

herbicīds Herbizíd *n*

hercogs Hérzog *m*

hermafrodīts Zwítter *m*

heroīns Heroín *n*

hidroelektrostacija Wásserkraftwerk *n*

hiēna *zool.* Hyä´ne *f*

hierarhija Rángordnung *f*, Hierarchíe *f*

higiēna Hygi‖éne *f*

himna Hýmne *f*; valsts h. – Nationálhymne *f*

hipertonija *med.* Hypertoníe *f*

hipijs Híppy *m*

hipnoze Hypnóse *f*

hipodroms Hippodróm *m vai n*; [Pférde]rennbahn *f*

hipotēka *ek.* Hypothék *f*, Grúndpfandrecht *n*

hipotēze Hypothése *f*, A´nnahme *f*, Vermútung *f*

histērija Hysteríe *f*

histērisks hystérisch

hobijs Hóbby *n*, Fréizeitbeschäftigung *f*

hokejs *sp.* [Ei´s]hockey [..hɔki] *n*

holera *med.* Chólera *f*
holesterīn‖s *med.* Cholesterín *n*; ~a
  līmenis asinīs – Cholesterín-
  spiegel *m*
hologrāfija Holographíe *f*
holokausts Holocaust ['ho:lokaust] *m*
homeopātija Natúrheilkunde *f*
homoseksuālis Homosexuélle *m*;
  Schwúle *m*
homoseksuāls *sar.* schwul
honorārs Honorár *n*; ārsta h. –
  A'rzthonorar *n*; autora h. – Autó-
  renhonorar *n*; mākslinieka h. –
  Gáge ['ga:ʒə] *f*
horizontāls wáag[e]recht, horizontál

hormons Hormón *n*
horoskops Horoskóp *n*
hospitālis Hospitál *n*
hotdogs *kul.* Hótdog *m vai n*
hromosoma *med.* Chromosóm
  [kro..] *n*
hronika Chrónik [kr..] *f*
hronisks chrónisch [kr..]
huligāns Rowdy ['raudi:] *m*; (*fut-
  bolā – arī*) Hóoligan *m*; Ráufbold
  m; Róhling *m*
humāns humán, ménschlich
humoristisks humorístisch, humórvoll
humors Humór *m*
hunta Júnta *f* ['hʊnta] *f*

I

ideālsᵃ Ideál *n*; Ideálbild *n*
ideālsᵇ ideál, perfékt; vórbildlich
ideja Idée *f*, Ei'nfall *m*
identificēt identifizíeren
identisks idéntisch
identitāte Identitä't *f*
ideoloģija Ideologíe *f*
idiots Idiót *m*
iebaidīt éinschüchtern
iebāzt stécken; hinéinstecken
iebērt [hinéin]schütten; [hinéin]streu-
  en
ieberzēt éinreiben*
iebiedēšan‖a A'bschreckung *f*, Ei'n-
  schüchterung *f*; ~as politika –
  A'bschreckungspolitik *f*
iebiedēt ábschrecken

iebildum‖s Ei'nwand *m*; Ei'nspruch
  m; Wíderspruch *m*; mums nav ~u
  – wir haben nichts einzuwenden
iebilst éinwenden*; (*runāt pretī*)
  widerspréchen*
iebraucējs A'ngerciste *m,* Frémde
  m, A'nkömmling *m*
iebraukt 1. fáhren*; hinéinfahren*;
  2. (*ierasties*) ánkommen*
iebrauktuve (*pie mājas*) Ei'nfahrt *f*
iebrucējs Ei'ndringling *m*
iebrukt 1. (*par jumtu*) éinfallen*,
  éinstürzen; **2.** *mil.* éinfallen*, éin-
  dringen*
iecelt 1. hében*, éinheben*; **2.** (*amatā*)
  ernénnen* (*zu*); éinsetzen
iecelot éinreisen; éinwandern

iecienīts belíebt; ánerkannt

iecietīgs náchsichtig, dúldsam; toleránt

iecirknis Bezírk *m*; Revíer [..v..] *n*; vēlēšanu ie. – Wáhlbezirk *m*, Wáhlrevier *n*; policijas ie. – Polizéirevier *n*

iecukurot *kul.* kandíeren

iedalīt 1. éinteilen; glíedern; **2.** (*piešķirt*) zúteilen (*ar dat.*)

iedaļa Téilstrich *m*

iedarbība [Ei'n]wirkung *f*

iedarbīgs wírksam

iedarbināt (*elektrisku ierīci, motoru*) ánlassen; stárten; (*automašīnu*) ántreiben; in Gang bríngen (sétzen)

iedegt 1. ánzünden, ánbrennen*; ie. gaismu – Licht anmachen; **2.** *pārn.* entzü´nden, entflámmen

iedeg‖ties 1. entbrénnen*; **2.** *pārn.* entbrénnen*, entflámmen; ~ās strīds – es entbrannte ein Streit

iedegums [Sónnen]bräune *f*

iederēties ángebracht sein*; pássen; am Plátze sein

iedoma Ei'nbildung *f*; (*pēkšņa*) Ei'nfall *m*; muļķīga, nereāla ie. – *sar.* Schnáppsidee *f*

iedomāties sich (*dat.*) éinbilden; (*iztēloties*) sich (*dat.*) vórstellen; náchvollziehen*

iedomīgs éingebildet, ánmaßend, überhéblich

iedot gében*

iedragāt erschü´ttern

iedrošināties wágen; sich unterstéhen*; sich erdréisten

iedurt stéchen*; [hin]éinstechen*; (*nazi, zobenu*) stóßen*

iedvesma Ei'ngebung *f,* Inspiratión *f;* A'nregung *f*

iedvesmot ánregen, ánfeuern; beséelen

iedzelt 1. stéchen*; **2.** *pārn.* stícheln

iedzert trínken*

iedziļināties sich vertíefen

iedzimtība (*parasti dsk.*) E'rbanlage *f*

iedzimt‖s ángeboren; verérbt, érblich; ~a slimība – E'rbkrankheit *f*

iedzīt 1. tréiben*; [hin]éintreiben*; **2.** (*piem., naglu*) éinschlagen*

iedzīve Hábe *f,* Hábschaft *f;* (*neliela*) *dsk.* Hábseligkeiten

iedzīvotāj‖s Ei'nwohner *m;* Bewóhner *m;* (*kādas zemes*) ~i – Bevö´lkerung *f;* ~u blīvums – Bevölkerungsdichte *f*

ieej‖a 1. Ei'ngang *m;* **2.** (*ieiešana*) Ei'ntritt *m;* ie. aizliegta – Eintritt verbóten; ~as biļete – Eintrittskarte *f*

ieelpot éinatmen

iefiltrēties sich éinschleusen

iegādāties sich (*dat.*) ánschaffen; káufen

iegalvot éinreden

iegansts Vórwand *m*

iegarens lä´nglich

iegāt‖nis iet ~ņos – éinheiraten

iegaumēt sich (*dat.*) éinprägen; sich (*dat.*) mérken; behérzigen

iegāzties 1. (*bedrē*) hinéinstürzen; **2.** (*sagāzties*) éinstürzen

iegriba Láune *f*, Grílle *f*; Gelü'st *n*

iegriezt éinschneiden*; ie. pirkstā –
sich in den Finger schneiden*

iegriezties (*piem., sāniēlā*) éinbiegen*;
(*pie kāda*) éinkehren

iegrime *jūrn.*tíefgang *m*

iegrimt éinsinken*; versínken*

iegrūst hinéinstoßen*

iegruvums Ei'nsturz *m*

iegula Lágerstätte *f*; ogļu ie. – Kóh-
lenlagerstätte *f*

ieguldījums 1. Ei'nlage *f*; (*kapitāla –
arī*) Investíerung [..v..] *f*; 2. *pārn.*
Béitrag *m*

iegūšana 1. Erwérb *m*; Erwérbung *f*;
2. (*izrakteņa, vielas*) Gewínnung
f, Fö'rderung *f*

iegūt 1. erwérben*; ie. zināšanas –
Kénntnisse erwerben*; 2. (*izrak-
teni, vielu*) gewínnen*

ieguve Gewínnung *f*; A'bbau *m*;
Fö'rderung *f*; naftas ie. – E'rdöl-
förderung *f*, Ö'lgewinnung *f*; ogļu
ie. – Kóhleabbau *m*; rūdas ie. –
E'rzförderung *f*

ieguvums Gewínn *m*; Erwérb *m*

ieiet tréten*, [hin]éintreten*; [hinéin]-
gehen

ieilgt ándauern

ieinteresēts interessíert (*an ar dat.*)

iejaukšanās Ei'nmischung *f*; Ei'n-
griff *m*

iejavs Sáuerteig *m*

iejūgt éinspannen, ánspannen

iejusties (*piem., lomā, cita bēdās*)
sich éinfühlen; náchvollziehen;

(*svešos apstākļos, darbā*) sich
éingewöhnen, sich éinleben

iekaisis entzü'ndet

iekaisums Entzü'ndung *f*; kakla ie. –
Hálsentzündung *f*; aklās zarnas ie. –
Blínddarmentzündung *f*; mandeļu
ie. – Mándelentzündung *f*; vidus-
auss ie. – Míttelohrentzündung *f*

iekams éhe, bevór

iekāpt stéigen*; éinsteigen*

iekarot eróbern

iekarotājs Eróberer *m*

iekārta 1. *pol.* O'rdnung *f*; sabied-
riskā ie. – Geséllschaftsordnung *f*;
2. Ei'nrichtung *f*; Au'sstattung *f*;
3. (*ierīce*) A'nlage *f*; interkoma
sakaru ie. – Gégensprechanlage *f*;
ūdens attīrīšanas ie. – Wásser-
aufbereitungsanlage *f*

iekārtot éinrichten; áusstatten

iekārtoties sich éinrichten

iekasēt éinkassieren; (*parādus*) éin-
treiben*

iekavas *dsk.* Klámmern

ieklausīties áufhorchen

iekliegties áufschreien*

iekļūt geráten*; hinéinkommen*,
hinéingelangen

iekniebt knéifen*, zwícken

iekost béißen*

iekrāt erspáren; éinsparen

iekraut verláden*, láden*, beláden*

iekrist 1. fállen*; 2. *pārn.* heréin-
fallen*

iekš‖a I'nnere *n*; I'nnenseite *f*; uz ~u –
nach innen; no ~as – von innen

iekšā 1. drínnen; drin; **2.** (*norādot virzienu*) heréin (*šurp*); hinéin (*turp*)
iekšas (*iekšējie orgāni*) Eí'ngeweide *n*
iekšdedzes–: ie. dzinējs (*motors*) – Verbrénnungsmotor *m*
iekšēj‖s ínner; ínnen-; I'nnen-; Bínnen-; ~ais tirgus – Binnenmarkt *m*; ~ais; (*uzņēmuma*) betríebsintern
iekšliet‖as: ~u ministrija – I'nnenministerium *n*
iekšpilsēta I'nnenstadt *f*; pilsētas centrs lielpilsētā – City ['siti] *f*; Geschä'ftsviertel *n*
iekšpolitika I'nnenpolitik *f*
iekšpus‖e I'nnenseite *f*; ~ē – drinnen; innerhalb; no ~es – von innen
iekurt (*krāsni*) ánheizen; (*uguni*) ánmachen
iekustināt in Bewégung bríngen*
ieķerties (*pieturēties*) sich féstklammern, sich klámmern (*an ar ak.*)
ieķīlāt verpfä'nden, versétzen
iel‖a Stráße *f*; iet pāri ~ai – die Straße überquéren; ~as braucamā daļa – Fahrbahn *f*; vienvirziena ie. – Einbahnstraße *f*; dzīvot [kādā] ~ā – in [einer] Straße wohnen
ielaist 1. heréinlassen*; éinlassen*; **2.** (*atstāt novārtā*) vernáchlässigen
ielāps Flícken *m*
ielaušanās Eí'nbruch *m*; (*krimināli sodāma ielaušanās svešas personas dzīvoklī vai zemesīpašumā*) *jur.* Háusfriedensbruch *m*

ielauzties éinbrechen*, éindringen*
ieleja Tal *n*
ielēkt spríngen*, heréinspringen*; hinéinspringen*
ielenkt *mil.* éinkreisen, umzíngeln, éinkesseln
ielenkums Eí'nkreisung *f*; Eí'nkesselung *f*
ieliece Eí'nbuchtung *f*
ieliekts éingebogen; (*par lēcu*) konkáv, hohl
ieliet [éin]gießen*; éinschenken
ielikt légen*, [hin]éinlegen; [hinéin]-stellen; éinsetzen
ieliktenis *pol.* Kreatúr *f*
ielīmēt éinkleben
ielīst kríechen*
ieloce Fálte *f*; *tehn.* Falz *m*; (*papīrā*) Kniff *m*
ielūgt éinladen*
ielūgums Eí'nladung *f*; rakstisks ie. – Einladungsschreiben *n*
iemācīt léhren; béibringen*
iemācīties erlérnen; lérnen; ie. no galvas – auswendig lernen
iemaksa Eí'nzahlung *f*; (*pirmais daļas maksājums*) A'nzahlung *f*; A'bschlag *m*
iemaņa Fértigkeit *f*; Geü'btheit *f*
iemērkt 1. [éin]tauchen; **2.** éinweichen; ie. veļu – Wä'sche einweichen
iemesls Grund *m*; A'nlass *m*; U'rsache *f*
iemest wérfen*; éinwerfen*
iemigt éinschlafen*

iemīlēties sich verlíeben; *sar.* sich verknállen

iemīļots belíebt

iemutis Múndstück *n*; (*cigaretēm – arī*) Spítze *f*

ienaidnieks Feind *m*

ienaids Féindschaft *f*; Hass *m*; Féindseligkeit *f*

ienākt 1. [heréin]kommen*, tréten*; [her]éintreten*; **2.:** ie. prātā – einfallen*, in den Sinn kommen*

ienākum‖s Eí'nkommen *n*; Eí'nnahme *f*; ~i – *dsk.* Eí'nkünfte; papildu ie. par blakusdarbu – Nébenverdienst *m*; minimālais ie. – Míndestertrag *m*

ienesīgs éinträglich, ertrágreich; *ek.* rentábel

ienest trágen*, bríngen*

ienīst hássen, verábscheuen

ieņemt éinnehmen*; besétzen; ie. savu vietu – seinen Platz einnehmen*; ie. zāles – eine Arznéi [ein]nehmen*

ieņēmumi *dsk.* Eí'nnahmen; procentu ie. – Zínseinnahmen; gada ie. – Jáhreseinnahmen; dienas ie. – Tágeseinnahmen

ieņēmums *ek.* Erlö's *m*; Gewínn *n*; tirdzniecības ie. – Hándelserlös *m*

iepazīstināt (*ar kādu*) vórstellen (*ar dat.*); bekánnt machen; (*ar kaut ko*) vertráut machen

iepazīties (*ar kādu*) kénnenlernen, bekánnt werden*; (*ar kaut ko*) sich vertráut machen

iepirkšanās Eí'nkauf *m*; *sar.* Shopping ['ʃɔp..] *n*

iepirkties éinkaufen, Eí'nkäufe besórgen (máchen), Besórgungen machen

iepirkums Eí'nkauf *m*, Besórgung *f*

ieplest: ie. acis – 1) die Augen áufreißen*; 2) *pārn.* große Augen machen

ieplūst (*par ūdeni*) éinfließen*; (*par smaržu, gaisu*) éinströmen

ieprecējies ángeheiratet

iepretī, iepretim gegenü'ber (*ar dat.*)

iepriecināt erfréuen, Fréude máchen

iepriekš im voráus; vorhér; zuvór; dienu ie. – einen Tag vorher, tags zuvor

iepriekšēj‖s vórig, vorhérig; ~ā dienā – am Tage vorhér

ieradums Gewóhnheit *f*, A'ngewohnheit *f*

ierakstīt[a] éinschreiben*; éintragen*; ie. sarakstā – in die Liste eintragen*; ie. reģistrā – ins Register eintragen*

ierakstīt[b] *dator.* spéichern

ieraksts Eí'ntrag *m*, Eí'ntragung *f*; grāmatvedības ie. – Búchung *f*

ierakums *mil.* Schü'tzengraben *m*

ierāmēt éinfassen, éinrahmen

ierasties éintreffen*, ánkommen*; erschéinen*

ierasts gewóhnt

ierašanās Eí'ntreffen *n*; A'nkunft *f*; ie. obligāta – Erschéinen ist Pflicht

ieraudzīt erblícken; bemérken

ieraut [hinéin]reißen*; éinziehen*

ieraža Brauch *m,* Gebráuch *m*; Sítte *f*

ierēdnis Beámte *m*

ieredzēt (*kādu*) (*j-m*) gewógen sein*, (*j-m*) zúgeneigt sein*; gern háben*

iereibis ángeheitert, ángetrunken, be-schwípst

ierīce Vórrichtung *f,* A′nlage *f*; sig-nalizācijas ie. – Wárnanlage *f*; pretaizdzīšanas ie. automašīnās – Wégfahrsperre *f*

ierīkot (*iekārtot*) éinrichten; (*uzcelt*) erríchten; ánlegen

ierīkoties sich éinrichten

ierind‖a Front *f*; nostáties ~ā – in Reihe antreten*

ierindot éinreihen, éinordnen

ierindoties sich éinreihen

ierobežojums Ei′nschränkung *f*; Be-schrä′nkung *f*; Límit *n*; tirdznie-cības ie. – Hándelseinschränkung *f*; ātruma ie. – Témpolimit *n*

ierobežot begrénzen; éinschränken, beschrä′nken

ierocis Wáffe *f*; (*atomārie, bioloģiskie un ķīmiskie*) ieroči – *dsk. sais.* ABCWaffen

ierosa *psih.* Errégung *f*

ierosinājums A′nregung *f*; Vór-schlag *m*; (*garīgs impulss*) Dénk-anstoß *m*; (*izteikt neuzticību val-dībai, kādam ministram*) *pol.* Mísstrauensantrag *m*

ierosināt 1. ánregen; (*būt par iemeslu*) veránlassen; initíieren; **2.** (*likt priekšā*) vórschlagen*; **3.** (*tiesā*

lietu) Stráfantrag gégen j-n stél-len

ierosinātājs (*slimības, vīruss*) Er-réger *m*

ierosm‖e A′nregung *f*; A′ntrieb *m*; pēc paša ~es – aus eigenem Antrieb

ierun‖a Ei′nspruch *m*; Wíderspruch *m*, Vórbehalt *m*; bez ~ām – ohne Widerspruch (Vorbehalt)

iesācējs A′nfänger *m*

iesaiņojums Verpáckung *f*

iesaiņot verpácken, [éin]packen

iesaistīt heránziehen*, éinbeziehen*

iesākt ánfangen*, begínnen*

iesaldēt éinfrieren lassen

iesālīt éinsalzen; (*gaļu – arī*) éinpökeln

iesals Malz *n*

iesāļš leicht sálzig

iesauka Béiname *m*, Spítzname *m*, Spóttname *m*

iesaukt 1. rúfen*; heréinrufen*; **2.** (*armijā*) éinberufen*

iesaukties áusrufen*

iesaukums Ei′nberufung *f*

iesēdināt [hinéin]setzen

iesējums Ei′nband *m*

iesist 1. schlágen*; einen Schlag versétzen; **2.** (*piem.,naglu*) éin-schlagen*

ieskaidrot erklä′ren, verstä′ndlich máchen

ieskaite Vórprüfung *f*

ieskaitīt éinrechnen; éinschließen*

ieskaņot (*kinofilmu*) vertónen

ieskatīties [hinéin]sehen*, [hinéin]-blicken

ieskats (*uzskats*) A'nsicht *f*; Eráchten *n*, Méinung *f*

ieskreja A'nlauf *m*

ieskriet láufen*; heréinlaufen*; hinéinlaufen*

ieskrieties [éinen] A'nlauf néhmen*

ieskrūvēt éinschrauben; (*spuldzi*) éindrehen

ieslēgt 1. éinschließen*; **2.** (*piem.*, *radio*) éinschalten

ieslodzīt éinsperren

iesmaržoties sich parfümíeren

iesmelt éinschöpfen

iesms Spieß *m*, Brátspieß *m*

iesnas Schnúpfen *m*; alerģiskās ie. no putekšņiem – Héuschnupfen *m*

iesniegt éinreichen; (*piem.*, *projektu – arī*) éinbringen*; (*prasību tiesā*) A'nzeige erstátten

iesniegums A'ntrag *m*, Ei'nreichung *f*; (*lūgums*) Gesúch *n*

iespaidīgs éindrucksvoll; (*par personu*) éinflussreich

iespaids Ei'ndruck *m*

iespēj∥a Mö'glichkeit *f*; Chance ['ʃãːsə] *f*, pēc ~as – nach Möglichkeit; möglichst

iespējams mö'glich

iespēlēt éinspielen; ie. skaņuplatē – eine Schallplatte bespíelen

iespert 1. éinen Fúßtritt versétzen; **2.** (*par zibeni*) éinschlagen*

iespiest[a] drü'cken; éindrücken

iespiest[b] *poligr.* drúcken

iespiesties éindringen; sich [hin]éinzwängen

iespītēties trótzig wérden*; stur sein

iespļaut spúcken, spéien*

iespraust 1. [hinéin]stecken; **2.** (*piem.*, *citātus tekstā*) éinschalten

iesprūst stécken bleiben*; sich verfángen*

iestāde Behö'rde *f*, Amt *n*

iestādīt éinpflanzen, éinsetzen

iestājeksāmens Ei'ntrittsprüfung *f*, Au'fnahmeprüfung *f*

iestāstīt éinreden; vórmachen, wéismachen

iestāšanās 1. Ei'ntritt *m*; Éinstand *m*; sarīkot koleģiem nelielus svētkus, sākot strādāt jaunā darbavietā – seinen Einstand geben*; **2.** (*sākšanās*) Ei'ntritt *m*; A'nbruch *m*

iestāties éintreten*; (*organizācijā – arī*) béitreten*; ie. universitātē – die Universitä't [..v..] bezíehen*

iestiklot verglásen

iestudēt éinstudieren; éinüben

iesūdzēt verklágen; Kláge erhében* (*gegen j-n*)

iesvētīšana *rel.* Konfirmatión *f*

iesviest wérfen*; (*ar spēku*) schléudern

** iešļircināt** éinspritzen, injizíeren

iešuve (*apģērbā*) A'bnäher *m*

iet géhen*; iet kājām – zu Fuß gehen*; pulkstenis iet par ātru (lēnu) – die Uhr geht vor (nach); ◇ kā iet? – wie geht es?

ietaise A'nlage *f*, Vórrichtung *f*

ietaupījum∥s Erspárnis *f*, Erspárung *f*; ~i – Erspárnisse

ietaupīt erspáren

ietecēt hinéinfließen*; (*par upi – arī*) [éin]münden

ieteicams empféhlenswert; rátsam; ir ie. – es empfíehlt sich

ieteikt empféhlen*; ráten* (*j-m zu etw.*)

ieteikums Empféhlung *f*, Rekommendatión *f*; rakstisks ie. – Empféhlungsbrief *m*, Empféhlungsschreiben *n*; (*atsauksme*) Referénz *f*

ieteka Mü′ndung *f*

ietekm‖e Ei′nfluss *m*; būt kāda ~ē – unter j-s Einfluss stehen*

ietekmēt beéinflussen; éinwirken (*auf ar ak.*), Ei′nfluss áusüben (*auf ar ak.*)

ietiepīgs éigensinnig, trótzig, stö′risch, stur

ietiepties sich verstéifen, sich verbóhren, bócken

ietilpība Kapazitä′t *f*, Geräu′migkeit *f*; Fássungsvermögen *n*

ietinumi *med. dsk.* Páckungen, U′mschläge

ietīt [éin]wickeln, éinschlagen*

ietonēt tö′nen, leicht fä′rben

ietvar‖s [Ei′n]fassung *f*; bri‖ļu ~i – Bríllengestell *n*

ietve Bü′rgersteig *m*, Géhsteig *m*

ietvert 1. (*sevī*) enthálten*; 2. (*apņemt*) éinschließen*

ieva Fáulbaum *m*

ievadīšana (*datu*) *dator.* Ei′ngabe *f*, I′nput *m vai n*

ievadīt[a] éinführen; éinleiten; ie. sarunas – Verhándlungen einleiten

ievadīt[b] *dator.* éingeben

ievadraksts Léitartikel *m*

ievads Ei′nführung *f*; (*runai, rakstam*) Ei′nleitung *f*

ievainojums Verlétzung *f*, Wúnde *f*, Verwúndung *f*

ievainot verwúnden, verlétzen (*arī pārn.*)

ievākt [éin]sammeln; (*ziņas*) éinziehen*; (*ražu*) [éin]ernten, éinbringen*

ievārījums Ei′ngemachte *n*, Konfitü′re *f*

ievedmuita Ei′nfuhrzoll *m*

ievedums *ek.* Ei′nfuhr *f*, Impórt *m*

ieveidot: ie. matus – das Haar [éin]legen

ievēlēt wä′hlen

ievērīb‖a Beáchtung *f*; gūt (rast) ~u – Beachtung finden*

ievērojams bedéutend; beáchtlich

ievērot 1. (*pamanīt*) bemérken; 2. (*ņemt vērā*) beáchten; berü′cksichtigen; 3. (*ieturēt*) [éin]halten*

ievērt [éin]ziehen*; (*adatā*) éinfädeln; (*durvīs*) éinklemmen

ievest 1. fü′hren; heréinführen; hinéinführen; 2. (*importēt*) éinführen

ieviest éinführen

ieviesties sich éinbürgern

ievietot (*slimnīcā*) éinliefern; únterbringen*; éinweisen*

ievilkt zíehen*; éinziehen*; hinéinziehen*

ieziepēt éinseifen

ieziest éinschmieren; áuftragen* (*auf ar ak.*)

iezis Gestéin *n*; Fels *m*

iežogot umzäu'nen; éinhegen

ignorēšana Níchtbeachtung *f*

ignorēt ignoríeren, übeséhen*; übergéhen*; nicht beáchten

īgns verdríeßlich, míssmutig, mü'rrisch

ik: ik dienas – tä'glich; ik gadus – alljä'hrlich; ik uz soļa – auf Schritt und Tritt

ikdiena A'lltag *m*

ikdienišķs alltä'glich

ikkatrs jéder, jédermann

ikri[a] (*kāju*) Wáde *f*

ikri[b] (*zivij*) Laich *m*, Rógen *m*; *kul.* Káviar [..v..] *m*

īkšķis Dáumen *m*

īlens A'hle *f*, Pfriem *m*

ilgas Séhnsucht *f*; dzimtenes i. – Héimweh *n*

ilggadīgs lángjährig, méhrjährig

ilgi láng[e]

ilgoties sich séhnen, Séhnsucht hában

ilg‖s lang; ~am laikam – auf lange Zeit; pagāja i. laiks – es dauerte lange

ilgstošs [án]dauernd; dáuerhaft; ánhaltend; i. miers – dauerhafter Frieden; i. sals – anhaltender Frost, Dauerfrost *m*

ilgt dáuern, wä'hren

ilgtermiņa- lángfristig, Dáuer-

ilgums Dáuer *f*; derīguma i. (*dokumentiem*) – Gü'ltigkeitsdauer *f*; uzturēšanās i. – Au'fenthaltsdauer *f*

ilgviļņi *dsk.* Dáuerwellen

ilknis Stößzahn *m*; Fángzahn *m*

iluminators (*lidmašīnā, kuģī*) Búllauge *n*

ilustrācija Illustratión *f*

ilustrē‖t illustríeren; ~ts žurnāls – Illustríerte *f*

ilūzija Illusión *f*

imidžs Image ['imitʃ] *n*

imitācija Imitatión *f*, Náchahmung *f*; Náchbildung *f*; (*aizstājējs*) Ersátz *m*; Simulatión *f*; bumbas i. – Attráppe *f*

imperiālisms Imperialísmus *m*

impērija Impérium *n*, Reich *n*

impīčments Impeachment [im'pi:tʃmənt] *n*

implantēt *med.* implantíeren

importēt éinfü'hren, importíeren

imports Ei'nfuhr *f*, Impórt *m*

impotents impotént

imunitāte *pol., jur., med.* Immunitä't *f*

imūns immún, únempfindlich

inaugurācija A'mtseinführung *f*

incidents Vórfall *m*, Zwíschenfall *m*

inde Gift *n*

indeksācija (*algas – arī*) Indexatión *f*, I'ndexbildung *f*; Indexíerung *f*

indekss I'ndex *m*; pasta i. – Póstleitzahl *f*; akciju i. – A'ktienindex *m*; cenu i. – Préisindex *m*

indiānis Indiáner *m*

indīgs gíftig, Gift-; i. augs – Gíftpflanze *f*

individuāls individuéll, Ei'nzel-

industrija Industríe *f*

infarkts Hérzinfarkt *m*
infekcija Infektión *f*, A'nsteckung *f*
inficēt infizíeren, ánstecken
infinitīvs *gram.* I'nfinitív *m*, Nénnform *f*
inflācija *ek.* Inflatión *f*
informācija Information *f*, Au'skunft *f*; i. e., kas tiek paziņota radio vai televīzijā – Dúrchsage *f*; (*izklaidējošas ziņas radio un televīzijā*) *tikai vsk.* Infotainment ['..tein..] *n*
informants Informánt *m*
informātika Informátik *f*, Informatiónswissenschaft *f*
informators (*policijas*) V-Mann ['fau..] *m*
informēt informíeren, benáchrichtigen
ingvers I'ngwer *m*
inhalēt *med.* inhalíeren
iniciatīv‖a Initiatíve [..v..] *f*, Unternéhmungsgeist *m*; pēc paša ~as – auf eigene Initiative
injekcija Injektión *f*, Ei'nspritzung *f*; pilienu i. – Infusión *f*
inkasents Ei'nnehmer *m*, Inkássobeauftragte *m*, Inkássoarbeiter *m*, Inkássobeamte *m*
inkubators (*neiznēsātiem bērniem slimnīcā*) Brútkasten *m*
inscenējums Inszeníerung *f*
inscenēt inszeníeren
insekticīds Insektizíd *n*
inspektors Inspéktor *m*
instalācija Installatión *f*

instance Instánz *f*; augstākstāvoša i. – ü'bergeordnete Behö'rde *f*
instinktīvs instinktív
instinkts Instínkt *m*; pašsaglabāšanās i. – Sélbsterhaltungstrieb *m*
institūcija Institutión *f*; valsts i. – staatliche Institution
institūts Institút *n*; augstskolas i. – Hóchschulinstitut *n*; pētniecības i. – Fórschungsinstitut *n*
instrukcija Instruktión *f*; A'nweisung *f*; amata i. – Díenstanweisung *f*; díenstliche Vórschrift *f*; darba i. – A'rbeitsinstruktion *f*; lietošanas i. – Gebráuchsanweisung *f*
instruktors Instrukteur [..'tø:r] *m*
instruments Instrumént *n*
insulīns Insulín *n*
insults *med.* Gehírnschlag *m*
integrēt integríeren
intelekts Verstánd *m*; Intellékt *m*
intelektuāls intellektuéll
inteliģence Intelligénz *f*, *dsk.* Intellektuéllen
inteliģents intelligént
intensitāte Intensitä't *f*
intensīvs intensív
interes‖e Interésse *n*; sabiedriskās ~es – ö'ffentliche Interéssen
interesēties sich interessíeren (*für*), Interésse háben* (*für*); izrādīt uzmācīgu interesi – *sar.* j-n ánmachen
interjerists Ráumausstatter *m*
interjers I'nnenausstattung *f*

internacionāls international

internātskola Internátschule *f*

internēt *jur.* interníeren

internet‖**s** (*interneta sistēma*) *tikai vsk. saīs.* Web *n* (*World Wide Web*); ~a adrese – Wébadresse *f*; ~a lappuse – Wébseite *f*; ~a mājas lapa – Home-page ['hoʊmpeɪtʃ] *f*

intervija Interview [..'vju:] *n*

intīms intím, vertráulich

intoksikācija Vergíftung *f*

intrig‖**a** Intríge *f*; nodarboties ar ~ām – Ränke schmieden

invalīds Behínderte *m*, Verséhrte *m*; kara i. – Kríegsversehrte *m*; (*fīzisks*) kö'rperbehindert

invāzija Invasión [..v..] *f*

inventarizācija Bestándsaufnahme *f*, Inventúr [..v..] *f*

inventārs Inventár [..v..] *n*, Bestánd *m*

investēt *ek.* investíeren [..v..]

inženieris Ingenieur [inʒen'jø:r] *m*

īpašība Ei'genschaft *f*; Bescháffenheit *f*

īpašnieks Besítzer *m*, I'nhaber *m*, Ei'gentümer *m*; obligāciju ī. – Obligationä'r *m*; paju ī. – A'nteilseigner *m*, A'nteilbesitzer *m*; uzṇēmuma ī. – Unternéhmensbesitzer *m*; zemes ī. – Grúndbesitzer *m*, Grúndeigentümer *m*

īpašums Ei'gentum *n*; Besítz *m*; (*manta*) Gut *n*, Vermö'gen *n*; nekustamais ī. – *dsk.* Immobíli'‖en *f*; dzīvokḷa ī. – Ei'gentumswohnung *f*, Wóhnungseigentum *n*; kusta-

mais ī. – *dsk.* Móbíli‖en; valsts ī. – Stáatseigentum *n*; tautas ī. – Geméineigentum *n*

īpatnējs éigenartig; éigentü'mlich; apárt

īpatnība Ei'genart *f*; Ei'gentümlichkeit *f*; Besónderheit *f*

īpatnis Sónderling *m*, (*cilvēks, kas izturas neatbilstoši sabiedrības normām*) Freak [fri:k] *m*

irbe Rébhuhn *n*

irbene *bot.* Schnéeball *m*

irbulene *bot.* Gínster *m*

irdens lócker, mü'rbe

irdināt lóckern; áuflockern

īr‖**e** Míete *f*; ~es maksa – Miete *f*; ~es līgums – Mietvertrag *m*; apakšīre – Untermiete *f*

īrēt míeten

īriss *bot.* Schwértlilie *f*

īrnieks Míeter *m*

ironija Ironíe *f*

ironisks irónisch

īslaicīgs kúrzfristig

īss kurz; knapp

īssaiets Bríefing *n*

īssavienojums *el.* Kúrzschluss *m*

istaba Zímmer *n*; Stúbe *f*; (*neliela*) Kámmer *f*

īstenīb‖**a** Wírklichkeit *f*; ~ā (*patiesībā*) – éigentlich

īstenot verwírklichen

īstermiņa- kúrzfristig, kúrzbefristet

īst‖**s** (*neviltots*) echt; ~as pērles – echte Perlen; (*patiess*) wahr; ī. draugs – ein wahrer Freund; (*pa-*

reizs) ríchtig; ~ā laikā – zur réchten Zeit

īsum‖s Kü'rze *f*; ~ā – kurz, in Kürze

īsviļņi *dsk.* Kúrzwellen

išiass *med.* Neuralgíe *f*; I'schias *m* *vai n*

izaicināt heráusfordern

izārstēt [áus]heilen, kuríeren

izaudzēt zü'chten, áufziehen*

izaudzināt áufziehen*, gróßziehen*; erzíehen*

izaugt wáchsen*; erwáchsen*; heránwachsen*

izbalējis verblíchen; verblásst

izbalēt verbléichen*; verblássen

izbaudīt áuskosten; erfáhren*; erlében

izbāznis áusgestopftes Tier; áusgestopfter Vógel

izbēgt 1. entflíehen*, entkómmen*; (*no cietuma, gūsta*) áusbrechen*; **2.** *pārn.* entgéhen*, entkómmen*; entláufen*

izbērt áusschütten; (*nejauši*) verschü'tten

izberzt (*caur sietu*) passíeren

izbīties erschrécken*; áufschrecken*

izbojāt verpátzen; vermásseln

izbraukt (*ārā*) [hináus]fahren*

izbrauktuve Au'sfahrt *f*

izbraukums Fahrt *f*; Au'sflug *m*; (*īss*) *sar.* Spríztztour [..tu:r] *f*; A'bstecher *m*; Trip *m*

izbrīnījies erstáunt, verwúndert

izbrīns Erstáunen *n*, Verwúnderung *f*; (*nepatīkams*) Befrémden *n*

izcelšanās 1. (*sociālā*) A'bstammung *f*, Hérkunft *f*; **2.** U'rsprung *m*; Entstéhung *f*

izcelt 1. hében* (*aus*); heráusheben*; **2.** (*malā, krastā*) lánden

izcelties 1. (*rasties*) entstéhen*; (*par karu, epidēmiju*) áusbrechen*; **2.** (*krastā*) lánden; **3.** (*starp citiem ar ko*) sich áuszeichnen (*durch*)

izceļot áuswandern, emigríeren

izcept (*maizi*) bácken*; (*gaļu*) bráten*

izciest überstéhen*, erléiden*

izcils hervórragend; hóchkarätig; ausgezéichnet

izcinīt erríngen*, erkä'mpfen

izcirst áushauen; (*mežu*) líchten, ábholzen, ábforsten

izcirtums Líchtung *f*, Au'shau *m*

izdabāt wíllfähren

izdaiļot verschö'nern; [áus]schmükken

izdalīt vertéilen; (*skaitli*) téilen

izdarīt máchen, tun*

izdegt áusbrennen*; (*pārdegt*) dúrchbrennen* (*piem., spuldze*)

izdevējs Heráusgeber *m*, Verléger *m*

izdevība Gelégenheit *f*

izdevīgs vórteilhaft; gü'nstig; *ek.* effiziént

izdevīgums Nútzen *m*, Vórteil *m*, Gewínn *m*

izdevniecība Verlág *m*

izdevumi *dsk.* Au'sgaben; *dsk.* Kósten; *dsk.* Au'fwendungen; neparedzēti i. – außerórdentliche Au'fwendungen

izdevums Au'sgabe *f*; Au'flage *f*; (*iespiests literārs i.*) Editión *f*; (*atkārtots, nelabots i.*) Reprínt *m*; (*atkārtots, pārlabots i.*) Néuauflage *f*

izdibināt ergrü'nden; erfórschen; (*izpētīt*) recherchieren [reʃɛrˈʃiːrən]

izdiena Díenstalter *n, dsk.* Díenstjahre

izdomāt áusdenken*; (*ko nepatiesu*) erfínden*

izdot 1. (*publicēt*) heráusgeben*; 2. (*iztērēt*) áusgeben*

izdoties gelíngen*, geráten*

izdruka *dator.* Au'sdruck *m*, Compúterausdruck *m*

izdurt áusstechen*; dúrchstechen*; dúrchstoßen*

izdzert áustrinken*

izdzēst 1. (*uguni*) [áus]löschen; 2. (*ar gumiju*) áusradieren

izdzist áuslöschen, erlö'schen

izdzīt (*ārā*) [hináus]treiben*; (*padzīt*) vertréiben*

izeja 1. Au'sgang *m*; (*avārijas, rezerves i.*) Nótausgang *m*; 2. *pārn.* Au'sweg *m*

izejviel‖a Róhstoff *m*; otrreizējās ~as – Sekundä'rrohstoff *m*, A'ltmaterial *n*

izformēt áuflösen

izgaist verflíegen*, verráuchen, sich verflü'chtigen

izgarot verdámpfen, verdúnsten

izgatavot ánfertigen; (*ražot*) hérstellen; (*dokumentu*) áusfertigen

izgāztuve (*atkritumu*) Mü'llkippe *f*, Mü'llabladeplatz *m*; (*liela*) Mü'lldeponie *f*

izglābt rétten

izglābties sich rétten; entkómmen*

izglītība Bildung *f*; (*profesionālā*) Au'sbildung *f*; (*pieaugušo*) Erwáchsenenbildung *f*

izglītot bílden; (*par ko*) áusbilden (*zu*)

izglītots gebíldet

izgludināt áusbügeln, áusplätten

izgreznot áusschmücken, verzíeren

izgriezt[a] áusschneiden*

izgriezt[b] 1. (*izskrūvēt*) áusdrehen; 2. (*veļu*) áus[w]ringen*

izgrūst stóßen*(*aus*); heráusstoßen*; hináusstoßen*

izgudrojums Erfíndung *f*

izgudrot erfínden*

izgudrotājs Erfínder *m*

izgulēt (*jēlu muguru*) sich wund líegen*

izgulēties sich áusschlafen*

izģērbties sich áuskleiden, sich áusziehen*

iziet áusgehen*; hináusgehen*

izīrēt *sk.* iznomāt

izirt auseinánder gehen*; (*par šuvi*) áufgehen*

izjaukt 1. (*mehānismu*) zerlégen, auseinánder nehmen*; 2. (*nodomus, plānus*) veréiteln, durchkréuzen

izjautāt befrágen

izjokot (*j-m*) einen Streich spíelen

izjukt 1. zerfállen*; auseinánder gehen*; sich áuflösen; **2.** (*neizdoties*) schéitern, féhlschlagen*
izjūta Gefü'hl *n*; Sinn *m*; humora i. – Sinn für Humór; garšas i. – Geschmáckssinn *m*
izkaisīt áusstreuen, zerstréuen
izkāpt [áus]steigen*
izkapts Sénse *f*
izkārt áushängen
izkārtne Au'shängeschild *n*
izkāst ábseihen; dúrchseihen; fíltern
izkausēt (*metālu*) schmélzen*; (*taukus, sviestu*) zerlássen*
izklaid∥e: ceļojumu aģentūras darbinieks, ~es organizētājs – Animatéur *m*; ~es industrija – Showbusiness ['ʃo:biznis] *n*
izklaidēties sich zerstréuen
izklaidība Zerstréutheit *f*
izklaidīgs zerstréut, zerfáhren
izklāstīt dárlegen, áusführen
izklāt bréiten; áusbreiten
izkliedēt vertréiben*; zerstréuen
izklīst sich verláufen*, sich zerstréuen
izkļūt heráuskommen*
izkopt áusbilden; entwíckeln; vervóllkommnen
izkratīt áusschütten; áusschütteln
izkraut áusladen*; ábladen*
izkravāt áuspacken
izkrist fállen* (*aus*); heráusfallen*; hináusfallen*; (*par matiem, zobiem*) áusfallen*; (*eksāmenā*) dúrchfallen*

izkust schmélzen*; zergéhen*, zerrínnen*
izlabot áusbessern; reparíeren; (*kļūdas*) verbéssern, beríchtigen; (*nodarīto*) gútmachen
izlāde *el.* Entládung *f*
izlaidum∥s 1. (*tekstā*) Au'slassung *f*; **2.:** ~a akts (*skolā*) – Entlássungsfeier *f*
izlaist 1. (*ārā*) heráuslassen*; hináuslassen*; i. brīvībā – fréilassen*; **2.** (*piem., burtu, vārdu*) áuslassen*; **3.** (*slikti audzināt*) verzíehen*
izlase Au'swahl *f*; Elíte *f*; rakstu i. – ausgewählte Werke
izlasītᵃ lésen*; dúrchlesen*
izlasītᵇ (*šķirot*) áuslesen*
izlaupīt áusplündern, áusrauben
izlauzt áusbrechen*; (*caurumu*) dúrchbrechen*
izlēkt spríngen* (*aus*); heráusspringen*; hináusspringen*
izlemt entschéiden*; (*izšķirties*) sich entschlíeßen* (*zu*)
izliekties 1. (*ārā*) sich heráuslehnen; sich hináuslehnen; **2.** sich bíegen*
izliet áusgießen*; áusschütten
izlietne Au'sguss *m*; Spü'le *f*
izlietot 1. áusnutzen; verwénden* (*arī vāji lok.*); **2.** (*patērēt*) verbráuchen
izlīgt sich versö'hnen, sich áussöhnen, sich vertrágen*
izlīgums *jur.* Vergléich *m*
izlikšanās Verstéllung *f*

izlikties sich [án]stellen; sich ver-
stéllen; i. it kā... – tún* als [ob];
viņš izliekas, ka mūs nepazīst – er
tut, als kenne er uns nicht
izlīst kríechen* (aus); heráuskrie-
chen*; hináuskriechen*
izloksne Múndart f; Dialékt m
izloze Verlósung f; Zíehung f
izlūgties sich (dat.) áusbitten*; erflé-
hen
izlūkošan‖a mil. Au'fklärung f; ~as
dienests – Nachrichtendienst m
izlūks Au'fklärer m, Spä'her m
izlutināt verwö'hnen, verzíehen*
izmaksa Au'szahlung f; algas i. –
[Lóhn]zahlung f
izmaksas dsk. Kósten; Au'fwen-
dungen; Au'fwand m; kopējās i. –
Gesámtkosten; pārdošanas i. –
Verkáufskosten; pastāvīgās i. ek. –
Fíxkosten; piegādes i. – Bezúgs-
kosten; ražošanas i. – Hérstel-
lungskosten, Produktiónskosten;
remontēšanas i. – Reparatúr-
kosten; tiesas i. – Geríchtskosten;
transporta i. – Transpórtkosten
izmaksāt áuszahlen; záhlen
izmantot 1. áusnutzen, áusnützen;
2. (kādu) áusbeuten; benútzen
izmazgāt wáschen*, áuswaschen*
izmēģinājum‖s Próbe f; Test m; ~a
brauciens – Próbefahrt f; ~a rezul-
tāts – Téstergebnis n; ~u sērija –
Téstreihe f; ~a persona – Probánd m
izmēģināt versúchen; [áus]probie-
ren; erpróben

izmeklēšana 1. Untersúchung f; 2. jur.
Untersúchung f; Ermíttlungsver-
fahren n; iepriekšējā i. jur. –
Vóruntersuchung f
izmeklēt 1. untersúchen; 2. (izvēlē-
ties) áussuchen, wä'hlen
izmērīt méssen*, áusmessen*, ver-
méssen*
izmērs Au'smaß n; Grö'ße f
izmest [áus]werfen*; (ārā) heráus-
werfen*; hináuswerfen*
izmeši dsk. A'bfälle
izmežģijums Verrénkung f, Ver-
stáuchung f
izmežģīt áusrenken, verrénken, ver-
stáuchen
izmiecēt gérben
izmirkt áufweichen; dúrchweichen
izmisis verzwéifelt
izmisum‖s Verzwéiflung f; ~a solis –
Verzwéiflungstat f
izmuļķot ánführen; (j-m) einen Streich
spíelen
iznākt 1. heráuskommen*; 2. (par
grāmatām) erschéinen*, heráus-
kommen*
iznākums Au'sgang m; Ergébnis n;
Resultát n
iznīcināšana Verníchtung f; atkri-
tumu i. – Entsórgung f
iznīcināt verníchten
iznīkt (par augiem) éingehen*
iznirelis Empórkömmling m, Au'f-
kömmling m, Parvenú´ [..v..] m
iznomāt vermíeten; (priekšmetu –
arī) verléihen*, áusleihen*

izņemot áußer (*ar dat.*)

izņemt 1. néhmen* (*aus*); heráus-nehmen*; **2.** (*mācību vielu*) dúrch-nehmen*

izņēmums Au'snahme *f*

izolācija Isolatión *f*; (*izolēšana*) Isolíerung *f*

izolēts (*skaņas*) schálldicht

izpalīgs (*darbinieks uz laiku, aiz-vietotājs*) Au'shilfe *f*; (*parasti sie-viete, kas par samaksu palīdz mājsaimniecībā*) Háushaltshilfe *f*

izpārdošana Au'sverkauf *m*; pie-spiedu i. – Räu'mungsverkauf *m*; sezonas i. – Saisónschlussverkauf [zɛˈzoː...] *m*; Wínterschlussverkauf *m*; Sómmerschlussverkauf *m*

izpārdots áusverkauft; (*lidmašīnas reiss*) áusgebucht

izpausme Au'sdruck *m*; Äu'ßerung *f*

izpausties sich äu'ßern, zum Au's-druck kommen*

izpeļņa Verdíenst *m*

izpēte Erfórschung *f*; (*teritorijas*) Erkúndung *f*

izpilddirektors Geschä'ftsführer *m*

izpilde Erfü'llung *f*; Au'sführung *f*; plāna i. – Plánerfüllung *f*

izpildījums 1. (*darba*) Au'sführung *f*; **2.** (*priekšnesuma*) Vórtrag *m*

izpildinstitūcija *parasti vsk.* Exe-kutíve [..və] *f*

izpildīt 1. erfü'llen; áusführen; (*sodu*) vollzíehen*; **2.** (*skaņdarbu*) vór-tragen*

izpildītājs (*tiesu*) *jur.* Geríchtsvoll-zieher *m*; testamenta i. – Testa-méntsvollstrecker *m*

izpildraksts *jur.* Vollstréckungstitel *m*

izpirkt áuskaufen, vergréifen*; pre-ces ātri izpirka – die Waren fanden guten Absatz; grāmata ir izpirkta – das Buch ist vergríffen; *pārn.* (*vainu*) bü'ßen; (*grēku*) sü'hnen

izplānot plánen

izplatība Au'sbreitung *f*; Verbréitung *f*

izplatīt verbréiten

izplatīties sich verbréiten

izplatīts verbréitet

izplaukt áufblühen, erblü'hen; (*par lapām*) [áuf]sprießen*

izplest (*piem., rokas, spārnus*) bréi-ten; (*piem., pirkstus, kājas*) spréi-zen

izplesties sich áusdehnen, sich áus-breiten; *ek.* expandíeren

izpletnis Fállschirm *m*

izpletņlēcējs Fállschirmspringer *m*

izplūst 1. [heráus]strömen, flíeßen*; áusströmen; **2.** (*par krāsu*) zer-flíeßen*

izpostīt zerstö'ren; verwü'sten; rui-níeren; verheéren

izprast verstéhen*, begréifen*

izpratne Verstä'ndnis *n*

izprieca Vergnü'gen *n*

izpūtējs (*automašīnai*) Au'spuff *m*

izrāde Vórstellung *f*; Au'fführung *f*; priekšpusdienas i. – Matinée *f*

izrādīt 1. zéigen; **2.** (*piem., lugu*) áufführen; **3.** *pārn.* äu'ßern, be-kúnden

izrādīties sich heráusstellen, sich erwéisen*

izraidīt áusweisen*, verwéisen*; (*trimdā*) verbánnen; i. bēgļus no valsts – *sar.* ábschieben*

izraisīt *pārn.* áuslösen, hervór- rufen*; verúrsachen; errégen; ent- fésseln

izrakstīt áusschreiben*; (*piem., zā- les*) verschréiben*; (*rēķinu*) áus- stellen

izrakstīties (*no viesnīcas numura, nodot atslēgas*) áuschecken [..tʃɛ..]

izraksts Au'szug *m*; (*no konta*) Kóntoauszug *m*

izrakt áusgraben*; áusheben*

izrakteņ‖i: derīgie i. – *dsk.* Bóden- schätze; derīgo ~u atklātā ieguve – Tágebau *m*

izrakumi (*parasti arheol. vai ģeol.*) Grábung *f*

izraut réißen* (*aus*); áusreißen*; i. zobu – einen Zahn zíehen*

izredzes Au'ssicht *f*; Gelégenheit *f*; Mö'glichkeit *f*; Chance ['ʃɑ̃:sə] *f*

izrēķināt áusrechnen

izrēķināties ábrechnen

izremontēt (*dzīvokli*) renovíeren [..v..]; (*motoru u. tml.*) reparíeren; überhólen; saníeren

izrietēt fólgen, sich ergében*

izrotāt [áus]schmücken; verzíeren

izrunaᵃ Au'ssprache *f*

izrunaᵇ (*atrunāšanās*) Au'srede *f*; Vórwand *m*

izrunāt áussprechen*

izsalcis húngrig

izsalkums Húnger *m*

izsaucējs *gram.* Au'srufezeichen *n*

izsaukt áusrufen*; (*ārā*) heráus- rufen*; (*likt ierasties*) kómmen lássen*; *dator.* datu izsaukšana – A'bruf *m*

izsaukums Au'fforderung *f*; (*tiesā*) Vórladung *f*

izsekot beschátten, observíeren [..v..]

izsēt áussäen

izsīkt versíegen

izsist áusschlagen*; (*logu – arī*) éinschlagen*

izsitumi *med.* Au'sschlag *m*

izskaidrojums Erklä'rung *f*; Erläu'- terung *f*; Au'slegung *f*

izskaidrot erklä'ren; (*piem., tekstu*) erläu'tern

izskaitīt [áus]zählen

izskalot spü'len, áusspülen; i. kaklu – den Hals spülen, gurgeln; (*krastu*) unterhö'hlen, unterspü'len

izskatīgs ánsehnlich, státtlich

izskatīt dúrchsehen*; síchten; (*lietu tiesā*) verhándeln

izskatīties áussehen*

izskats Au'ssehen *n*

izskaust áusrotten, áustilgen, áus- merzen

izslāpis dúrstig

izslaucīt áusfegen, áuskehren

izslaukt mélken* (*arī vāji lokāms*)

izslēgt 1. áusschalten; (*motoru – arī*) ábstellen; 2. (*no skolas, sabie- drības u. tml.*) áusschließen*

izslēgties *pārn. sar.* (*nespēt koncentrēties*) ábschalten

izsludināt verö'ffentlichen; bekánntgeben*; (*balvu*) áussetzen

izsmalcināts verféinert, delikát, exquisít

izsmēķēt áusrauchen

izsmiekls Spott *m*, Hohn *m*, Gespö'tt *n*

izsmiet áuslachen, verspótten; [ver]höhnen

izsniegt áusgeben*; áushändigen; (*preces*) áusliefern

izsole Auktión *f*, Verstéigerung *f*

izspiedējs Erprésser *m*

izspiest 1. áuspressen; áusdrücken; **2.** *pārn.* verdrä'ngen; (*naudu*) erpréssen

izspļaut áusspeien*, áusspucken

izspūris zerzáust, wirr

izstāde Au'sstellung *f*

izstādīt áusstellen; exponíeren

izstaipīties sich [áus]recken, sich [áus]strecken, sich rékeln

izstarot áusstrahlen

izstāstīt erzä'hlen

izstīdzējis hóchgeschossen

izstiept 1. áusdehnen; **2.** (*rokas, kājas*) strécken; áusstrecken

izstiepties sich áusdehnen

izstrādājum‖s Erzéugnis *n*; ādas ~i – *dsk.* Lederwaren

izstrādāt áusarbeiten

izstrāde Ergíebigkeit *f*; Produktivitä't *f*

izsūkt áussaugen* (*arī vāji lokāms*)

izsūtāmais Au'släufer *m*; i. zēns – Laufbursche *m*

izsūtīt 1. áussenden*; **2.** (*izraidīt*) áusweisen*; (*trimdā*) verbánnen

izsūtītais Au'sgewiesene *m*, Verbánnte *m*, Deportíerte *m*, Verschléppte *m*, Zwángsverschleppte *m*

izsviest wérfen*, heráuswerfen*; hináuswerfen*

izsvītrot áusstreichen*

izšķērdēt 1. verschwénden, vergéuden; **2.** (*svešus līdzekļus*) unterschlágen*, verúntreuen

izšķērdīgs verschwénderisch

izšķirošs entschéidend, áusschlaggebend

izšķirties 1. sich trénnen, schéiden*, auseinánder gehen*; **2.** (*izlemt*) sich entschéiden*; sich entschlíeßen*

izšķīst sich áuflösen

izšņaukt: i. degunu – sich [áus]schneuzen, sich [áus]schnauben

izšūt áusnähen, stícken

iztaisnot geráde bíegen*; ríchten

iztapīgs wíllfährig, gefä'llig

iztapt wíllfähren, gefä'llig sein*

izteicējs *gram.* Prädikát *n*, Sátzaussage *f*

izteiciens 1. Au'sdruck *m*; Rédewendung *f*; **2.** (*apgalvojums*) Au'ssage *f*

izteiksme 1. Au'sdruck *m*; sejas i. – Gesíchtsausdruck *m*; **2.** *gram.* Módus *m*, Au'ssageweise *f*

izteiksmīgs áusdrucksvoll

izteikt áussprechen*; äu'ßern

izteikties sich äu'ßern; i. īsi – sich kurz fassen

iztēloties náchvollziehen*

iztērēt (*naudu*) áusgeben*, veráusgaben; (*krājumus*) verbráuchen

iztik‖a Au'skommen *n*; ~as minimums – Existénzminimum *n*

iztikt áuskommen*; i. bez kaut kā – etw. entbéhren können*

iztīrīt réinigen, säu'bern

iztirzāt erö'rtern

iztīt [áus]wickeln; (*no iesaiņojuma*) áuspacken

iztraucēt stö'ren; áufstören

iztrūk‖t ábreißen*; poga ir ~usi – der Knopf ist abgerissen

iztrūkums (*deficīts*) Féhlbetrag *m*; (*trūkstošā naudas summa kasē*) ek. Mánko *n*

iztukšot [áus]leeren

izturēšanās Verhálten *n*; (*uzvešanās – arī*) Benéhmen *n*

izturēt (*paciest*) áushalten*, ertrágen*

izturēties sich verhálten*; (*uzvesties*) sich benéhmen*; (*pret kādu*) behándeln; (*nedraudzīgi*) sar. ábfertigen

izturība (*par cilvēku*) Au'sdauer *f*; (*par materiālu*) Háltbarkeit *f*; Féstigkeit *f*

izturīgs (*par cilvēku*) wíderstandsfähig, áusdauernd; (*par materiālu*) háltbar

iztvaikot verdámpfen, verdúnsten

izurbt bóhren; dúrchbohren

izvade *dator.* Output ['autput] *m vai n*

izvaicāt áusfragen, befrágen

izvairīties áusweichen* (*ar dat.*);

méiden*; j-m aus dem Weg géhen; entgéhen* (*ar dat.*); (*no darba*) sich drü'cken (*von*)

izvārīt kóchen; áuskochen

izvēdināt [áus]lüften

izvedmuita *ek.* Au'sfuhrzoll *m*

izvedums Au'sfuhr *f*, Expórt *m*

izveicība Gewándtheit *f*, Geschícklichkeit *f*

izveicīgs gewándt, geschíckt

izveidot bílden; gestálten

izveidoties sich bílden; sich gestálten

izvēle Wahl *f*; Au'swahl *f*; (*aktieru – pēc provēm*) Cásting *n*

izvēlēties wä'hlen; áuswählen

izvēlīgs wä'hlerisch

izvēlne *dator.* Menu [me'ny:] *n*

izvērst entfálten

izveseļoties genésen*, gesúnd werden*

izvest 1. (*ārā*) fü'hren (*aus*); heráusführen; hináusführen; **2.** (*eksportēt*) áusführen, exportíeren

izvilkt zíehen* (*aus*); (*ārā*) heráusziehen*

izvilkums (*izraksts, fragments*) Au'szug *m*

izvirpot (*koku*) dréchseln; (*metālu*) dréhen

izvirzīt (*piem., kandidātus*) áufstellen

izziņ‖a Au'skunft *f*; ~u birojs – Auskunftsbüro *n*; ārsta i. par veselības stāvokli – Attést *n*, Gesúndheitszeugnis *n*

izzobot verspótten, verhö'hnen

izžāvēt [áus]trocknen (*piem., veļu*)

izžūt áustrocknen

J

ja wenn, falls

jā ja, jawóhl

jahta Jacht *f*

jaka Jácke *f*

janvāris Jánuar *m*

Jāņi (*svētki*) Johánnisfest *n*

jāņoga Johánnisbeere *f*

jašma min. Jáspis *m*

jāt réiten*; (*auļos*) spréngen, galop-
píeren

jātnieks Réiter *m*

jau 1. schon, beréits; **2.** ja; te jau jūs
esat! – da seid ihr ja!

jaucējs (*betona*) Betónmischmaschi-
ne *f*

jauda Léistung *f*, Léistungsvermö-
gen *n*; Kapazitä't *f*; ražošanas j. –
Produktiónskapazität *f*

jauks nett; schön

jaukt 1. míschen, méngen; **2.** in
U'nordnung bríngen*, durchein-
ánder bringen*

jauktenis (*dzīvnieks*) Míschling *m*

jaukts gemíscht; j. mežs – Mísch-
wald *m*

jaunatne Júgend *f*

jaundzimušais Néugeborene *m*

jauneklis Jü'ngling *m*

Jaungads Néujahr *n*

jaunība Júgend *f*

jauniesauktais mil. Ei'nberufene *m*,
[Milita'r]dienstpflichtige *m*

jauniete [júnges] Mä'dchen; Júgend-
liche *f*

jaunietis Júgendliche *m*

jauninājums Innovatión *f*, Néue-
rung *f*

jaunlopi Júngvieh *n*

jaun‖s 1. (*gados*) jung; **2.** neu; ◇ no
~a , par ~u – von neuem, aufs neue

jaunsaimnieks Júngbauer *m*

jaunums Néuheit *f*; (*piem., par
ziņu*) Néuigkeit *f*

jaunvārds val. Néubildung *f*, Neolo-
gísmus *m*

jausm‖a A'hnung *f*; nav ne ~as –
keine A'hnung

jautājum‖s Fráge *f*; uzdot ~u – eine
Frage stellen

jautāt frágen

jautrs frö'hlich, froh, lústig, héiter

jāvārds Jáwort *n*

jeb óder

jēdziens Begríff *m*

jēga Sinn *m*

jēlnafta Róhöl *n*

jēl‖s 1. roh; ~a gaļa – rohes Fleisch;
(*par neizcepušu maizi*) téigig; **2.**
(*noberzts*) wund

jenots zool. Wáschbär *m*

jēr‖s Lámm *n*; ~a gaļa – Hámmel-
fleisch *n*

jētijs (*sniega cilvēks*) Yéti [j..] *m*

jidišs val. Jíddisch *n*

jo 1. denn, weil; **2.** (*ar komparatīvu*)
um so, désto; jo labāk – um so
besser, desto beser; jo... jo... –
je...desto..., um so... desto...

jocīgs kómisch; spáßig, dróllig
jodelēt *mūz.* jódeln
jods Jod *n*
joga *filoz., rel.* Yóga *f*
jogurts Jóghurt *m vai n*
jojo (*rotaļlieta*) Jójo *n*
jokot schérzen, spáßen, Spaß máchen
jok‖s Scherz *m*, Spaß *m*; Witz *m*; netaisi ~us! – mach keinen Spaß!
joma *ģeogr.* Haff *n*
joprojām noch ímmer, nach wie vor
josla Zóne *f*; (*piem., par apstādījumiem ap pilsētu*) Gü´rtel *m*; (*ceļa ārmala, pa kuru nebrauc, bet kur drīkst apstāties*) Rándstreifen *m*
josta Gurt *m*, (*šaura*) Gü´rtel *m*; drošības j. automašīnās vai lidmašīnās – Sícherheitsgurt *m*
jubileja Jubilä´um *n*
juceklīgs chaótisch; j. cilvēks – *sar.* Chaot [ka´o:t] *m*
juceklis Durcheinánder *n*, Wírrwarr *m*
jucis verrü´ckt, verdréht; von Sínnen
jūdze Méile *f*
jūgs Joch *n*
jūgt spánnen, ánspannen
jūlijs Júli *m*
jumiķis Dáchdecker *m*
jumstiņš Dáchschindel *f*, Schíndel *f*
jumts Dach *n*; atbīdāmais automašīnas j. – Schíebedach *n*; nolaižamais automašīnas j. – Verdéck *m*

jūnijs Júni *m*
jūra Meer *n*, See *f*; iekšējā j. – Bínnensee *f*
jūraszāle Tang *m*
juridisk‖s jurístisch; jurídisch, Réchts-; ~a persona – juristische Persón; ~a konsultācija – Rechtsauskunftsstelle *f*, Rechtsberatung *f*
juriskonsults Réchtsberater *m*, Justitiár *m*, Réchtsbeistand *m*
jurists Juríst *m*
jūrlietas Schíffahrtswesen *n*
jūrmal‖a Strand *m*; braukt uz ~u – an den Strand fahren*; dzīvot ~ā – am Strande leben
jūrnieks Séemann *m*
jūs ihr; (*pieklājības forma*) Sie; ~u dēļ – éuretwegen; (*pieklājības forma*) Íhretwegen
jūsmot schwä´rmen (*für*), sich begéistern (*für*)
just fü´hlen; spü´ren; empfínden*
justēt justíeren
justies sich fü´hlen; j. slikti – indisponíert sein; kā jūs jūtaties? – wie fühlen Sie sich?; wie ist Ihr Befínden?
jūtas Gefü´hl *n*
jutīgs empfíndlich; gaismas j. – líchtempfindlich
jūtīgs empfíndlich, empfíndsam; gefü´hlvoll
juvelieris Juwelíer *m*

K

ka 1. dass; viņš teica, ka viņš nāks –
er sagte, dass er kommt; **2.**: tāpēc
ka, tādēļ ka – weil, da
kā wie; als; (*nekā*) als; kā tev klājas? –
wie geht es dir?; it kā – als ob, als
wenn; kā kuru reizi – je nachdém
kabarē Kabarétt *n*
kabat‖a Tásche *f*; ~as lakatiņš –
Táschentuch *n*; ~as portfelis –
Bríeftasche *f*
kabatdators *dator.* Táschencom-
puter *m*
kabatformāts Táschenformat *n*
kabelis Kábel *n*
kabeļtelevīzija Kábelfernsehen *n*
kabīne Kabíne *f*; telefona k. – Férn-
sprechzelle *f*; balsošanas k. (*vēlē-
šanu iecirknī*) – Wáhlzelle *f*,
Wáhlkabine *f*; pilota k. lidmašīnā –
Cóckpit *n*; (*trošu ceļa*) Góndel *f*
kabinets A′rbeitszimmer *n*; Kabinétt
n (*arī pol.*); *pol.* ēnu k. – Schátten-
kabinett *n*
kad 1. (*jautājumā*) wann; k. tu
brauksi? – wann fährst du...?;
2. (*palīgteikumā*) als, wenn; **3.**: pēc
tam k. – nachdém
kadastrs Grúndbuch *n*, Katáster *m*,
Grúndstücksverzeichnis *n*; (*iestāde*)
Grúndbuchamt *n*
kādēļ warúm, wéshálb
kadiķis *bot.* Wachólder *m*
kādreiz 1. (*reiz*) einst, éinmal; **2.** (*kaut
kad*) mal, [írgend]einmal

kādreizējs éhemalig
kadri (*uzņēmuma pamatsastāvs*)
Personálbestand *m*; *dsk.* Káder
kād‖s 1. wélcher; was für ein; ~ā
veidā – auf welche (in welcher)
Weise; **2.** wie; k. šodien laiks? –
wie ist das Wetter heute?; **3.** jé-
mand, [írgend]einer; vai te k. ir? –
ist hier jemand?
kafejnīca Cafe [ka′fe:] *n,* Káffeehaus
n; saldējuma k. – Ei′sdiele *f*
kafetērija Cafeteria [..′ri:a] *f*
kafija Káffee *m*; automāta k. –
Esprésso *m*; šķīstošā k. – Néscafe
m; (*uz pusēm ar pienu*) Melange
[..′la:ʒə] *f*
kaija Mö′we *f*
kailcirte Káhlschlag *m*
kails nackt; kahl; bloß
kailsals Káhlfrost *m*
kaimiņš Náchbar *m*
kaimiņvalsts Náchbarstaat *m*
kairināt réizen
kaisīt stréuen
kaislība Léidenschaft *f*
kaislīgs léidenschaftlich; héftig; be-
géistert
kaite Gebréchen *n*; Sucht *f*; dzeltenā
k. – Gelbsucht *f*
kaitēt scháden; schä′digen; kas vi-
ņam kaiš? – *sar.* was fehlt ihm?
kaitīgs schä′dlich; veselībai k. darbs –
eine gesundheitsschädliche Arbeit
kaitināt ä′rgern; nécken, nérven

kaitniecība Sabotáge *f*
kāja Bein *n*; (*pēda*) Fuß *m*
kājām zu Fuß
kajīte Kajü′te *f*
kakao Kakáo *m*
kaklasaite Krawátte *f*, Schlips *m*
kaklauts Hálstuch *n*
kakls Hals *m*; man sāp k. – ich habe
  Halsschmerzen
kākslis *anat.* Kropf *m*
kakts E′cke *f*, Wínkel *m*
kaktuss *bot.* Kaktée *f*, Káktus *m*
kaķis Kátze *f*; *sar.* Míeze *f*
kaķpēdiņa *bot.* Kátzenpfötchen *n*
kalanhoja *bot.* Kalanchoe [..′çoe] *f*
kalcijs Kálzium *n*
kalējs Schmied *m*
kalendārs Kalénder *m*; (*darba die-
  nasgrāmata*) Termínkalender *m*
kālis Kóhlrübe *f*
kalkulācija Beréchnung *f*; Kósten-
  ermittlung *f*, [Kósten]voranschlag
  m, Kalkulatión *f*
kalkulators Réchner *m*; mikrokal-
  kulators – Táschenrechner *m*
kalme *bot.* Kálmus *m*
kalnains gebírgig, bérgig
kalngal‖s Gípfel *m*, Bérgspitze *f*; ~i
  pārn. – Höhe *f*, Höhepunkt *m*
kalnracis Bérgarbeiter *m*, Bérgmann
  m, Kúmpel *m*
kalnrūpniecība Bérgbau *m*, Mon-
  tánindustrie *f*
kaln‖s Berg *m*; ~i (*kalnu grēda*) –
  Gebírge *n*; pret ~u – bergáuf,
  bergán

kalorija *fiziol.* Kaloríe *f*
kalpone Háusgehilfin *f*, Háusange-
  stellte *f*
kalpot díenen
kalpotājs A′ngestellte *m*
kalps Knecht *m*; Díener *m*; (*kāršu
  spēlē*) Búbe *m*
kalsns háger, máger, dürr
kalst trócknen, dórren
kalt schmíeden; (*akmenī*) méißeln;
  k. plānus *pārn.* – Pläne schmieden
kaltēt trócknen, dö′rren; kaltēti augļi –
  Dö′rrobst *n*
kalts (*galdniecībā*) Stémmeisen *n*;
  (*skulptora*) Méißel *m*
kalums Schmíedearbeit *f*
kalve Schmíede *f*
kaļķakmens Kálkstein *m*
kaļķi Kalk *m*
kamanas Schlítten *m*; sporta kama-
  niņas – Ródel *m*
kamēr 1. (*pa to laiku*) wä′hrend;
  solánge; **2.** (*līdz tam laikam*) bis
kamera 1. (*cietuma*) Zélle *f*; **2.** (*foto*)
  Kámera *f*; **3.** (*riepas*) Schlauch *m*;
  amatniecības k. – Hándwerks-
  kammer *f*; tirdzniecības k. – Hán-
  delskammer *f*
kamielis *zool.* Kamél *n*
kamīns Kamín *m*
kāmis *zool.* Hámster *m*; (*zeltainais*)
  Góldhamster *m*
kamols Knäu′el *m vai n*
kampaņa Kampagne [..′panjə] *f*;
  vēlēšanu k. – Wáhlkampagne *f*
kanalizācija Kanalisatión *f*

kanāls Kanál *m*; kodētais TV kanāls –
Pay–TV ['peiti:vi:] *n*
kanceleja Kanzléi *f*, Schréibstube *f*
kanclers *pol.* Kánzler *m*
kandidāts Kandidát *m*; (*pretendents –
arī*) Bewérber *m,* A'nwärter *m*
kanēlis Zimt *m*, Kanéel *m*
kanna Kánne *f*; kafijkanna – Káffee-
kanne *f*; tējkanna – Téekanne *f*;
piena kanniņa – Mílchkännchen *n*
kantons *pol.* Kantón *m*
kantoris Büró *n*
kaņepes Hanf *m*
kāpa Dü'ne *f*
kapāt hácken
kāpēc warúm, wéshálb, weswégen
kāpelēt kléttern
kaperi (*garšviela*) Káper *f*
kapilārs Kapilláre *f*
kāpināt stéigern, erhö'hen; hében*
kapitālieguldījums Kapitálanlage *f*;
Investitión *f*
kapitālieguldītājs Invéstor *m*
kapitālisms Kapitalísmus *m*
kapitalizācija Kapitalisíerung *f*
kapitālremonts Generálreparatur *f*
kapitāls Kapitál *n*; aizdevu k. –
Frémdkapital *n*; akciju k. – A'k-
tienkapital *n*; apgrozāmais k. –
U'mlaufvermögen *n*; pamatkapi-
tāls (*akciju sabiedrībā*) A'ktien-
kapital *n*, (*sabiedrībā ar iero-
bežotu atbildību*) Stámmkapital *n*
kaplēt hácken
kapliča (*kapos*) Léichenhalle *f*; ģime-
nes k. – Famíliengruft *f*

kaplis Hácke *f*
kāpnes Tréppe *f*; (*pieslienamās*)
Léiter *f*; vītņu k. – Wéndeltreppe *f*
kāposti Kohl *m*; ziedkāposti –
Blúmenkohl *m*; skābie k. – Sáuer-
kraut *n*
kaprīzs láunisch, láunenhaft; schrúl-
lig, zíckig
kap‖s Grab *n*; Gruft *f*; ~u apgānītājs –
Grabschänder *m*; ~u piedevas
arh. – Grabbeigabe *f*
kapsēta Fríedhof *m*; automašīnu k. –
Au'tofriedhof *m*
kāpslis (*tramvajam, ratiem*) Trítt-
brett *n*; (*segliem*) Stéigbügel *m*
kāpt stéigen*; bestéigen*
kapteinis 1. *jūrn., sp.* Kapitä'n *m*;
2. *mil.* Háuptmann *m*
kāpurs Ráupe *f*, Lárve *f*
karabāze Militä'rbasis *f*, Militä'r-
stützpunkt *m*
karadienest‖s Militä'rdienst *m*; Wéhr-
dienst *m*; derīgs ~am – díenst-
tauglich; izvairīšanās no ~a –
Wéhrdienstverweigerung *f*
karagūsteknis Kríegsgefangene *m*
karaklausīb‖a Militä'rpflicht *f*; Wéhr-
pflicht; ~ai pakļauts – militä'r-
pflichtig; ~ai nepakļauts – militä'r-
frei
karaliene Kö'nigin *f*
karalis Kö'nig *m*
karamel‖e (*karameles masa ar
riekstiem un šokolādi konfekšu
pildījumam*) Nugat ['nu:gat] *m
vai n*; k. (*masa*) tikai *vsk.* Kara-

K

méll *m vai n*; ~es konfektes –
parasti dsk. Karamélle

karantīna Quarantä′ne [ka..] *f*

karaoke *mūz.* Karaóke *n*

karaspēk‖s Héer *n*; ~a daļa – Truppe
f; ~a vienība – Trupp *m*

karastāvoklis Kríegszustand *m*

karatē *sp.* Karáte *n*

karāties hä′ngen*

karatiesa Kríegsgericht *n*

karāts Karát *n*

karavīrs Soldát *m*, Militä′r *m*

kāravs (*kāršu spēlē*) Káro *n*

kārba Scháchtel *f*; Kartón *m*; Bü′chse
f; konfekšu k. – Bonbonniere
[bɔbɔn′jɛ:rə] *f*

karbonāde *kul.* Schnítzel *n*, Kotelétt *n*

karceris Stráfzelle *f*; Dúnkelzelle *f*,
Kárzer *m*

kardāns *tehn.* Kardán *m*

kārdinājums Versúchung *f*, Verfü′h-
rung *f*

kārdināt versúchen, in Versúchung
fü′hren

kardioloģija Kardiologíe *f*

kāre Lust *f*; Gier *f*; Begíerde *f*

kareivis Soldát *m*

kargo Kárgo *m*

kariess *med.* Káries [..iɛs] *f*

karijs Curry [′kari] *m*

karikatūra Karikatúr *f*, Zérrbild *n*

karjera Láufbahn *f*, Karriére *f*

karjerists Karriéremacher *m*, Kar-
rieríst *m*; (*skolā*) Stréber *m*

karjers Tágebau *m*

karkass Geríppe *n*

kārkls Wéide *f*

karnevāls Kárneval [..v..] *m*, Fá-
sching *m*

kārniņš Dáchziegel *m*

karogs Fáhne *f*; Bánner *n*; ASV
valsts k. – Stérnenbanner *n*

karosērija *tehn.* Karosseríe *f*, Wá-
genoberbau *m*

karote Lö′ffel *m*; zupas k. – Súppen-
kelle *f*, Schö′pflöffel *m*

karotīns *biol.* Karotín *n*

karpa *iht.* Kárpfen *m*

kārpa Wárze *f*

kārs gíerig; k. uz saldumiem – násch-
haft

karsēt erhítzen

karsonis Fíeber *n*; plaušu k. – Lún-
genentzündung *f*

karsts heiß, hítzig

karstum‖s 1. Hítze *f*; Glut *f*; 2. (*pa-
augstināta temperatūra*) Fíeber
n; ~a dūriens – Hítzschlag *m*

karstvīns Glü′hwein *m*

kar‖š Krieg *m*; doties ~ā – in den
Krieg ziehen*; pieteikt ~u – den
Krieg erklären

kārt hä′ngen

kārt‖a 1. (*slānis*) Schicht *f*; 2. Réihe
f; tagad ir jūsu k. – jetzt sind Sie an
der Reihe; 3. *gram.* Génus *n*;
darāmā k. – A′ktiv *n*; ciešamā k. –
Pássiv *n*; 4.: tādā ~ā – auf solche
Weise

karte Kárte *f*; ēdienkarte – Spéise-
karte *f*; biedra k. – Mítgliedsbuch
n; *dator.* skaņas k. – Sóundkarte *f*;

partijas biedra k. – Partéibuch *n*;
maksājumu k. – Chípkarte *f*; algas
nodokļa k. – Lóhnsteuerkarte *f*;
norēķinu k. – Záhlungskarte *f*;
vizītkarte – Visítenkarte *f*; kredīt-
karte – Kredítkarte *f*
kartelis *ek*. Kartéll *n*
kārtīb‖a O'rdnung *f*; dienas (darba)
k. – Tágesordnung *f*; (*secība*)
Réihenfolge *f*; *sar*. viss ir ~ā –
palétti; (*parasti*) alles paletti!
kārtīgs órdentlich, akkurát
kartings *sp*. Kárting *m*
kartīte Kárte *f*; (*kartotēkas*) Kar-
téizettel *m*, Kartéikarte *f*
kartons Kartón *m*, Páppe *f*
kārtot órdnen; in O'rdnung bringen*;
k. eksāmenus – Prü'fungen ab-
legen
kartotēka Kartothék *f*; *dator*. Datéi
f; Zéttelkasten *m*
kārtsᵃ (*koka*) Stánge *f*; *sp*. Stab *m*
kārtsᵇ (*spēļu*) Spíelkarte *f*; kāršu
spēle – Kartenspiel *n*
kārtslēkšana *sp*. Stábhochsprung *m*
kartupe‖lis Kartóffel *f*; ~ļi ar mizu –
dsk. Pellkartoffeln; frī ~ļi – *sar*.
dsk. Pommes, *dsk*. Pómmes frites
dsk. [..'frit]
karuselis Karuséll *n*
kas 1. (*jautājamais vietniekvārds*)
wer; was; k. tur nāk? – wer
kommt da?; kas tev kaiš? – was
fehlt dir?; **2.** (*attieksmes viet-
niekvārds*) der (die, das); wer;
was

kasācija *jur*. Kassatión *f*, Berúfung
f; Au'fhebung *f*, U'ngültigerklä-
rung *f*
kase Kásse *f*; valsts k. – Schátzamt *n*;
Stáatskasse *f*
kasetne *dator*. Cartridge ['ka:tridʒ] *n*
kasieris Kassíer[er] *m*
kāsis Háken *m*; putnu k. – Vógel-
zug *m*
kasīt krátzen; (*saknes*) schában
kaskadieris Stuntmann ['sta..] *m*,
Double ['du:bl] *n*
kastaņa Kastáni‖e *f*; Rósskastanie *f*
kaste Kásten *m*, Kíste *f*; (*ar vāku*)
Box *f*
kastīte Kásten *m*; Scháchtel *f*; pasta
k. – Bríefkasten *m*
kāstuve Séihtuch *n*
kāškrusts Hákenkreuz *n*
kaškis *med*. Krä'tze *f*
katalogs Katalóg *m*; preču k. –
Wárenkatalog *m*
katamarāns *sp*. Kátamaran *m*
katarakta *med*. gráuer Star
katars *med*. Katárrh *m*
katastrofa Katastróphe *f*; dabas k. –
Natúrkatastrophe *f*; kuģa k. –
Schíffbruch *m*
katedra (*augstskolā*) Léhrstuhl *m*
katedrāle Kathedrále *f*, Dom *m*
kategorija Kategoríe *f*; Klásse *f*;
cenu k. – Préisklasse *f*; svara k.
sp. – Gewíchtsklasse *f*; preču k. –
Wárenkategorie *f*
kategorisks kategórisch
katķisms *bazn*. Katechísmus *m*

K

katls Késsel *m*; Topf *m*; taukvāres k. –
Fritteuse [..'tø:zə] *f*

katr‖s jéder; ~u dienu – jeden Tag,
alle Tage; ~ā laikā – jederzeit; ~u
reizi – jedesmal; ~ā ziņā – auf
jeden Fall

kāts Stiel *m*; (*puķēm u. tml.* – *arī*)
Sténgel *m*; makšķeres k. – Angelrute *f*

katūns *tekst.* Kattún *m*

kaudze Háufen *m*; (*nosegta siena,
labības*) Schóber *m*

kauja Schlacht *f*, Gefécht *n*, Kampf *m*

kaukt héulen

kaulaudi *anat.* Knóchengewebe *n*

kaul‖s Knóchen *m*; Bein *n*; ~a
lūzums – Knochenbruch *m*

kaunēties sich schä'men (*vor j-m*)

kaun‖s Scham *f*; (*negods*) Schánde
f, Schmach *f*; kā tev nav ~a! – du
solltest dich schämen!

kausēt schmélzen* (*parasti vāji lo-
cīts*); (*sviestu u. tml.*) zerlássen*

kauslis Ráufbold *m*

kauss 1. Bécher *m*; (*ar kāju*) Kelch
m; Pokál *m*; alus k. – [Bíer]-
schoppen *m*; sporta sacensîbās –
Cup [kap] *m*; **2.** (*smeļamais*)
Schö'pfkelle *f*

kautᵃ schláchten

kautᵇ **1.** wenn; k. viņš nāktu!– wenn
er doch käme!; **2.**: k. gan, k. arī –
obwóhl, obgléich, wenn auch; **3.**: k.
kāds – írgendein; k. kas – irgend
etwas; k. kā – irgendwíe

kautrēties sich geníeren [ʒə..]; sich
schä'men

kautrīgs schü'chtern, scheu

kavējums Versäu'mnis *n*; darba k. –
A'rbeitsversäumnis *n*; maksājumu
k. – Záhlungsverzug *m*

kavēklis Híndernis *n*; Hémmnis *n*;
laika k. – Zeitvertreib *m*

kavēt 1. híndern; hémmen; (*aizkavēt*)
áufhalten*; **2.** (*stundas, lekcijas*)
versäu'men; k. skolu – in der
Schule fehlen

kavēties 1. zö'gern, záudern; **2.** (*uz-
kavēties*) verwéilen, sich áufhal-
ten*

kaviārs Káviar [..v..] *m*

kaza Zíege *f*; kalnu k. – Gémse *f*

kazarmas Kasérne *f*

kāzas Hóchzeit *f*

kazene *bot.* Brómbeere *f*

kazino Kasíno *n*, Spíelbank *f*

kažokād‖a Pélz *m*; ~u izstrādājumi –
dsk. Pélzwaren, *dsk.* Ráuchwaren

kažoks Pelz *m*, Pélzmantel *m*

kečups *kul.* Kétchup *f*

kefīrs Kéfir *m*

kēkss *kul.* Keks *m* vai *n*

kempings Camping [´kɛm..] *n*

keramika Kerámik *f*

kibernētika Kybernétik *f*

kičs Kitsch *m*

kija Queue [kø:] *n*

kilograms Kilográmm *n*, Kílo *n*

kilometrs Kilométer *n*

kino Kíno *n*

kinoaktieris Fílmschauspieler *m*

kinofilma Film *m*

kinokamera (*pārnēsājama*) Cámcorder [k..] *m*
kinokomēdija Fílmkomödi|e *f*
kinohronika Wóchenschau *f*
kinorežisors Fílmregisseur [..reisɵ:r] *m*
kinoteātris Fílmtheater *n,* Líchtspielhaus *n,* Líchtspieltheater *n*
kinozvaigzne Fílmstar *m*
kiosks Kiósk *m;* Verkáufsstand *m;* avīžu k. – Zeitungsstand *m*
kivi *bot.* Kíwi *f*
klaidonis Lándstreicher *m,* Strolch *m*
klaips Laib *m*
klājs Deck *n*
klas∥e *daž. noz.* Klásse *f;* ~es audzinātājs – Klássenlehrer *m;* ~es biedrs – Mítschüler *m*
klasifikācija Klassifikatión *f*
klasisks klássisch
klāt[a] décken; k. galdu – den Tisch decken; k. gultu – das Bett machen
klāt[b] **1.** (*šurp*) herán; (*papildus*) hinzú, dazú; **2.:** būt k. – ánwesend (dabéi) sein*; béiwohnen; man k. esot – in meiner Anwesenheit
klātbūtne A′nwesenheit *f,* Gégenwart *f*
klāties géhen*; kā tev klājas? – wie geht es dir?
klātne (*ceļa*) Stráßenbelag *m;* Pfláster *m*
klausīt gehórchen
klausītājs Zúhörer *m;* (*radio, lekciju*) Hö′rer *m*

klausīties hö′ren; zúhören (*ar dat.*); láuschen; hórchen; k. mūziku – Musík hören
klaustrofobija *med.* Plátzangst *f*
klausule Hö′rer *m*
klauvēt klópfen, póchen
klauzula *jur.* Kláusel *f*
klavieres Klavíer [..v..] *n*
kleita Kleid *n*
klejot wándern, umhérstreichen*
klēp∥is Schoß *m;* paņemt bērnu ~ī – das Kind auf den Schoß nehmen*
klepot hústen
kleptomānija *med.* Kleptomaníe *f*
klepus Hústen *m;* garais k. – Kéuchhusten *m*
klēts Getréideboden *m,* Kórnboden *m*
klibot hínken, láhmen; húmpeln
klibs láhm, hínkend
kliedziens Schrei *m;* Au′fschrei *m*
kliegt schréien*
klients Kúnde *m,* Kliént [..iǝ..] *m;* (*advokāta*) Mandánt *m*
klijas Kléie *f*
klikšķināt *dator.* ánklicken
klikšķis *dator.* Klick *m*
kliķe *pol.* Clique [′klikǝ] *f*
klimaktērijs *dsk.* Wéchseljahre
klimats Klíma *n;* jūras k. – Séeklima *n;* tuksneša k. – Wü′stenklima *n*
klīnika Klínik *f;* nervu k. – Nérvenklinik *f;* privātklīnika – Privátklinik *f*
klints Féls[en] *m;* zemūdens k. – Klíppe *f;* stāva k. jūras krastā – Kliff *n*

K

klinģerīte *bot.* Ríngelblume *f*
klips Clip *m*
klīst írren, umhérziehen*; klīst baumas – ein Gerü'cht geht [her]úm
klizma Ei'nlauf *m*, Klistíer *n*
klonēt *biol.* klónen; kloníeren
klons[a] *biol.* Klon *m*
klons[b] Léhmboden *m*; cepļa k. – Ténne *f*
klubs Klub *m*; Klúbhaus *n*
klūga Wéidenrute *f*
klupt stólpern
klusēšan‖a Schwéigen *n*; ~as pienākums – Schwéigepflicht *f*
klus‖s still; léise; (*nerunīgs*) schwéigsam; k. vakars – stiller Abend; ~ā stunda – Ruhestunde *f*
klusums Stílle *f*
kļava A'horn *m*
kļūda Féhler *m*; (*pārpratums*) I'rrtum *m*; Au'srutscher *m*; tiesas k. *jur.* – Justízirrtum *m*
kļūdīties einen Féhler máchen; (*maldīties*) sich írren
kļūme Míssgeschick *n*, Pech *n*, U'nglück *n*
kļūt wérden; k. par ārstu – Arzt werden*
knābis Schnábel *m*
kniebt knéifen*, zwícken
kniedēt níeten
knupītis (*uz pudelītes*) Sáuger *m*; (*zīdaiņu*) Schnúller *m*
kņada Lärm *m*, Rúmmel *m*, Tumúlt *m*
koala *zool.* Ko‖ála *m*, Béutelbär *m*

kodekss Kódex *m*; Civilprocesa k. – Zivílgesetzbuch [..v..] *n*
kodēt verschlü'sseln
kodiens Biss *m*; (*insektu*) Stich *m*
kodināt ä'tzen, béizen
kodolieroči *dsk.* Kérnwaffen, *dsk.* nukleáre Wáffen
kodols *daž.noz.* Kern *m*
kods Kode [ko:t] *m*
kodums Biss *m*; (*insektu*) Stich *m*
koeficients Koeffizi‖ént *m*
kofeīn‖s Kofeín *n*; ~u nesaturošs – koffeinfrei; ~u saturošs – koffeinhaltig
koferis Kóffer *m*
kokaīns Kokaín *n*
kokakola Cocacóla *f* vai *n*
kokaudzētava Báumschule *f*
kokgriešana Hólzschnitzerei *f*
kokle *mūz.* Kókle *f*
koks 1. Baum *m*; **2.** (*materiāls*) Holz *n*
kokteilis Cocktail ['kɔkte:l] *m*
kokvilna Báumwolle *f*
kokzāģētava Sä'gemühle *f*, Sä'gewerk *n*
kolapss *med.* Kóllaps *m*, Kréislaufkollaps *m*
koleģialitāte Kollegialitä't *f*
kolēģis Kollége *m*
kolekcija Sámmlung *f*, Kollektión *f*
kolektivizācija Kollektivisíerung *f*
kolektīvs[a] Kollektív *n*; Belégschaft *f*; Geméinschaft *f*
kolektīvs[b] kollektív, Kollektív-
kolikas *med.* Kolík *f*; nieru k. – Níerenkolik *f*
kolīts *med.* Kolítis *f*

koloniālisms Kolonialísmus *m*

kolonija Koloníe *f*; A'nsied[e]lung *f*

kolonizācija Kolonisatión *f*; Besíed-[e]lung *f*

kolonna 1. Kolónne *f*; (*vairāku transportlīdzekļu*) Konvói [..v..] *m*; **2.** *arh.* Säu'le *f*, Kolónne *f*

kolrābis *bot.* Kóhlrabi *m*

koma *med.* Kóma *n*

komanda 1. (*pavēle*) Kommándo *n*; **2.** *mil.* (*vienība*) Kommándo *n*; Trupp *m*; **3.** (*apkalpe*) Mánn-schaft *f*; (*darba grupa*) Team [ti:m] *n*; (*kuģa vai lidmašīnas apkalpe*) Crew [kru:] *f* – Schíffs-bootsmannschaft *f* / Flúgzeug-besatzung *f*; **4.** *sp.* Mánnschaft *f*; futbola k. – Elf *f*; vingrotāju k. – Ríege *f*

komandējum‖s Díenstreise *f*; būt ~ā – sich auf einer Dienstreise befínden*

komandēt kommandíeren, beféh-ligen, das Kommándo fü'hren

komats *gram.* Kómma *n*, Béistrich *m*

kombinezons Schútzanzug *m*, Over-all ['o:vərɔ:l] *m*

komēdija Komö'di‖e *f*; Lústspiel *n*

komentārs Kommentár *m*, Erläu'-terung *f*

komentēt kommentíeren, erläu'tern

komercdarbība Geschä'ftstätigkeit *f*

komikss Comic ['kɔ..] *m*

komisija Kommissión *f*, Au'sschuss *m*

komisks kómisch, wítzig

komiteja Komitée *n*, Au'sschuss *m*

kompaktdisks *saīs.* CD [tse: 'de:] *f*

kompānija Geséllschaft *f*

kompanjons *ek.* Geséllschafter *m*, Téilhaber *m*

kompass Kómpass *m*

kompetence (*kaut kādā jomā*) Sách-kenntnis *f*, Kompeténz *f*, Sách-verstand *m*; (*atbildība*) Zúständig-keit *f*, Befúgnis *n*

kompetents kompetént, bewándert, zúständig, befúgt

komplekss Kompléx *m*; ēku k. – Gebäu'dekomplex *m*; mazvērtības k. – Mínderwertigkeitskomplex *m*; pasākumu k. – Máßnahmen-komplex *m*; problēmu k. – Prob-lémkreis *m*

komplekts Satz *m*; (*instrumentu – arī*) Bestéck *n*; (*veļas*) Garnitúr *f*

komplicēts komplizíert

komplikācija Komplikatión *f*

kompliment‖s Komplimént *n*; pa-teikt ~u – ein Kompliment machen

komponēt komponíeren

komponists Komponíst *m*, Tón-dichter *m*, Tónsetzer *m*

kompostrēt entwérten

kompostrs Entwérter *m*

kompots Kompótt *n*

komprese Komprésse *f*, U'mschlag *m*; Páckung *f*

kompromiss Kompromíss *m*; Ei'ni-gung *f*

kompromitēt kompromittíeren; blóß-stellen

komūna Kommúne *f*; Geméinde *f*

K

komunāl∥s kommunál, Kommunál-; Geméinde-; ~ie pakalpojumi – *dsk.* Díenstleistungen

komunikabilitāte Gesélligkeit *f*; Kommunikatiónsfähigkeit *f*, Kontáktfreudigkeit *f*

komunikē Kommunikée *n*; geméinsame Mítteilung *f*; Dénkschrift *f*

komunisms Kommunísmus *m*

koncentrācija Konzentratión *f*

koncepcija Konzépt *n*; Entwúrf *m*; Konzeptión *f*

koncerns Konzérn *m*

koncerts Konzért *n*

koncesija Konzessión *f*

kondīcija (*laba fiziskā*) Fítness *f*

kondicionēšan∥a (*gaisa*) Airconditioning *n*; gaisa ~as iekārta – Klímaanlage *f*

konditoreja Konditoréi *f,* Féinbäkkerei *f*

kondoms Kondóm *n*

konduktors Scháffner *m*

konfederācija Konföderatión *f*; Šveices Konfederācija – die Schwéizerische Ei′dgenossenschaft (*oficiāls Šveices nosaukums*)

konfekte Konfékt *n,* Bonbon [bɔ̃:′bɔ̃:] *m vai n*; (*uz kociņa*) Lútscher *m*

konferansjē Conferencier [kɔ̃ferã′sje:] *m,* A′nsager *m*

konference Konferénz *f*

konfigurācija A′nordnung *f*, Konfiguratión *f*

konfiskācija Konfiszíerung *f*, Beschlágnahme *f*, Entáu′ßerung *f*

konflikts Konflíkt *m*; Zwíespalt *m*

konglomerāts Konglomerát *n*

kongress Kongréss *m*

konjaks Kognak [′kɔnjak] *m*, Wéinbrand *m*

konjunktivīts *med.* Konjunktivítis *f*

konjunktūra Konjunktúr *f*; tirgus k. – Márktkonjunktur *f*; Wírtschaftsaufschwung *m*

konkrēts konkrét, gégenständlich

konkurence Konkurrénz *f*; Wéttbewerb *m*; godīga k. – fairer [′fɛ:ər] Wettbewerb; negodīga k. – únlauter Wettbewerb

konkurēt konkurríeren, in Konkurrénz stéhen*

konkurētspēja Konkurrénzfähigkeit *f*

konkur∥ss Préisausschreiben *n,* Wéttbewerb *m*; ~sa jautājums – Préisfrage *f*

konsekvents konsequént, fólgerichtig, fólgerecht

konsenss Konsénsus *m*, Überéinstimmung *f*, Zústimmung *f*

konservatīvs konservatív [..v]

konservatorija Konservatórium [..v..] *n*

konservēt konservíeren [..v..], éinlegen; (*augļus, ogas – arī*) éinmachen

konservi Konsérve [..v..] *f*; gaļas k. – Bü′chsenfleisch *n*; zivju k. – Físchkonserve *f*

konsorcijs *ek.* Konsórtium *n*

konstatēt féststellen, konstatíeren

konstitūcija Konstitutión *f,* Verfássung *f*

konstrukcija Konstruktión *f*

konstruktors Konstrukteur [..'tǿ:r] *m*

konsuls Kónsul *m*

konsultācij‖a Konsultatión *f,* Berátung *f;* ~as punkts – Berátungsstelle *f;* sniegt ~u – eine Konsultation ertéilen

konsultants Beráter *m;* darba k. – Berúfsberater *m;* nodokļu k. – Stéuerberater *m;* rūpniecības k. – Industríeberater *m;* uzņēmuma k. – Unternéhmensberater *m*

konsultēt beráten*

kontaktlēcas *dsk.* Háftgläser, Háftlinsen, Háftschalen, Kontáktgläser

kontakt‖s Kontákt *m;* būt ~ā ar kādu – mit j-m in Kontakt stehen*

konteiners Container [kɔn'te:nǝr] *m,* Gróßbehälter *m;* (radioaktīvo vielu glabāšanai vai transportam) Cástorbehälter [k..] *m*

kontinents Kontinént *m,* E'rdteil *m*

kontingents Ménge *f;* A'nzahl *f;* Kontingént *n*

kontrabanda Schmúggel *m,* Schmúggelei *f*

kontrabass *mūz.* Kontrabáss *m,* Bássgeige *f*

kontrakts Kontrákt *m,* Vertrág *m*

kontrasts Kontrást *m;* Gégenstück *n;* Gégensatz *m*

kontrastviela *med.* Kontrástmittel *n*

kontrole Kontrólle *f;* (*izpūtēja gāzu*) A'bgastest *m*

kontrolēt kontrollíeren; prü'fen

kontrolieris (*biļešu k. satiksmes līdzekļos*) Kontrolleur [..'lǿ:r] *m*

kontrolpakete A'ktienkontrollpaket *n,* A'ktienpaket mit Kontróllmajorität *n*

kontrolpunkts (*uz robežas*) Grénzkontrollpunkt *m,* Checkpoint ['tʃɛkpɔynt] *m*

kontroltornis (*lidostā*) Kontróllturm *m,* Tower ['taʊǝ] *m*

konts *ek.* Kónto *n;* algas k. – Geháltskonto *n;* bankas k. – Bánkkonto *n;* krājkonts – Spárkonto *n;* norēķinu k. – Kontokorrént *n;* personiskais k. – Privátkonto *n*

kontūzija *med.* Quétschung *f*

konveijers Fließband *n*

konvencija A'bkommen *n;* Überéinkunft *f;* Konventión *f;* vö'lkerrechtlicher Vertrág; muitas k. – Zóllabkommen *n*

konversācij‖a: ~as vārdnīca – Konversatiónslexikon [..v..] *n*

konvertējamība Konvertíerbarkeit *f,* Konvertibilitä't *f*

konvertēt konvertíeren

kooperatīvs Genóssenschaft *f*

koordinācija (*vairāku pasākumu plānveida hronoloģiska*) *tikai vsk.* Timing ['taimiŋ] *n*

kopā zusámmen; beisámmen; geméinsam

kopatbildība kollektíve Verántwortung *f,* Verántwortlichkeit *f*

K

kopdarbs Geméinschaftsarbeit *f*, geméinsame, geméinschaftliche A'rbeit *f*

kopējs geméinsam, geméinschaftlich

kopētājs (*aparāts*) Kopíergerät *n*, Kopíerer *m*

kopiena Geméinschaft *f*; Eiropas K. – *saīs*. EG [e:'ge:], Europä'ische Gemeinschaft *f*

kopīg‖s geméinsam, geméinschaftlich; ~iem spēkiem – mit veréinten Kräften

kopija Kopíe *f*; Fotokopíe *f*

kopjams (*viegli*) pflégeleicht

koplīgums méhrseitiger, multilateráler Vertrág *m*

kopmanta Mítbesitz *m*, Míteigentum *n*

kopmītne Geméinschaftsunterkunft *f*; studentu k. – Studéntenheim *n*

koprādītājs Gesámtkennziffer *f*

kopražojums Cóproduktion *f*

kopsapulce Generálversammlung *f*, Jáhreshauptversammlung *f*, Vóllversammlung *f*

kopsavilkums Zusámmenfassung *f*

kopš 1. (*prepozīcija*) seit (*ar dat.*); k. neilga laika – seit kurzem; **2.** (*saiklis*) seit[dém]

kopšana Pflége *f*; (*slimnieka, bērna – arī*) Betréuung *f*; (*lopu*) Betréuung *f*; (*zemes*) Bestéllung *f*, Bebáuung *f*

kopt pflégen; (*bērnus, slimniekus – arī*) betréuen; (*lopus*) betréuen; (*zemi*) bestéllen, bebáuen

kopuzņēmums *ek.* Geméinschaftsunternehmen *n*, geméinsames Unternéhmen *n*

kopvērtība *ek.* Gesámtwert *m*

kore (*jumta*) Dáchfirst *m*; (*kalna*) Bérggrat *m*, Bérgkamm *m*

korektūra Korrektúr *f*

korespondence Korrespondénz *f*; Bríefwechsel *m*

koridors Kórridor *m*; Gang *m*

koris Chor [ko:r] *m*

korķ‖is (*aizbāznis*) Kork *m*, Pfrópfen *m*; (*gumijas, stikla – arī*) Stö'psel *m*; ~u velkamais – Kórkenzieher *m*

kornflēkss *dsk.* Cornflakes ['kɔ:nfleiks] *f*

korporācija Kö'rperschaft *f*

korpulents korpulént, beléibt

korupcija Korruptión *f*

kosa *bot.* Scháchtelhalm *m*

kosmētisk‖s kosmétisch; ~ais kabinets – Schö'nheitssalon *m*

kosmonauts Kosmonáut *m*, Weltraumfáhrer *m*

kosmos‖s Kósmos *m*, Wéltall *n*; lidojums ~ā – Weltraumfahrt *f*

kost béißen*

kostīms Kostü'm *n*

košļāt káuen; košļājamā gumija – Káugummi *m*

košs grell; lébhaft

kotlete Brátkloß *m*, Brä'tling *m*, Bulétte *f*; Frikadélle *f*

kovārnis *ornit.* Dóhle *f*

krabis Krábbe *f*

K

krāce Strómschnelle *f*; Katarákt *m*

krahs Zusámmenbruch *m*

krājkas‖e Spárkasse *f*; ~es grāmatiņa – Spar[kassen]buch *n*

krājnoguldījumi *dsk.* Spáreinlagen

krājum‖s **1.** Vórrat *m*; pārtikas k. – Vorrat an Lebensmitteln; Bestánd *m*; Resérve *f*; valsts zelta rezerves – Góldreserve *f*; turēt ~ā – auf Lager haben* (halten*); **2.** Sámmlung *f*; dzejoļu k. – Gedíchtsammlung *f*

krākt schnárchen; (*par jūru, vētru*) tósen, bráusen

krāmi (*apģērbs*) Plúnder *m*

krampji Krampf *m*; stingumkrampji *med.* – Wúndstarrkrampf *m*

krams *min.* Féuerstein *m*

krāns Hahn *m*; ūdens k. – Wasserhahn *m*; gāzes k. – Gashahn *m*

krāpnieks Betrü'ger *m*, Schwíndler *m*

krāpšana Betrúg *m*; Schwíndel *m*; Bluff [blʊf, blœf] *m*; apdrošināšanas k. – Versícherungsbetrug *m*; naudas līdzekļu piesavināšanās – Unterschlágung *f*; nodokļu nenomaksa – Stéuerhinterziehung *f*; rēķina nenomaksa restorānā – Zéchprellerei *f*; mantojuma izkrāpšana – E'rbschleicherei *f*; laulību afēra – Héiratsschwindel *m*

krāpt betrü'gen*

krās‖a Fárbe *f*; eļļas k. – Ö'lfarbe *f*; luminiscējošā k. – Néonfarbe *f*; ~u filma – Fárbfilm *m*; ~u noturīgs (*audums u. c., kas nezaudē krāsu pēc mazgāšanas*) – fárbecht

krāsain‖s fárbig, bunt; ~ais metāls – Búntmetall *n*

krāsnoturīgs fárbecht

krāsns O'fen *m*; mikroviļņu k. – Míkrowellenherd *m*

krāsot málen; (*matus, drēbes*) fä'rben; (*sienu, sētu*) [án]streichen*

krāsotājs Fä'rber *m*; (*ēku, telpu*) Máler *m*, A'nstreicher *m*

krass krass; schroff

krastmala U'fer *n*; (*izbūvēta*) Kai *m*

krasts U'fer *n*; (*jūras*) Kü'ste *f*

krāšņs hérrlich, prä'chtig, práchtvoll

krāt 1. (*vākt*) sámmeln; **2.** (*naudu*) spáren

krātiņš Kä'fig *m*

kratīšana (*personas k. policijā*) Léibesvisitation [..v..] *f*; dzīvokļa vai mājas k. – Háusdurchsuchung *f*   **K**

kratīt schü'tteln, rü'tteln

krauklis *ornit.* Rábe *m*

krauķis *ornit.* Sáatkrähe *f*

kraupis Schorf *m*, Grind *m*; lopu k. – Räu'de *f*

kraut láden*; k. kaudzē – häu'fen

krava Ládung *f*; Fracht *f*; Fráchtgut *n*

kreditējums *ek.* Gútschrift *f*, Kredítgeschäft *n*

kreditēt Kredít gewä'hren/gében; finanzíeren

kredītkarte Kredítkarte *f*

kredītlīgums Kredítabkommen *n*

kredītlīnija Kredítlini‖e *f*

kreditors Kredítgeber *m*

kredīts Kredít *m*

kredītspēja *ek.* Kreditwürdigkeit *f*

kredītvēstule, akreditīvs *ek.* Kredítbrief *m*

kredo Krédo *n*; Gláubensbekenntnis *n*

kreics (*kāršu spēlē*) Treff *n*

kreimene Máiglöckchen *n*

kreis‖**s** link; ~ā roka – die linke Hand; ~ajā pusē – links

krejotava Molkeréi *f*

krējums Sáhne *f*, Rahm *m*; putukrējums – Schlagsahne *f*; skābs k. – saure Sahne *f*

krekers *kul.* Knä'ckebrot *n*; Krä'ker *m*

krekls Hemd *n*; T-krekls – T-Shirt *n*

krelles *dsk.* Glásperlen

kremācija Ei'näscherung *f*, Féuerbestattung *f*

kremēt éinäschern

krēms Krem *f*, Creme ['krɛːm] *f*; apavu k. – Schúhkrem *f*

krēsla Dä'mmerung *f*; metas k. – es dä'mmert

krēsls Stuhl *m*; bērnu k. – Kínderstuhl *m*; griežamais darba k. – Dréhstuhl *m*; invalīdu k. – Róllstuhl *m*; sauļošanās k. – Líegestuhl *m*; šūpuļkrēsls – Scháukelstuhl *m*

krietns 1. tü'chtig, brav; **2.** (*pamatīgs*) tü'chtig, gehö'rig

krikets *sp. tikai vsk.* Krícket *n*

kriminālkodekss *jur.* Stráfgesetzbuch *n*

krimināllliet‖**a** *parasti vsk.* Stráfanzeige *f*; ierosināt ~u pret kādu – Strafanzeige gegen j-n erstatten

kriminālromāns Krími *m*, Detektívstory *f*

krimināls kriminál, stráfrechtlich; kriminéll

krist fállen*; (*spēji*) stü'rzen

kristāls 1. Kristáll *m*; **2.** (*kristāla izstrādājumi*) Kristáll *n*

kristies fállen*, sínken*; (*par ūdens līmeni – arī*) sich sénken; k. svarā – [im Gewícht] abnehmen*

kritērijs Kritérium *n*

kritiens Fall *m*; (*spējš*) Sturz *m*

kritika Kritík *f*

kritizēt kritisíeren

krīts Kréide *f*

kritums Fall *m*; Fállen *n*; Sínken *n*; Néigung *f*; Gefä'lle *n*

krizantēma *bot.* Wúcherblume *f*

krīz‖**e** Kríse *f*, Krísis *f*; ekonomiskā k. – Wírtschaftskrise *f*; ~es apgabals – Krísengebiet *n*

krogs Wírtshaus *n*; Knéipe *f*, Schénke *f*

kroka Fálte *f*; Kniff *m*; (*locījums*) Knick *m*

krokodils *zool.* Krokodíl *n*

krokots fáltig

kroplība Míssbildung *f*; Verstü'mmelung *f*

kropls (*par koku, krūmu*) krü'pp[e]lig, krü'ppelhaft; (*sakropļots*) verkrü'ppelt

kross *sp.* Gelä'ndelauf *m*

kruīzs (*ceļojums ar kuģi*) Kréuzfahrt *f*

krūklis Fáulbaum *m*

kruķis Krü'cke *f*; krāsns k. – Krü'cke *f*, Schü'reisen *n*

krūms Busch *m*, Strauch *m*

krunka Fálte *f*, Rúnzel *f*, Fúrche *f*

krunkains fáltig, rúnz[e]lig; kraus

krupis Krö'te *f*

krusa Hágel *m*; birst k. – es hagelt

krustmāte 1. Pátin *f*, Táufmutter *f*; Pátentante *f*; **2.** (*tēva vai mātes māsa*) Tánte *f*

krustojums Kréuzung *f*; ielu k. – Stráßenkreuzung *f*

krusts Kreuz *n*

krusttēvs 1. Páte *m*, Táufvater *m*; Pátenonkel *m*; **2.** (*tēvocis*) O'nkel *m*

krūškurvis *anat.* Brústkorb *m*

krūšutēls Bü'ste *f*

krūts Brust *f*; (*pārn.* – *arī*) Búsen *m*

krūze Krug *m*

ksenofobija (*naids pret svešinie-kiem*) Xenophóbie *f*

kserokss Xérox *n*

kūdīt hétzen, schárfmachen

kūdra Torf *m*

kūdrājs Tórfmoor *m*

kuģ‖is Schiff *n*; aviācijas bāzes k. – Flúgzeugträger *m*; kosmosa k. – Ráumschiff *n*; ~u būvētava – Werft *f*

kuģniecība Schífffahrt *f*; Schíff-fahrtswesen *n*

kuģot schíffen

kuģuceļš Schífffahrtsweg *m*

kuilis E'ber *m*

kūka Kúchen *m*

kukainis Insékt *n*

kukulis Laib *m*; maizes k. – Brótlaib *m*; ciemkukulis – Gástgeschenk *n*

kukuļot bestéchen, korrumpiéren, erkáufen, schmíeren, Schmíergeld gében

kukurūz‖a Mais *m*; ~as vālīte – Maiskolben *m*

kūlenis Púrzelbaum *m*; mest kūleņus – Purzelbäume schlagen*

kūl‖is Gárbe *f*; ~īšu sējējs – Garben-binder *m*

kult 1. dréschen*; **2.** *kul.* (*sakult*) quírlen

kultūra Kultúr *f*

kulturāls intelligént

kultūraugs Kultúrpflanze *f*

kultūrisms *sp.* Bodybuilding ['bɔdibildiŋ] *n*

kuļmašīna Dréschmaschine *f*

kumelītes *bot.* Kamílle *f*

kumeļš Fóhlen *n*, Fü'llen *n*

kumoss Bíssen *m*; Háppen *m*

kundze Frau *f*; cienījamā kundze! – gnädige Frau!

kung‖s Herr *m*; godājamie ~i! – [sehr] geéhrte Herren!

kuņģis *anat.* Mágen *m*

kupeja A'bteil *n*, Coupé [ku'pe:] *n*

kupena Schnéewehe *f*, Schnéehau-fen *m*

kūpēt ráuchen, quálmen; (*izgarojot*) dámpfen

kūpināt räu'chern

kupls ü'ppig; (*par uzacīm*) búschig; (*par tērpu*) báuschig

kupons Kupón *m*; Gútschein *m*

kupris Búckel *m*

kuprītis Búcklige *m*

kur wo

kurators (*augstskolā*) Betréuer *m*, Méntor *m*

kurināmais Héizmaterial *n*
kurināt héizen
kurjers Eiˈlbote *m*; diplomātiskais k. –
Kuríer *m*
kurlmēms táubstumm
kurls taub
kurmis *zool.* Máulwurf *m*
kurnēt múrren
kūrorts Kúrort *m*; Bad *n*; (*jūras*)
Séebad *n*
kurp wohín
kurpe Schuh *m*; rītakurpes – *dsk.*
Mórgenschuhe, *dsk.* Pantóffeln
kurpnieks Schúster *m*; Schúhma-
cher *m*
kursi Léhrgang *m*, Kurs *m*, Kúrsus *m*
kursors *dator.* Ríchtungstaste *f*,
Cúrsor [ˈkəsə] *m*
kurs‖s **1.** Kurs *m*; akciju k. – Aˈk-
tienkurs *m*; biržas k. – Böˈr-
senkurs *m*; valūtas k. – Devísen-
kurs *m*; vērtspapīru k. – Effék-
tenkurs *m*, Wértpapierkurs *m*; ārst-
niecības k. – Kur *f*; (*alkoholiķiem
vai narkomāniem*) Entzíehungs-
kur *f*; **2.** (*mācību*) Kurs *m*, Kúrsus
m, Léhrgang *m*; (*mācības brīv-
laikā vai atvaļinājumā*) Férien-
kurs *m*; pirmā ~a students –
Studént des ersten Studi‖enjahres
kurš 1. (*jautājamais vietniekvārds*)
wélcher; (*par cilvēku*) wer; **2.** (*ap-
zīmētāja palīgteikumos*) wélcher,
der

kurts Wíndhund *m*
kurvis Korb *m*
kust schmélzen*; (*par ledu, sniegu –
arī*) táuen
kustēties sich bewégen, sich rüˈhren
kustīb‖a **1.** Bewégung *f*; brīvās ~as *sp.*
– *dsk.* Fréiübungen; **2.** (*satiksme*)
Verkéhr *m*; dzīva k. – reger Verkehr
kustināt bewégen, rüˈhren
kutēt júcken
kutināt kítzeln
kūtrs träˈge, säuˈmig
kūts Kúhstall *m*
kvadrāts Quadrát *n*
kvalificēts qualifizíert
kvalifikācij‖a Qualifikatión *f*; pa-
augstināt ~u – sich qualifizíeren,
sich wéiterbilden
kvalitāte Qualitáˈt *f*; preču k. –
Wárenqualität *f*
kvantitāte Aˈnzahl *f*; Ménge *f*; Quan-
titäˈt *f*
kvartāls 1. (*gada ceturksnis*) Quartál
n; **2.** (*pilsētas*) Víertel *n*; trūcīgo k.
lielpilsētā – Slum [slam] *m*
kvartets *mūz.* Quartétt *n*
kvēlot glüˈhen
kvēpi Ruß *m*
kvieši Wéizen *m*
kvīts Quíttung *f*
kvorums beschlússfähige Aˈnzahl *f*,
Beschlússfähigkeit *f*, Quórum *n*
kvota Quóte *f*; apdrošināšanas k. –
Versícherungsquote *f*

K

Ķ

ķeblis Hócker *m,* Schémel *m*

ķēde Kétte *f*

ķeizargrieziens *med.* Káiserschnitt *m*

ķekars Tráube *f*

ķekat‖as *etn.*: iet ~ās – Fástnacht láufen*

ķekatnieks *etn.* Fástnachtsnarr *m*

ķemme Kamm *m*

ķemmēt kä'mmen

ķengāties schmä'hen; schímpfen

ķengurs *zool.* Kä'nguru *n*

ķepa Pfóte *f*; (*lieliem zvēriem*) Tátze *f*

ķepuroties záppeln

ķēriens Coup [ku:] *m*

ķērkt krä'chzen

ķermenis Kö'rper *m*

ķerra Kárren *m*

ķert fángen*

ķerties 1. gréifen*; fássen; ķ. ap kaklu – umhálsen; **2.** (*uzsākt*) ánpacken; ķ. pie darba – sich an die Arbeit machen; ◇ ķ. pie sirds – nahegehen*, zu Herzen gehen*

ķēve Stúte *f*

ķez‖a Péch *n*; iekļūt ~ā – in die Klémme geráten*; im Schlamássel sítzen*

ķidāt áusnehmen, áusweiden; (*zivis*) áuskehlen

ķieģelis Zíegel *m*

ķīl‖a Pfand *n*; drošības nauda – Kautión *f*; ~u rotaļa – Pfänderspiel *n*

ķilava A'nschóvis [..v..] *f*

ķilda Zank *m*; Streit *m*; (*ar savstarpējiem apvainojumiem*) *sar.* Schlámmschlacht *f*

ķildoties zánken; stréiten*

ķīlis Keil *m*

ķīlnieks Géisel *f*

ķimenes *bot.* Kü'mmel *m*

ķīmija Chemíe *f*

ķīmijterapija *med.* Chemotherapíe [çe..] *f*

ķīmisks chémisch

ķiploks *bot.* Knóblauch *m*

ķirbis Kü'rbis *m*

ķircināt nécken, hä'nseln

ķirsis 1. (*oga*) Kírsche *f*; **2.** (*koks*) Kírschbaum *m*

ķirurģija Chirurgíe [çi..] *f*

ķivulis *ornit.* Zéisig *m*

Ķ
L

L

labā zu Gúnsten; zugúnsten

lab‖ais recht; ~ā roka – die rechte Hand; ~ā kāja – der rechte Fuß; pa ~i – rechts

labāk bésser; jo l. – désto (um so) bésser

labdarīgs (*par organizāciju*) karitatív, wóhltätig

labdaris Wóhltäter *m*

labdien! gúten Tag!

labi 1. gut; okay [oʹke:]; ļoti l. – sehr gut, áusgezeichnet; **2.**: l. daudz – recht viel

labība Getréide *n*, Korn *n*

labierīcīb‖as Bequémlichkeit *f*; dzīvoklis ar visām ~ām – Wohnung mit allen Bequemlichkeiten

labierīkošana stäʹdtebauliche Gestáltung *f*, Stäʹdteeinrichtung *f*

labils labíl

labklājība Wóhlstand *m*

labojums Verbésserung *f*; kļūdu l. – Beríchtigung *f*, Féhlerverbesserung *f*

laborants Laboránt *m*

laboratorija Laboratórium *m*, Labór *n*

labot 1. verbéssern; béssern; korrigíeren; (*kļūdas – arī*) beríchtigen; **2.** (*lietas*) áusbessern, reparíeren

laboties sich béssern

labprāt gern

labrīt! gúten Mórgen!

lab‖s gut; esi tik l. – sei so gut; visu ~u! – alles Gute!

labsirdīgs gútmütig

labum‖s 1. Nútzen *m*; gūt ~u – Nutzen ziehen*; **2.** (*kvalitāte*) Gūʹte *f*; Qualitäʹt *f*

labvakar! gúten Aʹbend!

labvēlīg‖s gúʹnstig; būt ~i noskaņotam pret kādu – j-m gewógen sein*

lācis *zool.* Bär *m*; rotaļļācītis – Téddy *m*

lāde Láde *f*; Trúhe *f*

lādzīgs gútmütig

lāgot ríchten

lai 1. (*lozungos, novēlējumos izsakāms ar konjunktīva tagadni*): l. dzīvo! – es lébe!; l. tev labi klājas! – möge es dir gut gehen!; **2.** (*jautājumos izsakāms ar «sollen»*): ko l. dara? – was soll man machen?; **3.** (*nolūka apzīmējumos*) damít; um zu; **4.**: l. gan – obwóhl, obschón

laidnis (*šaha spēlē*) Läuʹfer *m*

laikabiedrs Zéitgenosse *m*

laikam wáhrscheinlich

laikapstākļi Wítterung *f*

laikmets Zéitalter *n*, Epóche *f*

laikraksts Zéitung *f*, Blatt *n*

laik‖s 1. Zeit *f*; (*laika periods*) Frist *f*; darba l. – *dsk.* Aʹrbeitsstunden, Büróstunden; Díenststunden; garantijas l. – Garantíezeit *f*; piegādes l. – Líeferfrist *f*; maksājuma l. (*termiņš*) – Záhlungsfrist *f*; vietējais l. – Oʹrtszeit *f*; man nav ~a – ich habe keine Zeit; uz īsu ~u – auf (für) kurze Zeit; katrā ~ā – zu jeder Zeit, jederzeit; ap šo ~u – um diese Zeit; apmeklētāju l. – Besúchszeit *f*; pieņemšanas l. ārstiem – Spréchstunde *f*; darba l. (*veikalā*) – Öʹffnungszeit *f*; **2.** (*atmosfēras apstākļi*) Wétter *n*; jebkuros ~a apstākļos – bei jedem Wetter

laiksteidzis *tehn.* Zéitraffer *m*

laikstiepis *tehn.* Zéitlupe *f*

laikus réchtzeitig, zur réchten Zeit

laim‖e Glück *n*; uz labu ~i – auf gut Glück, aufs Gerátewohl

laimests Gewínn *m*; l. loterijā – Lóttogewinn *m*

laimīg‖s glü´cklich; ~u ceļu! – glückliche Reise!

laipnība Fréundlichkeit *f*; Líebenswürdigkeit *f*

laipns fréundlich; líebenswürdig; esiet tik l. – seien Sie so liebenswürdig (freundlich, lieb)

laist 1. lássen*; l. vaļā – lóslassen*; l. iekšā – heréinlassen*; hinéinlassen*; **2.**: l. darbā (*aparātu, iekārtu*) – in Betríeb setzen

laisties flíegen*; ◇ l. lapās – sich aus dem Staube machen

laistīt begíeßen*

laiva Boot *n*; (*maza*) Kahn *m*; glábšanas l. – Réttungsboot *n*

laizīt lécken

laka Lack *m*

lakād‖a Láckleder *n*; ~as kurpes – *dsk.* Láckschuhe

lakats Tuch *n*

lakrica *bot.* Lakrítze *f*

lakstīgala *ornit.* Náchtigall *f*

laksti Kraut *n*

lama *zool.* Láma *n*

lamat‖as Fálle *f*; iekrist ~ās – in die Falle gehen* (geráten*)

lamāties schímpfen

laminēt laminíeren

lampa Lámpe *f*; Léuchte *f*

langusts Languste [laŋ´gʊstə] *f*

lap‖a Blatt *n*; papīra l. – ein Blatt

Papíer; aptaujas l. – Frágebogen *m*; ~ u koks – Láubbaum *m*

lāpa Fáckel *f*

lāpīt (*veļu, drēbes*) flícken, áusbessern; (*zeķes*) stópfen

lappuse Séite *f*

lapsa *zool.* Fuchs *m*

lapsene Wéspe *f*

lāpsta Spáten *m*, Scháufel *f*

laringīts *med.* Kéhlkopfentzündung *f*

lasāmgrāmata Lésebuch *n*

lāse Trópfen *m*; lietus l. – Regentropfen *m*

lasījums (*likumprojekta l. parlamentā*) Lésung *f*

lasīšana Lésen *n*

lasis *iht.* Lachs *m*

lasīt[a] lésen*; l. priekšā – vórlesen*; l. lekciju – eine Vorlesung halten*

lasīt[b] (*ogas*) lésen*; (*sēnes*) sámmeln, súchen

lasītājs Léser *m*

lasītnepratējs Analphabét *m*

laso Lásso *n*

lāsteka Ei´szapfen *m*

lāsts Fluch *m*; Verwü´nschung *f*

lata Látte *f*

latīņu- latéinisch; l. valoda – Latéin *n*

lauce (*mežā*) Líchtung *f*; (*zirgam*) Blésse *f*

laucinieks Lándbewohner *m*

laukā dráußen

laukakmens Féldstein *m*

lauk‖i Land *n*; dzīvot uz ~iem – auf dem Lande leben

laukkopība Féldbau *m*

lauk‖s 1. Feld *n*; magnētiskais l. – Magnétfeld *n*; 2. *pārn.* Beréich *m*; Gebíet *n*; zinātnes ~ā – auf dem Gebiet der Wissenschaft

lauksaimniecība Lándwirtschaft *f*

laukstrādnieks Lándarbeiter *m*

laukums 1. Platz *m*; sporta l. – Spórtplatz *m*; rotaḷlaukums – Spíelplatz *m*; tenisa l. – Ténnisplatz *m*; raķešu palaišanas l. – Rakétenabschussrampe *f*; 2. *mat.* Flä́che *f*

laulīb‖a E′he *f*; dzimtsarakstu birojā noslēgta l. – bǘrgerliche E′he *f*; stándesamtliche Tráuung *f*; nereģistrēta l. – Lébensgemeinschaft *f*; ~as pārkāpums – E′hebruch *m*

laupīt ráuben; (*izlaupīt*) plǘndern

laupītājs Räu′ber *m*

laureāts Préisträger *m*, Laureát *m*

laur‖i Lórbeer *m*; ~u vainags – Lorbeerkranz *m*; ◇ atdusēties uz ~iem – auf seinen Lorbeeren ausruhen

laušana Bruch *m*; līguma l. – Vertrágsbruch *m*

lauva *zool.* Lö′we *m*

lauznis Brécheisen *n*, Bréchstange *f*

lauzt bréchen*

lava Láva [..v..] *f*

lavanda *bot.* Lavéndel [..v..] *m*

lazanja *kul.* Lasagne [la′zanjə] *f*

lazda Hásel *f*; Háselbusch *m*

lāzerdisks *dator.* Laserdisc [′le:zər..] *f*, Bíldplatte *f*

lāzerķirurģija Láserchirurgie *f*

lāzerprinteris *dator.* Láserdrucker *m*

lāzers Láser *m*

lecamaukla Spríngseil *n*, Sprúngseil *n*

lecekts Frǘhbeet *n*, Tréibbeet *n*

lēciens Sprung *m*; Satz *m*

lēcienveida- sprúngartig

ledenes Drops *m vai n*

ledlauzis Ei′sbrecher *m*

ledus Eis *n*; l. krāvumi – Páckeis *n*; auksts kā l. – eiskalt

ledusskapis Kǘhlschrank *m*

lefkoja *bot.* Levkóje *f*

legalizēšana, legalizācija Legalisíerung *f*; nelikumīgi iegūtas naudas l. – *sar.* Géldwäsche *f*

legāls legál; réchtmäßig

legīni (*sieviešu apģērba gabals*) Léggings, Léggins *f*

leģislatūra *jur.* Legislatúrperiode *f*; Legislatíve [..v..] *f*

leikēmija *med.* Leukämíe *f*

leikoplasts Héftpflaster *n*

leitnants Léutnant *m*

lejā (*norādot vietu*) únten; (*norādot virzienu*) nach únten; (*šurp*) herúnter, heráb; (*turp*) hinúnter, hináb

lejkanna Gíeßkanne *f*

lēkāt hǘpfen, spríngen*

lekcij‖a Vórlesung *f*; lasīt ~u – eine Vorlesung halten*

lēkme A′nfall *m*; sirdslēkme – Herzanfall *m*, Herzattacke *f*; drudža l. – Fieberattacke *f*

lēkšana (*ar gumijām*) Bungeespringen [′bandʒi..] *n*

lēkt 1. spríngen*; l. ar lecamauklu –

séilspringen*; **2.** (*par Sauli, Mēnesi*) áufgehen*

lektors (*augstskolā*) Léktor *m*

lelle Púppe *f*; leļļu teātris – Púppenspiel *n*, Púppentheater *n*, Kásperletheater *n*

lempīgs lü´mmelhaft

lemt entschéiden*; lemttiesīgs – beschlússfähig

lēmum∥s Beschlúss *m*; pieņemt ~u – einen Beschluss fassen

lēnām lángsam

lēns lángsam

lente Band *n*; magnetofona l. – Tonband *n*

leņķis Wínkel *m*; taisns l. – rechter Winkel

leopards *zool.* Leopárd *m*

lepns stolz

lepnums Stolz *m*

lepoties stolz sein* (*auf ar ak.*)

lepra *med.* Lépra *f*

lesbiete Lésbe *f*

lesbisks lésbisch

lete Théke *f*; (*veikalā*) Ládentisch *m*

lēts bíllig, préisgünstig

lēzens (*par traukiem*) flach; (*par krastu, kalnu*) genéigt

liberalizēšana, **liberalizācija** Liberalisíerung *f*

liberāls liberál

licejs Lyzéum *n*

licence Gewérberecht *n*; Lizénz *f*

līcis Bucht *f*; jūras l. – Méerbusen *m*; Golf *m*, Bai *f*

līdaka *iht.* Hecht *m*

līderis *sp.* Leader ['li:də] *m*

lidlauks Flúgplatz *m*

lidmašīna Flúgzeug *n*; reaktīvā l. – Düsenflugzeug *n*; (*liela pasažieru l.*) Airbus *m*, Jumbojet ['ʤʊmbodɛt] *m*; reisa l. – Línienmaschine *f*

lidojums Flug *m*; Flíegen *n*; l. ar autopilotu – Instruméntenflug *m*; reisa l. – Línienflug *m*; l. ar deltaplānu – Dráchenfliegen *n*; cilvēka l. kosmosā – bemánnter Ráumflug

lidot flíegen*

lidotājs Flíeger *m*

lidplēve Flúghaut *f*

lidsabiedrība Flúggesellschaft *f*

līdums Ródung *f*

līdz 1. bis, bis zu, bis auf, bis an; l. upei – bis zum Fluss; l. stūrim – bis an die Ecke; l. šim – bis jetzt, bishér; **2.** mit; nāc l.! – komm mit!

līdzautors Mítverfasser *m*, Mítautor *m*

līdzcietīgs mítleidig

līdzdalība Betéiligung *f*, Téilnahme *f*

līdzeklis Míttel *n*; satiksmes l. – Verkéhrsmittel *n*; ārstniecības l. – Arznéimittel *n*, Héilmittel *n*; iebiedēšanas l. – A´bschreckungsmittel *n*; l., kas veicina zarnu darbību – A´bführmittel *n*; l., kuru lieto grūtniecības mākslīgai pārtraukšanai – A´btreibungspille *f*; l. traipu tīrīšanai – Fléckentferner *m*; nomierinošie līdzekļi, miega līdzekļi *med.* – *dsk.* Psýchopharmaka; maksāšanas l. – Záhlungsmittel *n*; ražošanas līdzekļi – Produktiónsmittel; uzturlīdzekļi – Náhrungsmittel; pretkorozijas l. *tehn.* – Róstschutzmittel *n*

līdzens ében, glatt

līdzenums E'bene *f*, Fláchland *n*

līdzība Ä'hnlichkeit *f*; *rel.* Gléichnis *n*

līdzīgs ä'hnlich

līdzināt ébnen

līdzināties 1. (*būt līdzīgam*) ä'hneln, ä'hnlich sein*; **2.** *sp.* sich ríchten

līdzīpašnieks Mítbesitzer *m*, Míteigentümer *m*, Mítinhaber *m*; Téilhaber *m*

līdzjūtīgs *sk.* **līdzcietīgs**

līdzpakalpojumi Kúndendienst *m*, Service ['sə:vis] *m*

līdzstrādnieks Mítarbeiter *m*

līdzstrāva *el.* Gléichstrom *m*

līdzsvars Gléichgewicht *n*

līdzvērtīgs gléichwertig

līdzzinātājs Mítwisser *m*

liecība 1. Zéugnis *n*; (*tiesā – arī*) Au'ssage *f*; apzināti nepatiesa l. tiesā – Méineid *m*; **2.** (*skolēna*) Zéugnis *n*, Zensúr *f*

liecināt zéugen, (*tiesā – arī*) áussagen

liecinieks Zéuge *m*; Au'genzeuge *m*

liegties sich wéigern, verwéigern, léugnen

liekēdis Schmarótzer *m*

lieks ü'berflüssig; ü'berschüssig

liekšķere Scháufel *f*; atkritumu l. – Kéhrichtschaufel *f*; ogļu l. – Kóhlenschaufel *f*; sniega l. – Schnéeschaufel *f*

liekt bíegen*; béugen; krü'mmen

liekties sich bíegen*; sich krü'mmen

liekulība Heucheléi *f*

liekulis Héuchler *m*

lielceļš Lándstraße *f*

Lieldienas *rel.* O'stern *n*

lielgabals Geschü'tz *n*, Kanóne *f*

lielīgs práhlerisch, gróßtuerisch

lielisks gróßartig, vorzü'glich, vortréfflich, brillánt

lielīties práhlen, gróßtun*

liellop‖s Rind *n*, Ríndvieh *n*; ~u gaļa – Rindfleisch *n*

lielrūpniecība Gróßindustrie *f*

liel‖s groß; ļoti l. – imméns; ~ā mērā – in hohem Maße

lieluzņēmums Gróßbetrieb *m*, Gróßunternehmen *n*

lielvalsts Gróßmacht *f*

lielveikals (*pārtikas*) Súpermarkt *m*

liepa Línde *f*

liesa *anat.* Mílz *f*

liesma Flámme *f*

liesmot flámmen

lies‖s máger; ~a gaļa – mageres Fleisch

liet gíeßen*; l.asaras – Tränen vergíeßen*

lieta Ding *n*, Sache *f*; tā ir cita l. – das ist etwas anderes

lietains régnerisch

lietaskoks Wérkholz *n*, Nútzholz *n*

lietderīb‖a Nútzbarkeit *f*, Zwéckmäßigkeit *f*; ~as koeficients – Nútzeffekt *m*

lietišķ‖s 1. sáchlich; **2.**: ~ā māksla – Kúnstgewerbe *n*

lietojamplatība (*zemes*) Nützfläche *f*

lietojumprogramma *dator.* A'nwendungsprogramm *n*

lietošan‖a Gebráuch *m*; Benützung *f*; ~as pamācība – Gebrauchsanweisung *f*; ērts, viegls ~ai – benützerfreundlich

lietot gebráuchen; benützen; sich bedíenen (*ar ģen.*); bráuchen; l. zāles – Arznéi néhmen*

lietotājs *dator.* Compúternutzer *m*

lietus Régen *m*; ļoti spēcīgs, īslaicīgs l. – Plátzregen *m*; ilgstošs l. – Dáuerregen *m*; l. periods – Régenzeit *f*; līst l. – es regnet; lietusgāze – Regenguss *m*; lietusmētelis – Regenmantel *m*

lietusgāze (*pēkšņa, spēcīga, īslaicīga*) Wólkenbruch *m*

lietussargs Régenschirm *m*

lietvārds *gram.* Súbstantiv *n*, Háuptwort *n*

lietvedis Sáchbearbeiter *m*, Referént *m*, Schríftführer *m*

lifts Lift *m*, Fáhrstuhl *m*

līgava Braut *f*; l. un līgavainis – *dsk.* Brautleute

līgavainis Bräu'tigam *m*

līgumattiecības Vertrágsverhältnis *n*; l. darba devēja un darba ņēmēja starpā – A'rbeitsverhältnis *n*

līgumpartneris Vertrágspartner *m*

līgum‖s Vertrág *m*; A'bkommen *n*; miera l. – Fríedensvertrag *m*; neuzbrukšanas l. – Níchtangriffspakt *m*; apdrošināšanas l. – Versíche-

rungsvertrag *m*; darba l. – A'rbeitsvertrag *m*; laulības l. – E'hevertrag *m*; l. par ekonomisko sadarbību – Wírtschaftsabkommen *n*; nomas l. – Páchtvertrag *m*; īres l. – Míetvertrag *m*; tirdzniecības l. – Hándelsabkommen *n*; standartlīgums – Standárdvertrag *m*; papildlīgums – Zúsatzvertrag *m*; l. par apmācību – Au'sbildungsvertrag *m*; l. par atomieroču aizliegšanu – Atómwaffensperrvertrag *m*; noslēgt ~u – einen Vertrag [ab]schließen*

līgumsods Konventionálstrafe *f*

ligzda Nest *n*

lija *ornit.* A'asgeier *m*

likme Satz *m*, Ráte *f*, Quóte *f*, Táxe *f*; nodokļa l. – Stéuersatz *m*; procentu l. – Zínssatz *m*; tarifa l. – Tarífsatz *m*

līkne Kúrve [..v..] *f*

līks krumm

līksms froh, frö'hlich

liksta U'nglück *n*, U'nheil *n*

liktᵃ légen; stéllen; sétzen; l. nost – weglegen; l. atzīmes – Noten stellen; l. mierā – in Ruhe lassen*; l. priekšā – vorschlagen*

liktᵇ (*pavēlēt*) lássen*, héißen*; l. gaidīt – warten lassen*

liktenis Schícksal *n*, Los *n*

likties schéinen*

likumdevējs Gesétzgeber *m*

likumdošana Gesétzgebung *f*; nodokļu l. – Stéuergesetzgebung *f*

L

likumīgs gesétzlich, gesétzmäßig, réchtmäßig

likumpārkāpējs Réchtsbrecher *m*

likums Gesétz *n*; pamatlikums – Grúndgesetz *n*; pretmonopolu l. – Kartéllgesetz *n*, Kartéllrecht *n*; l. par abortiem – A'btreibungsgesetz *n*

likums Bíegung *f*, Wíndung *f*, Kúrve *f*

likvidēt ábschaffen, liquidíeren; (*novērst*) beséitigen

likviditāte *ek.* Liquiditä't *f*, Flü'ssigkeit *f*; Záhlungsfähigkeit *f*

liķieris Likö'r *m*

līķis Léiche *f*, Léichnam *m*

lilija *bot.* Líli|e *f*

līme Léim *m*; universāllīme – A'lleskleber *m*

līmenis Niveau [ni'vo:] *n*; Stand *m*; Stúfe *f*; Hö'he *f*; bezdarba l. – A'rbeitslosenquote *f*; dzīves l. – Lébensstandard *m*; cenu l. – Préisniveau *n*; ūdens l. – Wásserstand *m*

līmēt klében; léimen

limfa *anat.* Lýmphe *f*

limfmezgls *anat.* Lýmphknoten *m*

limits Límit *n*; Beschrä'nkung *f*; cenu l. – Préislimit *n*

līmlente Klébeband *n*, Klébestreifen *m*

limonāde Limonáde *f*

līmzīmulis Klébestift *m*

linaudekls Léinen *n*

linčot lýnchen

lineāls Lineál *n*; logaritmu l. – Réchenschieber *m*

lineļļa Léinöl *n*

lini Lein *m*, Flachs *m*

līnija Líni|e *f*; dzelzceļa l. – Eisenbahnlini|e *f*

līnis *iht.* Schléie *f*

linkopība Fláchsbau *m*

linolejs Linóleum *n*, Fúßbodenbelag *m*

lipīg|s 1. klébrig; 2. (*par slimību*) ánsteckend, Infektións-; ~a slimība – ansteckende Krankheit, Infektionskrankheit *f*

lipt klében

lirika Lýrik *f*

līst kríechen*

lišķība Liebedieneréi *f*, Lobhudeléi *f*

liškīgs líebedienerisch

līt 1. flíeßen*, strö'hmen; 2. (*par lietu*) régnen

literatūra Literatúr *f*

litrs Líter *n*

līzings *ek.* Leasing ['li:ziŋ] *n*

lobijs *pol.* Lóbby *f*

lobīt péllen, schä'len

loceklis 1. Glied *n*; 2. (*sabiedrības*) Mítglied *n*; valdes l. – Vorstandsmitglied *n*

locījums *gram.* Kásus *m*, Fall *m*

locīt 1. bíegen*; béugen; (*papīru, audumu*) fálten; 2. *gram.* béugen; (*lietvārdu*) dekliníeren; (*darbības vārdu*) konjugíeren

locītav||a Gelénk *n*; ~u reimatisms – Gelénkrheumatismus *m*

lod||e Kúgel *f*; ~es grūšana *sp.* – Kúgelstoßen *n*

lodēt lö'ten

lodžija Loggia ['lɔdʒa] *f*

logotips Logotýpe *f*; *saīs.* Lógo *n*

L

logs Fénster *n*; automašīnas aiz-
mugures l. – Héckscheibe *f*
loģika Lóģik *f*
loģisks lóģisch; l. secinājums –
logischer Schluss; loģiski – *sar.*
lógo
loģistika *ek.* Logístik *f*, Bescháf-
fungswesen *n*
lokalizēšana, lokalizācija Lokali-
síerung *f*, O'rtsbestimmung *f*; (*ar
instrumentiem*) O'rtung *f*
lokalizēt (*ar instrumentu palīdzību*)
órten
lokans geschméidig, bíegsam
lokauts *ek.* Au'ssperrung *f*
lokomotīve Lokomotíve *f*, Lok *f*
lok∥s 1. Bógen *m*; ~a šaušana *sp.* –
Bógenschießen *n*; **2.** *pārn.* Kreis
m; redzesloks – Gesíchtskreis *m*
loksne Bógen *m*
loma Rólle *f*
lombards Pfándhaus *n*; Léihhaus *n*;
Lombárdgeschäft *n*
loms Fang *m*
lopbarība Víehfutter *n*
lopkautuve Schláchthof *m*
lopkopēja Víehpflegerin *f*
lopkopība Víehzucht *f*
lopkopis Víehzüchter *m*
lop∥s Vieh *n*; ~i –Vieh *n*
losjons Lotion [lo'tsio:n] *f*

loterij∥a Lotteríe *f*; Tómbola *f*;
skaitlis, kas laimējis ~ā – Gewínn-
zahl *f*
loze Los *n*
loža Loge ['lo:ʒə] *f*
ložmetējs Maschínengewehr *n*
lubene (*bieza, literāri mazvērtīga
grāmata*) *sar.* Schmö'ker *m*
lūdzu! bítte [schön]!
luga Scháuspiel *n*
lūgsna, lūgšana *rel.* Gebét *n*
lūgt 1. bítten* (*um*); (*ļoti*) fléhen
(*um*); (*oficiāli*) ersúchen; l. pie-
došanu – um Verzéihung bitten*;
l. atļauju – um Erláubnis bitten*;
2.: l. dievu – béten
lūgums Bítte *f*; (*oficiāls*) Ersúchen *n*
luksofors Verkéhrsampel *f*
lukturis Latérne *f*; ielas l. – Stráßen-
laterne *f*
lūp∥a Líppe *f*; ~u zīmulis – Líppen-
stift *m*
lupata Láppen *m*; putekļu l. – Stáub-
tuch *n*
lutināt verwö'hnen
lūzt bréchen*
lūzums 1. Bruch *m*; kaula l. –
Knochenbruch *m*, Fraktúr *f*; **2.** *pārn.*
U'mschwung *m*
lūžņi Schrott *m*; dzelzs l. – Eisen-
schrott *m*

L

Ļ

ļaudis *dsk*. Léute, *dsk*. Ménschen

ļaundabīgs *med*. bö'sartig; ļ. au-
dzējs – bösartige Geschwúlst *f*

ļaunprātīgs bö'swillig

ļaun‖s bö'se; bóshaft; ü'bel; ņemt
~ā – ü'belnehmen*

ļaunums Ü'bel *n*

ļaut erláuben, lássen*

ļodzīties wáckeln; schlóttern

ļoti sehr

M

māceklis Au'szubildende *m*; *sar.*
Azúbi *m*

mācēt verstéhen*; kö'nnen*

mācīb‖a 1. Léhre *f*; 2.: ~as (*skolā*)
[Schúl]unterricht *m*; (*augstskolā*)
[Hóchschul]studium *n*; ~u grā-
mata – Lehrbuch *n*; ~u līdzeklis –
U'nterrichtsgegenstand *m*; ~u
gads – Lehrjahr *n*; (*augstskolā*)
Studi‖enjahr *n*

mācīšana U'nterricht *m*; vācu valo-
das m. – Deutschunterricht *m*

mācīšanās Lérnen *n*; Stúdium *n*

mācīt léhren, unterríchten; m. skolā
ķīmiju – in der Schule Chemíe
unterrichten (Chemíeunterricht cr-
téilen)

mācītājs (*luterāņu*) Pástor *m*

mācīties lérnen; studíeren; m. neklā-
tienē – Fernstudent sein*

mačo (*bravūrīga vīrieša tips*) Macho
['matʃo] *m*

mafija Máfia *f*

magnāts Magnát *m*, Gróßkapitalist *m*

magnēts Magnét *m*

magone *bot.* Mohn *m*

mags Mágier [..giər] *m*

maģija Magíe *f*, Záuberkunst *f*

maģistrāle Magistrále *f*

maģistrantūra Magísterstudium *n*

maģistrs Magíster *m*

mahinācija Máchwerk *n*, Machi-
natión *f*, *dsk*. Máchenschaften,
dsk. Rä'nke, *dsk*. Wínkelzüge

maigs mild, sanft; zart; zä'rtlich

maijpuķīte Máiglöckchen *n*

maijs Mai *m*

maikste Stánge *f*; apiņu m. – Hóp-
fenstange *f*

mainīt wéchseln; táuschen; (*piem.,
virzienu, uzskatus*) ä'ndern; m.
dzīvokli – die Wohnung wechseln
(tauschen)

mainīties (*apmainīties*) wéchseln;
táuschen; (*pārmainīties*) sich [ver]-
ä'ndern

maiņa 1. (*apmaiņa*) Tausch *m*;
Wéchsel *m*; (*pārmaiņa*) Verä'n-
derung *f*; 2. (*darbā, skolā*) Schicht
f; naktsmaiņa – Nachtschicht *f*

maisījums Míschung *f* ; Gemísch *n*
maisīt 1. rü'hren; **2.** (*sajaukt*) míschen
maiss Sack *m*
maize Brot *n*
maizīte Sémmel *f*, Brö'tchen *n*
maiznīca Bäckeréi *f*
māj‖a 1. Haus *n*; dzīvojamā m. –
  Wohnhaus *n*; (*vienstāva dzīvo-*
  jamā m.) Búngalow *m*; rindu m. –
  Réihenhaus *n*; ~ās – zu Hause;
  2.: lauku ~as – [Bauern]hof *m*;
  Bauernhaus *n*
mājamatniecība Héimindustrie *f*,
  Héimarbeit *f*, Kléingewerbe *n*,
  Héimhandwerk *n*
mājdzīvnieks Háustier *n*
mājiens Wink *m*; galvas m. – Kopf-
  nicken *n*
mājīgs gemü'tlich, beháglich, wóhnlich
mājkalpotājs Háusangestellte *m*
mājlops Háusvieh *n*
mājmācība Héimunterricht *m*
majonēze *kul.* Mayonnaise
  [majo'ne:zə] *f*
mājputns Geflü'gel *n*
mājražotājs Héimarbeiter *m*
mājsaimniece Háusfrau *f*
mājturība (*mācību priekšmets skolā*)
  Háuswirtschaft *f*
makaroni *dsk.* Makkaróni
makets Vórlage *f*, Múster *n*, Modéll
  n, Makét *n*
mākleris Mákler *m*
mākonis Wólke *f*; gubu m. – Háufen-
  wolke *f*
makroekonomika Makroökonómik *f*

maks Géldbeutel *m*, Géldbörse *f*
maksa [Be]zählung *f*; Preis *m*; Ge-
  bü'hr *f*; ieejas m. – Ei'ntrittsgeld *n*;
  braukšanas m.– Fáhrpreis *m*,
  Fáhrgeld *n*; īres m. – Míete *f*;
  izpirkuma m. – Lö'segeld *n*; pasta
  izdevumi – Pórto *n*; mācību m. –
  Schúlgeld *n*; Stúdiengebühr *f*;
  nomas m. – Páchtgeld *n*; biedru
  m. – Mítgliedsbeitrag *m*
maksājums Bezählung *f*, Zählung *f*;
  nokavēts m. – Náchzahlung *f*;
  skaidras naudas m. – Bárzahlung *f*
maks‖āt 1. zählen; **2.** (*par cenu*)
  kósten; cik tas ~ā? – was (wie
  viel) kostet das?
maksātājs: nodokļu m. – Stéuer-
  pflichtige *m*
maksātnespēja Záhlungsunfähig-
  keit *f*, Insolvénz [..v..] *f*
maksātspējīgs záhlungsfähig
maksimāl‖s maximál, Höchst-; ~ais   **M**
  ātrums – Hö'chstgeschwindigkeit *f*
māksl‖a Kunst *f*; pareģošanas m. –
  Wáhrsagekunst *f*; ~as darbs –
  Kunstwerk *n*; tēlotāja m. – bil-
  dende Kunst *f*
mākslīg‖s kü'nstlich, Kunst-; falsch;
  ~ais zīds – Kunstseide *f*; ~ie zobi –
  künstliche (falsche) Zähne
māksliniecisk‖s kü'nstlerisch; ~ā
  pašdarbība – Laienkunst *f*
mākslinieks Kü'nstler *m*
mākslots gekü'nstelt; gemácht, ge-
  zíert; m. smaids – gekünsteltes
  Lächeln

maksts Schéide *f*

makšķere A'ngel *f*

makšķerēt ángeln

makulatūra A'ltpapier *n*

mala Ránd *m*; Kánte *f*; Saum *m*

malārija Súmpffieber *n*, Wéchselfieber *n*

maldi I'rrtum *m*; Verírrung *f*; Täu'-schung *f*

maldīgi írrtümlich, írrig; írrtümlicherweise

maldināt írreführen, írreleiten; täu'-schen

maldīties 1. írren; **2.** (*kļūdīties*) [sich] írren, sich täu'schen

malka Holz *n*; Brénnholz *n*

malks Schluck *m*; Zug *m*

māllēpe *bot.* Húflattich *m*

māl‖s Lehm *m*; Ton *m*; ~a trauki – Tongeschirr *n*

malt máhlen

maltīte Mahl *n*, Máhlzeit *f*

malumednieks Wílddieb *m*

mandarīns Mandaríne *f*

mandāts Mandát *n*

mande‖le 1. *bot.* Mándel *f*; **2.** *anat.* [Ráchen]mandel *f*; ~ļu iekaisums – Mandelentzündung *f*

manekens Mannequin [..'kε:] *n,* Glíederpuppe *f*; (*sieviete*) Mannequin [..'kε:] *n*; (*vīrietis*) Dréssman *m*

manevrs Manö'ver [..v..] *n*; armijas m. – Héeresmanöver *n*; izvairī-šanās m. (*uz autoceļa*) – Au'sweichmanöver *n*; māņu m. – A'b-

lenkungsmanöver *n*, Täu'schungsmanöver *n*; (*apdzīšanas*) Überhólmanöver [..v..] *n*

manēža Manege [ma'nε:ʒə] *f,* Réitbahn *f*

mango *bot.* Mángo *f*

manifests Manifést *n*

mānija (*vajāšanas mānija*) Verfólgungswahn *m*

manikīrs Manikü're *f,* Hándpflege *f*

manipulēt manipulíeren

manīt mérken, bemérken

mānīt ánschwindeln, täu'schen

manna Grieß *m*

man‖s mein; pēc ~ām domām – meiner Meinung nach

mansards Mansárde *f*

mant‖a 1. (*īpašums*) Vermö'gen *n*; Gut *n*; Hábe *f*; **2.** (*lieta*) Sáche *f*; lietotas ~as – *dsk.* A'ltwaren, Gebráuchtwaren

mantiniece E'rbin *f*

mantinieks E'rbe *m*

mantkārīgs hábsüchtig, hábgierig

mantojum‖s E'rbe *n,* E'rbschaft *f*; Náchlass *m*; Hinterlássenschaft *f*; literārs m. – literárischer Nachlass; ~a izkrāpējs – E'rbschleicher *m*

mantot érben

manuskripts Manuskrípt *n*; Hándschrift *f*

māņticīgs ábergläubisch

mape Máppe *f*; dokumentu m. – O'rdner *m*

marasms Marásmus *m*; vecuma m. – A'ltersschwäche *f*

maratonskrējiens *sp.* Márathon *m*
marcipāns Márzipan *n vai m*
margarīns Margaríne *f*
margas Gelä'nder *n*
marihuāna Marihuána [..hu..] *n*
marināde *kul.* Marináde *f*
marinēt maríníeren, éinlegen; (*ogas, auglus*) éinmachen
marka Márke *f*; fabrikas m. – Fabríkmarke *f*, Warenzeichen *n*
mārketings Márketing *n*
marķējums Markíerung *f*
marl‖e Mull *m*; ~es saite – Mullbinde *f*
marmors *min.* Mármor *m*
mārrutki Méerrettich *m*
mārsils *bot.* Thýmian *m*
Marss *tikai vsk.* Mars *m*; Marsa zonde – Marssonde *f*
maršals Márschall *m*
maršruts Route ['ru:tə] *f*
marts März *m*
masa Másse *f*; Ménge *f*
māsa Schwéster *f*; medicīnas m.– Kránkenschwester *f*; (*slimnīcas nodaļā*) Statiónsschwester *f*
masalas *med. dsk.* Másern
masaliņas *med. dsk.* Rö'teln
māsasdēls Néffe *m*
māsasmeita Níchte *f*
masāža Masságe [..ʒə] *f*
māsīca Cousine [ku'zi:ne] *f*
mask‖a Máske *f*; (*tikai acīm*) Lárve *f*; sejsargs – Schútzmaske *f*; ~u balle – Máskenball *m*
maskēt, maskot maskíeren; tárnen
masts Mast *m*, Mástbaum *m*

masveida- Mássen-, mássenhaft; m. ražošana – Massenproduktion *f*
maša (*lūku pinums*) Bástmatte *f*
mašīna Maschíne *f*
mašīnrakstītāja Schréibkraft *f*
māt wínken; (*ar galvu*) nícken
māte Mútter *f*
materiālisms Materialísmus *m*
materiāls Materiál *n*; Stoff *m*
mātesuzņēmums Mútterbetrieb *m*
matracis Matrátze *f*
matrica Matríze *f*
matrozis Matróse *m*
mats Haar *n*
mauriņš Rásen *m*
maurloki Schníttlauch *m*
maut múhen
mauzolejs Mausoléum *n*
maz wénig; par m. – zu wenig
mazākumtautība nationále Mínderheit *f*
mazbērn‖s 1. Kléinkind *n*; ~u novietne – [Kinder]krippe *f*; **2.**: ~i (*bērnubērni*) – dsk. E'nkel
mazdārziņš (*kolonijā*) Schrébergarten *m*
mazdēls E'nkel *m*
mazgadīgs mínderjährig
mazgāšan‖a Wáschen *n*; (*veļas*) Wä'sche *f*; (*vannā, piem., bērnu*) Báden *n*; automašīnu ~as iekārta – Wáschanlage *f*
mazgāt wáschen*; (*vannā, piem., bērnu*) báden
mazgātava (*veļas*) Wäscheréi *f*; (*pašapkalpošanās*) Wáschsalon *m*

M

mazgāties sich wáschen*; (vannā) báden

mazizmēra- kléinkaliberig

mazliet ein wénig, ein bísschen, étwas

mazmeita E′nkelin f

mazotn‖e: no ~es – von klein auf, von Kíndheit an

mazpilsēta Kléinstadt f

mazrunīgs schwéigsam, wórtkarg

mazs klein

mazturīgs mínderbegütert, únbemittelt, mínderbemittelt

mazulis (dzīvniekiem) Júnge n; (par bērnu) Kléine m, f, n

mazumcena Ei′nzelhandelspreis m

mazumtirdzniecība Ei′nzelhandel m

mazvērtīgs mínderwertig

mēbeles dsk. Mö′bel; mīkstās m. – dsk. Pólstermöbel

mēbelēt möblíeren

mecenāts Mäzén m, Kúnstfreund m, Gö′nner m, Fö′rderer m

medaļa Medaille [me′daljə] f; zelta m. – Goldmedaille f; goldene Medaille

medības Jagd f

medicīna Medizín f, Héilkunde f; tiesu m. – geríchtliche Medizín f, forénsische Medizín f

medicīnisks medizínisch; ä′rztlich; ~ā palīdzība – ärztliche Hilfe f

medijs Médium n

medījums Wild n

medikaments Medikamént n, Héilmittel n

medīt jágen

medniecība Jagd f; Jágdwesen n

mednieks Jä′ger m

mednis Au′erhahn m

medus Hónig m

medūza Quálle f, Medúse f

mēgt pflégen; viņš mēdz agri celties – er pflegt früh aufzustehen

mēgene Reagénzglas n

mēģinājums 1. Versúch m; Próbe f; interesants m. ķīmijā – ein interessanter chemischer Versuch; **2.** (piem., teātrī) Próbe f, Repetitión f

mēģināt 1. versúchen, probíeren; **2.** (piem., teātrī) próben, repetíeren

mehānika Mechánik f

mehānisms Mechanísmus m; tirgus m. – Márktmechanismus m

mehanizācija Mechanisíerung f

mehanizēt mechanisíeren

meistarība Méisterschaft f

meistars Méister m

meistarsacīkstes dsk. Méisterschaften

meita Tóchter f

meitasuzņēmums Tóchterbetrieb m

meitene Mä′dchen n

meklēšana (policijas organizēta meklēšana) Súchaktion f; Fáhndung f

meklēt súchen; m. vairākās vietās vai pie vairākiem cilvēkiem – sar. ábklappern

meldri Schilf n

mēle Zúnge f; (celiņš modes skatē) Láufsteg m

meli Lü′ge f

M

meliorācija Melioration *f*
mellene Héidelbeere *f*
melns schwarz
melnsakne Schwárzwurzel *f*
melnstrādnieks úngelernter A'rbeiter *m*
melodija Melodíe *f*, Wéise *f*
melone Melóne *f*
melot lü'gen*; ánlügen*
melst schwátzen; m. niekus – dummes Zeug reden
memorands Memorándum *n*, *saīs. sar.* Mémo *n*, Dénkschrift *f*
mēms stumm
menca *iht.* Dorsch *m,* Kábeljau *m*
menedžeris Manager ['mænɛdʒər] *m*
menedžments Betríebswirtschaft *f*
mēnesis Mónat *m*
mēnesnīca Móndschein *m*
mēness Mond *m*; jauns m. – Néumond *m*; pusmēness – Hálbmond *m*; pilnmēness – Vóllmond *m*
mēnessērdzība Móndsüchtigkeit *f*; Náchtwandeln *n*
mēnessērdzīgs: būt mēnessērdzīgam – schláfwandeln
mēnešalga Mónatsgehalt *n*, Mónatslohn *m*
mēnešraksts Mónatsschrift *f*
meningīts *med.* Gehírnhautentzündung *f*
menstruācija Perióde *f*, Régel *f*, Mónatsblutung *f*
mentols Menthól *n*
mērce Túnke *f*, Sóße *f*; salātu m. – Dréssing *n*

mērcēt wéichen; táuchen
mērens mä'ßig, gemä'ßigt
mērījums Méssung *f*
mēris Pest *f*
mērīt méssen*
mērķēt zíelen
mērķ∥is Ziel *n*; šaut ~ī – ins Schwarze schíeßen*, nach der Scheibe schießen*
mērķprogramma Zíelprogramm *n*
mērķtiecīgs zíelbewusst
mērlente Méssband *n*
mērogs Máßstab *m*
mēr∥s Maß *n*; bez ~a – máßlos; noņemt ~u *(apģērbiem, apaviem)* – Maß nehmen*; ievērot ~u – Maß halten*
mērvienība Máßeinheit *f*
mēs wir
mesija *(pestītājs) rel.* Messías *m*
mēsli 1. Dü'nger *m*; Mist *m*; māk-slīgie m. – Kunstdünger *m*; **2.** *(atkritumi)* Müll *m*
mest wérfen*; *(ar spēku)* schléudern
mesties stü'rzen; sich stü'rzen; sich wérfen*; m. kādam virsū – sich auf j-n werfen*
metāls Metáll *n*
metalurģija Metallurgíe *f*, Hü'ttenwesen *n*
mētelis Mántel *m*
metenis Fástnacht *f*
meteorīts *astr.* Meteorít *n*
meteoroloģija Meteorologíe *f*, Wétterkunde *f*
meteors *astr.* Meteór *n*

M

metiens, tirāža Au′flage *f*
metināt schwéißen
metiss Mestíze *m*
metode Methóde *f*; Verfáhren *n*
metro U′ntergrundbahn *f*; U-Bahn *f*,
 Metro [′me.. *vai* ..′tro:] *f*
metrs Méter *n*
mezgl‖s 1. Knóten *m*; sasiet ~u –
 verknóten, einen Knoten knüpfen;
 2. (*satiksmes*) Knótenpunkt *m*
mežains bewáldet
mežģīnes *dsk.* Spítzen
mežierīcība Au′fforstung *f*
mežkopība Wáldbau *m*
mežonīgs wild
mežrags *mūz.* Wáldhorn *n*
mežrūpniecība Hólzindustrie *f*
mež‖s Wald *m*; (*kopts*) Forst *m*;
 lietusmežs – Régenwald *m*; ~a
 zvēri – wilde Tiere
mežsaimniecība Fórstwirtschaft *f*
mežsargs Fórstaufseher *m*
mežstrādnieks Wáldarbeiter *m*
mīdīt tréten*; m. kājām *pārn.*– mit
 Füßen treten*
midzenis Láger *n*, Hö′hle *f*, Bau *m*
miegains schlä′frig; verschláfen
mieg‖s Schlaf *m*; viņam nāk m. – er
 will schlafen; ~a zāles – Schlaf-
 mittel *n*
mieloties schmáusen, sich gü′tlich
 tun* (*an ar dat.*)
mierīg‖s rúhig; fríedlich; (*kluss*) still;
 ~a līdzāspastāvēšana – friedliche
 Koexisténz
mierinājums Trost *m*; Zúspruch *m*

mierināt trö′sten
miermīlīgs fríedlich; fríedfertig
mier‖s 1. Fríeden *m*; **2.** (*mierīgums*)
 Rúhe *f*; Fríeden *m*; likt ~ā – in
 Ruhe lassen*
miesa Fleisch *n*; Leib *m*
miesassargs Léibwächter *m*
miesassods Kö′rperstrafe *f*
miesnieks Fléischer *m*, Métzger *m*
miets Pfahl *m*
miežgrauds *med.* Gérstenkorn *n*
mieži Gérste *f*
migla *met.* Nébel *m*
miglains 1. néblig; (*jūrā un pie-
 krastē*) díesig; **2.** *pārn.* nébelhaft,
 únklar, schléierhaft
migrācija Migratión *f*, iedzīvotāju
 m. – Bevö′lkerungsbewegung *f*
mija Wéchsel *m*
mīklaᵃ Teig *m*
mīkl‖aᵇ Rä′tsel *n*; minēt ~as – Rätsel
 raten*
mīklains rä′tselhaft
mikrobs Mikróbe *f*
mikroelements *biol.* Spúrenelement *n*
mikrofilma Míkrofilm *m*
mikrofons Mikrophón *n*
mikrokalkulators Táschenrechner *m*
mikrorajons Wóhnblock *m*
mikroskops Mikroskóp *n*
mikroviļņ‖i Míkrowelle *f*; ~u krāsns
 – Míkrowellenherd *m*
mikseris Míxer *m*
mīkstināt erwéichen; míldern
mīkstinātājs (*skalotājs veļai*) Wéich-
 spüler *m*

M

mīksts weich
mikstūra Mixtúr *f*
mīla Líebe *f*
mīlēt líeben
milimetrs Milliméter *n*
militārisms Militarísmus *m*
militārs militä'risch
miljards Milliárde *f*
miljonārs Millionä'r *m*
miljons Millión *f*
milti Mehl *n*
miltrasa Méhltau *m*
mīlule, mīlulis Líebling *m*
milzīgs ríesig; úngeheuer; gewáltig
milzis Ríese *m*
mīļš lieb; m. paldies! – schönen Dank!
mīna Míne *f; mil.* kājnieku m. –
 Trétmine *f*
minerālizejviela Minerálrohstoff *m*
minerāls Minerál *n*
minerālūdens Minerálwasser *n*
minēt 1. (*mīklas*) ráten*;**2.** (*nosaukt*)
 nénnen*; (*pieminēt*) erwä'hnen
minigolfs *sp.* Mínigolf *n*
minimāl‖s minimál; Míndest-; ~ā
 alga – Mindestlohn *m*; ~ais ātrums –
 Mindestgeschwindigkeit *f*
minimums Mínimum *n*; iztikas m. –
 Existénzminimum *n*; ar nodokli
 neapliekamais algas m. – Stéuer-
 freibetrag *m*
ministrija Ministérium *n*; ārlietu m. –
 Au'ßenministerium *n*; iekšlietu m. –
 I'nnenministerium *n*; aizsardzības
 m. – Vertéidigungsministerium *n*;
 tieslietu m. – Justízministerium *n*

minoritāte Minoritä't *f,* Mínderheit *f*
minūte Minúte *f*
mirdzēt léuchten; stráhlen, glä'nzen;
 fúnkeln, schímmern
mirgot (*televizora ekrānā attēls*)
 flímmern
miris tot, gestórben; verstórben
mirklis Au'genblick *m,* Momént *m*
mirkšķināt blínzeln, zwínkern
mirstība Stérblichkeit *f*
mirt stérben*
misija Missión *f;* tirdzniecības m. –
 Hándelsmission *f*
misiņš Méssing *n*
mistika Mýstik *f*
mīt tréten*
mitēties áufhören; náchlassen*
mītiņš Meeting ['mi:..] *n,* Kúndge-
 bung *f*
mitrs feucht
mitrumizturīgs wásserfest, wásser-
 dicht
miza (*koku*) Rínde *f*; (*augļu*) Schále *f*
mizot schä'len
mobilitāte Bewéglichkeit *f*
mobilizācija Mobilísierung *f,* Mobíl-
 machung *f*
mocība Qual *f*; Pláge *f*
mocīt quä'len; plágen
mocīties sich quä'len; sich plágen
mod‖e Móde *f*; ~es žurnāls –
 Mode[n]zeitung *f*; būt ~ē – Mode
 sein, in Mode sein*; ~es skate –
 Mode[n]schau *f*
modelis Modéll *n*
modems *dator.* Módem *n*

M

moderators Moderátor *m*;
moderēt moderíeren
modernizēt modernisíeren
moderns modérn
modināt wécken, erwécken
modrība Wáchsamkeit *f*
modulis Modúl *n*
mok‖as Qual *f*; Pein *f*; ar ~ām – mit Mü'he und Not
moment‖s Au'genblick *m*, Momént *m*; vienā ~ā – áugenblicklich, im Nu, im Handumdrehen
momentuzņēmums (*fotogrāfijā*) Schnáppschuss *m*
monarhija Monarchíe *f*
monēta Mü'nze *f*, Géldstück *n*; Hártgeld *n*
monitors *dator.* Mónitor *m*
monologs Monológ *m*, Sélbstgespräch *n*
monopolcena Monopólpreis *m*
M **monopols** Monopól *n*
monotons monotón, éintönig
monstrs (*briesmonis*) Mónster *n*
montāža Montage [..'ta:ʒə] *f*
montēt montíeren
morāle Morál *f*
morāls morálisch
moratorijs Moratórium *n*
morfijs *tikai vsk.* Mórphium *n*
moskīts *ent.* Moskíto *m*
mosties erwáchen
motelis Motél *n*
motivācija Motivíerung *f*
motīvs Motív *n*
motocikls Mótorrad *n*, Kráftrad *n*

motorollers Mótorroller *m*
motors Mótor *m*
motovelosipēds Mófa *n*
možs múnter, frisch
muca Fass *n*; Tónne *f*
mudināt ánspornen, ántreiben*
mudžeklis Wírrwarr *m*; Durcheinánder *n*
mugur‖a Rü'cken *m*; pagriezt kādam ~u – j-m den Rücken kehren (zuwenden*); vilkt ~ā – anziehen*
mugurkauls *anat.* Rü'ckgrat *n*
mugurpus‖e Hínterseite *f*, Rü'ckseite *f*; (*monētām*) Revers [rə'vɛr] *n*; no ~es – von hinten
mugursoma Rúcksack *m*; (*skolassoma*) Schúlranzen *m*
muita Zoll *m*; Zóllbehörde *f*; aizsargmuita – Schútzzoll *m*
muitot verzóllen; par kaut ko samaksāt muitas nodevu – etw. verzollen
muiža [Lánd]gut *n*
muižnieks A'dlige *m*; (*muižas īpašnieks*) Gútsbesitzer *m*
muklājs Sumpf *m*, Mórast *m*
mūks Mönch *m*
mulats Mulátte *m*
muliņš Pier *m*
mulsināt verwírren; verlégen máchen
multiplikācij‖a: ~as filma – [Zeichen]trickfilm *m*; Animatión *f*
multiplikators Multiplikátor *m*
muļķīb‖a Dúmmheit *f*, Tórheit *f*; *sar.* Bla-blá *n*; ~as! – U'nsinn!, Quatsch!

muļķīgs dumm, tö'richt

muļķis Tor *m*, Dúmmkopf *m*, Dúmme *m*

muļķošana (*tautas) tikai vsk. pol.* Vólksverdummung *f*; muļķot tautu – Volksverdummung betréiben

muļķudrošs *sar.* idiótensicher

mundrs múnter, frisch; lébhaft

mūrēt máuern

murgot im Fíeber spréchen*; írre-reden

murgs (*sapnis*) A'lbtraum *m*

mūris Máuer *f*; pretuguns m. – Brándmauer *f*; Berlīnes m. – Berlíner Máuer *f*

murmināt múrmeln

mūrnieks Máurer *m*

mūsdienu- modérn; héutig; zéitgenössisch; Gégenwarts-

musināt hétzen (*zu*), schárfmachen

muskatrieksts Muskátnuss *f*

muskulis Múskel *m*

muskuļaudi Múskelgewebe *n*

mūsu únser

musulmanis *rel.* Móslem *m*

muša *ent.* Flíege *f*

mušmire *bot.* Flíegenpilz *m*

mutācija *biol.* Mutatíon *f*

mute Mund *m*

mutēt mutíeren

mutisks mü'ndlich

muzejs Muséum *n*

mūzik‖a Musík *f*; ~as skola – Musíkschule *f*; ~as automāts kafejnīcā – Musíkbox *f*; kinofilmas ~as pamattēma, pamatmelodija – Soundtrack ['saʊndtrɛk] *m*

muzikāls musikálisch

mūzikls Musical ['mju:zikl] *n*

mūziķis Músiker *m*

mūžīgs éwig

mūž‖s Lében *n*; visu savu ~u – sein ganzes Leben lang

N

N

nab‖a *anat.* Nábel *m*; ~as saite – Nábelschnur *f*

nabadzība A'rmut *f*; (*posts*) E'lend *n*

nabags arm

nācija Natión *f*

nacionalizēšana, nacionalizācija Nationalisíerung *f*

nacionāls nationál, Nationál-

nafta E'rdöl *n*; jēlnafta – Róhöl *n*

nagla Nágel *m*

nags Nágel *m*; (*putnam, zvēram*) Králle *f*, Kláue *f*

naidīgs féindlich, féindselig

naids Hass *m*; Féindschaft *f*; Zwíetracht *f*

naivs na'ív

nākam‖ais nächst; [zú]künftig; ~ajā nedēļā – in der nächsten Woche

nākotne Zúkunft *f*

nākt kómmen*; nāc šurp! – komm

her!; n. atpakaļ – zurü'ckkom-
men*

nakt‖s Nacht *f*; Valpurģu n. – Wal-
púrgisnacht *f*; labu ~i! – gute
Nacht!

naktsdarbs Náchtarbeit *f*

naktsklubs Náchtlokal *n*, Nácht-
klub *m*

naktsmājas Náchtquartier *n*; Nácht-
lager *n*

naktssargs Náchtwächter *m*

namamāte Háusfrau *f*

namatēvs Háusherr *m*

namdaris Zímmermann *m*

nams Haus *n*; atpūtas n. – Erhó-
lungsheim *n*; kultūras n.– Kul-
túrhaus *n*; tirdzniecības n. – Hán-
delshaus *n*

namsaimnieks Háusbesitzer *m*,
Háuseigentümer *m*

napalms *ķīm.* Nápalm *n*

nāra *mit.* Níxe *f*, Séejungfer *f*

narcise Narzísse *f*

narkomānija Ráuschgiftsucht *f*,
Drógensucht *f*, Narkomaníe *f*

narkomāns Drógenabhängige *m*,
Drógensüchtige *m*, Fíxer *m*; *sar.*
Junkie ['dʒaŋki] *m*

narkotik‖a Betäu'bungsmittel *n*,
Au'fputschmittel *n*, Ráuschmittel
n, Narkótikum *n*, Dróge *f*; ~u
tirgonis – Drógendealer [..di:..]
m; lietot narkotiskos līdzekļus –
sich áufputschen

narkoze Narkóse *f*; pilnā n. – Vóll-
narkose *f*, állgemeine Anästhesíe

f; vietējā n. – ö'rtliche Betäu'bung
f, Lokál-Anästhesie *f*

nāss Násenloch *n*; (*zirga*) Nü'ster *f*

nasta 1. Last *f*; **2.** *pārn.* Bü'rde *f*,
Last *f*

nātre *bot.* Néssel *f*, Brénnnessel *f*

nātrene *med.* Nésselfieber *n*

naturalizācija *jur., pol.* Ei'nbür-
gerung *f*, Naturalisatión *f*

naud‖a Geld *n*; *sar.* Knéte *f*; sāpju
n. – Schmérzensgeld *n*; reketam
maksājamā n. – Schútzgeld *n*;
drošības n., lai kādu personu iz-
meklēšanas laikā atbrīvotu no
aresta – Kautión *f*; celmu n. –
Stámmgeld *n*; komisijas n. – Kom-
missiónsgebühr *f*; slimības n. –
Kránkengeld *n*; skaidra n. – Bár-
geld *n*; soda n. – Búßgeld *n*;
starpniecības n. – Provisión *f*; ~as
sods – Géldstrafe *f*; Búßgeld *n*;
~as viltotājs – Fálschmünzer *m*;
◇ ne par kādu ~u – um keinen
Preis

naudaszīme Géldschein *m*

nāve Tod *m*

navigācija Schífffahrt *f*

nāvīgs tö'dlich, tódbringend

nazis Mésser *n*; atvāžamais n. –
Kláppmesser *n*

ne 1. nicht; nemaz ne – gar nicht; vai
ne? – nicht wahr?; **2.**: ne...ne –
wéder...noch

nē nein

neaizmirstulīte *bot.* Vergíssmein-
nicht *n*

neaizskaramība U'nantastbarkeit *f,* U'nverletzlichkeit *f,* Immunität't *f;* diplomātiskā n. – diplomátische Immunität

neapdāvināts únbegabt

neapdomīgs únbesonnen; únbedachtsam; únüberlegt

neapdzīvots (*par māju*) únbewohnt; (*par apvidu*) únbevölkert

neapmaksāts únbezahlt; (*vēstule bez pastmarkas*) únfrankiert

neapmierināts únzufrieden

neaprakstāms únbeschreiblich

neaprobežot‖s únumschränkt, únbeschränkt; ~a vara – unumschränkte Macht

neapstrādāts únbearbeitet; (*par zemi*) únbebaut; (*par materiāliem*) roh

neapšaubāms únbestreitbar

neapzināties sich (*dat.*) nicht bewússt sein* (*ar ģen.*)

neapzināts unbewusst; (*neapzināti esošas jūtas, bailes, naids*) únterschwellig

neapzinīgs nicht gewíssenhaft; pflíchtvergessen

neārstējams únheilbar

neass stumpf

neatgūstams *ek.* únwiederbringlich

neatkarība U'nabhängigkeit *f*

neatkarīgs únabhängig

neatlaidīgs behárrlich; hártnäckig

neatliekams únaufschiebbar, dríngend

neatrisināts úngelöst

neatsaucīgs téilnahmslos; káltherzig

neauglīgs únfruchtbar; (*pārn. – arī*) únersprießlich

nebēdnīgs ü'bermütig, mútwillig

nebeidzams éndlos, óhne E'nde, únendlich

nebūtisks únwesentlich, belánglos; únbedeutend

necaurlaidīgs úndurchlässig; ūdensnecaurlaidīgs – wasserdicht, regendicht

necaurredzams úndurchsichtig; (*piem., migla*) undurchdrínglich

necienīgs únwürdig; wü'rdelos

neciešams únerträglich, únausstéhlich

nedabisks únnatürlich; gekü'nstelt

nedarb‖s U'nfug *m;* Streich *m;* darīt ~us – Unfug treiben*

nedaudzi wénige, éinige

nedegošs féuerfest

nedēļ‖a Wóche *f;* pēc ~as – in einer Woche, in acht Tagen; *rel.* Lieldienu n. – Kárwoche *f*

nederīgs úntauglich; (*par dokumentu*) úngültig

nedrošs únsicher; (*bikls*) zághaft

nedzirdēts únerhört

nedzīvs tot, léblos

neērts 1. únbequem; **2.** (*neveikls*) péinlich, héikel

negaidīts únerwartet, únvermutet, frappíerend

negaiss Gewítter *n,* U'nwetter *n,* U'ngewitter *n*

negaršīgs únschmackhaft

negatīvs négatív

neglīts hä'sslich

negodīgs únehrlich, únredlich, únfair
[..fɛːr]

negrozāms únabä'nderlich

nēģeriete Schwärze *f*

nēģeris Schwärze *m*

nēģis *iht.* Néunauge *n*

neienesīgs *ek.* únrentabel

neierobežots úneingeschrä'nkt; únbegrenzt

neiespējams únmöglich

neievērojams únbedeutend; únbeträchtlich

neievērošana Níchtbeachtung *f*

neievērot únbeachtet lássen*; überséhen*; (*ignorēt*) kéine Notíz néhmen* (*von*)

neilg‖s kurz; von kúrzer Dáuer; kopš ~a laika – seit kurzem

neiraļģija *med.* Neuralgíe *f*

neiroze *med.* Neurose *f*

neīsts únecht; falsch

neitralitāt‖e Neutralitä't *f*; ieturēt ~i – seine Neutralitä't wahren; pārkāpt ~i – die Neutralität verletzen

neitrāl‖s neutrál; ~ā zona – Neutralitä'tszone *f*

neitronbumba Neutrónenbombe *f*

neizdevies misslúngen; verféhlt; féhlgeschlagen

neizdevīg‖s únvorteilhaft; náchteilig; ~ā laikā – zu ungelegener Zeit

neizdoties misslíngen*, féhlschlagen*

neizglītots úngebildet

neizpilde, neizpildīšana Níchterfüllung *f*

neizpratne U'nverständnis *n*

neizskatīgs únansehnlich, únscheinbar

neizšķirts únentschieden; (*šaha spēlē*) remis [rə'miː]

neizturīgs (*par priekšmetiem*) nicht háltbar, nicht dáuerhaft; (*par stādiem*) nicht áusdauernd

nejauks (*slikts*) schlecht; (*neglīts*) hä'sslich, abschéulich

nejaušība Zúfall *m*

nejaušs zúfällig; gelégentlich

nejēdzīgs únsinnig, sínnlos

nekā als

nekad nie, níemals

nekād‖s kein; ~ā gadījumā (ziņā) – keineswegs; auf keinen Fall

nekaitīgs únschädlich; hármlos

nekārtība U'nordnung *f*

nekārtīgs únordentlich; líederlich

nekārtns *gram.* únregelmäßig

nekas nichts; tas n. – das macht nichts

nekaunība U'nverschämtheit *f,* Fréchheit *f*

nekaunīgs únverschämt, frech

nekautrīgs únbescheiden, úngeniert [..ʒe..]

nekavējoties únverzüglich; sofórt, óhne Verzúg

neklātien‖e Férnstudium *n*; ~es students – Férnstudent *m*

nekompetents únzuständig, únkompetent; ínkompetent

nekopts úngepflegt; (*nekultivēts*) únbebaut, wild

nekorekts ínkorrekt
nekrietns níederträchtig, gemeín, frech
nekrologs Náchruf *m*
nektarīns *bot*. Nektaríne *f*
nektārs Néktar *m*
nekur nírgends, nírgendwo; tas n. neder – das taugt zu nichts
nekustīgs únbeweglich
neķītrs únflätig, schlü'pfrig
nelabojams unverbésserlich; (*par cilvēku – arī*) únbelehrbar
nelabprāt úngern, únwillig, wíderwillig, widerstrébend
nelabvēlīgs míssgünstig; ábfällig; míssfällig
nelaiķis Verstórbene *m*
nelaim‖e U'nglück *n*; U'nheil *n*; par ~i – unglücklicherweise; ~es gadījums – Unfall; ciest ~es gadījumā – verúnglücken, Unfall erléiden*
nelaimīgs únglücklich
nelaipns únfreundlich; rauh, únwirsch; (*īgns*) mü'rrisch
nelegāl‖s íllegal; n. darbs, par ko nemaksā nodokļus – Schwárzarbeit *f*; persona, kas strādā ~u darbu – Schwárzarbeiter *m*
nelīdzens úneben; (*par ceļu – arī*) hólp[e]rig
neliels klein, geríng
nelietis Schúrke *m*, Schuft *m*, Lump *m*
nelietots (*pilnīgi jauns*) fabríkneu
nelikumīgs úngesetzlich, úngesetzmäßig, gesétzwidrig, réchtswidrig; widerréchtlich

neļaut nicht erláuben, nicht gestátten, nicht lássen*
neļķe *bot*. Nélke *f*
nemainīgs únveränderlich, unwándelbar; konstánt; n. lielums – konstante Größe
nemākulīgs stü'mperhaft, úngeschickt
nemanāms únmerklich, únmerkbar
nemaz gar nicht, nicht im Geríngsten
nemierīgs únruhig; rúhelos
nemiers U'nruhe *f*
nemirstīgs únsterblich
nemitīgi unaufhö'rlich, ímmerfort; fórtwährend; únablässig
nemoderns únmodern; *sar*. out [aut]
nenogurdināms, nenogurstošs únermüdlich, rástlos
nenormāls ánormal; (*psihiski*) nicht normál
nenoteikts 1. únbestimmt; úngewiss, únklar; **2.** (*par cilvēku, rakstu*) únentschlossen, únschlüssig
nenovēršams únvermeidlich, únvermeidbar, únabwéndbar
nenovīdīgs míssgünstig
nenozīmīgs únbedeutend; únerheblich
neobjektīvs nicht objektív, partéiisch
neofašisms Neofaschísmus *m*
neomulīgs úngemütlich, únbehaglich; múlmig
neonacisms Neonazísmus *m*
neons *ķīm*. Néon *n*
neorganisks ánorganisch
nepacietīgs úngeduldig
nepaklausīgs úngehorsam

N

nepamatots únbegründet; únberechtigt

neparasts úngewöhnlich; áußergewöhnlich

neparedzēts únvorhergesehen

nepareizi falsch; *tikai vsk. sar.* Féhlanzeige *f*

nepareizs únrichtig, únrecht, falsch

nepār‖is: ~a skaitlis – úngerade Zahl

nepārspēts (*kvalitātē*) únübertróffen; (*spēkā*) únüberwúnden

nepārtraukts únunterbróchen

nepārvarams únüberwíndlich

nepastāvīgs únbeständig; wétterwendisch

nepatiess únwahr, falsch; apzināti n. zvērests *jur.* – Méineid *m*; neapzināti n. zvērests *jur.* – Fálscheid *m*

nepateicīgs úndankbar

nepatiesība U'nwahrheit *f*

nepatika Míssvergnügen *n,* U'nlust *f,* U'nbehagen *n*

nepatīkams únangenehm; péinlich

nepatikšan‖as *dsk.* U'nannehmlichkeiten, Ä'rger *m*; iekulties ~ās *sar.* – Ärger kriegen (*mit*)

nepazīstams únbekannt; fremd

nepelnīts únverdient

nepieciešams nótwendig, nö'tig, unentbéhrlich

nepiedodams únverzéihlich

nepiekāpīgs únnachgiebig

nepieklājīgs únhöflich; únanständig, ánstößig

nepiekrist nicht zústimmen; nicht éinwilligen

nepiemērots úngeeignet, únpassend

nepierasts úngewohnt

nepieskaitāms *jur.* únzurechnungsfähig

nepiespiests úngezwungen, zwánglos

nepietiekamība: sirds n. – Insuffizi‖énz *f,* Hérzinsuffizienz *f*

nepietiekams, nepietiekošs úngenügend; únzulänglich

nepietikt nicht áusreichen, nicht genü'gen; féhlen (*an ar dat.*), mángeln (*an ar dat.*)

nepilngadīgs mínderjährig, únmündig

nepilnīgs únvollständig; únvollkommen

nepilsonis Níchtbürger *m*

neprātīgs únsinnig; (*nesaprātīgs*) únverständig

neprecējies, neprecējusies únverheiratet, lédig

neprecīzs (*laikā*) únpünktlich; (*darbā*) úngenau

nerātns únartig

neraudzēts úngesäuert

neraugoties úngeachtet (*ar ģen.*), trotz (*ar ģen. vai dat.*); n. uz to – ungeachtet dessen, trotzdém

neraž‖a Míssernte *f*; ~as gads – Míssjahr *n*

nereāls 1. (*nemateriāls*) írreal, únwirklich; **2.** nicht reál, únreell

nerentabls *ek.* únrentabel, únwirtschaftlich, verlústbringend; únvorteilhaft

nereti öfters, nicht sélten

nerunīgs wórtkarg, schwéigsam

nervozēt únruhig sein*, sich áufregen; nervö's [..v..] sein*

nervozs nervö's [..v..]

nerv‖s Nerv *m*; krist uz ~iem – auf die Nerven fallen*, ä'rgern; ~u klīnika – Nérvenklinik *f, sar.* Klápsmühle *f*

nesaimnieciskums Mísswirtschaft *f*

nesaistīts (*ar citiem datoriem*) *dator.* offline ['ɔflain]

nesakarīgs unzusámmenhängend

nesalīdzināms unvergléichlich, unvergléichbar

nesamaņa Bewússtlosigkeit *f*; O'hnmacht *f*

nesamērīgs únproportioniert; únverhältnismäßig

nesaprotams únverständlich; unbegréiflich, unbegréifbar

nesaskaņ‖a U'neinigkeit *f*; (*disonanse*) Míssklang *m*; Disharmoníe *f*; ~as – *dsk.* Mísshelligkeiten

nēsāt trágen*

nesaticīgs únverträglich

nesatricināms unerschü'tterlich

nesaudzīgs schónungslos, rü'cksichtslos; únnachsichtig

nesavienojams *dator.* inkompatíbel

nesējrakete Trä'gerrakete *f*

nesekmīgs 1. erfólglos; 2. (*mācībās*) léistungsschwach

nesen únlängst; vor kúrzem; néulich

neskaidrs únklar; úndeutlich; (*miglains*) verschwómmen

neskaitāms únzählig; záhllos

neskarts únberührt; únversehrt

neslav‖a Verrúf *m*; ~as celšana – Verléumdung *f*; celt kādam ~u – j-n verléumden, j-n in Verrúf bringen*, j-n in üble Náchrede bringen*

neslēpts únverhohlen

nespeciālists Láie *m*

nespēcīgs schwach, kráftlos

nespēks Schwä'che *f*, Kráftlosigkeit *f*

nespodrs matt, blass

nest trágen*; (*atnest*) bríngen*

nestuves Trágbahre *f*

nesvarīgs únwichtig, belánglos, irrelevánt [..v..]

nešķiram‖s untrénnbar; unzertrénnlich; ~i draugi – unzertrennliche Freunde

netaisnība U'ngerechtigkeit *f*; U'nrecht *n*

netaisns úngerecht

neticam‖s úngláublich; únwahrscheinlich; gandrīz ~i – kaum glaublich

netieš‖s índirekt; ~ā runa *gram.* – indirekte Rede

netikumība U'nsittlichkeit *f*, Síttenlosigkeit *f*

netikums Láster *n*

netīrs schmútzig, únsauber

netīrumi Schmutz *m*

netīšām, netīši únbeabsichtigt, únabsichtlich

netraucēts úngestört, únbehelligt; únbehindert

neuzbrukšan‖a: ~as līgums – Nícht-angriffspakt *m*

neuzkrītošs únauffällig

neuzmanīgs únaufmerksam; (*nepie-sardzīgs*) únvorsichtig

neuzticams únzuverlässig

neuzticība 1. (*neuzticēšanās*) Míss-trauen *n*, A'rgwohn *m*; **2.** (*piem., mīlestībā*) U'ntreue *f*

neuzticīgs 1. (*kas neuzticas*) míss-trauisch, árgwöhnisch; **2.** (*piem., draudzībā*) úntreu; tréulos; būt neuzticīgam partnerattiecībās – frémdgehen*

neuzvarams únbesíegbar

nevainīgs únschuldig; (*bez vainas – arī*) schúldlos

nevainojams tádellos, éinwandfrei

nevajadzīgs únnötig, únnütz

nevaļa Zéitmangel *m*

nevarīgs hílflos; óhnmächtig; (*bez spēka*) kráftlos

neveikls úngeschickt; (*piem., par situāciju*) péinlich

neveiksm‖e Mísserfolg *m*; Fiásko *n*; Desáster *n*, *sar.* Flop *m*; ciest ~i – Mísserfolg haben*

nevērīgs únaufmerksam; (*nolaidīgs*) náchlässig, fáhrlässig

neveselīgs úngesund; krä'nklich, kránk-haft

nevienprātīgs úneinig, únstimmig

nevien‖s 1. níemand, kéiner; tur ~a nebija – es war niemand da; to n. nedarīs – keiner wird das tun*; **2.** (*atributīvi lietots*) kein; ~a diena

– kein Tag; n. cilvēks – kein Mensch

neviesmīlīgs úngastlich

nevietā únangebracht; únpassend; fehl am Ort (Platz)

nevīžīgs náchlässig; líederlich

nezāle U'nkraut *n*; n. neiznīkst *hum.* – Unkraut vergéht nicht

nezināms únbekannt; úngewiss

nezināšana U'nwissenheit *f*; U'n-kenntnis *f*

nežēlastīb‖a U'ngnade *f*; krist ~ā – in Ungnade fallen*

nežēlīgs gráusam; únbarmherzig

nianse Schattíerung *f*

nicināt veráchten

nicinošs verä'chtlich; veráchtungs-voll

niecīgs wínzig; geríng

niedre Rohr *n*, Schílfrohr *n*

niek‖s 1. Kléinigkeit *f*; **2.**: ~i (*blēņas*) U'nsinn *m*; melst ~us – dummes Zeug reden

niere *anat.* Níere *f*

niezēt júcken

nikns bö'se; wü'tend; grímmig; n. suns – böser (bissiger) Hund

niknums Wut *f*; [I'n]grimm *m*; Zorn *m*; Bósheit *f*

nikotīns Nikotín *n*

niķelis Níckel *n*

niķīgs láunisch, gríllenhaft

niķis Láune *f*; Grílle *f*

nirt táuchen

nīst hássen

niša Nísche *f*; tirgus n. – Márktnische

f, Márktlücke *f*; ekoloģiskā n. – ökologische Nísche *f*

nitrāts *ķīm.* Nitrát *n*

NLO U′fo, UFO *n*

no von (*ar dat.*); aus (*ar dat.*); nākt no istaba – aus dem Zímmer kommen*; vēstule no tēva – ein Brief vom Vater; no sākuma – von Anfang ; no koka – aus Holz

nobālēt erbléichen, erblássen, bleich wérden*

nobalsošana A′bstimmung *f*; nobalsot par kaut ko – etw. zur Abstimmung bringen*

noberzt 1. (*tīrot*) schéuern; **2.** (*ievainot*) wund réiben*

noberzums Háutabschürfung *f*

nobīde Verschíebung *f*

nobiedēt erschrécken

nobirt herábfallen*

nobīties erschrécken*; einen Schreck bekómmen*

nobrauktuve (*no ceļa*) A′bfahrt *f*

nobrāzums Schrámme *f*

nobriedis reif

nobrūnināt *kul.* bräu′nen

nocelt herúnterheben*; (*piem., vāku, valdziņu*) ábheben*

nocenot den Preis herábsetzen (ermä′ßigen); eine Préisminderung (einen Préisabschlag) féstlegen; eine Wértberichtigung vórnehmen

nocirst ábhauen*; ábhacken

nodalījums (*telpā*) A′bteil *n*; (*skapī, galdā*) Fach *n*

nodaļa 1. (*iestādē*) Abtéilung *f*; pārdošanas n. – Verkáufsabteilung *f*; nosūtīšanas n. – Versándabteilung *f*; reklāmas n. – Wérbeabteilung *f*; dzimtsarakstu n. – Stándesamt *n*; **2.** (*grāmatas*) Kapítel *n*; **3.** (*slimnīcā*) Station *f*; **4.** (*policijā*) Dezernát *n*; kriminālnodaļa – Mórddezernat *n*; narkotiku apkarošanas n. – Ráuschgiftdezernat *n*

nodarbīb‖a 1. Beschä′ftigung *f*; **2.**: ~as (*mācības*) U′nterricht *m*

nodarbināt beschä′ftigen

nodarbināts beschä′ftigt; (*pilnu darba dienu*) vóllbeschäftigt

nodarbošanās 1. (*nodarbība*) Beschä′ftigung *f*; **2.** (*amats*) Berúf *m*

nodarboties sich beschä′ftigen; sich befássen; n. ar sportu – Sport treiben*

nodar‖īt ántun*; zúfügen; ko viņš ir ~ījis?– was hat er verbróchen?

noderēt táugen (*zu, für*); sich éignen (*zu, für*); nü′tzlich sein*

noderīgs nü′tzlich, von Nútzen

nodeva A′bgabe *f*, Gebü′hr *f*; kravas n. – Fráchtgebühr *f*; muitas n. – Zóllgebühr *f*; ostas n. – Háfengebühr *f*; starpniecības n. – Vermíttlungsgebühr *f*

nodevība Verrát *m*; valsts n. – Hóchverrat *m*

nodibināt [be]grü′nden; stíften; n. kārtību – Ordnung schaffen* (einführen)

N

nodilis (*par apģērbu*) ábgetragen, schä′big

nodoklis Stéuer *f*; algas n. – Lóhnsteuer *f*; akcīzes n. – Verbráuchssteuer *f*; apgrozījuma n. – U′msatzsteuer *f*; ceļu n. – Wégesteuer *f*; ienākuma n. – Ei′nkommen[s]steuer *f*; īpašuma n. – Vermö′gen[s]steuer *f*; muitas n. – Zóllsteuer *f*; nekustamā īpašuma n. – Immobíliensteuer *f*; dāvinājuma n. – Schénkungssteuer *f*; zemes n. – Grúndsteuer *f*; priekšnodoklis – Vórsteuer *f*; algas nodokļa karte – Lóhnsteuerkarte *f*; pievienotās vērtības n. – Méhrwertssteuer *f*; nodokļu maksātājs – Stéuerzahler *m*

nodom‖āt (*kaut ko darīt*) beábsichtigen; vórhaben*; ko jūs esat ~ājis rīt darīt? – was haben Sie morgen vor?

nodom‖s A′bsicht *f*, Vórhaben *n*; ar ~u – mit Absicht, ábsichtlich

nodot 1. ábgeben*; übergében*; (*pasniegt*) überréichen; n. sveicienu – einen Gruß bestéllen (übergében*); n. telegrammu – ein Telegrámm áufgeben*; **2.** (*izdarīt nodevību*) verráten*; Verrát ü′ben (*an ar dat.*)

nodoties sich híngeben*, sich wídmen

nodrebēt erzíttern; erscháudern

nodrose Reservíerung *f* [..v..], Búchung *f*; Fréihaltung *f*

nodrošinājums Sícherheit *f*; kredīta n. – Sícherheit für den Kredīt

nodrošināšanās A′bsicherung *f*

nodrošināt 1. síchern; sícherstellen; **2.** (*apgādāt*) versórgen

nodzēst (*gaismu, uguni*) [áus]löschen; (*elektrību – arī*) áusschalten

nodzīt (*svaru*) *sar.* ábspecken

nodzīvot 1. lében; verlében; **2.** (*piem., naudu*) verlében, vertún*

noēst áufessen*, verzéhren

nogādāt bríngen*; befö′rdern; zústellen; líefern

nogaidīt ábwarten

nogalināt tö′ten, úmbringen*; *sar.* ábmurksen, *sar.* kíllen

nogatavināt (*sieru*) réifen lássen

nogatavojies, ienācies geréift, reif

nogāze A′bhang *m*; Bérgabhang *m*

nogāzt überrénnen*; n. gar zemi – zu Bóden wérfen*; (*skrienot*) úmrennen*

nogriezt abschnéiden*

nogriezties ábbiegen*; n. ap stūri – um die Ecke biegen*

nogrimt versínken*; úntergehen; n. domās *pārn.* – in Gedánken versínken*

nogrūst (*zemē*) hinábstoßen*; herábstoßen*

nogulas *ģeol. dsk.* A′blagerungen

noguldījums Ei′nlage *f*; tekošais n. – Síchteinlage *f*; termiņnoguldījums – Termíneinlage *f*

noguldīt 1. zu Bett bríngen*; bétten; **2.** (*naudu*) éinlegen, deponíeren

noguldītājs Deponént *m*

nogulsnes Níederschlag *m*, Bóden-satz *m*, Rü'ckstand *m*
nogurdināt ermü'den, mü'de máchen
noguris mü'de, matt; (*pārguris*) erschö'pft
nogurt mü'de wérden*, ermü'den
nogurums Mü'digkeit *f*; Máttheit *f*, Máttigkeit *f*; (*liels*) Erschö'pfung *f*
noģērbt áusziehen*; áuskleiden; (*virsdrēbes*) áblegen
noģērbties sich áusziehen*; sich áus-kleiden
noiet 1. ábgehen*; n. lejā – hinún-tergehen*; n. no ceļa – vom Wege abgehen* (abkommen*); **2.** (*kādu posmu*) géhen*, zurü'cklegen; **3.** (*norietēt*) úntergehen*
noiets *ek.* A'bsatz *m*
noilgums *jur.* Verjä'hrungsfrist *f*, Verjä'hrung *f*
noindēt vergíften
noindēties sich vergíften
nojaukt níederreißen*; ábreißen*; ábtragen*
nojaust áhnen
nojauta A'hnung *f*; Vórgefühl *n*
nokāpt herúntersteigen*; [her]áb-steigen*; stéigen*
nokarāties herábhängen*
nokārtot erlédigen; n. eksāmenu – eine Prüfung bestehen* (ablegen); n. formalitātes ceļojumam – ab-fertigen
nokauts *sp.* Knockout [nɔk'aut] *m*
nokavēt versäu'men; zu spät kómmen*; n. vilcienu – den Zug versäumen

nokavēties sich verspä'ten, zu spät kómmen*
noklausīties 1. [sich] (*dat.*) ánhören; **2.** (*slepeni*) beláuschen, behórchen, ábhören; noklausīšanās akcija – A'bhöraktion *f*; noklausīšanās ie-rīce – A'bhörgerät *n*
noklikšķināt (*peli*) *dator.* ánklicken
nokļūt geráten*; gelángen; n. pie mērķa – ans Ziel gelangen
nokrāsot fä'rben; (*sienas u. tml.*) ánstreichen*
nokratīt ábschütteln
nokrist fállen*; (*nogāzties*) stü'rzen
nokrišņi *met.* Níederschlag *m*
nokust schmélzen
noķert fángen*; (*pēdējā brīdī*) er-wíschen; (*piem., zagli*) ertáppen
nolādēt verflúchen; verdámmen, ver-wü'nschen
nolaidība Náchlässigkeit *f*; Fáhr-lässigkeit *f*
nolaidīgs náchlässig; fáhrlässig; (*ne-vīžīgs*) líederlich **N**
nolaist 1. herúnterlassen*; heráb-lassen*; n. acis – die Au'gen níederschlagen*; den Blick sén-ken; **2.** (*pamest novārtā*) vernách-lässigen
nolaisties (*par putniem*) sich níeder-lassen*; (*par lidmašīnu*) lánden
nolasīt 1. (*piem., ogas*) áblesen*; **2.** (*pavēli, sarakstu u. tml.*) ver-lésen*; (*lasīt priekšā*) vórlesen*; n. no lapas – vom Blatt ablesen*
nolaupīšana Entfü'hrung *f*; Raub *m*

nolaupīt ráuben; (*cilvēku – arī*) entfü'hren, kídnappen; verschléppen

nolauzt ábbrechen*

nolemt beschlíeßen*

noliegt 1. (*neatzīt*) vernéinen; [áb]leugnen; 2. (*aizliegt*) verbíeten*, unterságen

noliekt [níeder]beugen; sénken; n. galvu – den Kopf senken

nolietojums *tehn.* Verschléíß *m*, A'bnutzung *f*

nolietot ábnutzen, ábnützen

nolikt légen; hínlegen; hínstellen; n. atpakaļ – zurü'cklegen; (*neīstā vietā*) verlégen

noliktav‖a Láger *n*; Materiállager *n*, Wárenlager *n*; Spéícher *m*; ~as strādnieks – Lágerist *m*

nolikums O'rdnung *f*; Sátzung *f*; studiju n. – Stúdienordnung *f*; eksāmenu n. – Prü'fungsordnung *f*; biedrības n. – Veréinssatzung *f*

nolobīt [áb]schälen

nolūk‖s A'bsicht *f*; Zweck *m*; kādā ~ā? – zu welchem Zweck?, in welcher Absicht?

nolūzt ábbrechen*

noma Pacht *f*; Verléíh *m*; ēkas n. – Gebäu'depacht *f*; zemes n. – Lándpacht *f*; automašīnu n. – Au'toverleih *m*

nomaks‖a A'bzahlung *f*; Rátenzahlung *f*, Téílzahlung *f*; pirkt uz ~u – auf Abzahlung kaufen; auf Ratenzahlung kaufen

nomākt 1. (*apspiest*) unterdrü'cken; 2. bedrü'cken; viņu nomāc rūpes – ihn bedrücken Sorgen

nomākts níedergeschlagen, bedrü'ckt

nomale (*pilsētas*) Vórort *m*, Vórstadt *f*

nomaļš entlégen, ábgelegen

nomāt (*rentēt*) páchten; (*īrēt*) míeten

nomazgāt ábwaschen*; (*traukus – arī*) áufwaschen*

nomazgāties sich wáschen*

nomest wérfen*; (*no gaisa*) ábwerfen*, herábwerfen*; (*nejauši*) fállen lássen*

nometne Láger *n*; (*ar teltīm vai koka mājām*) Camp *n*; koncentrācijas n. – Konzentratiónslager *n*; bēgļu n. – Flü'chtlingslager *n*

nomierināt berúhigen; beschwíchtigen

nomierināties sich berúhigen

nomināls *ek.* Nénnwert *m*; Nominálwert *m*

nominēt nomíníeren

nomirt stérben*

nomnieks Pa'chter *m*

nomocīties sich ábquälen, sich ábplagen

nomod‖s Wáchsein *n*; būt ~ā – wách sein*

nonākt 1. (*lejā*) herúnterkommen*; 2. (*nokļūt*) gelángen; geráten*; n. strupceļā – in eine Sackgasse geraten*

nonāvēt tö'ten

nonīkt 1. (*novārgt*) herúnterkommen*, von Krä'ften kómmen*; **2.** (*nīkuļot*) verkü'mmern, éingehen*

noņemt ábnehmen*; (*zeme*) herúnternehmen*; n. cepuri – den Hut lüften; n. mēru – Maß nehmen*

nopelnīt verdíenen

nopeln‖s Verdíenst *n*; pēc ~iem – nach Gebü'hr

nopelt tádeln, bemä'ngeln, bemä'keln, rü'gen

nopietns ernst; érnsthaft

nopikēt (*par lidmašīnu*) im Stúrzflug nach únten géhen

nopirkt káufen, erstéhen*

noplēst 1. ábreißen*; **2.** (*nojaukt*) níederreißen*; noplēšamais kalendārs – A'breißkalender *m*

noplīsis zerlúmpt, schä'big

noplūkt pflü'cken; (*spalvas*) rúpfen

noplūst versíckern; síckern

nopratināšana *jur.* (*apsūdzētā*) Verhö'r *n*; (*liecinieka*) Vernéhmung *f*

nopratināt verhö'ren, vernéhmen*

nopurināt ábschütteln

nopūsties séufzen

nopūta Séufzer *m*

norādījums Hínweis *m*; (*rīkojums*) Wéisung *f*

norādīt (*uz ko*) hínweisen*; verwéisen*

noraidīt áblehnen; ábweisen*; zurü'ckweisen*; neielaisties darīšanās – j-n abblitzen lassen

norakstīt ábschreiben*; n. naudu no rēķina – abbuchen

noraksts A'bschrift *f*, Kopíe *f*; izgatavot kopiju – eine Abschrift anfertigen

noraut ábreißen*; (*piem., puķes, ogas*) pflü'cken

norēķināties ábrechnen

norīkojums Au'ftrag *m*; Beórderung *f*; *mil.* O'rder *f*

norimt still wérden*; náchlassen*; sich légen

norise Verláuf *m*; A'blauf *m*

norisināties sich ábspielen; vor sich géhen*; verláufen*

norīt verschlúcken

noritēt verláufen*; sich ábspielen; vor sich géhen*

norm‖a Norm *f*; darba n. – A'rbeitsnorm *f*; tiesiskā n. – Réchtsnorm *f*; pārsniegt ~u – die Norm überbíeten*

normāls normál

normatīvs Normatív *n*; Ríchtsatz *m*; Ríchtwert *m*

N

normēšana Nórmung *f*

norūdīties sich ábhärten, sich stä'hlen

noruna Verábredung *f*, A'bmachung *f*

norun‖āt (*vienoties*) verábreden; ábmachen; n. satikties – sich verabreden; ~āts! – abgemacht!

nosacījums Bedíngung *f*; *ek. dsk.* Konditiónen

nosalis erfróren, verfróren

nosalt erfríeren

nosargāt (*pasargāt*) bewáhren; (*saglabāt*) erhálten*

nosarkt errö'ten, rot wérden*

nosaukt nénnen*

nosaukums Náme *m*; (*grāmatas u. tml.*) Títel *m*

nosēde *celtn.* Sénkung *f*

nosēdēt sítzen*

nosēdināt sétzen, hínsetzen; (*lidmašīnu*) lánden

nosirmot ergráuen

nosist 1. erschlágen*; **2.**: pulkstenis nosita desmit – die Uhr schlug zehn; n. laiku – die Zeit vertrö'deln

noskaidrot [áuf]klären; beréinigen

noskaņojums Stímmung *f*; Láune *f*

noskaņot stímmen

noskatīties 1. sich (*dat.*) ánsehen*; n. filmu – sich einen Film ansehen*; **2.** (*no kāda*) ábsehen* (*ar dat.*)

noskūpstīt kü'ssen

noskūties sich rasíeren

noslāpt erstícken

noslaucīt ábwischen; ábtrocknen; n. putekļus – den Staub abwischen; n. traukus – das Geschírr abtrocknen

noslaucīties sich ábwischen, sich ábtrocknen

noslēgt 1. (*ar atslēgu*) ábschließen*, zúschließen*; **2.** (*līgumu*) [áb]schließen*; **3.** (*atvienot*) spérren; n. strāvu – den Strom sperren

noslepkavot ermórden, tö'ten

noslēpumains gehéimnisvoll, rä'tselhaft, mysteriö's

noslēpums Gehéimnis *n*; bankas n. – Bánkgeheimnis *n*; amata n. – A'mtsgeheimnis *n*, Berúfsge-heimnis *n*; komercnoslēpums – Geschä'ftsgeheimnis *n*; uzņēmuma n. – Unternéhmensgeheimnis *n*; grēksūdzes n. – Béichtgeheimnis *n*

noslīdenis E'rdrutsch *m*

noslīkt ertrínken*

noslodze, noslogošana Au'slastung *f*; Belástung *f*

nosmērēt (*notašķīt*) beschmútzen

nosmērēties sich beschmíeren, sich beschmútzen

nosodīt verúrteilen; verdámmen; (*nopelt*) tádeln, rü'gen

nospēlēt spíelen; (*priekšā*) vórspielen

nospiest 1. drü'cken; n. zvana pogu – auf den Klíngelknopf drücken; **2.** *pārn.* bedrü'cken, belásten, deprimíeren

nost 1. weg; rokas n.! – Hände weg!; **2.** níeder (*mit*); **3.**: n. no ceļa! – aus dem Wege!

nostāja Stéllung *f*; kāda ir tava n.? – wie stehst du dazu?

nostāsts Überlíeferung *f*

nostāties 1. sich hínstellen; n. rindā – sich [in der Reihe] ánstellen; **2.**: n. kāda pusē – für j-n éintreten*, j-s Partéi ergréifen⁺

nostāvēt 1. (*kādu laiku*) stéhen*; **2.** (*noturēties kājās*) sich auf den Béinen hálten*

nostiprināt [be]féstigen; stä'rken

nosusināt entwä'ssern, tróckenlegen

nosūtīt ábschicken, ábsenden*, übersénden*; (*preces*) befö'rdern; (*ar elektronisko pastu*) é-mailen

nosūtītājfirma Zúlieferbetrieb *m*; (*firma, kas pircējam nosūta pēc kataloga izvēlēto preci*) Versánd-haus *n*

nosvērt [áb]wiegen*

nosvinēt féiern

nošaut erschíeßen*

nošļakstīt besprítzen

not‖**a** *pol.* Nóte *f*; ~u apmaiņa – Notenaustausch *m*

notārs Notár *m*

notece A'bfluss *m*

notecēt 1. ábfließen*; **2.** (*par termiņu*) áblaufen*

noteikt 1. (*konstatēt*) bestímmen; féststellen; **2.** (*termiņu*) féstlegen, féstsetzen; **3.** (*pavēlēt*) verórdnen; (*izrīkot, iedalīt*) disponíeren

noteikti bestímmt; gewíss; sícher

noteikt‖**s 1.** (*iepriekš nosacīts*) be-stímmt, féstgesetzt; ~a cena – fester Preis; **2.** (*par cilvēku*) entschíeden, entschlóssen

noteikum‖**s 1.** (*nosacījums*) Bedíngung *f*; apbūves ~i – Báuordnung *f*; līguma ~i – *dsk.* Vertrágs-bedingungen, Vertrágsbestimmun-gen; tirdzniecības ~i – Hán-delsregel *f*; satiksmes ~i – *dsk.* Verkéhrsregeln; uzvedības ~i – *dsk.* Verháltensregeln; téhniskie ~i – technische O'rdnung *f*; bez ~iem – bedíngungslos; **2.**: ~i – *dsk.* Régeln; Vórschrift *f*

noteka A'bfluss *m*; (*ielas*) Rínnstein *m*; notekūdeņi – A'bwasser *n*;

notekūdeņu attīrīšanas iekārta – Abwasserkläranlage *f*

notiesāt verúrteilen

notik‖**t 1.** geschéhen*; passíeren; vórkommen; **2.** státtfinden*; kad ~s sēde? – wann findet die Sit-zung statt?

notikum‖**s** Eréignis *n,* Begébenheit *f*; Vórfall *m*; ~a vieta – Tátort *m*

notīrīt pútzen; réinigen; säu'bern

notīt (*no spoles*) ábwickeln

notraipīt beflécken, beschmútzen

notrulināt ábstumpfen

nots Nóte *f*

noturēt 1. hálten*; fésthalten*; **2.** (*par sēdi u. tml.*) ábhalten*; **3.** (*kādu par ko*) hálten* (*für*)

notvert fángen*; (*sagūstīt*) ábfangen*, éinfangen*; erwíschen*

novads Gebíet *n*

novājējis ábgemagert

novājināt schwä'chen

novākt wégräumen; wégschaffen; n. traukus [no galda] – das Geschírr [vom Tisch] abräumen; (*ražu*) érnten, éinbringen*

novalkāt ábtragen*; verschléißen*

novārdzis mítgenommen

novārīt kóchen; ábkochen

novārtā: atstāt n. – vernáchlässigen

novecojis veráltet; überhólt; *tehn.* überáltert

novele Novélle *f*

novēlēt wü'nschen; (*neskaust*) gö'nnen; n. laimes – beglü'ckwünschen (*zu etw.*), gratulíeren (*j-m zu etw.*)

novembris Novémber [..v..] *m*

novērojums Beóbachtung *f*

novērot beóbachten; áchtgeben*; (*slepeni*) beláuern; beschátten

novērst 1. (*neļaut notikt*) ábwenden*; verhü'ten; **2.** (*likvidēt*) beséitigen; n. šķēršļus – Hindernisse beseitigen

novērsties sich ábwenden*; ábweichen*

novērtēt [be]wérten; ábschätzen; éinschätzen; n. par zemu – unterschä'tzen; n. par augstu – überschä'tzen

novietne 1.: mazbērnu n. – [Kínder]-krippe *f*; **2.** (*automašīnām*) Párkplatz *m*

novietot únterbringen*; hínstellen, hínlegen

novilkt 1. (*drēbes, apavus*) ábziehen*, áusziehen*; (*virsdrēbes*) áblegen; **2.** (*līniju, robežu*) zíehen*; novelkamā bildīte – A'bziehbild *n*

novirzīšana (*uzmanības*) A'blenkungsmanöver [..v..] *n*

novirzīties ábweichen*; n. no temata – vom Thema abweichen*

novīst verwélken

novīt wínden; fléchten*; dréhen

nozāģēt ábsägen

nozar‖e Zweig *m*, Gebíet *n*; Bránche ['brãːʃə] *f*; ražošanas n. – Produktiónszweig *m*; ekonomikas n. – Wírtschaftszweig *m*; pārtikas rūpniecības n. – Lébensmittelbranche *f*; tekstilrūpniecības n. – Textílien-branche *f*; rūpniecības n. – Industríezweig *m*; pētniecības n. – Fórschungszweig *m*; ēdināšanas n. – Gáststättengewerbe *n*; šai ~ē – auf diesem Gebiet

nozarojums A'bzweigung *f*

noziedēt verblü'hen

noziedznieks Verbrécher *m*

noziegties sich vergéhen* (*an ar dat., wider*), verstóßen*

noziegum‖s Verbréchen *n*; sevišķi smags n. – Kapitálverbrechen *n*; (*pret personisko īpašumu*) Ei'gentumsdelikt *n*; izdarīt ~u – ein Verbrechen begéhen*

nozīme[a] Bedéutung *f*; tam ir liela n. – das ist von großer Bedeutung

nozīme[b] (*piespraužama*) A'bzeichen *n*

nozīm‖ēt bedéuten; ko tas ~ē? – was soll das bedéuten?

nozīmīgs bedéutungsvoll; relevánt [..v..]

nozust verschwínden*; verlóren géhen*; abhánden kómmen*

nozveja Fángertrag *m*

nozvērināt veréid[ig]en; den Eid ábnehmen*

nožēla Bedáuern *n*

nožēlojam‖s bedáuerlich; erbä'rmlich; ~ā stāvoklī – in einem erbärmlichen Zustand

nožēlošana Bedáuern *n*; Réue *f*; grēku n. *rel.* – Búße *f*

nožēlot bedáuern; beréuen (*piem., savu vainu*)

nožņaugt erwü'rgen, erdrósseln

nožūt ábtrocknen
nūja Stock *m*; hokeja vai beisbola
    n. – Schlä'ger *m*
nulle Null *f*
numur‖s Númmer *f*; garderobes n. –
    Garderóbenmarke *f*; apavu n. –
    Schúhgröße *f*; avārijas dienestu ~i

Vācijā – Nótrufnummer *f*; policija
110, ugunsdzēsēji 112, ātrā pa-
līdzība 19 222; vairākistabu n.
viesnīcā – Suite ['svi:tə] *f*
nupat [so]ében; geráde
nutrija *zool.* Nútria *f*

Ņ

ņemt néhmen*; ņ. dalību – téil-
    nehmen* (*an ar dat.*); ņ. vērā –
    berü'cksichtigen; ņ. ļaunā – ü'bel-
    nehmen*
ņiprs múnter; flink

ņirgāties [ver]hö'hnen, verspótten
ņirgt grínsen, féixen
ņurcīt knü'llen; kníttern
ņurdēt knúrren; brúmmen

O

oāze Oáse *f*
objektīvs Objektívn; (*platlenķa o.
    fotoaparātam*) Wéitwinkelobjek-
    tiv *n*
objekts Objékt *n*; Gégenstand *m*
obligācija Obligatión *f*, Schúldver-
    schreibung *f*; A'nleiheschein *m*
obligāt‖s obligatórisch, verbíndlich;
    ~a lekcija – Pflíchtvorlesung *f*
oboja *mūz.* Obóe *f*
obsesija *psih.* Zwángsvorstellung *f*;
    Obsessión *f*
odekolons Kö'lnischwasser *n*, Eau
    de Cologne ['o:dəko'lɔnjə] *n vai f*
odere Fútter *n*
odiozs odiö's

ods Mü'cke *f*
odze *zool.* O'tter *f*, Víper [v..] *f*
oficiāls offiziéll; ámtlich
oficiants Kéllner *m*, O'ber *m*
og‖a Béere *f*; lasīt ~as – Beeren
    lesen* (sammeln)
ogle Kóhle *f*
ogleklis *ķīm.* Kóhlenstoff *m*
oglracis Bérgmann *m*, Kúmpel *m*
oglraktuve Kóhlenbergwerk *n*, Kóh-
    lengrube *f*
okeāns O'zean *m*
oktāva *mūz.* Oktáve [..v..] *f*
oktobris Október *m*
okultisms Okkultísmus *m*
okupēt besétzen, okkupíeren

ol‖a Ei *n*; ~as baltums – Ei'klar *n*, Eiweiß *n*; ~as dzeltenums – Eigelb *n*, [Ei]dotter *m*

olbaltums Ei'weiß *n*; saputots o. – Ei'schnee *m*

olbaltumviela Ei'weißstoff *m*

oligarhija Oligarchíe *f*

olimpiāde Olympiáde *f*

olimpisk‖s olýmpisch; ~ās spēles – die Olympischen Spiele

olis Kíesel *m*

olīva Olíve [..və] *f*

olīvkoks Ö'lbaum *m*

om‖a Stímmung *f*, Láune *f*; būt labā ~ā – guter Stimmung (Laune) sein*

omārs Húmmer *m*

omulīgs gemü'tlich; o. dzīvoklis – gemütliche (behágliche) Wohnung

onikss *min.* Ó'nyx *m*

onkologs *med.* Onkológe *m*

onkoloģija Onkologíe *f*

opāls *min.* Opál *m*

opcija *ek.* Optión *f*; A'nkaufsrecht *n*

opera O'per *f*; (*ēka – arī*) O'pernhaus *n*

operācij‖a 1. Operatión *f*; [chirúrgischer] Ei'ngriff; izdarīt ~u – eine Operation machen (ausführen, vornehmen*); 2. *ek.* Geschä'ft *n*; Transaktión *f*; valūtas o. – Devísengeschäft *n*; ražošanas o. – A'rbeitsgang *m*

operators (*lielu datoru apkalpes speciālists*) Operátor *m*; (*kino*) Kámeramann *m*

operēt operíeren

operētājsistēma *dator.* A'rbeitsprogramm *n*

operete Operétte *f*; Síngspiel *n*

oponents Opponént *m*

optimisms Optimísmus *m*

optimistisks optimístisch

optimizēšana, optimizācija Optimíerung *f*

orākuls Orákel *n*

oranžāts (*iecukurotas apelsīnu miziņas*) Orangeat [oraŋ'ʒa:t] *n*

orbīta (*satelīta orbīta ap Zemi*) E'rdumlaufbahn *f*

orden‖is O'rden *m*; apbalvot kādu ar ~i – j-n mit einem Orden auszeichnen

orderis (*dokuments*) O'rder *f*, A'nordnung *f*, [Záhlungs]anweisung *f*; Au'ftrag *m*; kratīšanas o. – Durchsúchungsbefehl *m*; apcietināšanas o. – Háftbefehl *m*

oregano Oregáno *m*

organisk‖s orgánisch; ~ā ķīmija – orgánische Chemíe *f*

organisms Orgánismus *m*

organizācija Organisatión *f*; strādnieku o. – A'rbeiterorganisation *f*; reliģiska o. – kírchliche Organisation *f*; militāra o. – militä'rische Organisation *f*

organizators Organisátor *m*

organizēt organisíeren

orgān‖s *daž. noz.* Orgán *n*; maņu o. – Sínnesorgan *n*; ~u banka – Orgánbank *f*

orgasms *fiziol.* Orgásmus *m*

orhideja *bot.* Orchidee [..'de:ə] *f*
orientēties sich orientíeren; sich zu-
réchtfinden*
orientierbāka *av.* Kontróllturm *m*,
Tower ['taʊər] *m*
oriģinālsᵃ Originál *n*; *(teksta)* Vórlage *f*
oriģinālsᵇ **1.** originéll; **2.** *(pirm-
reizējs)* originál
orkāns *met.* Orkán *m*
orķestris Orchester [..'kɛs..] *n*; sim-
foniskais o. – Sinfoníeorchester
n; pūtēju o. – Blasorchester *n*
osa *(traukam)* Hénkel *m*
osis E'sche *f*
ost ríechen*
ost||**a** Háfen *m*; karosta – Kríegshafen
m; tirdzniecības o. – Hándels-
hafen *m*; zvejas o. – Fischeréi-
hafen *m*; ~as pilsēta – Hafenstadt
f; iebraukt (ieiet) ~ā – in den
Hafen einlaufen*
osteoporoze *med.* Osteoporóse *f*
ota Pínsel *m*
otrādi úmgekehrt; gluži o. – im
Gégenteil
otrais zwéite
otrdiena Díenstag *m*
otr||**s** ánd[e]re; viens pēc ~a – einer
nach dem and[e]ren; viens o. –
[so] mancher
ovāls ovál [..v..], éirund
ozols Ei'che *f*
ozolzīle Ei'chel *f*, E'cker *f*
ozons O'zon *n*
oža Gerúch *m*, Gerúchssinn *m*; *(dzīv-
niekam)* Spü'rsinn *m*, Wítterung *f*

P

pa 1. *(vietas nozīmē)* in *(ar dat.)*; auf
(ar dat.); *(caur)* durch; iet pa ielu
– auf der Straße entláng gehen*;
staigāt pa dārzu – im Garten
spazíeren; pa logu – durch das
Fenster; **2.** *(apzīmējot starpnie-
cību)*: pa pastu – mit der Post; pa
tālruni – telephónisch; pa radio –
im Radio (Rundfunk); **3.** *(laika
nozīmē)*: pa vasaru – sommers; pa
to laiku – währenddéssen, während
dieser Zeit; **4.**: pa jokam – zum
Scherz
paātrinājums Beschléunigung *f*

paātrināt beschléunigen
paaudze Generatión *f*, Geschlécht *n*
paaugstinājums 1. Erhö'hung *f*;
Stéigerung *f*; cenu p. – Préis-
steigerung *f*, Préiserhöhung *f*; *(ru-
nātājam)* Pódium *n*; **2.** *(amatā)*
Befö'rderung *f*
paaugstināt||**s** erhö'ht, gestéigert;
~a temperatūra – erhö'hte Tem-
peratúr *f*
pabalsts Unterstü'tzung *f*; *(naudas –
arī)* Zúwendung *f*, Zúschuss *m*;
Béihilfe *f*; bērna p. – Kíndergeld
n; apbedīšanas p. – Beérdigungs-

beihilfe *f*; grūtniecības un dzem-
dību p. – Mútterschaftsgeld *n*;
slimības p. – Kránkengeld *n*;
sociālais p. – Soziálhilfe *f*; bez-
darbnieka p. – A'rbeitslosengeld
n; mācību p. – Au'sbildungs-
beihilfe *f*; ģimenes p. – Famíli|en-
beihilfe *f*

pabarot fü'ttern; (*j-m*) zu éssen
gében*

pabeigt beénd[ig]en; ábschließen*;
(*mācību iestādi*) absolvíeren; (*iz-
darīt bez aizķeršanās*) ábwickeln

pabērns Stíefkind *n*

pabīdīt schíeben*; rü'cken; p. sāņus –
zur Seite (beiséite) rücken (schie-
ben*)

pacēlājs (*kalnos*) Séssellift *m*

pacelt áufheben*; hében*; p. uz
augšu – hóchheben*; p. acis *pārn.* –
aufsehen*, die Augen heben*

pacelties áufsteigen*; sich erhében*;
(*par kalniem – arī*) rágen; priekš-
kars paceļas – der Vorhang geht
auf

pacēlums Stéigung *f*; (*kājas*) Rist *m*,
Spann *m*

paceplītis *ornit.* Záunkönig *m*

pacients Patiént *m*; slimokasē ap-
drošināts p. – Kassenpatient *m*

paciest ertrágen*, dúlden, léiden*;
áushalten*

paciesties sich gedúlden

pacietība Gedúld *f*

pacietīgs gedúldig

pacifisms Pazifísmus *m*

pacilāt‖s: ~ā garastāvoklī – in ge-
hóbener Stímmung

paciņa Pä'ckchen *n*; Pakét *n*

padarīt tun*; verríchten; p. darbu –
die Arbeit verrichten

padeve *tikai vsk.* Zúfuhr *f*

padevīgs ergében; unterwü'rfig, fü'g-
sam

padomāt (*par kaut ko*) náchdenken*
(*über ar ak.*); (*par kādu*) dénken*
(*an ar ak.*)

padomdevējs Rátgeber *m*, Beráter *m*

padome Rat *m*; ANO Drošības
padome – UNO Sícherheitsrat *m*;
konsultatīvā p. – Béirat *m*; uz-
ņēmuma p. – Betríebsrat *m*; uz-
raudzības p. – Au'fsichtsrat *m*;
baznīcas p. – Kírchenrat *m*; pil-
sētas p. – Stádtrat *m*

padom‖s Rat *m*, Rátschlag *m*; pēc
viņa ~a – auf seinen Rat; dot
kādam ~u – j-m einen Rat[schlag]
geben*

padot gében*; réichen

padoties 1. (*kapitulēt*) sich ergében*,
kapitulíeren; **2.** (*pakļauties*) sich
fü'gen; sich ergében; **3.** (*veikties*)
léicht fallen*

padsmitnieks Hálbwüchsige *m*, Teen-
ager ['ti:ne:dʒər] *m*

padus‖e A'chselhöhle *f*, A'chsel-
grube *f*; paņemt ~ē – unter den
Arm nehmen*

padzīt fórtjagen; vertréiben*

paēdis satt; es esmu p. – ich bin satt

paēst éssen*; spéisen; p. pusdienas –

zu Mittag essen*; p. brokastis –
frǘhstücken; p. vakariņas – zu
Abend essen*

pagaidām vórläufig

pagaiddarbinieks Léiharbeiter *m*

pagaidīt wárten (*auf ar ak.*)

pagaidu- zéitweilig; vorǘbergehend;
temporä′r; provisórisch [..v..]; p.
valdība – provisorische Regíerung
f; p. tilts – Nótbrücke *f*; p. risinā-
jums – Nótbehelf *m*, Behélfs-
lösung *f*

pagājušǁais vergángen, vórig; ~o
reizi – voriges Mal; ~ajā nedēļā –
in der vorigen Woche; ~ajā gadā –
im vergangenen (vorigen) Jahr

pagale Scheit *n,* Hólzscheit *n*

pagalms Hof *m*; iekšpagalms –
I′nnenhof *m*

pagalvis Kópfkissen *n*

pagarināt verlä′ngern

pagasts A′mtsbezirk *m,* Geméinde *f*

pagatavot zúbereiten, beréiten

pagātne Vergángenheit *f*

pagrabs Kéller *m*

pagrīdǁe Illegalitä′t *f,* U′ntergrund
m; darboties ~ē – illegál tätig
sein*; noiet ~ē – in die Illegalität
gehen*

pagrieziens 1. Bíegung *f,* Kúrve
[..və] *f*; **2.** *pārn.* Wéndung *f*;
(*lūzums*) U′mschwung *m*

pagriezt dréhen ; wénden*; kéhren;
p. muguru – den Rücken kehren
(wenden*); p. galvu – den Kopf
drehen

pagrimt in Verfáll geráten*; (*mo-
rāliski*) herúnterkommen*, ver-
kómmen*

pagrimums Verfáll *m*

pagrūst stóßen*

paiet 1. géhen*; **2.** (*par laiku*) ver-
géhen*, verláufen*

paipala *ornit.* Wáchtel *f*

paisums Flut *f*

pajǁa A′nteil *m,* A′nteilschein *m*; *ek.*
~u īpašnieks – Geséllschafter *m*

pajautāt frágen

pajūgs Gefä′hrt *n,* Fúhrwerk *n*

pajumtǁe O′bdach *n*; bez ~es –
obdachlos

paka Pakét *n*; Pácken *m*

pakaiši Streu *f*

pakalpīgs díenstbeflissen, díenst-
fertig; díenstbereit; (*laipns*) gefä′llig

pakalpojumǁs Dienst *m*; Gefä′llig-
keit *f*; Díenstleistung *f*; sadzīves
~i – Díenstleistungen; sociālais
p. – Soziálleistung *f*; izdarīt kādam
~u – j-m einen Dienst leisten; j-m
einen Gefállen tun*

pakaļ hinterhér; iet kādam p. – j-n
holen; dzīties kādam p. – j-m nach-
jagen; skriet p. – hinterhérlaufen*

pakāpe Stúfe *f*; attīstības p. – Ent-
wícklungsstufe *f*

pakāpeniski stúfenweise

pakāpiens Stúfe *f*; (*pieslienamām
kāpnēm*) Sprósse *f*; (*autobusā vai
vilcienā*) Tríttbrett *n*

pakaramais 1. (*drēbēm piešūts*)
Au′fhänger *m*; A′nhänger *m*; **2.** (*pie*

sienas) Kléiderhaken *m*; **3.** (*ieliekams drēbēs*) Kléiderbügel *m*

pakārt 1. hä'ngen; áufhängen; **2.** (*sodīt ar nāvi*) erhä'ngen

pakausis Hínterkopf *m*, Hínterhaupt *n*

pakavēties verwéilen, sich áufhalten*

pakavs Húfeisen *n*

pakavveida- húfeisenförmig

paklājs Téppich *m*; (*pie gultas, durvīm*) Vórleger *m*; mīkstais grīdas segums – Teppichboden *m*; austs p. – gewírkter Teppich; mezglots p. – geknü'pfter Teppich

paklanīties sich verbéugen

paklausība Gehórsam *m*

paklausīgs gehórsam; fü'gsam; (*rātns*) ártig

paklausīt gehórchen; p. padomam – einen Rat befólgen, einem Rat folgen

paklupt stólpern; stráucheln

pakļaut únterordnen, unterwérfen*; p. kontrolei – unter Kontrólle stellen

pakļauties sich únterordnen, sich unterwérfen*; sich fü'gen

pakļāvīgs fü'gsam; gefü'gig; gehórsam

pakrist stü'rzen, fállen*; hínfallen*

pāksts Schóte *f*

pākšaugi *dsk.* Hü'lsenfrüchte

pakts Pakt *m*; neuzbrukšanas p. – Níchtangriffspakt *m*

pakurls schwérhörig

pakustēties sich bewégen, sich rü'hren

pakustināt bewégen

palags Láken *n*, Béttuch *n*

palaide Start *m*

palaist géhen (láufen) lássen*; p. raķeti – eine Rakéte starten; p. vaļā – loslassen*; p. garām – 1) vorbéilassen*; 2) (*nokavēt*) verpássen; 3) (*neievērot*) überséhen*

palama Spítzname *m*, Béiname *m*

palāta (*slimnīcā*) Kránkenzimmer *n*

paldies dánke; mīļš p.!– besten (vielen) Dank!

palēnināt verlángsamen; mä'ßigen

pali Hóchwasser *n*

palīdzēt hélfen*, Hílfe léisten

palīdzīb‖a Hílfe *f*; Béistand *m*; ātrā [medicīniskā] p. – [die] érste Hilfe, Nótdienst *m*; ātrās ~as automašīna – Sanitä'tsauto *n*, Kránkenwagen *m*; ātrās ~as ārsts – Nótarzt *m*; ātrās ~as uzņemšanas nodaļa – Nótaufnahme *f*; vieta, persona vai iestāde, kur cilvēki noteiktos gadījumos var griezties pēc palīdzības vai padoma – A'nlaufstelle *f*

paliekas Ü'berbleibsel *n*; Ü'berrest *m* (*arī pārn.*)

palielināt vergrö'ßern

palīgā: saukt p. – um Hilfe rufen*; p.! – Hilfe!; nākt p. – zu Hilfe kommen*

palīgliteratūra (*zinātniska literatūra par literāriem darbiem*) Sekundä'rliteratur *f*

palīgs Gehílfe *m*, Hélfer *m*

palīgstrādnieks Hílfsarbeiter *m*, Au'shilfe *f*, Au'shilfskraft *f*

palikt bléiben*; p. pāri – ü'brigbleiben*; p. gultā (*slimības dēļ*) – das Bett hüten; p. dzīvam – am Leben bleiben*; ◇ paliec sveiks! – lebe wohl!

paliktnis (*neliels*) U'ntersatz *m*; (*pelei*) *dator.* Mousepad ['maʊspɛt] *n*

pā‖lis Pfahl *m*; ~ļu būve – Pfáhlbau *m*

palma Pálme *f*

palodze Fénsterbrett *n*

palūgt bítten* (*um*)

paļauties sich verlássen*; vertráuen

pamācība 1. Beléhrung *f*; 2. (*instrukcija*) A'nweisung *f*, A'nleitung *f*; lietošanas p. – Gebráuchsanweisung *f*, Bedíenungsanleitung *f*

pamācīt beléhren; (*apmācīt*) ánweisen*, ánleiten

pamanīt bemérken

pamāt (*ar roku*) wínken; p. ar galvu – [mit dem Kopf] nícken

pamatakmens Grúndstein *m*

pamatalga Grúndlohn *m*, Grúndgehalt *n*

pamatdarbs Háuptbeschäftigung *f*

pamāte Stíefmutter *f*

pamatfonds *ek.* Fonds *m*; Géldmittel *dsk.*; Bestánd *m*, Vórrat *m*, Grúndbestand *m*

pamatīgs grü'ndlich; éingehend

pamatjēdziens Grúndbegriff *m*

pamatlicējs Begrü'nder *m*, Grü'nder *m*

pamatne Básis *f*, Sóckel *m*, U'nterbau *m*

pamatot begrü'nden; motivíeren [..v..]

pamat‖oties sich grü'nden; berúhen; ~ojoties uz ... – auf Grund (*ar ģen.*)

pamatots begrü'ndet; beréchtigt; stíchhaltig

pamat‖s 1. Grund *m*; Fundamént *n*; likt ~us – den Grundstein legen; būt ~ā – zugrúnde líegen*; uz kāda ~a? – aus welchem Grunde?; 2.: ~i (*kādas zinātnes*) *dsk.* Grúndlagen

pamatskola Primä'rstufe *f*, Grúndschule *f*

pamazām allmä'hlich

pamēģināt versúchen, probíeren

pameklēt súchen, náchsuchen

pamest 1. [hín]werfen*; 2. (*atstāt*) verlássen*; (*nelaimē, briesmās*) im Stich lassen*; p. novārtā – vernáchlässigen

pamežs U'nterholz *n*

pamiers Wáffenstillstand *m*; Wáffenruhe *f*

pamodināt 1. wécken; 2. *pārn.* wécken, erwécken

pamosties 1. áufwachen, erwáchen; 2. *pārn.* erwáchen, wach wérden*

pampt [án]schwellen*

pamudināt ánspornen; veránlassen

panākt 1. éinholen; (*iedzīt*) áufholen; p. nokavēto – das Versäu'mte einholen; 2. (*sasniegt*) erréichen; erzíelen; 3. (*ar ilgu runāšanu no kāda kaut ko iegūt*) ábschwatzen

panākum‖s Erfólg *m*; ar ~iem – mit Erfólg, erfólgreich; gūt ~us – Erfolg haben*

panda *zool.* Pánda *m*, Bámbusbär *m*

panest 1. trágen*; **2.** (*paciest*) ertrágen*

panēt paníeren

panik‖a Pánik *f*; celt ~u – Panik stiften (machen)

panīkt verkü'mmern; (*par cilvēku*) verkómmen*

paniņas Búttermilch *f*

panisks pánisch

panks Punk ['pʌnk] *m*

pankūka Pfánnkuchen *m*; (*plāna*) Plínse *f*, Pálatschinken *f*

panna Pfánne *f*; (*maizei*) Báckblech *n*

panorāma Panoráma *n*

pansija Pension [pã'sjo:n] *f*

pansionāts (*veco ļaužu*) A'ltenheim *n*

pantera *zool.* Pánter *m*, Pánther *m*

pant‖s 1. Stróphe *f*; Vers *m*; **2.** (*likuma*) Artíkel *m*, Paragráph *m*; **3.**: sejas ~i – *dsk.* Gesíchtszüge

paņēmiens Hándgriff *m*

paņemt néhmen*; p. līdzi – mítnehmen*

papagailis *ornit.* Papagei [..'gai] *m*

paparde *bot.* Fárn *m*, Fárnkraut *n*

papēdis 1. (*kājas, zeķes*) Férse *f*; Hácke *f*, Hácken *m*; **2.** (*apavu*) A'bsatz *m*; Hácke *f*, Hácken *m*

papele Páppel *f*

papildatlīdzība Zúschlag *m*

papildinājums Ergä'nzung *f*; Náchtrag *m*

papildināt ergä'nzen; vervóllkommnen; p. savas zināšanas – seine Kenntnisse vervollkommnen

papildinātājs *gram.* Objékt *n*, Ergä'nzung *f*

papildu[s] ergä'nzend, zúsätzlich, náchträglich

papildvilciens Entlástungszug *m*

papilnam im Ü'berfluss, in Hü'lle und Fü'lle

papīrnauda Papíergeld *n*

papīrs Papíer *n*; vēstuļu p. – Bríefpapier *n*; ietinamais p. – Páckpapier *n*; kopējamais p. – Kóhlepapier *n*; Dúrchschlagepapier *n*

paplašināt erwéitern; áusdehnen

paplašināties sich erwéitern; sich áusdehnen

paplāte Servíerbrett *n*, Tablétt *n*, Téebrett *n*

paprika Páprika *m vai n*

par 1. ü'ber (*ar ak.*); von; an (*ar dat. vai ak.*); runāt p. kaut ko – von (über) etw. sprechen*; domāt p. kādu – an j-n denken*; **2.** für (*ar ak.*); um (*ar ak.*); **3.** als; viņš strādā labāk p. tevi – er arbeitet besser als du; **4.** (*pārāk*) zu; p. vēlu – zu spät; **5.**: p. brīvu – únentgeltlich; p. laimi – zum Glück; p. piemiņu – zum Andenken; p. godu – zu Ehren

pār ü'ber (*ar dat. vai ak.*); iet p. tiltu – über die Brücke gehen*

parāde Paráde *f*

parādība Erschéinung *f*; dabas p. –

Natúrerscheinung *f*; (*rēgs*) Trúgbild *n*

parādīt zéigen; (*godu, cieņu*) erwéisen*, bezéigen

parādīties sich zéigen; erschéinen*; zum Vórschein kómmen*

parādnieks Schúldner *m*; nodokļu p. – Stéuerschuldner *m*

parād‖s Schuld *f*; kredīta p. – Kredítschuld *f*; būt ~ā – schuldig sein*

paradums Gewóhnheit *f*

parādzīme Schúldschein *m*; Schúldbrief *m*, Schúldverschreibung *f*

paragrāfs Paragráph *m*

pārāk zu, viel zu; p. daudz – [viel] zu viel

pārakmeņojums Verstéinerung *f*, Fossíl *n*

pārāk‖s 1. überlégen; būt ~am par kādu matemātikā – j-m in Mathematík überlegen sein*; 2.: ~ā pakāpe *gram.* – Kómparativ *m*, Méhrstufe *f*

parakstīt 1. unterschréiben*, unterzéichnen; p. līgumu – einen Vertrág unterzéichnen; 2. (*zāles*) verschréiben*

parakstīties 1. unterschréiben*, unterzéichnen; 2. (*abonēt*) abonníeren, hál-ten*

paraksts U'nterschrift *f*, Signatúr *f*

paralēle Paralléle *f*

paralēls parallél, gléichlaufend

paralīze *med.* Lä'hmung *f*; Quérschnittlähmung *f*

paralizēt lä'hmen

paranoja *med.* Paranoia [..'nɔya] *f*

paraolimpisks paraolýmpisch

pārapdzīvotība Ü'berbevölkerung *f*, Übervö'lkerung *f*

parasti gewó'hnlich; in der Régel

parasts gewó'hnlich

paraugeksemplārs Músterexemplar *n*

paraugs 1. Múster *n*; Próbe *f*; Próbestück *n*; 2. (*priekšzīme*) Múster *n*, Vórbild *n*, Béispiel *n*

paraugsaimniecība Mústergut *n*

paraža Brauch *m*, Sítte *f*

pārbaude Prü'fung *f*, Kontrólle *f*; Überprü'fung *f*; Verifikatión [v..] *f*

pārbaudījum‖s Prü'fung *f*; Exámen *n*; izturēt ~u – die Prüfung bestéhen*

pārbaudīt prü'fen; überprü'fen; kontrollíeren; verifizíeren [v..]; *sar.* ábchecken

pārbēdzējs Ü'berläufer *m*; (*robežpārkāpējs*) Grénzverletzer *m*

pārbrauktuve Überfü'hrung *f*, Ü'berfahrt *f*

pārceļotājs U'msiedler *m*, Ü'bersiedler *m*

pārciest überstéhen*; dúrchmachen

pārdevējs Verkäu'fer *m*

pārdomas Náchdenken *n*, Überlégung *f*

pārdomāt 1. [sich (*dat.*)] überlégen; 2. (*mainīt nodomu*) sich eines anderen besínnen*

pārdošana Verkáuf *m*, Vertríeb *m*

pārdot verkáufen; veräu′ßern; p. izsolē – verstéigern

pārdrošība Wág[e]halsigkeit f; Verwégenheit f

pārdrošs wág[e]halsig; verwégen

pārdzesēt unterkü′hlen

pārdzīvot 1. erlében; dúrchmachen; (*pārciest*) überlében; überstéhen*; **2.** (*dzīvot ilgāk par citu*) überlében

paredzēt voráussehen*; (*piem., plānā*) vórsehen*

paregojums Wéissagung f, Prophezéihung f

pareizi ríchtig; recht

pareizrakstība Réchtschreibung f

pareizs ríchtig; recht; p. laiks – die genáue Zeit

pareizticība *rel.* Réchtgläubigkeit f, Orthodoxíe f

pāreja Ü′bergang m; (*citā nogrupējumā u. tml.*) Ü′bertritt m

pārēj‖ais ü′brig; ~ie skolēni – die übrigen (anderen) Schüler

pārejošs vorü′bergehend

pārestīb‖a U′nrecht n; nodarīt kādam ~u – j-m Unrecht antun*

parfimērija Parfümeríe f

pārgaismot *fot.* ü′berbelichten

pārgalvība Ü′bermut m; (*draiskulība*) Mútwille m

pārgalvīgs ü′bermütig

pārgatavojies ü′berreif

pārgriezt dúrchschneiden*; entzwéischneiden*

pārgulēt (*ar kādu*) *vulg.* búmsen, vö′geln

pārguris übermü′det; ábgespannt

pārgērbties sich úmkleiden, sich úmziehen*

pāri 1. ü′ber (*ar ak.*); iet p. ielai – über die Straße gehen*; **2.**: palikt p. – ü′brigbleiben*; ir jau p. četriem – es ist schon nach vier; tas ir p. maniem spēkiem – das geht über meine Kräfte

pāriet 1. ü′bergehen*, überschréiten*; p. robežu – die Grenze überschreiten*; **2.** (*mitēties*) vergéhen*, áufhören; lietus pārgājis – der Regen hat aufgehört

parinde (*zemsvītras piezīme*) Fúßnote f

pāris[a] Paar n; kurpju p. – ein Paar Schuhe; pārskaitlis – geráde Zahl

pāris[b] (*daži*) ein paar, éinige; p. reižu – ein paarmal; p.vārdos – mit ein paar Worten

parīt ü′bermorgen

pārkāpt 1. [hinü′ber]steigen*; [hinü′ber]klettern; **2.** (*piem., likumu*) übertréten*, verlétzen; verstóßen* (*gegen*)

pārkāpums Vergéhen n; Delíkt n; Verstóß m (*gegen*); Verlétzung f; disciplīnas p. – Disziplinárvergehen n; noteikumu p. – Régelverstoß m; īpašuma tiesību p. – Ei′gentumsdelikt n; tikumības normu p. – Síttlichkeitsdelikt n; satiksmes noteikumu p. – Verkéhrsdelikt n

pārkare Vórsprung m; Félsenvorsprung m

P

pārkārtot úmordnen; úmorganisieren; (*pārplānot*) úmdisponieren

parkinsonisms *med.* Párkinson-Syndróm *n*

pārklājs Décke *f*

pārklājums Déckung *f*; Décke *f*; Belág *m*

pārklāt bedécken, ü´berdecken

pārklāties sich bedécken

pārklausīties sich verhö´ren

parks Park *m*; atrakciju p. – Vergnü´gungspark *m*

pārkvalificēšanās U´mschulung *f*, U´mqualifizíerung *f*

parlamentārietis Parlamentä´r *m*

parlaments Parlamént *n*; A´bgeordnetenhaus *n*

pārlauzt dúrchbrechen*, entzwéibrechen*

pārliecība Überzéugung *f*; Gesínnung *f*

pārliecināt überzéugen (*von*)

pārliecināties sich überzéugen (*von*), sich vergewíssern

pārliecinošs überzéugend, éinleuchtend

pārliešana (*tiešā asins pārliešana no viena cilvēka citam*) Transfusión *f*

pārliet 1. (*citā traukā*) úmgießen*; p. pāri – ü´bergießen*; 2.: p. asinis – Blut übertrágen*

pārlūzt entzwéibrechen*

pārmācīt zü´chtigen

pārmainīt 1. (*apmainīt*) [úm]wechseln; 2. (*mainīt*) [ver]ä´ndern

pārmaiņ‖a 1. [Ver]ä´nderung *f*; Wándlung *f*; lielas ~as (*politikā*) – U´mbruch *m*; 2. (*dažādība*) A´bwechslung *f*; vārdu p. – Wórtwechsel *m*

pārmeklēt dúrchsuchen; (*kādu vietu – arī*) ábsuchen

pārmērīgs ü´bermäßig, únmäßig

pārmest vórwerfen*, vórhalten*

pārmetum‖s Vórwurf *m*; izteikt ~u – Vorwurf machen; sirdsapziņas ~i – *dsk.* Gewíssensbisse

pārmija Wéiche *f*

pārmijnieks Wéichensteller *m*, Wéichenwärter *m*

pārnakšņot übernáchten

pārnesams übertrágbar

pārņemt 1. übernéhmen*; 2. (*piem., par bailēm, dusmām*) überkómmen*

parodontoze *med.* Parodonthóse *f*

parole Kénnwort *n*; *dator.* Pásswort *n*

pārpildīts überfü´llt

pārpilnība Ü´berfluss *m*

pārprast míssverstehen*

pārpratums Míssverständnis *n*

pārprodukcija Ü´berproduktion *f*

pārpūlēties sich überánstrengen

pārraide (*pa radio*) Übertrágung *f*; Séndung *f*; Au´sstrahlung *f*

pārrakstīt úmschreiben

pārraudzība Beáufsichtigung *f*, Au´fsicht *f*

pārrēķins U´mrechnung *f*; Néuberechnung *f*

pārrunas Bespréchung *f*; Verhándlung *f*

P

pārrunāt bespréchen*; verhándeln (*über ar ak.*)

pārsegs (*liels auduma vai plastikāta*) Pláne *f*; (*automašīnas motora*) Mótorhaube *f*, Kü′hlerhaube *f*

pārsējs Verbánd *m*; ģipša p. – Gípsverband *m*

pārsēsties 1. (*citur*) den Platz wéchseln; **2.** (*citā satiksmes līdzeklī*) úmsteigen*

pārsiet verbínden*

pārskaitījums *ek.* Überwéisung *f*

pārskaitlis geráde Zahl

pārskatīšanās Verséhen *n*; aiz p. – aus Versehen, verséhentlich

pārskatīties sich verséhen*

pārskatsᵃ Ü′bersicht *f*, Ü′berblick *m*

pārskatsᵇ Berícht *m*; Beríchterstattung *f*, Méldung *f*; A′bschlussbericht *m*; gada p. – Jáhresbericht *m*; uzņēmuma gada p. – Betríebsjahresbericht *m*

pārsla Flócke *f*; sniegpārsla – Schnéeflocke *f*

pārslēgs (*ātruma*) Schálthebel *m*

pārslēgt *tehn.* úmschalten

pārslodze Überlástung *f*

pārsniegt 1. überstéigen*; **2.** (*plānu*) überbíeten*, ü′bererfüllen

pārspēt 1. (*būt pārākam*) übertréffen* (*an ar dat.*); **2.** (*aizsteigties priekšā*) überhólen

pārspīlēt übertréiben*

pārsprāgt zerplátzen; áufplatzen

pārstādīt úmpflanzen; verpflánzen

pārstāvēt vertréten*

pārstāvība Vertrétung *f*

pārstāvis Vertréter *m*; (*runasvīrs*) O′bmann *m*; *dsk.* O′bmänner, O′bleute; (*sieviete*) O′bfrau *f*, O′bmännin *f*; tirdzniecības p. – Hándelsvertreter *m*; apdrošināšanas p. – Versícherungsvertreter *m*

pārstāvniecība (*firmas vai uzņēmuma ārzemēs*) Au′slandsvertretung *f*; Agentúr *f*; Zwéigniederlassung *f*; nekustamā īpašuma aģentūra – Immobílienagentur *f*; apdrošināšanas aģentūra – Versícherungsagentur *f*

pārsteidzīgs überéilt, vóreilig

pārsteidzošs überráschend; erstáunlich

pārsteigt 1. überráschen; **2.** (*radīt izbrīnu*) in Erstáunen sétzen

pārsteigums Überráschung *f*

pārstrādāt 1. verárbeiten; (*otrreizēji*) recyclen [ri′saik(ə)ln]; **2.** (*pārveidot*) úmarbeiten; p. projektu – ein Projékt umarbeiten

pārstrāde Verárbeitung *f*; (*otrreizējā*) Recycling [ri′saikliŋ] *n*

pārstrukturēšana U′mstrukturierung *f*

pārstrukturēt úmstrukturieren

pārsūdzība *jur.* Berúfung *f*, Appellatión *f*

pārsūtīt übersénden, zúsenden

pārsvar‖s Ü′bergewicht *n*; gūt ~u – das Übergewicht bekómmen*; Überhand nehmen*; būt ~ā – vorherrschen, vorwiegen*, überwíegen*

pārtaisīt úmmachen, [úm]ändern

pārteikties sich verspréchen*

pārticība Wóhlstand *m*

pārticis wóhlhabend, begü'tert

partij‖a[a] *pol.* Partéi *f*; ~as biedrs – Partéimitglied *n*; ~as kongress – Partéitag *m*

partija[b] *daž. noz.* Partíe *f*; šaha p. – Scháchpartie *f*

pārtik‖a *dsk.* Lébensmittel; ~as pamatprodukti – Grúndnahrungsmittel *n*; ~as preču veikals – Lébensmittelhandlung *f*

pārtikt sich ernä'hren

partizāns Partisán *m*; Guerilla [ge'rilja] *m*

partnerība Pártnerschaft *f*

partneris Pártner *m*; koalīcijas p. – Koalitiónspartner *m*; līguma p. – Vertrágspartner *m*; sarunu p. – Verhándlungspartner *m*; tirdzniecības p. – Hándelspartner *m*

pārtrauce Unterbréchung *f*, A'bbruch *m*; Ei'nstellung *f*

pārtraukt unterbréchen*; éinstellen; (*sarunas, attiecības*) ábbrechen*

pārtraukum‖s Unterbréchung *f*; Páuse *f*; pusdienas p. – Míttagspause *f*; darba p. – A'rbeitspause *f*; pīppauze *sar.* – Zigaréttenpause *f*; bez ~a – ohne Unterbrechung

pārtrūkt 1. dúrchreißen*, entzwéigehen*; **2.** *pārn.* (*par sarunu u. tml.*) ábbrechen*

pārtulkot übersétzen, übertrágen*; (*mutiski*) dólmetschen

parunāt spréchen*, réden

pārvadājumi Transpórt *m*, Beförderung *f*; Speditión *f*; preču p. – Gü'tertransport *m*, Wárentransport *m*; kravas p. – Speditión *f*

pārvadāt befördern, transportíeren

pārvads (*ceļa*) Überfü'hrung *f*

pārvalde Verwáltung *f*; Administratión *f*; finanšu p. – Finánzamt *n*, Finánzverwaltung *f*

pārvaldīt 1. verwálten; (*valsti*) regíeren; **2.** (*prast*) behérrschen

pārvaldnieks Verwálter *m*; namu p. – Hausverwalter *m*

pārvalks Ü'berzug *m*; spilvena p. – Kíssenbezug *m*

pārvarēt überwínden*; überwä'ltigen; (*morāli*) verkráften

pārvedums Überwéisung *f*; Transfér *m*; naudas p. – Géldüberweisung *f*; pasta p. – Póstüberweisung *f*

pārveidot [úm]ändern; úmwandeln, úmgestalten; verä'ndern

pārvērst verwándeln; úmwandeln; úmsetzen

pārvērsties sich verwándeln; sich úmsetzen

pārviegls súperleicht

pārvietot úmstellen, versétzen

pārvilkt (*ar drānu*) überzíehen*, bezíehen*

pārzinis (*mājas*) Háusmeister *m*

pārziņā: tas ir manā p. – dafü'r bin ich zuständig

pasaka Mä'rchen *n*

pasaknis (*kvīšu grāmatiņā*) A'bschnitt *m*

pasākum‖s Unternéhmen *n*; Máß-
nahme *f*; (*kuru veic valsts darba
vietu organizēšanā*) A'rbeitsbe-
schaffungsmaßnahme *f*; (*sportā
vai mākslā*) Happening ['hɛpəniŋ]
n; riskants p. – gewágtes Unter-
nehmen; veikt ~us – Máßnahmen
treffen*

pasaldināt sü'ßen

pasargāt bewáhren; schü'tzen

pasargāts *dator.* (*teksts, ko var
nolasīt tikai pēc paroles ievadī-
šanas*) lésegeschützt

pasaukt rúfen*

pasaul‖e Welt *f*; ~es uzskats – Welt-
anschauung *f*

pasažier‖is Passagier [..sa'ʒi:r] *m*;
Fáhrgast *m*; bezbiļetnieks – blín-
der Passagíer *m*; ~u vilciens –
Persónenzug *m*

pase Pass *m*; automašīnas tehniskā
p. – Fáhrzeugbrief *m*

pasiltināšanās Erwä'rmung *f*

pasitnis (*apaviem*) Sóhle *f*

pasīvsᵃ *gram.* Pássiv *n*, Léideform *f*

pasīvsᵇ pássiv

pasjanss (*kāršu spēle*) Patience
[pa'sjã:s] *f*

paskaidrojums Erklä'rung *f*; Erläu'-
terung *f*

paskaidrot erklä'ren; erläu'tern

paskatīties blícken, scháuen; (*lai
kaut ko pārbaudītu*) náchsehen*;
p. uz kādu – j-n ánsehen* (án-
schauen); p. pulkstenī – nach der
Uhr sehen*, auf die Uhr blicken

paslēpt verbérgen*; verstécken

paslēpties sich verbérgen*; sich ver-
stécken

pasliktināt verschléchtern, verschlím-
mern

pasliktināties sich verschléchtern,
sich verschlímmern

pasludināt erklä'ren; verkü'nd[ig]en;
(*proklamēt*) áusrufen*

pasniedzējs (*augstskolā*) Léktor *m*

pasniegt réichen; p. roku – die Hand
reichen; (*dāvanu*) überréichen

paspēlēt verlíeren*; verspíelen

pastaiga Spazíergang *m*; Búmmel *m*

pastaigāties spazíeren gehen*; búm-
meln

pastarītis Nésthäckchen *n*

pastāstīt erzä'hlen; beríchten

pastāvēt 1. (*eksistēt*) bestéhen*, exi-
stíeren; **2.** (*uz ko*) bestéhen* (*auf
ar dat.*)

pastāvīgi stä'ndig; bestä'ndig; stets

pastāvīg‖s stä'ndig; bestä'ndig; ~ā
dzīvesvieta – ständiger Wohn-
sitz; ~ās rūpēs – in beständiger
Sorge

pasteigties sich beéilen

pasterizēt pasteurisíeren

pastēte *kul.* Pastéte *f*

pastiprināt verstä'rken

pastkarte Póstkarte *f*

pastmarka Bríefmarke *f*

pastnieks Bríefträger *m*

past‖s Post *f*; ~a kast[īt]e – Bríef-
kasten *m*; Póstkasten *m*; elektro-
niskais p. – E-Mail *n*

pasūtījum‖s Bestéllung *f*; Au'ftrag *m*; valdības p. – Regíerungs-auftrag *m*; pēc ~a – auf Bestéllung *f*

pasūtīt bestéllen; (*laikrakstus – arī*) abonníeren

pasvītrot unterstréichen*

paša- éigen; pēc p. vēlēšanās – auf éigenen Wunsch

pašaizliedzība Sélbstlosigkeit *f*

pašaizliedzīgs sélbstlos

pašaizsardzība (*paņēmienu kopums*) Sélbstverteidigung *f*

pašapkalpošanās Sélbstbedienung *f*

pašapzinīgs sélbstbewusst

pašapziņa Sélbstbewusstsein *n*

paščieņa Sélbstachtung *f*

pašdarbība: mākslinieciskā p. – Láienkunst *f*

pašizmaksa (*cena*) Sélbstkosten-preis *m*; ražošanas p. – *dsk.* Hér-stellungskosten

paškontrole Sélbstkontrolle *f*

pašlaik zur Zeit, gégenwärtig

pašlīmējošs sélbstklebend

pašmācība Sélbstunterricht *m*

pašnāvība Sélbstmord *m*

pašnovērtējums Sélbsteinschätzung *f*

pašpalīdzīb‖a Sélbsthilfe *f*; ~as grupa alkoholiķiem, narkomāniem u. c. – Sélbsthilfegruppe *f*

pašplūsm‖a: atstāt ~ai – den Dingen ihren Lauf lassen*

pašportrets Sélbstbildnis *n*

pašreizēj‖s gégenwärtig, jétzig; ~ais stāvoklis – die gegenwärtige Lage

pašsajūta Befínden *n*

pašsavaldīšanās Sélbstbeherrschung *f*

pašūt nä'hen

paštaisns sélbstgerecht

pašvaldība Sélbstverwaltung *f*; Mu-nizipalitä't *f*

pat sogár, selbst

pātaga Péitsche *f*

pateicīb‖a Dank *m*; Dánkbarkeit *f*; būt kādam ~u parādā – j-m Dank schulden

pateicīgs dánkbar; erkénntlich

pateikt ságen

pateikties dánken, sich bedánken (*bei j-m für etw.*); pateicos! – danke!

patents Patént *n*

patērētājs Verbráucher *m*, Konsumént *m*; A'bnehmer *m,* Käu'fer *m*

patēriņ‖š Verbráuch *m*, Konsúm *m*; Au'fwand *m*; plaša ~a preces – Konsúmgüter; strāvas p. – Strom-verbrauch *m*; laika p. – Zeitauf-wand *m*

paternitāt‖e Váterschaft *f*; sūdzība tiesā ~es noteikšanai – Váter-schaftsklage *f*

patēvs Stíefvater *m*

patiesīb‖a Wáhrheit *f*; ~ā – in Wirklichkeit, éigentlich   **P**

patiess wáhr; áufrichtig; (*piem., at-tēlojums*) wáhrheitsgetreu; p. no-tikums – eine wahre Begébenheit

patiešām wírklich, in der Tat, tát-sä'chlich

patik‖a Lust *f,* Gefállen *n*; darīt kaut ko ar ~u – etw. gern tun*; pēc sirds ~as – nach Herzenslust

patīkams ángenehm; nett
patikt gefállen*
patina, patinējums Pátina *f*, E'delrost *m*
patmīlīgs sélbstsüchtig, éigensüchtig; éhrsüchtig
patoloģisks kránkhaft, pathológisch
patriotisks patriótisch
patriotisms Patriotísmus *m*
patriots Patriót *m*
patrona Patróne *f*
patronese Schírmherrin *f*
patrons Schírmherr *m*
patruļa Patrouille [..'truljə] *f*, Stréife *f*
pats 1. selbst, sélber; p. no sevis – von selbst; tas ir p. par sevi saprotams – das ist sélbstverständlich; 2. (*vis-*) aller-; p. labākais cilvēks – der allerbéste Mensch
patskanis *val.* Sélbstlaut *m*, Vokál [v..] *m*
patstāvība Sélbständigkeit *f*
patstāvīgs sélbständig
paturēt behálten*; p. prātā – im Gedächtnis behalten*
patvaļīgs éigenmächtig; wíllkürlich
patversme Asýl *n*; dzīvnieku p. – Tíerheim *n*
patvertne U'nterstand *m*, Schútzraum *m*
patvērums Zúflucht *f*; *pol.* Asýl *n*; persona, kas lūdz politisko ~u citā valstī – Asýlbewerber *m*
pauguraine Hü'gellandschaft *f*
paugurs Hü'gel *m*, A'nhöhe *f*
paukošana *sp.* Féchten *n*

pauze Páuse *f*
pavadīb‖a Begléitung *f*; kāda ~ā – in j-s Begleitung
pavadījums *mūz.* Begléitung *f*
pavadīt 1. begléiten; 2. (*laiku*) zúbringen*, verbríngen*
pavadonis 1. Begléiter *m*; vilciena p. – Zúgschaffner *m*; (*gids*) Fü'hrer *m*; 2. *astr.* Satellít *m*, Trabánt *m*; mākslīgais Zemes p. – kü'nstlicher E'rdsatellit *m*
pavadzīme Líeferschein *m*
pavalstniecība Stáatsangehörigkeit *f*
pavalstnieks Stáatsangehörige *m*, Stáatsbürger *m*
pavārgrāmata Kóchbuch *n*
pavārs Koch *m*; šefpavārs – Kü'chenchef *m*
pavasaris Frü'hling *m*; Frü'hjahr *n*
pavediens Fáden *m*
pavedināt verfü'hren; verléiten
paveikt léisten; vollbríngen*
pavēl‖e Beféhl *m*; izdot ~i – einen Befehl erlássen*
pavēlēt beféhlen*
pavērt 1. [ein wénig] ö'ffnen; 2. *pārn.* erö'ffnen
pāvests Papst *m*
paviršs óberflächlich, fáhrlässig; náchlässig
pavisam 1. (*kopā*) im gánzen, insgesámt; 2. (*gluži*) ganz; vö'llig
pāvs *ornit.* Pfau *m*
pazaudēt verlíeren*
pazemes- únterirdisch

pazemība Démut *f*; (*iztapība*) Unter-
würfigkeit *f*
pazemīgs démütig; (*iztapīgs*) unter-
würfig
pazeminājums: cenu p. – Préissen-
kung *f*
pazemināšanās (*pēkšņa un strauja
temperatūras*) Wéttersturz *m*
pazemināt sénken; (*algu – arī*) kü′r-
zen; p. cenas – die Preise senken
pazemojums Erníedrigung *f*, Dé-
mütigung *f*
pazemot erníedrigen, démütigen
pazīm∥e Mérkmal *n*; Kénnzeichen *n*;
A′nzeichen *n*; slimības ~es – An-
zeichen (Symptóme) einer Krank-
heit
paziņa Bekánnte *m*; (*sieviete*) Be-
kánnte *f*
paziņojums Mítteilung *f*; (*publisks*)
Bekánntmachung *f*; p. presei –
Présseerklärung *f*; Státement
['steitmənt] *n*; valdības p. – Re-
gíerungserklärung *f*; p. par ie-
stāšanos (*organizācijā*) – Béi-
trittserklärung *f*; – p. par atkāp-
šanos no amata – Rü′cktrittser-
klärung *f*
paziņot mítteilen; benáchrichtigen;
(*publiski*) bekánntmachen
pazīstam∥s bekánnt; būt ~am ar
kādu – mit j-m bekánnt sein*; labi
p. (*tuvs*) – vertráut
pazīšanās Bekánntschaft *f*
pazīt 1. kénnen*; **2.** erkénnen*; p. pēc
balss – an der Stimme erkénnen*

pazole Sóhle *f*
pazust verschwínden*; (*par lietām –
arī*) verlóren géhen*; abhánden
kómmen*
pēc 1. *daž. noz.* nach (*ar dat.*); p.
stundas – nach (in) einer Stunde;
p. kārtas – der Reihe nach; **2.** (*sa
skaņā ar*) laut (*ar ģen.*); nach (*ar
dat.*); p. likuma – laut Gesétz; p.
manām domām – meiner Meinung
nach; manis p. – meinetwegen
pēcapstrāde Nácharbeitung *f*
pēcdarbība Náchwirkung *f*
pēcnācējs Náchkomme *m*
pēcpusdien∥a Náchmittag *m*; ~ā –
am Nachmittag
pēd∥a 1. [Fúß]sohle *f*; **2.**: ~as Spur *f*;
(*cilvēka*) Fúßstapfen *m*, Fúßspur
f; ◇ iet kāda ~ās – in j-s Fuß-
stapfen treten* (gehen*)
pedagogs Pädagóge *m*
pedagoģija Pädagógik *f*
pedagoģisks pädagógisch
pedālis Pedál *n*, Fúßhebel *m*
pēdēj∥ais letzt; (*nupat minētais*) létz-
tere; ~ā brīdī – im letzten Augen-
blick; ~ās ziņas – die letzten
Nachrichten
pedofilija Pädofíli∥e *f*
peidžeris *sar.* Píepser *m*
pēkšņi plö′tzlich
pelašķi Scháfgarbe *f*
pelavas Spreu *f*
peldbaseins Schwímmbad *n*,
Schwímmbecken *n*; (*telpās*) Hál-
lenbad *n*

peld‖e Bad *n*; jūras ~es – *dsk.* Seebäder; gaisa ~es – *dsk.* Luftbäder

peldēšana Schwímmen *n*

peldēt schwímmen*

peldētājs Schwímmer *m*

peldēties báden

peldkostīms Bádeanzug *m*

peldpleznas (*apavi*) Schwímmflosse *f*

peldriņķis (*ar gaisu pildīts p.*) Schwímmreifen *m*

pele[a] Maus *f*

pele[b] *dator.* Máuszeiger *m*, Compútermaus *f*

pelēks grau

pelēt schímmeln

pelikāns *ornit.* Pélikan *m*

pēlis Féderbett *n*

pelmenis Ravióli [..v..] *n*

peln‖i A'sche *f*; ~u trauks – Aschenbecher *m*

pelnīt verdíenen

Pelnruškīte (*pasaku tēls*) A'schenputtel *n*

pelt tádeln; rü'gen

peļķe Láche *f*, Pfü'tze *f*

peļņ‖a 1. (*izpeļņa*) Verdíenst *m*; **2.** Gewínn *m*, Profít *m*; tīrā p. – Réingewinn *m*; p. no vērtspapíriem – Rendíte *f*; ~as kāre – Gewínnsucht *f*

penis Pénis *m*

pensij‖a Rénte *f*, (*ierēdņa*) Pensión [pã'sjo:n] *f*, Rúhegehalt *n*; bāreņa p. – Wáisenrente *f*; atraitņa p. – Wítwenrente *f*; invaliditātes p. –

Invalídenrente *f*; minimālā p. – Míndestrente *f*; vecuma p. – A'ltersrente *f*; aiziet ~ā – in den Ruhestand gehen* (treten*)

pensionārs Réntner *m*, Pensionä'r *m*

peonija *bot.* Pfíngstrose *f*

perēt brü'ten

pērien‖s *dsk.* Prü'gel; dabūt ~u – Prügel bekómmen*

periodisks periódisch

periods Perióde *f*; Zéitabschnitt *m*; Pháse *f*; Epóche *f*; attīstības p. – Entwícklungsphase *f*, Entwícklungsperiode *f*; augšanas p. – Wáchstumsperiode *f*; pārejas p. – Ü'bergangsperiode *f*; radioaktīvo vielu pussabrukšanas p. *fiz.* – Hálbwertszeit *f*; parlamenta locekļu darbības p. – Legislatúrperiode *f*

pērkamība Käu'flichkeit *f*, Korrumpíertheit *f*

pērkams bestéchlich, käu'flich

pērkone *bot.* Héderich *m*

pērkons Dónner *m*; p. rūc – der Donner rollt (grollt), es donnert

perlamutrs Pérlmutt *n*, Pérlmutter *f*

pērle Pérle *f*

perons Báhnsteig *m*

persiks Pfírsich *m*

person‖a Persón *f*; fiziskā p. – natü'rliche Persón *f*; juridiskā p. – jurístische Persón *f*; uzticības p. – Vertráuensperson *f*, Vertráute *m vai f*; izmēģinājuma p. – Téstperson *f*; ~as lieta – Personálakte *f*

personālais Personál-; p. dators –
PC *m*

personālsastāvs Personál *n*, Per-
sonálbestand *m*; Belégschaft *f*

personība Persö'nlichkeit *f*

personīgs, personisks persö'nlich;
privát [..v..]

perspektīva Perspektíve [..v..] *f*

pērt prü'geln

pērtiķis A'ffe *m*

perverss pervérs [..v..]

pesimisms Pessimísmus *m*

pesimists Pessimíst *m*

pesticīds Pestizíd *n*

Pestītājs *rel.* Héiland *m*, Erlö'ser *m*

pētījums Fórschung *f*, Untersúchung
f; Rechérche [re'ʃɛrʃə] *f*; Nách-
forschung *f*; Ermíttlung *f*; pamat-
pētījums – Básisforschung *f*

pētīšana Fórschung *f*; tirgus p. –
Márktforschung *f*; kosmosa p. –
Wéltraumforschung *f*

pētīt fórschen; erfórschen; recher-
chíeren

pētnieks Fórscher *m*

petroleja Petróleum *n*, Petról *n*

pianists Pianíst *m*

pica *kul.* Pízza *f*

picērija Pizzería *f*

pidžama Schláfanzug *m*, Pyjama
[py'ja:ma: *arī* pi'dʒa:ma:] *m vai n*

pie 1. (*norādot vietu*) an (*ar dat.*), bei
(*ar dat.*); dzīvot pie kāda – bei j-m
wohnen; sēdēt pie galda – am
Tisch sitzen*; **2.** (*norādot vir-
zienu*) an (*ar ak.*); zu (*ar dat.*); iet

pie durvīm – an die Tür gehen*;
iet pie ārsta – zum Arzt gehen*

pieaudzis (*cilvēks*) erwáchsen

pieaugt (*palielināties*) wáchsen*, zú-
nehmen*; ánsteigen*

pieaugum‖s Zúnahme *f*; Zúwachs
m; ģimenes p. – Famíli|enzuwachs
m; iedzīvotāju p. – Bevö'lke-
rungszunahme *f*; kapitāla p. –
Kapitálzuwachs *m*; dzimstības
p. – Gebúrtenzunahme *f*; svara
p. – Gewíchtszunahme *f*; ~a pro-
cents – Wáchstumsrate *f*

pieaugušais Erwáchsene *m*

piebāzt (*pilnu*) vóllstopfen, vóll-
pfropfen

piebilst bemérken; hinzúfügen

piebraukt ánfahren*; (*piem., mašīnu*)
vórfahren*

piebūve A'nbau *m*

pieccīņa *sp.* Fü'nfkampf *m*

piecdesmit fü'nfzig

piecelties áufstehen*; sich erhében*

pieci fünf

piecpadsmit fü'nfzehn

piedalīties téilnehmen* (*an ar dat.*),
sich betéiligen (*an ar dat.*); mít-
machen

piedāvājums A'ngebot *n*; *ek.* Of-
férte *f*

piedāvāt ánbieten*; vórschlagen*

piedegt ánbrennen*

piederēt gehö'ren; besítzen*; ánge-
hören; kam pieder šī grāmata? –
wem gehört dieses Buch?

piederīgie *dsk.* A'ngehörigen

piederumi Zúbehör *n*; mājsaimnie-
cíbas p. – Hausgerät *n*, Hausrat *m*

piedeva Zúgabe *f*; Béilage *f*; (*ēdie-
nam*) Béilage *f*

piedošan‖a Verzéihung *f*; lūgt ~u –
um Verzeihung bitten*

piedot verzéihen*; piedodiet! – ver-
zeihen Sie!, Verzéihung!

piedurkn‖e Ä´rmel *m*; bez ~ēm –
ä´rmellos

piedzerties sich betrínken*, sich
besáufen*

piedzēries betrúnken, besóffen

piedziedājums Kéhrreim *m*, Refrain
[rə'frɛ̃:] *m*

piedzimt gebóren wérden*, zur Welt
kómmen*

piedziņa *tehn.* A´ntrieb *m*; Getríebe *n*

piedzīt: p. nodokļus – Stéuern éin-
treiben; p. parādus – Schúlden
éintreiben

piedzīvojums Erlébnis *n*; (*dēka*)
A´benteuer *n*

pieeja (*viedoklis*) Ei´nstellung *f*; Stánd-
punkt *m*

piegādāt zústellen; (*preces*) líefern

piegādātājs Lieferánt *m*

piegādātājuzņēmums Zúlieferbe-
trieb *m*

piegāde Zústellung *f*; (*prečū*) Líe-
ferung *f*; p. mājās – Lieferung
(Zustellung) ins Haus

piegarša Béigeschmack *m*

piegriezt (*tērpu, apavus*) zúschnei-
den*

piegrieztne Schníttmuster *n*, Schnitt *m*

piegrūst schíeben*; rü´cken

pieguļošs (*apģērbs*) háuteng

pieiet herángehen*, herántreten* (*an
ar ak.*)

piejaukt béimischen, béimengen

piekabe A´nhänger *m*; vieglā auto-
mobiļa p. – Pkw-Anhänger *m*;
smagā automobiļa p. – Lkw-An-
hänger *m*; laivas p. – Boots-
Anhänger *m*; dzīvojamais vago-
niņš (*piekabe*) – Wóhnmobil *n*

piekāpīgs náchgiebig

piekāpties náchgeben*

piekarināt, piekārt ánhängen, hä´n-
gen

piekariņš A´nhängsel *n*

pieklājība Hö´flichkeit *f*; A´nstand *m*

pieklājīgs hö´flich, ánständig

pieklauvēt [án]klopfen

piekļūt heránkommen* (*an ar ak.*)

piekodināt ánbefehlen*; (*stingri*)
éinschärfen

piekrāpt betrü´gen*

piekraste Kü´ste *f*

piekrist zústimmen; éinverstanden
sein* (*mit*); bílligen; es tam nevaru
p. – ich bin damít nicht einver-
standen

piekrišan‖a 1. Zústimmung *f*, Ei´n-
willigung *f*; Ei´nverständnis *n*;
Bílligung *f*; **2.** Béifall *m*; gūt ~u –
Beifall finden*

piekritējs A´nhänger *m*

piektais fü´nfte

piektdiena Fréitag *m*; *rel.* Lielā
Piektdiena – Kárfreitag *m*

piekukuļojams bestéchlich; käu′flich
piekukuļot bestéchen*
piekusis mü′de, ermü′det; matt
pieķert erwíschen; ertáppen; p. aizliegtā nodarījumā – in flagránti erwischen
pieķerties *pārn.* (*kādam*) hä′ngen (*an ar dat.*)
pielādēt (*ieroci*) láden*
pielāgot ánpassen
pielāgoties sich ánpassen
pielaikot ánprobieren, ánproben
pielaist 1. zúlassen*; p. pie eksāmena – zur Prüfung zulassen*; p. kļūdu – einen Fehler begéhen*; **2.** (*apmeklētājus*) vórlassen*
pieliekamais Spéisekammer *f*
pieliekties sich béugen, sich bü′cken
pielietot ánwenden*, verwénden*
pielikt 1. [án]legen; **2.** (*vēl klāt*) zúlegen, hinzútun*; **3.**: p. daudz pūļu – viel Mühe wenden* (*an, auf ar ak.*)
pielikums 1. (*piem., žurnālam*) Béilage *f*; laikraksta p. nedēļas nogalē – Wóchenendbeilage *f*; **2.** *gram.* Apposition *f*; **3.**: algas p. – Geháltszulage *f*; Zúschlag *m*
pielīmēt ánkleben, ánleimen
pielip‖t 1. ánkleben; **2.**: viņam ~usi slimība – er hat sich angesteckt
pieļaut zúlassen*
piemaisīt béimischen
piemaksa (*papildus par ekstrā piedevām pie preces*) Au′fpreis *m*; (*par bīstamu darbu*) Gefáhrenzulage *f*

piemērots geéignet, pássend
piemērs Béispiel *n*; (*paraugs*) Múster *n*
piemīlība A′nmut *f*, Líeblichkeit *f*
piemīlīgs ánmutig, líeblich
piemineklis Dénkmal *n*; (*kritušiem karavīriem – arī*) E′hrenmal *n*; kapa p. – Grab[denk]mal *n*
pieminēt 1. (*minēt*) erwä′hnen; **2.** (*atcerēties*) gedénken* (*ar ģen.*)
piemiņ‖a A′ndenken *n*; ~ai – zum Andenken; ~as diena – Gedénktag *m*; ~as lieta – Andenken *n*, Souvenir [suvə′ni:r] *n*
piemuļķot *sar.* verárschen
pienācīgs gebü′hrend, gehö′rig
pienaglot ánnageln
pienākt 1. (*klāt*) heránkommen*, herántreten*; **2.** (*par transporta līzekļiem, sūtījumiem*) ánkommen*; éintreffen*
pienākties zúkommen*; zústehen*
pienākums Pflicht *f*; apgādības p. – Sórgepflicht *f*; klusēšanas p. – Schwéigepflicht *f*; uzturēšanas p. – U′nterhaltspflicht *f*; ziņošanas p. – Méldepflicht *f*
pienene *bot.* Lö′wenzahn *m*
pienotava Molkeréi *f*
pien‖s Milch *f*; ~a produkti – *dsk.* Mílchwaren
pieņemam‖s 1. ánnehmbar; passábel; **2.**: ~ā istaba – Empfángszimmer *n*; (*ārsta u. tml.*) Spréchzimmer *n*
pieņemt 1. *daž. noz.* ánnehmen*; (*darbā*) éinstellen; p. lēmumu –

einen Beschlúss fassen; **2.** (*viesus, slimniekus*) empfángen*

pieņemts ǘblich; tas tā ir p. – so ist es üblich

pieņēmums A´nnahme *f*; Vermútung *f*; Voráussetzung *f*

piepildīties sich erfü´llen; in Erfü´llung géhen*

piepilsētas- Vórort[s]-; p. satiksme – Vorort[s]verkehr *m*

pieplūdums Zústrom *m*; A´ndrang *m*; asiņu p. – Blútandrang *m*

pieprasījum‖s A´nfrage *f*; A´nforderung *f*; vēstules [pastā] pēc ~a – postlagernde Briefe; *ek.* Náchfrage *f*

pieprasīt fórdern; ánfordern

piepūle A´nstrengung *f*; Überánstrengung *f*; Strapáze *f*

pierādījum‖s Bewéis *m*, Náchweis *m*; *jur.* lietiskie ~i – Bewéismaterial *n*; *jur.* netiešais p. – Indíz *n*

pieradināt 1. (*pie kaut kā*) gewö´hnen (*an ar ak.*); ángewöhnen (*j-m etw.*); **2.** (*dzīvnieku*) zä´hmen

pierādīt bewéisen*; náchweisen*

P **pierakstīt** (*piezīmēt*) sich (*dat.*) notíeren; (*lekciju u. tml.*) náchschreiben*; (*bērnu skolā*) éinschulen; (*ievadīt datus, saglabāt*) *dator.* éinspeichern

pierast sich gewö´hnen (*an ar ak.*)

piere Stirn *f*

pieredz‖e Erfáhrung *f*; darba p. – Berúfserfahrung *f*; ~es apmaiņa – Erfáhrungsaustausch *m*

pieredzējis erfáhren

pierunāt überréden; zúreden (*j-m etw.*)

piesardzība Vórsicht *f*, U´msicht *f*

piesardzīgs vórsichtig, úmsichtig

piesārņojums Verschmútzung *f*; naftas p. – Ö´lpest *f*

piesavināties sich (*dat.*) áneignen

piesegt bedécken, zúdecken

piesiet ánbinden*, féstbinden*

piesieties *sar.* ánbaggern

piesist ánnageln; ánschlagen

pieskāriens Berü´hrung *f*

pieskarties berü´hren; ánrühren

pieskrūvēt ánschrauben

pieslēgt ánschließen; zúschließen

pieslēgums A´nschluss *m*

piespiedu- Zwangs-

piespiest 1. drü´cken (*an ar ak.*); p. zvana pogu – [auf] den Klingelknopf drücken; **2.** *pārn.* zwíngen*, nö´tigen

piespraude Réißnagel *m*, Réißzwecke *f*; (*ar uzrakstu*) Plakétte *f*

piesta Mö´rser *m*

piestāt (*krastā*) ánlegen; (*apstāties*) stéhen bleiben; (*pierimt*) náchlassen

piestātne Háltestelle *f*; kuģu p. – A´nlegeplatz *m*

piestāvēt stéhen*, kléiden; šī krāsa viņai piestāv – diese Farbe kleidet sie gut (steht ihr gut)

piestiprināt beféstigen; ánbringen*

piesūcināt trä´nken, dúrchtränken

pieškirt verléihen*, áuszeichnen; (*godalgu – arī*) zúsprechen*; p.

balvu – einen Preis verleihen*, mit einem Preis auszeichnen; p. līdzekļus – Geldmittel bewílligen (zuweisen*)

piešūt ánnähen

pieteikt ánmelden; p. programmu – das Programm ansagen; p. karu – Krieg erklä´ren

pieteikties sich mélden

pieteikums: kara p. – Kríegserklärung *f*

pieteka Nébenfluss *m,* Zúfluss *m*

pieticīgs beschéiden, ánspruchslos

pietiekams, pietiekošs genü´gend, áusreichend

pietikt genü´gen, áusreichen, lángen; drēbes nepietiks – der Stoff reicht nicht aus; pietiek! – es genügt!, genug!

pietrūkt féhlen, nicht áusreichen

pietura *sk.* **piestātne**

pieturēt 1. ánhalten*; autobuss te nepietur – der Autobus hält hier nicht an; **2.** (*lai nenokrīt*) fésthalten*

pietur‖ēties 1. sich fésthalten*; sich ánhalten*; **2.** (*par laiku*) ánhalten*; aukstums ~as – die Kälte hält an

pievērst ríchten, lénken; p. sev uzmanību– die Aufmerksamkeit auf sich lenken

pievienošanās A´nschließung *f;* valsts p. starptautiskam līgumam – Akzessión *f*

pievienot hinzútun*, hinzúfügen; béilegen; p. dokumentus – Doku-

ménte beilegen; (*piem., elektrības tīklam*) ánschließen*

pievienoties 1. (*piem., organizācijai, kustībai*) béitreten*, sich ánschließen*; **2.** (*kādam uzskatam*) béistimmen, béipflichten

pievilcīgs ánziehend, ánmutig, réizend

piezīm‖e 1. Bemérkung *f;* **2.** (*rakstiska*) A´nmerkung *f,* Notíz *f;* ~ju burtnīca – Notízbuch *n*

piezīmēt (*pierakstīt*) vermérken, áufzeichnen; notíeren

piezīmjdators Notebook [´nɔʊtbʊk] *n*

pigments Pigmént *n*

pikaps Kómbiwagen *m, sais.* Kómbi *m*

pikets (*sēdošā demonstrācija*) Sítzblockade *f,* Sítzstreik *m*

pikniks Pícknick *m*

pikselis *dator.* Píxel *n,* Bíldelement *n*

piktogramma Piktográmm *n*

piķis Pech *n*

piķis (*kāršu spēlē*) Pik *n*

pīlādzis E´beresche *f*

pildīt 1. fü´llen; **2.** *pārn.* erfü´llen; p. savu pienākumu – seine Pflicht erfüllen

pildspalva Fü´llfederhalter *m,* Fü´ller *m*

pīle E´nte *f;* avīžpīle – [Zéitungs]ente *f*

pilēt trópfen

pilien‖s Trópfen *m;* pa ~am – tropfenweise

pilngadīgs vólljährig, mü´ndig

pilnība Vollkómmenheit *f*

pilnīgi vö´llig, vollkómmen; ganz; p. pareizi – ganz richtig

P

pilnīgs vö′llig, vóllständig; voll-kómmen

piln‖s voll; ◇ ~ā balsī – mit lauter Stimme; ~ā mērā – in vollem Maße

pilntiesīgs vóllberechtigt

pilnvara Vóllmacht *f*, Bevóllmächti-gung *f*, Ermä′chtigung *f*, Befúgnis *f*, Beréchtigung *f*, A′mtsbefugnis *f*; ģenerālpilnvara – Generálvoll-macht *f*; universālā p. – Univers

pilnvarnieks Bevóllmächtigte *m*, Be-áuftragte *m*

pilnvarojums Vóllmacht *f*, Bevóll-mächtigung *f*, Ermä′chtigung *f*, Befúgnis *f*, Beréchtigung *f*

pilnvarot bevóllmächtigen

pilots Pilót *m*, Flúgzeugführer *m*

pils Schloss *n*; Palást *m*; (*nocietināta*) Burg *f*

pilsēta Stadt *f*; universitātes pilsētiņa – Cámpus *m*; lielpilsēta – Gróßstadt *f*; mazpilsēta – Kléinstadt *f*

pilsētnieks Stä′dter *m*

pilsonība Stáatsangehörigkeit *f*

pilsonis Bü′rger *m*; Šveices valsts p. – Ei′dgenosse *m*

pīļknābis *zool.* Schnábeltier *n*

pingvīns *ornit.* Pínguin *m*

pinne Mítesser *m*; Píckel *m*

pionieris Pioníer *m*, Báhnbrecher *m*, Wégbereiter *m*

pipari Pféffer *m*; asie p. – Peperóni *f*

piparmētra *bot.* Pféfferminze *f*

pīpe Pféife *f*

pīrāgs (*gaļas*) Pastéte *f*; speķa p. – Spéckkuchen *m*

piramīda Pyramíde *f*

pirātisms Pirateríe *f*

pirāts Pirát *m*, Fréibeuter *m*; gaisa p. – Lúftpirat *m*

pircējs Käu′fer *m*; (*pastāvīgs*) Kúnde *m*; (*nepastāvīgs*) Láufkunde *m*

pirkst‖s Fínger *m*; (*kājas*) Zéhe *f*; ◇ nepakustināt ne ~a – keinen Finger rühren

pirkšana, pirkums Kauf *m*; p. ar pēcmaksu – Rátenkauf *m*; p. skai-drā naudā – Bárkauf *m*

pirktspēja (*naudas vai personas*) *ek.* Káufkraft *f*

pirm‖ais érste; ~o reizi – zum ersten Mal; ~ām kārtām – in erster Liníe

pirmdiena Móntag *m*; *rel.* p. pirms Pelnu dienas – Rósenmontag *m*

pirmizrāde E′rstaufführung *f*, U′rauf-führung *f*, Premiere [prə′mjɛ:rə] *f*

pirmkārt érstens

pirms 1. vor (*ar dat.*); p. nedēļas – vor einer Woche; **2.** (*iekāms*) bevór, éhe

pirmtēls U′rbild *n*

pirts Bádestube *f*; Sáuna *f*

pistācija *bot.* Pistázie *f*

pistole (*gāzes*) Gáspistole *f*; (*ierocis*) *sar.* Knárre *f*

pīšļi Staub *m*; A′sche *f*

pīt fléchten*

pītenis Bástmatte *f*

pitons *zool.* Pýthonschlange *f*

pīts geflóchten; p. krēsls – Kórb-sessel *m*

plaģiāts Plagiát *n*

plaisa Riss *m*, Spalt *m*

plaisāt Rísse bekómmen*, bérsten*

plakankalne Plateau [pla'to:] *n*

plakan‖s flach, platt; ~ā pēda – Pláttfuß *m*

plakāts Plakát *n*, Sprúchband *f*

plāksteris Pfláster *n*

plāksne 1. Plátte *f*; **2.** Táfel *f*

plakstiņš, plaksts [Au'gen]lid *n*

plandīties fláttern, wéhen

planēta Planét *m*

planieris Ségelflugzeug *n*

planierists Ségelflieger *m*

plankums Fleck *m*, Flécken *m*

plānošana Plánung *f*; budžeta p. – Háushaltsplanung *f*

plānot plánen

plānprātība Géistesschwäche *f*; Schwáchsinn *m*

plāns[a] Plan *m*; mācību p. – Léhrplan *m*; apbūves p. – Bebáuungsplan *m*

plāns[b] dünn

plānsaimniecība *ek.* Plánwirtschaft *f*

plantācija Plantáge *f*

plānveidīgs plánmäßig

plastmasa Plast *m*, Kúnststoff *m*

plaši weit; p. izplatīts – weit verbréitet

plašražošana Mássenherstellung *f*, Mássenproduktion *f*

plaš‖s 1. weit; breit; p. dzīvoklis – geräu'mige Wohnung; **2.** úmfangreich, umfássend; ~as zināšanas – umfangreiche Kenntnisse; ~as iedarbības antibiotikas *med. dsk.* – Bréitbandantibiotika

plate Plátte *f*; skaņuplate – Schallplatte *f*; skaidu p. – Spánplatte *f*

platforma Pláttform *f*; naftas p. jūrā – Bóhrinsel *f*; skatu p. – Au'ssichtsplattform *f*

platība Flä'che *f*; apdzīvojamā p. – Wóhnfläche *f*; sējumu p. – Sáatfläche *f*, A'ckerfläche *f*

platīns Plátín *n*

platkājiņi *bot.* Blútwurz *f*, Gä'nsefingerkraut *n*

platmale Hut *m*

plat‖s breit; weit; ~i svārki – ein weiter Rock

platums Bréite *f*

plaucēt, noplaucēt ábbrühen, blanchieren [blā:'ʃi..]

plauksta die [fläche] Hand; Hándfläche *f*

plaukt spríeßen*; (*par kokiem*) áusschlagen*

plaukts Regál *n*; grāmatu p. – Bü'cherbrett *n*, Bü'cherregal *n*; automašīnā – Hándschuhfach *n*

plauš‖as *anat.* Lúnge *f*; ~u karsonis – Lúngenentzündung *f*

plazma *anat.* Plásma *n*

plebiscīts Vólksabstimmung *f*

plecīgs bréitschult[e]rig; stä'mmig

plec‖s Schúlter *f*; A'chsel *f*; raustīt ~us – die Achseln (mit den Achseln) zucken

pleira Ríppenfell *n*, Brústfell *n*

pleirīts *med.* Ríppenfellentzündung *f*, Pleurítis *f*

plenārsēde Plenársitzung *f*

plēnums Plénum *n*

plēsīg‖s réißend, wild; ~ie zvēri – *dsk.* Ráubtiere

plēst 1. réißen*; **2.** (*traukus*) zerschlágen*

plēve 1. Haut *f*; **2.**: plaušu p. – Brústfell *n*, Ríppenfell *n*, Pléura *f*

pliekans (*arī pārn.*) fád[e], schal

plīst 1. réißen*; **2.** (*par traukiem*) zerbréchen*; ◇ vai p. aiz dusmām – vor Wut platzen; lai [tur] lūst vai plīst! – mag es biegen oder brechen!

plīsums Riss *m*; (*traukiem*) Sprung *m*

plīšs *tekst.* Plüsch *m*

plītiņa (*spirta, elektriskā*) Kócher *m*

plīts Herd *m*; gāzes p. – Gasherd *m*

plīvot fláttern, wéhen

plīvurs Schléier *m*

plomba Plómbe *f*

plombēt (*zobu*) fü'llen, plombíeren

plosīties wü'ten, tóben

plosts Floss *n*

plūdi 1. Überschwémmung *f*, Hóchwasser *n*; **2.** *pārn.* Flut *f*; asaru p. *pārn.*– Tränenflut *f*; *rel.* grēkuplūdi – Síntflut *f*

P **pludināt** flö'ßen

pludiņš Schwímmer *m*

plūdlīnija Strómlini|e *f*

pludmale Strand *m*, Bádestrand *m*

plūkt pflü'cken; (*linus*) ráufen

plūme Pfláume *f*; zilā p. – Zwétsche *f*; dzeloņplūme – Schléhdorn *m*

plūsma Strom *m*; vārdu p. – Wórtschwall *m*, Rédeschwall *m*

pluss Plus *n*, Plúszeichen *n*

plūst strö'men, flíeßen*

plūškoks *bot.* Holúnder *m*

pļāpāt schwátzen, pláppern

pļāpīgs geschwä'tzig, schwátzhaft

pļauja Mahd *f*; siena p. – Heumahd *f*; labības p. – Getréideernte *f*

pļauk‖a O'hrfeige *f*; iecirst kādam ~u – j-m eine Ohrfeige versétzen (geben*)

pļaut mä'hen, schnéiden*

pļava Wiese *f*

pļāvējs Mä'her *m*; zāles p. (*mašīna*) – Rásenmäher *m*

pļavkopība Wíesenbau *m*

podniecība Tö'pferhandwerk *n*

pods Topf *m*

poga Knopf *m*; p. ir notrūkusi – der Knopf ist abgerissen (ab)

pogāt knö'pfen

pogcaurums Knópfloch *n*

poker‖s Póker *m vai n*; spēlēt ~u – pókern

polārblāzma Polárlicht *n*, Nórdlicht *n*

polār‖s polár, Polár-; ~ais loks – Polarkreis *m*

policij‖a Polizéi *f*; ~as nodaļa – Dezernát *n*; ~as iecirknis – Polizéirevier [..v..] *n*; tikumības p. – Síttenpolizei *f*; ~as pārvalde – Polizéipräsidium *n*

policists Polizíst *m*

poliklīnika Poliklínik *f*

polips Polýp *m*

polise Police [po'li:sə] *f*; apdrošināšanas p. – Versícherungspolice *f*

politika Politík *f*; agrārā p. – Agrár-
politik *f*; ārpolitika – Aúßenpolitik
f; finanšu p: – Finánzpolitik *f*;
nodokļu p. – Stéuerpolitik *f*; eko-
nomiskā p. – Wírtschaftspolitik *f*;
sociālā p. – Soziálpolitik *f*; valūtas
p. – Wä'hrungspolitik *f*; iekš-
politika – I'nnenpolitik *f*; novil-
cināšanas p. – Hínhaltepolitik *f*
politisks polítisch
pols Pol *m*
poltergeists Póltergeist *m*
pončo Póncho ['pɔntʃo] *m*
ponijs Póny *n*
pontons Trágschiff *n*, Brü'ckenschiff *n*
popkorns Pópcorn [..k..] *n*
popularitāte Popularitä't *f*
popularizēt popularisíeren
populārs populä'r
populistisks populístisch
pora Póre *f*
porains porö's
porcelāns Porzellán *n*
porcija Portión *f*
pornogrāfij‖**a** Pornografíe *f*; ~u
saturošs literārs darbs vai kino-
filma – *sar.* Pórno *m*
portatīvs trágbar
porteris Pórter *m vai n*
portfelis A'ktentasche *f*, A'ktenmappe
f; *ek.* Portefeuille [pɔrt(ə)'fø:j(ə)]
n; kabatas p. – Bríeftasche *f*
portrets Porträ't *n*, Bíldnis *n*
posms 1. Glied *n*; ķēdes p. – Kétten-
glied *n*; **2.** *pārn.* A'bschnitt *m*;
laika p. – Zéitabschnitt *m*

postaž‖**a** Wüstenéi *f*; pārvērst ~ā – in
einen Schútthaufen verwándeln
postenis Pósten *m*; (*amats* – *arī*)
Amt *n*
posties (*gatavoties*) sich fértigmachen;
p. ceļā – sich auf den Weg machen
postīt zerstö'ren, verhéeren, verwü's-
ten
postkomunistisks postkommuní-
stisch
posts Not *f*, E'lend *n*
pote I'mpfstoff *m*, Vakzíne *f*
potēt ímpfen; potēšanas pase – I'mpf-
pass *m*
potīte [Fúß]knöchel *m*
poza Póse *f*
pozīcija Positión *f*; Stéllung *f*
pozitīvs pósitív
pragmatisks pragmátisch
praks‖**e** *daž. noz.* Práxis *f*; izmanto-
šana ~ē – Nútzanwendung *f*
praktisks práktisch
prāmis Fä'hre *f*
prasīb‖**a** Fórderung *f*; (*pretenzija*)
A'nspruch *m*; *jur.* Réchtsanspruch
m; izvirzīt kādam augstas ~as –
hohe Ansprüche an j-n stellen
pras‖**īt 1.** frágen; p. kādam padomu –
j-n um Rat fragen; **2.** (*pieprasīt*)
begéhren, verlángen, fórdern, er-
fórdern; tas ~a daudz laika – das
verlangt viel Zeit, das nimmt viel
Zeit in Anspruch
prasme Fértigkeit *f*; Geschíck *n*;
darba p. – A'rbeitsfertigkeit *f*
prasmīgs geschíckt, gewándt

P

prast verstéhen*; kö'nnen*; viņš prot peldēt – er kann schwímmen*

prātīgs vernü'nftig; verstä'ndig; esi p.! – sei vernünftig!

prātot überlégen; (*lauzīt galvu*) grü'beln, tü'fteln, erwä'gen*

prāt‖s Verstánd *m*, Vernúnft *f*; paturēt ~ā – im Kopf behálten*; visiem nevar izdarīt pa ~am – man kann es nicht allen recht machen; nenāk ne ~ā! – das fällt mir gar nicht ein!; tīšu ~u – absichtlich

prāva Prozéss *m*

prāvs ánsehnlich, recht groß

preambula Präámbel *f*; Ei'ngangsformel *f*, *dsk.* Ei'ngangsworte

prec‖e Wáre *f*; Gut *n*; greznumprece – Lúxusware *f*; mazvērtīga p. – mínderwertige Ware *f*; pārtikas ~es – Lébensmittel, Náhrungsmittel; patēriņa ~es – Konsúmgüter, Gebráuchsgüter; rūpniecības p. – Industríeware *f*; sezonas p. – Saisónware *f*; kontrabandas p. – Schmúggelware *f*, heiße Ware *f*; lietotas ~es – Gebráuchtwaren; plaša patēriņa ~cs – *dsk.* Mássenbedarfsartikel, Gebráuchsartikel *m*

precedents Präzedénzfall *m*

precējies verhéiratet

precēties héiraten

precīzs präzís[e]; genáu; pü'nktlich

prečmaiņa Táuschhandel *m*, Wárentausch *m*

prečzīme Wárenzeichen *n*

prečzinības Wárenkunde *f*

predikāts *gram.* Prädikát *n*, Sátzaussage *f*

prēmij‖a Prä'mi‖e *f*; (*naudas*) Gratifikatión *f*; apdrošināšanas p. – Versícherungsprämie *f*; Nobela p. – Nobélpreis *m*; Nobela ~as laureāts – Nobélpreisträger *m*

premjerministrs, premjers Premierminister [prə'mje:..] *m*, Mínisterpräsident *m*, Premíer *m*

prese Présse *f*; bulvārprese – Régenbogenpresse *f*

presēt préssen

prestižs Prestige [..'ti:ʒ(ə)] *n*, A'nsehen *n*

pret 1. gégen, wíder; p. manu gribu – gegen (wider) meinen Willen; p. vakaru – gegen Abend; **2.** zu; trīs p. pieci attiecas kā seši p. desmit – drei verhä'lt sich zu fünf wie sechs zu zehn

pretapaugļošanās- *med.* Verhü'tung *f*; p. līdzekļi – *dsk.* Verhü'tungsmittel; p. tablete – Antibabypille *f*

pretdarbība Gégenwirkung *f*

pretēj‖s entgégengesetzt; gegenü'berliegend; ~ā pusē – auf der entgegengesetzten Seite; ~ā gadījumā – ánder[e]nfalls

pretendents A'nwärter *m*

pretenzij‖a Prätensión *f*; A'nspruch *m*; bez ~ām – anspruchslos

pretestīb‖a Wíderstand *m*; izrādīt ~u – Wíderstand leisten

pretī entgégen (*ar dat.*); gegenü'ber (*ar dat.*); nākt p. – entgégenkommen*; mājai p. – dem Hause gegenüber; runāt p. – widersprēchen*; man nav nekas p. – ich habe nichts dagégen

pretīgs wíderlich, abschéulich

pretinde Gégengift *n*

pretinieks Gégner *m*, Wídersacher *m*

pretlikumīgi gesétzwidrig

pretošanās Wíderstand *m*; p. kustība *pol.* – Wíderstandsbewegung *f*

pretoties widerstéhen*, Wíderstand léisten

pretreakcija (*aizsardzības reakcija*) A´bwehrreaktion *f*

pretruna Gégensatz *m*, Wíderspruch *m*

pretrunīgs wíderspruchsvoll

pretstats Gégenteil *n*; Gégensatz *m*

pretsvars Gégengewicht *n*

prettiesisks gesétzwidrig, réchtswidrig

pretvalstisks stáatsfeindlich

pretviela A´bwehrstoff *m*

preventīvs vórbeugend

prezentācija Präsentatión *f*, Vórstellung *f*, Vórzeigung *f*; grāmatas p. – Buchpräsentation *f*

prezidents Präsidént *m*

prezidijs Präsídium *n*

priecāties sich fréuen (*ar ģen. vai über ar ak.*; *par kādu gaidāmu notikumu – auf ar ak.*)

priecīg‖s froh, frö´hlich; fréudig; ~us svētkus! – frohes Fest!

priede Kíefer *f*, Fö´hre *f*

prieks Fréude *f*; Vergnü´gen *n*

priekš‖a 1. Vórderteil *m*; Vórderseite *f*; **2.**: no ~as – von vorn; tikt uz ~u – vórwärtskommen*

priekšā vor; vorn; acu p. – vor den Au´gen; likt p. – vorschlagen*

priekšaut‖s Schü´rze *f*; aizsiet ~u – eine Schürze vorbinden* (umbinden*)

priekšdarbi *dsk.* Vórarbeiten

priekškars Vórhang *m*

priekšlaicīgs vórzeitig

priekšlikum‖s Vórschlag *m*; pieņemt ~u – einen Vorschlag annehmen*

priekšmets Gégenstand *m*; mācību p. – Fach *n*, Léhrfach *n*; fakultatīvs p. (*mācību iestādē*) – Wáhlfach *n*; teikuma p. *gram.* – Sátzgegenstand *m*, Subjékt *n*

priekšnams Flur *m*

priekšnesums Vórtrag *m*; (*mākslinieciskas*) Dárbietung *f*

priekšnieks Vórgesetzte *m*, Chef [ʃɛf] *m*

priekšpilsēta Vórstadt *f*, Vórort *m*

priekšplāns Vórdergrund *m*

priekšpusdien‖a Vórmittag *m*; ~ā – am Vormittag

P

priekšrocība Vórzug *m*; Vórrecht *n*; Privilég *n*

priekšroka Vórrang *m*

priekšsamaksa Voráuszahlung *f*

priekšsēdētājs Vórsitzende *m*

priekšstat‖s Vórstellung *f*; man par to nav nekāda ~a – ich habe davon keine Vorstellung

priekšstrādnieks Vórarbeiter *m*
priekštecis (*sencis*) Vórfahr *m*;
(*priekšgājējs*) Vórgänger *m*
priekšvakar‖s Vórabend *m*; svētku
~ā – am Vorabend des Festes
priekšzīm‖e Vórbild *n*, Múster *n*,
Béispiel *n*; rādīt ~i – mit gutem
Beispiel vorángehen*
priekšzīmīgs vórbildlich, músterhaft
priesteris (*katoļu, piederīgs kādam
ordenim*) Páter *m*
prievārds *gram.* Präposition *f*, Ver-
hä'ltniswort *n*
primitīvs primitív
prīmula *bot.* Prímel *f*
principiāls prinzipiéll, grúndsätzlich;
p. cilvēks – ein Mann mit Grund-
sätzen
princip‖s Prinzíp *n*, Grúndsatz *m*,
Vórsatz *m*; ~ā – im Prinzíp,
grúndsätzlich
printeris *dator.* Drúcker *m*; lāzer-
printeris – Láserdrucker *m*; adat-
printeris – Nádeldrucker *m*; strūk-
las p. – Tíntenstrahldrucker *m*
privātīpašums Prívateigentum [..v..]
n, Prívatbesitz *m*
privatizēšana, privatizācija Priva-
tisíerung [..v..] *f*
privāts privát [..v..]; persö'nlich
privātuzņēmums Prívatunternehmen
[..v..] *n*
privilēģija Privilég [..v..] *n*, Vórrecht
n, Sónderrecht *n*; tirdzniecības p. –
Hándelsvorrecht *n*
problēma Problém *n*

problēmorientēts problémorien-
tiert
procedūra Prozedúr *f*
procent‖s *ek.* Prozént *n*, Prozéntsatz
m; Zins *m*, dsk. Zínsen, Zínssatz
m, Zínsrate *f*; bankas ~i – Bánk-
zinsen; kredīta ~i – Kredítzinsen;
nokavējuma ~i – Verzúgszinsen;
(*to personu, kuras skatās noteiktu
televīzijas vai radio raidījumu*)
Ei'nschaltquote *f*
procesors *dator.* Prozéssor *m*
process 1. Prozéss *m*; darba p. –
A'rbeitsgang *m*; tehnoloģiskais
p. – A'rbeitsablauf *m*, Produktións-
ablauf *m*; **2.** *jur.* Prozéss *m*, Réchts-
verfahren *n*; paraugprocess –
Scháuprozess *m*
producents (*kino*) Produzént *m*
produkcija Produktión *f*
produkt‖s Prodúkt *n*, Erzéugnis *n*;
pārtikas ~i – dsk. Lebensmittel *n*,
dsk. Nahrungsmittel; pārtikas ~i
(*bez ķīmijas*) – tikai vsk. Refórm-
kost *f*
profesija Berúf *m*; kāda ir jūsu p.? –
was sind Sie von Beruf?
profesionālis *sp.* Prófi *m*
profesors Proféssor *m*
profilakse *med.* Vórbeugung *f*
profils Séitenansicht *f*
prognoze Prognóse *f*; laika p. –
Wéttervorhersage *f*
programma 1. Prográmm *n*; **2.** (*teātra*)
Prográmm *n*, Theáterzettel *m*,
Prográmmheft *n*

programmēšana *dator.* Programmíerung *f*

programmētājs *dator.* Programmíerer *m*

programmnodrošinājums *dator.* Sóftware *f*

programmsaderība *dator.* Prográmmkompatibilität *f*

progresēt Fórtschritte máchen, fórtschreiten*

progresīvs progressív; fórtschrittlich

progress Progréss *m,* Fórtschritt *m*

projām fort, weg; iet p. – fortgehen*, weggehen*

projektētājs Projektánt *m,* Pláner *m*

projektors *(folijas loksnēm)* Overheadprojektor ['o:vəhɛd..] *m*

projekts Projékt *n,* Entwúrf *m;* likumprojekts – Gesétzesvorlage *f;* budžeta p. – Háushaltsplan *m*

proklamēt proklamíeren, áusrufen*

prokurors Stáatsanwalt *m*

prombūtn‖e A'bwesenheit *f;* manā ~ē – während (in) meiner Abwesenheit

prominents prominént, bedéutend

propaganda Propagánda *f*

propagandēt propagíeren, Propagánda máchen *(für)*

propoliss Própolis *f*

proporcija Grö'ßenverhältnis *n,* Proportión *f*

proporcionāls proportionál

prospekts Préisliste *f;* Wérbeschrift *f;* Prospékt *m*

prostitūta Prostituíerte *f; sar.* Nútte *f;* prostituēts vīrietis – *sar.* Strícher *m*

protams natü'rlich; gewíss

protekcija Fö'rderung *f,* Gö'nnerschaft *f,* Begü'nstigung *f,* Bevórzugung *f,* Protektión *f*

protestēt protestíeren, Ei'nspruch erhében*

protests Protést *m,* Ei'nspruch *m*

protēze Prothése *f*

protokolēt protokollíeren; das Protokóll fü'hren

protokolētājs *(persona, kas raksta sanāksmes protokolu)* Schríftführer *m*

protokols Protokóll *n*

province Provínz [..v..] *f*

provokācija Provokatión [..v..] *f,* Heráusforderung *f*

proza Prósa *f*

prusaks Kákerlak *m,* Kü'chenschabe *f*

pseidonīms Pseudoným *n,* Déckname *m*

psihisk‖s psýchisch, séelisch; ~a slimība – Géisteskrankheit *f*

psiholoģija Psychologíe *f*

psihoterapija Psychotherapíe *f*

psihoterors Psychtérror *m,* Móbbing *n*

psihoze Psychóse *f;* alkohola p. – Säu'ferwahn *m;* masu p. – Mássenpsychose *f*

publicēt publizíeren, verö'ffentlichen

publicitāte *tikai vsk.* Publicity [pa'blisiti] *f*

publika Públikum *n*

P

publisks ö'ffentlich
pūce *ornit.* Eu'le *f*
pučs Putsch *m*
pudele Flásche *f*
pūderis Púder *m*
pudiņš *kul.* Púdding *m*
puika Júnge *m*
pūkains fláumig; (*par drēbi*) fláuschig
pukstēt (*par sirdi*) klópfen, schlágen*, póchen
puķains geblü'mt
puķ∥e Blúme *f*; ~u pušķis – Blumen-strauß *m*
puķkopība Blúmenzucht *f*
pulcēties sich sámmeln
pulciņš Zírkel *m*, Interéssengemein-schaft *f*
pulēt políeren
pūlēties sich mü'hen; sich bemü'hen; sich (*dat.*) Mü'he gében*; lūdzu, nepūlieties! – bitte bemühen Sie sich nicht!
pūlis Ménge *f*; Pö'bel *m*
pulks 1. Regimént *n*; 2. (*bars*) Ménge *f*; ļaužu p. – Ménschen-menge *f*
pulkstenis Uhr *f*; rokas p. – A'rm-banduhr *f*; cik p.? – wie spät ist es?; p. ir tieši divi – es ist genáu zwei [Uhr]
pulkvedis O'berst *m*
pulss Puls *m*
pults (*tālvadības*) Férnbedienung *f*
pulveris Púlver *n*; piena p. – Trocken-milch *f*
puma *zool.* Púma *m*

pumpurs Knóspe *f*
punkts Punkt *m*; pieturas p. – A'n-haltspunkt *m*
puns Béule *f*
punšs Punsch *m*
pupa Bóhne *f*
pupiņ∥as: ~u kafija – Bóhnenkaffee *m*
puplaksis *bot.* Bítterklee *m*
pūpoli *dsk.* Wéidenkätzchen, Pálm-kätzchen
Pūpolsvētdiena *rel.* Pálmsonntag *m*
puravs Lauch *m*
purene *bot.* Súmpfdotterblume *f*
purināt schü'tteln, rü'tteln; p. galvu – den Kopf schütteln
purngals (*apavu*) Spítze *f*
purns Maul *n*, Schnáuze *f*
purvs Moor *n*, Sumpf *m*
pusaudzis Hálbwüchsige *m*
puscel∥š: ~ā – hálbwegs, auf hálbem Wége
pusdārgakmens Hálbedelstein *m*
pusdien∥a 1. Míttag *m*; pusdienlaikā – am Míttag, míttags; 2. ~as – Míttag *n*, Míttag[s]essen *n*; ēst ~as – [zu] Mittag essen*; (*svi-nīgas pusdienas*) Díner *n*; darba p. – Geschä'ftsessen *n*
pus∥e 1. Hä'lfte *f*; uz ~ēm – halb und halb; 2. Séite *f*; kreisā p. – die linke Seite; dzimtā p. – Heimatort *m*; no vienas ~es – einerseits; no otras ~es – andererseits
pusfināls *sp.* Hálbfinale *n*
pūslis Bláse *f*
puslode Hálbkugel *f*

pusmūž‖s: ~ā (~a gados) – míttleren A'lters, in míttlerem A'lter

pusnakt‖s Mítternacht *f*; ~ī – um Mitternacht

pussala Hálbinsel *f*

pusstunda eine hálbe Stúnde

pūst blásen*; (*par vēju – arī*) wéhen

pusvadītājs *fiz.* Hálbleiter *m*

puškis (*puķu*) Strauß *m*, (*grezns*) Gebínde *n*

pūt fáulen

putas Schaum *m*

putekļ‖i Staub *m*; slaucīt ~us – Staub wischen

putenis Schnéegestöber *n*, Schnée-treiben *n*

pūtīte Píckel *m*

putnkopis Geflü'gelzüchter *m*

putn‖s Vógel *m*; dziedātājputns – Síngvogel *m*; plēsīgais p. – Ráub-vogel *m*; ~u ferma – Geflü'gel-farm *f*, ◇ nelaimes p. – Péchvogel *m*

putnubūris Nístkasten *m*

putot schäu'men

putotājs Quirl [kv..] *m*

putra Grü'tze *f*, Brei *m*

putraimi Grü'tze *f*

putukrējums Schlágsahne *f*

putuplasts Scháumstoff *m*

puzlis Púzzle ['pazl] *n*

pūznis: skudru p. – A'meisenhaufen *m*

pūžņot éitern

R

rabarbers Rhabárber *m*

rabats *ek.* Rabátt *m*, Préisnachlass *m*

rabīns *rel.* Rabbíner *m*

racionalizēt rationalíseren

radi *dsk.* Verwándten, Verwándt-schaft *f*

radiators Radiátor *m*, Héizkörper *m*; automašīnas r. – Kü'hler *m*

rādijs *ķīm.* Rádium *n*

radījums Geschö'pf *n*, Wésen *n*

radikāls radikál

radinieks Verwándte *m*

radio Rádio *n*, Rúndfunk *m*; klau-sīties r. – Radio hören

radioamatieris Amatéurfunker *m*

radioaparāts Rúndfunkgerät *n*

radiogramma Fúnkspruch *m*

radiomezgls: rūpnīcas r. – Betríebs-funk *m*; skolas r. – Schu'lfunk *m*

radiopārraide Rúndfunkübertragung *f*, Rúndfunksendung *f*

radiopeilējums Fúnkpeilung *f*

radiopeilēklis Fúnkpeiler *m*

radioraidītājs Sénder *m*, Sénde-apparat *m*; (*privāts, bez licences*) Pirátensender *m*

radiosakari Fúnkverbindung *f*, Fúnk-verkehr *m*

radiosignāls Fúnksignal *n*

radiotelefons Fúnksprechgerät *n*; (*mazs*) Walkie-Talkie ['wɔːki'tɔːki] *n*

radiotelekss Pager ['peidʒər] *m*

radiotīkls Rúndfunknetz *n*
radiotraucējums Fúnkstörung *f*
radiovilnis Rádiowelle *f*
radiozonde Rádiosonde *f*
radīt 1. schaffen*; **2.** (*izraisīt*) hervórrufen*; verúrsachen; r. izbrīnu – Erstáunen hervorrufen*
rādīt zéigen; wéisen*; r. ceļu – den Weg zeigen (weisen*); r. uguni (gaismu) – leuchten
rādītājs 1. Zéiger *m*; satura r. – Ínhaltsverzeichnis *n*; **2.** Wert *m*; Kénnziffer *f*; pulksteņa r. – Úhrzeiger *m*; virziena r. (*automašīnai*) – Blínker *m*
rādiuss Rádius *m*
radošs schö'pferisch
rafinēt raffiníeren
ragana Héxe *f*
ragavas Schlítten *m*
rags *daž. noz.* Horn *n*
ragū *kul.* Ragout [ra'gu:] *n*
rahīts *med.* Rachítis *f*
raidstacija Séndestation *f*
raibs bunt; raibum raibs – kúnterbunt
raidījums Séndung *f*; (*īss reklāmas r.*) Spot *m*; (*labāko hitu r.*) Hít parade *f*
raidīt (*pa radio*) sénden
raizes Kúmmer *m*
raizēties (*par kaut ko*) sich sórgen (*um*), sich (*dat.*) Sórgen máchen (*um*)
raja *iht.* Róchen *m*
rājiens Verwéis *m*, Tádel *m*, Rü'ge *f*; izteikt ~u – einen Verweis (eine Rüge) ertéilen

R

rajonēt nach Bezírken éinteilen (zúweisen*)
rajons 1. (*apvidus*) Rayon [rɛ'jɔ̃:] *m*, Gebíet *n*; Beréich *m*; (*iecirknis*) Revíer [..v..] *n*; ogļu r. – Kohlenrevier *n*; **2.** (*administratīvs*) Rayon [rɛ'jɔ̃:] *m*; Bezírk *m*
rakņāties wü'hlen; stö'bern
rakstāmgalds Schréibtisch *m*
rakstāmlietas *dsk.* Schréibwaren
rakstāmmašīn‖a Schréibmaschine *f*; rakstīt ar ~u – típpen
rakstisks schríftlich
rakstīt schréiben*; (*tekstu dziesmai vai reklāmai*) téxten; vārdu autors – Téxter *m*; autore – Téxterin *f*
rakstnieks Schríftsteller *m*
rakst‖s 1. (*dokuments*) Schréiben *n*; Úrkunde *f*; **2.** (*avīzē, žurnālā*) Artíkel *m*; Béitrag *m*; **3.**: kopoti ~i – gesámmelte Wérke; **4.** (*musturs*) Dessin [dɛ'sɛ̃:] *n*
raksturīgs charakterístisch [ka..], kénnzeichnend
raksturojums Charakterístik [ka..] *f*
raksturot charakterisíeren [ka..]
rakstur‖s Charákter [ka..] *m*; Natúr *f*; cilvēks ar vāju ~u – charákterloser Mensch; viņam ir maigs r. – er hat eine sanfte Natúr
rakt gráben*
raktuv‖e Bérgwerk *n*; Grúbe *f*; zelta ~es – Góldgrube *f*
raķete Rakéte *f*; kosmiskā r. – Wéltraumrakete *f*; tālās distances r. –

Lángstreckenrakete *f; mil.* zema lidojuma r., kuru nevar noteikt ar radaru – Márschflugkörper *m*; maza r. (*uguņošanai*) – Féuerwerkskörper *m*

rallijs Rallye ['rɛli] *f vai n*

rāms still, rúhig

rāpot kríechen*

rāpties kléttern, klímmen*; r. kokā – auf einen Baum klettern

rasa Tau *m*

rase Rásse *f*

rasēšana téchnisches Zéichnen, Réißen *n*

rasinātājs (*zālei*) Rásensprenger *m*

rasties entstéhen*

rāt schélten*, rü'gen

rati Wágen *m*

ratifikācija Ratifikatión *f,* Bestä'-tigung *f,* Genéhmigung *f*

ratiņi: bērnu r. – Kínderwagen *m*; saliekamie bērnu r. – Búggy ['bagi] *m*; invalīdu r. Róllstuhl *m*

ratiņš (*vērpjamais*) Spínnrad *n*

rātns ártig

rats Rad *n*; stūres r. – Stéuerrad *n*; panorāmas r. – Ríesenrad *n*

rauda *iht.* Plö'tze *f,* Rótauge *n*

raudāt wéinen

raudze Próbe *f*

raudzēt gä'ren, gä'ren lássen*

raugs Héfe *f*

raunds *sp.* Rúnde *f*

raupjš rauh

rausis Fláden *m*

raustīt 1. zérren (*an ar dat.*); (*viegli*) zúpfen (*an ar dat.*); **2.**: r. plecus – die Achseln zucken

raut réißen*; r. zobu – einen Zahn ziehen*

rāvējslēdzējs Réißverschluss *m*

ravēt jä'ten

rāvien∥s Ruck *m*; vienā ~ā – mit einem Ruck

raž∥a E'rnte *f*; ~as novākšana – E'rnteeinbringung *f*; ~as novākšanas talka – E'rnteeinsatz *m*; ražas svētki (*oktobra pirmajā svētdienā*) – E'rntedankfest *n*

ražība Frúchtbarkeit *f*

ražīgs (*auglīgs*) ergíebig; (*par darbu*) produktív

ražojums Prodúkt *n,* Erzéugnis *n,* Fabri-kát *n*

ražošana Produktión *f,* Hérstellung *f*; Erzéugung *f*; sēriju r. – Sérienfertigung *f*

ražot produzíeren, hérstellen

ražotājspēki *dsk.* Produktívkräfte

ražotne Produktiónsabteilung *f*

reabilitēt rehabilitíeren

reaģēt reagíeren

reakcija Reaktión *f*

reakcionārs reaktionä'r

reaktīv∥s Dü'sen-; ~ā lidmašīna – Dü'senflugzeug *n*

reaktors Reáktor *m*

reālisms Realísmus *m*

reālistisks realístisch

realitāte Realitä't *f*; virtuālā r. (*trīsdimensiju telpa datorā, kas simulē*) *dator.* – Virtuélle Realitä't *f*

R

realizēt realisíeren, verwírklichen

reāls reál; reéll; r. plāns – reáler (reéller) Plan

reanimācij‖a Reanimatión *f*; ~as nodaļa slimnīcā – Intensívstation *f*

receklis Gerínnsel *n*; asins r. – Blútgerinnsel *n*

recenzija Rezensión *f*

recept‖e Rezépt *n*; bez ~es – rezéptfrei; pēc ~es – rezéptpflichtig

recēt gerínnen

recidīvists Rü'ckfalltäter *m*, Rü'ckfällige *m*, rü'ckfälliger Verbrécher

recidīvs (*slimības*) Rü'ckfall *m*

redakcija Redaktión *f*

redaktors Redakteur [..'tø:r] *m*; (*avīzes – arī*) Schríftleiter *m*

rēderis Réeder *m*

redīss Radíeschen *n*

reducēt reduzíeren; vermíndern

redzams síchtbar; acīm r. – offenbar

redze Séhvermögen *n*; redzesloks – Gesíchtskreis *m*

rēdze (*automašīnas riteņiem*) Spíke [ʃpaik, spaik] *m*

redzēt séhen*

reemigrācija Reemigratión *f*

referāt‖s Referát *n*, Vórtrag *m*; lasīt ~u – einen Vortrag halten*

referendums Vólksbefragung *f*, Vólksabstimmung *f*, Vólksentscheid *m*, Referéndum *n*

referēt referíeren; éinen Vórtrag hálten*

refinansēšana *ek*. Refinanzíerung *f*

reflekss Refléx *m*

reflektants Bewérber *m*

reforma Refórm *f*; agrārā r. – Agrárreform *f*; izglītības r. – Bíldungsreform *f*; valūtas r. – Wä'hrungsreform *f*; zemes r. – Bódenreform *f*

reformēt reformíeren

regbijs *sp*. Rugby ['rʌkbi] *n*

regejs (*mūzika*) *tikai vsk*. Reggae ['rɛgei] *m*

reglaments Geschä'ftsordnung *f*

rēgs Gespénst *n*; Spuk *m*; Trúgbild *n*

regulārs regulä'r, régelmäßig

regulēt regulíeren, régeln; r. satiksmi – den Verkéhr regeln

reģenerācija Regeneratión *f*

reģionāls regionál

reģions Región *f*, Gégend *f*, Beréich *m*, Bezírk *m*

reģistratūra Registratúr *f*

reģistrēt registríeren; éintragen*

reģistrs Regíster *n*, Verzéichnis *n*, Líste *f*, Wórtweiser *m*; iedzīvotāju r. – Eí'nwohnerregister *n*; ķīlu r. – Pfándregister *n*; personu r. – Persónenregister *n*; uzņēmumu r. – Hándelsregister *n*

rehabilitācija Rehabilitatión *f*; sociālā r. – Resozialisíerung *f*

reibinoš‖s schwíndelnd, schwínd[e]lig; (*skurbinošs*) beráuschend; ~i dzērieni – *dsk*. geistige Geträ'nke

reibonis Schwíndel *m*

reibt schwíndeln; man reibst galva – mir schwindelt

reids Réede *f*

reimatisms Rheumatísmus *m*, Rhéuma *n*

reinkarnācija Reinkarnatión *f*, Wíedergeburt *f*

reiveris (*tehnomūzikas fans*) *sar.* Raver ['reivər] *m*

reiz éinmal

reiz‖e Mal *n*; pēdējo ~i – zum letzten Mal[e]; ~ēm – mitúnter, zuwéilen; katru ~i – jedesmal; iesim ~ē – gehen wir zusámmen

reizināt multiplizíeren, málnehmen*

reizināšan‖a Multiplikatión *f*; Málnehmen *n*; ~as zīme – Multiplikatiónszeichen *n*, Malzeichen *n*

reklām‖a Wérbung *f*, Wérbemittel *n*, Rekláme *f*; ~as speciālists – Wérbefachmann *m*; ~as kampaņa – Wérbekampagne *f*; gaismas r. – Léuchtreklame *f*; slēpta r. – Schléichwerbung *f*; ~as īsfilma – Wérbespot [..spɔt] *m*

reklamācija Reklamatión *f*; Beánstandung *f*; Beschwérde *f*

reklamēt Rekláme máchen (*für*); vermárkten

rekonstruēšana, rekonstrukcija Wíederaufbauen *n*; Wíederherstellen *n*; Náchbilden *n*; Rekonstruktión *f*

rekordists Rekórdhalter *m*

rekord‖s Rekórd *m*; Hö'chstleistung *f*; Béstleistung *f*; uzstādīt ~u – einen Rekord aufstellen; pārspēt ~u – einen Rekord brechen* (überbíeten*)

rēkt brü'llen

rektors Réktor *m*

rekvizēt requiríeren; entéignen; beschlágnahmen

rēķināšana Réchnen *n*

rēķināt réchnen

rēķināties réchnen (*auf ar ak., mit*); zä'hlen (*auf ar ak.*); Rü'cksicht néhmen* (*auf ar ak.*); nerēķināties ar citiem – keine Rücksicht auf andere nehmen*

rēķin‖s Réchnung *f*; dzīvot uz cita ~a – auf fremde Kosten leben

relaksācija Relaxatión *f*; Entspánnung *f*

relatīvs relatív, verhä'ltnismäßig

reliģija Religión *f*

reliģisks religiö's

reljefs Relíef *n*

remdens láuwarm, lau

remdēt (*piem., sāpes*) líndern, míldern; (*slāpes, izsalkumu*) stíllen

remontēt (*dzīvokli*) renovíeren [..v..]; (*mašīnu*) reparíeren, überhólen

remonts (*dzīvokļa*) Renovíerung [..v..] *f*; (*mašīnas*) Reparatúr *f*; garantijas r. – Garantíereparatur *f*; profilakses r. automašīnām – Wártung *f*

R

remulāde *kul.* Remouláde [..mu..] *f*

rentabl‖s rentábel, éinträglich; zínstragend; padarīt ~u – *ek.* saníeren

rentgens: rentgenstari – *dsk.* Rö'ntgenstrahlen; rentgenuzņēmums – Rö'ntgenaufnahme *f*; caurskatīt ar rentgenstariem – rö'ntgen, durchléuchten

reņģe iht. Strö′mling m
repatriācija Repatriíerung f, Repatriatión f
reperis mūz. Rapper [′rəpər] m
repertuārs Repertoire [..toá:r] n, Spíelplan m
reportāža Reportage [..′ta:ʒə] f; Berícht m
reportieris Repórter m, Beríchterstatter m
reprezentants Repräsentánt m, Vertréter m
reprezentēt repräsentíeren
reprodukcija Reproduktión f
reproduktors Láutsprecher m
republika Republík f; parlamentāra r. – parlamentárische Republik
resns dick; (par cilvēku – arī) stark, beléibt, wóhlbeleibt
respekts Respékt m, A′chtung f
restaurēt restauríeren, wiederhérstellen
rest‖es Gítter n; ◇ sēdēt aiz ~ēm – hinter Schloss und Riegel sitzen
restorāns Restaurant [rɛsto′rā:] n
resursi dsk. Ressourcen [rɛ′sʊrsn]
rēta Nárbe f; Schrámme f
rets 1. dünn; (par mežu) licht; **2.** (reti sastopams) sélten, rar
revakcinācija med. Wíederimpfung f, Revakzinatión f
revanšēties sich revanchieren [revā′ʃi:rən], Revanche [re′vā:ʃə] gében*
revidentfirma Prü′fungsgesellschaft f
revidents Revísor [..v..] m; grāmatvedības r. – Réchnungsrevisor m;

muitas r. – Zóllrevisor m; nodokļu r. – Stéuerrevisor m
revīzija Réchnungsprüfung f; Revisión [..v..] f; gada pārskata r. – Jáhresabschlussprüfung f
revolūcija Revolutión [..v..] f
revolucionārs revolutionä′r [..v..]
revolveris Revolver [re′vɔlvər] m
rezēda bot. Reséda f
rezervāts Reservát [..v..] n; indiāņu r. – Indiánerreservat n
rezerv‖e Resérve [..v..] f; zelta ~es – Góldreserve f; ~es izeja – Notausgang m
rezervēt reservíeren [..v..]; r. kādam vietu – für j-n einen Platz reservíeren (belégen)
rezidents Residént m
rezolūcij‖a Resolutión f, Entschlíeßung f; pieņemt ~u – eine Resolution (Entschließung) annehmen*
rezultāts Resultát n, Ergébnis n; galarezultāts – E′ndeffekt m; medicīniskās izmeklēšanas r. – Befúnd m
rezumējums Zusámmenfassung f; ofic. Resümée n
režģis Gítter n; kristālrežģis – Kristállgitter n; automašīnas radiatora r. – Kü′hlergrill m
režij‖a Regie [..′ʒi:] f; Spíelleitung f; vadīt ~u – die Regie führen
režīms Regime [..′ʒi:m] n; dienas r. – Tágesplan m, Tágeseinteilung f; pierobežas r. – Grénzordnung f;

R

militārs r. – Militä'rregime *n*; patvaļas r. – Wíllkürregime *n*; terora r. – Térrorregime *n*

režisors Regisseur [..ʒi'sø:r] *m* , Spíelleiter *m*

riba *anat.* Ríppe *f*

ribains, ribots geríppt

rībēt dónnern; (*par ratiem*) ráttern

rīcīb‖a Hándlung *f*, Hándlungsweise *f*; Tat *f*; būt kāda ~ā – j-m zur Verfü'gung stehen*

rīcībspēja *jur.* Geschä'ftsfähigkeit *f*

riebīgs ék[e]lig; schéußlich; abschéulich

rieciens Schnítte *f*, Schéibe *f*

riekst‖s Nuss *f*; ~u knaibles – Nússknacker *m*

riepa Réifen *m*; ziemas r. automašīnai – Wínterreifen *m*; ar gaisu pildīta r. – Pneu [pnø:] *m*

riet béllen

rietēt úntergehen*, níedergehen*

riets U'ntergang *m*; saules r. – Sonnenuntergang *m*

rietum‖i Wésten *m*; ~u vējš – Westwind *m*

rietumvācietis (*kādreizējās VFR iedzīvotājs*) *sar.* Wéssi *m*

rieva 1. Rílle *f*; **2.** (*grumba*) Fúrche *f*, Rúnzel *f*

rifs Riff *n*; koraļļu r. – Korállenriff *n*

rija Kórndarre *f*, Getréidedarre *f*

rijīgs gefrä'ßig

rīkle Ráchen *m*, Kéhle *f*

rīkojums A'nordnung *f*; Veródrnung *f*; Verfü'gung *f*; Erláss *m*

rīkot veránstalten; r. viesības – eine Geséllschaft geben*

rīkoties 1. hándeln, verfáhren*; **2.** (*apieties*) úmgehen* (*mit*)

rīks Gerä't *n*, Instrumént *n*; darbarīks – Wérkzeug *n*

rīkste Rúte *f*, Gérte *f*; Wü'nschelrute *f*

rīkstnieks Rútengänger *m*

rikšot tráben

rind‖a 1. Réihe *f*; (*pircēju – arī*) Schlánge *f*; stāvēt ~ā – Schlange stehen*; **2.** (*tekstā*) Zéile *f*

rings Ring *m*, Bóxring *m*

riņķ‖is Kreis *m*; Ring *m*; glābšanas r. – Réttungsring *m*; ar gaisu pildīti roku riņķi bērniem, kuri nemāk peldēt – *parasti dsk.* Schwímmflügel *m*; ~a līnija – Kréislini|e *f*; ~a deja – Réigen *m*

riņķot kréisen; (*par asinīm – arī*) zirkulíeren

ripa Schéibe *f*; telefona ciparu r. – Wä'hlscheibe *f*; ledus hokeja r. – Puck *m*

ripot róllen

ripss *tekst.* Rips *m*

rīsi Reis *m*; apaļie r. – Rúndkornreis *m*; garenie r. – Lángkornreis *m*; pulētie, slīpētie r. – políerter Reis

risinājums Lö'sung *f*; Au'sführung *f*; (*pagaidu*) Ü'bergangslösung *f*

risināt (*piem., problēmu, uzdevumu*) lö'sen

riskēt riskíeren, wágen, aufs Spiel sétzen; *sar.* pókern; r. ar savu

dzīvību – sein Leben riskieren (aufs Spiel setzen)
risks Rísiko *n*, Wágnis *n*; apdrošināšanas r. – Versícherungsrisiko *n*
rīt[a] **1.** schlúcken; **2.** (*kāri ēst*) schlíngen*, fréssen*
rīt[b] mórgen; r. no rīta – morgen früh
ritenis Rad *n*
riteņbraucējs Rádfahrer *m*, Rádler *m*
ritēt róllen; (*par laiku*) verflíeßen*, vergéhen*, verláufen*
ritms Rhýthmus *m*
rīt‖s Mórgen *m*; no ~a – mórgens
rīve (*metāla vai plastmasas*) Réibeisen *n*
rīvēt réiben*; ráspeln
rīvmaize Paníermehl *n*
robež‖a Grénze *f*; pāriet ~u – über die Grenze gehen*
robežpunkts Grénzgebiet *n*, Grénzzone *f*
robežsardze Grénzschutzabteilung *f*, Grénztruppenabteilung *f*, Grénzwache *f*, Grénzpolizei *f*
robežvērtība Grénzwert *m*
robežzona Grénzbereich *m*
robots (*mehānisms*) Róboter *m*
robs 1. (*kur kas trūkst*) Lü'cke *f*; **2.** (*iegriezts*) Kérbe *f*, Schárte *f*
rok‖a (*plauksta*) Hand *f*; (*augš- un apakšdelms*) Arm *m*; spiest ~u – die Hand drü'cken; ~u ~ā – Hand in Hand; iet zem ~as – eingehakt gehen*; pie ~as – bei der Hand; ◇ uz savu ~u – auf eigene Faust; uz ātru ~u – schnell

rokasbagāža Hándgepäck *n*
rokasgrāmata Hándbuch *n*, Náchschlagewerk *n*; Stándardwerk *n*
rokasprādze A'rmband *n*
rokdarbs Hándarbeit *f*
rokeris Rócker *m*
rokraksts 1. Hándschrift *f*; **2.** (*manuskripts*) Manuskrípt *n*, Hándschrift *f*
rokturis Griff *m*; durvju r. – Tü'rklinke *f*
rokudzelži *dsk.* Hándschellen
rokzāģis Fúchsschwanz *m*
romāns Román *m*
romantisks romántisch
romšteks *kul.* Rúmpsteak [..ste:k] *n*
ronis *zool.* Róbbe *f*, Séehund *m*
rosība Au'fschwung *m*; Belébtheit *f*; Betríebsamkeit *f*
rosīgs rége, lébhaft; rü'hrig
rostbifs *kul.* Róstbraten *m*
rota Schmuck *m*; rotaslietas – *dsk.* Schmucksachen
rotaļa Spiel *n*
rotaļliet‖a Spíelzeug *n*; mīkstā r. – Kúscheltier *n*; ~as – *dsk.* Spíelsachen; ~u veikals – Spíelwarenhandlung *f*
rozā rósa, rósafarben, pink
roze *bot.* Róse *f*; *med.* Rosázea *f*
rozete Rosétte *f*
rozīne Rosíne *f*; liela gaišā r. – Sultaníne *f*; maza tumšā r. – Korínthe *f*
rožains rósa, rósig, rósafarbig
rubenis Bírkhahn *m*

R

rubīns *min.* Rubín *m*

rūd∥a Erz *n*; ~as atradne – Erzvor-
kommen *n*

rudens Herbst *m*

rūdīt stä´hlen, hä´rten

rudzi Róggen *m*

rudzupuķe *bot.* Kórnblume *f*

rugāji *dsk.* Stóppeln; bārdas r. – *dsk.*
Bártstoppeln

rūgt 1. gä´ren*; 2. (*par mīklu*)
áufgehen*

rūgt∥s bítter, herb; ~i vārdi *pārn.* –
herbe Worte; ~as asaras *pārn.* –
bittere Tränen

rūgušpiens Sáuermilch *f*

rūkt 1. brúmmen; múrren; 2. (*par
lauvu*) brü´llen; (*par suni*) knúr-
ren; (*par motoru*) drö´hnen; 3.: pēr-
kons rūc – es donnert

rūķis Zwerg *m*

rūķītis (*pasakās*) Wíchtelmännchen *n*

rulete (*azartspēle*) Roulétt [ru..] *n*,
Roulette [ru´lɛt] *n*

run∥a Réde *f*; par ko ir r.? – wovón
ist die Réde?; worúm hándelt es
sich?; par to nevar būt ne ~as –
davón kann keine Rede sein*;
(*prokurora vai advokāta – tiesā*)
Plädoyer [plɛdoa´je:] *n*

rūna (*rakstu zīme*) Rúne *f*

run∥āt spréchen*; réden; vai jūs

~ājat vāciski? – sprechen Sie
deutsch?; r. vairākās valodās –
mehrere Sprachen sprechen; starp
mums ~ājot – unter uns geságt

runīgs gesprä´chig

rūpals Gewérbe *n*

rūp∥es Sórge *f*; Kúmmer *m*; sagādāt
r. – Sorgen (Kummer) beréiten;
bez ~ēm – sorglos

rūpēties sórgen (*für*); sich kü´mmern
(*um*)

rūpīgs sórgfältig

rupjmaize Schwárzbrot *n*

rupjš grob; r. cilvēks *pārn.* – ein
grober Mensch, Gróbian *m*

rūpnīca Werk *n*; Betríeb *m*, Fabrík *f*

rūpniecīb∥a Industríe *f*; ~as nozare
– Industríezweig *m*; smagā r. –
Schwérindustrie *f*; apstrādes r. –
Verárbeitungsindustrie *f*; ieguves
r. – Grúndstoffindustrie *f*; vieglā
r. – Léichtindustrie *f*; bruņošanās
r. – Rü´stungsindustrie *f*; tēraud-
rūpniecība – Stáhlindustrie *f*

rūsa Rost *m*

rūsēt rósten

rušināt schárren, wü´hlen

rūta *bot.* Ráute *f*

rūtains karíert

rutks Réttich *m*

rūts: loga r. – Fénsterscheibe *f*

R

S

saasināt verschä'rfen, zúspitzen

saasināties sich verschä'rfen, sich zúspitzen

saaugt (kopā) zusámmenwachsen*, verwáchsen* (arī pārn.)

saaukstēties sich erkä'lten

sabaidīt erschrécken

sabats ebr. rel. Sábbat m

sabiedrība Geséllschaft f; akciju s. – A'ktiengesellschaft f; krājaizdevu s. – Kredítgenossenschaft f, Spar- und Darlehensvereinigung f; paju s. – Anteilgesellschaft f; starpnieksabiedrība – Maklergesellschaft f; tirdzniecības s. – Handelsgesellschaft f; lidsabiedrība – Fluggesellschaft f; celtniecības s. – Baugesellschaft f; s. ar ierobežotu atbildību (SIA) – Gesellschaft mit beschränkter Haftung (GmbH) f

sabiedrisk‖s 1. geséllschaftlich; Geséllschafts-; ö'ffentlich; ~ā iekārta – Gesellschaftsordnung f; ~ā doma – die öffentliche Meinung; 2. geséllig; s. cilvēks – geselliger Mensch

sabiedrotais Verbü'ndete m, Búndesgenosse m

sabiezēt sich verdíchten

sabīties erschrécken*

sabojāt verdérben*; (ar sliktu darbu) verpfúschen; vermásseln; s. veselību – seine Gesúndheit ruiníeren

sabotāža Sabotáge f

sabraukt (kādu) überfáhren*

sabrukums Zusámmenbruch m; Ruín m; nervu s. – Nérvenzusammenbruch m

sabulis zool. Zóbel m

saburzīt zerkníttern, zerknü'llen

sacaurumot durchlö'chern

sacelšanās Au'fstand m; Erhébung f

sacelties 1. (par vēju, vētru) sich erhében*; 2. (pret ko) sich erhében*; sich áuflehnen

sacensīb‖a 1. Wéttbewerb m; Wéttstreit m; 2. sp. Wéttkampf m; ~as skriešanā – Wettlauf m

sacensties wétteifern; (darbā) im Wéttbewerb stéhen*; s. skriešanā – um die Wette laufen*

sacepums kul. Au'flauf m, Púdding m

sacerējums Au'fsatz m

sacerēt verfássen

sacīkstes Wéttkampf m; zirgu skriešanās s. – Pférderennen n

sacīt ságen; ar vārdu sakot – mit einem Wort; atklāti sakot – offen geságt

sadale Vertéilung f

sadalīt téilen; vertéilen; (sastāvdaļās) zerglíedern; s. lomas – die Rollen verteilen

sadaļa Teil m

sadarbība Zusámmenarbeit f; Kooperatión f

sadedzināt verbrénnen*, éináschern

sadegt verbrénnen
saderēt[a] **1.** (*noslēgt derības*) wétten; **2.**: s. mieru – Fríeden schlíeßen*, *sar.* sich wíeder vertrágen*
saderēt[b] (*kopā*) zusámmenpassen
saderināties sich verlóben
saduļķoties sich trü'ben
sadura Fúge *f*; Náhtstelle *f*
sadursme Zusámmenstoß *m*; vairāku automašīnu s. – Karambolāge [..ʒə] *f*
sadurt zerstéchen*; (*ievainot*) verlétzen
sadusmoties zórnig wérden*
sadūšoties Mut fássen; sich (*dat.*) ein Herz fassen
sadzīt[a] (*kopā*) zusámmentreiben*; (*iekšā*) hinéintreiben*
sadzīt[b] (*par brūci*) vernárben, verhéilen, zúheilen
Saeima *pol.* Sáeima *f*, Seim *m*, Parlamént *n*
safari Safári *f*
safīrs *min.* Saphír *m*
safrāns Sáfran *m*
sagādāt 1. besórgen, bescháffen; **2.** (*prieku, bēdas u. tml.*) beréiten
sagāde Bescháffung *f*, Erfássung *f*
sagaidīt 1. erwárten; **2.** (*piem., viesus*) empfángen*
sagatavot vórbereiten
sagatavoties sich vórbereiten
saglabāt béibehalten; erhálten; wáhren; *dator.* spéichern
sāgo Ságo *m*
sagrābšana (*ķīlnieku*) Géiselnahme *f*

sagraut zerstö'ren, verníchten; ru|iníeren
sagremot verdáuen
sagriezt zerschnéiden*
sagrozīt verdréhen; (*vārdus, faktus – arī*) entstéllen; s. kādam galvu – j-m den Kopf verdrehen
sagrūt éinstürzen; zusámmenstürzen
saguris mü'de, ermü'det, ermáttet
sagūstīt gefángen nehmen*; (*saķert*) [éin]fangen*
saīdzis verdríeßlich, verdróssen, verstímmt, míssmutig
saieties verkéhren, úmgehen*
saimniecīb‖**a 1.** Wírtschaft *f*; tautsaimniecība – Vólkswirtschaft *f*; Gut *n*; mācību s. – Léhrgut *n*; paraugsaimniecība – Mústergut *n*; komunālā s. – Kommunálwirtschaft *f*; naturālā s. – Naturálwirtschaft *f*; noliktavu s. – Lágerwirtschaft *f*; patriarhālā s. – Patriarchálwirtschaft *f*; zemnieka s. – Báuernhof *m*; **2.** (*mājsaimniecība*) Háushalt *m*; vadīt ~u – den Haushalt betréuen
saimniekot wírtschaften, Wírtschaft fü'hren
saimnieks Wirt *m*; Herr *m*; Besítzer *m*
saindēšanās Vergíftung *f*
saindēties sich vergíften
sainis Bü'ndel *n*; Pakét *n*
sairt zerfállen*; (*laika apstākļu ietekmē*) verwíttern
saīsināt [ver]kü'rzen; (*vārdu*) ábkürzen

saistaudi *anat.* Bíndegewebe *n*

saistīt 1. [ver]bínden*; fésseln; **2.** *(valdzinãt)* fésseln

saistīts *(ar citiem datoriem)* dator. online ['ɔnlain]

saistīb‖a Verpflíchtung *f*; Verbíndlichkeit *f*; uzņemties ~as – Verpflichtungen übernéhmen*

sait‖e 1. Band *n*; Schnur *f*; *(piesiešanai)* Léine *f*; kurpju ~es – *dsk.* Schnü'rsenkel; **2.** *anat.* Band *n*; balss ~es – *dsk.* Stímmbänder; nabas s. – Nábelschnur *f*; **3.** *pãrn.* Band *n*; draudzības ~es – Fréundschaftsbande

sajaukt 1. vermíschen; verméngen; **2.** *(aiz pãrskatīšanãs, nezinãšanas)* verwéchseln; verméngen; **3.** *(radīt nekãrtību)* in U'nordnung bríngen*

sajēga Vórstellung *f*

sajukums Verwírrung *f*

sajūsm‖a Begéisterung *f*; būt ~ã – begéistert sein*

sajūsmināties sich begéistern *(für)*

sajust fü'hlen; empfínden*

sajūta Gefü'hl *n*; Empfíndung *f*

sakabe Kúpplung *f*

sakalst vertrócknen, verdórren

sakāmvārds Spríchwort *n*

sakarība Zusámmenhang *m*

sakarīgs zusámmenhängend

sakar‖s 1. Zusámmenhang *m*; ~ã ar... – im Zusammenhang mit...; ánlässlich *(ar ģen.)*; **2.**: ~i – Verbíndung *f*, Beziehung *f*; diplo-

mãtiskie ~i – diplomátische Beziehungen

sakarsēt erhítzen

sakarst heiß wérden*, sich erhítzen

sakārtojums A'nordnung *f*; matu s. – Háartracht *f*, Frisúr *f*

sakārtot órdnen; in O'rdnung bríngen*

sakausēt legíeren; schmélzen; verschmélzen; zusámmenschmelzen

sakaut schlágen*; s. ienaidnieku – den Feind schlagen*

sakāv‖e Níederlage *f*; ciest ~i – eine Niederlage erléiden*

sakn‖e 1. Wúrzel *f*; laist ~es – Wurzel schlagen*; **2.**: ~es – Gemü'se *n*

sakopot sámmeln

sakost zerbéißen*; *(par odiem)* stéchen*; s. zobus *pãrn.* – die Zähne zusámmenbeißen*

sakrāt *(naudu)* erspáren

sakraut láden*; verláden*; *(citu uz cita)* áufstapeln

sakropļot verkrü'ppeln, verstü'mmeln

sāk‖t begínnen*, ánfangen*; ~ot ar šodienu – ab heute

sākties begínnen*, ánfangen*; *(par karu, revolūciju – arī)* áusbrechen*

sakult *kul.* quírlen

sākumkapitāls Grúndkapital *n*

sākum‖s Begínn *m*, A'nfang *m*; *(kara, revolūcijas – arī)* Au'sbruch *m*; ~ã – anfangs, zu Beginn; am Anfang

sakupt, sarecēt gerínnen*

saķept zusámmenkleben

sala I'nsel *f*
salaka *iht.* Stint *m*
salami Salámi *f*
salāpīt (*veļu, drēbes*) áusbessern; (*zeķes*) stópfen
salasīt (*savākt*) sámmeln
salāti Salát *m*
salauzt zerbréchen*; s. roku – sich (*dat.*) den Arm brechen*
saldēdiens Náchspeise *f*, Dessert [dɛ'sɛ:r] *n*; Náchtisch *m*; Sü'ßspeise *f*
saldējum‖s [Spéise]eis *n*; ~a kafejnīca – Ei'sdiele *f*
saldē‖t (*produktus*) gefríeren lássen*; (*saldētavā*) tíefkühlen; ~ta gaļa – Gefríerfleisch *n*; ~ti augļi – gefróstetes Obst
saldētava (*ledusskapī*) Tíefkühlfach *n*
sald‖s süß; ~ais ēdiens – Sü'ßspeise *f*, Náchtisch *m*
saldumi *dsk.* Sü'ßigkeiten
saldviela Sü'ßstoff *m*
salīcis krumm; gebéugt
salidojums Tréffen *n*
salīdzinājums Vergléich *m*
salīdzin‖āt vergléichen*; ~ot ar... – im Vergléich zu ...
saliekt verbíegen*; (*piem., pirkstu*) krü'mmen
sālījums Pö'kel *m*
salikts zusámmengesetzt; s. teikums – zusámmengesetzter Satz
sālī‖t sálzen; pö'keln; ~ta gaļa – Pö'kelfleisch *n*; ~ta siļķe – Sálzhering *m*; ~ta zivs – gesálzener Fisch, Sálzfisch *m*

salizturīgs, salcietīgs fróstbeständig
salkans 1. sü'ßlich; **2.** *pārn.* fád[e], sü'ßlich
salmoneloze *med.* Salmonellóse *f*
salm‖s 1. Stróhhalm *m*; **2.**: ~i – Stroh *n*; ķerties kā slīcējam pie salmiņa – sich [wie ein Ertrínkender] an einen Strohhalm klammern
salna Frost *m*; (*zemes virskārtā*) Bódenfrost *m*
salocīt fálten; zusámmenlegen; (*papīru*) fálten, bréchen*
salons (*skaistumkopšanas*) Salon [za'lo:n] *m*
sals Frost *m*; ilgstošs s. – Dáuerfrost *m*
sāls Salz *n*
sālsraktuve Sálzbergwerk *n*
sālsstandziņa *kul.* Sálzstange *f*
sālstrauks Sálzfass *n*, Sálzstreuer *m*
salt fríeren*; man salst – mich friert, ich friere
salūzt zerbréchen*; *sar.* kapúttgehen*
salvete Serviette [..vī'ɛtə] *f*
salvija *bot.* Salbéi *m*
saļimt úmsinken*; hínsinken*
sāļš sálzig
samaks‖a Bezáhlung *f*; pret ~u – gegen Bezahlung
samaksāt bezáhlen
samaņ‖a Bewússtsein *n*, Besínnung *f*; zaudēt ~u – das Bewusstsein (die Besinnung) verlíeren*; atgūt ~u – zu[m] Bewusstsein (zur Besinnung) kommen*
samazināšana (*valsts sociālās palīdzības s.*) Soziálabbau *m*; *ek.*

S

(*naudas summas s., piem., budžetā*) A'bstrich *m*

samazināt verkléinern, vermíndern; (*ātrumu*) verríngern

samēr‖s Verhä'ltnis *n*; ~ā – verhä'ltnismäßig

samest wérfen*; s. kaudzē – auf einen Haufen werfen*

samierināt versö'hnen

samierināties (*ar kādu stāvokli*) sich ábfinden*, sich zufríedengeben*

samīt zertréten*

sams *iht.* Wels *m*

samts *tekst.* Samt *m*

samulsināt verwírren, verlégen máchen

samulsis verwírrt; betróffen

samulst in Verwírrung geráten*

sanācija Saníerung *f*

sanāksme Versámmlung *f*

sanākt [zusámmen]kommen*

sanatorija Sanatórium *n*

sāncensis Rivále [..v..] *m*, Nébenbuhler *m*; Konkurrént *m*

sandale Sandále *f*

saneši *ģeol.* Schwémmsand *m*, Sedimént *n*, A'bsatzgestein *n*

sanitārs Sanitä'ter *m*, Kránkenwärter *m*

sankcija Sanktión *f*, Bestä'tigung *f*; Bewílligung *f*; Erláubnis *f*; Zwángsmaßnahme *f*

sān‖s Séite *f*; no ~iem – von der Seite

saņemt (*dabūt*) erhálten*, bekómmen*; ◇ s. dūšu – sich (*dat.*) ein Herz fassen

saņemties sich zusámmennehmen*; áufraffen

sāņsolis (*laulības pārkāpums*) Séitensprung *m*; Au'srutscher *m*

sānus séitwärts, ábseits

saost ríechen*; (*par dzīvniekiem*) wíttern

sapelējis schímm[e]lig, verschímmelt

sāpes Schmerz *m*

sāpēt schmérzen, weh tun*; man sāp kakls – ich habe Halsschmerzen; man sāp kājas – mir tun die Füße weh

sapīcis verdríeßlich, mü'rrisch, verstímmt

sāpīgs schmérzhaft; *pārn.* schmérzlich

sāpināt betrü'ben, (*j-m*) Schmerz beréiten

saplēst zerréißen*; (*sasist*) zerbréchen*

saplīst (*par drēbēm*) zerréißen*; (*par traukiem*) zerbréchen*

sapnis Traum *m*

sapņot träu'men

saprast verstéhen*; (*izprast*) begréifen*

saprasties 1. (*satikt*) sich verstéhen*, sich vertrágen*; **2.** (*kādā jautājumā*) sich verstä'ndigen

saprašanās Verstä'ndigung *f*; Ei'nvernehmen *n*

saprātīgs vernü'nftig; verstä'ndig

saprāts Vernúnft *f*, Verstánd *m*

saprotams 1. verstä'ndlich; (*izprotams*) begréiflich; **2.** (*protams*) natü'rlich

sapulc‖e Versámmlung *f*; gada pārskata s. – Jáhreshauptversammlung *f*; vadīt ~i – den Vórsitz fü'hren

sapulcēties sich versámmeln; zusámmenkommen*

sapūt verfáulen

saputot zu Schnee schlágen*, steif schlágen*

sapuvis faul, verfáult

sarakstīt verfássen

sarakstīties im Bríefwechsel stéhen*; korrespondíeren

saraksts Verzéichnis *n*; Líste *f*; vilcienu s. – Fáhrplan *m*, Kúrsbuch *n*; stundu s. – Stúndenplan *m*; pasākumā klātesošo dalībnieku s. – A'nwesenheitsliste *f*; policijas meklējamo personu s. – Fáhndungsliste *f*; visu aparatūras sastāvdaļu s., komplektācija – Checkliste ['tʃεk..] *f*; lidmašīnas pasažieru s. – Chéckliste *f*

saraukt: s. pieri – die Stirn rúnzeln

saraustīts ábgerissen; ábgehackt

saraut zerréißen*

sarauties 1. sich zusámmenziehen*; **2.** (*par audumu*) éinlaufen*, éingehen*

sardīne *iht.* Sardíne *f*

sardonikss *min.* Sardonýx *m*

sardz‖e Wáche *f*, Wacht *f*; stāvēt ~ē – Wache halten*; godasardze – E'hrenwache *f*; *mil.* ~es telpa – Wáchstube *f*

sarecēt gerínnen*

sarežģījums Verwíck[e]lung *f*; Komplikatión *f*

sarežģīts verwíckelt; komplizíert

sargāt 1. bewáchen; (*kādu*) [be]schü'tzen; **2.** (*glabāt*) hü'ten, wáhren

sargāties (*no*) sich hü'ten (*vor ar dat.*), sich in acht nehmen* (*vor ar dat.*)

sargs Wä'chter *m*, Wä'rter *m*; durvju s. – Pfö'rtner *m*

sarīkojums Veránstaltung *f*

sarīkot veránstalten

sarkanrīklīte *ornit.* Rótkehlchen *n*

sarkans rot; s. zīmulis – Rotstift *m*

sarkt errö'ten

sarma Reif *m*

sārms Láuge *f*

sārņi *tehn.* Schlácke *f*

sārtsᵃ Schéiterhaufen *m*

sārtsᵇ rósa; (*piem., par vaigiem*) rósig

sarūgtinājums Verbítterung *f*, Krä'nkung *f*

sarūgtināt verbíttern, krä'nken

sarun‖a 1. Gesprä'ch *n*, Unterháltung *f*; izklaidējoša s. – A'blenkung *f*; vietēja telefona s. – O'rtsgespräch *n*; **2.**: ~as – Verhándlungen; ~u ceļā – auf dem Verhandlungsweg

sarunāties sich unterhálten

sarunvaloda U'mgangssprache *f*

sasalt 1. gefríeren*; **2.** (*par taukiem*) gerínnen*

sasaukt (*kopā*) zusámmenrufen*; (*sapulci, kongresu*) éinberufen*

sasiet bínden*; (*kopā*) zusámmenbinden*; s. mezglu – einen Knóten knü'pfen

sasildīt erwä'rmen; áufwärmen

sasildīties sich erwä′rmen

sasist 1. (*traukus*) zerschlágen*; zerbréchen*; 2. (*piem., roku*) verlétzen

sasisties sich verlétzen; sich stóßen*; sich préllen

saskābt sáuer wérden*

saskaitīt zä′hlen; (*kopā*) zusámmenzählen; (*mat. – arī*) addíeren

saskanēt 1. überéinstimmen; 2. (*harmonēt*) zueinánder pássen, harmoníeren

saskaņ‖a 1. Überéinstimmung *f*, Ei′nklang *m*; ~ā ar likumu – laut des Gesétzes; 2. Harmoníe *f*

saskaņot koordiníeren; ábstimmen

saskare Berü′hrung *f*

saskarne *dator.* Interface [′intərfeis] *n*, Schníttstelle *f*

saskrāpēt zerkrátzen

saslimšana Erkránkung *f*

saslimt krank wérden*, erkránken (*an ar dat.*)

sasmacis (*par gaisu*) múffig

sasniegt erréichen; erzíelen

sasniegums Errúngenschaft *f*; Léistung *f*; labākais s. – Béstleistung *f*

saspiest quétschen; zerquétschen; zerdrü′cken

saspīlējum‖s Spánnung *f*; ~a mazināšanās – Entspánnung *f*

saspraude (*papīram*) Büróklammer *f*

saspraust (*kopā*) zusámmenstecken; (*ciet*) zústecken

saspraužam‖s: ~ā adata – Sícherheitsnadel *f*

sasprēgāt áufspringen*; ríssig wérden*

sasprindzinā‖t ánspannen; ar ~tu uzmanību – mit angespánnter Aufmerksamkeit; ~tas attiecības – gespánnte Beziéhungen

sastādīt (*valdību, komisiju*) bílden; s. plānu – einen Plan aufstellen; s. bilanci – Bilánz erstéllen

sastādītājs (*grāmatas*) Au′tor *m*, Verfásser *m*

sastatnes Gerü′st *n*; celtniecības s. – Báugerüst *n*

sastāvdaļa Bestándteil *m*

sastāvēt bestéhen* (*aus*)

sastāvs 1. (*piem., vielu*) Zusámmensetzung *f*; Struktúr *f*; 2. Bestánd *m*; personālsastāvs – Personálbestand *m*

sastiepums Zérrung *f*; cīpslas s. – Séhnenzerrung *f*; muskuļu s. – Múskelzerrung *f*

sastindzis erstárrt, starr

sastingt erstárren, starr wérden*

sastingums Stíllstand *m*, Stóckung *f*; Stagnatión *f*

sastrēgums (*satiksmes, darbu*) Stóckung *f*; (*piem., ledus*) Stáuung *f*; (*uz ielas*) Stóßverkehr *m*; satiksmes s. – Verkéhrsstockung *f*

sastrēgumstunda Spítzenverkehr *m*, Verkéhrsspitze *f*, Verkéhrsstau *m*, Háuptverkehrszeit *f*

sastrīdēties sich verzánken, in Streit geráten*, sich überwérfen*

sasukāt (*matus*) kä′mmen

sasveicināties sich begrü′ßen

sasvīdis verschwítzt

sašūt (*kopā*) zusámmennähen
sašutis entrü'stet, empö'rt
satelītantena Satellítantenne *f*
satelīts Satellít *m*
saticība Ei'ntracht *f*
saticīgs verträ'glich; éinträchtig
sātīgs náhrhaft; sä'ttigend
satiksme Verkéhr *m*; Verbíndung *f*; dzelzceļa s.– Ei'senbahnverkehr *m*; tieša s. – dirékte Verbíndung
satikšanās Tréffen *n*, Begégnung *f*; (*norunāta*) Rendezvous [rāde'vu:] *n*, Stélldichein *n*; s. vieta –Tréffpunkt *m*
satikt 1. tréffen*, begégnen (*ar dat.*); **2.** (*sadzīvot*) sich vertrágen*
satikties sich tréffen*
satīns *tekst.* Satin [za'tɛ̃:] *m*
satīrisks satírisch
satīt 1. (*saritināt*) zusámmenrollen; **2.** (*ietīt*) éinwickeln
satrauk‖t áufregen, errégen; ~ts – áufgeregt, errégt
satraukums Au'fregung *f*, Errégung *f*
satricinājums Erschü'tterung *f*; (*smadzeņu*) *med.* Gehírnerschütterung *f*
satricināt erschü'ttern
satriekt 1. zerschméttern; **2.** *pārn.* erschü'ttern
satriekts *pārn.* erschü'ttert
satrūkties zusámmenfahren*
satrupēt verfáulen, vermódern
satumst dúnkeln, dúnkel wérden*
satur‖s I'nhalt *m*; Gehált *m*; ~a rādītājs – I'nhaltsverzeichnis *n*; s. un forma – Gehalt und Form

satversme Verfássung *f*, Stáatsgrundgesetz *n*, Konstitutión *f*
satvert ergréifen*, pácken, fássen
sauciens Ruf *m*
saudzēt schónen
saudzīgs schónungsvoll, schónend
sauj‖a 1. die hóhle Hand; sit ~ā! (*vienojoties*) – schlag ein!; **2.** Hándvoll *f*; s. miltu – eine Handvoll Mehl
sauklis (*teikums reklāmā*) Slogan ['slo:gn] *m*
saukt 1. rufen*; s. pie atbildības – zur Verántwortung ziehen*; **2.** héißen*; kā jūs sauc? – wie heißen Sie?; viņu sauc Jānis – er heißt Jānis
saulains sónnig
saul‖e Sónne *f*; ~es lēkts – Sonnenaufgang *m*; ~es riets – Sonnenuntergang *m*
saulgrieze *bot.* Sónnenblume *f*
saulgrieži Sónnenwende *f*
sauljums (*markīze*) Markíse *f*
sauļoties sich sónnen, in der Sónne líegen*
sauna Sáuna *f*, fínnisches Dámpfbad *n*
sausiņš Zwíeback *m*
sausmaizīte Knä'ckebrot *n*
sauspiens Tróckenmilch *f*
sauss trócken; dürr, vertrócknet
sausums 1. Tróckenheit *f*; **2.** (*sauss laiks*) Dü'rre *f*
sauszeme Féstland *n*
sautējums (*no dārzeņiem vai dārzeņiem un gaļas*) Ei'ntopf *m*

sautēt (*gaļu, saknes*) dä'mpfen, schmóren; (*karstā ūdenī, ar kompresēm*) bä'hen

savāds séltsam, sónderbar, mérkwürdig

savākt sámmeln; (*naudu, burtnīcas u. tml.*) éinsammeln

savaldīgs behérrscht

savaldīt bä'ndigen; zü'geln; s. asaras – die Tränen unterdrü'cken

savaldīties sich behérrschen; zaudēt savaldīšanos – *sar.* dúrchdrehen

savaldzināt faszinéieren

savdabīgs éigentümlich, éigenartig

saviebties das Gesícht verzíehen*

savienīb‖a Unión *f*; Bund *m*, Bü'ndnis *n*; Verbánd *m*; rakstnieku s.– Schríftstellerverband *m*; muitas s. – Zóllunion *f*; noslēgt ~u – ein Bündnis (einen Bund) schließen*

savienojams *dator.* kompatíbel

savienojums Verbíndung *f*; ķīmisks s. – chemische Verbindung

savienot veréinigen; verbínden*; s. telefonsarunu – dúrchstellen

savilkt zusámmenziehen*; s. sejas ādu kosmētiskas ķirurģiskas operācijas gadījumā – líften

savilkties sich zusámmenziehen*; (*par mākoņiem*) sich zusámmenballen

saviļņojums Gemü'tsbewegung *f*

savlaicīg‖s réchtzeitig; ~i – rechtzeitig, zur rechten Zeit

savrupmāja Ei'genheim *n*, Ei'nfamili|enhaus *n*

sav‖s mein, dein, sein, ihr, únser, éuer, ihr; viņa dzīvo pie ~as māsas, viņš – pie ~a brāļa – sie wohnt bei ihrer Schwester, er – bei seinem Bruder

savstarpējs gégenseitig

sazāģēt [zer]sä'gen

sazaroties sich verzwéigen

sazināties (*ar kādu*) sich mit j-m in Verbíndung sétzen; mit j-m Kontákt áufnehmen*

sazvērestība Verschwö'rung *f*; *sar.* Palástrevolution *f*

scenārijs (*filmas*) Dréhbuch *n*; (*notikumu*) Szenário *n*

scientoloģija Scientologíe *f*

seanss (*kino*) Vórstellung *f*

secība Réihenfolge *f*, Aufeinánderfolge *f*

secinājum‖s [Schlúss]folgerung *f*; Schluss *m*; izdarīt nepareizu ~u – einen falschen Schluss ziehen*

secināt fólgern, schlíeßen*

sēde Sítzung *f*

sēdeklis Sitz *m*; (*lidmašīnas katapultas*) Schléudersitz *m*

sēdēt sítzen*; s. pie galda – 1) am Tisch sitzen*; 2) (*ēdot*) zu (bei) Tisch sitzen*

sēdvieta Sítzplatz *m*

sega Décke *f*; (*gultas*) Béttdecke *f*

segli Sáttel *m*

segt décken

segums Déckung *f*; zelta s. – Góldbestand *m*

seifs Safe [seif] *m*, Tresór *m*; Pánzer-schrank *m*; nakts s. bankā – Nácht-tresor *m*

sej‖a Gesícht *n*; ~as panti – Gesíchts-züge

sēja [Au's]saat *f*

sējums (*grāmatas*) Band *m*

sekas Fólge *f*; tam var būt ļaunas s. – das kann schlimme Folgen haben

sekcija[a] **1.** (*mēbeļu s. pa visu sienu*) Schránkwand *f*; **2.** A'bteilung *f*; Grúppe *f*

sekcija[b] *med.* Obduktión *f*

sēkla Sámen *m*; (*ābolam u. tml.*) Kern *m*; (*sēšanai*) Saat *f*, Sáatgut *n*

sēklis Sándbank *f*

sēklkopība Sámenzucht *f*

sekls seicht, flach; *pārn.* fáde

sekmes Erfólg *m*; Fórtschritt *m*; gūt s. mācībās – Fortschritte machen

sekmēt fö'rdern; begü'nstigen

sekmīg‖s erfólgreich; ~i – mit Erfólg, erfolgreich

sekot fólgen; (*neatlaidīgi*) verfólgen; s. kādam ar acīm – j-n mit den Augen verfolgen

sekretārs Sekretä'r *m*; preses s. – Préssesprecher *m*

seksfilma Séxfilm *m*

seksīgs séxy

sekss Sex *m*; ātrais s. – *sar.* Quíckie *m vai n*

sektors Séktor *m*; A'bschnitt *m*; ekonomikas s. – Wírtschaftssek-tor *m*; tirdzniecības s. – Hándels-sektor *m*

sekunde Sekúnde *f*

semestris Seméster *n*

seminārs Seminár *n*

sen längst; ļoti s. – lánge her

senatne A'ltertum *n*

sendvičs Sandwich ['zɛntvitʃ] *n*

sēne Pilz *m*; pelējuma sēnīte – Schímmelpilz *m*; rauga sēnīte – Héfepilz *m*; ādas sēnīte *med.* – Háutpilz *m*; kāju sēnīte – Fúßpilz *m*

senils seníl

sen‖s alt; ~os laikos – in alten Zeiten

sensācij‖a Sensatión *f*, Au'fsehen *n*; radīt ~u – [großes] Aufsehen errégen

sentimentāls sentimentál, rü'hr-selig

sēņot Pílze súchen (sámmeln)

sepse *med.* Blútvergiftung *f*, Sépsis *f*

septembris Septémber *m*

septiņdesmit síebzig

septiņi síeben

septiņpadsmit síebzehn

septītais síeb[en]te

sēras Tráuer *f*

serde Mark *n*; (*augļu*) Kérngehäuse *n*

serenāde Serenáde *f*, Stä'ndchen *n*

sērfing‖s *sp.* Wíndsurfing [..sø:rfiŋ] *n*; ~a dēlis – Súrfbrett *n*

sērfot surfen ['sø:rfn]

sērga Séuche *f*; mutes un nagu s. – Maul- und Kláuenseuche *f*

sērija Séri‖e *f*, Set *n*; izmēģinājumu s. – Versúchserie *f*, Versúchsreihe *f*; pastmarku s. – Bríefmarkenserie *f*; kriminālsērija – Krímiserie *f*

S

sērijveida- Sérien-; s. celtniecība – Sérienbau *m*; s. ražošana – Sérienfertigung *f*, Sérienherstellung *f*, Sérienproduktion *f*

sērkociņ‖š Stréichholz *n*; ~u kastīte – Stréichholzschachtel *f*

sērot tráuern

sērs ķīm. Schwéfel *m*

sertifikāts Zertifikát *n*, Beschéinigung *f*, Bestä'tigung *f*, Begläu'bigung *f*; kvalitātes s. – Qualitä'tszertifikat *n*; privatizācijas s. – Privatisíerungszertifikat *n*

serums Sérum *n*; čūsku s. – Schlángenserum *n*

serveris (*centrālais dators*) dator. Server ['zø:rvər] *m*

servīze Service [..'vi:s] *n*

sesija Tágung *f*

sesks Íltis *m*

sestais séchste

sestdiena Sónnabend *m*, Sámstag *m*

sēsties sich sétzen

sešdesmit séchzig

seši sechs

sešpadsmit séchzehn

sēt sä'en

sēta 1. Zaun *m*; 2. (*pagalms*) Hof *m*

sētnieks Háusmeister *m*, Háusmann *m*, Háuswart *m*

sevišķ‖s besónder; ~i – besónders, insbesóndere; nekas s. – nichts Besónderes

sezams Sésam *m*

sezona Saison [sɛ'zɔ̃:] *f*; (*teātra*) Spíelzeit *f*

sezonāls saisonal [sɛzɔ'na:l]

sfēra Sphä're *f*; darbības s. – Wírkungskreis *m*; ietekmes s. – Ei'nflussbreich *m*; interešu s. – Interéssenbereich *m*; privātsfēra – Intímsphäre *f*, Privátsphäre *f*

shēma Schéma *n*; slēguma s. *el*. – Scháltschema *n*, Scháltungsschema *n*

sidrs Cidre ['si:drə] *m*

siekalas Spéichel *m*; s. saskrien mutē – das Wasser läuft im Munde zusámmen

siena Wand *f*; zviedru s. *sp*. – Spróssenwand *f*; sienasavīze – Wándzeitung *f*

sienāzis Héuschrecke *f*, Gráshüpfer *m*

siens Heu *n*

sierotava Käseréi *f*

siers Kä'se *m*; kausētais s. – Schmélzkäse *m*

siet bínden*; (*mezglu*) knü'pfen

siets Sieb *n*

sieva (*dzīvesbiedre*) Frau *f*; Gáttin *f*

sieviete Frau *f*; Weib *n*; jauna s. – sar. Tússi *f*; karjeriste – Karri|érefrau *f*

sievišķīgs fráulich, fráuenhaft, wéiblich; (*par vīrieti*) wéibisch

signālierīce (*ugunsdzēsēju izsaukšanai*) Féuermelder *m*

signalizēt signalisíeren

signāls Signál *n*; trauksmes s. – Alármsignal *n*; brīdinājuma s. – Wárnsignal *n*; gaismas s. – Líchtsignal *n*

S

signālspuldze Signállampe *f*, Signál- licht *n*

sijāt síeben

sīknauda Kléingeld *n*, Wéchselgeld *n*

sīkražošana Kléinfertigung *f*, Kléin- produktion *f*

sīks 1. klein; wínzig; **2.** (*detalizēts*) áusführlich

siksna Ríemen *m*

sikspārnis *zool.* Flédermaus *f*

sīksts 1. zäh; **2.** (*skops*) knáus[e]rig, géizig

sīkt súmmen

sīktirgotājs Kléinhändler *m*

sīkum‖s 1. Kléinigkeit *f*; (*nesvarīgs*) Lappáli|e *f*; **2.** (*detaļa*) Eiʹnzelheit *f*; visos ~os – in allen Einzelheiten

sīkumtirgus Tröʹdelmarkt *m*, Flóh- markt *m*

sildīt wäʹrmen

sildītājs Wäʹrmer *m*; (*ausu*) parasti *dsk.* Oʹhrenschützer *m*; (*gumijas s. ar ūdeni*) Wäʹrmeflasche *f*

sildīties sich wäʹrmen

silikons *ķīm.* Silikón *n*

silt‖s warm; ~a ziema – milder Wínter

siltumnīc‖a Tréibhaus *n*, Gewäʹchs- haus *n*; ~as efekts *met.* – Treib- hauseffekt *m*

siltums Wäʹrme *f*

siļķe Héring *m*; kūpināta s. – Büʹck- ling *m*

simbols Symból *n*, Sínnbild *n*

simetrisks symmétrisch

simfonija Symphoníe *f*, Sinfoníe *f*

simfonisk‖s symphónisch, sinfónisch; ~ais orķestris – Symphoníeorchester *n*, Sinfoníeorchester *n*

simpātija Sympathíe *f*; Zúneigung *f*

simpātisks sympáthisch

simptoms Symptóm *n*

simts húndert

simulators (*aparāts*) Simulátor *m*

sindikāts Syndikát *n*

sindroms Syndróm *n*

sinepes Senf *m*

singls (*maza skaņuplate, kur katrā pusē ir tikai viena dziesma*) Single [siŋgl] *f*

sinonīms Synoným *n*

sintētisk‖s synthétisch; ~a viela – Kunststoff *m*

sintezators *mūz.* Synthesátor *m*

sīpols Zwíebel *f*; Schalótte *f*

sird‖s Herz *n*; slimot ar ~i – hérz- krank sein*; *med.* iedzimta sirds- kaite – Hérzfehler *m*; sirdsklauves – Hérzflimmern *n*; ◇ ņemt pie s. – sich (*dat.*) zu Herzen nehmen; no visas s. – von ganzem Herzen

sirdsapziņ‖a Gewíssen *n*; ~as pār- metumi – *dsk.* Gewíssensbisse

sirdslēkme Hérzanfall *m*, Hérzat- tacke *f*

sirmgalvis Greis *m*

sirms grau, ergráut

sirsnīg‖s hérzlich; ínnig; ~i sveicieni – herzliche Grüße

sīrups Sírup *m*

sist 1. schlágen*; **2.** (*par sirdi, pulsu*) schlágen*, klópfen sistēma Systém *n*; izglītības s. – Bíldungssystem *n*; sakaru s. – Kommunikatiónssystem *n*; tarifu s. – Tarífsystem *n*; tiesu s. – Geríchtssystem *n*

sistemātisks systemátisch

sitiens Schlag *m*

situācija Situatión *f*

sivēns Férkel *n*

sīvs 1. (*ass*) scharf; (*pikants*) wü'rzig; (*kodīgs*) béißend; 2. *pārn.* erbíttert

skabarg‖a Splítter *m*; ieraut ~u – sich (*dat.*) einen Splitter einreißen*

skābbarība Gä'rfutter *n*, Sílofutter *n*

skābe Säu're *f*

skābeklis Sáuerstoff *m*

skābenes Sáuerampfer *m*

skābēt [éin]säuern; (*lopbarību* – *arī*) silíeren

skāb‖s sáuer; ~i kāposti – Sáuerkraut *n*

skafandrs (*astronauta*) Ráumanzug *m*

skaida Span *m*; zāgskaidas – Sä'gemehl *n*, dsk. Sä'gespäne

skaidrīb‖a Klárheit *f*; tikt ~ā (*par kaut ko*) – ins klare kommen* (*über ar ak.*); būt ~ā – [sich (*dat.*)] im klaren sein*

skaidroties *met.* áufklaren, sich áufheitern

skaidr‖s 1. klar; 2. (*labi saprotams*) déutlich, klar; 3. (*acīm redzams*) óffenbár; evidént [..v..]; 4.: ~a nauda – bares Geld; maksāt ~ā naudā – in bar (barem Geld) zahlen

skaists schön

skaistums Schö'nheit *f*

skaitīšana (*oficiāla tautas s.*) *pol.* Vólkszählung *f*

skaitīt zä'hlen

skaitītājs (*gāzes*) Gászähler *m*; Geigera s. – Géigerzähler *m*

skaitlis Zahl *f*; pārskaitlis – geráde Zahl; nepārskaitlis – ungerade Zahl; skaitļa vārds *gram.* – Zahlwort *n*, Numerále *n*

skait‖s [A'n]zahl *f*; pilnā ~ā – vollzählig; tai ~ā – darúnter; neoficiālais, slēptais s. – Dúnkelziffer *f*

skala Skála *f*; Rihtera s. – Ríchterskala *f*

skaldīt (*malku*) spálten, hácken

skalot spü'len; s. kaklu – gúrgeln

skalpelis Skalpéll *n*

skaļrunis Láutsprecher *m*

skaļš laut

skandāls Skandál *m*

skanēt 1. tö'nen; klíngen*; 2. (*par tekstu*) láuten

skaņ‖a 1. Schall *m*; Klang *m*; Ton *m*; skaņuplate – Schállplatte *f*; ~u filma –Tónfilm *m*; 2. (*valodas*) Laut *m*

skapis Schrank *m*; piekaramais s. virtuvē – Hä'ngeschrank *m*

skarbs rauh, herb; schroff; s. klimats – rauhes Klima

skārds Blech *n*

skart tangíeren, berü'hren

skate Schau *f*

skatiens Blick *m*

skatītājs Zúschauer *m*
skatīties séhen*, scháuen, blícken; s. uz kādu – j-n anschauen (ansehen*)
skatlogs Scháufenster *n*
skat‖s 1. Au'ssicht *f*; A'nblick *m*; istaba ar ~u uz jūru – ein Zimmer mit Aussicht auf die See; **2.** (*teātrī*) Au'ftritt *m*, Széne *f*
skatuve Bü'hne *f*
skaudīgs néidisch
skauts Pfádfinder *m*
skava (*papīra*) Héftklammer *f*
skeneris Scanner ['skɛnər] *m*
skeptisks sképtisch
skice Entwúrf *m*, Skízze *f*
skleroze *med.* Skleróse *f*; izkaisītā s. – multíple Skleróse
skol‖a Schúle *f*; specskola (*atpalikušiem bērniem*) – Sónderschule *f*; pagarinātās dienas s. – Tágesheimschule *f*; (*pieaugušo izglītības iestāde ar vakara nodarbībām vai kursiem*) Vólkshochschule *f*; iet ~ā – in die Schule gehen*; iet uz ~u – zur Schule gehen*
skolnieks Schü'ler *m*
skolotājs Léhrer *m*
skops géizig, karg; s. vārdos – wórtkarg
skorpions Skorpión *m*
skraidīt [herúm]laufen*
skrāpēt krátzen
skrāpis Schábeisen *m*, Scháber *m*
skrejceļš (*lidmašīnas nolaišanās*) Lándebahn *f*

skrējējs Läu'fer *m*; īso distanču s. – Sprinter *m*, Kurzstreckenläufer *m*; garo distanču s. – Langstreckenläufer *m*, Langstreckler *m*
skrējiens Lauf *m*; lēns s. – Jógging *n*; šķēršļu s. – Híndernislauf *m*
skrejritenis Róller *m*
skriemelis *anat.* Wírbel *m*
skriet láufen*; (*lēni*) jóggen
skrimslis Knórpel *m*
skrimšļaudi *anat.* Knórpelgewebe *n*
skrituldēlis Skateboard ['skeitbɔːd] *n*
skrituļkurpes Róllschuh *m*
skropsta Wímper *f*
skrūve Schráube *f*
skrūvēt schráuben
skrūvgriezis Schráubenzieher *m*
skudr‖a A'meise *f*; ~u pūznis – Ameisenhaufen *m*
skuj‖as *dsk.* Nádeln; ~u koki – *dsk.* Nadelbäume
skulptūra Skulptúr *f*, Plástik *f*
skumjš tráurig, betrü'bt
skumt sich grä'men, sich hä'rmen; tráurig sein*
skūpstīt kü'ssen
skūpsts Kuss *m*
skurstenis Schórnstein *m*
skursteņslaucītājs Schórnsteinfeger *m*
skūt rasíeren; skuveklis – Rasíerapparat *m*; Rasíerer *m*
skūtgalvis (*radikāls jaunietis*) Skinhead ['skinhɛd] *m*
skūties sich rasíeren
skvošs *sp.* Squash [skvɔʃ] *n*
slaids schlank

S

slaists Búmmler *m*

slaloms *sp.* Slálom *m*

slāneklis *min.* Schíefer *m*

slānis Schicht *f*; sabiedrības s. – Geséllschaftsschicht *f*, Bevö'lkerungsgruppe *f*; vidusslānis – Míttelschicht *f*; plāns naftas s. uz ūdens – Ö'lfilm *m*; sabiedrības sociālais s., kam ir lielākā vara un kas parasti ir konservatīvs – *parasti vsk.* Establishment [is'tæbliʃmənt] *n*

slāpeklis ķīm. Stíckstoff *m*

slāpes Durst *m*

slapjš nass

slāpt dü'rsten; man slāpst – es dürstet mich

slaucīt 1. wíschen; (*nosusināt – arī*) trócknen; s. putekļus – Staub wischen; **2.** (*ar slotu*) fégen, kéhren

slaukt mélken

slava 1. Ruhm *m*; **2.** (*reputācija*) Ruf *m*

slavens berü'hmt

slavēt rü'hmen, lóben, préisen*

slazd‖s Fálle *f*; iekrist ~ā – in die Falle gehen*

slēdziens Schluss *m*, Schlússfolgerung *f*; eksperta s. – Gútachten *n*

slēdzis Schálter *m*; Régler *m*

slēgšana (*brīdis, pēc kura veikalā vairs nedrīkst neko pārdot*) Ládenschluss *m*

slēgt 1. schlíeßen*; **2.**: s. mieru – Frieden schließen*; s. līgumu – einen Vertrág schließen*

slēģis [Fénster]laden *m*

sleja Stréifen *m*; Spálte *f*

slēpe Ski [ʃi:] *m*; ūdensslēpes – *dsk.* Wásserski

slepen‖s gehéim; héimlich; ~i – im gehéimen

slepkava Mö'rder *m*

slepkavība Mord *m*

slēpošana Skílaufen [ʃi:...] *n*

slēpot Ski [ʃi:] láufen*

slēpotājs Skíläufer [ʃi:...] *m*

slēpt 1. (*noglabāt*) verstécken; **2.** (*turēt slepenībā*) gehéim halten*; (*neizpaust*) verhéhlen; es negribu tev slēpt, ka... – ich will dir nicht verhehlen, dass...

slēpties (*paslēpties*) sich verstécken

slida Schlíttschuh *m*

slidens glatt

slīdēt 1. gléiten*; **2.** (*paslīdēt, noslīdēt*) rútschen

slidkalniņš (*bērniem*) Rútschbahn *f*

slidošana Schlíttschuhlaufen *n*, Ei'slaufen *n*

slidot Schlíttschuh láufen*

slidotājs Schlíttschuhläufer *m*, Ei'släufer *m*

slidotava Ei'sbahn *f*

sliece Kúfe *f*

slied‖e 1. Schíene *f*; dzelzceļa ~es – dsk. Eisenbahnschienen, Geléise *n*; izsist no ~ēm pārn. – aus dem Geleise bringen*; **2.** (*piem., riteņa*) [Rád]spur *f*

slieksnis Schwélle *f*

slīkt ertrínken

slikt‖s schlecht; schlimm; ü'bel; man ir ~a dūša – mir ist übel

slimība Kránkheit *f*; Léiden *n*; arod-slimība – Berúfskrankheit *f*; bērnu s. – Kínderkrankheit *f*; garīga s. – Géisteskrankheit *f*; seksuāli trans-misīva s. – Geschléchtskrankheit *f*; infekcijas s. – Infektiónskrankheit *f*

slimīgs 1. krä'nklich; siech; **2.** *pārn.* kránkhaft

slimnīca Kránkenhaus *n*; Klínik *f*; s. veciem, neārstējami slimiem cil-vēkiem – Hospíz *n*; kara s. – Lazarétt *n*

slimnieks Kránke *m*

slimokase Kránkenkase *f*

slimot krank sein*; (*ilgstoši*) léiden* (*an ar dat.*)

slims krank; s. ar jūras slimību – sée-krank

slinkot fáulenzen

slinks faul

slinkums Fáulheit *f*

slīpēt schléifen

slīps schräg; schief

slīpums Schrä'ge *f*; Néigung *f*; Bö'schung *f*

slodze Belástung *f*

slogs *pārn.* Last *f*, Bü'rde *f*

sloka *ornit.* Schnépfe *f*

slota Bésen *m*

sludinājums A'nzeige *f*, Inserát *n*

slūžas Schléuse *f*

smacīgs stíckig, dumpf

smadzenes Gehírn *n*; Hirn *n*; kaulu s. – [Knóchen]mark *n*; muguras s. – Rü'ckenmark *n*; *sar. pārn.* sma-dzeņu skalošana – Gehírnwäsche *f*

smaganas Záhnfleisch *n*

smagatlētika *sp.* Schwérathletik *f*

smag‖s schwer; ~ā automašīna – Lastkraftwagen *m*, Lastauto *n*

smagums Schwére *f*

smaidīt lä'cheln

smaids Lä'cheln *n*

smaile (*kalna*) Pik *m*, Gípfel *m*; (*torņa, naglas u. tml.*) Spítze *f*

smaka Gerúch *m*

smalcinātājs (*papīru*) Réißwolf *m*

smalkāda Chevreau ['ʃɛvro:] *n*

smalkjūtīgs féinfühlig, féinfühlend

smalkmaizīte Brö'tchen *n*

smalks fein; (*par diegiem* – *arī*) dünn; (*par balsi*) zart, dünn

smaragds *min.* Smarágd *m*

smarž‖a Duft *m*; ~as – Parfü'm *n*

smaržīgs dúftig, wóhlriechend

smaržot dúften

smēķēt ráuchen

smēķētājs Ráucher *m*

smelt schö'pfen

smērēt schmíeren; tas, ko smērē uz maizes – Au'fstrich *m*

smidzenis *met.* Níeselregen *m*

smidzināt 1. (*līņāt*) níeseln; **2.** (*ar aparātu*) zerstäu'ben

smiekli Láchen *n*, Gelä'chter *n*

smieklīgs lä'cherlich

smieties láchen

smilšakmens Sándstein *m*

smilšstrūklotājs *tehn.* Sándstrahl-gebläse *n*

smilt[i]s Sand *m*; plūstošās s. – Tréibsand *m*

S

smiltsērkšķis *bot.* Sánddorn *m*

smīnēt schmúnzeln; häˈmisch läˈcheln; grínsen

smirdēt stínken*

smogs Dúnstglocke *f*; Smog *m*

snaust schlúmmern

sniegadēlis Snowboard [ˈsnoʊbɔːrt] *n*

Sniegbaltīte (*pasaku tēls*) Schneewíttchen *n*

sniegpārsla Schnéeflocke *f*

sniegputenis (*spēcīgs*) *tikai vsk.* Schnéetreiben *n*

snieg∥s Schnee *m*; ~a arkls (*ielu tīrāmā mašīna, kas sniegu nobīda malā*) – Schnéepflug *m*

sniegt 1. réichen; s. roku – die Hand reichen (geben*); **2.**: s. palīdzību – Hilfe leisten

sniegties 1. (*plesties*) sich erstrécken; réichen; **2.** (*pēc kā*) lángen (*nach etw.*)

snigt schnéien; snieg – es schneit

snobs *sar.* Schíckimicki *m*

snuķis Rüˈssel *m*

sociāl∥s soziál, Soziál-; ~ā nodrošināšana – Sozialversicherung *f*

socioloģija Geséllschaftslehre *f*

sodīt [be]stráfen

sodrēji Ruß *m*

sod∥s Stráfe *f*; ~a nauda – Búßgeld *n*, Strafe *f*; s. par nodokļu nemaksāšanu – Stéuerhinterziehungsstrafe *f*; cietumsods – Háftstrafe *f*

soja Sója *f*

solārijs Solárium *n*

solījum∥s Verspréchen *n*; turēt ~u – das Versprechen halten*

solis Schritt *m*; ik uz soļa – auf Schritt und Tritt

solists Solíst *m*

solīt verspréchen*

sols Bank *f*

soļot marschíeren; (*lēni, svinīgi iet*) schréiten*

soma Tásche *f*; rokassoma – Hándtasche *f*; plecu s. – Uˈmhängetasche *f*

soprāns *mūz.* Soprán *m*

spageti *kul. dsk.* Spaghétti

spaid∥i Zwang *m*; ~u kārtā – zwangsweise

spainis Eiˈmer *m*

spalgs (*par kliedzienu*) géllend; (*par svilpienu*) schrill

spalv∥a 1. (*putna un rakstāmā*) Féder *f*; **2.** (*dzīvnieka*) Haar *n*; mest ~u (*par dzīvniekiem*) háaren

spaļi (*linu*) Schábe *f*

spāre Libélle *f*

sparģeļi Spárgel *m*

spārn∥s Flüˈgel *m*; (*relatīvi liela kādas ēkas daļa*) Trakt *m*; dienvidu ~ā – im südlichen Trakt

spar∥s Wucht *f*; Schwung *m*; *sar.* Pówer [ˈpaʊə] *f*; darbs rit pilnā ~ā – die Arbeit ist in vollem Gang

spazma Krampf *m*, Verkrámpfung *f*

speciālists Spezialíst *m*, Fáchmann *m*

specialitāte Spezialitäˈt *f*; Fach *n*

speciāls speziéll

S

specifikācija Spezifíźierung *f*

spēcīgs stark, krä'ftig

spēj‖a 1. Fä'higkeit *f*; **2.**: ~as – *dsk.* Fä'higkeiten, Begábung *f*

spējīgs 1. fä'hig; **2.** (*apdāvināts*) fä'hig, begábt, taléntvoll

spējš plö'tzlich, jäh

spēk‖s 1. Kraft *f*; gribasspēks – Willenskraft *f*; dabasspēks – Natúrgewalt *f*; kopējiem ~iem – mit veréinten Krä'ften; **2.**: stāties ~ā – in Kraft treten*

spektrs Spéktrum *n*; Palétte *f*; Víelfalt *f*

spekulācija Schwárzhandel *m*, Schíebergeschäft *n*, Schíebung *f*; Spekulatión *f*

spekulants Schíeber *m*, Schléichhändler *m*, Spekulánt *m*; biržas s. – Bö'rsenspekulant *m*; ieroču s. – Wáffenschieber *m*; valūtas s. – Devísenspekulant *m*

spekulēt spekulíeren

speķis Speck *m*

spēle Spiel *n*; draudzības s. – Fréundschaftsspiel *n*; starpvalstu sporta s. – Lä'nderspiel *n*

spēlēt spíelen; s. klavieres – Klavíer [..v..] spielen

sperma Spérma *n*

spert tréten*; einen Stoß [mit dem Fuß] gében*; zirgs sper – das Pferd schlägt aus

spīdēt léuchten, schéinen*; saule spīd – die Sonne scheint

spidometrs *tehn.* Tachométer *m vai n*

spiediens Druck *m*; rokasspiediens – Hä'ndedruck *m*; gaisa s. – Lu'ftdruck *m*

spiegot spioníeren

spieg‖s Spión *m*, Agént *m*; ~u filma – Agéntenfilm *m*; ~u trilleris – Agéntenthriller *m*; slepenais aģents – Gehéimagent *m*

spiegt kréischen

spiekšis 1. Stock *m*; **2.** (*ritenī*) Spéiche *f*

spiest drü'cken; (*auglus, ogas*) préssen; s. kādam roku – j-m die Hand drücken; kurpes spiež – die Schuhe drücken

spiestuve Druckeréi *f*

spīkers Sprécher *m*, Speaker ['spi:kər] *m*

spīle Klémme *f*; (*vēzim*) Schére *f*; *med.* Klámmer *f*

spilgts grell; (*par krāsām – arī*) léuchtend; s. piemērs *pārn.* – schlagendes Beispiel

spilvendrāna [Kópf]kissenbezug *m*

spilvens Kíssen *n*; gaisa s. automašīnās – Airbag ['ε:ərbεk] *m*

spināti Spinát *m*

spirāle (*elektriskā – ūdens vārīšanai*) Táuchsieder *m*

spirgts frisch; (*možs*) múnter; s. un vesels – frisch und munter

spirtots alkoholisíert

spirts Spíritus *m*; ožamais s. – Sálmiakgeist *m*

spītīgs trótzig, wíderspenstig

spīt‖s Trotz *m*; par ~i – zum Trotz

spļaut spúcken, spéien*

S

spodrināt pútzen; (*parketu*) bóhnern
spogulis Spíegel *m*
spoks Gespénst *n*, Spuk *m*
spole Spúle *f*; (*diegu – arī*) Rólle *f*
sponsorēt spónsern
sponsors Sponsor ['ʃpɔnzər] *m*
sportists Spórtler *m*
sport‖s Sport *m*; profesionālais s. – Léistungssport *m*; nodarboties ar ~u – Sport treiben*
spožs glä'nzend; (*par sauli, zvaigznēm, gaismu*) hell
sprādze Schnálle *f*; Spánge *f*; rokassprādze – A'rmband *n*; matu s. – Háarklammer *f*
sprādziens Explosión *f*
sprāgt plátzen, explodíeren
spraigs intensív
spraislis (*aizbīdnis*) Ríegel *m*
sprakšķēt knístern
spraudnis Stécker *m*
sprauga Spalt *m*, Spálte *f*; (*neliela*) Ritz *m*
sprausla *tehn.* Dü'se *f*
spridzināšana Spréngung *f*; (*bumbas*) Bómbenanschlag *m*
spridzināt spréngen
spriedums U'rteil *n*; (*tiesas – arī*) Réchtsspruch *m*; spriedums, ar kuru persona tiek atzīta par vainīgu – Schúldspruch *m*
spriedze Stress *m*
spriest úrteilen (*über ar ak.*); beúrteilen
sprosts Kä'fig *m*
sprūds A'bzug *m*

spuldze Glü'hbirne *f*, Bírne *f*
stabilizēt stabilisíeren
stabils stabíl
stabs Pfósten *m*; Pfahl *m*; Pféiler *m*
stabule Schalméi *f*
stacij‖a Státion *f*; Báhnhof *m*; degvielas uzpildes s. – Tánkstelle *f*; strādnieks degvielas uzpildes ~ā – Tánkwart *m*
stadija Stádium *n*
stadions Stádion *n*
stādīt 1. pflánzen, sétzen; 2.: s. priekšā (*iepazīstināt*) – vórstellen
stāds Pflánze *f*
stafet‖e Stafétte *f*, Stáffel *f*; ~es skrējiens – Stafettenlauf *m*, Staffellauf *m*
staigāt géhen*; wándern; wándeln
staignājs Sumpf *m*; (*savilgusi zeme*) Mórast *m*
staipekņi *bot.* Bä'rlapp *m*
staipīgs déhnbar; (*par šķidrumiem*) zä'h[flüssig]
staipīt déhnen; récken
stāja Háltung *f*
stallis Stállung *f*
stalts státtlich
stampāt stámpfen
standarts Stándard *m*; valsts s. – Industríenorm *f*
stārķis *ornit.* Storch *m*
starmetis Schéinwerfer *m*; (*stadionā*) Flútlicht *n*; (*koncertos vai diskotēkās*) Spotlight ['spɔtlait] *n*, Efféktbeleuchtung *f*
starojums Stráhlung *f*

starot stráhlen

starp 1. zwíschen (*ar dat. vai ak.*); **2.** únter (*ar dat. vai ak.*); s. citu – unter anderem; s. mums runājot – unter uns gesagt

starpbrīdis Páuse *f*; (*skolā* – *arī*) Zwíschenpause *f*

starpība U'nterschied *m*

starpkārta (*izolācijai*) Isolíerschicht *f*; Zwíschenlage *f*

starpnieks Vermíttler *m*; Mákler *m*; biržas s. – Bö'rsenmakler *m*; nekustamā īpašuma s. – Immo-bílienmakler *m*; gruntsgabalu s. – Grúndstücksmakler *m*; (*starp pre-tiniekiem*) Míttelsmann *m*

starptautisks internationál

starpzvaigžņu- interstellár

stars Strahl *m*

starteris *tehn.* A'nlasser *m*

startēt stárten

starts Start *m*; (*lidmašīnas*) A'bflug *m*

stāstīt erzä'hlen

stāsts Erzä'hlung *f*, Geschíchte *f*, Story ['stɔ:ri] *f*

stāties 1. sich stéllen; s. kādam ceļā – sich j-m in den Weg stellen; **2.**: s. darbā – einen Dienst antreten*; s. spēkā – in Kraft treten*

statistika Statístik *f*

statists (*teātrī, kino*) Kompárse *m*

statīvs Statív *n*

statuja Státue *f*, Stándbild *n*

statuss *jur.* Státus *m*, Stand *m*, Stéllung *f*, Zústand *m*

statūti Statút *n*; Sátzung *f*

statūtkapitāls *ek.* Grúndkapital *n*, sátzungsgemäßes Kapitál *n*

stāvēt stéhen*; pulkstenis stāv – die Uhr steht

stāvoklis Zústand *m*; Láge *f*; Stand *m*; ģimenes s. – Famíli|enstand *m*; veselības s. – Gesúndheitszustand *m*; politiskais s. – polítische Lage; karastāvoklis – Kríegszustand *m*; barometra s. – der Stand des Barómeters; *pol.* izņēmuma s. – Au'snahmezustand *m*

stāvsᵃ Stock *m*, Stóckwerk *n*, Etage [e'ta:ʒə] *f*; pirmais s. – Erd-geschoss *n*; otrais s. – erstes Stockwerk *n*

stāvsᵇ steil

stāvvieta Stéhplatz *m*; automašīnu s. – Párkplatz *m*; taksometru s. – Táxi-stand *m*

stāžs: darba s.– Díenstalter *n*; ap-drošināšanas s. – Versícherungs-dauer *f*

steidzam‖s éilig, dríngend; ~a vēs-tule – Eilbrief *m*

steig‖a Ei'le *f*, Hast *f*; nervoza s. – Héktik *f*; ~ā – in der Eile

steigties éilen, hásten

steiks *kul.* Steak [ʃte:k] *n*

steks (*policista*) [Gúmmi]knüppel *m*; Schlágstock *m*

stenēt stö'hnen, ä'chzen

stenogrāfija Stenographíe *f*, Kúrz-schrift *f*

stenokardija *med.* Hérzbeklemmung *f*, Hérzangst *f*, Stenokardíe *f*

S

steps Stépptanz *m*
sterilizēt sterilisíeren
sterils steríl, kéimfrei
stiebrs Sténgel *m*, Halm *m*
stiegra (*lokam*) Séhne *f*
stienis 1. (*dzelzs*) Stánge *f*; (*zelta, sudraba*) Bárren *m*; 2. *sp.* Reck *n*
stieple Draht *m*
stiept 1. déhnen, récken; 2. (*nest*) schléppen
stīg‖a Sáite *f*; ~u instruments – Stréichinstrument *n*
stiklains glásig, glásartig
stiklinieks Gláser *m*, Glásermeister *m*
stikls Glas *n*; bruņustikls – Pánzerglas *n*; automašīnas priekšējais s. – Wíndschutzscheibe *f*
stilbs Schénkel *m*; augšstilbs – O′berschenkel *m*; apakšstilbs – U′nterschenkel *m*
stils Stil *m*; vadības s. – Fü′hrungsstil *m*; valodas s. – Spráchstil *m*; darba s. – A′rbeitsstil *m*
stimulators (*sirds*) Hérzschrittmacher *m*
stimulēt stimulíeren, ánspornen
stingr‖s 1. streng; ~i aizliegts – streng verbóten; 2. fest; s. raksturs – fester Charákter [ka..]; iet ~iem soļiem – festen Schrittes gehen*
stingumkrampji *med.* Wúndstarrkrampf *m*
stīpa 1. (*mucai*) Réifen *m*; 2. (*spainim*) Bü′gel *m*
stipendija Stipéndium *n*
stiprība *fiz.* Féstigkeit *f*

stiprs stark; krä′ftig
stirna Reh *n*
stīvs stéif; (*stings*) starr
stjuarte (*lidmašīnā*) Stewardess [′stju:ərdɛs] *f*
stobrs (*ieroča*) Gewéhrlauf *m*
stomīties stócken
stostīties stóttern
strādāt árbeiten; (*īslaicīgi*) sar. jóbben; (*par mašīnu u. tml.*) funktioníeren
strādīgs árbeitsam
strādnieks A′rbeiter *m*; būvstrādnieks – Báuarbeiter *m*; ostas s. – Háfenarbeiter *m*; laukstrādnieks – Lándarbeiter *m*; sezonas s. – Saisónarbeiter *m*; nelegāls s. – Schwárzarbeiter *m*
stratēģija Strategíe *f*; izaugsmes s. – Wáchstumsstrategie *f*; tirgus s. – Márktstrategie *f*
straujš 1. schnell, rasch; 2. (*par cilvēku, rakstu*) héftig, hítzig
straum‖e Strom *m*; (*upes – arī*) Strö′mung *f*; pa ~ei – stromáb[wärts]
strauss *ornit.* Strauß *m*
strauts Bach *m*
strāva Strom *m*; elektriskā s. – eléktrischer Strom
strazds *ornit.* Star *m*
streikot stréiken; sākt s. – in den Streik (Ausstand) treten*
streiks Streik *m*, Au′sstand *m*; bada s. – Húngerstreik *m*; brīdinājuma s. – Wárnstreik *m*; ģenerālstreiks – Generálstreik *m*; sēdošais s. –

Sítzstreik *m*; solidaritātes s. –
Solidaritä'tsstreik *m*

streipuļot táumeln

strēlnieks Schü'tze *m*

strēmele Stréifen *m*

stress Stress *m*; radīt stresu – strés-
sen; stresa- – stréssig

strīdēties stréiten*; (*ķildoties*) sich
zánken, aneinánder geráten*

strīdīgs stréitsüchtig, zä'nkisch; s.
jautājums – eine strittige Frage

strīds Streit *m*; Diskussión *f*; Kon-
trovérse *f*

striptīz‖s Striptease ['striptiːs] *m*;
taisīt ~u – stríppen; ~a izpildītājs –
Strípper *m*; ~a dejotāja – Stríp-
perin *f*

strūkla Strahl *m*

strūklaka Spríngbrunnen *m*

struktūra Struktúr *f*

strupceļš Sáckgasse *f*

strups 1. stumpf; 2. *pārn.* (*par
atbildi*) barsch, schroff

strutas Ei'ter *m*

strutene *bot.* Wárzenkraut *n*

stublājs Sténgel *m*; Stiel *m*

students Studént *m*

studēt studíeren

studija Stúdio *n*; filmu s. – Fílm-
studio *n*, Fílmatelier [..ljeː] *n*

studijas (*augstskolā*) Stúdium *n*

stulbs stúmpfsinnig, blö'de

stumbrs Stamm *m*

stumt schíeben*, rü'cken

stund‖a Stúnde *f*; (*mācību – arī*)
U'nterrichtsstunde *f*; palīgstunda –

Náchhilfestunde *f*; ~ām ilgi –
stúndenlang

stūre Stéuer *n*

stūrgalvīgs éigensinnig, stárrköpfig

stūris E'cke *f*; (*kakts – arī*) Wínkel *m*

subjektīvs subjektív

subordinācija Rángfolge *f*, Ráng-
ordnung *f*; U'nterordnung *f*; Su-
bordinatión *f*

subsīdijas (*valsts*) *ek.* Subvention
[zʊpvɛn'tsioːn] *f*

subtropisks súbtropisch

sūce Leck *n*

sudrabs Sílber *n*

sūdzēt klágen; s. kādu tiesā – j-n bei
Gerícht verklágen

sūdzēties klágen; sich beschwéren,
sich beklágen; nosūdzēt – *sar.*
pétzen

sūdzība Beschwérde *f*; (*tiesā*) Kláge *f*

suflē *kul.* Souffle [zu'fleː] *n*

suga 1. *biol.* Art *f*; 2. Gáttung *f*;
sugasvārds *gram.* – Gattungs-
name *m*

suka Bü'rste *f*

sūkalas Mólke *f*

sukāt bü'rsten

sūklis Schwamm *m*

sūknēt púmpen

sūknis Púmpe *f*

sūkt sáugen* (*arī vāji lok.*)

sūkties síckern

sula Saft *m*; neraudzēta s. – Sü'ß-
most *m*

sulīgs sáftig

suminät féiern

S

summa Súmme *f*; apdrošināšanas s. –
Versícherungssumme *f*; garantijas
s. – Garantíesumme *f*; aizņēmuma
s. – Dárlehenssumme *f*; starp-
summa – Zwíschensumme *f*; kop-
summa – Gesámtsumme *f*; galīgā
s. – E′ndsumme *f*

sūnas Moos *n*

sunīši *bot.* Zwéizahn *m*

suns Hund *m*; sargsuns – Wách-
hund *m*; suņa būda – Húndehütte
f; suņu suga – Húnderasse *f*

superbenzīns *parasti bez art.* Súper

sūrene *bot.* Knö′terich *m*

surogāts Ersátz *m*; Surrogát *n*

susuris *zool.* Síebenschläfer *m*

suteners Zúhälter *m*

sūtījums Séndung *f*; ierakstīts s. –
Ei′nschreiben *n*; pasta s. – Póst-
sendung *f*

sūtīt sénden* (*arī vāji lok.*); schík-
ken

sūtītājs A′bsender *m*, Adressánt *m*;
kravas s. – Befráchter *m*

sūtniecība Gesándtschaft *f*

sūtnis Gesándte *m*

svaigs frisch

svaine Schwä′gerin *f*

svainis Schwáger *m*

svarcēlājs Gewíchtheber *m*

svarcelšana *sp.* Gewíchtheben *n*

svari Wáage *f*

svarīgs wíchtig

svārki 1. (*sieviešu*) Rock *m*; **2.** (*vī-
riešu*) Rock *m*, Jackétt [ʒa..] *n*

svars Gewícht *n*

svārstīb‖a Schwánkung *f*; garastā-
vokļa ~as – Stímmungsschwan-
kungen; cenu ~as – Préisschwan-
kungen

svārstīgs schwánkend

svārstīties schwánken

svece Kérze *f*, Licht *n*

svēdrains (*koks, marmors*) gemásert

sveiciens Gruß *m*; nodot ~u – einen
Gruß bestéllen; atņemt ~u – einen
Gruß erwídern

sveicin‖āt grü′ßen; esiet ~āti! –will-
kómmen!

sveiki! (*atvadoties*) auf Wíederse-
h[e]n!

sveķi Harz *n*

svelme Hítze *f*, Glut *f*

svērt wíegen*

svešinieks Frémde *m*, Frémdling *m*

svešķermenis Frémdkörper *m*

svešs fremd

svešvaloda Frémdsprache *f*

svētais Héilige *m*; Visu svēto diena,
1. novembris *rel.* – Allerhéiligen *n*

svētceļnieks *rel.* Pílger *m*, Wáll-
fahrer *m*

svētdiena Sónntag *m*; *rel.* Pūpol-
svētdiena – Pálmsonntag *m*

svētki Fest *n*, Féier *f*

svēts héilig

sviedri Schweiß *m*

sviest wérfen*; (*ar spēku*) schléudern

sviestmaize Bútterbrot *n*; (*ar uzgrie-
žamiem*) Stúlle *f*, belégtes Brot
(Brö′tchen)

sviests Bútter *f*

svilpe Pféife *f*
svilpot pféifen*
svinēt féiern
svinības Féier *f*; Party ['paːrti:] *f*
svinīgs féierlich; féstlich
svins Blei *n*
svira Hébel *m*

svirslēdzis Schálthebel *m*
svīst schwítzen
svītra 1. Strich *m*; 2. (*audumam*) Stréifen *m*
svītrains gestréift
svītrkods Stríchkode *m*
svītrot stréichen*

Š

šablons Schablóne *f*
šad: š.[un] tad – dann und wann, ab und zu
šād‖s solch [ein], ein sólcher; ~ā veidā – auf solche Weise
šahists Scháchspieler *m*
šahs Schach *n*, Scháchspiel *n*
šahta Schacht *m*
šakālis *zool.* Schakál *m*
šalkt ráuschen
šalle Schal *m*
šampanietis Champagner [ʃamˈpanjər] *m*, Sekt *m*
šampūns Shampoo[n] [ˈʃampu] *n*
šantāža Erpréssung *f*
šarms Auˈsstrahlung *f*
šasija *tehn.* Fáhrgestell *n*, Fáhrwerk *n*
šašliks *kul.* Scháschlyk *m*
šaub‖as Zwéifel *m*; bez ~ām – zweifellos, ohne Zweifel
šaubīgs bedénklich; zwéifelhaft; frágwürdig
šaubīties zwéifeln (*an ar dat.*); Bedénken háben* (hégen)
šaujampulveris Schíeßpulver *n*

šaur‖s schmal; eng; (*par drēbēm, apaviem – arī*) knapp; ~i svārki – enger Rock
šaurums Eˈnge *f*; jūras š. – Méerenge *f*; zemes š. – Lándenge *f*
šausm‖as Entsétzen *n*, Gráuen *n*; Schrécken *m*; Hórror *m*; ~u filma – Horrorfilm *m*
šausmīgs entsétzlich, schrécklich, fúrchtbar
šaušana Schíeßen *n*; loka š. – Bógenschießen *n*
šaut schíeßen*
šautene Gewéhr *n*; pneimatiskā š. – Lúftgewehr *n*
šāviens Schuss *m*
šefpavārs Küˈchenchef *m*
šefs Chef [ʃɛf] *m*
šeit hier, da
šejien‖e: no ~es – von hier; uz ~i – hierhér
šelfs Schelf *m vai n*
šerbets Scherbétt *n*
šerifs Shériff *m*
šīferis Schíefer *m*

šifons *tekst.* Chiffon [ˈʃifõ] *m*

šifrs Chiffre [ˈʃifrə] *f,* Gehéimzeichen *n,* Kénnwort *n,* Pásswort *n*

šina Schíene *f;* rokas š. – Aˈrm-schiene *f;* kājas š. – Béinschiene *f*

šinjons (*vīriešu šinjons*) Toupet [tuˈpe:] *n*

šis díeser

šizofrēnija *med.* Schizophreníe *f*

šķaudīt níesen

šķautne Kánte *f*

šķelda, skaida Span *m*

šķēl‖e Schéibe *f,* Schnítte *f;* sagriezt ~ēs – in Scheiben schneiden*

šķelmīgs schélmisch

šķelt spálten

šķēlums Spalt *m;* Schlitz *m*

šķemba Splítter *m*

šķēp‖s Speer *m;* Spieß *m;* ~a mešana *sp.* – Speerwerfen *n*

šķēres Schére *f*

šķērsām quer

šķērsiela Quérstraße *f*

šķērsis Schránke *f;* Schlágbaum *m*

šķērslis Híndernis *n;* šķēršļu skrē-jiens *sp.* – Híndernislauf *m*

šķērsot [über]quéren

šķības schief

šķīdinātājs Löˈsungsmittel *n*

šķidr‖s flüˈssig; dünn; ~a zupa – dünne Suppe

šķidrums Flüˈssigkeit *f*

šķīdums Löˈsung *f*

šķiedra Fáser *f;* mākslīgā š. – Kúnst-faser *f;* stikla š. – Glásfiber *f*

šķielēt schíelen; šķielējošs skatiens – *sar.* Sílberblick *m*

šķiest (*laiku, naudu u. tml.*) ver-schwénden, vergéuden, vertún*

šķietami ánscheinend, schéinbar, ver-mútlich

šķiltavas Féuerzeug *n*

šķindēt klírren

šķiņķis Schínken *m*

šķipsna (*matu*) Sträˈhne *f;* (*sāls*) Príse *f*

šķir‖aᵃ *pol.* Klásse *f;* ~u sabiedrība – Klássengesellschaft *f*

šķiraᵇ Sórte *f;* Qualitäˈt *f;* preces š. – Hándelsklasse *f*

šķīrējtiesa *jur.* Schíedsgericht *n*

šķirklis *val.* Stíchwort *n*

šķirn‖e Sórte *f;* (*mājdzīvnieku*) Rásse *f;* ~es lopi – Zúchtvieh *n*

šķirot sortíeren

šķirstīt bläˈttern

šķiršanās 1. Trénnung *f;* (*atvadī-šanās*) Aˈbschied *m;* **2.** (*laulāto*) Schéidung *f*

šķirt trénnen; schéiden*; š. laulību – eine Ehe scheiden*

šķirtenis Geschíedene *m*

šķirties 1. sich trénnen; sich schéiden*; **2.** (*par laulātajiem*) sich schéiden lássen*

šķist schéinen*; man šķiet – es scheint mir

šķīst sich áuflösen

šķīvis Téller *m;* lēzens š. – flacher Teller

šķūnis Schéune *f*

šļirce Sprítze *f;* vienreizējās lieto-
šanas š. – Ei'nwegspritze *f*
šļupstēt líspeln
šļūtene Schlauch *m*
šņākt schnáufen; (*aiz dusmām*) schnáu-
ben; (*par jūru, vēju*) ráuschen
šņaukt: š. degunu – sich schnéuzen
šņukstēt schlúchzen
šņukurs Schwéineschnauze *f*
šodien héute
šoferis Chauffeur [ʃɔ'fø:r] *m,* [Kráft]-
fahrer *m;* tālbraucējs š. – Férn-
fahrer *m*
šoks Schock *m,* Stoß *m,* Schlag *m*
šonakt héute Nacht
šoreiz díesmal
šorīt héute Mórgen
šorti *dsk.* Shorts [ʃo:rts]
šoseja Chaussee [ʃo'se:] *f,* Lándstraße
f; ātrgaitas š. – Schnéllstraße *f*
šovakar héute A'bend
šovs Schau *f;* (*erotiska programma,
ko noskatās atsevišķi caur lo-
dziņu*) Peepshow ['pi:pʃo:] *f*

špikeris *sar.* Spíckzettel *m*
špikot *sar.* spícken
špricēt (*narkotikas*) fíxen
šprote Sprótte *f*
štat‖sᵃ (*personālsastāvs*) Personál-
bestand *m;* ~u samazināšana –
der Abbau von Angestellten (Per-
sonál)
štatsᵇ *pol.* Staat *m*
šujmašīna Nä'hmaschine *f*
šūna Zélle *f*
šūpoles Scháukel *f*
šūpot scháukeln; wíegen
šūpoties [sich] scháukeln
šūpulis Wíege *f*
šūpuļtīkls Hä'ngematte *f*
šūpuļzirdziņš Scháukelpferd *n*
šurp hierhér; nāc šurp! – komm
[hier]her!; šurp[u] turp[u] – hin
und her
šūt nä'hen
šuve Naht *f*
šuvēja Schnéiderin *f;* Nä'herin *f*
šveicars Portier [..'tje:] *m*

T

tā so; dérmaßen; ak tā! – ach so!; kā
tā?– wiesó?
tabaka Tábák *m*
tablete Tablétte *f;* Pílle *f*
tabula Tabélle *f,* Táfel *f*
tabulators *dator.* Tabulátor *m*
taču ja, doch; tas t. nav tiesa – es ist ja
(doch) nicht wahr

tad 1. dann; šad un t. – dann und
wann; hin und wieder; **2.** (*saiklis*)
so, dann; ja gribi, t. nāc – wenn du
willst, so komm
tādēļ dárúm, déswégen, déshálb
tād‖s solch [ein]; ein sólcher; so ein;
~ā veidā – auf solche Weise; t.
pats – genáu so

T

tāfel‖e Táfel *f*; rakstīt uz ~es – an die Tafel schreiben*

tafts *tekst.* Taft *m*

tagad jetzt, nun

tagadne 1. Gégenwart *f*; **2.** *gram.* Gégenwart *f*, Prä'sens *n*

tahta Couch [kautʃ] *f*, Sófa *n*, Líege *f*

taifūns Taifún *m*

taisīt máchen; t. vaļā – áufmachen; t. ciet – zúmachen; t. jokus – Spaß machen

taisnīb‖a Wáhrheit *f*; jums t. – Sie haben recht; ~u sakot... – die Wahrheit zu sagen...

taisnīgi geréch; *sar.* fair [fɛ:ər]

taisnīgs geréch

taisn‖s geráde; sēdēt ~i – aufrecht sitzen*

taisnvirziena- gerádelinig

taka Pfad *m*, Fúßweg *m*, Fúßpfad *m*

tā kā da

taksometrs Táxi *n*

taktika Táktik *f*; strausa t. – Vogel-Stráuß-Politik *f*

taktisks 1. táktisch; **2.** (*smalkjūtīgs*) táktvoll, féinfühlig

takt‖sᵃ *mūz.* Takt *m*; sist ~i – den Takt schlagen*

taktsᵇ (*smalkjūtība*) Takt *m*, Táktgefühl *n*

tālāk wéiter; (*turklāt*) férner

talants Talént *n*, Gábe *f*; Begábung *f*

talismans Glü'cksbringer *m*

talk‖a: ražas novākšanas t. – E'rnteeinsatz *m*; iet ~ā – zu Hílfe kommen*

tāllēkšana *sp.* Wéitsprung *m*

talons (*ēšanas – strādājošiem vai studentiem*) E'ssensmarke *f*

tālredzīgs 1. wéitsichtig, ü'bersichtig; **2.** *pārn.* wéitblickend

tāl‖s weit; fern; cik ~u ir līdz stacijai? – wie weit ist es bis zum Bahnhof?; ~as zemes – ferne Länder; ~ā nākotnē – in ferner Zukunft; ~i radi – entférnte (weitläufige) Verwándten

tālsaruna Férngespräch *n*

tālsatiksm‖e 1. Férnverkehr *m*; ~es vilciens – Férnzug *m*; **2.:** ~es (tālsakaru) telefona centrāle – Férnsprechamt *n*, Férnsprechzentrale *f*

tālvadība Férnsteuerung *f*

tāme Kóstenvoranschlag *m*; Kalkulatión *f*

tamlīdzīg‖s dérgléichen, dérartig; un ~i (u. tml.) – und désgléichen [mehr] (u. desgl. [m.])

tampons Tampon ['tampɔn] *m*

tanks Pánzer *m*; [Pánzer]kampfwagen *m*

tante Tánte *f*

tapa Zápfen *m*, Spund *m*

tāpat ébenso; t. vien – einfach so; paldies, jums t.! (*atbildot uz novēlējumu*) – dánke, gléichfalls!

tapetes Tapéte *f*

tapsēt tapezíeren

tapt wérden*

tara Léergut *n*

tarantuls Tarántel *f*

tarifikācija Tarifíerung *f*, Tarifikatión *f*

tarifs Taríf *m*; muitas t. – Zólltarif *m*

tārps Wurm *m*

tārtiņš *ornit.* Régenpfeifer *m*

tas **1.** jéner, dérjenige, der; t. pats – dersélbe; **2.** das; tā t. ir – so ist das (es); tas ir (t.i.) – das heißt (d.h.)

tase Tásse *f*

tastatūra *dator.* Tastatúr *f*

tātad álso, fólglich

taukains féttig

tauki Fett *n*; (*kausēti liellopu, aitu*) Talg *m*; (*kausēti cūku, putnu*) Schmalz *n*

tauksakne *bot.* Béinwell *m vai n*

taupīgs spársam; laiku un enerģiju taupošs – ergonómisch

taupīt spáren

taure Trompéte *f*, Horn *n*; autotaure – Hupe *f*

tauriņš Schmétterling *m*, Fálter *m*

tauste Tástsinn *m*

taustiņš *dator.* Táste *f*; intervāla t. – Léertaste *f*

taustīt tásten; t. pulsu – den Puls fühlen

tauta Volk *n*

tautasbumba (*bērnu spēle*) Vö´lkerball *m*

tautasdziesma Vólkslied *n*

tautastērps Vólkstracht *f*, Nationáltracht *f*

tautisks vólkstümlich

tautsaimniecība Vólkswirtschaft *f*

tauva Tau *n*

tav‖s dein; pēc ~ām domām – deiner Méinung nach

te hier; da

teātris Theáter *n*, Scháuspielhaus *n*

tecēt **1.** flíeßen*, rínnen*; **2.** (*laist ūdeni cauri*) leck sein*, lécken

teftelis *kul.* Fléischkloß *m*

tehnika Téchnik *f*

tehniķis Téchniker *m*

tehnikums Fáchoberschule *f*

tehnisks téchnisch

tehnoloģijas-: augstas t. – Hightech [ˈhaiˈtɛk] *n vai f*

tehnomūzika (*elektroniski ritmizēta moderna mūzika*) Techno [ˈtɛkno] *n vai m*

teicams áusgezeichnet

teiciens Rédensart *f*

teika Ságe *f*

teikt págen; t. priekšā – vórsagen

teikum‖s Satz *m*; ~a loceklis – Satzglied *n*; ~a priekšmets – Subjékt *n*

teikvondo *sp.* Taekwondo [tɛˈkvɔndo] *n*

tēj‖a Tee *m*; t. ar ledu – Ei´stee *m*; zāļu t. – Kräu´tertee *m*; ~as maisiņš – Téebeutel *m*

tējkanna Téekanne *f*

tējkarote Téelöffel *m*

tekne A´bflussrinne *f*; jumta t. – Dáchrinne *f*; ielas notece – Rínne *f*

teksts Text *m*

telefakss Télefax *n*, Fax *n*, Fáxgerät *n*; faksa numurs – Fáxabruf *m* **T**

telefon‖s Telefón *n*; mobilais t. – Hándy [ˈhɛndi] *n*; karstais t. (*informācija*) – Hótline [ˈhɔtlain] *f*;

automātiskais ~a atbildētājs –
automátischer A´nrufbeantworter
m; ~a aparāts – Férnsprecher *m*;
~a kabīne – Telefónzelle *f,* Férn-
sprechzelle *f*; ~a automāts –
Mü´nzfernsprecher *m*; ~a numurs –
Rúfnummer *f,* Telefónnummer *f*;
zvanīt kādam pa ~u – j-n ánrufen*,
j-m telefoníeren

telefonsaruna A´nruf *m,* Telefo-
nát *n*

telegrafēt telegrafíeren

telegrāfs Telegráf *m*

telegramma Telegrámm *n*

telekarte Télekarte *f,* Telefónkarte *f*

telekss Férnschreiben *n*

teleteksts Téletext *m,* Vídeotext *m,*
Bíldschirmtext *m*

televīzij‖a Férnsehen *n*; skatīties ~as
pārraides – férnsehen*

televizors Férnsehapparat *m,* Férn-
sehgerät *n*; *sar.* Glótze *f*

tēlniecība Bíldhauerkunst *f,* Bíld-
hauerei *f*

tēlnieks Bíldhauer *m*

tēlot 1. (*aprakstīt*) schíldern; **2.** (*uz
skatuves*) spíelen, dárstellen

telpa Raum *m*; dzīvojamā t. – Wohn-
raum *m*

telpisks dréidimensional

tēls 1. (*literatūrā, mākslā*) Gestált *f*;
2. (*skulptūra*) Skulptúr *f,* Bíld-
werk *n*; **3.** (*veidols*) Image [´imitʃ]
n; A´nsehen *n*; Ruf *m*; Persö´n-
lichkeitsbild *n,* Charákterbild *n*

telts Zelt *n*

teļš Kalb *n*

temats Théma *n*

tembrs Klángfarbe *f*

tēmēt zíelen

temperament‖s Temperamént *n,*
Gemü´tsart *f*; ar ~u – temperamént-
voll; bez ~a – temperaméntlos

temperatūr‖a Temperatúr *f*; ~as
celšanās – Temperatúrerhöhung *f*

temps Témpo *n*

tendence Tendénz *f*

tenis‖s Ténnis *n*; galda t. – Tísch-
tennis *n*; ~a rakete – Ténnis-
schläger *m*

tenkas Klatsch *m*; Geréde *n*

tenors *mūz.* Tenór *m*

teorija Theoríe *f*

terapija Therapíe *f,* Kránkenbehand-
lung *f,* Héilbehandlung *f*

tēraudlietuve Stáhlwerk *n*

tērauds Stahl *m*

tērēt: t. naudu – Geld áusgeben*
(veráusgaben); velti t. laiku – Zeit
vertrö´deln

teritorija Territórium *n*; Gelä´nde *n*;
pilsētas t. – Stádtgebiet *n*

terminālis Términal *m vai n*; (*lid-
ostā*) Fráchtterminal *n*; (*ostā*)
Contáinerterminal *n*

termiņnoguldījums Féstgeld *n*

termiņš Termín *m,* Frist *f*; apdro-
šināšanas t. – Versícherungstermin
m; derīguma t. – Gü´ltigkeits-
termin *m,* Verfállsdatum *n*; pie-
gādes t. – Líefertermin *m*; mak-
sājuma t. – Záhlungstermin *m*;

nodošanas t. – A'bgabetermin *m*;
iesūtīšanas t. – Ei'nsendetermin *m*

termoelektrostacija Héizkraftwerk
n, Wä'rmekraftwerk *n*

termometrs Thermométer *n*

termoss Thérmosflasche *f*

terorisms Terrorísmus *m*

teror‖s Térror *m*; Gewáltherrschaft
f; ~a akts – A'nschlag *m*, Térror-
anschlag *m*

tērps Kleid *n*; (*grezns*) Gewánd *n*;
formas t. – Unifórm *f*

tesmenis Eu'ter *n*

testament‖s Testamént *n*; izslēgt no
~a – entérben

tests Test *m*, Próbe *f*, Wértbestim-
mung *f*

tetovējums Tätowíerung *f*, Háut-
musterung *f*; Tattoo [tɛ'tu:] *m vai n*

tēvija Váterland *n*

tēvocis O'nkel *m*

tēvreize *rel*. Váterunser *n*

tēv‖s Váter *m*; mana ~a radi – meine
Verwándten väterlicherseits

tēze Thése *f*, Léhrsatz *m*, Léitsatz *m*

ticams gláubhaft, gláubwürdig

ticēt gláuben (*ar dat.*; *an ar ak.*); t.
uzvarai – an den Sieg glauben

ticība Gláuben *m*

tieksme Néigung *f* (*zu*); viņam ir t.
kritizēt – er hat Neigung zur
Kritík, er neigt zur Kritík

tiekties (*pēc kā*) strében (*nach*)

ties‖aᵃ Gerícht *n*; zvērināto t. –
Schwúrgericht *n*; saimnieciskā t. –
Wírtschaftsgericht *n*; pastarā t. –
das Jü'ngste Gericht; nodot ~ai –
vor Gericht bringen*

tiesaᵇ (*taisnība*): tas nav t. – das ist
nicht wahr; vai nav t.? – nicht
wahr?

tiesāt ríchten, Recht spréchen*

tiesīb‖a[s] Recht *n*; vēlēšanu ~as –
Wáhlrecht *n*; ~u zinātne – Réchts-
wissenschaft *f*; braukšanas ~as –
Fáhrerlaubnis *f*; *jur.* paražu ~as –
Gewóhnheitsrecht *n*; apgādnieka
~as – Sórgerecht *n*; darba ~as –
A'rbeitsrecht *n*; autortiesības –
U'rheberrecht *n*; ģimenes ~as –
Famílienrecht *n*; ķīlu ~as – Pfánd-
recht *n*; mantošanas ~as – E'rb-
recht *n*; starptautiskās ~as –
internationáles Recht; pamattiesī-
bas – *dsk.* Grúndrechte

tiesībspējīgs réchtfähig

tiesmedicīnisks geríchtsmedizinisch,
forénsisch

tiesnesis Ríchter *m*

tiesvedība Geríchtsverfahren *n*, Ge-
ríchtsprozess *m*

tiešām wírklich , tátsächlich, in der
Tat

tieš‖s geráde; dirékt; únmittelbar; ~a
satiksme – direkte Verbíndung; ~i
šodien – gerade heute; ~i līdzās
viņam – unmittelbar neben ihm

tiev‖s dünn; ~ā zarna *anat.* – Dü'nn-
darm *m*

tīfs *med.* Týphus *m*; izsitumu t. –
Fléckentyphus *m*

tīģeris *zool.* Tíger *m*

tik so; t. un tā – sowiesó

tikai nur, bloß, lédiglich; erst (*vienīgi laika nozīmē*); ne t...., bet arī... – nicht nur..., sondern auch...; nupat t. – eben erst

tikko 1. (*nupat*) [so]ében; **2.** (*tiklīdz*) sobáld; **3.** kaum; t. kustēties – sich kaum rühren

tikls Netz *n*; interneta t. – I′nternet *n*; tirdzniecības uzņēmumu t. – Hándelskette *f*; satiksmes t. – Verkéhrsnetz *n*; iepirkumu t. – Ei′nkaufsnetz *n*; zirnekļtīkls – Spínn[en]gewebe *n*

tikmēr währenddéssen; t., kamēr – solánge

tīkot begéhren; tráchten

tikpat ébenso; t. daudz – ébenso viel

tikšanās Tréffen *n*, Begégnung *f*; (*norunāta*) Verábredung *f*

tikšķēt tícken

tikt 1. (*nokļūt*) gelángen; t. iekšā – heréinkommen*; t. no kāda (kā) vaļā – j-n loswerden*; t. kādam līdzi – mit j-m Schritt halten*; **2.** (*ciešamajā kārtā*) wérden*

tikumība Síttlichkeit *f*; Túgend *f*

tikumīgs túgendhaft

tikums Túgend *f*

tills *tekst.* Tüll *m*

tilpums Ráuminhalt *m*; Volúmen [v..] *n*

tilts Brü′cke *f*; paceļamais t. – Zúgbrücke *f*

tinte Tínte *f*

tipisks týpisch

tipizēt typísíeren

tipogrāfija Druckeréi *f*

tips Typ *m*; Art *f*

tirānija Tyrannéi *f*

tirāža 1. (*izloze*) Zíehung *f*; **2.** (*metiens*) Au′flage *f*; cik liela ir t.? – wie hoch ist die Auflage?

tirdzniecīb‖a Hándel *m*; ārējā t. – Au′ßenhandel *m*; vairumtirdzniecība – Gróßhandel *m*; t. pa pastu – Versándhandelsgeschäft *n*; iekšzemes t. – Bínnenhandel *m*; pierobežas t. – Grénzgebiethandel *m*; ~as centrs – Ei′nkaufszentrum *n*

tirgonis (*nelegāls narkotiku t.*) Dealer [′di:lər] *m*

tirgot (*nelegāli narkotikas*) dealen [′di:lən]

tirgotājs Káufmann *m*, Hä′ndler *m*

tirgoties hándeln

tirgspēja *ek.* Márktfähigkeit *f*

tirgus Markt *m*; darba t. – A′rbeitsmarkt *m*; nekustamā īpašuma t. – Immobílienmarkt *m*; pakalpojumu t. – Díenstleistungsmarkt *m*; vērtspapīru t. – Efféktenmarkt *m*, Wértpapiermarkt *m*; t. paviljons – Márkthalle *f*; gadatirgus – Jáhrmarkt *m*, Mésse *f*; t. niša – Márktlücke *f*

tirgzinība Márketing *n*

tīrība Sáuberkeit *f*, Réinheit *f*

tīrīgs réinlich, sáuber

tīrīšana Réinigung *f*; Säu′berung *f*; (*dzīvokļa – arī*) Réinemachen *n*; ķīmiskā t. – chemische Reinigung

tīrīt réinigen, säu'bern; (*telpas – arī*) sáuber (rein) máchen; t. zobus – die Zä'hne pútzen

tīrītājs (*automobiļa logu*) Schéibenwischer *m*

tirpt taub wérden*, éinschlafen*

tīrradnis (*zelta*) Góldklumpen *m*

tīr‖s **1.** rein, sáuber; **2.** (*bez piejaukumiem;* *arī pārn.*) rein; ~a vilna – reine Wolle; ~ais brīnums – reines Wunder

tīrsvars Réingewicht *n*, Néttogewicht *n*

tīrums A'cker *m*

tīšām, tīši ábsichtlich, mit A'bsicht

tīt wíckeln; miglā tīts *pārn.* – in Nebel gehü'llt

tītars Trúthahn *m*, Púter *m*

tītenis *kul.* Rouláde [ru..] *f*; kāpostu t. – Kóhlroulade *f*

titri (*filmai*) Vórspann *m*

tituls Títel *m*

tomāts Tomáte *f*

tomēr [je]dóch; dénnoch; alléin

tomogrāfija *med.* Tomographíe *f*

tonis Ton *m*

tonna Tónne *f*

topāzs *min.* Topás *m*

tops (*krekliņš uz lencītēm*) Top *n*

toreiz dámals

tornado *met.* Tornádo *m*, Wírbelsturm *m*

tornis Turm *m*

torpēda Torpédo *n*

tort‖e Tórte *f*; ~es želeja – Tórtenguss *m*; ~es pamats – Tórtenboden *m*; ~es lāpstiņa – Tórtenheber *m*

tosters Toaster ['to:stər] *m*

tost‖s Toast [to:st] *m*, Trínkspruch *m*; uzsaukt ~u – einen Toast ausbringen* (*auf ar ak.*)

toveris Zúber *m*, Kü'bel *m*, Bóttich *m*

tracis Tumúlt *m*

tradīcija Traditión *f*

traģēdija Tragö'di‖e *f*, Tráuerspiel *n*

traģisks trágisch

traips Fléck[en] *m*

trakot tóben; rásen, wü'ten; (*draiskoties*) tóllen

traks toll, verrü'ckt, wáhnsinnig

traktors Tráktor *m*

trakumsērga *med.* Tóllwut *f*

traleris Físchdampfer *m*

tralis Grúndschleppnetz *n*

tramdīt (*trenkāt*) jágen; (*baidīt*) schéuchen

tramplīns Sprúngbrett *n*; (*lēkšanai ar slēpēm*) Sprúngschanze *f*

tramvajs Straßenbahn *f*

transfērs *ek.* Transfér *m*

translācija Übertrágung *f*

transplantācija Transplantatión *f*

transportēt transportíeren, befö'rdern

transport‖s Transpórt *m*; viss firmas vai uzņēmuma t. – Wágenpark *m*; ~a firma – Speditión *f*

transs Trance [trã:s(ə)] *f*, Tráncezustand *m*

transvestīts Transvestít [..v..] *m*

tranzītkrava Transítfracht *f*

tranzīts Transít *m*, Dúrchgang *m*, Dúrchfuhr *f*

tranzītvīza Dúrchreisevisum *m*

trāpīt tréffen*

traps (*kuģa*) Lándungsbrücke *f*; (*lidmašīnas*) Gang-way ['gεŋvei] *f*

trase Strécke *f*; Weg *m*

traucējum‖s Stö'rung *f*; apziņas ~i – dsk. Bewúrstseinsstörungen; atmiņas ~i – dsk. Gedä'chtnisstörungen; runas ~i – dsk. Sprāchstörungen

traucēklis Stö'rfaktor *m*; (*par cilvēku*) sar. Nérvensäge *f*

traucēt stö'ren

trauk‖s 1. Gefä'ß *n*; cukurtrauks – Zuckerdose *f*; **2.**: ~i – Geschírr *n*; ~u mazgājamā mašīna – Geschírrspüler *m*

trauksm‖e Alárm *m*; celt ~i – Alarm schlagen*

trauma Verlétzung *f*; Wúnde *f*; Tráuma *n*

trausls brü'chig, sprö'de; *pārn.* zart

treilers Trailer ['treilər] *m*

trekns fett

treks *sp.* Rádrennbahn *f*

treneris Trainer ['trε:nər] *m*, Coach [ko:tʃ] *m*

trenēt trainíeren [trε..]

trenēties trainíeren [trε..]

treniņš Training ['trε:..] *n*

trests Trust [trast] *m*

trešais drítte

trešdaļa Dríttel *n*

trešdien‖a Míttwoch *m*; ~ās – mittwochs

trešķārt dríttens

triatlons *sp.* Trí|athlon *n*

tribīne Tribü'ne *f*

trīcēt zíttern, bében

triecien‖s Stoß *m*, Schlag *m*; dot ~u – einen Stoß versétzen; likteņa t. – Schícksalsschlag *m*

triecienvienība *mil.* Sóndereinheit *f*, Trupp *m*, Stúrmabteilung *f*, Stóßeinheit *f*, Stóßverband *m*

triecis Rámmstoß *m*

trieka Schlag *m*, Schláganfall *m*; sirdstrieka – Hérzversagen *n*

trifele Trü'ffel *f*

trikotāža Trikotage [..'ta:ʒə] *f, dsk.* Wírkwaren

triks Trick *m*, Kniff *m*; (*negaidīts*) Gag *m*; kaskadieru t. – Stunt [stant] *m*

trilleris Thríller *m*

trimd‖a Exíl *n*, Verbánnung *f*; izsūtīt ~ā – ins Exil (in die Verbannung) schícken

trīs drei

trīsdesmit dréißig

trīsis Fláschenzug *m*

trīspadsmit dréizehn

trīsstūris Dréieck *n*; vienādsānu t. – gleichseitiges Dreieck; vienādmalu t. – gleichschenkeliges Dreieck

Trīsvienība *rel.* Dréifaltigkeit *f*

trīt schä'rfen, wétzen

triumfs Triúmph *m*

trofeja Trophä'e *f*

trokšņains geräu'schvoll

troksnis Geräu'sch *n*; (*skaļš*) Lärm *m*; bez trokšņa – geräu'schlos

trokšņot lä'rmen, Lärm máchen

trolejbuss O'bus *m*, O'berleitungs-omnibus *m*

trombs *med.* Blútgerinnsel *n*

tron‖is Thron *m*; kāpt ~ī – den Thron bestéigen

troņmantnieks (*princis*) Krónprinz *m*

tropi *dsk.* Trópen

tropisks trópisch

trose Trósse *f*, Dráhtseil *n*

trūc‖e Bruch *m*; dabūt ~i – sich einen Bruch heben

trūcīgs 1. ä'rmlich; nótdürftig; **2.** (*nepietiekams*) spä'rlich, dü'rftig, kä'rglich

trūdēt fáulen, verwésen, módern

trūkt (*nepietikt*) féhlen (*ar ak. vai an ar dat.*), mángeln (*ar ak. vai an ar dat.*); viņam trūkst drosmes – es fehlt (mangelt) ihm Mut (an Mut)

trūkums 1. Not *f*, A'rmut *f*; **2.** (*nepietiekams daudzums*) Mángel *m* (*an ar dat.*); ir speciālistu t. – es herrscht Mangel an Facharbeitern; **3.** (*defekts*) Mángel *m*, Féhler *m*; *ek.* Mánko *n*

truls 1. (*neass*) stumpf; **2.** *pārn.* stúmpfsinnig

trumpis Trumpf *m*

trusis Kanínchen *n*, Karníckel *n*

tu du

tualete *daž. noz.* Toilette [toaˈlɛtə] *f*; sausā t. ārā – Latríne *f*

tuberkuloze Tuberkulóse *f*

tuksnesis Wü'ste *f*

tūkstoš táusend

tūkstotis Táusend *n*

tukšgaita Léerlauf *m*

tukš‖s leer; ~i vārdi *pārn.* – leere Worte

tūlīt [so]gléich, sofórt

tulkojums Übersétzung *f*

tulkot übersétzen, übertrágen*; dólmetschen

tulpe *bot.* Túlpe *f*

tulzna (*tikko uzberzta, deguma*) Bláse *f*; (*sacietējusi*) Schwíele *f*

tūļīgs tólpatschig

tume (*auzu pārslu*) Háferschleim *m*

tumsa Dúnkelheit *f*, Fínsternis *f*, Dúnkel *n*

tumst dúnkeln

tumšs dúnkel; fínster

tuncis *iht.* Thúnfisch *m*

tunelis Túnnel *m*

tupel‖e Pantóffel *m*; koka t. – Hólzpantoffel *m*; būt zem ~es – unter dem Pantoffel stehen

tur dort; da; šur un t. – hier und da

turbīna Turbíne *f*

turēt 1. hálten*; **2.**: t. kādu aizdomās – Verdácht gegen j-n hegen, j-n verdä'chtigen; t. acis vaļā – die Augen offenhalten*

turēties sich hálten*; t. kopā – zusámmenhalten*

turīgs wóhlhabend, bemíttelt

tūrisms Tourístik [tu..] *f*; Tourísmus [tu..] *m*; sekstūrisms – *sar.* Séxtourismus *m*

tūrists Touríst [tu..] *m*

turmalīns *min.* Turmalín *m*

turnīrs Turníer *n*

T

turp dórthín, dáhín; šurp un t. – hin und her

turpinājums Fórtsetzung *f*; t. seko – Fortsetzung folgt

turpināt fórtsetzen; fórtfahren*

turpmāk kü'nftig, in Zúkunft

turpretī, turpretim dagégen, hingégen

tūska *med.* Ö'dem *n*, Wássersucht *f*

tuša Túsche *f*; skropstu t. – Wímperntusche *f*

tūta Tü'te *f*; konfekšu t., kuru pirmklasnieks saņem pirmajā skolas dienā – Schúltüte *f*

tuvāk nä'her

tuvāk‖ais nächst; ~ajā laikā – in der nächsten Zeit; ~ie draugi – die nächsten Freunde

tuvcīņa Náhkampf *m*

tuvinieks [A'n]verwandte *m*

tuvoties sich nä'hern, náhen

tuvredzīgs kúrzsichtig

tuvs nah; t. draugs – ein inniger Freund

tuvsatiksme Lokálverkehr *m*, Náhverkehr *m*

tvaicēt dámpfen

tvaikonis Dámpfer *m*, Dámpfschiff *n*

tvaiks Dampf *m*

tvans [Kóhlen]dunst *m*, Kóhlengas *n*

tveicīgs schwül

tvertne Behä'lter *m*; (*liela*) Tank *m*

tvīds *tekst.* Tweed [tvi:t] *m*

tvīkt 1. (*kaist*) brénnen*; **2.** (*ilgoties pēc kā*) sich séhnen (*nach*); léchzen (*nach*)

U

ubagot bétteln

ūdele *zool.* Nerz *m*

ūdens Wásser *n*; dzeramais ū. – Trínkwasser *n*; ūdenssports – Wássersport *m*

ūdenskritums Wásserfall *m*

ūdenslīdējs Táucher *m*

ūdensmetējs (*policijas automobilis*) Wásserwerfer *m*

ūdensnecaurlaidīgs wásserfest, wáserdicht

ūdenspolo *sp.* Wásserballspiel *n*, Wásserpolo *n*

ūdenssildītājs Bóiler *m*

ūdensslēpes Wásserski *m*

ūdenstilpe Wásserbecken *n*

ūdensvads Wásserleitung *f*

ūdenszīme Wásserzeichen *n*

ūdeņradis Wásserstoff *m*

ūdrs *zool.* O'tter *m*

uguns Féuer *n*

ugunsdrošs féuersicher

ugunsdzēsējs Féuerwehrmann *m*; ugunsdzēšamais aparāts – Féuerlöscher *m*

ugunsgrēks Brand *m*, Féuer *n*, Féuersbrunst *f*

ugunskurs Féuer *n*, Lágerfeuer *n*

ugunsnedrošs féuergefährlich

ultimāts Ultimátum *n*

un und; un tamlīdzīgi (u. tml.) – und Ähnliches (u. Ä.)

unificēt veréi′nheitlichen; unifizíeren

universāls universál [..v..], universéll [..v..]; u. līdzeklis – Universálmittel *n*

universālveikals Wárenhaus *n*, Káufhaus *n*

universitāte Universitä′t [..v..] *f*

untumains láunisch, láunenhaft, zíckig

untums Láune *f*

upe Fluss *m*; (*liela*) Strom *m*

upene schwárze Johánnisbeere *f*

upurēt ópfern

upur‖is O′pfer *n*; nest ~us – O′pfer bríngen*

urāns ķīm. U′ran *n*

urbanizācija Urbanisíerung *f*

urbis Bóhrer *m*

urbt bóhren

urīns Urín *m*, Harn *m*

urrā! húrrá!

ūsas Schnúrrbart *m*

utilizēt verwérten

ūtrup‖e Verstéigerung *f*, Auktión *f*; pārdot ~ē – verstéigern

uts Laus *f*

uz 1. (*norāda atrašanās vietu*) auf (*ar dat.*); uz ielas – auf der Straße; **2.** (*norāda virzienu*) auf (*ar ak.*); nach; zu; in (*ar ak.*); iziet uz ielas – auf die Straße gehen*; braukt uz Leipcigu – nach Leipzig fahren*; iet uz darbu – zur Arbeit gehen*;

iet uz teātri – ins Theáter gehen*; **3.** (*laika nozīmē*) auf (*ar ak.*); zu (*ar dat.*); uz gadu – auf ein Jahr; uz visu mūžu – fürs ganze Leben; **4.** (*saskaņā ar*) auf (*ar ak.*); uz manu lūgumu – auf meine Bitte; **5.**: uz labu laimi – auf gut Glück

uzacs [Au′gen]braue *f*

uzaicināt áuffordern; éinladen*; u. ciemos – zu sich einladen*; u. uz teātri – ins Theáter einladen*

uzasināt 1. (*piem., zīmuli*) [án]spitzen; **2.** (*uztrīt*) schä′rfen, schléifen*

uzaugt áufwachsen*

uzbarot áufpäppeln

uzbaroties zúnehmen*

uzbāzīgs áufdringlich

uzbāzties sich áufdrängen

uzbērt áufschütten; (*uzkaisīt*) áufstreuen

uzbērums Damm *m*; dzelzceļa u. – Ei′senbahndamm *m*

uzbraukt (*virsū*) áuffahren*; (*augšā*) hináuffahren*

uzbrauktuve (*uz ceļa*) Au′sfahrt *f*

uzbrucējs 1. A′ngreifer *m*; **2.** *sp.* Stü′rmer *m*; centra u. – Míttelstürmer *m*

uzbrukt ángreifen*; (*pēkšņi*) überfállen*

uzbrukums A′ngriff *m*; (*pēkšņs*) Ü′berfall *m*; gaisa u. – Flíegerangriff *m*; Attácke *f*

uzbūve Bau *m*; ķermeņa u. – Kö′rperbau *m*

U

uzcelt 1. áufbauen; erríchten; u. pieminekli – ein Dénkmal errichten; u. teltis – Zelte [auf]bauen; **2.**: u. apkakli – den Kragen aufschlagen*

uzcelties áufstehen*, sich erhében*

uzcenojums Au'fschlag *m*, Zúschlag *m*, Préisaufschlag *m*

uzcītīgs fléißig, éifrig

uzdāvināt schénken

uzdegt: u. uguni – Licht machen; (*elektrību*) Licht einschalten; u. sērkociņu – ein Streichholz anzünden

uzdevum‖s (*mācību*) Au'fgabe *f*; (*ražošanas, sabiedrisks*) Au'ftrag *m*; viņa ~ā – in seinem Auftrag; (*kāda*) ~ā – im Auftrag von...

uzdot 1. áufgeben*; u. mīklu – ein Rätsel aufgeben*; u. jautājumus – Fragen stellen; **2.** (*kaut ko darīt*) áuftragen*

uzdrošināties wágen; sich erdréisten; sich unterstéhen*

uzdzīvot schlémmen

uzglabāt áufbewahren

uzgleznot málen

uzgriezt: u. telefona numuru – die Telefónnummer (Rúfnummer) wählen; u. kādam muguru – j-m den Rücken zukehren

uzjautrināt belústigen, erhéitern

uzkāpt 1. heráufsteigen*; stéigen* (*auf ar ak.*); u. kalnā – einen Berg bestéigen*; **2.** (*uzmīt*) tréten* (*auf ar ak.*)

uzkārties: *dator. sar.* ábstürzen; uz-

kārusies datorprogramma – das Prográmm ist abgestürzt

uzkasīt (*matus*) toupíeren [tu..]

uzkavēties verwéilen

uzklāt áufdecken; u. galdu – den Tisch decken; u. gultu – das Bett machen

uzklausīt ánhören; u. kāda padomu – auf j-s Rat hören

uzkliegt ánschreien*, ánfahren*

uzkoda Snack [snɛk] *m*

uzkopt áufräumen, in O'rdnung bríngen*

uzkožamie I'mbiss *m*; (*pirms pusdienām*) Vórspeise *f*; aukstie u.– kalter Aufschnitt

uzkūdīt schárfmachen

uzlabojums Verbésserung *f*, Au'fbesserung *f*

uzlabot verbéssern, áufbessern

uzlaikot ánproben, ánprobieren

uzlauzt áufbrechen*; (*durvis – arī*) spréngen

uzlēkt 1. spríngen*; (*kājās*) áufspringen*; **2.** (*par debesu spīdekļiem*) áufgehcn*

uzliesmot áufflammen, áuflodern, áufflackern

uzlikt [áuf]legen; stéllen; (*cepuri, brilles*) áufsetzen

uzlīme Au'fkleber *m*

uzlīmēt [áuf]kleben

uzlūkot ánsehen*, ánschauen

uzmākties *sar.* ánbaggern

uzmanīb‖a Au'fmerksamkeit *f*; veltīt ~u – Aufmerksamkeit schenken;

~u! – Achtung!, (*brīdinājums – arī*) Vorsicht!

uzmanīgs áufmerksam, vórsichtig

uzmanīties áufpassen, sich vórsehen*

uzmest 1. wérfen*; **2.** (*plānu, zīmējumu*) entwérfen*

uzmetums Entwúrf *m*

uzminēt erráten*; ráten*; (*mīklu – arī*) lö'sen

uzmodināt [áuf]wecken

uzmosties áufwachen, erwáchen

uzmudināt ánspornen

uzmundrināt áufmuntern; ermúntern

uznākt 1. heráufkommen*; **2.** (*piem., par dusmām*) überkómmen*; **3.** (*sākties*) begínnen*, éinbrechen*

uzņēmējs Unternéhmer *m*

uzņēmīgs 1. (*enerģisks*) unternéhmungslustig; **2.** (*pret slimību*) empfä'nglich (*für*)

uzņemšana *daž. noz.* Au'fnahme *f*

uzņemt *daž. noz.* áufnehmen*; u. par biedru – als Mitglied aufnehmen*; u. filmu – einen Film drehen

uzņemties übernéhmen*; u. atbildību – die Verántwortung übernehmen*

uzņēmums 1. Unternéhmen *n*; Betríeb *m*; ģimenes u. – Famílienunternehmen *n*, Famílienbetrieb *m*; iekšzemes u. – I'nlandsbetrieb *m*; individuālais u. – Ei'nzelunternehmen *n*; mazumtirdzniecības u. – Ei'nzelhandelsunternehmen *n*; nomas u. – Páchtunternehmen

n; transporta u. – Transpórtbetrieb *m*, Transpórtfirma *f*; vairumtirdzniecības u. – Gróßhandelsunternehmen *n*; **2.** (*foto*) Au'fnahme *f*

uzpircējs (*zagtu mantu un tirgotājs*) Héhler *m*

uzpirkstīte *bot.* Fíngerhut *m*

uzpirkšana A'nkauf *m*; (*akciju*) A'ktienkauf *m*

uzplaukt 1. áufblühen, sich entfálten; **2.** *pārn.* áufblühen; gedéihen*

uzplaukums Au'fschwung *m*, Blü'tezeit *f*

uzplūdi (*ūdens, kas draud ar plūdiem*) Hóchwasser *n*

uzpurnis Máulkorb *m*

uzputenis *kul.* Scháumspeise *f*

uzpūtīgs áufgeblasen, ánmaßend

uzrādīt (*piem., dokumentus*) vórweisen*; vórzeigen

uzrakstīt áufschreiben*

uzraksts Au'fschrift *f*; (*uz pieminekļa, monētas*) I'nschrift *f*

uzraudzība Au'fsicht *f*; bankas u. – Bánkaufsicht *f*; vides u. – U'mweltüberwachung *f*

uzraudzīt áufpassen, beáufsichtigen

uzraugs Au'fseher *m*

uzreiz auf éinmal

uzrīdīt schárfmachen

uzruna 1. A'nsprache *f*; **2.** *gram.* A'nrede *f*

uzrunāt ánreden, ánsprechen*

uzsākt begínnen*, ánfangen*; u. sarunu – ein Gesprä'ch anknüpfen (begínnen*)

U

uzsalne Bódenfrost *m*

uzsaukt 1. (*kādam*) zúrufen*; **2.**: u. tostu – einen Trinkspruch ausbringen*; u. kādam [augstas] laimes – ein Hoch auf j-n ausbringen*

uzsildīt áufwärmen, warm máchen

uzskait‖e Registríerung *f*; stāties ~ē – sich registríeren lassen*, sich anmelden

uzskatīt (*par*) hálten* (*für*); ánsehen* (*für, als*); u. par nepieciešamu – für nötig halten*

uzskats Áʼnschauung *f*; (*domas*) Áʼnsicht *f*; pasaules u. – Wéltanschauung *f*

uzskriet (*augšā*) hináuflaufen*; (*virsū*) ánrennen*

uzslava Lob *n*

uzslavēt lóben

uzsmaid‖īt zúlächeln; viņam ~īja laime – das Glück lächelte ihm (war ihm hold)

uzspiest 1. [áuf]drücken, [áuf]pressen; **2.** *pārn.* áufzwingen*, áufdrängen

uzspridzināt spréngen; u. bumbu – eine Bómbe zünden

uzstādīt 1. áufstellen; u. aparātu – einen Apparát aufstellen; **2.**: u. rekordu – einen Rekórd aufstellen

uzstāties (*publiski*) áuftreten*

uzsūkt áufsaugen* (*arī vāji lok.*)

uzsvars Betónung *f,* Akzént *m*

uzšķērst áufschneiden; áufschlitzen

uzšķirt áufschlagen*

uztaisīt 1. (*izgatavot*) ánfertigen; **2.**: u. gultu – das Bett máchen

uzteikt (*darbu*) küʼndigen

uzticams zúverlässig; u. draugs – bewäʼhrter (treuer) Freund

uzticēt [án]vertrauen

uzticēties vertráuen (*j-m vai auf j-n*)

uzticīb‖a Tréue *f*; (*uzticēšanās*) Vertráuen *n*; ~as votums *pol.* – Vertráuensfrage *f*

uzticīgs getréu, treu

uztraukt áufregen, errégen

uztraukties sich áufregen, sich errégen

uztraukums Auʼfregung *f*

uztriepe *med.* Áʼbstrich *m*

uzturēšanās Auʼfenthalt *m*; u. atļauja (*ārzemniekiem*) – Aufenthaltsgenehmigung *f*

uzturēt 1. (*apgādāt*) unterhálten*, erhálten*; **2.**: u. kārtībā – in Ordnung halten*

uzturēties sich áufhalten*

uzturs Náhrung *f*; (*ēdiens*) Kost *f*; dabisks u. – Natúrkost *f*; diētisks u. – Schónkost *f*

uzturvērtība Näʼhrwert *m*

uztvere Wáhrnehmung *f*; Auʼffassung *f*; Auʼffassungsvermögen *n*

uztvert 1. (*izprast*) áuffassen; **2.** empfángen; (*kabeļtelevīzijas programmas*) verkábelt; verkabelt sein

uzupurēties sich áufopfern

uzvalks Áʼnzug *m*

uzvar‖a Sieg *m*; izcīnīt ~u – den Sieg davóntragen*

uzvārds Famíli|enname *m*
uzvarēt síegen; (*kādu*) besíegen
uzvarētājs Síeger *m*
uzvārīt áufkochen
uzvedums (*teātra*) Au´fführung *f*
uzvelt: u. vainu (*kādam*) – die Schuld [ab]wälzen (*auf j-n*), die Schuld zuschieben* (*j-m*)
uzvesties sich betrágen*, sich benéhmen*

uzvešanās Betrágen *n*, Benéhmen *n*
uzvilkt 1. (*augšā*) heráufziehen*; áufziehen*; u. karogu – die Fahne aufziehen* (hissen); **2.** (*pulksteņa u. c. mehānismu*) áufziehen*; **3.** (*apģērbt*) ánziehen*
uzziedēt áufblühen, erblü´hen
uzzīmēt áufzeichnen
uzzināt erfáhren*
uzziņa Au´skunft *f*, Informatión *f*

V

vabole Kä´fer *m*
vadība Léitung *f*, Fü´hrung *f*; uzņēmuma v. – Betríebsleitung *f*
vadībzinība Verwáltungslehre *f*
vadīt 1. léiten; fü´hren; v. uzņēmumu – einen Betríeb leiten; **2.** (*piem., automašīnu*) lénken, fü´hren; **3.** (*elektrību, siltumu*) léiten
vadītājs 1. Léiter *m*; Chef [ʃɛf] *m*; **2.** (*automašīnas, trolejbusa*) Fáhrer *m*; **3.** (*teātra vai televīzijas raidītāja*) Intendánt *m*
vadītspēja *fiz.* Léitfähigkeit *f*
vadmala *tekst.* Tuch *n*
vadonis Fü´hrer *m*
vads Léitung *f*; barības v. *anat.* – Spéiseröhre *f*
vafele Wáffel *f*
vag‖a Fúrche *f*; dzīt ~as – Furchen ziehen*
vagoniņš (*dzīvojamais v., kuru piekabina automobilim*) Wóhnwagen *m*

vagons Wágen *m*; pasažieru v. – Persónenwagen *m*; restorānvagons – Spéisewagen *m*; preču v. – Gü´terwagen *m*
vai 1. (*tiešajā jautājumā*): v. viņa nāks? – kommt sie?; v. ne? – nicht wahr?; **2.** (*netiešajā jautājumā*) ob; es nezinu, v. viņš ir mājās – ich weiß nicht, ob er zu Hause ist; **3.** óder; šodien v. rīt – heute oder morgen; v. ... v. – entwéder...óder
vaibsts [Gesíchts]zug *m*
vaicāt frágen
vaidēt stö´hnen, ä´chzen
vaigs Wánge *f*, Bácke *f*
vaimanāt wéhklagen, jámmern
vain‖a 1. Schuld *f*; tā ir mana v. – das ist meine Schuld; **2.**: kas tev ~as? – was fehlt dir?
vainag‖s Kranz *m*; nolikt ~u – einen Kranz niederlegen
vainīgs schúldig; tur viņš ir v. – er ist darán Schuld

V

vainot beschúldigen; v. kādu noziegumā – j-n eines Verbréchens beschuldigen

vairāk mehr

vairākkārt méhrfach

vairīties méiden*; nevairīties ne no kāda darba – keine Arbeit scheuen, sich vor keiner Arbeit scheuen

vairogdziedzeris *anat.* Schílddrüse *f*

vairogs Schild *m*

vairoties *biol.* sich verméhren; sich fórtpflanzen

vairs mehr; viņš v. te nedzīvo – er wohnt nicht mehr hier

vairumatlaide Méngenrabatt *m*

vairumcena Gróßhandelspreis *m*

vairumtirdzniecība Gróßhandel *m*

vairumtirgotājs Gróßhändler *m*, Grossíst *m*

vaivariņš *bot.* Porst *m*

vajadzēt (*ar darbības vārdu*) mü'ssen*; (*ar lietvārdu, vietniekvārdu*) bráuchen; bedü'rfen* (*ar ģen.*); nö'tig hában*

vajadzīb∥a Bedü'rfnis *n*; pēc ~as – nach Bedárf; ~as gadījumā – nötigenfalls

vajadzīgs nö'tig; nótwendig; erfórderlich

vajāt verfólgen

vājīb∥a Schwä'che *f*; būt ~ai pret kaut ko – eine Schwäche für j-n / etw. haben

vājš 1. schwach; 2. (*kalsns*) máger

vakar géstern; v. vakarā – gestern Abend

vakariņas A'bendessen *n*; ēst v. – zu Abend essen*

vakar∥s A'bend *m*; *rel.* svētvakars (24. decembris) – Héiligabend *m*; Vecgada v. – Silvéster [..v..] *m*; pret ~u – gegen Abend; ~ā – am Abend, abends

vakarskola A'bendschule *f*

vakcinācija Vakzinatión *f*, Schútzimpfung *f*

vakcinēt vakziníeren, ímpfen

vāk∥s Déckel *m*; aktu ~i – O'rdner *m*; Ríngbuch *n*

vākt sámmeln

valde Vórstand *m*

valdība Regíerung *f*; mazākuma v. – Mínderheitsregierung *f*

valdījums *jur.* Verwáltung *f*, Besítz *m*

valdīt 1. hérrschen; (*par valdnieku – arī*) regíeren; 2. (*par uzskatiem, domām*) [vór]herrschen

valdnieks Hérrscher *m*

valdonīgs hérrisch, gebíeterisch

valdošs dominánt

valdzināt fésseln

valdziņš Másche *f*; (*noiris*) Láufmasche *f*

valis *zool.* Wal *m*

valkāt trágen*

valoda Spráche *f*; dzimtā (mātes) v. – Múttersprache *f*

valodnieks Spráchwissenschaftler *m*

vālodze *ornit.* Piról *m*

valrieksts Wálnuss *f*

valsis Wálzer *m*

valsts Staat *m*; (*impērija*) Reich *n*; v., kas robežojas ar citu valsti vai jūru – Aʹnliegerstaat *m*; *pol.* tiesiska v. – Réchtsstaat *m*; jaunattīstības v. – Entwícklungsland *n*; v. iekārta – Stáatsform *f*; v. vara – Stáatsgewalt *f*; augu v. – Pflánzenreich *n*; dzīvnieku v. – Tíerreich *n*

valstsvīrs Stáatsmann *m*

valūta Wäʹhrung *f,* Valúta [v..] *f;* *dsk.* Devísen [..v..]

vaļ‖a: viņai nav ~as – sie hat keine Zeit; ~as brīdis, ~as brīži – Múße *f, dsk.* Múßestunden; ļaut ~u (*piem., dusmām*) – auslassen*, Züʹgel schießen lassen*

vaļā: būt v. – óffen (auf) sein*; durvis ir v. – die Tür ist offen (auf); tikt v. – lóswerden*; laist v. – lóslassen*

vaļējs óffen

vaļīg‖s lócker; lóse; ~i sasiets – lose gebúnden; ~i adīt – locker strícken

vaļsirdīgs óffen[herzig]

vampīrs Vampír [v..] *m*

vanags *ornit.* Hábicht *m*

vaniļa Vanílle [v..] *f*

vann‖a Bádewanne *f;* iet ~ā – ein Bad nehmen*; ~as istaba – Badezimmer *n*

var‖a Macht *f;* Gewált *f;* likumdošanas v. – Gesétzgebungsgewalt *f;* Legislatíve *f;* izpildvara – Exekutívgewalt *f,* Exekutíve *f;* nākt pie ~as, iegūt ~u – zur Macht kommen*; tas nav manā ~ā – das steht nicht in meiner Macht (Gewalt); ar ~u – mit Gewalt

varavīksne Régenbogen *m*

varbūt vielléicht

varbūtība Wahrschéinlichkeit *f*

vārdabrālis Námensvetter *m*

vardarbība (*vardarbības akts*) Gewálttat *f*

varde Frosch *m*

vārdnīca Wöʹrterbuch *n*; svešvārdu v. – Frémdwörterbuch *n*

vārdošana Bespréchen *n*

vārd‖s 1. Wort *n*; bez ~a runas – ohne weiteres; ar ~u sakot – mit einem Wort, kurz und gut; goda v.! – Ehrenwort!; **2.** (*cilvēka*) Náme[n] *m*

vareni gróßartig; *sar.* cool [ku:l]

varens mäʹchtig; gewáltig

varēt köʹnnen*; (*spēt*) imstánde sein*; vermöʹgen*

vārgs schwach; hínfällig

vārīgs (*trausls*) zart

variants Variánte [v..] *f*

vārīt kóchen, síeden* (*arī vāji lok.*); v. taukos – frittíeren

vārīties kóchen, síeden* (*arī vāji lok.*)

varkalis Kúpferschmied *m*

varmāka Despót *m*, Gewáltmensch *m*, Gewáltherrscher *m*

vārna *ornit.* Kräʹhe *f*

varonība Héldentum *n*, Héldenmut *m*

varonīgs héldenhaft, héldenmütig

varonis Held *m*

varoņdarbs Héldentat *f*

varoņteika Héldensage f
vārpa Ä'hre f
var‖š Kúpfer n; ~a grebums – Kupferstich m
vārt‖i 1. Pfórte f, Tor n; 2. sp. Tor n; Goal [go:l] n; gūt ~us – ein Tor schíeßen*
vārtīties sich wä'lzen
varžacs Hü'hnerauge n
vasar‖a Sómmer m; ~as raibumi – dsk. Sómmersprossen
vasarnīca Vílla [v..] f, Sómmerhaus n
Vasarsvētki rel. Pfíngsten n
vasks Wachs n; vaskadrāna – Wachstuch n
vate Wátte f; stikla v. – Gláswolle f; cukura v. – Zúckerwatte f
vāvere zool. Ei'chhörnchen n
vazāt schléppen
vāze Váse [v..] f
važa Féssel f, Kétte f
vecāki dsk. E'ltern
vecāmāte Gróßmutter f
vecmāte Hébamme f, Gebúrtshelferin f
vecmodīgs áltmodisch
vecot áltern
vecs alt; (šlāgeris, filma, kaut kas) sar. Oldie ['o:ldi] m
vectēvs Gróßvater m
vecums A'lter n; liels v. – hohes Alter; pensijas v. – Réntenalter n
vedekla Schwíegertochter f
V vēderplēve anat. Báuchfell n, Ríppenfell n
vēders Bauch m, U'nterleib m

vēdināt lü'ften
vedmaksa dsk. Fráchtkosten
veģetārietis Vegetárier [v..] m
veicināt fö'rdern; béitragen* (zu)
veidlap‖a Vórdruck m, Formulár n; aizpildīt ~u – den Vordruck (das Formular) ausfüllen
veidols (tipiskais modes stilā) Look [lʊk] m; Image ['imitʃ] n
veidot bílden, fórmen
.veid‖s 1. (forma) Gestált f, Form f; 2. Wéise f; Art f; dzīvesveids – Lébensweise f; kādā ~ā?– auf welche Weise?
veikalnieks Geschä'ftsmann m, Hándelsmann m, Hä'ndler m, Káufmann m
veikals Geschä'ft n, [Káuf]laden m, Hándlung f; grāmatu v. – Búchhandlung f; zooveikals – Tíerhandlung f; drogu v. – Drogeríe f; neliels, dārgs apģērbu v. – Boutique [bu'ti:k] f; lietotu mantu v. – Gebráuchtwarengeschäft n; specializēts v. – Fáchgeschäft n
veikl‖s geschíckt, gewándt, geläu'fig; flink; ~as kājas – flinke Beine
veiksme Erfólg m
veiksmīgs erfólgreich
veikt léisten; áusführen; v. pasākumus – Máßnahmen treffen*
veikties vonstátten géhen*; gelíngen*; viņam viss veicas – ihm gelingt alles
vējbakas med. dsk. Wíndpocken
vējjaka A'norak m

vējlauza Wíndbruch *m*

vējrādis Wétterfahne *f*, Wétterhahn *m*

vējš Wind *m*

vējtveris *arh.* Wíndfang *m*

vekselis *ek.* Wéchsel *m*

vēl noch; un kā vēl! – und ob!

vēlāk spä'ter

vēlams erwü'nscht; wü'nschenswert

veldze Erfríschung *f*

vēlējums Wunsch *m*; laimes v. – Glü'ckwunsch *m*

velēna Grásdecke *f*, Grásnarbe *f*

vēlēšan‖as Wahl *f, dsk.* Wáhlen; ~u biļetens – Wáhlzettel *m*, Stímmzettel *m*; ~u cīņa – Wáhlkampf *m*

vēlēšanās Wunsch *m*

vēlēt[a] (*ievēlēt*) wä'hlen

vēlēt[b] (*novēlēt*) wü'nschen; v. laimes – Glück wünschen, gratulíeren, beglü'ckwünschen

vēlētājs Wä'hler *m*

vēl‖ēties wü'nschen; kā ~aties – wie Sie wünschen, wie es Ihnen belíebt

velnābols *bot.* Stéchapfel *m*

velnišķīgs téuflisch

velns Téufel *m*

velosipēd‖s [Fáhr]rad *n*; braukt ar ~u – Rádfahren*

velotreks Rádrennbahn *f*

vēlreiz noch éinmal

vēls spät

velt róllen, wä'lzen

velti umsónst, vergéblich; par v. (*bez maksas*) – umsónst, únentgeltlich, grátis

veltīgs vergéblich

veltīt wídmen

veltnis Wálze *f*; mīklas v. – Núdelholz *n*; tvaika v. – Dámpfwalze *f*; ceļu v. – Stráßenwalze *f*

velve Gewö'lbe *n*

velvets *tekst.* Kord *m*

velvēts, spriešļots gewö'lbt

veļ‖a Wä'sche *f*; eleganta sieviešu v. – Dessous [dɛ'su:] *n*; ~as mazgātava – Wáschanstalt *f*, Wäscheréi *f*; ~as mazgājamā mašīna – Wáschmaschine *f*

vemt sich erbréchen*, sich übergében*

vēna *anat.* Véne [v..] *f*, Blútader *f*

ventilācija Ventilatión [v..] *f*, Lü'ftung *f*

vērā: ņemt v. – beáchten, in Betrácht zíehen*

verbs Verb [v..] *n*, Zéitwort *n*

verdzība Sklaveréi *f*, Skláventum *n*

verdzināt knéchten

vergs Skláve *m*

vērīb‖a Au'fmerksamkeit *f*; Acht *f*; nepiegriezt ~u – außer Acht lassen*, nicht beáchten; piegriezt ~u – achten (*auf ar ak.*), Beáchtung schenken, beáchten

vērīgs áufmerksam, áchtsam; áufgeweckt

vērmeles *bot.* Wérmut *m*

vērot (*novērot*) beóbachten; (*aplūkot*) betráchten

vērpt spínnen*

versija (*dziesmas vai filmas – jauna*) Remake ['ri:meik] *n*

vērsis O'chse *m,* Stier *m;* vērša gaļa – Ríndfleisch *n*

vērst ríchten, lénken; v. kāda uzmanību uz ko – j-n auf etw. aufmerksam machen; nenovērst skatienu (acu) – kein Auge wenden* (*von etw.*); v. par labu – zum besten kehren

vērsties sich wénden* (*arī vāji lok.*), sich ríchten; v. plašumā – sich erwéitern, in die Weite gehen*

vēršacs *kul.* Spíegelei *n*

vērt 1. (*adatā, pērles*) fä'deln; v. adatā diegu – die Nadel einfädeln; **2.**: v. vaļā – áufmachen, ö'ffnen; v. ciet – zúmachen, schlíeßen*

vērtēt schä'tzen, éinschätzen, bewérten; wérten; Wert légen (*auf ar ak.*); augstu v. – großen Wert legen (*auf etw.*); hóchschätzen; zemu v. – wenig Wert legen (*auf etw.*)

vērtība Wert *m; ek.* tirgus v. – Márktwert *m;* lietošanas v. – Gebráuchswert *m;* reālā v. – Reálwert *m*

vērtīgs wértvoll, kóstbar, preziö's

vertikāls sénkrecht, vertikál [v..]

vērts: nav v. – es lohnt sich nicht; ir v. – es lohnt sich

vērtslietas *dsk.* Wértsachen

vērtspapīr‖s Wértpapier *n;* ~i, kurus tirgo biržā – *dsk.* Effékten

veselīb‖a Gesúndheit *f;* ~as centrs – Fítnesscenter *n;* uz ~u! – Gesundheit!; (*uzsaucot tostu*) zum Wohl!

veselīgs gesúnd

vesel‖s 1. gesúnd; viņš nejūtas v. – er fühlt sich nicht wohl; dzīvojiet v.! – leben Sie wohl!; **2.** (*neskarts*) heil, ganz; **3.** (*viss*) ganz; ~u dienu – den ganzen Tag

veseļoties genésen*

veser‖is Hámmer *m;* ~a mešana *sp.* – Hámmerwerfen *n*

vēss kühl

vest fü'hren; v. pie rokas – an der Hand führen; v. sarunas *pārn.* – verhándeln

veste Wéste *f*

vesterns Wéstern *m*

vēstniecība Bótschaft *f*

vēsts Bótschaft *f,* Náchricht *f*

vēstule Brief *m;* ierakstīta v. – Ei'nschreibebrief *m;* garantijas v. – Garantíebrief *m*

vēstur‖e Geschíchte *f;* ~es muzejs – histórisches Muséum

vēsturisks histórisch, geschíchtlich

veterinārārsts Tíerarzt *m,* Veterinä'r [v..] *m*

veto *jur.* Véto [v..] *n,* Ei'nspruchsrecht *n,* Ei'nspruch *m*

vētra Sturm *m*

vētrains stü'rmisch

vēzēt schwíngen, schwénken

vēzis (*arī med.*) Krebs *m*

vezums Fúhre *f*

vībotne *bot.* Béifuß *m*

vicināt schwénken; schwíngen*; v. cepuri – den Hut schwenken; v. pātagu – die Peitsche schwingen*

vide Milieu [..|'jø:] *n*, Umgébung *f*,
U'm-welt *f*

vidējais Míttel *n*; aritmētiskais v. –
arithmétisches Mittel *n*; ģeomet-
riskais v. – geométrisches Mittel
n; kvadrātiskais v. – quadrátisches
Mittel *n*

vidēj‖s Míttel-; míttel; (*caurmēra*)
Dúrchschnitts-; ~ais pirksts –
Mittelfinger *m*; ~o distanču skrē-
jiens – Mittelstreckenlauf *m*; ~os
gados – in mittleren Jahren; ~i –
dúrchschnittlich

video Vídeo [v..] *n*; videoklips –
Vídeoclip [v..] *m*

videoatskaņotājs Vídeorekorder [v..]
m

videofilma Vídeofilm [v..] *m*

vidū mítten, in der Mitte; inmítten;
istabas v. – mitten im Zimmer;
savas ģimenes v. – inmitten seiner
Famíli|e

viduklis Taille ['taljə] *f*, Gü'rtelweite *f*

vidus Mítte *f*

viduslaiki Míttelalter *n*

vidusskola O'berschule *f*

vidutājs Vermíttler *m*, Míttler *m*,
Míttelsmann *m*; Geschä'ftsver-
mittler *m*

viedoklis Stándpunkt *m*, Gesíchts-
punkt *m*

vieglatlētika Léichtathletik *f*

vieglatlēts Léichtathlet *m*

vieglprātīgs léichtsinnig

viegl‖s leicht; ~ā [auto]mašīna –
Persónenkraftwagen *m*; ~ā rūp-

niecība – Léichtindustrie *f*; ~ais
svars *sp*. – Léichtgewicht *n*

viela Stoff *m*

vielmaiņa Stóffwechsel *m*

vienād‖s gleich; ~a vecuma – gléich-
alt[e]rig; ~a auguma – von gleichem
Wuchs

vienaldzīgs gléichgültig

vienalga einerléi, egál

vienība Ei'nheit *f*; ātras reaģēšanas v.
mil. – Ei'ngreiftruppe *f*

vienīgs éinzig

vienkārš‖s éinfach; schlicht; v. cil-
vēks – ein einfacher Mensch; ~i
ģērbties – sich schlicht kleiden

vienlīdzība Gléichheit *f*; v. tiesībās,
tiesību v. – Gléichberechtigung *f*

vienlīdzīgs gleich

vienmēr ímmer; stets

vienmērīgs gléichmäßig

vienmuļīgs éintönig

vienošanās Ei'nigung *f*; Überéin-
kommen *n*, Veréinbarung *f*; *dipl*.
Agréement [ə'gri:mənt] *n*

vienoties sich éinigen, sich veréin-
baren, überéinkommen

vienots éinheitlich; Ei'nheits-

vienpadsmit elf

vienplāksnis *av*. Ei'ndecker *m*

vienprātīgs éinmütig

vienradzis *mit*. Ei'nhorn *n*

vienreiz éinmal

viens ein; (*skaitot*) eins; (*viens pats*)
alléin

vienskaitlis *gram*. Ei'nzahl *f*, Síngu-
gular *m*

vientiesība Ei'nfalt *f*

vientiesīgs éinfältig

vientulība Ei'nsamkeit *f*

vientuļ‖š éinsam; ~ais tēvs vai ~ā māte – Alléinerzieher *m*

viesīb‖as A'bendgesellschaft *f*; Geséllschaft *f*; iet ~ās – in (auf) eine Gesellschaft gehen*

vies‖is Gast *m*; iet ~os – zu Gast (Besúch) gehen*

viesistaba Gástzimmer *n*

viesizrād‖e Gástspiel *n*; sniegt ~es – Gastspiele geben*, gastíeren

viesmīlība Gástfreundschaft *f*, Gástlichkeit *f*

viesmīlīgs gástfreundlich, gástlich

viesnīca Gásthaus *n*, Hotél *n*; (*lēta un slikta*) A'bsteige *f*; (*liela un grezna*) Grandhotél *n*

viesoties 1. (*ciemoties*) zu Gast (Besúch) sein*; **2.** (*par teātri*) gastíeren

viesstrādnieks Gástarbeiter *m*

viet‖a 1. Platz *m*; Ort *m*; Stélle *f* (*arī pārn., piem., grāmatā*); nozieguma v. – Tátort *m*; liecinieka v. tiesas zālē – Zéugenstand *m*; izsaukt liecinieku procesa laikā – j-n in den Zeugenstand rufen; šī v. ir aizņemta – dieser Platz ist besétzt; dzīvesvieta – Wohnort *m*; **2.** (*darbā*) Stélle *f*, A'nstellung *f*; **3.**: tavā ~ā – an deiner Stelle

vietējs ö'rtlich, lokál

vietkarte Plátzkarte *f*

vietnieks Stéllvertreter *m*

vietniekvārds Pronómen *n*, Fü'rwort *n*

vīgrieze *bot*. Sü'ßspierstaude *f*

vīģe *bot*. Féige *f*

vijole Géige *f*, Violíne [v..] *f*

vijolīte *bot*. Véilchen *n*

vijolnieks Géiger *m*, Violínspieler [v..] *m*, Violiníst [v..] *m*

viktorīna Quiz [kvis] *n*

vilcien‖s[a] Zug *m*; pasažieru v. – Persónenzug *m*; preču v. – Gü'terzug *m*; tiešās satiksmes v. – Dúrchgangszug *m*, D-Zug *m*; nokavēt ~u – den Zug versäu'men

vilcien‖s[b] Strich *m*; Zug *m*; elpas v. – A'temzug *m*; ar vienu spalvas ~u – mit einem Féderstrich (Féderzug); uzzīmēt kaut ko ar pāris ~iem – etw. mit paar Strichen zeichnen; vispārīgos ~os – in allgeméinen Zügen

vilcināties zö'gern

vīle[a] (*darbarīks*) Féile *f*

vīle[b] (*drēbju*) Saum *m*

vīlēt[a] (*ar vīli*) féilen

vīlēt[b] (*drānu*) säu'men

vilināt [ver]lócken

vilkābele Hágedorn *m*, Wéißdorn *m*

vilks *zool*. Wolf *m*

vilkt 1. zíehen*; v. kājas [gar zemi] – schlurfen; v. pa zemi – über den Boden schleifen*; **2.**: v. mugurā (rokā) – ánziehen*

vilkties sich schléppen

viln‖a Wólle *f*; ~as audums – Wóllstoff *m*

vilnis Wélle *f*; (*liels*) Wóge *f*; īsviļņi (*radio*) – dsk. Kúrzwellen

viltība List *f*; Schláuheit *f*

viltīgs schlau, lístig

viltot fä´lschen

viļņkartons (*iepakojuma materiāls*) Wéllpappe *f*

viļņošanās (*jūrā*) Séegang *m*

viļņpapagailis *ornit.* Wéllensittich *m*

vīngliemezis Wéinbergschnecke *f*

vingrinājums Ü´bung *f*

vingrināties ü´ben, sich üben

vingrošana Túrnen *n,* Gymnástik *f*; ārstnieciskā v. – Kránkengymnastik *f*

vingrot túrnen

vīnkopība Wéinanbau *m*

vīnogas *dsk.* Wéintrauben

vīns Wein *m*; karstvīns – Glü´hwein *m*

viņa sie

viņš er

violets violétt [v..]

vīramāte Schwíegermutter *f*

vīratēvs Schwíegervater *m*

vīrie‖tis Mann *m*; ~šu dzimte *gram.* – das männliche Geschlécht; ~šu mētelis – Hérrenmantel *m*

vīrišķīgs mä´nnlich

virpa (*metāla apstrādāšanai*) Dréhbank *f*; (*koka apstrādāšanai*) Dréchselbank *f*

virpot (*metālu*) dréhen; (*koku*) dréchseln

virpulis Wírbel *m*

virs ü´ber (*ar dat. vai ak.*)

vīrs 1. Mann *m*; **2.** (*dzīvesbiedrs*) Mann *m*; Gátte *m,* Gemáhl *m*

virsbūve (*automašīnai*) Karosseríe *f*

virskundzība O´berherrschaft *f*

virsma O´berfläche *f*

virsnieks Offizíer *m*

virsotne Gípfel *m,* Spítze *f*

virspamats Sóckel *m*

virsraksts Ü´berschrift *f*

virsrok‖a O´berhand *f*; gūt ~u – die Oberhand gewínnen*

virsskaņas- Ü´berschall-; v. ātrums – Ü´berschallgeschwindigkeit *f*

virsstundas *dsk.* Ü´berstunden

virsū obenáuf; uzkāpt kam v.– auf etw. stéigen*

virši Héidekraut *n,* E´rika *f*

virtuāls virtuéll [v..]

virtuve Kü´che *f*

vīruss Vírus [v..] *n vai m*

virve Strick *m*; (*resna*) Seil *n*; (*valgs*) Strang *m*

virziens Ríchtung *f*

virzīt rü´cken; v. tuvāk – näher rücken; v. uz priekšu *pārn.* – vórwärts bríngen*

virzīties [sich] rü´cken; sich bewégen; v. uz priekšu – sich vórwärtsbewegen

virzulis Kólben *m*

vismaz wénigstens, míndestens

vispār überháupt

vispārēj‖s allgeméin; v. streiks – Generálstreik *m*; ~as vēlēšanu tiesības – das allgeméine Wahlrecht

vispārināt verallgeméinern

vispirms zunä´chst, vor állem

vispusīgs víelseitig

vis‖s all; ganz; sä'mtlich; ~i cilvēki – alle Menschen; ~a pasaule – die ganze Welt; ~u labu! – alles Gute!; ~i piederīgie – sämtliche Angehörige[n]

vīst wélken

vist‖a Huhn *n*, Hénne *f*; ~u ferma – Hü'hnerfarm *f*

visur überáll

vīt (*virvi*) dréhen; (*vainagu*) wínden*; (*ligzdu*) báuen

vitamīns Vitamín [v...] *n*

vīteņaugs Schlíngpflanze *f*

vītne (*bot.*) Ránke *f*; (*tehn.*) Gewínde *n*

vītols Wéide *f*, Wéidenbaum *m*

vitrīna (*ar stiklu*) Scháukasten *m*

vīza Vísum [v..] *n*

vizāžists Visagist [viza'ʒist] *m*

vizbulīte *bot.* Wíndröschen *n*, Anemóne *f*; zilā v. – Léberblümchen *n*

vīzdegunīgs náseweis

vizēt schímmern

vizīt‖e Visíte [v..] *f*; valsts v. – Stáatsbesuch *m*; ierasties ~ē pie kāda – j-m eine Visíte machen (abstatten)

vizītkarte Visítenkarte [v..] *f*

vizla *min.* Glímmer *m*

vizuāls visuéll [v..]

vizuļzelts Flíttergold *n*

vižņi Schlámmeis *n*

volejbols *sp.* Volleyball ['vɔli..] *m*

vulgārs vulgä'r [v..]

vulkāns Vulkán [v..] *m*

Z

zābaks Stíefel *m*

zādzīb‖a Díebstahl *m*; izdarīt ~u – einen Diebstahl begéhen*

zaglis Dieb *m*; veikalu z. – Ládendieb *m*

zagt stéhlen*

zāģēt sä'gen

zāģētava Sä'gewerk *n*

zāģis Sä'ge *f*; zāģskaidas – Sä'gemehl *n*

zaigot léuchten, schímmern

zaimot lä'stern

zaķalūpa *med.* Hásenscharte *f*

zaķis Háse *m*; viltotais z. (*maltas gaļas ēdiens*) – Háckbraten *m*

zāle[a] Gras *n*

zāle[b] Saal *m*; skatītāju z. – Zúschauerraum *m*

zāles Arznéi *f*, Medizín *f*; miega z. – Schláfmittel *n*

zālespļāvējs Rásenmäher *m*

zāliens Grásplatz *m*, Rásen *m*

zalktis Ríngelnatter *f*

zaļot grü'nen

zaļ‖š 1. grün; 2. (*negatavs*) grün; únreif; 3. (*nevārīts*) roh; ~i kartupeļi – rohe Kartóffeln

zaļum‖i 1. (*dārzeņi*) Grü'nkraut *n*; (*zupai*) Súppengrün *n*; 2.: iz-braukt ~os – eine Fahrt ins Grüne machen

zandarts *iht.* Zánder *m*

zārks Sarg *m*

zarna Darm *m*; aklā z. – Blínddarm *m*

zars Ast *m*; (*mazs*) Zweig *m*; (*ķemmei*) Zahn *m*

zaudējums Verlúst *m*

zaudēt verlíeren*; z. samaņu – das Bewússtsein verlieren*; z. pacietību – Gedúld verlieren*; z. paškontroli stresa dēļ – *sar.* áusflippen

zebiekste *zool.* Wíesel *n*

zeķbikses Strúmpfhose *f*

zeķe Strumpf *m*; (*vīriešu*) Sócke *f*

zeķturis *parasti dsk.* Straps *m*

zeltīt, apzeltīt vergólden

zeltracis Góldgräber *m*

zelt‖s Gold *n*; lokšņu z. – Bláttgold *n*; ~a pulkstenis – eine goldene Uhr

zem únter (*ar dat. vai ak.*)

zemapziņa U´nterbewusstsein *n*

zeme 1. E´rde *f*; (*augsne – arī*) Bóden *m*; **2.** (*valsts*) Land *n*; federālā z. VFR – Búndesland *n*; jaunattīstības z. – Entwícklungsland *n*

zemene E´rdbeere *f*

zemesgrāmata Grúndbuch *n*; Zemesgrāmatas dienests – Grundbuchamt *n*

zemeslode E´rdkugel *f*; E´rdball *m*

zemesrieksts E´rdnuss *f*

zemestrīce E´rdbeben *n*

zemisks níederträchtig, geméin

zemkopība A´ckerbau *m*, Lándwirtschaft *f*

zemnieks Báuer *m*

zem‖s níedrig; (*par balsi*) tief; ~as cenas *pārn.* – niedrige Préise

zemūdene U´nterseeboot *n*, U-Boot *n*

zēns Júnge *m*

zibens Blitz *m*

zibensnovedējs Blítzableiter *m*

zibeņ‖ot blítzen; ~o – es blitzt

zibspuldze *fot.* Blítzlicht *n*

zīdainis Säu´gling *m*; z., kuru vēl tin autiņos – Wíckelkind *n*

zīds Séide *f*; mākslīgais z. – Kúnstseide *f*; dabiskais z. – Natúrseide *f*

ziede Sálbe *f*

ziedēt blü´hen

ziedkāposti Blúmenkohl *m*

ziedojums Spénde *f*

ziedot (*piem., naudu*) spénden; (*upurēt*) ópfern; z. laiku (*kaut kam*) – Zeit opfern (*für etw.*)

zieds Blü´te *f*

ziem‖a Wínter *m*; ~as sports – Wíntersport *m*

Ziemassvētki *parasti vsk.* Wéihnachten *n*

ziemeļbriedis *zool.* Ren *n*

ziemeļi Nórden *m*

Ziemeļpols Nórdpol *m*

ziep‖es Séife *f*; ~ju trauks – Séifenschale *f*, Séifendose *f*

zilbe Sílbe *f*

zīle[a] *ornit.* Méise *f*

zīle[b] (*ozolzīle*) Ei´chel *f*

zīlēt wáhrsagen

zilonis *zool.* Elefánt *m*

zils blau

zīme Zéichen *n*; pieturzīme – Interpunktiónszeichen *n*; naudaszīme – Géldschein *m*; godazīme – E'hrenzeichen *n*; automašīnas numura z. – Au'tokennzeichen *n*; firmas z. – Wárenzeichen *n*; ķīlas z. – Pfándbrief *m*; tirdzniecības z. – Hándelszeichen *n*; reģistrēta prečzīme – Schútzmarke *f*

zīmējums Zéichnung *f*

zīmēt zéichnen

zīmīgs bezéichnend, kénnzeichnend, charakterístisch [ka..]

zīmīte Zéttel *m*

zīmogs Stémpel *m*; Síegel *m*

zīmulis Bléistift *m*; krāsu z. – Fárbstift *m*; zīmuļu asināmais – Spítzer *m*

zinām‖s bekánnt; kā z. – bekánntlich; cik man z. – soviel ich weiß; ~ā mērā – gewíssermaßen

zināšanas *dsk.* Kénntnisse, Wíssen *n*

zināt wíssen*; z. no galvas – áuswendig wissen*

zinātība Know–how [noʊ'haʊ] *n*

zinātne Wíssenschaft *f*

zinātnieks Wíssenschaftler *m*, Geléhrte *m*

zinātnisks wíssenschaftlich

ziņ‖a 1. Náchricht *f*; (*vēsts*) Kúnde *f*; pēdējās ~as – die letzten Nachrichten; laika ~as – Wétterbericht *m*; ~u birojs – Au'skunftsstelle *f*; **2.**: nekādā ~ā – auf keinen Fall

ziņkārīgs néugierig

ziņojums Berícht *m*; Méldung *f*

ziņot beríchten, mélden

zirgaudzētava Gestü't *n*

zirglietas [Pférde]geschirr *n*

zirg‖s Pferd *n*, Ross *n*, Gaul *m*; kaujas z. – Stréitross *n*; ~u skriešanās sacīkstes – Pférderennen *n*

zirnek‖lis Spínne *f*; ~ļa tīkls – Spínnn[en]gewebe *n*

zirnis E'rbse *f*

zīst sáugen* (*arī vāji lok.*)

zivkopība Físchzucht *f*

zivs Fisch *m*

zivsaimniecība Fischeríbetrieb *m*, Fischeríwirtschaft *f*

znots Schwíegersohn *m*

zobārsts Záhnarzt *m*

zobens Schwert *n*; Dégen *m*; Sä'bel *m*

zobgalīgs spö'ttisch

zoboties spótten (*ar ģen., über ar ak.*)

zobrats Záhnrad *n*

zob‖s Zahn *m*; ~u sāpes – Záhnschmerz *m*; ~u suka – Záhnbürste *f*; ~u pasta – Záhnpasta *f*; ~u aplikums – Záhnbelag *m*

Zodiaks *astr.* Zodiákus *m*, Tíerkreis *m*; Zodiaka zīme – Tíerkreiszeichen *n*

zods Kinn *n*

zole [Schúh]sohle *f*

zombijs Zómbi *m*, Zómbie *m*

zona Zóne *f*; karstā z. – héiße Zone; aizliegtā z. – Spérrgebiet *n*; beznodokļu z. *ek.* – stéuerfreie Zóne *f*; pierobežas z. – Grénzzone *f*; krēslas z. – Gráuzone *f*

zonde Sónde *f*

zooloģisk‖s zoológisch; ~ais dārzs – Tíergarten *m*, Zoo *m*
zosāda Gä'nsehaut *f*
zoss Gans *f*
zudums Verlúst *m*
zupa Súppe *f*
zust (*mazināties*) schwínden*; (*pazust*) verlóren géhen*
zutis *iht.* Aal *m*; kūpināts z. – Räu'cheraal *m*
zvaigzne 1. Stern *m*; **2.** *pārn.* Star *m*; filmu z. – Fílmstar *m*; *rel.* Dāvida z. – Dávid[s]stern *m*
zvanīt läu'ten, klíngeln; z. kādam pa telefonu – j-n anrufen*
zvans Klíngel *f*; (*liels*) Glócke *f*

zvejniecība Fischeréi *f*
zvejnieks Físcher *m*
zvejot físchen
zvērāda (*neizstrādāta*) Tíerfell *n*; (*izstrādāta*) Pelz *m*
zvērests Eid *m*, Schwur *m*
zvērēt schwö'ren*
zvērinātais *jur.* Geschwórene *m*
zvērisks tíerisch
zvēr‖s Tier *n*; plēsīgs z. – Ráubtier *n*; ~u dresētājs – Tíerbändiger *m*; Dompteur [dɔ̃tø:r] *m*
zviegt wíehern
zvilnēt sich síelen
zvīņa Schúppe *f*
zvirbulis *ornit.* Spérling *m*, Spatz *m*

Ž

žagar‖s Rúte *f*; ~i – Réisig *n*
žagas Schlúckauf *m*
žagata *ornit.* E'lster *f*
žagoties Schlúckauf (Schlúcken) háben*, schlúcksen
žakete Jackétt [ʒa..] *n*; Sakko ['zako:] *m vai n*
žanrs Genre [ʒã:r] *n*
žargons Jargon [ʒar'gɔ̃:] *m*
žāvāties gä'hnen
žāvēt trócknen; (*augļus, dārzeņus – arī*) dö'rren; (*gaļu, zivis*) räu'chern; ž. matus ar fēnu – fö'hnen
žāvētājs (*veļas žāvējamā mašīna*) Wä'schetrockner *m*
žāvēt‖s getrócknet, gedö'rrt; geräu'-

chert; ~a gaļa – Ráuchfleisch *n*; ~a siļke – Bü'ckling *m*; ~as plūmes – *dsk.* Báckpflaumen
žebērklis Físcheisen *n*
žēl scháde; cik ž.! – wie schade!; man ž. – es tut mir leid
žēlastīb‖a Gnáde *f*; ◇ bez ~as – schónungslos
želatīns Gelatíne [ʒe..] *f*
želeja Gelée [ʒe..] *n*, Aspík *m vai n*
žēlot 1. (*just līdzi*) bemítleiden, Mítleid háben* (*mit j-m*); **2.**: nežēlot pūles – keine Mü'he scheuen
žēlsirdīgs bármherzig; (*līdzcietīgs*) mítleidsvoll
žeņšeņs *bot.* Génseng *m*

Ž

žests Géste *f*, Gebä'rde *f*
žigls flink, behénd[e]
žigolo Gigolo ['ʒi..] *m*
žilete Rasíerklinge *f*
žirgts frisch, múnter
žiro *ek.* Giro ['ʒi:..] *n*
žņaugs *med.* Drúckverband *m*
žņaugt wü'rgen, drósseln
žogs Zaun *m*
žokejcepure Spórtmütze *f*; Réise-
  mütze *f*
žoklis Kíefer *m*

žults Gálle *f*
žūpot sáufen*; zéchen
žūrija Jury ['ju:ri: *vai* ʒy'ri:] *f*
žurka *zool.* Rátte *f*
žurnālists Journalíst [ʒur..] *m*
žurnāls Zéitschrift *f*, Journál [ʒur..]
  n; Magazín *n*; nedēļas ž. –
  Wóchenschrift *f*; kuģa vai lid-
  mašīnas bortžurnāls – Lógbuch *n*
žūt trócknen
žvadzēt (*par ķēdi*) rásseln; (*par
  atslēgām*) kláppern

VĀCU-LATVIEŠU
vārdnīca

Wörterbuch
DEUTSCH-LETTISCH

A

Aal *m* zutis; Räucheraal *m* – kūpināts zutis

áalen, sich ērti izstiepties un atpūsties (*saulē*)

Aa'sgeier *m* **1.** maitu lija; **2.** *sar. pārn.* tāds, kas izmanto citus

ab no; ab heute – [sākot] no šās dienas, no šodienas; auf und ab – šurp un turp; uz augšu un uz leju; ab und zu – šad un tad, reizēm

A'bart *f* **1.** *biol.* paveids, varietāte; **2.** perversitāte

A'bbau *m* **1.** (*rūdas, ogļu*) ieguve; iegūšana; **2.** (*cenu, algas*) pazeminājums; pazemināšana; **3.** (*štatu*) samazināšana; (*darbinieku*) atlaišana, atbrīvošana

ábbauen 1. iegūt (*rūdu, ogles*); **2.** pazemināt (*cenu, algu*); **3.** samazināt (*štatus*); atbrīvot, atlaist (*no darba*)

ábberufen*: j-n von etw. a. – atsaukt, atbrīvot no amata

A'bberufung *f* atsaukšana no amata

A'bbildung *f* attēls; ilustrācija, zīmējums

ábblättern nobirt, nolobīties (*par krāsu, apmetumu*)

ábblitzen *sar.*: j-n a. lassen – noraidīt, neielaisties darīšanās

ábbrechen* **1.** nolauzt; atlauzt; **2.** nojaukt, noārdīt (*ēku*); **3.** pārtraukt

(*sarunas, attiecības, ceļojumu*); den Umgang mit j-m a. – pārtraukt sakarus ar kādu; nesaieties vairs ar kādu; **4.** nolūzt; atlūzt; **5.** pārtrūkt (*par sarunu, ziņojumu*)

ábbringen* (*von*) atrunāt; atturēt; novirzīt (*no ceļa*)

A'bbruch *m* **1.** (*ēkas*) nojaukšana, noārdīšana; **2.** (*sarunu, attiecību, spēles*) pārtraukšana; **3.**: A. tun – kaitēt

ábbuchen (*etw. von ar dat.*) norakstīt naudu no konta

Abc *n* **1.** alfabēts; **2.** *pārn.* ābece, pamatzināšanas

Abc-Buch *n* ābece (*grāmata*)

ábchecken [..tʃɛkn] *sar.* pārbaudīt, pārliecināties

ABC-Waffen *dsk.* atomārie, bioloģiskie un ķīmiskie ieroči

ábdecken 1. pārklāt, apsegt; **2.** nosegt (*vajadzības, pieprasījumu*); **3.** novākt, nokopt (*galdu*)

A'bdruck *m* **1.** nospiedums; **2.** *poligr.* iespiešana; iespiedums; novilkums

A'bend *m* vakars; guten A.! – labvakar!; am A. – vakarā; heute A. – šovakar; der Heilige A. – svētvakars, 24. decembris; **~nachrichten** *dsk.* vakara ziņas; **~zeitung** *f* vakara laikraksts

A′bend‖blatt *n* vakara laikraksts; **~brot** *n* vakariņas; **~dämmerung** *f* vakara krēsla, mijkrēslis; **~essen** *n* vakariņas; **~gebet** *n* vakara lūgšana

ábends vakarā; vakaros

A′bendschule *f* vakarskola

A′benteuer *n* piedzīvojums; dēka; **~lust** *f* dēku kāre; **~geschichte** *f* dēku stāsts

áber bet, tomēr; taču

ábermals vēlreiz, atkal; no jauna

ábfahren* 1. aizbraukt; atiet (*par vilcienu, kuģi*), 2. nobraukt; 3. aizvest (*ar transporta līdzekli*)

A′bfahrt *f* 1. aizbraukšana; (*vilciena, kuģa*) atiešana; 2. nobraukšana; nobrauciens (*slēpošanas trasē*)

A′bfall *m* 1. atkritumi; **~beseitigung** *f* atkritumu iznīcināšana; **~produkt** *n* atkritumprodukts; 2. atkrišana; atteikšanās (*no ticības, sabiedrotajiem*)

ábfällig nelabvēlīgs; negatīvs, slikts; noraidošs

A′bfallprodukt *n* atkritumviela

ábfertigen 1. nosūtīt, aizsūtīt (*preces, pastu*); atlaist (*vilcienu*); 2. apkalpot (*pircēju, apmeklētāju*); 3.: j-n a. – izturēties nelaipni, noraidoši

ábfinden*, **sich** (*mit etw.*) samierināties (*ar kaut ko*)

A′bfindung *f* kompensācija; atlīdzinājums; kompensēšana; atlīdzināšana

A′bflug *m* 1. aizlidošana, aizlaišanās; 2. (*lidmašīnas*) starts

A′bfluss *m* 1. notecēšana, aiztecēšana; aizplūšana; noplūdums; 2. noteka

A′bflussgraben *m* novadgrāvis

ábfragen 1. atprasīt, noprasīt (*mācību vielu*); 2. *dator.* izsaukt no atmiņas datus

A′bführmittel *n* caurejas līdzeklis

A′bgang *m* 1. aiziešana (*no skolas, skatuves*); 2. (*vilciena*) atiešana

A′bgas *n* izplūdes gāze, atgāze

A′bgastest *m* izpūtēja gāzu kontrole

ábgeben* nodot; atdot; eine Ware a. – pārdot preci; Wärme a. – izstarot siltumu; den Ball a. *sp.* – piespēlēt bumbu; die Stimme a. – balsot; sich mit j-m/etw. a. *sar.* – ar kādu/kaut ko nodarboties, noņemties

ábgehen* 1. aiziet (*prom*); (*par vilcienu u. tml.*) atiet; die Ware geht reißend ab – precei ir ļoti labs noiets; 2. aiziet, izstāties (*no skolas, darba*); 3. *pārn.* atkāpties, atteikties (*no uzskatiem, ieražām*); 4. noritēt; 5. noiet (*par ādu, krāsu*)

ábgekartet *niev.* iepriekš slepeni norunāts; ein ~es Spiel – slepena vienošanās kādam par ļaunu

ábgekürzt saīsināts

ábgemacht nokārtots, nolemts; a.! – norunāts!

A′bgeordnete *m vai f* 1. deputāts; 2. pārstāvis, delegāts

A′bgeordnetenhaus *n* parlaments

ábgesehen: a. davon, dass... – lai gan; turklāt

ábgespannt noguris; pārguris

ábgetan izbeigts, nokārtots; die Sache ist a. – lieta ir nokārtota

A'bglanz *m* atspīdums, atspulgs

ábgrenzen norobežot; sich von j-m/ etw. a. – norobežoties, distancēties

A'bgrund *m* bezdibenis

ábhaken 1. kaut ko atzīmēt ar kāsīti; **2.** ātri aizmirst kādu nepatīkamu gadījumu

ábhalten* 1. atturēt; **2.** noturēt (*sēdi, konferenci*)

A'bhang *m* nogāze

ábhängen 1. noņemt (*uzkārto*); atkabināt; **2.** [den Hörer] a. – pakārt (nolikt) tālruņa klausuli (*pēc sarunas*); **3.** būt atkarīgam; das hängt nicht von mir ab – tas nav no manis atkarīgs

ábhängig atkarīgs; **alkohol~** atkarīgs no alkohola; **drogen~** atkarīgs no narkotikām; **tabletten~** atkarīgs no tabletēm; **alters~** atkarīgs no vecuma (*atalgojums*); **leistungs~** atkarīgs no ražīguma (*samaksa*); **preis~** atkarīgs no cenas (*pieprasījums*)

A'bhängigkeit *f* atkarība

ábholen 1. atnākt pakaļ; atbraukt pakaļ (*pēc kāda, kādam*); aiziet pretī (*uz staciju*); **2.** paņemt kaut ko iepriekš pasūtītu

ábhören noklausīties, slepeni noklausīties

A'bhöraktion *f* noklausīšanās akcija **A**

A'bhörgerät *n* noklausīšanās ierīce

Abitúr *n* gala pārbaudījums

Abituriént *m* abiturients

ábkassieren iekasēt naudu (*no pasažieriem, restorāna apmeklētājiem*)

ábklappern *sar.* apstaigāt vairākas vietas vai cilvēkus, lai kaut ko atrastu

A'bkommen *n* nolīgums, vienošanās (*it īpaši starp valstīm vai starptautiskām institūcijām*); ein A. treffen – noslēgt vienošanos, vienoties

A'bkürzung *f* saīsinājums; saīsināšana

A'blauf *m* **1.** norise, gaita; **2.**: nach (vor) A. der Frist – pēc (pirms) termiņa notecēšanas (izbeigšanās)

áblegen 1. nolikt; **2.** novilkt, noģērbt (*virsdrēbes*); legen Sie bitte ab! – lūdzu, atģērbieties!; **3.**: eine Prüfung a. – nolikt eksāmenu, izturēt pārbaudījumu; Zeugnis a. – nodot liecību; Rechenschaft a. – sniegt pārskatu

áblehnen atraidīt, noraidīt

ábleiten 1. novadīt, novirzīt (*citā virzienā*); **2.** *gram.* atvasināt

** áblenken** novirzīt; novērst uzmanību

A'blenkung *f* viegla izklaidējoša saruna

A'blenkungsmanöver [..v..] *n* uzmanības novirzīšana

ábliefern nodot; nogādāt; piegādāt (*preces*)

áblösen 1. atdalīt; atplēst; nolobīt; **2.** nomainīt; **sich a. 1.** atdalīties, atplīst; nolobīties; **2.** nomainīties, stāties cita vietā

A'blösung *f* nomainīšana; maiņa (*sardzes*)

ABM *f saīs.* Arbeitsbeschaffungs-maßnahme *f* valsts pasākumi darba vietu organizēšanā

A'bmachung *f* vienošanās; noruna; [no]līgums; **A. treffen** – noslēgt vienošanos; vienoties

ábmelden 1. paziņot par (*kāda*) aizbraukšanu (aiziešanu); **2.** noņemt no uzskaites

ábmurksen *sar.* nogalināt, nobeigt

A'bnäher *m* iešuve apģērbā

ábnehmen* 1. noņemt; **den Hut a.** – noņemt cepuri; **2.** atņemt; **3.** mazināties; dilt; izsīkt; **der Mond nimmt ab** – mēness dilst; **die Tage nehmen ab** – dienas kļūst īsākas; **4.** kristies svarā; novājēt; **5.** *sar.* noticēt; **hat er dir abgenommen, dass du krank warst?** – vai viņš tev noticēja, ka tu biji slims?

A'bneigung *f* nepatika, antipātija

A'bnutzung *f* nolietošana; nolietošanās; nodeldēšana; nodilšana; nodilums

Abonnement [..'māː] *n* abonements

Abonnént *m* abonents

ábpacken iesaiņot (*preces pārdošanai*)

A'brechnung *f* norēķins; Abrechnungsbuch *n* – norēķinu grāmata;

Abrechnungsunterlagen *dsk.* – norēķinu dokumenti

ábreisen aizceļot; aizbraukt

ábreißen* 1. noraut, atraut; **ein Blatt vom Kalender a.** – noraut kalendāra lapiņu; **2.** noārdīt, nojaukt; **ein Gebäude a.** – nojaukt ēku; **3.** pārtrūkt; **die Telefonverbindung reißt ab** – tālruņa sakari pārtrūkst

ábrichten dresēt (*dzīvnieku*)

A'bruf *m dator.* datu izņemšana, izsaukšana

ábrüsten 1. atbruņot; **2.** atbruņoties

A'brüstung *f* atbruņošanās; Abrüstungsabkommen *n* – atbruņošanās līgums; Abrüstungsverhandlungen *dsk.* – atbruņošanās sarunas

ABS *bez art.* sistēma, kas kavē automašīnas riteņu bloķēšanu; **der Wagen ist mit ABS ausgerüstet** – automašīna ir apgādāta ar ABS sistēmu

ábsagen 1. atteikt; **2.** atsaukt; atcelt (*sapulci*)

A'bsatz *m* **1.** *ek.* noiets; **2.** papēdis (*apaviem*); **3.** atkāpe; rindkopa

A'bsatzkrise *f* noieta krīze

A'bsatzmarkt *m* noieta (realizācijas) tirgus

ábschaffen atcelt, likvidēt, anulēt; **die Todesstrafe a.** – atcelt nāvessodu; **ein Auto a.** *sar.* – pārdot automašīnu

ábschalten 1. izslēgt; **2.** *sar.* nespēt koncentrēties; **gegen Ende des Vortrages schaltete ich ab** – priekšlasījuma beigās es vairs nespēju koncentrēties

A′bscheu *m* riebums, pretīgums; A. haben (*vor etw.*) – [sa]just riebumu (*pret kaut ko*); riebties

abschéulich riebīgs, pretīgs

ábschieben* **1.** aizstumt; **2.** *sar.* izraidīt no valsts (*bēgļus, patvēruma meklētājus*)

A′bschied *m* atvadīšanās, šķiršanās; A. nehmen (*von j-m*) – atvadīties (*no kāda*)

ábschirmen aizsargāt, pasargāt; j-n gegen etw. a. – pasargāt no kaut kā

A′bschlag *m* pirmā iemaksa no visas maksājamās summas

ábschlagen* **1.** nocirst; **2.** atsist, atvairīt (*ienaidnieku, uzbrukumu*); **3.** noraidīt, atraidīt (*lūgumu*)

ábschleppen aizvākt automašīnu

A′bschleppdienst *m* dienests, kas aizvāc automašīnas no ielas

A′bschleppwagen *m* neliels kravas auto, ar kuru aizvāc automašīnas no ielas

ábschließen* **1.** aizslēgt, noslēgt; **2.** pabeigt (*kādu darbu*); noslēgt; einen Vertrag a. – noslēgt līgumu; **sich a.** nošķirties, noslēgties, norobežoties

A′bschluss *m* **1.** noslēgums; nobeigums; etw. zum A. bringen – pabeigt; **2.** noslēgšana (*līguma, vienošanās*); **3.** *ek.* bilance; den A. machen – taisīt bilanci; **Jahres~** *m* gada bilance

A′bschlussprüfung *f* gala pārbaudījums

A′bschnitt *m* **1.** fragments; **2.** pasaknis; **3.** laika posms; ein neuer A. im Leben – jauns dzīves posms; **4.** sektors, iecirknis

ábschrecken **1.** iebiedēt; **2.** strauji atdzesēt aukstā ūdenī; gekochte Eier a. – atdzesēt vārītas olas

A′bschreckung *f* iebiedēšana

A′bschreckungsmittel *n* iebiedēšanas līdzeklis

A′bschreckungspolitik *f* iebiedēšanas politika

ábschreiben* **1.** norakstīt (*no kaut kā*); **2.** norakstīt, nodeldēt (*rakstot*); **3.** *ek.* norakstīt no bilances

A′bschrift *f* noraksts, kopija; eine beglaubigte A. – notariāli apliecināta kopija

ábschwatzen: *sar.* j-m etw. a. – ar ilgu runāšanu no kāda kaut ko panākt, iegūt

ábseihen* nokāst, izkāst, filtrēt

ábseits sāņus; malā; nomaļus

ábsenden* nosūtīt, aizsūtīt

A′bsender *m* [no]sūtītājs

ábservieren [..v..] *sar.* atlaist no darba, tikt vaļā

ábsetzen **1.** nolikt (*zemē*); **2.** atcelt (*no amata*); gāzt (*valdnieku*); **3.** *ek.* pārdot, realizēt (*preces*); **4.** nogulsnēt; **sich a.** **1.** nogulsnēties; nosēsties, nostāties; **2.** aizbēgt (*no sekotājiem*); sich ins Ausland a. – aizbēgt uz ārzemēm

ábsichern nodrošināt; **sich a.** –
nodrošināties

A'bsicht *f* nodoms, nolūks; **mit A.** –
ar nodomu (nolūku), tīšām; **in der
A.** – nolūkā, ar nolūku

ábsichtlich 1. apzināts, tīšs; **2.** tīšām,
tīši, ar nolūku

absolvíeren [. . v. .] absolvēt, beigt
(*mācību iestādi*)

ábsondern 1. *fiziol.* izdalīt, atdalīt;
2. nošķirt, atšķirt, izolēt

ábspecken *sar.* nodzīt svaru

ábsperren norobežot (*ar barjeru*)

ábspielen nospēlēt (*skaņas ierak-
stu*); **sich a.** norisināties

ábsprechen* 1. noliegt, apstrīdēt; j-m
ein Recht a. – neatzīt (noliegt)
kāda tiesības (*uz kaut ko*); **2.**: etw.
mit j-m a. – par kaut ko runāt un
kopīgi vienoties

A'bstammung *f* izcelšanās, izcelsme

A'bstammungslehre *f* evolūcijas
teorija

A'bstand *m* atstatums, attālums;
intervāls, distance; A. gewinnen –
ieturēt distanci (*arī laika*), lai
izvērtētu notikumus vai attieksmi
pret cilvēku

ábstatten: j-m einen Besuch a. –
apciemot, apmeklēt kādu; j-m
seinen Dank a. – izteikt pateicību,
pateikties

A'bstecher *m* **1.** neliels izbraukums;
īslaicīga novirzīšanās no ceļa;
2. novirzīšanās no galvenā temata

A'bsteige *f sar.* lēta, slikta viesnīca

ábsteigen* 1. nokāpt; **2.**: im Hotel a. –
īrēt numuru vai istabu viesnīcā

ábstellen 1. nolikt; **2.** apstādināt,
apturēt (*motoru, radio*); izslēgt;
das Gas a. – noslēgt gāzi

A'bstellraum *m* pieliekamā telpa

ábstimmen 1. nobalsot; **2.**: etw.
miteinander a. – saskaņot kaut ko
savā starpā; **3.** orientēt; die Wer-
bung auf den Verbraucher a. –
orientēt reklāmu uz patērētāju

A'bstimmung *f* nobalsošana; etw.
zur A. bringen – nobalsot par kaut
ko; eine geheime A. – slepena
balsošana; eine namentliche A. –
personālā balsošana

Abstinénz *f* atturība (*pret alkoholu,
tabaku*)

ábstoßend atbaidošs, riebīgs, pretīgs

A'bstrich *m* samazināšana; **1.** naudas
summas samazināšana (*budžetā*);
2. *med.* uztriepe

A'bsturz *m* nogāšana; nogāšanās;
nokrišana

ábstürzen 1. nokrist; **2.** *dator. sar.*
nobrukt; ein Programm ist abgestürzt
– programma ir «nobrukusi»

absúrd absurds, bezjēdzīgs, aplams

Abszess [aps'tsɛs] *m* iekaisums,
abscess

ábstumpfen 1. notrulināt; nolīdzināt;
noapaļot; Ecken a. – noapaļot
stūrus; **2.** padarīt bezjūtīgu, apā-
tisku; die Ereignisse haben ihn
abgestumpft – notikumi viņu ir
padarījuši nejūtīgu

ábtauen atkausēt; den Kühlschrank a. – atkausēt ledusskapi

Abtéil *n* kupeja (*vagonā*); A. für Nichtraucher – nesmēķētāju kupeja

Abtéilung *f* **1.** nodaļa; daļa; cehs; **Verkaufs~** *f* pārdošanas nodaļa; **Versand~** *f* nosūtīšanas nodaļa; **Werbe~** *f* reklāmas nodaļa; **2.** *mil.* vienība, nodaļa

A'bteilungsleiter *m* nodaļas vadītājs

ábtragen* **1.** aiznest, nest prom; **2.** noārdīt, nojaukt (*māju*); **3.** nonēsāt, novalkāt (*drēbes*); **4.** nomaksāt parādus

A'btreibung *f* **1.** grūtniecības pārtraukšana; **2.** mākslīgais aborts

A'btreibungsgesetz *n* likums par abortiem

A'btreibungsklinik *f* klīnika, kur izdara abortus

A'btreibungspille *f med.* līdzekļi, kurus lieto grūtniecības mākslīgai pārtraukšanai

A'btreibungsverbot *m* abortu aizliegums

ábtreten* **1.** nomīt (*papēžus*); **2.** atdot, atteikties; seinen Platz a. – atdot savu vietu; **3.** aiziet; pamest (*savu darbu*); von der Bühne a. – aiziet no skatuves

ábwarten nogaidīt; den Regen a. – nogaidīt, līdz pāriet lietus; ◇ a. und Tee trinken *sar.* – pacietīgi gaidīt, līdz kaut kas notiks

ábwärts lejup, uz leju

A'bwasch *m* **1.** [trauku] mazgāšana; den A. machen – mazgāt traukus; **2.** netīrie trauki

A'bwasser *n* notekūdeņi; **~kanal** *m* notekūdeņu kanāls; **~kläranlage** *f* notekūdeņu attīrīšanas iekārta; **~reinigung** *f* notekūdeņu attīrīšana

ábwechseln mainīt, nomainīt

A'bwehr *f* pretošanās; **~dienst** *m* slepenais dienests, izlūkdienests; **~reaktion** *f* pretreakcija, aizsardzības reakcija; **~stoff** *m* antiviela

ábwehren novērst, atvairīt; atsist; atgaiņāt; einen Angriff a. – atsist uzbrukumu

A'bwehrkraft *f* (*organisma*) pretošanās spēja

ábweichen* **1.** novirzīties; von der Route a. – novirzīties no maršruta; **2.** *pārn.* novirzīties, atkāpties

ábweisen* atraidīt, noraidīt; eine Bitte a. – noraidīt lūgumu; einen Besucher a. – atraidīt apmeklētāju

ábwenden* novērst; **sich a.** novērsties

ábwesend **1.** klāt neesošs; a. sein – nebūt klāt, būt projām; **2.** izklaidīgs

ábwickeln **1.** attīt, notīt; atritināt; **2.** nokārtot (*kādu darījumu*)

ábwimmeln *sar.* tikt no kāda vaļā

A'bzahlung *f* nomaksa, nomaksāšana; auf A. kaufen – pirkt uz nomaksu; Abzahlungsgeschäft *n* – pirkums uz nomaksu; Abzahlungsrate *f* – daļa no maksājamās summas

A **A´bzeichen** *n* nozīme (*piesprau-žama*)

ábzeichnen nozīmēt, nokopēt; **sich a.** iezīmēties, kļūt saskatāmam; ein Umschwung zeichnet sich ab – iezīmējas pārmaiņas

A´bziehbild *n* novelkamā bildīte

ábziehen* **1.** novilkt (*ādu*); **2.** *mat.* atņemt, atskaitīt; **3.:** Truppen a. – atvilkt karaspēku

A´bzweigung *f* nozarojums, atzarojums (*ceļa, ielas*)

Accessoire [aksɛˈsʊaːr] *n* modes piederumi, aksesuāri (*rotas, jostas, saulesbrilles*)

A´chse *f* ass; **Erd~** *f* Zemes ass; **Koordinaten~** *f* koordinātu ass; **Antriebs~** *tehn.* *f* dzinēja ass

A´chsel *f* plecs; mit den Achseln zucken – paraustīt plecus

acht astoņi; in a. Tagen – pēc nedēļas

Acht: A. geben (*auf ar akuz.*) – uzmanīt, pievērst uzmanību, griezt vērību; sich in A. nehmen – uzmanīties; außer A. lassen – neievērot, atstāt bez uzmanības

áchte astotais

áchten 1. cienīt, godāt; turēt godā; **2.** (*auf ar akuz.*) ievērot, ņemt vērā; vērst uzmanību; **3.** (*ar akuz.*) uzmanīt, pievērst uzmanību

A´chter *m sp.* astoņnieks (*astoņairu laiva*)

A´chterbahn *f* līkloču dzelzceļš (*atrakcija*)

áchthundert astoņsimt

A´chtung *f* **1.** uzmanība; **2.** cieņa, cienība; godbijība; respekts

áchtzehn astoņpadsmit

áchtzehnte astoņpadsmitais

áchtzig astoņdesmit

áchtzigste astoņdesmitais

ä´chzen stenēt, vaidēt

A´cker *m* tīrums, lauks

A´ckerbau *m* zemkopība

Acryl [aˈkryːl] *n* akrils, mākslīgā šķiedra

ADAC [aːdeːaːˈtsɛː] *m* (*Allgemeiner Deutscher Automobil-Club*) autobraucēju apvienība Vācijā, kas kluba dalībniekiem palīdz nepieciešamības gadījumos un pārstāv viņu intereses

Adápter *m tehn.* adapteris

A´der *f* asinsvads; dzīsla; er hat eine künstlerische A. *pārn.* – viņam ir mākslinieka dotības (talants, dzirksts); Goldader *f* – zelta dzīsla; Wasserader *f* – ūdens ādere

A´dler *m* ērglis; Adlerhorst *m* – ērgļa ligzda

Adressát *m* adresāts

Adrésse *f* adrese; E-Mail-A. – elektroniskā pasta adrese; Web-A. – interneta adrese

Advént [..v..] *m rel.* Advente; Adventskranz *m* – Adventes vainags

Aerobic [ɛˈroːbik] *n* aerobika

Affä´re *f* dēka, afēra; nepatīkams starpgadījums; īslaicīgs intīms sakars; ◇ sich aus der A. ziehen –

veikli izvairīties no nepatīkamas situācijas

A'ffe *m* pērtiķis

Affékt *m* afekts, afekta stāvoklis; im A. handeln – rīkoties afekta stāvoklī

Afrikáner *m* afrikānis; **~in** *f* afrikāniete

Agént *m* **1.** spiegs; **2.** mākslinieka menedžeris; **3.** firmas pārstāvis; **Versicherungs~** *m* apdrošināšanas aģents; Agentenfilm *m* – spiegu filma; Agententhriller *m* – spiegu filma; **Geheim~** *m* slepenais aģents

Agentúr *f* uzņēmums vai pārstāvniecība; **Immobilien~** *f* nekustamā īpašuma aģentūra; **Nachrichten~** *f* ziņu aģentūra; **Versicherungs~** *f* apdrošināšanas aģentūra; **Werbe~** *f* reklāmas aģentūra

Aggressión *f* agresija

aggressív agresīvs

Agitatión *f* aģitācija

Agrárpolitik *f* agrārā politika

Agreement [ə'gri:mənt] *n dipl.* vienošanās

Agronóm *m* agronoms

áhnen nojaust; noskārst; paredzēt

ä'hnlich līdzīgs; er ist dir sehr ä. – viņš ir tev ļoti līdzīgs

A'hnung *f* nojauta; jausma; keine A.! – ne mazākās jausmas!

A'horn *m* kļava

Ä'hre *f* vārpa

Aids *n* AIDS

Airbag ['ɛ:ərbɛk] *m* drošības gaisa spilvens automašīnās

Airbus ['ɛ:ərbʊs] *m* liela pasažieru lidmašīna

Airconditioning ['ɛ:ərkɔndiʃniŋ] *n* gaisa kondicionēšana

Akademíe *f* akadēmija; A. der Wissenschaften – zinātņu akadēmija; **~mitglied** *n* akadēmiķis

Akadémiker *m* cilvēks, kas beidzis studijas augstskolā

akadémisch akadēmisks; ~e Bildung – akadēmiskā (augstākā) izglītība

Akázi|e *f* akācija

Akkórd *m mūz.* akords

Akkórdeon *n* akordeons

Akkórdlohn *m* gabaldarba apmaksa

akkreditíeren akreditēt

Akkumulátor *m tehn.* akumulators

Akrobát *m* akrobāts

Akrobátik *f* akrobātika

Akt *m* **1.** *daž. noz.* akts; **2.** (*lugas*) cēliens; **3.** akts (*mākslā*)

A'kte *f* akts (*dokuments*); Aktenordner *m* – aktu vāki; Aktenschrank *m* – dokumentu skapis; Aktenvermerkt *m* – ieraksts, piezīme; zu den ~n legen – uzkatīt par izbeigtu

A'ktenmappe *f*, **A'ktentasche** *f* dokumentu mape, portfelis

A'ktie *f ek.* akcija; **Inhaber~** *f* uzrādītāja akcija; **Namens~** *f* vārda akcija; **Personal~** *f* personāla akcija; **Stamm~** *f* parastā akcija; **Vorzugs~** *f* priekšrocību akcija

A'ktiĺen‖geséllschaft *f ek.* akciju sabiedrība; **~inhaber** *m* akciju īpašnieks; **~kauf** *m* akciju uzpirkšana; **~kurs** *m* akciju kurss; **~markt** *m* akciju birža

Aktión *f* akcija; darbība; pasākums; Aktionsprogramm *n* – pasākuma programma; Rettungsaktion *f* – glābšanas akcija

aktív [..́ti:f] aktīvs, darbīgs

Aktíva [..v..] *dsk. ek.* uzņēmuma aktīvi

Akzént *m* akcents; uzsvars; ◇ neue ~e setzen – dot ierosmi kaut kam jaunam

akzeptábel pieņemams; eine akzeptable Leistung – pieņemams veikums

Alárm *m* trauksme; A. schlagen – [sa]celt trauksmi; blinder A. – nepamatota (veltīga) trauksme

Alármbereitschaft *f* trauksmes gatavība

A'lbtraum *m* murgs, ļauns sapnis

A'lge *f* aļģe

A'libi *n jur.* alibi; ein A. bestätigen – apstiprināt kāda alibi; ein A. anzweifeln – apšaubīt kāda alibi

Alkohol [́alkoho:l] *m* spirts; alkohols; **~konsum** *m* alkohola patēriņš; **~test** *m* alkohola tests; **~verbot** *m* alkohola aizliegums; **~vergiftung** *f* saindēšanās ar alkoholu

A'lkoholspiegel *m* alkohola līmenis asinīs

all (aller *m,* alle *f,* alles *n,* alle *dsk.*) viss (visa; visi); ~e acht Tage – katru nedēļu; ~e Welt – visi; ikviens, [ik]katrs; ~es in ~em – visā visumā, visu kopā ņemot; in ~er Frühe – rīta agrumā, agri no rīta; vor ~em – vispirms, pirmām kārtām

alle visi; *sar.* etw. ist a. – izlietots, cauri

álledem: trotz a. – neskatoties uz visu (to), par spīti visam; bei a. – ar visu to

alléin 1. viens, viens pats; **2.** vienīgi; vien; tikai; er a. – vienīgi (tikai) viņš; **3.** bet; taču

Alleínerzieher *m* vientuļais tēvs vai vientuļā māte

allemál: ein für a. – reizi par visām reizēm

Allergén *n* alergēns

Allergíe *f* alerģija; an einer A. leiden – būt alerģijai pret kaut ko

állerhand [vis]visāds, daždažāds; ◇ das ist wirklich a.! *sar.* – tas nu ir par daudz!

Allerhéiligen *n rel.* Visu svēto diena, 1. novembris

A'llerlei *n* asorti; ein A. aus Käse – siera asorti

állerlei [vis]visāds, daždažāds

állerlétzt pats pēdējais, visupēdējais

álles viss

A'lleskleber *m* universāllīme

állgemein vispārīgs, vispārējs; ~es Wahlrecht – vispārējās vēlēšanu tiesības; im ~en – visumā, vispārīgi

Allgeméinarzt *m* vispārējo slimību ārsts

Alliánz *f pol., mil.* alianse

Alli|íerte *m* sabiedrotais

alljä′hrlich 1. ikgadējs; **2.** ik gadus, katru gadu

allmä′hlich pamazām; pakāpeniski

allmónatlich ik mēnesi; katru mēnesi

állseitig vispusīgs

A′lltag *m* **1.** darbdiena; **2.** ikdiena; Alltagsleben *n* – ikdienas dzīve; Alltagssorgen *dsk.* – ikdienas rūpes

alltä′glich 1. ikdienas-; **2.** ikdienišķīgs, parasts

allwö′chentlich ik nedēļas, katru nedēļu

állzu sehr pārāk [daudz], pārmērīgi

Alpáka *n* alpaka (*lamas suga*)

Alphabét *n* alfabēts

Alpinísmus *m* alpīnisms

Alpiníst *m* alpīnists

als 1. kad; **2.** kā; par; er kam als Freund – viņš nāca kā draugs; er gilt als Fachmann – viņu uzskata par speciālistu; **3.** (*aiz pārākās pakāpes*) par, nekā; **4.**: sowohl..., a. auch – tiklab..., kā arī; als ob – it kā

álso tātad

alt vecs; sens; a. werden – novecot, kļūt vecam; wie a. sind Sie? – cik jums gadu?; ich bin zwanzig Jahre a. – man ir divdesmit gadu; ◇ es bleibt alles beim Alten – viss paliek pa vecam

Altár *m* altāris

A′lte *m* **1.** vecais; vecais vīrs; vecis;

2. *sar. jaun.* tēvs; **3.** *sar.* priekšnieks, šefs

A′ltenheim *n* veco ļaužu pansionāts

A′lter *n* vecums; ein hohes A. – liels vecums; im A. von zwanzig Jahren – divdesmit gadu vecumā

áltern vecot; novecot, kļūt vecam

A′lters‖erscheinungen *dsk.* vecuma pazīmes; **~beschwerden** *dsk.* vecuma kaites; **~fürsorge** *f* (*materiāla*) nodrošināšana vecumdienās; **~rente** *f* vecuma pensija

A′ltersgenosse *m* vienaudzis

A′ltersversorgung *f* (*materiāla*) nodrošināšana vecumdienās

A′ltertum *n* senatne

A′lthändler *m* vecu lietu tirgotājs

A′ltmaterial *n* otrreizējās izejvielas

áltmodisch vecmodīgs, nemoderns

A′ltpapier *n* makulatūra

A′ltwaren *dsk.* lietotas mantas

Altwéibersommer *m* atvasara

am = an dem; a. besten – vislabāk

Amateur [ama′tø:r] *m* **1.** amatieris, neprofesionālis; **~filmer** *m* kinoamatieris; **~fotograf** *m* amatierfotogrāfs; **~funker** *m* radioamatieris; **2.** aktīvais sportists, amatieris

ambulánt ambulatorisks; eine Behandlung – ambulatoriskā ārstēšana

Ambulánz *f* **1.** neatliekamās palīdzības automašīna; **2.** nodaļa slimnīcā, kur pacienti saņem ambulatorisku ārstēšanu

A′meise *f* skudra

Amerikáner *m* amerikānis; **~in** *f* amerikāniete

Amethýst *m min.* ametists

A'mme *f* aukle zīdītāja

Amnestíe *f* amnestija; eine A. erlassen – izsludināt amnestiju

A'mpel *f* luksofors

Ampúlle *f* ampula

A'msel *f* melnais meža strazds

Amt *n* **1.** amats; ein A. bekleiden – būt kādā amatā, ieņemt kādu amatu; **2.** iestāde, pārvalde; **Arbeits~** *n* darba birža; **Gesundheits~** *n* veselības pārvalde; **Schul~** *n* skolu valde

ámtlich oficiāls; amata-; dienesta-

A'mts‖antritt *m* stāšanās amatā (darbā); **~beförderung** *f* paaugstināšana amatā; paaugstinājums amatā; **~missbrauch** *m* dieneststāvokļa ļaunprātīga izmantošana

A'mtsbefugnis *f* pilnvaras; seine Amtsbefugnisse überschreiten – pārkāpt amata pilnvaras

A'mtseinführung *f* inaugurācija

amüsíeren izklaidēt, uzjautrināt; **sich a.** izklaidēties; uzjautrināties

an **1.** pie; Riga liegt an der Daugava – Rīga atrodas pie Daugavas; teilnehmen an (*ar dat.*) – piedalīties; an der Stimme erkennen – pazīt pēc balss; zwanzig an der Zahl – skaitā divdesmit; ich denke an ihn – es domāju par viņu; jetzt bin ich an der Reihe – tagad mana kārta; **2.**: von heute an – sākot ar šo-

dienu; von jetzt an – no šā brīža; ab und an – šad tad

Analphabét *m* analfabēts

Analýse *f* analīze

A'nanas *f* ananass

Anästhesíe *f* narkoze, anestēzija; allgemeine A. – vispārējā anestēzija; lokale A. – vietējā anestēzija

ánbaggern *sar.* piesieties, uzmākties

A'nbau *m* **1.** *vsk.* ēkas piebūve; **2.** kultūraugu audzēšana; **Gemüse~** *m* dārzeņkopība; **Obst~** *m* augļkopība; **Wein~** *m* vīnkopība

ánbauen **1.** *lauks.* audzēt, kultivēt; **2.** (*an ar akuz.*) piebūvēt [klāt]

A'nbaufläche *f lauks.* sējas platība

A'nbaumöbel *dsk.* sekciju mēbeles

ánbelangen attiekties; was mich anbelangt – kas attiecas uz mani

A'nbetracht *m*: in A. dessen, dass... – ņemot vērā (ievērojot) to, ka...

ánbieten* piedāvāt

A'nblick *m* skats

ánbraten īsi apcept uz straujas liesmas

ánbrechen* **1.** aizlauzt, ielauzt; **2.** attaisīt (*vīna pudeli*); **3.** [ie]sākties, iestāties; der Morgen bricht an – aust rīts

ánbrennen* **1.** aizdedzināt, aizdegt; **2.** aizdegties; **3.** (*par ēdienu*) piedegt

ánbringen* **1.** novietot, nolikt; **2.** piestiprināt

A'nbruch *m* sākums, iestāšanās; bei A. des Tages – dienai austot

A'ndenken *n* **1.** piemiņa; j-m etw.

zum A. schenken – dāvināt kādam
kaut ko piemiņai; **2.** piemiņas
lieta, suvenīrs

ándere cits; otrs; nichts ~s als... –
nekas cits kā...; unter ~m – starp citu

ánder[e]nfalls pretējā gadījumā, citādi

ándererseits no otras puses

ä′ndern mainīt, [pār]grozīt; pārtaisīt;
sich ä. mainīties, pārmainīties;
pārgrozīties

ánders citādi; niemand a. als... –
neviens cits kā...

ánders gesinnt citāddomājošs

ánderswo *sar.* citur, citā vietā; kaut
kur citur

ánderthalb pusotra

Ä′nderung *f* **1.** maiņa, izmaiņa;
pārmaiņa; grozījums, pārgrozība;
2. pārtaisīšana; die Ä. eines Geset-
zes beschließen *jur.* – pieņemt gro-
zījumus likumā

ä′nderungsbedürftig tāds, kam ne-
pieciešami grozījumi

ándeuten 1. likt manīt (*saprast*);
2. norādīt, atzīmēt (*svarīgāko*)

A′ndeutung *f* norādījums, mājiens

A′ndrang *m* cilvēku pieplūdums

áneignen, sich 1. (*ar dat.*) piesavi-
nāties; sich schlechte Gewohn-
heiten a. *pārn.* – piesavināties
sliktus paradumus; **2.** apgūt (*sveš-
valodu*)

aneinánder geráten sākt strīdēties

ánerkennen* atzīt; die Vaterschaft
a. – (*oficiāli*) atzīt paternitāti

A′nerkennung *f* atzīšana; atzinība;

die diplomatische A. eines neuge-
gründeten Staates – jaundibinātas
valsts diplomātiskā atzīšana

A′nfall *m* **1.** uzbrukums; **2.** lēkme;
Herzanfall *m* – sirdslēkme; Hus-
tenanfall *m* – klepus lēkme; einen
A. bekommen – kļūt niknam

A′nfang *m* **1.** sākums; A. Januar –
janvāra sākumā; **2.** sākums, pamats;
Anfangskapital *n* – starta kapitāls;
Anfangskenntnisse *dsk.* – sākum-
zināšanas

ánfangen* sākt, iesākt, uzsākt; sāk-
ties; iesākties

ánfänger *m* iesācējs

ánfangs sākumā, iesākumā

A′nfangs‖buchstabe *m* sākuma
burts; ~gründe *dsk.* (*kādas zināt-
nes*) pamati

ánfechtbar apšaubāms

ánfechten* apstrīdēt, apšaubīt; das
Testament a. *jur.* – apstrīdēt testa-
mentu

ánfertigen pagatavot, izgatavot

ánfeuchten samitrināt; apslapināt,
ieslapināt

A′nfrage *f* pieprasījums

ánfragen (*bei j-m nach, um etw.*)
apprasīties, apvaicāties, apjautā-
ties; ievākt ziņas

ánführen 1. minēt (*piemērus, pie-
rādījumus*), citēt; **2.** *sar.* piekrāpt,
piemānīt, apvest ap stūri; **3.** vadīt
kādu grupu

A′nführungszeichen *n gram.* pēdi-
ņas

A′ngabe *f* **1.** izteikums; nach A. der Zeugen – pēc liecinieku izteikumiem (liecībām); **2.** ~n *dsk.* dati, ziņas; **3.** norādījums; **4.** *sar.* lielīšanās

ángeben* 1. uzrādīt, norādīt; uzdot (*mēru*); den Ton a. – 1) *mūz.* uzdot toni; 2) *pārn.* noteikt (nosacīt) toni; **2.** nodot, nosūdzēt; **3.** *sar.* lielīties, plātīties

ángeboren iedzimts (*instinkts, slimība*)

A′ngebot *n* piedāvājums; A. und Nachfrage *ek.* – piedāvājums un pieprasījums

ángebracht: a. sein – būt vietā, iederēties, būt piemērotam

ángeheiratet ieprecējies

ángehen* attiekties; vērsties; gegen Missstände a. – vērsties pret nebūšanām; das geht mich nichts an – tas uz mani neattiecas, par to man nav nekādas daļas

ángehören (*ar dat.*) piederēt (*pie kā*); būt biedram (*kādā organizācijā*); ich gehöre diesem Sportklub an – es esmu šā sporta kluba biedrs

A′ngehörige *m* piederīgais; ~n *dsk.* piederīgie

A′ngeklagte *m* apsūdzētais

A′ngel *f* **1.** makšķere; **~haken** *m* makšķerāķis; **~rute** *f* makšķerkāts; **~schnur** *f* makšķeraukla; **2.** eņģe, vira; ◇ etw. aus den Angeln heben – radikāli pārveidot

A′ngelegenheit *f* darīšana, lieta; sich in fremde ~en mischen – jaukties cita darīšanās; Geschäftsangelegenheit *f* – darba lieta; Privatangelegenheit *f* – privāta lieta

A′ngelgerät *n* makšķerēšanas rīki (piederumi)

ángeln makšķerēt; *sar.* nomakšķerēt; sie möchte sich einen Millionär a. – viņa gribētu nomakšķerēt (apprecēt) miljonāru

ángemessen pienācīgs, piemērots, atbilstošs; [sehr] a.! – [ļoti] patīkami! (*pieklājības formula, ko lieto iepazīstoties*)

ángenehm patīkams

ángenommen 1. pieņemts; ~es Kind – pieņemts (adoptēts) bērns; **2.**: a., dass... – pieņemot, ka...

ángeregt dzīvs, rosīgs, kustīgs

ángesehen cienījams, godājams; ievērojams; sie ist bei ihm gut a. – viņš viņu labi ieredz, viņš viņu cienī

ángesichts (*ar ģen.*) redzot; ievērojot, ņemot vērā

ángespannt saspringts; eine ~e politische Situation – saspringts politiskais stāvoklis

A′ngestellte *m* kalpotājs, ierēdnis, (*iestādes*) darbinieks

ángewandt lietišķs, praktisks; ~e Mathematik – lietišķā matemātika; ~e Wissenschaften – praktiskās zinātnes

Angína *f* angīna

A′ngler *m* makšķernieks

ángreifen* 1. aizskart, aiztikt, pieskarties; eine Arbeit mit Freude a. – ķerties pie kāda darba (sākt kādu darbu) ar prieku; **2.** uzbrukt; **3.** nogurdināt, piepūlēt; novājināt

A'ngreifer *m* uzbrucējs

ángrenzen (*an ar akuz.*) robežot, robežoties

A'ngriff *m* (*auf ar akuz., gegen*) uzbrukums; zum A. vorgehen – iet uzbrukumā; etw. in A. nehmen – sākt (*kādu darbu*)

Angst *f* bailes; A. haben (*vor ar dat.*) – baidīties (*no kā*); vor (aus) A. – bailēs (*no kā*), aiz bailēm (*no kā*)

ä'ngstlich bailīgs

ánhaben* būt ģērbies (*kādā apģērbā*); sie hat ein neues Kleid an – viņai ir mugurā jauna kleita

ánhalten* **1.** apturēt, pieturēt, apstādināt; aizturēt (*elpu*); **2.** apstāties, pieturēt; **3.** ilgt, turpināties; der Regen hält an – lietus pieturas

A'nhang *m* pielikums (*grāmatā*)

A'nhänger *m* **1.** piekritējs, sekotājs; **2.** piekabe (*automašīnai*); piekabināmais vagons; **3.** piekariņš ķēdītē

A'nhängsel *n* **1.** piekariņš; **2.** pieaudzis cilvēks vai bērns, kas traucē

ánheizen 1. iekurt, iekurināt; **2.** ierosināt; eine Diskussion a. – ierosināt diskusiju

A'nhöhe *f* uzkalns, pakalns, paugurs

Animateur [anima'tø:r] *m* ceļojumu aģentūras darbinieks, izklaides organizētājs

A'nis *m* anīss

A'nker *m* enkurs

A'nkerplatz *m jūrn.* reids

A'nklage *f jur.* apsūdzība

ánklagen apvainot, apsūdzēt; j-n des Diebstahls a. – apvainot kādu zādzībā

A'nkläger *m jur.* apsūdzētājs

A'nklageschrift *f jur.* apsūdzības raksts

A'nklang *m*: A. finden – rast atbalsi, atsaucību; gūt piekrišanu

ánkleiden ģērbt, apģērbt; **sich a.** ģērbties, apģērbties

ánklicken *dator.* noklikšķināt peli

ánklopfen pieklauvēt

ánknüpfen 1. saistīt; piesaistīt; **2.**: eine Bekanntschaft a. – iepazīties, uzsākt pazīšanos; ein Gespräch a. – uzsākt sarunu

ánkommen* **1.** pienākt, nonākt, ierasties; **2.**: es kommt darauf an – varētu būt; vēl nav zināms

A'nkunft *f* ierašanās; (*vilciena, autobusa*) pienākšana; nonākšana

A'nlage *f* **1.** ierīce, iekārta; **2.** ~n *dsk.* apstādījumi; **3.** *ek.* (*kapitāla*) ieguldījums; **4.** dotības, spējas; **Freizeit~** *f* atpūtas komplekss; **Park~** *f* parks; **Sport~** *f* sporta komplekss; **~berater** *m* finanšu konsultants; **~kapital** *n ek.* apgrozāmais kapitāls; **Kapital~** *f ek.* investīcija

A'nlass *m* pamats, iemesls; aus diesem A. – šajā gadījumā, šajā

A

sakarā; aus A. dieses Jubiläums –
sakarā ar šo jubileju; sich (*dat.*)
etw. zum A. nehmen – izmantot
iespēju, lai kaut ko izdarītu

A'nlasser *m tehn.* starteris

ánlässlich (*ar ģen.*) sakarā ar; a. des
Festes – sakarā ar svētkiem

A'nlauf *m* ieskriešanās; ieskrējiens;
einen A. nehmen – 1) ieskrieties;
2) *pārn.* sasparoties

ánlaufen* 1.: einen Hafen a. –
iebraukt ostā (*par kuģi*); **2.** no-
svīst (*par logu*); apsūbēt (*par
metāliem*); **3.**: die Maschine a.
lassen – iedarbināt mašīnu

A'nlaufstelle *f* vieta, persona vai
iestāde, kur cilvēki noteiktos gadī-
jumos var griezties pēc palīdzības
vai padoma

ánlegen 1. pielikt; **2.** ieguldīt, investēt
(*naudu*); **3.** (*par kuģi*) piestāt
(*krastā*); **4.** izveidot; einen Park
a. – iekopt, izveidot parku

ánlehnen piesliet; die Tür a. – pievērt
durvis; **sich a.** atbalstīties, pie-
slieties

A'nleihe *f ek.* aizņēmums; aizguvums
(*doma, ideja*); eine A. aufnehmen
ek. – izdarīt aizņēmumu

A'nleitung *f* **1.** pamācība; instruk-
cija; norādījumi; **2.** rokasgrāmata;
Arbeits~ *f* darba instrukcija; **Ge-
brauchs~** *f* lietošanas pamācība

A'nliegen *n* lūgums; ich hätte ein A.
an Sie – es gribētu jums kaut ko
lūgt

ánliegend 1. pielikumā, klāt; **2.** pie-
guļošs (*par tērpu*); **3.** kaimiņu-;
blakus-

A'nliegerstaat *m* valsts, kas robe-
žojas ar citu valsti vai jūru

ánmachen 1. piestiprināt; **2.** saga-
tavot (*ēdienu*); **3.** iedegt (*gaismu*),
aizdedzināt (*uguni*), iekurt (*krāsni*);
4.: j-n a. *sar.* – izrādīt kādam
uzmācīgu interesi; **5.** patikt, gar-
šot; der Kuchen macht mich
richtig an *sar.* – kūka man ļoti garšo

ánmelden pieteikt; ein Ferngespräch
a. – pieteikt tālsarunu; j-n zum
Arzt a. – pieteikt (pierakstīt) kādu
pie ārsta; sich polizeilich a. –
pierakstīties (*uz pastāvīgu dzīvi*);
sich a. pieteikties; sich beim
Einwohnermeldeamt a. – pieteik-
ties iedzīvotāju reģistra birojā

A'nmeldung *f* **1.** pieteikums, pa-
ziņojums; **2.** pieteikšanās; pie-
rakstīšanās; **3.** *sar.* reģistratūra

A'nmerkung *f* piezīme

A'nmut *f* pievilcība; daiļums; grācija;
piemīlīgums

ánnageln pienaglot

ánnähen piešūt

ánnähernd 1. aptuvens; **2.** aptuveni,
apmēram

A'nnahme *f* **1.** pieņemšana; **2.** pie-
ņēmums

ánnehmbar pieņemams, piemērots

ánnehmen* 1. pieņemt; einen Rat a. –
uzklausīt padomu; Vernunft a. –
nākt pie prāta; eine [schlechte]

Gewohnheit a. – pieņemt [sliktu] paradumu; **2.** pieņemt, uzskatīt; nehmen wir an, dass... – pieņemsim (uzskatīsim), ka...; ein Gesetzesentwurf a. *jur.* – pieņemt likumprojektu; ein Kind a. – adoptēt bērnu; sich (*ģen.*) a. – rūpēties

annektíeren *pol.* anektēt

Annexión *f pol.* aneksija

A'norak *m* sportiska jaka ar kapuci

ánordnen dot rīkojumu, pavēlēt, norīkot

A'nordnung *f* pavēle; rīkojums; eine A. treffen – dot pavēli (rīkojumu)

ánorganisch *ķīm.* neorganisks; ~e chemische Verbindungen – neorganiskie ķīmiskie savienojumi

ánpassen 1. uzlaikot, pielaikot (*uzvalku*); **2.** piemērot, pielāgot; **sich a.** piemēroties, pielāgoties

ánpflanzen stādīt, iestādīt; einen Garten a. – iekopt dārzu

ánpreisen* ieteikt; slavēt, lielīt; reklamēt

A'nprobe *f* uzlaikošana, pielaikošana

ánrechnen ierēķināt, pierēķināt; ieskaitīt; pieskaitīt

A'nrede *f* uzruna

ánreden uzrunāt

ánregen 1. pamudināt, ierosināt; **2.** uzbudināt, uzmundrināt, stimulēt

ánregend 1. pamudinošs, ierosinošs; **2.** uzbudinošs, uzmundrinošs

A'nregung *f* **1.** ierosinājums, ierosme; stimuls; **2.** uzbudinājums; uzmundrinājums

ánreichern bagātināt, uzlabot, piesātināt

ánrichten 1. sagatavot (*ēdienu likšanai galdā*); **2.** nodarīt, radīt (*postu, ļaunumu*), pastrādāt, izdarīt (*kaut ko sliktu*); was hast du da angerichtet? – ko tu tur esi izstrādājis?

A'nruf *m* **1.** tālruņa saruna; **2.** izsaukums, piezvanīšana (*pa tālruni*); tālruņa zvans

A'nrufbeantworter *m* atbildētājs; automatischer A. – automātiskais tālruņa atbildētājs

ánrufen* 1. uzsaukt (*kādam*); **2.** pasaukt, saukt (*palīgā*); **3.** piezvanīt [pa tālruni] (*kādam*); izsaukt [pa tālruni]

ans = an das; bis ans Ende – līdz galam

A'nsage *f* pieteikums; pieteikšana; A. des Programms – programmas pieteikšana

A'nsager *m* **1.** diktors (*radio, televīzijā*); **2.** [programmas] pieteicējs, konferansjē

ánschaffen iegādāties (*kaut ko lielu un vērtīgu*); a. [gehen] *sar.* – nodarboties ar prostitūciju

ánschaulich uzskatāms

A'nschauung *f* uzskats, viedoklis

ánscheinend 1. šķietams; **2.** šķiet [ka], liekas [ka]; acīmredzot; du glaubst mir a. nicht – šķiet, ka tu man netici

A'nschlag *m* **1.** piesitiens (*klavieru spēlē*); uzsitiens; **2.** ziņojums, paziņojums (*pie ziņojumu dēļa*); afiša; **~brett** *n* ziņojumu dēlis; **~säule** *f* afišu stabs; **3.** tāme, iepriekšējs aprēķins; **4.** terora akts; **Mord~** *m* atentāts; **Terror~** *m* terora akts

A′nschluss *m* **1.** pievienošana; **2.** *tehn.* pieslēgšana, pieslēgums; das Dorf hat elektrischen A. – ciems ir pieslēgts elektrības tīklam; **3.** savienojums (*pa tālruni*); ◇ den A. verpassen *sar.* – neizmantot izdevību

ánschreiben 1. pierakstīt; **2.** griezties rakstiski pie kāda; die Stadtverwaltung a. – rakstīt pilsētas pašvaldībai; ◇ bei j-m gut angeschrieben sein *sar.* – būt par kādu labās domās, labi ieredzēt

A′nschrift *f* adrese (*uz vēstulēm, pasta sūtījumiem*); Urlaubsanschrift *f* – atvaļinājuma adrese

ánsehen* **1.** skatīties (*uz kādu*); uzlūkot; apskatīt, aplūkot; j-n unverwandt a. – nenolaist acis no kāda; **2.** (*für, als*) uzskatīt (*par ko*); etw. als (für) seine Pflicht a. – uzskatīt kaut ko par savu pienākumu

A′nsehen *n* **1.** izskats, skats; āriene; j-n nur vom A. kennen – pazīt kādu tikai pēc izskata; **2.** cieņa; autoritāte; ohne A. der Person – nerēķinoties ar cilvēka sabiedrisko stāvokli

ánsehnlich 1. ievērojams; izskatīgs,

stalts; **2.** (*par naudas summu*) ievērojams, prāvs, krietns

A′nsicht *f* **1.** uzskats, ieskats, domas; meiner A. nach – pēc manām domām; **2.** skats; ainava

A′nsichtskarte *f* skatu kartīte

ánsiedeln nometināt [uz dzīvi]; **sich a.** apmesties uz dzīvi

A′nsiedlung *f* **1.** neliela apdzīvota vieta; **2.** nometināšana; kolonizācija

ánspielen 1. *sp.* piespēlēt; **2.** izteikt mājienu

A′nsprache *f* uzruna; A. halten – teikt uzrunu, uzrunāt; **Begrü-ßungs~** *f* apsveikuma uzruna; **Fest~** *f* svētku uzruna

A′nspruch *m* prasība; pretenzija; A. erheben (*auf ar akuz.*) – pretendēt (*uz kaut ko*); das nimmt viel Zeit in A. – tas prasa daudz laika; j-s Hilfe in A. nehmen – lūgt kāda palīdzību; darf ich Ihre Aufmerksamkeit in A. nehmen? – vai jūs varat veltīt man mazliet uzmanības?; sehr in A. genommen sein – būt ļoti aizņemtam

ánspruchslos pieticīgs, nepretenciozs

ánspruchsvoll prasīgs, ar augstām prasībām; pretenciozs

A′nstalt *f* **1.** iestāde; **2.**: *dsk.* ~en treffen – veikt pasākumus, [sa]-gatavoties; ~en machen – gatavoties, grasīties

ánständig 1. pieklājīgs; **2.** kārtīgs; solīds

A'nstandsbesuch *m* pieklājības vizīte
anstátt 1. (*ar ģen.*) (*kaut kā, kā*)
vietā; a. eines Geschenkes –
dāvanas vietā; **2.**: a. dass..., a.
zu...: a. dass er arbeitete (a. zu
arbeiten), las er – lai gan viņam
bija jāstrādā, viņš lasīja
ánstecken 1. piespraust; **2.** aizde-
dzināt; **3.** pielaist (*slimību*), inficēt;
4.: einen Ring a. – uzvilkt [pirkstā]
gredzenu
ánsteckend lipīgs, infekcijas-; ~e
Krankheiten – infekcijas slimības
ánstellen 1. ieslēgt (*kādu aparātu*);
den Fernseher a. – ieslēgt televi-
zoru; **2.** pieņemt darbā, dot uz-
devumu; **3.** izdarīt; was stellen wir
heute Abend an? *sar.* – ko mēs
šovakar darīsim?; **4.** pielikt, pie-
sliet; die Leiter an die Wand a. –
piesliet kāpnes pie sienas; ◇ stell
dich nicht so an! – neizliecies!
ánstiften 1. (*zu*) pavedināt (*uz kaut
ko*), musināt, kūdīt; **2.** nodarīt,
pastrādāt (*kaut ko sliktu*)
A'nstifter *m* kudītājs, musinātājs,
pavedinātājs
A'nstoß *m* **1.** *pārn.* pamudinājums;
ierosme; stimuls; A. geben – ie-
rosināt; **2.**: A. erregen – radīt
sašutumu (nepatiku); A. nehmen
(*an ar dat.*) – sašust (*par*); Stein
des ~es – piedauzības akmens
ánstößig piedauzīgs, nepieklājīgs
ánstreichen* 1. nokrāsot; **2.** pasvītrot
A'nstreicher *m* krāsotājs

ánstrengen 1. piepūlēt, nogurdināt;
sasprindzināt; **2.** *jur.* ierosināt
lietu; *gegen j-n* einen Prozess a. –
sākt tiesas lietu; **sich a.** nopūlēties,
piepūlēties; pūlēties
ánstrengend nogurdinošs; sasprin-
dzināts
A'nstrengung *f* pūles; piepūle; sa-
sprindzinājums
A'nstrich *m* krāsojums; krāsa
A'nsuchen *n* (*parasti rakstisks*)
lūgums
A'nteil *m* daļa, tiesa; **Erb~** *m* man-
tojuma daļa; **Gewinn~** *m* peļņas
daļa; an etw. (*dat.*) A. haben –
piedalīties, līdzdarboties; A. neh-
men (*an ar dat.*) – just līdzi, dzīvot
līdzi (*kāda priekiem, bēdām*)
A'nteil‖besitzer *m* ek. paju īpašs-
nieks; akcionārs; ~**schein** *m* ek.
paja; akcija
A'ntenne *f* antena; Antennenmast
m – antenas masts; Antennenver-
stärker *m* – antenas pastiprinātājs
Antibábypille [..´be:bi..] *f* pretap-
augļošanās tablete
Antibiótikum *n* antibiotika
A'ntidepressivum *n* med. antide-
presants
antifaschístisch antifašistisks
Antilópe *f* antilope
Antiquariát *n* grāmatu antikvariāts
Antiquitä'tengeschäft *n* senlietu
veikals
Antiséptikum *n* med. antiseptisks
līdzeklis

A'ntrag *m* **1.** priekšlikums; ierosinājums; einen A. stellen – iesniegt priekšlikumu; **2.** bildinājums; einen A. machen – bildināt

A'ntrieb *m* **1.** *tehn.* dzinējs; dzinējspēks; pārnesums; **2.** *pārn.* pamudinājums, stimuls; dzenulis; etw. aus eigenem A. tun – darīt kaut ko pēc paša ierosmes

A'ntritt *m* (*darbības*) uzsākšana; stāšanās (*amatā*)

A'ntwort *f* atbilde

ántworten atbildēt

A'nwalt *m* advokāts, aizstāvis; Anwaltsbüro *n* – advokāta birojs; Anwaltskanzlei *f* – advokāta birojs

A'nwärter *m* (*auf ar akuz.*) kandidāts; reflektants; pretendents

ánweisen* **1.** ierādīt (*darbu, vietu*); instruēt; **2.** dot norādījumu, norīkot; likt (*kaut ko darīt*); **3.** pārsūtīt, pārskaitīt (*naudu*)

A'nweisung *f* **1.** norādījums; instrukcija; pamācība; **2.** pilnvara, orderis (*naudas saņemšanai*); (*naudas*) pārvedums

ánwenden* lietot; izlietot; pielictot

A'nwender *m dator.* lietotājs

A'nwendung *f* lietošana; izlietošana, pielietošana; Anwendungsbereich *m* – izmantošanas joma

ánwesend klāt esošs; a. sein – būt klāt

A'nwesenheit *f* klātbūtne

A'nwesenheitsliste *f* klātesošo pasākuma dalībnieku saraksts

A'nzahl *f* skaits; daudzums (*kas nav precīzi nosakāms*)

A'nzahlung *f* iemaksa

A'nzeige *f* sludinājums; ziņojums, paziņojums

A'nzeigenblatt *n* reklāmas avīze

ánziehen* **1.** pievilkt; savilkt (*stīgas*); piegriezt (*skrūvi*); **2.** uzvilkt, uzģērbt; apģērbt; apaut; **sich a.** apģērbties; saģērbties

A'nzug *m* **1.** uzvalks; ein einreihiger A. – vienrindas uzvalks; sich einen A. machen lassen – pasūtīt sev uzvalku; **2.**: im A. sein – tuvoties (*par kaut ko draudošu*); ein Gewitter ist im A. – tuvojas negaiss; **3.** paātrinājums; der Sportwagen hat einen guten A. – sporta automašīnai ir spēcīgs paātrinājums

ánzünden aizdedzināt, iededzināt; iekurt (*uguni*)

Apártment *n* neliels komfortabls dzīvoklis

A'pfel *m* ābols; ~**kuchen** *m* ābolkūka; ~**most** *m* ābolu sula; ~**mus** *n* ābolu biezenis; ~**schorle** *f* vai *n* dzēriens no ābolu sulas un minerālūdens; der A. fällt nicht weit vom Stamm *pārn.* – ābols nekrīt tālu no ābeles

A'pfelbaum *m* ābele

Apfelsíne *f* apelsīns

Apothéke *f* aptieka

Apparát *m* aparāts; **Telefon~** *m* tālruņa aparāts; **Verdauungs~** *m*

gremošanas sistēma; **Partei~** *m* partijas aparāts

Appéll *m* uzsaukums; aicinājums

Appetít *m* ēstgriba; guten A.! – labu ēstgribu!; **~zügler** *m med.* medikaments ēstgribas slāpēšanai

Aprikóse *f* aprikoze

Apríl *m* aprīlis

Äquátor *m* ekvators

A'rbeit *f* darbs; an die A. gehen – ķerties pie darba

árbeiten strādāt; in einem Werk a. – strādāt rūpnīcā; geistig a. – strādāt garīgu darbu; körperlich a. – strādāt fizisku darbu

A'rbeiter *m* strādnieks; ein gelernter A. – kvalificēts strādnieks; ein ungelernter A. – nekvalificēts strādnieks

A'rbeiterschaft *f* strādniecība, strādnieku šķira

A'rbeitsamt *n* darba birža

A'rbeits‖einsatz *m* talka; **~lohn** *m* darba alga

A'rbeitserlaubnis *f* atļauja ārzemniekiem strādāt

A'rbeitsessen *n* darba pusdienas

árbeitslos (*tāds*) kas ir bez darba; er ist a. – viņam nav darba

A'rbeitslose *m* bezdarbnieks

A'rbeitslosen‖geld *n* bezdarbnieka pabalsts; **~quote** *f* bezdarbnieku skaits procentos

A'rbeits‖losigkeit *f* bezdarbs; **~recht** *n jur.* darba tiesības; **~schutz** *m* darba aizsardzība

Archívkunde *f* arhīvistika

Areál *n* areāls

arg ļauns, slikts; nichts ~es denken – nedomāt neko ļaunu; das ist zu a. – tas ir par traku (daudz)

Ä'rger *m* **1.** dusmas, īgnums; **2.** nepatikšanas

ä'rgerlich 1. dusmīgs; īgns; pikts; **2.** nepatīkams

ä'rgern kaitināt, sadusmot; **sich ä.** dusmoties, saskaisties

A'ri‖e *f mūz.* ārija

Arithmétik *f* aritmētika

arm 1. nabadzīgs; trūcīgs; dieses Land ist a. an Wäldern – šai zemē maz mežu; **2.** nabaga-; ein ~es Geschöpf – nabaga radījums

Arm *m* roka (*visa*); A. in A. gehen – iet zem rokas; in den ~en – apkampienos; ◇ j-m unter die Arme greifen *sar.* – palīdzēt kādam grūtā brīdī; den längeren A. haben – būt ar lielāku ietekmi; j-n auf den A. nehmen *sar.* – kādu izjokot

A'rmband *n* rokassprādze, aproce

A'rmbanduhr *f* rokas pulkstenis

Armée *f* armija

Ä'rmel *m* piedurkne

A'rmlehne *f* krēsla parocis

A'rmsessel *m* atzveltnes krēsls

A'rmut *f* nabadzība; trūkums; Armutszeugnis *n* – nabadzības apliecinājums

A'rnika *f bot.* arnika

arrangíeren [arãˈʒiːrən] **1.** organizēt;

ein Treffen a. – organizēt tikšanos; **2.** māksliniecieski sakārtot, izkārtot; Blumen kunstvoll a. – māksliniecieski sakārtot ziedus

Art *f* **1.** suga; šķirne; **2.** veids; paņēmiens; auf diese A. – šādā veidā, šādi, tā

Arthrítis *f med.* artrīts

ártig rātns, paklausīgs

Artíkel *m* **1.** raksts (*avīzē*); **2.** prece; priekšmets; **3.** paragrāfs, pants (*likumā, līgumā*); **4.** *gram.* artikuls

Artischócke *f* artišoks

Arznéi *f* zāles; **~kunde** *f* farmācija; **~pflanze** *f* ārstniecības augs

Arzt *m* ārsts; **~praxis** *f* ārsta prakse

Ä′rztin *f* ārste

A′sche *f* pelni, pīšļi

A′schen‖bahn *f* skrejceļš (*sporta laukumā*); **~becher** *m* pelnu trauks

A′schenputtel *n* pasaku tēls Pelnrušķīte

A′schermittwoch *m rel.* pirmā gavēņa diena pēc karnevāla

asiátisch aziātisks; aziātu-

Aspík *m vai n* galerts, želeja

Ass *n* **1.** dūzis (*spēļu kārts*); **2.** izcils zinātājs savā jomā; ein As in Physik – izcils speciālists fizikā

Assistént *m* palīgs (*ārstam, ministram*)

Ast *m* zars

A′ster *f* astere

A′sthma *n med.* astma

Asýl *n* **1.** patvērums; **~bewerber** *m* persona, kas lūdz (*politisko*) patvērumu; **~gewährung** *f* (*politis-*

kā) patvēruma piešķiršana; **2.** patversme

A′tem *m* elpa; A. holen – ievilkt (atvilkt) elpu; außer A. kommen – aizelsties, palikt bez elpas; außer A. sein – būt bez elpas; in einem A. *pārn.* – vienā elpas vilcienā, vienā paņēmienā

átemlos aizelsies, bez elpas

Athlét *m* atlēts

Athlétik *f sp.* atlētika

athlétisch atlētisks

átmen elpot

Atóm *n* atoms; **~gewicht** *n* atomsvars; **~kern** *m* atoma kodols

Atóm‖bombe *f* atombumba; **~energie** *f* atomenerģija; **~waffe** *f* atomierocis

Atómsperrvertrag *m* līgums par atomieroču neizplatīšanu

Attaché [ata′ʃe:] *m* atašejs; **Kultur~** *m* kultūras atašejs; **Militär~** *m* militārais atašejs

Attácke *f* **1.** uzbrukums; **2.** lēkme; **Fieber~** *f* drudzis; **Herz~** *f* sirdslēkme

Attést *n* ārsta izziņa par veselības stāvokli

attraktív [..f] vilinošs, pievilcīgs, atraktīvs

Attráppe *f* imitācija, atdarinājums; die Bombe war nur eine A. – spridzeklis izrādījās tikai imitācija

Attribút *n* **1.** atribūts; **2.** *gram.* apzīmētājs

ä′tzen 1. kodināt; **2.** asēt

Aubergíne [obɛr'ʒi:nə] *f* baklažāns
auch arī; wenn auch – kaut arī, lai arī;
sowohl..., als auch... – kā..., tā...;
tiklab..., kā arī...; gan..., gan...;
was auch [immer]... – [lai] ko
arī...; wer auch [immer]... – lai kas
arī...
auf 1. uz; auf dem Boden – uz grīdas;
auf dem Bahnhof – stacijā; auf die
Schulter klopfen – uzsist uz pleca;
sich auf den Weg machen – doties
ceļā; auf jeden Fall – katram
gadījumam; auf einmal – pēkšņi,
piepeši; auf der Stelle – nekavē-
joties; uz vietas; **2.:** von klein auf –
no mazām dienām, kopš bērnības
(mazotnes)
Au'fbau *m* **1.** uzcelšana, uzbūvē-
šana; **2.** celtniecība; jauncelsme;
3. uzbūve; struktūra; konstrukcija
áufbereiten sagatavot (*izejvielas tā-
lākai apstrādei un izmantošanai*)
áufbrechen* 1. uzlauzt, atlauzt; einen
Brief a. – atplēst vēstuli; **2.** doties
ceļā
áufdonnern, sich *sar.* pārspīlēti un
bezgaumīgi ģērbties, krāsoties,
uzpucēties
áufdrängen 1. uztiept; **2. sich a.**
uzmākties
aufeinánder 1. viens uz otra; cits uz
cita; **2.** viens aiz (pēc) otra; cits aiz
(pēc) cita
Au'fenthalt *m* **1.** uzturēšanās; **2.** uz-
kavēšanās; Aufenthaltsdauer *f* –
uzturēšanās ilgums; Aufenthalts-

genehmigung *f* – uzturēšanās at-
ļauja; A. haben – uzturēties; uz-
kavēties; der Zug hat fünf Minuten
A. – vilciens stāvēs piecas minūtes
áuffallen* durties acīs
áuffallend uzkrītošs; tāds, kas duras
acīs; pārsteidzošs
áuffassen uztvert, saprast
áuffordern aicināt, uzaicināt
Au'fforderung *f* **1.** aicināšana; uz-
aicināšana; **2.** aicinājums; uzaici-
nājums
áufforsten apmežot
áufführen 1. pieminēt, nosaukt (*sa-
rakstā*); **2.** izrādīt, uzvest (*lugu*)
Au'fführung *f* **1.** izrādīšana; in-
scenēšana; **2.** izrāde; uzvedums;
inscenējums
Au'fgabe *f* uzdevums
áufgeben* 1. nodot (*bagāžā*); no-
sūtīt (*vēstuli*); **2.** izbeigt, pārtraukt,
uzdot (*cīņu*); atteikties (*no kaut
kā*); **3.** uzdot (*uzdevumu*)
áufgehen* 1. atvērties; **2.** uzlēkt (*par
debesu spīdekļiem*); **3.** izdzīt asnus,
izdīgt
áufgelegt (*zu etw.*) noskaņots (*uz
kaut ko*); gut a. sein – būt labā omā
áufgeregt uztraukts, uztraucies; uz-
budināts
áufgeschmissen bezpalīdzīgs, bez-
izejas stāvoklī; ohne seine Frau ist
er total a. – bez savas sievas viņš ir
pilnīgi bezpalīdzīgs
áufhalten* 1. turēt vaļā; turēt atvērtu;
2. apturēt; atturēt; **3.** uzkavēt,

aizkavēt; aizturēt; **sich a.** uzturēties, uzkavēties, kavēties

áufheben* **1.** pacelt, uzcelt; **2.** atcelt; atsaukt; anulēt; ein Gesetz a. – atcelt likumu; **3.** uzglabāt, paglabāt

áufheitern 1. uzjautrināt; **2.** (*par laiku*) noskaidroties, skaidroties

áufholen panākt, iedzīt; atgūt (*zaudēto*); die Verspätung a. – atgūt nokavēto laiku

áufhören izbeigt; pārtraukt; mitēties, pārstāt

áufklären 1. noskaidrot; **2.** paskaidrot, izskaidrot; **sich a.** skaidroties, noskaidroties (*par laiku*)

Au'fklärung *f* **1.** noskaidrošana; apgaismošana; Aufklärungskampagne *f* – izglītošanas, izskaidrošanas kampaņa; **2.** apgaismība; apgaismības laikmets; **3.** mil. izlūkošana

Au'fkleber *m* uzlīmējamā piezīmju papīra lapiņa

áufknöpfen atpogāt

áufkochen 1. uzvārīt; **2.** uzvārīties; sākt vārīties

áufkommen* 1. rasties; nicht a. lassen – nomākt, neļaut attīstīties; **2.**: gegen j-n nicht a. können – nevarēt (nespēt) mēroties ar kādu, nevarēt (nespēt) līdzināties kādam; **3.** samaksāt; für den Schaden a. – samaksāt nodarītos zaudējumus

áufladen* 1. uzkraut, iekraut, piekraut; **2.** uzlādēt, uzpildīt (*akumulatoru*); **3.** *pārn.* uzkraut, uzvelt

Au'flage *f* **1.** (*par grāmatām*) izdevums; zweite A. – otrais izdevums; **2.** metiens, tirāža

Au'flauf *m* **1.** drūzma, burzma, drūzmēšanās; **2.** sacepums; **Nudel~** *m* makaronu sacepums; **Reis~** *m* rīsu sacepums

áufleben atdzīvoties, atžirgt

áuflösen 1. izšķīdināt; **2.** izbeigt, pabeigt; likvidēt; das Parlament a. – atlaist parlamentu; **3.** noskaidrot; atminēt; ein Geheimnis a. – noskaidrot noslēpumu

áufmachen atvērt, attaisīt; machen Sie bitte die Tür auf! – atveriet, lūdzu, durvis!

Au'fmachung *f* noformējums; noformēšana; apdare

Au'fmarsch *m* **1.** (*karaspēka*) koncentrēšanās un izvēršana; **2.** gājiens; demonstrācija

áufmerksam uzmanīgs; vērīgs; j-n a. machen (*auf ar akuz.*) – vērst kāda uzmanību (*uz ko*)

Au'fmerksamkeit *f* uzmanība; einer Sache A. schenken – veltīt (pievērst) uzmanību kādai lietai

áufmuntern uzmundrināt

Au'fnahme *f* **1.** daž. noz. uzņemšana; **2.** [foto]uzņēmums, fotogrāfija; **3.** uztvere; uztveršana

áufnehmen* 1. pacelt, uzcelt; **2.** daž. noz. uzņemt; **3.** uztvert; **4.** aizņemties naudu; einen Kredit a. – paņemt kredītu

áufpäppeln atkopt, stiprināt, uzbarot

áufpassen 1. būt uzmanīgam, uzmanīties; **2.** (*auf ar akuz.*) uzmanīt, uzraudzīt

Au'fprall *m* atsitiens, trieciens

Au'fpreis *m* papildu piemaksa par ekstrā piedevām pie preces

áufputschen, sich lietot uzbudinošus līdzekļus vai narkotikas

Au'fputschmittel *n* uzbudinošs līdzeklis, narkotika

áufräumen 1. uzkopt (*istabu*), sakārtot; **2.** (*mit ar dat.*) izbeigt; mit den Vorurteilen a.– likvidēt aizspriedumus

áufrecht 1. taisns; a.sitzen – sēdēt taisni; **2.** godīgs; taisns, taisnīgs

áufregen uztraukt; uzbudināt; satraukt; **sich a.** uztraukties; uzbudināties

Au'fregung *f* uztraukums; uzbudinājums; satraukums

áufrichten 1. uzcelt; uzstādīt; uzsliet; **2.** piecelt (*pakritušo*); piecelt sēdus; **sich a.** uzcelties, piecelties; piecelties sēdus

áufrichtig patiess; godīgs; atklāts

Au'friss *m* rasējums

Au'fruf *m* uzsaukums; aicinājums

áufrüsten 1. apbruņot; **2.** apbruņoties, bruņoties; einen Computer mit einem schnelleren Prozessor a. – datoru apgādāt ar ātrāku procesoru

Au'früstung *f* **1.** apbruņošana; **2.** bruņošanās

aufs = auf das; a. neue – no jauna; a. beste – vislabāk

Au'fsatz *m* domraksts, sacerējums; raksts

áufschieben* atlikt (*uz vēlāku laiku*)

Au'fschluss *m* izskaidrojums, paskaidrojums; informācija; der Bericht gibt A. über das Geschehen – ziņojumā sniegts paskaidrojums par notikušo

áufschneiden 1. atgriezt (*grāmatu*); uzgriezt; sagriezt (*šķēlēs*); **2.** *sar.* lielīties, plātīties

Au'fschnitt *m* uzkožamie; kalter A. – aukstie uzgriežamie

Au'fschrei *m* (*īss un pēkšņs*) kliedziens; iekliegšanās

Au'fschrift *f* uzraksts; adrese (*uz aploksnes*)

Au'fschub *m* atlikšana; (*termiņa*) pagarināšana; das leidet keinen A. – to nevar atlikt (*uz vēlāku laiku*); **Straf~** *m* soda izciešanas atlikšana; **Zahlungs~** *m* maksājuma atlikšana

Au'fschwung *m* augšupeja; uzplaukums

áufsehen* pacelt acis, paskatīties uz augšu; zu j-m a. – kādu cienīt, apbrīnot

Au'fsehen *n* ievērība; A. erregen – radīt ievērību; radīt sensāciju

áufsein* 1. būt augšā, būt nomodā; er ist auf – viņš ir piecēlies; **2.** būt vaļā, būt atvērtam; die Tür ist auf – durvis ir vaļā

A

Au'fsicht *f* uzraudzība; kontrole; Aufsichtsbehörde *f* – uzraudzības iestāde; Aufsichtsrat *m* – uzraudzības padome; ohne A. – bez uzraudzības, bez kontroles; A. führen (*über ar akuz.*) – uzraudzīt

áufspringen* **1.** uzlēkt augšā; uzlēkt kājās; **2.** atsprāgt vaļā, strauji atvērties (*par durvīm*); **3.** saplaisāt, sasprēgāt

áufstehen* uzcelties, piecelties; celties augšā (*no rītiem*)

áufsteigen uzkāpt; pacelties; (*par jūtām*) sakāpt; zum Abteilungsleiter a. – kļūt par nodaļas vadītāju

áufstellen **1.** uzstādīt; nostādīt; **2.** izvirzīt (*kandidātus*); **3.** sastādīt (*plānu, bilanci*)

Au'fstieg *m* **1.** kāpšana; uzkāpšana; pacelšanās (*par lidmašīnu*); **2.** *pārn.* augšupeja, uzplaukums

Au'fstrich *m* tas, ko ziež uz maizes

áuftauen atkausēt (*sasaldētus produktus*)

Au'ftrag *m* **1.** uzdevums; im A. (*von j-m*) – (*kāda*) uzdevumā; **2.** pasūtījums (*tirdzniecībā*)

áuftragen* **1.** uzlikt [galdā], likt galdā (*ēdienus*); uztriept (*par krāsām*); **2.** uzdot (*kaut ko izpildīt*); er hat mir Grüße an dich aufgetragen – viņš man lika nodot tev sveicienus; ◇ dick a. *sar.* – pārspīlēt, plātīties

áuftreten* **1.** uzkāpt, uzmīt; **2.** uzstāties (*uz skatuves, sapulcē*); **3.** parādīties, rasties

Au'ftritt *m* skats, aina (*lugā*)

Au'fwand *m* (*par laiku, spēku*) patēriņš; (*par naudu*) izdevumi; **Arbeits~** *m* darba patēriņš; **Zeit~** *m* laika patēriņš; großen A. treiben – plaši (izšķērdīgi) dzīvot

áufwärmen uzsildīt, sasildīt (*ēdienu*); iesildīties (*sportā*)

áufwärts augšup; uz augšu

áufwenden* izlietot, iztērēt; alle Kräfte a. – veltīt visus spēkus; viel Mühe a. – ļoti pūlēties

áufwerten palielināt vērtību; die Deutsche Mark weirde um fünf Prozent aufgewertet – Vācijas markas vērtība tika paaugstināta par pieciem procentiem

áufzeichnen uzzīmēt; piezīmēt; sich etw. a. – ierakstīt video- vai audioformātā

áufziehen* **1.** izaudzināt; izaudzēt; **2.** uzvilkt (*pulksteni*); j-n (mit etw.) a. – ķircināt, kaitināt

Au'fzug *m* **1.** lifts, celtnis; **2.** cēliens (*lugā*); **3.** procesija; gājiens

áufzwingen uztiept; uzspiest; j-m seinen Willen a. – uztiept savu gribu

Au'ge *n* acs; Augenarzt *m* – acu ārsts; Augenklinik *f* – acu klīnika; Augenleiden *n* – acu slimība; Augentropfen *dsk.* – acu pilieni; geh mir aus den ~n! – nerādies man vairs acīs!; j-n / etw. nicht aus den ~n lassen – neizlaist kādu no acīm; j-m die ~n öffnen – atvērt kādam acis; die ~n offen halten – turēt acis vaļā; unter vier ~n – divatā, zem četrām acīm; sechs ~n werfen – uzmest sešus punktus (*kauliņu spēlē*)

Au'genblick *m* acumirklis, mirklis; moments; brīdis; jeden A. – katru [acu]mirkli, katru brīdi

Au'gen‖braue *f* uzacs; **~farbe** *f* acu krāsa; **~lid** *n* acs plaksts; **~maß** *n* acumērs

áugenscheinlich acīmredzot, kā redzams

Augúst *m* augusts

Auktion [..'tsio:n] *f* izsole, ūtrupe

Au-pair-Mädchen [o:'pε:r..] *n* auklīte, kas strādā pēc līguma ārzemēs

aus 1. no; er ist aus Berlin – viņš ir no Berlīnes; der Zug kommt aus Dresden – vilciens nāk no Drēzdenes; **2.** aiz, no; aus Mangel an Zeit – laika trūkuma dēļ; aus diesem Grunde – šā iemesla dēļ; **3.**: von Grund aus – pašos pamatos; aus vollem Halse – pilnā kaklā; aus Holz – no koka

áusarbeiten izstrādāt (*plānu*)

áusbessern izlabot, salabot; a. lassen – nodot labošanā, likt salabot (izlabot)

Au'sbeute *f* ieguvums, guvums; ieguve

áusbeuten ekspluatēt; izmantot

Au'sbeutung *f* ekspluatācija; izmantošana

áusbilden 1. apmācīt, [iz]skolot; **2.** attīstīt, izkopt (*spējas*); seine Stimme a. – izkopt balsi

Au'sblick *m* skats; perspektīva; der A. auf (in) die Zukunft – nākotnes perspektīva

áusbrechen* 1. izlauzt; **2.** izlauzties; izbēgt; **3.** (*par karu, epidēmiju, ugunsgrēku*) izcelties, sākties; uzliesmot; **4.**: in Tränen a. – sākt skaļi raudāt, izplūst asarās

Au'sbrecher *m* izbēdzis cietumnieks

áusbreiten 1. izplest (*rokas*); **2.** izklāt; **sich a. 1.** plesties, izplesties; **2.** izplatīties

áusbringen*: einen Trinkspruch auf j-n a. – uzsaukt tostu kādam

Au'sbruch *m* **1.** izlaušanās; izbēgšana; **2.** izcelšanās, sākšanās; uzliesmojums; **3.** (*vulkāna*) izvirdums; **Kriegs~** *m* kara izcelšanās; **Vulkan~** *m* vulkāna izvirdums; **Gefühls~** *m* jūtu uzliesmojums; **Wut~** *m* dusmu lēkme

áusbürgern atņemt pilsonību

áuschecken [..tʃɛkn]: aus etw. a. – atbrīvot viesnīcas numuru, nodot atslēgas

Au'sdauer *f* izturība

áusdehnen izstiept, izstaipīt; izplest; **sich a.** izstiepties, izstaipīties; izplesties

áusdenken* izdomāt

áusdiskutieren izspriest, izdiskutēt

A

áusdrehen 1. izgriezt; izskrūvēt; **2.** nogriezt, izslēgt (*elektrību, gāzi*)

Au'sdruck *m* **1.** izteiciens; **2.** izpaudums, izpausme; izteikšana; zum A. bringen – izteikt; izpaust; **3.** izteiksme; mit A. – izteiksmīgi, ar izteiksmi; **4.** *dator.* izdruka

áusdrücken 1. izspiest; **2.** izteikt; izpaust, paust; sein Bedauern a. – izteikt nožēlu; **sich a.** izteikties; du musst dich deutlich a. – izsakies skaidri

áusdrücklich noteikts, kategorisks

auseinánder šķirti, tālu viens no otra

auseinánder gehen* 1. izjukt, izirt; **2.** šķirties (*par ceļiem, uzskatiem, cilvēkiem*)

auseinánder setzen izskaidrot; izklāstīt; **sich a. s.** (*mit j-m*) izskaidroties (*ar kādu*)

Auseinándersetzung *f* **1.** izskaidrošanās; **2.** diskusija

áusfahren* 1. izbraukt, izgrambāt (*ceļu*); **2.** izbraukt, doties izbraukumā

Au'sfahrt *f* **1.** izbraukšana; **2.** izbraukums; **3.** izbrauktuve; vārti

Au'sfall *m* **1.** izkrišana (*par matiem*); **2.** *sp.* izklupiens; **3.** iznākums; rezultāts (*negaidīti slikts*)

áusfallen* 1. izkrist (*par matiem*); **2.** izkrist, nenotikt (*lekcija*); **3.** izdoties, iznākt; die Ernte ist gut ausgefallen – raža padevusies laba

áusfertigen izgatavot, izrakstīt (*uzziņu*); noformēt (*dokumentus*)

áusfindig: a. machen – sameklēt, uzmeklēt; atrast

áusflippen *sar.* **1.** zaudēt kontroli stresa dēļ vai no prieka; **2.** apdullināties ar narkotikām

Au'sflucht *f* aizbildināšanās, iegansts; Ausflüchte machen – aizbildināties

Au'sflug *m* izbraukums, ekskursija; Ausflügler *m* – ekskursants

áusfragen izprašņāt, izjautāt

Au'sfuhr *f* izvedums, izvešana; eksports; **~bestimmungen** *dsk.* eksporta nosacījumi; **~genehmigung** *f* izvešanas atļauja; **~quote** *f* eksporta kvota; **~verbot** *n* eksporta aizliegums

áusführen 1. izvest, eksportēt; **2.** izdarīt, izpildīt; veikt; realizēt; ein Experiment a. – izdarīt eksperimentu

ausfü'hrlich sīks, detalizēts

Au'sführung *f* **1.** izpildīšana; izpilde; izpildījums; realizēšana; **2.:** ~en *dsk.* izklāsts, iztirzājums

áusfüllen 1. aizpildīt; **2.** izpildīt; einen Fragebogen a. – izpildīt veidlapu

Au'sgabe *f* **1.** izdošana, izsniegšana; **2.** ~n *dsk.* izdevumi; **3.** (*par grāmatām*) izdevums; neubearbeitete A. – jauns, pārstrādāts izdevums; **4.:** laufende ~n *dsk.* – regulārie maksājumi (*īre*)

Au'sgabegerät *n* *dator.* printeris

Au'sgang *m* **1.** izeja; **Not~** *m* avārijas izeja; **2.** iznākums; rezultāts; beigas; gals; ein Unfall mit tödlichem A. – nelaimes gadījums ar letālu iznākumu

Au'sgangspunkt *m* izejas punkts

áusgeben* **1.** izdot, iztērēt; **2.** izdot (*pavēli*); izlaist (*naudaszīmes, markas*); **sich a.** (*für etw.*) uzdoties (*par kaut ko*); ◇ **einen a.** – visiem (*pie galdiņa restorānā*) izmaksāt dzērienu

áusgebucht izpārdots (*lidmašīnas reiss*)

áusgedehnt plašs; ilgs

áusgehen* **1.** iziet; **2.** izbeigties; beigties

áusgelassen 1. izlaists; **2.** nebēdnīgs, draiskulīgs

áusgenommen izņemot, atskaitot

áusgepowert [..po:vət] *sar.* bez spēka, spēku izsīkumā

áusgerechnet tieši, taisni; a. jetzt – tieši tagad

áusgesucht izmeklēts

áusgezeichnet lielisks; teicams

áusgießen* izliet

Au'sgleich *m* **1.** izlīdzinājums; izlīgums; einen A. anstreben – censties panākt izlīgumu; **2.** kompensācija; als A. für seine Überstunden erhielt er zwei Tage frei – kā kompensāciju par virsstundām viņam piešķīra divas brīvdienas

áusgleichen* **1.** izlīdzināt; nolīdzināt; **2.** līdzsvarot

Au'sguss *m* izlietne (*virtuvē*)

áushalten* izturēt; paciest

áushändigen izsniegt, izdot (*oficiāli*)

áushängen izkārt

áusheben* izcelt; ein Fenster a. – izcelt logu [no eņģēm]

áushelfen* izlīdzēt; izpalīdzēt; palīdzēt

Au'shilfe *f* **1.** izpalīdzēšana; izpalīdzība; **2.** izpalīgs, palīgs; uz laiku pieņemts darbinieks

áuskommen* **1.** (*mit etw.*) iztikt (*ar kaut ko*); damit kommt er aus – ar to viņš var iztikt ; ar to viņam pietiks; **2.** (*mit j-m*) satikt, sadzīvot, saprasties (*ar kādu*)

Au'skommen *n* **1.** iztikšana; iztika; sein A. haben – būt pietiekošiem līdzekļiem iztikai; **2.** sadzīvošana, saprašanās

Au'skunft *f* uzziņa; informācija; uzziņu birojs; **Telefon~** *f* tālruņa uzziņas; **Zug~** *f* vilcienu uzziņas

áuslachen izsmiet

áusladen* izkraut (*kuģi*)

Au'sland *n* ārzemes; im A. – ārzemēs; ins A. gehen (fahren) – braukt uz ārzemēm

Au'sländer *m* ārzemnieks

áusländisch ārzemju-; aizrobežu-; ārzemniecisks

Au'slands‖gespräch *n* tālsaruna ar ārzemēm; **~schulden** *dsk.* valsts parāds ārvalstīs; **~studium** *n* studijas ārzemēs; **~vertretung** *f* firmas pārstāvniecība ārzemēs

áuslassen* **1.** *daž. noz.* izlaist; ein Wort a. – izlaist vārdu; einen Abnäher a. – izlaist iešuvi; **2.** izkausēt; **3.** (*an j-m*) izgāzt (*dus-mas*) (*uz kādu*); ļaut vaļu (*sliktam garastāvoklim*)

Au′slastung *f* slodze, noslodze

áuslaufen* 1. iztecēt, izplūst; **2.** beigties, nobeigties; noritēt; **3.** doties jūrā, atstāt ostu

Au′slaufmodell *n* novecojis modelis

áuslegen 1. izlikt (*preces pārdošanai*); **2.** aizlikt, izlikt (*naudu*); **3.** izskaidrot; interpretēt

Au′slegeware *f* sintētiskais grīdas segums

áusleihcn aizdot; aizņemties (*bez maksas*); mein Rad kann ich dir nicht a. – es nevaru tev aizdot manu divriteni; kann ich mir einen Bleistift bei dir a.? – vai es nevarētu no tevis aizņemties zīmuli?

áuslesen* izlasīt, izmeklēt, izraudzīt

áusliefern izdot; izsniegt; piegādāt preces

áusmachen 1. (*par uguni, gaismu*) izdzēst; nodzēst; **2.** (*mit j-m etw.*) norunāt (*ar kādu kaut ko*)

Au′smaß *n* mērs; izmērs; apmērs; apjoms; in großcm A. – lielā mērā

Au′snahme *f* izņēmums; mit A. (*von*) – izņemot

Au′snahmezustand *m pol.* izņēmuma stāvoklis

áusnahmslos bez izņēmuma

áusnahmsweise izņēmuma veidā

áusnehmen* 1. izņemt; **2.** izķidāt (*putnus*), izņemt iekšas, izķīķēt (*zivis*); **3.** atskaitīt; izslēgt; neieskaitīt

áusnutzen, áusnützen izlietot, izmantot

áuspacken izsaiņot; *sar.* izpļāpāties

Au′spuff *m tehn.* automašīnas izpūtējs

áusrechnen izrēķināt, aprēķināt

Au′srede *f* izruna, atruna; aizbildināšanās; immer eine A. wissen – vienmēr atrast kādu aizbildinājumu

Au′sreisegenehmigung *f* izceļošanas (izbraukšanas) atļauja

áusrichten 1. iztaisnot, izlīdzināt (*rindu, kolonnu*); **2.** izpildīt; izdarīt; Grüße a. – nodot sveicienus, pasveicināt; **3.** sarīkot (*svinības*); **4.** orientēt, pielāgot; das Angebot nach der Nachfrage a. – piedāvājumu pielāgot pieprasījumam

áusrotten izskaust, iznīdēt (*kaitēkļus, nezāles*)

Au′sruf *m* izsauciens

áusrufen* izsludināt, pasludināt; proklamēt

áusruhen atpūtināt; **sich a.** atpūsties

áusrüsten 1. apgādāt ar visu nepieciešamo (*ekspedīciju*); apgādāt ar nepieciešamo iekārtu (aparātiem); **2.** apbruņot (*karaspēku*)

Au′srüstung *f* **1.** apgādāšana ar visu nepieciešamo (*iekārtu, aparatūru, inventāru*); **2.** *mil.* apbruņošana

Au′srutscher *m* kļūda, kas reiz var gadīties katram

Au′ssaat *f* sēja, izsēja

áussagen izteikt, izteikties; liecināt; vor Gericht a. – liecināt tiesā

áusschalten 1. izslēgt (*strāvu, aparātu*); **2.** *pārn.* izslēgt, nepieļaut

áusscheiden* 1. izdalīt (*kaitīgas vielas no organisma*); **2.** izstāties; aiziet (*no kādas organizācijas*)

Au′sscheidungskämpfe *dsk. sp.* priekšsacīkstes

áusschlafen* izgulēties

Au′sschlag *m* **1.** izsitumi; **2.**: den A. geben – būt izšķirošam, izšķirt

áusschlagen* 1. izsist; **2.** atraidīt, noraidīt; atteikties (*no*); **3.** spert, spārdīties; **4.** nosvīst, norasot (*par mūri*); **5.** plaukt, dzīt asnus; die Bäume schlagen aus – kokiem raisās pumpuri

ausschlaggebend izšķirošs, noteicošs

áusschließen izslēgt; ausgeschlossen! – izslēgts!

áusschließlich 1. vienīgi, tikai; **2.** (*ar ģen.*) izņemot, atskaitot

áusschneiden* izgriezt

Au′sschnitt *m* **1.** izgriezums; **2.** *pārn.* fragments; posms; daļa

Au′sschuss *m* **1.** brāķis (*ražošanā*); **2.** komisija, komiteja

áusschütten 1. izbērt, izkratīt; **2.** izliet

áussehen* izskatīties; Sie sehen gut aus – jūs izskatāties labi

Au′ssehen *n* izskats; dem A. nach – pēc izskata

áus sein* būt beidzies (cauri); es ist aus – beigas

áußen ārā; ārpusē; von a. – no ārpuses; nach a. – uz āru; uz ārpusi

Au′ßen‖handel *m* ārējā tirdzniecība; **~minister** *m* ārlietu ministrs; **~politik** *f* ārpolitika

Au′ßenseiter *m* savrupnieks, autsaiders

áußer 1. ārpus; a. dem Hause – ārpus mājas; a. Landes sein – būt ārzemēs; **2.** izņemot; bez; alle a. dir – visi, izņemot tevi

áußerdem turklāt

áußergewöhnlich neparasts; ārkārtējs, ārkārtīgs

áußerhalb (*ar ģen.*) ārpus

äu′ßerlich ārējs; ārīgs; eine Arznei für ~en Gebrauch – zāles ārīgai lietošanai; ä. war sie ruhig – ārēji viņa bija mierīga

Äu′ßerlichkeit *f* ārišķība; auf ~en Wert legen – piešķirt nozīmi ārišķībām

äu′ßern izrādīt; izteikt; paust; izpaust; **sich ä. 1.** izteikties; izteikt savas domas; **2.** izpausties

áußerordentlich ārkārtējs; ārkārtas-; eine ~e Sitzung – ārkārtas sēde; eine ~e Vollmacht – ārkārtējas pilnvaras

äu′ßerst 1. galējais; pēdējais; ārkārtīgs; im ~en Fall – visļaunākajā gadījumā; **2.** ārkārtīgi; augstākā mērā; ä. wichtig – ārkārtīgi svarīgs

außerstánde, außer Stande: a. sein – nespēt, nebūt spējīgam

Äu′ßerung *f* **1.** izteikums; **2.** izpaudums, izpausme

áussetzen 1. izlikt; ein Boot a. – nolaist laivu ūdenī; **2.** pakļaut, padot (*briesmām, izsmieklam*); j-n dem Spott a. – likt kādu apsmieklā; **3.** izsludināt (*prēmiju, godalgu*); **4.** pārtraukt; atlikt; **5.** (*an ar dat.*) iebilst; er hat daran etw. auszusetzen – viņam pret to ir kādi iebildumi; **6.** (*par pulsu, elpu, motoru*) stāties, apstāties

Au'ssicht *f* **1.** skats; A. auf die See – skats uz jūru; Aussichtsturm *m* – skatu tornis; **2.** izredzes; perspektīvas; er hat gute ~en – viņam ir labas izredzes; j-m etw. in A. stellen – apsolīt

áussichtslos bezcerīgs, bez izredzēm

áusspannen 1. izjūgt; **2.** *sar.* kādam atņemt partneri; **3.** atpūsties

Au'ssprache *f* **1.** izruna (*kādā svešvalodā*); **2.** pārrunas; domu apmaiņa; saruna

áussprechen* 1. izrunāt; wie wird dieses Wort ausgesprochen? – kā šo vārdu izrunā?; **2.** izteikt, izsacīt; einen Wunsch a. – izteikt vēlēšanos; sein Beileid a. – izteikt līdzjūtību

áusstatten 1. apgādāt (*ar inventāru*); **2.** noformēt (*grāmatu*)

áussteigen* izkāpt; (*aus ar dat.*) pārtraukt savu līdzdalību (*projektā, uzņēmumā*)

áusstellen 1. izstādīt, izlikt (*izstādē, skatlogā*); **2.** (*par dokumentiem*) izdot, izsniegt; izrakstīt (*čeku*)

Au'ssteller *m* eksponents, izstādītājs

Au'sstellung *f* izstāde

Au'sstellungs‖gegenstand *m* eksponāts; **~gelände** *n* izstādes teritorija

áussterben* izmirt

áusstopfen 1. aizpildīt; piepildīt; **2.** izbāzt (*dzīvnieku*); ein ausgestopfter Vogel – putna izbāznis

Au'sstrahlung *f* **1.** televīzijas pārraide; **2.** personiskais šarms; aura

áusstrecken izstiept; izstaipīt; **sich a.** izstiepties; izstaipīties

áusströmen 1. iztecēt; izplūst; izstarot; **2.** *pārn.* plūst, izstarot, izstrāvot

áussuchen izmeklēt; izraudzīt

Au'stausch *m* maiņa, apmaiņa; Güter~ *m* preču apmaiņa; **Gedanken~** *m* domu apmaiņa; **Gefangenen~** *m* gūstekņu apmaiņa

Au'ster *f* austere

áustragen* 1. iznēsāt, piegādāt preces vai sūtījumus; **2.** izcīnīt; wann wurden die Meisterschaftskämpfe ausgetragen? – kad notika meistarības izcīņa?; **3.** iznēsāt bērnu

áustreiben izdzīt, atradināt

áustreten* 1. izmīt; izmīdīt; **2.** nomīt, izmīt (*apavus*); **3.** (*aus*) izstāties (*no kādas organizācijas*)

áustrinken* izdzert

Au'stritt *m* **1.** iziešana; beim A. – izejot; **2.** izstāšanās (*no kādas organizācijas*)

áustrocknen izkaltēt; izkalst

áusüben 1. izpildīt, veikt (*amatu,*

pienākumu); welchen Beruf üben Sie aus? – kāda ir jūsu nodarbošanās?; **2.**: Einfluss a.– ietekmēt; Wirkung a. – iedarboties

Au'sverkauf *m* izpārdošana

Au'swahl *f* **1.** izvēle; **2.** izlase

Au'swahlmannschaft *f* izlases komanda (*sportā*)

áuswählen izvēlēties, izraudzīties; izraudzīt

áuswandern izceļot, emigrēt

Au'swanderer *m* izceļotājs, emigrants

áuswärtig ārzemju-; ārlietu-; das Auswärtige Amt – Ārlietu ministrija

áuswärts ārpusē, ārpus; uz āru; a. essen – ēst ārpus mājas

Au'sweg *m* izeja (*no kādas situācijas*); es blieb ihm kein anderer A. – viņam nebija citas izejas

áusweichen* **1.** griezt ceļu; izvairīties; **2.** *pārn.* izvairīties; einer Gefahr a. – izvairīties no briesmām; einer Frage a. – izvairīties no atbildes

áusweichend izvairīgs; nenoteikts

Au'sweis *m* apliecība (*personas, darba*); **Behinderten~** *m* invalīda apliecība; **Bibliotheks~** *m* bibliotēkas apliecība; **Teilnehmer~** *m* dalībnieka karte, apliecība; **Personal~** *m* personas apliecība

áusweisen* **1.** izraidīt, izsūtīt; **2.** apstiprināt, pierādīt (*ar dokumentiem*); **sich a.** uzrādīt [personas] dokumentus

áuswendig no galvas; etw. a. lernen – mācīties kaut ko no galvas

áuswerfen* izmest; izsviest; den Anker a. – izmest enkuru; die Angel a. – izmest makšķeri; einen Graben a. – izrakt grāvi

áuswerten novērtēt, izvērtēt

Au'swirkung *f* iedarbība; ietekme; sekas

áuswischen izslaucīt; noslaucīt

Au'swurf *m* *med.* krēpas; atdalījumi

áuszahlen izmaksāt

áuszeichnen (*mit*) apbalvot, piešķirt (*prēmiju, ordeni*); **sich a.** (*durch*) izcelties (*ar kādām īpašībām*)

Au'szeichnung *f* **1.** apbalvošana; **2.** apbalvojums; goda zīme

áusziehen* **1.** izvilkt; **2.** novilkt, noģērbt (*apģērbu, apavus*); **3.** izvilkties, izkravāties (*no dzīvokļa*); **4.** doties ceļā, doties projām; **sich a.** noģērbties; izģērbties

áusziehbar izvelkams (*galds*)

Au'szubildende *m vai f* māceklis; *saīs.* Azúbi

Au'szug *m* **1.** izvilkums; izraksts (*no grāmatas*); **2.** ekstrakts, izvilkums; **3.** izvilkšanās, izkravāšanās (*no dzīvokļa*); **Bank~** *m* bankas izraksts; **Grundbuch~** *m* izraksts no zemesgrāmatas; **Konto~** *m* konta izraksts

Au'to *n* automašīna; **~abgase** *dsk.* izpūtēja gāzes; **~geschäft** *n* automašīnu veikals; **~marke** *f* automašīnas marka; **~panne** *f* bojājums, klizma, avārija; **~rennen** *n* autosacīkstes; **~unfall** *m* satiksmes negadījums, avārija; A. fahren – 1) braukt ar automašīnu; 2) vadīt automašīnu

Au'to‖bahn *f* autoceļš; **~bus** *m* autobuss; **~fahrt** *f* autobrauciens

Au'tofriedhof *m* automašīnu kapsēta

Au'tokennzeichen *n* burti un cipari uz automašīnas numura zīmes

Au'toknacker *m* automašīnas aplaupītājs, uzlauzējs

Automát *m* automāts; **Fahrkarten~** *m* biļešu automāts; **Kaffee~** *m* kafijas automāts; **Zigaretten~** *m* cigarešu automāts

automátisch automātisks

autonóm autonoms

Autopsíe *f med.* autopsija, sekcija; eine A. vornehmen – izdarīt autopsiju

Au'tor *m* autors

Au'toverkehr *m* autosatiksme

Au'toverleih *m* automašīnu noma

Azalee [atsa'le:ə] *f bot.* acālija

Axt *f* cirvis (*koku ciršanai*)

B

bábysitten [be:bi(:)..] pieskatīt bērnu, strādāt par auklīti

Bábysitter [be:bi(:)..] *m* zīdaiņa (mazbērna) pieskatītājs, auklis

Bach *m* strauts; ◇ etw. geht den B. runter *sar.* – kaut kas neizdodas

Báchstelze *f* cielava

Bácke *f* vaigs

bácken* **1.** cept; **2.** cepties

Bä'cker *m* maiznieks; **~handwerk** *n* maiznieka amats; **~innung** *f* maiznieku amata brālība; **~laden** *m* maiznīca

Bäckeréi *f* maiznīca; maizes ceptuve

Báckobst *n* žāvēti augļi

Báckofen *m* maizes krāsns; cepeškrāsns

Bad *n* **1.** pelde; vanna; ein B. nehmen – iet vannā; peldēties; **2.** pirts; **3.** vannas istaba; **4.** kūrorts, peldvieta; **5.** peldbaseins; **Frei~** *n* atklātais peldbaseins; **Hallen~** *n* slēgtais peldbaseins; **Heil~** *n* dziednieciskā peldētava

Báde‖hose *f* peldbikses; **~kur** *f* ārstēšanās ar peldēm

báden **1.** mazgāt; peldināt; **2.** mazgāties; peldēties

Báde‖ort *m* peldvieta; kūrorts; **~tuch** *n* peldpalags

Bádminton *n* badmintons

Bagatélldelikt *n jur.* relatīvi nenozīmīgs pārkāpums

Bágger *m* bagars, ekskavators

Bahn *f* **1.** ceļš; sich B. brechen – izlauzt sev ceļu; **2.** dzelzceļš; per (mit der) B. – pa dzelzceļu; **3.** *astr.* orbīta

Báhngleis n (*dzelzceļa, tramvaja*) sliedes

Báhnhof m [dzelzceļa] stacija; **Güter~** m preču stacija; **Rangier~** [raŋ'iːr..] m šķirotava

Báhnsteig m perons

Báhnsteigkarte f perona biļete

Bai f jūras līcis

bald 1. drīz; drīzumā; möglichst b. – pēc iespējas drīzāk (ātrāk); b. ja, b. nein sagen – sacīt te jā, te nē; **2.** gandrīz

Báldrian m bot. baldriāns

Balgᵃ m **1.** (*dzīvniekam nodīrāta*) āda; **2.** plēšas

Balgᵇ m vai n nerātnis, nebēdnis, draiskulis

Bálken m baļķis; sija; **Schwebe~** m sp. līdzsvara baļķis

Balkón [..'kõː] m balkons

Ballᵃ m bumba; bumbiņa

Ballᵇ m balle; **Faschings~** m karnevāls

Bállaststoffe dsk. balastvielas

Ballétt n balets

Ballón [..'lõː] m **1.** daž. noz. balons; **2.** av. balons, aerostats

Bámbus m bambuss

Banáne f banāns

Banánenrepublik f pol. sar. banānrepublika (*neliela mazattīstīta zeme*)

Bandᵃ m (*grāmatas*) sējums

Bandᵇ n **1.** lente; **Fließ~** n slīdoša lente, konveijers; **2.** saite; die ~e der Freundschaft *pārn.* – draudzības saites; ◇ außer Rand und B. sein – būt izsistam no sliedēm; nevaldīt vairs pār sevi

Bándbreite f spektrs

bä'ndigen savaldīt; apvaldīt

bánge baiļu pilns; baigs; mir ist [angst und] b. – man ir baigi

Bánjo ['bɛndʒo] n mūz. bandžo

Bankᵃ f **1.** sols; **2.** sēklis; ◇ auf die lange B. schieben – novilcināt; vilkt garumā; atlikt uz nenoteiktu laiku

Bankᵇ f banka; **Blut~** f asins rezerves; **Daten~** f datu banka; **Organ~** f orgānu banka

Bánkautomat m bankomāts

Bánk‖geheimnis n bankas noslēpums; **~leitzahl** f – bankas indekss; **~raub** m bankas aplaupīšana

Bánk‖konto n konts bankā; **~note** f banknote; **~scheck** m bankas čeks; **~überfall** m bankas aplaupīšana

Bankrótt m bankrots

bar 1.: ~es Geld – skaidra nauda; b. zahlen – maksāt skaidrā naudā; etw. nur gegen b. verkaufen – pārdot tikai par skaidru naudu; **2.:** das ist ~er Unsinn – tās ir tīrās blēņas

Bär m lācis

Barbaréi f barbarisms

bárfuß [ar] basām kājām

Bárgeld n skaidra nauda

bárhäuptig ar kailu galvu

Bárhocker m bāra ķeblis

Bárkeeper [..ki:pər] m bārmenis

barmhérzig žēlsirdīgs, līdzcietīgs

Bárrenᵃ m sp. līdztekas; **~turnen** n vingrošana uz līdztekām

Bárren[b] *m* (*dārgmetāla*) stienis

Barsch *m* asaris

Bart *m* **1.** bārda; **2.** (*dzīvniekiem*) ūsas

Baseball ['be:sbo:l] *m* beisbols

Basílikum *n bot.* baziliks

Básis *f daž. noz.* bāze, pamats; **Flotten~** *f* flotes bāze; **Militär~** *f* militārā bāze; **~forschung** *f* pamatpētījums

Báskenmütze *f* berete

Básketball *m* basketbols

Bataillón [batal'jo:n] *n* bataljons

Bátik *f* batika

Batteríe *f daž. noz.* baterija

batteríebetrieben darbināms ar bateriju

Bau *m* **1.** celtne, ēka; **2.** celšana, būvēšana, būve; das Haus ist im B. – māju pašreiz ceļ; **3.** uzbūve; konstrukcija; struktūra

Báu‖arbeiter *m* būvstrādnieks, celtnieks; **~branche** [..'brã:ʃə] *f* celtniecības nozare; **~kosten** *dsk.* būvizmaksas; **~kredit** *m* kredīts celtniecības uzsākšanai

Bauch *m* vēders; **~höhle** *f* vēderdobums; **~weh** *n* vēdersāpes

báuen 1. būvēt, celt; **2.** taisīt, izgatavot; **3.** audzēt (*bietes, kartupeļus*); **4.** (*kalnrūpniecībā*) iegūt; Erz b. – iegūt rūdu; Mist b. *sar.* – izdarīt kļūdu

Báuer[a] *m* **1.** zemnieks; zemkopis; **2.** (*šaha spēlē*) bandinieks

Báuer[b] *n vai m* [putnu] būris, sprosts

Bäu'erin *f* zemniece

Báu‖gelände *n* apbūves gabals; **~grube** *f* būvbedre; **~leiter** *m* būvdarbu vadītājs

Báugenossenschaft *f* dzīvokļu celtniecības kooperatīvs

Baum *m* koks; **~rinde** *f* koka miza; **~stamm** *m* koka stumbrs; **~wipfel** *f* koka galotne; **~schule** *f* kokaudzētava; **~stumpf** *m* celms

Báumwolle *f* **1.** kokvilna; **2.** kokvilnas audums; Baumwollplantage *f* – kokvilnas plantācija; Baumwollspinnerei *f* – kokvilnas vērptuve; Baumwollpflücker *m* – kokvilnas plūcējs; Baumwollstrauch *m* – kokvilnas krūms

Báuwesen *n* celtniecība, būvniecība

beábsichtigen būt nodomājušam, [no]domāt

beáchten ievērot, likt (ņemt) vērā

beáchtenswert ievērības cienīgs, vērā ņemams

Beámte *m* ierēdnis (*valsts dienestā*); Beamtenanwärter *m* – ierēdņa kandidāts; Beamtenlaufbahn *f* – ierēdņa karjera

beánspruchen 1. prasīt; pretendēt; **2.:** beansprucht sein – būt noslogotam (nodarbinātam)

beárbeiten apstrādāt

Beat [bi:t] *m mūz.* bīts; Beatmusik *f* – bīta mūzika

beáufsichtigen uzraudzīt; pieskatīt

beáuftragen (*j-n mit etw.*) uzticēt, uzdot (*kādam darbu, pienākumu*) ich bin beauftragt – man ir uzticēts

bebáuen 1. apstrādāt (*zemi*); **2.** apbūvēt

bében drebēt, trīcēt

Bécher *m* glāze; **Papp~** *m* kartona glāze; **Plastik~** *m* plastmasas glāze; **Eier~** *m* olu biķerītis; **Mess~** *m* mērglāze, mērtrauks

Bécken *n* **1.** (*liela, plata*) bļoda; **2.** *anat.* iegurnis; **3.** (*upes*) baseins; **4.** *mūz.* šķīvji

bedánken, sich pateikties

Bedárf *m* (*an ar dat.*) vajadzība (*pēc kā*); pieprasījums (*pēc kā*); nach B. – pēc vajadzības; über B. – vairāk nekā vajadzīgs

Bedárfsartikel *m* plaša patēriņa prece

bedáuern nožēlot; ich bedaure ihn – man viņa žēl

bedécken apklāt; noklāt; apsegt; nosegt

bedénken* apdomāt, apsvērt

Bedénkzeit *f* apdomāšanās laiks

bedéuten nozīmēt; was bedeutet dieses Wort? – ko nozīmē šis vārds?

bedéutend 1. ievērojams, svarīgs; nozīmīgs; **2.** krietni, daudz; ievērojami

Bedéutung *f* nozīme

bedíenen apkalpot; **sich b. 1.** (*ar ģen.*) lietot, izlietot; **2.**: bedienen Sie sich bitte! – lūdzu, apkalpojieties paši!; lūdzu, ņemiet! (*pie galda*)

Bedíenung *f* **1.** apkalpošana; **2.** apkalpe; apkalpojošais personāls (*kā uzruna, īpaši attiecībā uz sievietēm*)

Bedíenungsanleitung *f* lietošanas pamācība

bedíngt 1. nosacīts; eine Strafe *jur.* – nosacīts sods; **2.** norunāts; nolīgts

Bedíngung *f* noteikums, nosacījums; unter (mit) der B., dass... – ar noteikumu, ka...; Lebensbedingungen *dsk.* – dzīves apstākļi; Lieferbedingungen *dsk.* – piegādes nosacījumi

bedíngungslos 1. bezierunu-; beznosacījumu-; **2.** bez ierunām; bez nosacījumiem

bedróhen apdraudēt

bedrǘcken nomākt; sie sieht bedrückt aus – viņa izskatās nomākta

bedǘrfen* (*ar ģen.*) vajadzēt, būt nepieciešamam; das bedarf einer Erklärung – te nepieciešams paskaidrojums; er bedarf unserer Hilfe – viņam vajag mūsu palīdzību

Bedǘrfnis *n* vajadzība, nepieciešamība

Beefsteak [ˈbiːfsteːk] *n* bifšteks

beéilen, sich pasteigties

beéinflussen ietekmēt

beénd[ig]en pabeigt, nobeigt; beigt

beérdigen apglabāt, apbedīt

Béere *f* oga; **Erd~** *f* zemene; **Him~** *f* avene; **Johannis~** *f* jāņoga

Béet *n* dobe

B

befállen* uznākt, uzbrukt (*par bailēm, slimību*); von einer schweren Krankheit b. werden – smagi saslimt

Befángenheit *f* **1.** samulsums, apmulsums, biklums; **2.** *jur.* neobjektivitāte

befássen, sich (*mit etw.*) nodarboties, noņemties (*ar kaut ko*)

Beféhl *m* pavēle; einen B. befolgen – izpildīt pavēli

befehlen* pavēlēt; likt (*kaut ko darīt*)

beféstigen 1. piestiprināt; nostiprināt; **2.** *mil.* nocictināt

befínden*, sich 1. būt; atrasties; **2.** justies

Befínden *n* pašsajūta; wie ist dein B.? – kā tu jūties?

befólgen sekot, ievērot, izpildīt; Hinweise b. – sekot norādījumiem; Befehle b. – pildīt pavēles

beföŕdern 1. nogādāt; transportēt; pārvadāt; aizsūtīt; nosūtīt; mit der Post b. – aizsūtīt pa pastu; **2.** (*zu*) paaugstināt (*amatā*)

Beföŕderung *f* **1.** nogādāšana; pārvadāšana; **2.** paaugstināšana; paaugstinājums (*amatā*)

befrágen iztaujāt, izjautāt; einen Zeugen b. – izjautāt liecinieku

befréien atbrīvot

Befréiung *f* atbrīvošana

Befréiungskampf *m* atbrīvošanās cīņa

befréunden, sich sadraudzēties

befríedigen apmierināt (*prasības, vēlēšanos*)

befrúchten apaugļot

Befúgnis *f* tiesības; pilnvara

befǘhlen aptaustīt; iztaustīt

Befúnd *m* medicīniskās izmeklēšanas rezultāts

begábt apdāvināts, spējīgs

Begábung *f* apdāvinātība; dotības; spējas; dāvanas; talants

begében*, sich doties, iet

begégnen (*ar dat.*) satikt, sastapt

Begégnung *f* satikšanās; tikšanās; sastapšanās

begéhen* 1. svinēt; (*svinīgi*) atzīmēt; **2.** izdarīt (*muļķību, pārkāpumu*)

begéhren 1. prasīt, pieprasīt; **2.** tīkot, iekārot, kārot

begéistern sajūsmināt, iejūsmināt; **sich b.** (*für*) sajūsmināties (*par*)

begíerig (*auf ar akuz., nach*) kārs (*uz*); ich bin b. zu wissen – man ļoti gribas zināt

begíeßen* aplaistīt, apliet

Begínn *m* sākums; iesākums; zu (am) B. – sākumā; bei B. – sākot

begínnen* 1. sākt, iesākt; uzsākt; **2.** sākties, iesākties

begláubigen oficiāli apliecināt, notariāli apstiprināt

begléiten 1. pavadīt; **2.** *mūz.* pavadīt, spēlēt pavadījumu

Begléiter *m* **1.** pavadītājs; pavadonis; **2.** *mūz.* pavadītājs

Begléitung *f* **1.** pavadīšana; **2.** pavadība; pavadonība; pavadītāji; in B. – pavadībā; mit seiner B. – ar pavadoņiem; **3.** *mūz.* pavadījums

beglü′ckwünschen (*j-n zu etw.*) [no]vēlēt laimes, apsveikt

begnádigen apžēlot (*notiesāto*)

begnü′gen, sich (*mit etw.*) apmierināties, būt mierā (*ar kaut ko*)

begráben* aprakt; apbedīt, apglabāt

Begrä′bnis *n* apbedīšana, apglabāšana; bēres; einem B. beiwohnen – piedalīties bēru ceremonijā

begréifen* saprast; aptvert, apjēgt

begrénzen ierobežot; aprobežot

Begríff *m* **1.** jēdziens; **2.** priekšstats; jēga; er ist schwer von B. *sar.* – viņš lēni uztver, viņam ir gausa domāšana; **3.**: im B. sein (*etw. zu tun*) – grasīties, gatavoties, taisīties (*patlaban kaut ko darīt*)

begrü′nden 1. pamatot; motivēt; **2.** dibināt; nodibināt

begrü′ßen apsveikt; **sich b.** sasveicināties

Begrü′ßung *f* **1.** apsveikšana; apsveikums; **2.** sasveicināšanās

begü′nstigen veicināt, sekmēt; protežēt; atbalstīt

begútachten dot atsauksmi; novērtēt (*kā speciālistam*)

Begútachtung *f* (*speciālista*) atzinums; atsauksme

Behágen *n* patika, labpatika; patikšana

beháglich omulīgs; patīkams; mājīgs; ērts

behálten* paturēt; im Gedächtnis b. – atcerēties, paturēt atmiņā; etw. für sich b. – nevienam nestāstīt; die Nerven b. – saglabāt aukstasinību kritiskā situācijā

Behä′lter *m* **1.** tvertne; rezervuārs; **2.** futrālis; maksts

behándeln 1. apieties (*ar kādu*); izturēties (*pret kādu*); **2.** iztirzāt; izskatīt; apspriest; **3.** ārstēt

Behándlung *f* **1.** apiešanās; izturēšanās; **2.** iztirzāšana; iztirzājums; izskatīšana; **3.** ārstēšana; ambulante B. – ambulatoriskā ārstēšana; **Nach~** *f* pēcoperācijas ārstēšana

Behándlungsraum *m* ārsta kabinets

behárren (*auf ar dat., bei*) pastāvēt (*uz kaut ko*), palikt (*pie savām domām*)

behárrlich neatlaidīgs, pastāvīgs

beháupten apgalvot; **sich b.** pārvarēt šķēršļus, pretestību

Behélf *m* pagaidu risinājums; Behelfsausfahrt *f* – pagaidu izbrauktuve; Behelfsquartier *n* – pagaidu mītne

behérrschen apvaldīt, savaldīt; valdīt (*pār kaut ko*); eine Sprache b. – labi prast kādu valodu; **sich b.** savaldīties, valdīties

behílflich palīdzīgs, izpalīdzīgs; j-m b. sein – palīdzēt kādam

behíndern traucēt, kavēt

Behínderte *m* invalīds

Behínderung *f* invaliditāte

Behö′rde *f* iestāde; institūcija

behü′ten (*vor etw.*) pasargāt, nosargāt (*no kaut kā*)

bei pie; ich habe kein Geld b. mir – man nav klāt naudas; b. Tisch – pie galda; b. Sinnen sein – būt pie

B

pilna prāta; b. Tage – dienā; b.
weitem nicht so – nepavisam ne
béibringen* iemācīt, ieskaidrot
Béichtstuhl *m bazn.* biktskrēsls
Béichtvater *m bazn.* biktstēvs
béide abi; abas; alle b. – abi divi
béiderseitig abpusīgs; abpusējs
beieinánder viens pie otra; cits pie
cita; kopā
Béifall *m* **1.** aplausi; stürmischer B.
brach los – atskanēja vētraini
aplausi; **2.** piekrišana; atzinība; B.
finden – gūt (rast) piekrišanu
Béigeschmack *m* piegaršа
Beíhilfe *f* valsts pabalsts, piemaksa;
Arbeitslosen~ *f* bezdarbnieka pa-
balsts; **Ausbildungs~** *f* mācību
pabalsts; **Familien~** *f* ģimenes
pabalsts
Beil *n* cirvis (*malkas skaldīšanai*)
Béilage *f* **1.** (*laikraksta*) pielikums;
2. [sakņu] piedevas (*ēdienam*)
béiläufig 1. nejaušs; gadījuma-; **2.** starp
citu, garām ejot
Béileid *n* līdzjūtība; B. aussprechen –
izteikt līdzjūtību
Bein *n* kāja; ◊ die ~e in die Hand
nehmen *sar.* – ņemt kājas pār
pleciem; auf eigenen ~en stehen –
būt finansiāli patstāvīgam; hat ~e
bekommen *sar.* – kaut kas ir
pazudis (nozagts); sich auf die ~e
machen *sar.* – posties ceļā
beináhe gandrīz, tik tikko
Béiname *m* **1.** palama, iesauka; **2.** seg-
vārds

Beírat *m* konsultatīvā padome
beisámmen kopā
beiséite sāņus, pie malas
Béisitzer *m jur.* piesēdētājs
Béispiel *n* piemērs; paraugs; zum B. –
piemēram; ◊ mit gutem B. voran-
gehen – dot citiem labu piemēru
béispielhaft parauga-, priekšzīmīgs
béispiellos nebijis, neredzēts; tāds,
kas nav ne ar ko salīdzināms
béispielsweise piemēram
béißen* *daž. noz.* kost; sakost; iekost
béißend 1. kodīgs; **2.** *pārn.* dzēlīgs,
ass
Béistand *m* palīdzība; B. leisten –
palīdzēt, sniegt palīdzību
béistehen* palīdzēt (*grūtā brīdī*)
béistimmen piebalsot; atbalstīt
Béitrag *m* **1.** biedru nauda; **Gewerk-**
schafts~ *m* arodbiedrības biedru
maksa; **Mitglieds~** *m* biedru mak-
sa; [seinen] B. entrichten – sa-
maksāt biedru naudu; **2.** iegul-
dījums, devums, deva; B. leisten
(*zu etw.*) – ieguldīt savu daļu
(*kādā pasākumā*)
béitragen* (*zu etw.*) sekmēt, veicināt;
dot savu daļu (ieguldījumu) (*kādā
pasākumā*)
béitreten* iestāties (*organizācijā*);
einer Partei b. – iestāties kādā
partijā
Béiwagen *m* (*motocikla*) blakusvāģis
béiwohnen (*ar dat.*) būt klāt, pie-
dalīties
béizen kodināt, beicēt

bejáhen apstiprināt, apgalvot

bejáhrt [krietni] gados

bekä́mpfen apkarot; den Missbrauch von Drogen b. – apkarot narkotiku lietošanu

bekánnt pazīstams; zināms; b. machen – iepazīstināt

Bekánnte *m vai f* paziņa

bekánntgeben* paziņot; izziņot; darīt zināmu; publicēt

bekánntlich kā zināms, cik zināms

Bekánntschaft *f* pazīšanās; j-s (*mit j-m*) B. machen – iepazīties ar kādu; B. anknüpfen – iepazīties; nodibināt pazīšanos

bekénnen* atzīt (*savu vainu*); **sich b.** atzīties; sich schuldig b. – atzīt sevi par vainīgu

Bekénnerbrief *m*, **Bekénnerschreiben** *n* atzīšanās terorisma noziegumā

beklágen nožēlot, skumt (*par kaut ko*); apraudāt; **sich b.** (*bei j-m über etw.*) žēloties, sūdzēties (*par kaut ko*)

Beklágte *m vai f jur.* atbildētājs (*civilprocesā*)

bekómmen* dabūt, saņemt

bekrä́ftigen apstiprināt, apliecināt

bekréuzigen, sich pārmest krustu

Belág *m* segums; **Fußboden~** *m* grīdas segums; **Straßen~** *m* ielas klātne; **Zahn~** *m* zobu aplikums

belágern aplenkt, ielenkt

Belágerung *f* aplenkums, ielenkums; aplenkšana, ielenkšana

belánglos nenozīmīgs, nesvarīgs

belásten noslogot; apkraut; nomākt; *jur.* apgrūtināt

Belástung *f* slodze, noslogojums; *jur.* apgrūtinājums

belä́stigen apgrūtināt; uzmākties, uzbāzties

beláuschen slepeni noklausīties

belében atdzīvināt; **sich b.** atdzīvoties

belébt dzīvs; ~e Straßen – dzīvas ielas

belégen **1.** aplikt; noklāt; **2.** uzlikt (*sodu, nodokļus*); **3.** rezervēt (*vietu*); ein Seminar b. – pierakstīties uz semināru

Belégschaft *dsk.* (*strādnieku*) kolektīvs (*rūpnīcā*); personāls

belégt **1.** aplikts; noklāts; ~e Brötchen – maizītes ar uzgriežamiem; **2.** aizņemts, rezervēts

beléibt tukls, brangs, pilnīgs

beléidigen apvainot; aizvainot; aizskart

Beléidigung *f* apvainojums; aizvainojums; apvainošana; aizvainošana

beléuchten apgaismot

Beléuchtung *f* apgaismojums; apgaismošana

belíchten izgaismot, eksponēt (*fotografējot*)

Belíchtung *f* izgaismojums, ekspozīcija; Belichtungsdauer *f* – ekspozīcijas ilgums; Belichtungsmesser *m* – eksponometrs

Belíeben *n* patika, patikšana, vēlēšanās; nach Ihrem B. – kā jūs vēlaties

belíebig jebkurš, ikviens, kurš katrs; vienalga, kurš; zu jeder ~en Zeit – kurā katrā laikā

belíebt iemīļots, iecienīts; populārs

béllen riet

belóhnen atalgot, atlīdzināt

belústigen uzjautrināt

bemä'chtigen, sich (*ar ģen.*) sagrābt, saņemt savā varā; piesavināties

bemérken 1. piebilst, piemetināt, piezīmēt; **2.** pamanīt, manīt, ieraudzīt

Bemérkung *f* piezīme, piebilde

bemü'hen apgrūtināt; nopūlēt; **sich b.** pūlēties, censties; nopūlēties; sich um etw. b. – pūlēties iegūt (panākt) kaut ko; bitte b. Sie sich nicht! – nepūlieties, lūdzu!

benáchbart kaimiņu-; tuvējs

benáchrichtigen (*j-n von etw.*) paziņot, darīt zināmu (*kādam kaut ko*)

benáchteiligen kaitēt; nodarīt zaudējumus; nodarīt pāri

benéhmen*, sich izturēties, uzvesties

Benéhmen *n* izturēšanās; uzvešanās; uzvedība

benéiden (*j-n um, wegen etw.*) apskaust (*kādu kaut kā dēļ*)

Benénnung *f* **1.** nosaukšana; dēvēšana; **2.** nosaukums

benö'tigen vajadzēt, būt nepieciešamam

benútzen, benü'tzen lietot, izlietot

benútzerfreundlich ērts, viegls lietošanai

Benzín *n* benzīns; ~**gutschein** *m* benzīna talons; ~**kanister** *m* benzīna kanna; ~**verbrauch** *m* benzīna patēriņš

beóbachten 1. vērot; novērot; ievērot; **2.** ievērot; Schweigen b. – ievērot klusumu

bepflánzen apstādīt

bequém ērts, parocīgs; es sich b. machen – ērti iekārtoties

Bequémlichkeit *f* **1.** ērtība; zur B. – ērtības labad; **2.** ērtības, komforts

beráten* 1. dot padomu; konsultēt; **2.** apspriest; **sich b.** apspriesties

Beráter *m* konsultants; **Berufs~** *m* darba konsultants; **Industrie~** *m* rūpniecības konsultants; **Steuer~** *m* nodokļu konsultants; **Unternehmens~** *m* uzņēmuma konsultants

berátschlagen (*über etw.*) apspriesties (*par kaut ko*)

Berátung *f* **1.** apspriešana; konsultēšana; konsultācija; **2.** apspriede

Berátungsstelle *f* konsultāciju punkts, konsultācija

beréchnen aprēķināt

Beréchnung *f* aprēķināšana; aprēķins; etw. aus B. tun – darīt kaut ko aiz aprēķina

beréchtigen (*j-n zu etw.*) dot tiesības (*kādam uz kaut ko*)

beréden 1. pārrunāt, apspriest; **2. sich b.** (*mit j-m*) apspriesties berédt runīgs

Beréich *m* 1. rajons; apvidus; 2. nozare; sfēra; **Einfluss~** *m* ietekmes sfēra; ◇ etw. liegt im B. des Möglichen – zināmos apstākļos kaut kas ir iespējams

beréichern bagātināt; **sich b.** kļūt bagātam, iedzīvoties bagātībā

beréit gatavs; b. sein – būt gatavam; būt ar mieru

beréiten 1. sagatavot; gatavot; 2. sagādāt, darīt (*prieku, rūpes, sāpes*)

beréits jau

Beréitschaft *f* gatavība

beréitwillig gatavs [pakalpot], pakalpīgs

beréuen nožēlot

Berg *m* kalns; **~führer** *m* pavadonis kalnos; **~wanderung** *f* kalnu tūrisms; ◇ j-m über den B. helfen – palīdzēt kādam grūtā brīdī

bergáb lejup, no kalna lejā

bergáuf kalnup, pret kalnu

Bérgbahn *f* pacēlājs kalnos

Bérgbau *m* kalnrūpniecība

bérgen* 1. glābt, izglābt; die Ernte b. – novākt ražu; Unfallopfer b. – glābt nelaimes gadījumā cietušos; 2. ietvert sevī, slēpt; eine Reise durch die Wüste birgt viele Gefahren – ceļojums caur tuksnesi slēpj daudz briesmu

bérgig kalnains

Bérg‖mann *m* kalnracis; ogļracis; **~werk** *n* raktuves; šahta

Bérgung *f* glābšana; Bergungsaktion *f* – glābšana; Bergungsarbeiten *dsk.* – glābšanas darbi; Bergungstrupp *m* – glābēju komanda, grupa

Berícht *m* ziņojums; pārskats; B.erstatten – ziņot, sniegt ziņojumu, pārskatu

beríchten 1. ziņot, paziņot; 2. izstāstīt, pastāstīt

Beríchterstatter *m* 1. referents; ziņotājs; 2. korespondents; reportieris

Bérnstein *m* dzintars

bérsten* 1. plaisāt; saplaisāt; sasprāgt; 2. *pārn.* plīst, pārsprāgt (*aiz smiekliem, dusmām*)

berü'cksichtigen ievērot; ņemt vērā

Berúf *m* 1. amats; arods; profesija; nodarbošanās; Berufsausbildung *f* – profesionālā izglītība; Berufsbezeichnung *f* – amata nosaukums; Berufserfahrung *f* – darba pieredze; Berufswahl *f* – profesijas izvēle; Berufsberatung *f* – profesionālās orientācijas konsultācija; Berufsgeheimnis *n* – amata noslēpums; 2. aicinājums, misija

berúfen* iecelt, aicināt (*kādā amatā*); **sich b.** (*auf ar akuz.*) atsaukties; sich auf einen Zeugen b. – atsaukties uz liecinieku

berúfsfremd tāds, kas neattiecas uz darbu

Berúfskrankheit *f* arodslimība

berúfstätig strādājošs

Berúfsverbot *n* profesiju aizliegums

Berúfung *f* 1. aicinājums; tieksme; atsaukšanās (*uz ko*); man erwartet seine B. zum Direktor – paredzams, ka viņu iecels par direktoru; **2.** *jur.* pārsūdzība, apelācija; in die B. gehen – iesniegt sprieduma pārsūdzību

berúhen (*auf ar dat.*) dibināties, pamatoties

berúhigen mierināt; nomierināt; remdināt; **sich b.** nomierināties; apmierināties; norimt, aprimt

berü´hmt slavens

Berü´hmtheit *f* **1.** slava; **2.** slavenība

berü´hren pieskarties, piedurties; aiztikt; skart; aizskart; **sich b.** saskarties

Berü´hrung *f* **1.** pieskaršanās, pieduršanās; aizskaršana; **2.** pieskāriens; saskare; kontakts

besä´nftigen nomierināt; remdēt, remdināt; apklusināt

Besátz *m* **1.** atloks; apmale; **2.** (*tērpa*) rotājums

Besátzung *f* **1.** (*kuģa, lidmašīnas*) komanda, ekipāža; apkalpe; **2.** *mil.* okupācijas militārās vienības

Besátzungs‖macht *f* okupācijas vara; **~regime** [re´ʒi:m] *n* okupācijas režīms; **~truppen** *dsk.* okupācijas karaspēks

beschä´digen bojāt; maitāt; ievainot

beschátten *a** apgādāt; sagādāt, sadabūt

beschátten[b]: er ist so b., dass... – viņš ir tāds, ka...; wie ist es damit b.? – kā ir ar to?; gut b. – labā stāvoklī

Beschátfenheit *f* īpašība[s]; daba, būtība

Beschátfung *f* apgādāšana; sagādāšana; sagāde

beschä´ftigen nodarbināt; **sich b.** nodarboties

beschä´ftigt nodarbināts; aizņemts

Beschä´ftigung *f* **1.** nodarbošanās; darbs; **2.** nodarbināšana

beschä´men apkaunot

beschátten 1. apēnot; **2.** izsekot

Beschéid *m* atbilde; lēmums; B. wissen – pazīt, pārzināt; būt lietas kursā, būt kompetentam; orientēties

beschéiden vienkāršs; pieticīgs

beschéinigen 1. apliecināt (pierādīt) ar dokumentiem; **2.** izdot apliecību (uzziņu)

Beschéinigung *f* **1.** uzziņa; **2.** apliecība; **3.** (*rakstisks*) apliecinājums; apliecināšana

beschéuert dumjš

beschímpfen nolamāt, nozākāt, noķengāt

beschlágnahmen apķīlāt, konfiscēt, atsavināt

beschléunigen paātrināt, pasteidzināt

beschlíeßen[*] **1.** nolemt, izlemt; nospriest; **2.** nobeigt, pabeigt; noslēgt; ein Fest mit einem Feuerwerk b. – svētkus beigt ar uguņošanu

Beschlúss *m* lēmums; einen B. fassen – nolemt, pieņemt lēmumu

beschlússfähig lemttiesīgs

beschrä´nken, sich (*auf ar akuz.*) aprobežoties (*ar kaut ko*)

beschreíben* aprakstīt
Beschreíbung f apraksts
beschúldigen (*ar ģen.*) apsūdzēt; apvainot (*noziegumā*)
beschü'tzen* aizsargāt, nosargāt; apsargāt
Beschü'tzer m sargātājs, sargs; aizstāvis
Beschwérde f **1.** jur. sūdzība; **2.** kaite, vaina; die ~n des Alters – vecuma kaites
beschwéren, sich (*über ar akuz.*) žēloties, sūdzēties (*par kaut ko*)
beschwérlich grūts; nogurdinošs; apgrūtinošs
beschwö'ren* **1.** [ap]zvērēt; apliecināt (apstiprināt) ar zvērestu; **2.** ļoti lūgt, lūgt no visas sirds
beséelen apgarot; iedvesmot
beséhen* apskatīt; aplūkot (*ļoti vērīgi*)
beséitigen novērst, likvidēt (*atkritumus, traipu, pārpratumu*)
Bésen m slota; ◇ neue Besen kehren gut – jauna slota tīri slauka
beséssen apsēsts, apmāts, pārņemts; er ist von dieser Idee b. – šī doma viņu ir apsēdusi
besétzen 1. aizņemt, ieņemt; alle Plätze sind besetzt – visas vietas aizņemtas; **2.** ieņemt, okupēt
besíchtigen apskatīt, aplūkot
Besíchtigung f apskate; apskatīšana, aplūkošana
besíedeln nometināt iedzīvotājus (*kādā apgabalā*)

besíegen uzvarēt, uzveikt (*grūtības, nogurumu, šaubas*)
Besínnung f samaņa; apziņa
besítzen*: er besitzt ein Haus – viņam pieder māja; er besitzt viel Mut – viņam ir liela drosme
Besítzer m īpašnieks
besónder sevišķs, īpašs; savāds
Besónderheit f īpatnība; savādība
besónders it īpaši, īpaši, sevišķi
besórgen 1. sagādāt, apgādāt; izgādāt; **2.** rūpēties, gādāt (*par kaut ko*)
Besórgnis f rūpes, bažas
bespíelen ierakstīt mūziku kasetē vai disketē; eine bespielte Kassette – ierakstīta kasete
bespréchen* pārrunāt; apspriest
Bespréchen n vārdošana
bésser 1. labāks; **2.** labāk; desto b. – jo labāk
béssern labot, uzlabot; **sich b.** laboties; uzlaboties
Bésserung f uzlabošanās (*veselības, apstākļu*); gute B.! – veseļojieties! (*vēlējums slimniekam*)
Bestánd m sastāvs; inventārs; krājums
bestä'ndig pastāvīgs, nemainīgs
Bestándsaufnahme f inventūra, inventarizācija
Bestándteil m sastāvdaļa
bestä'rken stiprināt, pastiprināt, uzmundrināt
bestä'tigen apstiprināt, apliecināt
Bestáttungsinstitut n apbedīšanas pakalpojumu firma
béste 1. [vis]labākais; beim ~n Willen

B

– lai kā arī (cik ļoti) gribētu; der erste b. – pirmais, kas [pa]gadās; **2.**: am ~n – vislabāk

bestéchen* piekukuļot

bestéchlich pērkams, piekukuļojams

Bestéck *n* **1.** galda piederumi (*naži, dakšiņas, karotes*); **2.** instrumentu komplekts

bestéhen* **1.** izturēt (*pārbaudījumu*); pārciest; pārvarēt; **2.** pastāvēt; eksistēt; būt; es besteht Zweifel – ir šaubas; **3.** (*aus etw.*) sastāvēt (*no kaut kā*); **4.** (*in etw.*) seine Aufgabe besteht darin... – viņa uzdevums ir...; **5.** (*auf etw.*) pastāvēt (*uz savām tiesībām*); uzstāt, [pie]prasīt (*lai kaut ko izdara*)

bestéllen **1.** pasūtīt; **2.** nodot (*vēstuli*); Grüße b. (*j-m; an j-n*) – pasveicināt (*kādu*); **3.** apstrādāt (*zemi*)

Bestéllung *f* **1.** pasūtījums; pasūtīšana; **2.** [zemes] apstrādāšana

bestéuern aplikt ar nodokli

bestímmen **1.** noteikt, nosacīt; einen Termin b. – noteikt (nolikt) kādu termiņu; **2.** noteikt (*augu, teikuma locekli*); **3.** nolemt, nozīmēt; paredzēt, domāt (*kādam kaut ko*)

bestímmt noteikts; ganz b. – noteikti, pavisam droši

Bestímmung *f* **1.** noteikšana, nosacīšana; **2.** noteikums; **3.** aicinājums, misija

Béstleistung *f* labākais [sa]sniegums; rekords (*sportista personiskais rekords*)

bestráfen sodīt

bestráhlen **1.** apstarot, apspīdēt; **2.** apstarot (*ar rentgenstariem*)

Bestráhlungsraum *m* solārijs

bestréiten* **1.** apstrīdēt; **2.** samaksāt, segt (*izdevumus*)

Béstseller *m* bestsellers

bestü´cken komplektēt (*mašīnu, ierīci, sistēmu*)

bestü´rzt (*über ar akuz.*) pārsteigts; samulsis, apmulsis; apjucis

Besúch *m* **1.** viesošanās; apciemošana; apciemojums; zu B. kommen – nākt ciemos; j-m einen B. abstatten – apciemot kādu, iet vizītē pie kāda; zu B. sein – būt ciemos, ciemoties; **2.** (*ārsta*) vizīte; **3.** ciemiņš, viesis; ciemiņi, viesi

besúchen apmeklēt; apciemot; oft Konzerte b. – iet bieži uz koncertiem; welche Schule hat er besucht? – kurā skolā viņš mācījās?

Besúcher *m* apmeklētājs

Besúchszeit *f* apmeklētāju laiks

betä´tigen, sich darboties; piedalīties (*kādā pasākumā*)

betäu´ben **1.** apdullināt; **2.** *med.* izdarīt narkozi, anestēziju

Betäu´bung *f* **1.** apdullināšana, apdullums; **2.** narkoze, anestēzija

betéiligen, sich (*an ar dat.*) piedalīties

béten lūgt [Dievu]; skaitīt, lasīt lūgšanu

betéuern apliecināt; der Angeklagte beteuert seine Unschuld – apsūdzētais apliecina savu nevainību

Betón *m* betons

betónen uzsvērt; akcentēt

Betónung *f* uzsvars, akcents

Betrácht *m*: in B. ziehen – ievērot, apsvērt; außer B. lassen – neņemt vērā, neievērot

betráchten apskatīt, aplūkot; vērot

beträ'chtlich ievērojams; krietni liels, krietns

Betrág *m* summa; kopsumma

betrágen* sasniegt, sastādīt (*kādu summu, skaitli*); die Rechnung beträgt 20 Mark – rēķins ir 20 marku liels; **sich b.** uzvesties, izturēties

Betrágen *n* uzvešanās, uzvedība; izturēšanās

betréffen* **1.** attiekties, zīmēties (*uz kaut ko*), skart; **2.**: ein Unglück hat ihn betroffen – viņam uzbrukusi nelaime

betréffend **1.** attiecīgs; die ~en Behörden – attiecīgās iestādes; **2.** attiecībā uz, kas attiecas uz

betréffs (*ar ģen.*) sakarā ar; attiecībā uz, kas attiecas uz

betréiben* nodarboties, vadīt; er betriebt ein Hotel – viņš vada viesnīcu

Betríeb *m* **1.** uzņēmums; rūpnīca; fabrika; **2.** ekspluatācija; ein Werk in B. setzen – nodot rūpnīcu ekspluatācijā; **3.** rosība, kustība

betríebsintern uzņēmuma iekšējais

Betríebskosten *dsk.* [uzņēmuma] ekspluatācijas (ražošanas) izdevumi

Betríebsrat *m* uzņēmuma padome

Betríebssystem *n* dator. datora instalācijas sistēma

Betríebswirtschaft *f* menedžments

betrü'bt noskumis; bēdīgs; apbēdināts; skumjš

Betrúg *m* krāpšana; mānīšana; viltus; blēdība

betrü'gen* [pie]krāpt, [pie]mānīt; pievilt

Bett *n* **1.** gulta; das B. machen – uzklāt gultu; wie lange muss er das B. hütten? – cik ilgi viņam vēl jāpaliek gultā? (*slimojot*); **2.** (*upes*) gultne

Béttlaken *n* palags

Béttzeug *n* gultas drēbes

Béugehaft *f* jur. iepriekšējs apcietinājums

béugen **1.** liekt, locīt; saliekt; **2.** *gram.* locīt

Béule *f* **1.** puns; **2.** iedauzījums, iespiedums (*metāla priekšmetos*)

beúnruhigen satraukt, sagādāt raizes

beúrlauben **1.** piešķirt atvaļinājumu; **2.** (*īslaicīgi*) atbrīvot no darba

beúrteilen vērtēt, novērtēt; spriest (*par kaut ko*)

Béute *f* **1.** laupījums; guvums; **2.** *mil.* trofeja

Béutel *m* **1.** [naudas] maks; **2.** kule, maisiņš; (*mīksta materiāla*) soma; **Geld~** *m* naudas maks; **Müll~** *m* atkritumu maisiņš; **Tabak~** *m* tabakas maks

Bevö'lkerung *f* iedzīvotāji; Bevölkerungsabnahme *f* – iedzīvotāju skaita samazināšanās; Bevölkerungszunahme *f* – iedzīvotāju skaita pieaugums; Bevölkerungsbewegung *f* – iedzīvotāju migrācija

Bevö'lkerungsdichte *f* iedzīvotāju blīvums

bevóllmächtigen pilnvarot, piešķirt pilnvaru

bevór pirms, iekams

bevórstehend gaidāmais, nākamais

bevórzugen dot priekšroku; atzīt par labāku; patikt (garšot) labāk (*par kaut ko citu*)

bewáchen sargāt, apsargāt

Bewáffnung *f* **1.** apbruņošana; **2.** apbruņojums; bruņojums

bewáhren 1. (*vor etw.*) sargāt, nosargāt; pasargāt; **2.** glabāt (*noslēpumu*); saglabāt (*piemiņu*)

bewä'hren, sich apstiprināties, izrādīties par patiesu (derīgu); attaisnoties, attaisnot cerības; parādīt sevi (*kā labu darbinieku*)

bewä'hrt pārbaudīts; drošs; uzticams (*draugs*)

bewä'ltigen pieveikt, uzveikt; pievārēt; tikt galā (*ar kaut ko*)

bewándert lietpratīgs; kompetents; b. sein (*in ar dat.*) – būt lietpratējam (*kādā nozarē*), labi pārzināt

bewä'ssern apūdeņot

Bewä'sserung *f* apūdeņošana; Bewässerungsanlage *f* – apūdeņošanas sistēma

bewégen 1. kustināt, pakustināt; **2.** aizkustināt, saviļņot, aizgrābt;

3. (*stipri lokāms*) pamudināt, ierosināt; piedabūt; **sich b.** kustēties; pakustēties; virzīties

Bewéggrund *m* iemesls; ierosinājums; pamudinājums

Bewégung *f* **1.** *daž. noz.* kustība; in B. setzen – iedarbināt; iekustināt; sich in B. setzen – sākt kustēties, sakustēties; **2.** aizkustinājums, saviļņojums, aizgrābtība

Bewéis *m* pierādījums; etw. unter B. stellen – pierādīt, apliecināt

bewéisen* pierādīt

Bewéismaterial *n* *jur.* lietiskie pierādījumi

Bewéis‖mittel *n* *jur.* pierādījums; arguments; ~**stück** *n* pierādījums; lietisks pierādījums

bewérben, sich pretendēt, kandidēt; censties, tiekties (*pēc kā*)

Bewérbung *f* iesniegums; Bewerbungsformular *n* – iesnieguma veidlapa; Bewerbungsschreiben *n* – rakstisks iesniegums; Bewerbungsunterlagen *dsk.* – iesniegto dokumentu kopums

bewérten vērtēt, novērtēt

bewílligen atļaut, atvēlēt, piešķirt (*pabalstu*)

bewírten pacienāt, cienāt, pamielot, mielot

bewírtshaften apsaimniekot, saimniekot

bewóhnen apdzīvot; dzīvot

Bewóhner *m* iedzīvotājs; iemītnieks

bewö'lkt apmācies; mākoņains

bewúndern apbrīnot

Bewúnderung *f* apbrīnošana; apbrīns

bewússt 1. apzināts; sich b. sein (*ar ģen.*) – apzināties; **2.** apzinīgs; **3.** zināms

bewússtlos bez samaņas; nesamaņā, bezsamaņā

Bewússtsein *n* **1.** samaņa; **2.** apziņa; **Pflicht~** *n* pienākuma apziņa; **Schuld~** *n* vainas apziņa; Bewusstseinsstörungen *dsk.* – apziņas traucējumi

bezáhlen samaksāt; apmaksāt; nomaksāt; maksāt

bezáubern apburt, valdzināt

bezéichnen apzīmēt; iezīmēt

bezéichnend zīmīgs; raksturīgs; das ist b. für ihn – tas ir viņam raksturīgi

Bezéichnung *f* apzīmēšana; apzīmējums

bezéugen apliecināt; j-m seine Hochachtung b. – kādam apliecināt savu cieņu

bezíehen* 1. apvilkt, pārvilkt (*ar audumu*); **2.** saņemt, dabūt (*preces, algu*); **3.** apmesties; eine neue Wohnung b. – pāriet dzīvot jaunā dzīvoklī; **sich b.** (*auf ar akuz.*) attiekties, zīmēties (*uz kaut ko*)

Bezíehung *f* **1.** attiecības; attieksme; **2.** sakars, sakarība; in dieser B. – šai ziņā; *dsk.* **Geschäfts~** darījumu attiecības; **Verwandtschafts~** radnieciskas attiecības; **Wirtschafts~** ekonomiskās attiecības; ◇ seine Beziehungen spielen lassen – izmantot savus sakarus

bezíehungsweise respektīvi; jeb; attiecīgi

Bezúgsperson *f psih.* kontaktpersona, tuvākais cilvēks; Eltern und Geschwister sind die wichtigsten ~en für ein kleines Kind – vecāki un brāļi un māsas ir tuvākie cilvēki mazam bērnam

Bezírk *m* **1.** iecirknis; **2.** rajons; apriņķis

Bezúg: in B. auf (*ar akuz.*) – attiecībā uz, kas attiecas uz

Bezúg *m* **1.** pārvalks; **2.**: mit B. auf (*ar akuz.*)... – atsaucoties uz (*kaut ko*)

bezü'glich (*ar ģen.*) attiecībā uz

bezúgsfertig māja vai dzīvoklis, kas gatavs lietošanai

bezwéifeln apšaubīt; šaubīties (*par kaut ko*)

bezwíngen* pārvarēt, uzveikt; savaldīt

Bíathlon *n sp.* biatlons

Bíbel *f* Bībele

Bíber *m* bebrs

Bibliothék *f* bibliotēka

Bidét *n* bidē

bíegen* liekt, locīt; um die Ecke b. – nogriezties ap stūri; **sich b.** liekties; locīties

bíegsam lokans

Bíegung *f* līkums; izliekums; (*ceļa*) pagrieziens

Bíene *f* bite

Bíenen‖schwarm *m* bišu spiets; **~stock** *m* bišu strops; **~zucht** *f* biškopība; **~stich** *m* bites dzēliens

Bier *n* alus; **~dose** *f* alus kārba; **~fass** *n* alus muca; **~krug** *m* alus kauss

Bíergarten *m* alus dārzs

Bíerstube *f* alus krodziņš

bíeten* piesolīt, piedāvāt; sniegt, dot; **sich b.** rasties (*par iespēju, izdevību*)

Bikíni *m* bikini, divdaļīgs sauļošanās kostīms

Bilánz *f* bilance; **~buchhalter** *m* bilancspējīgs grāmatvedis; **~prüfer** *m* auditors; **~summe** *f* bilances summa; **Unternehmens~** *f* uzņēmuma bilance; **Zwischen~** *f* starpbilance; eine B. erstellen – sastādīt bilanci

Bild *n* **1.** glezna; **2.** ģīmetne; portrets; **3.** ilustrācija; attēls; ◇ im ~e sein – būt lietas kursā

Bíldbericht *m* fotoreportāža

Bíldberichterstatter *m* fotokorespondents

bílden 1. veidot, izveidot; **2.** sastādīt (*valdību, komisiju*); **sich b.** veidoties, izveidoties; rasties

bíldend: die ~e Kunst – tēlotāja māksla

Bíldhauer *m* tēlnieks, skulptors

Bíldhauerkunst *f* tēlniecība

bíldlich gleznains, tēlains; figurāls

Bíldnis *n* ģīmetne; portrets; attēls

Bíldschirm *m* televizora vai datora monitora ekrāns

Bíldschirmtext *m* teleteksts

Bíldtelegramm *m* fototelegramma

Bíldung *f* **1.** izglītība; **2.** veidošana, izveidošana; **3.** sastādīšana (*valdības*)

Bíldwerfer *m* projekcijas aparāts

Bíllard ['biljart] *n* biljards

bíllig lēts

bílligen atzīt par labu; piekrist

Bínde *f* apsējs, saite

Bíndegewebe *n* saistaudi

bínden* 1. siet; sasiet; piesiet; apsiet; **2.** siet, iesiet (*grāmatu*)

Bíndung *f* **1.** saistījums; savienojums; chemische B. – ķīmisks savienojums; **2.** (*slēpju*) saites, siksnas; **3.** saistības; **4.** emocionāla saikne

bínnen laikā; b. kurzem – drīz; drīzumā; b. einem Jahr – gada laikā; b. acht Tagen – nedēļas laikā

Bínnen‖handel *m* iekšējā tirdzniecība; **~markt** *m* iekšējais tirgus

Bíotop *m vai n* biotops

Bírke *f* bērzs

Bírne *f* **1.** bumbieris; **2.** bumbiere; **3.** *sar.* (*elektriskā*) spuldze

bis 1. līdz; bis an, bis auf, bis in, bis zu – līdz; bis auf weiteres – līdz turpmākam; bis auf morgen – līdz rītam; bis oben – līdz augšai; bis wann? – līdz kuram laikam?; alle bis auf einen – visi, izņemot vienu; **2.** līdz, kamēr; ich warte, bis du kommst – es gaidīšu, kamēr tu nāksi

bísexuell biseksuāls
bishér līdz šim, līdz šim laikam
Biskuit [bis′kvi:t] n vai m biskvīts
Biss m **1.** kodiens; **2.** kodums
bísschen: ein b. – mazliet, nedaudz, drusku; ein klein b. – mazliet
Bíssen m kumoss
Bístro n bistro
biswéilen reizēm, dažreiz, brīžiem
Bit n dator. bits
bítte lūdzu; b. sehr (schön) – atbilde uz mutiski izteiktu pateicību; ja, b.! – pieņemot kādu piedāvājumu; ja, b.? – atbildot uz tālruņa zvanu; wie b.? – ja nav labi sadzirdēts teiktais; paužot pārsteigumu
Bítte f lūgums; ich habe eine B. an Sie – es gribētu jūs lūgt
bítten* lūgt; j-n um etw. b. – lūgt kādam kaut ko
bítter rūgts; sūrs; sīvs
Blablá n sar. muļķības
Blackout [′blɛkaut] n īss apziņas zudums
blä′hen pūst; piepūst; uzpūst; **sich b.** piepūstics, uzpūsties
blamíeren apkaunot, darīt kaunu; **sich b.** darīt sev kaunu, nokļūt neveiklā stāvoklī, izblamēties, blamēties
blanchieren [blā′ʃi:rən] blanšēt (dārzeņus)
blank spožs; spodrs
Bláse f **1.** burbulis; **2.** tulzna; **3.** pūslis
blásen* pūst; Trompete b. – pūst trompeti

Blásorchester n pūtēju orķestris
blass bāls
Blatt n daž. noz. lapa; ◇ kein B. vor den Mund nehmen – atklāti paust savu viedokli; das B. hat sich gewendet – apstākļi ir mainījušies
blä′ttern šķirstīt; in einem Buch b. – šķirstīt grāmatu
Blä′tterteig m kul. kārtainā mīkla
blau zils; ~er Fleck – zilums (sasitums)
Bláulicht n policijas vai ātrās palīdzības zilā signāluguns
Blazer [′ble:zər] m sportiska piegriezuma žakete
Blech n **1.** skārds; **2.** sar. blēņas
Bléchschaden m automašīnas virsbūves bojājums (satiksmes negadījumā)
Blei n svins; ~gehalt m svina saturs (benzīnā); bleihaltig – svinu saturošs
bléiben* palikt
bleich bāls
bléichen* **1.** balēt; balot; **2.** (vāji lokāms) balināt
Bléistift m zīmulis
blénden 1. žilbināt, apžilbināt; **2.** apmulsināt, maldināt; sich vom äußeren Schein b. lassen – ļaut ārējam spožumam sevi maldināt
Blick m skats, skatiens
blícken skatīties; raudzīties; lūkoties
blind akls, neredzīgs
Blínde m aklais, neredzīgais; Blindenführer m – aklā pavadonis; Blindenstock m – aklā spieķis

Blíndgänger *m* nesprādzis spridzeklis, šāviņš; einen B. entschärfen – likvidēt spridzekli

blínken 1. mirdzēt, spīdēt; **2.** signalizēt ar gaismas signāliem

Blitz *m* zibens; **~schlag** *m* zibens spēriens

Blítzableiter *m* zibensnovedējs

blítzen 1. zibeņot, zibsnīt; es blitzt – zibeņo; **2.** spīdēt; mirdzēt; zibēt

Blítzlicht *n* zibspuldzes gaisma

Blítztelegramm *n* zibenstelegramma

Block *m* **1.** bluķis, klucis; blāķis; **2.** *daž. noz.* bloks; **3.** bloks, bloknots; **Militär~** *m* militārais bloks; **Wirtschafts~** *m* ekonomiskais bloks

Blockáde *f* blokāde; **Finanz~** *f* finanšu blokāde; **Wirtschafts~** *f* ekonomiskā blokāde; eine B. über ein Land verhängen – kādai zemei noteikt blokādi

Blóckhaus *n* guļbūves māja

blockíeren bloķēt

blö'dsinnig 1. vājprātīgs, plānprātīgs; **2.** muļķīgs, stulbs

blond blonds, gaišmatains

bloß 1. kails, pliks; mit ~en Füßen – kailām kājām; mit ~em Auge – ar neapbruņotu aci; **2.** tikai

Blouson [blu'zõ:] *m vai n* bluzons

Bluejeans ['blu:dʒi:ns] *f* džinsi

Blues [blu:z] *m mūz.* blūzs

Bluff [blʊf] *m* apzināta krāpšana

bluffen ['blʊfn] blefot (*biznesā, kāršu spēlē*)

blü'hen 1. ziedēt; **2.** *pārn.* zelt, plaukt

Blúme *f* puķe, zieds

Blúmen‖beet *n* puķu dobe; **~zwiebel** *f* – puķu sīpols; **~kranz** *m* ziedu vainags; **~laden** *m* puķu veikals; **~strauß** *m* puķu pušķis; **~topf** *m* puķpods; ◇ j-m etw. durch die Blumen sagen – pateikt netieši, ar mājienu; danke für die Blumen! *iron.* – atbilde uz kritisku piezīmi

Blúmen‖kohl *m* ziedkāposti; **~zucht** *f* puķkopība

Blúse *f* blūze

Blut *n* asinis; **~gerinnung** *f* asins recēšana; **~konserve** *f* konservētas asinis; **~transfusion** *f* asins pārliešana; **~untersuchung** *f* – asinsanalīze; mit kaltem B. – aukstasinīgi

Blútalkohol *m* alkohola daudzums asinīs

blútarm mazasinīgs

Blút‖armut *f* mazasinība; **~druck** *m med.* asinsspiediens

Blü'te *f* **1.** zieds; **2.** *pārn.* [uz]plaukums, plauksme, ziedu laiki

blúten asiņot

Blúterguss *m* asinsizplūdums

Blútgerinnsel *n med.* trombs

blútig asiņains

Blútorange *f* sarkanais apelsīns

Blútspender *m* donors

Blútsturz *m* pēkšņa asiņošana no mutes vai deguna

Blútsverwandte *m* asinsradinieks

Bob *m sp.* bobsleja kamanas

Bóbrennen *n sp.* bobslejs; Bobbahn *f* – bobsleja trase

Bóckwurst *f* sardele; desiņa; alus desa

Bóden *m* **1.** zeme, augsne; **2.** (*jūras, mucas*) dibens; **3.** pamats (*arī pārn.*); **4.** grīda; **5.** bēniņi; ◇ am B. zerstört sein *sar.* – būt pilnīgā spēku izsīkumā; den B. unter den Füßen verlieren – zaudēt pamatu zem kājām

Bóden‖satz *m* nogulsnes, padibenes, mieles; **~frost** *m* salna augsnes virskārtā; **~nebel** *m* migla zemu virs zemes; **~schätze** *dsk.* derīgie izrakteņi

Body ['bɔdi] *m* sieviešu veļa, bodijs

Bodybuilding ['bɔdibildiņ] *n* kultūrisms

Bógen *m* **1.** loks; **2.** *arh.* arka; **3.** *mūz.* lociņš; **4.** līkums; **5.** loksne; ◇ den B. überspannen – pārspīlēt, iet par tālu; einen großen B. um j-n / etw. machen – iet ar līkumu, izvairīties

Bóhne *f* pupa; **Kaffee~** *f* kafijas pupiņa; Bohnenkaffee *m* – pupiņu kafija

bóhnern vaskot (*grīdu*)

bóhren urbt

Bóhrer *m* **1.** urbējs; **2.** urbis

Bóhrinsel *f* naftas platforma jūrā

Bóiler *m tehn.* boilers

Bómbe *f mil.* bumba

Bon *m* kases čeks ar preces cenu

Bonbón [bɔ̃'bɔ̃:] *m* konfekte (*karamele*)

Boot *n* laiva

Bóotfahren *n* vizināšanās (braukšana) ar laivu

Bóots‖mann *m jūrn.* bocmanis; **~partie** *f* izbraukums ar laivu; **~steg** *m* laivu piestātne; **~verleih** *m* laivu noma

Bord *m jūrn., av.* borts

Bórdbuch *n* kuģa žurnāls

bórgen 1. aizņemties; **2.** aizdot

Bö'rse *f* birža

Bórte *f* apmale

Bö'schung *f* **1.** nogāze; nokalne; **2.** [dzelzceļa] uzbērums

bö'se 1. slikts, ļauns; **2.** dusmīgs; nikns; sirdīgs

Botánik *f* botānika

Bóte *m* vēstnesis, ziņnesis, sūtnis

Bótschaft *f* **1.** vēsts; vēstījums; ziņa; **2.** vēstniecība

Bótschafter *m* vēstnieks

Bótschaftsangestellte *m* vēstniecības darbinieks

Boutique [bu'ti:k] *f* (*modes preču*) veikals; modes salons

Bowle ['bo:lə] *f* bole

Bowling ['bo:liņ] *n* boulings

Box *f* kaste ar vāku

bóxen boksēties

Bóxen *n sp.* bokss

Bóxer *m* bokseris; **Amateur~** *m* amatierbokseris; **Berufs~** *m* profesionālais bokseris

Bóxring *m* boksa rings

brach (*par zemi*) neapstrādāts, atstāts atmatā

B

Bránche ['brā:ʃə] *f* **1.** (*tirdzniecības, rūpniecības*) nozare; **2.** specialitāte

Brand *m* **1.** ugunsgrēks; **2.** (*ķieģeļu, kaļķu*) dedzināšana, apdedzināšana; **3.** svelme, karstums; **~gefahr** *f* ugunsgrēka draudi; **~opfer** *n* ugunsgrēka upuris; **~schaden** *m* ugunsgrēka nodarītais zaudējums; **~stätte** *f* ugunsgrēka vieta

Bránd‖anschlag *m* ļaunprātīga dedzināšana; **~mal** *n* apdegums, apdeguma rēta; **~mauer** *f* pretuguns mūris; **~stifter** *m* ļaunprātīgs dedzinātājs

Brándung *f* bangas (*pret krastu*)

Brándwunde *f* apdeguma brūce

Brandy ['brɛndi] *m* brendijs

bráten* **1.** cept, izcept; **2.** cept, cepties

Bráten *m* cepetis

Brát‖huhn *n* cepta vista; **~hering** *m* marinēta cepta siļķe; **~kartoffeln** *dsk.* cepti kartupeļi; **~röhre** *f* cepeškrāsns

Brauch *m* paraža, ieraža

bráuchbar lietojams

bráuchen vajadzēt; das braucht Zeit – tam vajag laiku

bráuen darīt (*alu*), brūvēt

Braueréi *f* alus darītava

braun brūns; bērs (*zirgs*)

Bráunkohle *f* brūnogles

Bráuse *f* duša

Bráut *f* līgava

Bräu'tigam *m* līgavainis

brav labs, krietns; brašs

bréchen* lauzt

Brei *m* putra, biezputra; **Grieß~** *m* mannas biezputra; **Kartoffel~** *m* kartupeļu biezenis

breit plats

Bréite *f* **1.** platums; **2.** *ģeogr.* platuma grāds

Brémse[a] *f* dundurs

Brémse[b] *f* bremze; **Fuß~** *f* kājbremze; **Hand~** *f* rokas bremze; **Not~** *f* avārijas bremze

brémsen bremzēt

brénnen* **1.** degt; **2.** dedzināt; **3.**: es brennt! – deg!

brénnend **1.** degošs; dedzinošs; eine ~e Frage – aktuāls jautājums; **2.** smeldzošs

Brénnholz *n* malka

Brénnnessel *f* nātre

Brénnstoff *m* kurināmais; degviela

Brett *n* **1.** dēlis; **2.** (*šaha*) galdiņš; **3.** ~er *dsk.* skatuve

Bréttsegeln *n sp.* vindsērfings

Brézel *f* sāļais cepums

Brief *m* vēstule

Bríefbombe *f* vēstuļbumba

Bríefing *n* īssaiets

Brief‖kasten *m* pasta kastīte; vēstuļu kastīte; **~marke** *f* pastmarka; **~papier** *n* vēstuļu papīrs; **~tasche** *f* kabatas portfelis; **~träger** *m* pastnieks; **~umschlag** *m* [vēstuļu] aploksne

Brigáde *f* brigāde

brillánt lielisks, teicams

Brílle *f* brilles

Bríllenglas *n* briļļu stikls

bríngen* 1. nest, atnest; 2. aizvest, nogādāt

brisánt eksplozīvs

Brócken *m* kumoss; druska, drupata; gabals

Brokát *m tekst.* brokāts

Brókkoli *m* brokoļi

Brómbeere *f* kazene

Bronchítis *f med.* bronhīts

Brósche *f* sakta; piespraude

Brot *n* maize; belegtes B. – sviest-maize; **Roggen~** *n* rudzu maize; **Vollkorn~** – pilngraudu maize; **~laib** *m* maizes klaips; **~kruste** *f* maizes garoza; **~schnitte** *f* maizes šķēle; **Weiß~** *n* baltmaize

Brö'tchen *n* bulciņa, maizīte

Bruch *m* 1. lūzums; lauzums; 2. *pārn.* (*līguma, solījuma*) laušana; 3. *med.* bruka, trūce; 4. *mat.* daļskaitlis

Brúchlandung *f* avārijas nolaišanās (*lidmašīnai*)

Brü'cke *f* tilts; **Autobahn~** *f* ceļa pārvads; **Eisenbahn~** *f* dzelzceļa tilts

Brúder *m* brālis

Brü'he *f* buljons

Brü'hwürfel *f* buljona kubiņš

brü'llen rūkt; rēkt; maut, maurot, baurot

brúmmen rūkt, dūkt

Brúnnen *m* 1. aka; 2. (*minerālūdens*) avots

Brust *f* krūts; krūtis

brutál brutāls, rupjš

Brutalitä't *f* brutalitāte

brü'ten 1. perēt; 2. (*über ar dat.*) neatlaidīgi (nemitīgi) domāt (*par kaut ko*)

Brútkasten *m* inkubators neiznē-sātiem bērniem slimnīcā

Búbe *m* kalps (*spēļu kārts*)

Buch *n* grāmata; **~laden** *m* grāmatu veikals; **~messe** *f* grāmatu gada-tirgus; das Buch der Bücher *pārn.* – Bībele

Búchbinder *m* grāmatsējējs

Búche *f bot.* dižskābardis, skābardis

Búch‖führer *m* grāmatvedis; **~fü-hrung** *f* grāmatvedība; **~halter** *m* grāmatvedis; **~haltung** *f* grāmat-vedība; **~handlung** *f* grāmatu veikals

Búchreihe *f* grāmatu sērija

Bü'chse *f* 1. kārba; doze; 2. bise; šautene

Búchstabe *m* burts

búchstäblich burtisks

Bucht *f* līcis

Búchweizen *m* griķi

Búckel *m* 1. kupris; 2. kūkums; 3. *sar.* mugura

bü'cken, sich liekties, pieliekties, noliekties

Bü'ckling *m* kūpināta siļķe

Búde *f* būda; kiosks

Bü'gel *m* 1. rokturis; stīpa; 2. (*drēbju*) pakaramais; 3. kāpslis

Bü'geleisen *n* gludeklis; **Dampf~** *n* tvaika gludeklis

bü'geln gludināt

Buggy ['bagi] *m* saliekamie bērnu ratiņi

Búhmann *m* grēkāzis

Bü'hne *f* skatuve; estrāde; tribīne
Bü'hnenbild *n* dekorācija
Bü'hnenbildner *m* dekorators
Bulétte *f* frikadele, kotlete
Búllauge *n jūrn.* iluminators
Búlle *m* **1.** bullis; **2.** *sar.* kruķis (*policists*)
Bulletin [byl'tɛ̃:] *n* biļetens, oficiāls paziņojums
búmsen *vulg.* pārgulēt ar kādu
Bund[a] *m* savienība, federācija; līga
Bund[b] *m* **1.** saišķis; kūlis; žūksnis; **2.** nasta, sainis; pauna
Bü'ndel *n* **1.** (*neliels*) sainis, nasta; **2.** saišķis, kūlis
Búndesbank *f* centrālbanka, emisijas banka VFR
Búndesdeutsche *m vai f* VFR pilsonis vai pilsone
Búndesheer *n* Austrijas armija
Búndesland *n* federālā zeme
Búndesstaat *m* federācija, federatīva valsts
Bundesverfássungsgericht *n* VFR Konstitucionālā tiesa
Búndeswehr *f* VFR bruņotie spēki
Bü'ndnis *n* savienība
Bungalow ['bʊŋgalo] *m* liela, parasti vienstāva dzīvojamā māja

Bungeespringen ['bandʒi..] *n* lēkšana ar gumijām
Búnker *m* bunkurs
bunt 1. krāsains; **2.** raibs
Búntstift *m* krāsu zīmulis
Bü'rde *f* nasta; slogs
Burg *f* pils; cietoksnis
Bü'rge *m* galvotājs, galvinieks; für j-n als B. eintreten – galvot par kādu
bü'rgen galvot
Bü'rger *m* pilsonis
bü'rgerlich 1. pilsonisks; pilsoņu-; **2.** buržuāzisks; buržuāzijas-
Bü'rgersteig *m* ietve, trotuārs
Büró *n* birojs, kantoris; ~**angestellte** *m* kantora (biroja) darbinieks; ~**stunden** *dsk.* biroja darba laiks
Búrsche *m* puisis
Bü'rste *f* suka
bü'rsten sukāt; notīrīt ar suku
Bus *m* autobuss
Busch *m* krūms; krūmājs
Busineß ['biznis] *n* bizness
Búsen *m* **1.** krūtis; **2.** azote
Bú ßgeld *n* soda nauda
Bútter *f* sviests; ◇ alles in B. *sar.* – viss kārtībā
Búttermilch *f* paniņas
Byte [bait] *n dator.* baits

C

Cábrio *n saīs.* kabriolets
Cabriolet [kabrio'le:] *m* kabriolets
Café *n* kafejnīca
Cafeteria [..'ri:a] *f* kafetērija
Callgirl ['kɔ:lgø:rl] *n* izsaukuma meitene
Cámcorder [k..] *m* pārnēsājama kinokamera
Camp [kɛmp] *n* nometne ar teltīm vai koka mājiņām
Campus ['kampʊs] *m* universitātes pilsētiņa
Caravan ['karavan] *m* piekabināmais dzīvojamais vagoniņš
Cartoon [kar'tu:n] *m vai n* zīmējums vai politiska karikatūra
Cásting [k. .] *n* aktieru, tēlotāju izvēle pēc provēm
Cástorbehälter [k..] *m* radioaktīvo vielu konteineri glabāšanai vai transportam
CD *f saīs.* kompaktdisks
CD-Player [tse:'de:ple:jər] *m* kompaktdisku atskaņotājs
Cello ['t∫ɛ..] *n* čells
Cénter *n* universālveikals, tirdzniecības centrs
Champagner [∫am'panjər] *m* šampanietis, kas ražots Francijā
Chánce ['∫ã:sə] *f* izredzes; izdevība
Chaos ['ka:ɔs] *n* haoss
Chaot [ka'o:t] *m sar.* juceklīgs cilvēks
Charákter [ka..] *m* raksturs

charakterístisch raksturīgs
Charme ['∫arm] *m* šarms
chartern ['t∫a..] izīrēt lidmašīnu vai kuģi noteiktam braucienam
Chauffeur [∫ɔ'fø:r] *m* šoferis
Chaussee [∫ɔ'se:] *f* šoseja
checken ['t∫ɛkn] **1.** pārbaudīt, izkontrolēt; **2.** *sar.* saprast, aptvert
Chéckliste ['t∫ɛk..] *f* **1.** aparatūras visu sastāvdaļu saraksts, komplektācija; **2.** lidmašīnas pasažieru saraksts
Chef [∫ɛf] *m* šefs, priekšnieks, vadītājs
Chefarzt ['∫ɛf..] *m* galvenais ārsts
Chefingenieur ['∫ɛfɪnʒenjø:r] *m* galvenais inženieris
Chefredakteur ['∫ɛfredaktø:r] *m* atbildīgais (galvenais) redaktors
Chemíe *f* ķīmija
Chémiker *m* ķīmiķis
chémisch ķīmisks; ķīmijas-
Chémotherapie *f* ķīmijterapija
Chicoree ['∫ikore] *f* cigoriņš
Chili ['t∫i:li] *m* čili pipars
Chip [t∫ip] *m* **1.** čips, silikona mikroshēma; **2.** kartupeļu čipss
Chipkarte ['t∫ip..] *f* maksājumu karte
Chirúrg *m* ķirurgs
Chirurgíe *f* ķirurģija
Cholera ['ko:...] *f med.* holera
Cholesterín [ço.., ko..] *n* holesterīns; **~spiegel** *m* holesterīna līmenis asinīs

Chor [ko:r] *m* koris
Choríst [ko..] *m* korists
Chórleiter [ko..] *m* kormeistars
Christ [krist] *m* kristīgais, kristietis
Chromosóm [kro..] *n* hromosoma
Chrónik [kr..] *f* hronika
chrónisch [kr..] *h* hronisks
City ['siti] *f* iekšpilsēta, pilsētas centrs lielpilsētā
clean [kli:n] *sar.* tīrs; c. sein – vairs nelietot narkotikas
Clip *m* klips
Clique ['klikə] *f* **1.** jauniešu grupa ar kopīgām interesēm un laika pavadīšanu; **2.** *pol.* kliķe
Coach [ko:tʃ] *m* treneris
Cóckpit *n* pilota kabīne lidmašīnā
Cocktail ['kɔkte:l] *m* kokteilis
Code [ko:d] *m* kods, šifrs
Cognac ['kɔnjak] *m* Francijā ražots konjaks
Cola ['ko:la] *n* kokakola
College ['kɔlitʃ] *n* koledža
Comeback [kam'bɛk] *n* ievērojamas personības atgriešanās darbā vai sabiedrībā pēc ilgāka pārtraukuma, radoša darba atsākšana
Comic ['kɔ. .] *m* komikss

Computer [kɔm'pju:tər] *m* dators; ~**pirat** *m* datorpirāts; ~**simulation** *f* datorsimulācija; ~**spiel** *n* datorspēle; ~**sprache** *f* datorvaloda; ~**virus** *m* datorvīruss; ~**wissenschaft** *f* datorzinātne, informātika
cool [ku:l] *sar. jaun.* labi, vareni
Copyright ['kɔpirait] *n* autortiesības
Cornflakes ['kɔ:nfleiks] *f* kornflēkss
Countdown ['kaunt'daun] *m* laika atskaite
Coup [ku:] *m* ķēriens
Coupe [ku'pe:] *n* sporta automašīna ar 2 durvīm
Cousin [ku'zɛ̃:] *m* brālēns
Cousine [ku'zi:nə] *f* māsīca
Cover ['kavər] *n* apvāks (*žurnālam, grāmatai*)
Crack [krɛk] *n* sintētiska narkotika ar kokaīnu
Creme [kre:m] *f* krēms
Crêpe [krɛp] *f* pildītā pankūka
Crew [kru:] *f* komanda; apkalpe
Cup [kap] *m* kauss sporta sacensībās
Curry ['kari] *m* karijs (*garšviela*)
Cursor ['kɵ:sər] *m* dator. kursors

D

da 1. tur; šeit, te; da ist er! – te viņš ir!; **2.** tad; **3.** tā kā; jo
dabéi 1. klāt; blakus; **2.** turklāt, pie tam
dabéi sein* būt klāt

Dach *n* jumts
Dáchboden *m* bēniņi
Dáchgepäckträger *m* automašīnas jumta bagāžnieks

Dáchorganisation f augstākā (vadošā) organizācija

Dachs m āpsis

Dáchziegel m dakstiņš

dádurch ar to; tādēļ, tāpēc; das Unglück ist d. entstanden, dass... – nelaime ir izcēlusies tādēļ, ka...

dafü'r 1. par to; alles spricht d. – viss runā tam par labu; ich kann nichts d. – es tur neko nevaru darīt; **2.** toties; tāpēc

dagégen 1. pret to; ich bin d. – es esmu pret to; ich habe nichts d. – man [pret to] nav iebildumu; **2.** turpretim; **3.** salīdzinājumā ar to (ar agrāko)

dahéim mājās; von d. – no mājām; in etw. (dat.) d. sein – būt lietpratējam kādā jautājumā

dahér 1. no turienes; **2.** tāpēc, tādēļ

dahín 1. turp; uz turieni; bis d. – 1) līdz tai vietai; 2) līdz tam laikam; **2.** projām; pagalam

Dáhli|e f dālija

dámalig toreizējais; tā laika-

dámals toreiz, tai laikā

Damást m tekst. damasts

Dáme f dāma; mit der D. ziehen – izdarīt gājienu ar dāmu (šahā, dambretē)

Dámespiel n dambrete

dámít 1. lai; **2.** ar to

Damm m **1.** dambis; aizsprosts; **2.** dzelzceļa uzbērums

dä'mmern: es dämmert – 1) metas krēsla, krēslo, satumst; 2) aust (svīst) gaisma

Dä'mmerung f krēsla, mijkrēslis; ausma, rītausma

Dampf m tvaiks, garaiņi, suta

Dámpfbügeleisen n tvaika gludeklis

dámpfen kūpēt; izgarot

dä'mpfen 1. klusināt; apslāpēt; **2.** tvaicēt; sautēt; sutināt

Dámpfer m tvaikonis; ◇ auf dem falschen D. sein – kaut ko nepareizi saprast, novērtēt

Dámpf‖**heizung** f tvaika apkure; **~messer** m manometrs

danách 1. pēc tam; **2.** pēc tā; er sieht d. aus, als... – viņš izskatās tā, it kā...

dank (ar dat.) pateicoties (kam)

Dank m pateicība; paldies; besten D.! – liels paldies!

dánkbar pateicīgs

dánken (j-m für etw.) pateikties (kādam par kaut ko); danke [schön]! – paldies!, pateicos!

dann tad; d. und wann – šad un tad

d[a]rán pie tā; par to; ihr liegt viel d. – viņai tas ir svarīgi; er war nahe d. – viņš gandrīz [vai]...

d[a]ráuf 1. uz to, uz tā; d. kannst du dich verlassen – uz to tu vari paļauties; **2.** pēc tam, tad ; eine Woche d. – nedēļu pēc tam

d[a]ráus no tā; d. wird nichts – no tā nekas neiznāks

dárbieten* sniegt; pasniegt; sich d. gadīties; rasties

Dárbietung f sniegums; priekšnesums

D

d[a]rín 1. iekšā; tur [iekšā]; **2.** te, šai ziņā; d. sind wir ihnen überlegen – šai ziņā mēs esam par viņiem pārāki

dárlegen izklāstīt; izskaidrot

Dárlehen *n* **1.** aizdevums; **2.** aizņēmums; Darlehenssumme *f* – kredīta apjoms; Darlehensvertrag *m* – kredīta līgums; Darlehenszins *m* – kredīta procents

Darm *m* zarna; **~infektion** *f* zarnu infekcija; **~trägheit** *f* zarnu mazspēja; **~trakt** *m* zarnu trakts

dárstellen tēlot; attēlot; notēlot; iztēlot; ~de Kunst – tēlotāja māksla

Dárstellung *f* tēlojums; attēlojums, notēlojums

d[a]rü̒ber 1. par to; **2.** pār to, virs tā, virsū

d[a]rúm 1. tāpēc, tādēļ; **2.** ap to

d[a]rúnter 1. zem tā; apakšā; **2.** to starpā, tai skaitā; **3.**: er leidet sehr d. – viņš no tā ļoti cieš; d. kann man es nicht verkaufen – lētāk to nevar pārdot

das 1. *nekatras dzimtes noteiktais artikuls*; **2.** tas; **3.** kas, kurš (kura)

dá sein būt klāt; er ist wieder da – viņš ir atkal te

Dásein *n* esamība; eksistence

dásjenige tas

dass ka, lai; so dass... – tā kā...

dassélbe tas pats

Datéi *f* kartotēka; eine D. erstellen – sastādīt (izveidot) kartotēku

Dáten‖speicher *m* datoratmiņa, atmiņas iekārta; **~übermittlung** *f*,

~übertragung *f* datu pārraide, datu pārvade

Dátenbank *f* datu bāze

Dátenträger *m* *dator.* diskete

Dáttel *f* datele

Dátum *n* datums

Dáuer *f* ilgums; auf die D. – ilgi, [uz] ilgu laiku; das wird von kurzer D. sein – tas nepastāvēs ilgi; tam būs īss mūžs; für die D. von drei Jahren – uz trim gadiem

dáuerhaft 1. ilgstošs, ilgs; **2.** izturīgs

Dáuerkarte *f* (*ieejas vai braukšanas*) sezonas karte

Dáuerlauf *m* izturības skrējiens

dáuern ilgt, turpināties; pastāvēt

Dáuerwelle *f* ilgviļņi

Dáumen *m* īkšķis; j-m den D. drücken *sar.* – turēt īkšķi par kādu

Dáune *f* dūna

Dávid[s]stern *m* *rel.* ebreju ticībā Dāvida zvaigzne (sešstūraina zvaigzne)

davón 1. no tā; **2.** par to

davór 1. priekšā; **2.** pirms tam; **3.** no tā; hüte dich d.! – sargies no tā!

dazú 1. tam [nolūkam]; er ist nicht der Mann d. – viņš tam nav piemērots; **2.** turklāt [vēl]

dazwíschen 1. starpā, pa starpām; **2.** pa to starpu (laiku)

dazwíschenkommen* [at]gadīties; wenn nichts dazwischenkommt – ja nekas negadīsies [starpā] (neizjauks)

Deal [di:l] *m* *sar.* darījums, vienošanās

Dealer ['di:lər] *m* nelegāls narkotiku tirgotājs

dealen ['di:lən] nelegāli tirgot narkotikas

Debátte *f* debates

Deck *n* (*kuǵa*) klājs

Décke *f* 1. sega; apsegs; 2. griesti

Déckel *m* vāks

décken segt, apsegt; klāt, apklāt; den Tisch d. – klāt galdu

Defékt *m* tehnisks trūkums, kļūme; funkcionāls traucējums

defékt *tehn.* bojāts

Definitión *f* definīcija

Defizít *n* trūkums, iztrūkums, deficīts; **Haushalts~** *n* budžeta deficīts; **Informations~** *n* informācijas deficīts

déhnbar stiepjams, staipāms; staipīgs

déhnen stiept; staipīt; **sich d.** stiepties; staipīties; (*par laiku*) vilkties

dein *m* (deine *f*, dein *n*) tavs

déinerseits no tavas puses

déinetwegen tevis dēļ

Dekán *m* dekāns

Deklaratión *f* deklarācija; **Zoll~** *f* muitas deklarācija

Dekór *n vai m* dekors

Delegatión *f* delegācija; zu der D. gehören – būt delegācijas sastāvā

Delegatiónsleiter *m* delegācijas vadītājs

Delegíerte *m* delegāts

delikát 1. delikāts; 2. gards

Delíkt *n jur.* noziegums; likuma

pārkāpums; **Eigentums~** *n* īpašuma tiesību pārkāpums; **Sittlichkeits~** *n* tikumības normu pārkāpums; **Verkehrs~** *n* satiksmes noteikumu pārkāpums

Demarkatiónslini|e *f* demarkācijas līnija

dementíeren atsaukt informāciju

démentsprechend atbilstoši tam

Demissión *f* atkāpšanās no amata, demisija

Demokratíe *f* demokrātija

demokrátisch demokrātisks

Demonstratión *f* demonstrācija

demonstríeren demonstrēt

démütigen pazemot

Dénkanstoß *m* garīgs impulss

dénkbar domājams, iedomājams; iespējams

dénken* (*an ar akuz.*) domāt (*par kaut ko*); das kann ich mir d.! – to es varu iedomāties!

Dénkmal *n* piemineklis

denn 1. jo; tāpēc ka; 2. tad; ist er d. krank? – vai tad viņš ir slims?; was d.? – ko tad?

dénnoch tomēr; taču

Deo *n saīs.* dezodorants

Deodoránt *n* dezodorants

deplatzíert nepiemērots, nevietā, nelaikā; eine ~e Bemerkung *f* – netaktiska piezīme

Deponíe *f* atkritumu izgāztuve

deponíeren deponēt, noguldīt

Depot [de'po:] *n* depo; noliktava (*pārtikas, ieroču*)

der 1. *vīriešu dzimtes noteiktais artikuls*; **2.** tas; **3.** kurš

dérartig tāds; šāds; tamlīdzīgi

dérjenige tas

dersélbe tas pats

Desáster *f* neveiksme, katastrofa

déshalb tāpēc, tādēļ

Design [di'zain] *n* (*izstrādājuma*) skice, uzmetums

Designer [di'zainər] *m* dizainers

déssen úngeachtet neskatoties (neraugoties) uz to; neievērojot to

Dessin [dɛ'sɛ̄:] *n* raksts

Dessous [dɛ'su:] *n* sieviešu veļa

désto: d. mehr – jo vairāk; je mehr, d. besser – jo vairāk, jo labāk

déswegen tāpēc, tādēļ

Detail [de'tai] *n* detaļa; ins D. gehen – iztirzāt, izklāstīt sīkumos (detalizēti)

Detektív *m* detektīvs

déuten 1. izskaidrot, iztulkot; **2.** (*auf ar akuz.*) norādīt (*uz ko*); alles deutet auf Regen – viss rāda, ka būs lietus

déutlich skaidrs, saprotams

deutsch 1. vācu-; Vācijas-; **2.** vāciski

Déutung *f* izskaidrošana, iztulkošana; izskaidrojums, iztulkojums

Devísen [..v..] *dsk. ek.* maksāšanas līdzekļi ārzemju valūtā; **~börse** *f* valūtas birža; **~handel** *m* valūtas tirdzniecība; **~kurse** *f* valūtas kurss; **~schmuggel** *m* valūtas kontrabanda

Dezémber *m* decembris

Dezernát *n* nodaļa policijā; **Mord~** *n* kriminālnodaļa; **Rauschgift~** *n* narkotiku apkarošanas nodaļa

dezimíeren samazināt, iznīcināt

Dia *n* saīs. diapozitīvs

Diabétes *m* med. diabēts

Diagnóse *f* diagnoze

Diagrámm *n* grafiks, diagramma

Dialékt *m* dialekts

Dialéktik *f* dialektika

Dialóg *m* dialogs, saruna

Diä't *f* diēta

Diä'ten *dsk.* nauda, ko parlamenta deputāts saņem par savu darbu

Diätétik *f* dietētika

Diä'tkost *f* diētiskais uzturs

dicht 1. biezs; blīvs; ciešs; **2.**: d. an (bei, neben) etw. – cieši klāt, tieši līdzās; d. vor – tieši priekšā

díchten dzejot; sadzejot

Díchter *m* dzejnieks

Díchtung *f* dzeja

dick 1. resns; **2.** biezs

Díckicht *n* biezoknis; das D. der Paragraphen – birokrātijas džungļi

díckköpfig stūrgalvīgs

die 1. *sieviešu dzimtes noteiktais artikuls, daudzskaitļa forma visām dzimtēm*; **2.** tā; **3.** kuras (kuri, kuras); kas

Dieb *m* zaglis

Díebstahl *m* zādzība

diejenige tā

Díele *f* 1. grīda; **2.** dēlis; **3.** priekštelpa

díenen 1. kalpot; palīdzēt; damit ist mir wenig gedient – ar to man maz

līdzēts; **2.** kalpot armijā, būt kara-
dienestā; **3.** (*zu, als*) [no]derēt; als
(zum) Vorbild d. – derēt (būt) par
paraugu

Dienst *m* **1.** dienests; darbs; außer D. –
pensijā; D. haben – dežurēt; **2.** pa-
kalpojums; D. leisten – pakalpot;
j-m zu ~en stehen – būt (*kāda*)
rīcībā; j-m einen schlechten D.
erweisen – izdarīt kādam lāča
pakalpojumu; **Bereitschafts~** *m*
operatīvais dienests; **Nachrichten~**
m valsts slepenais dienests; **Ret-
tungs~** *m* glābšanas dienests

Díenstag *m* otrdiena

Díenstalter *n* (*darba, dienesta*) stāžs

Díenst habend dežurējošs

Díenstleistung *f* sadzīves pakalpo-
jums

díenstlich dienesta-, amata-; er ist d.
verhindert – viņš ir aizkavējies
dienesta pienākumu dēļ; bei j-m d.
erscheinen – ierasties pie kāda
oficiāli (dienesta darīšanās)

díenstpflichtig padots karadienestam

Díenstreise *f* komandējums

díensttauglich derīgs karadienestam

dies šis; d. und jenes – šis un tas

diesélbe tā pati

Díeseltreibstoff *m* dīzeļdegviela

díeser *m* (**diese** *f*, **dieses** *n*, **diese**
dsk.) šis

díesseits (*ar ģen. vai von*) šaipus; d.
des Flusses – šaipus upes

Diktát *n daž. noz.* diktāts

diktíeren diktēt

Diktíergerät *n* diktofons

Dill *m* dilles

Diner [di′ne:] *n* svinīgas pusdienas

Ding *n* lieta, priekšmets; vor allen
~en – sevišķi, vispirms

díngen* līgt, salīgt

Dinosáuri|er *m* dinozaurs

Diphtheríe *f med.* difterija

Diplóm *n* diploms

Diplomát *m* diplomāts

Diplomatíe *f* diplomātija

diplomátisch diplomātisks

dirékt tiešs

Direktión *f* direkcija

Diréktor *m* direktors

Dirigént *m* diriģents; Dirigentenpult
m – diriģenta pults; Dirigentenstab
m – diriģenta zizlis

Discountgeschäft [..′kaunt..] *n* paš-
apkalpošanās veikals

Diskétte *f dator.* diskete; Disketten-
laufwerk *n* – dzinis

Dísko *f sar.* **1.** diskotēka; **2.** skaņu
ierakstu kolekcija; fonotēka; **3.** disko
stils (*mūzikā*)

diskrét diskrēts

Diskussión *f* diskusija

Dískuswerfen *n sp.* diska mešana

Display [dis′plei] *n dator.* displejs

disponíeren izrīkot; izrīkoties; über
etw. d. – noteikt, kā rīkoties,
izrīkoties

disqualifizíeren diskvalificēt

Dístel *f* dadzis

Disziplín *f* disciplīna

Dividénde [..v..] *f* dividende

Dixieland ['diksilɛnt] *m mūz.* diksilends

doch 1. tomēr, taču; **2.** jel, taču; sprechen Sie d.! – runājiet jel (taču)!

DNS *f saīs.* DNS (dezoksiribonukleīnskābe)

Dock *n jūrn.* doks

Dóhle *f* kovārnis

Dóktor *m* **1.** doktors (*zinātniskais grāds*); habilitierter D. – habilitēts doktors; seinen D. machen *sar.* – iegūt doktora grādu; **2.** *sar.* ārsts

Dokumént *n* dokuments

Dokumentárfilm *m* dokumentāla filma

Dólmetscher *m* tulks

Dom *m* katedrāle, doms

dominánt dominants, valdošs

Dómino *n* domino

Dónner *m* pērkons; dārdi

dónnern 1.: es donnert – pērkons rūc; **2.** rībēt, dārdēt

Dónnerstag *m* ceturtdiena

doof *sar.* dumjš

dópen lietot dopinga līdzekļus

Dóping *n* dopinga līdzeklis

Dóppeldecker *m av.* divplāksnis

dóppelsinnig divdomīgs

Dóppelspiel *n* **1.** *sp.* dubultspēle; **2.** *pārn.* divkosīga rīcība

dóppelt divkāršs, divkārtīgs; dubults; d. so groß – otrtik liels

Dóppelzentner *m* centners (100 kg)

Dorf *n* ciems; sādža

Dorn *m* ērkšķis, dzelonis

dórnig ērkšķains, dzeloņains

dö'rren kaltēt, žāvēt; Dörrfisch *m* – kaltēta zivs; Dörrgemüse *dsk.* – kaltēti dārzeņi; Dörrobst *dsk.* – kaltēti augļi

Dorsch *m* menca

dort tur; von d. – no turienes

dórthin uz turieni, turp

Dóse *f* kārba; trauciņš (*ar vāku*); Dosenbier *n* – alus skārda kārbās

Dósen‖fleisch *n* gaļas konservi; ~**milch** *f* iebiezinātais piens (*kārbās*); ~**öffner** *m* konservu griežamais

Dósis *f* doza, deva

Dossier [dɔ'sje:] *n* dosjē; ein D. anlegen – iekārtot dosjē

dotíeren dotēt

Dótter *m* olas dzeltenums

Dótterblume *f bot.* purene

doubeln ['du:bln] dublēt

Dráchen *m* **1.** (*rotaļu*) pūķis; **2.** deltaplāns

Dragee [dra'ʒe:] *n* dražeja

Draht *m* drāts, stieple; per D. *sar.* – pa telegrāfu; ◇ einen guten D. zu j-m haben – būt ar kādu labās attiecībās

dráhtlos bezdrāts-; ein drahtloses Telefon – radiotelefons

Dráhtseilbahn *f* trošu dzelzceļš

Dráma *n* drāma

Dramátiker *m* dramaturgs, lugu rakstnieks

Drang *m* dziņa, tieksme

drä'ngen 1. grūst, spiest; **2.** steidzināt, skubināt, mudināt; die Zeit drängt – laiks negaida; die Not drängt – vajadzība spiež

dráußen ārā, laukā

Dréchsler *m* (*koka*) virpotājs

Dreck *m* **1.** mēsli, netīrumi, dubļi; **2.** *pārn. sar.* draņķis

Dréharbeiten *dsk.* filmēšana

Dréh‖bank *f* virpa; **~bleistift** *m* automātiskais zīmulis; **~buch** *n* [filmas] scenārijs; **~bühne** *f* grozāmā skatuve

dréhen griezt; grozīt; einen Film d. – uzņemt filmu; **sich d.** griezties; grozīties

Dréher *m* (*metāla*) virpotājs

Dréhscheibe *f* podnieka ripa

Dréhung *f* **1.** griešanās; **2.** apgrieziens

drei trīs

dréidimensional telpisks, trīsdimensionāls

Dréieck *n* trīsstūris

dréifach 1. trīskārtīgs; trīskārtējs; **2.** trīskārt

Dréifaltigkeit *f rel.* Trīsvienība

dréihundert trīssimt

Dréikampf *m sp.* trīscīņa

dréimal trīsreiz

Dréisprung *m sp.* trīssoļlēkšana

dréißig trīsdesmit

dréißigste trīsdesmitais

dréistimmig trīsbalsīgs

dréiviertel trīs ceturtdaļas

dréizehn trīspadsmit

dréizehnte trīspadsmitais

dréschen* kult

Dress *m* **1.** sporta apģērbs (tērps); **2.** *sar.* parādes tērps

Dréssing *n* salātu mērce

Dréssman *m* modeļu demonstrētājs modes skatēs

Drift *f* dreifs

Dríllinge *dsk.* trīnīši

dríngen* 1. spiesties, lauzties; iespiesties, ielauzties; **2.** (*auf ar akuz.*) [neatlaidīgi] prasīt, pieprasīt

dríngend steidzams, neatliekams

drínnen iekšā

dritt: zu d. – trijatā, pa trim; zum ~en – treškārt

drítte trešais, trešā

Dríttel *n* trešdaļa

dríttens treškārt

Dróge *f* **1.** droga; **2.** narkotikas

Drógensucht *f* narkomānija

Drogeríe *f* drogu preču veikals

dróhen draudēt

Dróhung *f* draudi

dróllig jocīgs, komisks, amizants

Drops *m vai n* skābas augļu karameles (ledenes)

Dróssel *f* strazds

drósseln 1. žņaugt; **2.** *tehn.* apslāpēt; einen Motor d. – apslāpēt (izslēgt) motoru

drü'ben viņā pusē, tai pusē

Druck *m* **1.** spiediens; **2.** *pārn.* spiediens, spaidi; **3.** *poligr.* iespiešana, iespiedums; ein alter D. – vecs izdevums

drúcken *poligr.* iespiest

drú'cken spiest; uzspiest (zīmogu);
◇ j-m die Hand d. – spiest kādam
roku; j-n an die Wand d. – pie-
spiest kādu pie sienas; ihn drücken
Sorgen – viņu nomāc rūpes; den
Rekord d. – pārspēt rekordu

Drúcker m dator. printeris; **Laser~**
m lāzerprinteris; **Nadel~** m adat-
printeris; **Tintenstrahl~** m tintes
printeris

Druckeréi f tipogrāfija

Drúck‖fehler m iespiedkļūda; **~ma-
schine** f iespiedmašīna; **~papier** n
iespiedpapīrs; **~sache** f bandrole;
iespieddarbs (pasta sūtījumos)

Drúckverband m med. žņaugs

Drü'se f anat. dziedzeris

du tu

dubiós apšaubāms, šaubīgs, aiz-
domīgs; ~e Geschäfte – šaubīgi
darījumi

Duft m aromāts, smarža

dúften smaržot

dúlden 1. ciest; 2. ciest; paciest;
keine Widerrede d. – neciest, ka
runā pretī

dumm muļķīgs, dumjš; ~es Zeug –
blēņas, muļķības

Dúmmheit f muļķība, dumjība

Dúmmkopf m muļķis

dumpf 1. (par skaņu) dobjš, apslā-
pēts; 2. sasmacis, smacīgs; 3. pārn.
smags, nospiests, nomācošs

Dumping [ˈdampiŋ] n ek. dempings;
~preis m dempinga cena

Dü'ne f kāpa

Dü'ngemittel n mēslošanas līdzek-
lis; minerālmēsli

dü'ngen mēslot

dúnkel 1. tumšs; 2. pārn. tumšs,
neskaidrs

Dü'nkel m iedomība; uzpūtība, augst-
prātība

Dúnkelheit f tumsa; tumsība

dúnkeln: es dunkelt – tumst, satumst

Dúnkelziffer f neoficiāls skaits

dü'nken* likties, šķist

dünn 1. plāns; 2. tievs; 3. rets; 4. šķidrs

Dunst m 1. tvaiks; garaiņi; izga-
rojumi; 2. tvans; 3. migla; dūmaka

Dúnstabzugshaube f tvaika nosūk-
šanas ierīce (virtuvē)

Dúnstglocke f smogs

Dúo n mūz. duets

durch 1. caur; pa; 2. ar; d. seine Hilfe –
ar viņa palīdzību; d. Fleiß etw.
erreichen – sasniegt kaut ko ar
centību

dúrcharbeiten izstrādāt; hast du das
Buch durchgearbeitet? – vai tu esi
grāmatu rūpīgi (uzmanīgi) izla-
sījis?; den Teig d. – rūpīgi izmīcīt
mīklu

durcháus gluži, pavisam, pilnīgi; d.
nicht – nebūt ne; nepavisam

dúrchbrechen* 1. pārlauzt; 2. iz-
lauzties; parādīties

durchbréchen* izlauzties cauri, pārraut

dúrchbrennen* 1. izdedzināt cauri;
pārdedzināt; 2. izdegt [cauri]; pār-
degt; die Glühbirne ist durch-
gebrannt – spuldze ir izdegusi

dúrchbringen* **1.** izdabūt cauri; iznest (izvest) cauri; **2.**: ein Gesetz d. – panākt, lai likums tiktu pieņemts; einen Kranken d. – izārstēt slimnieku; **3.** izšķērdēt, izšķiest, izputināt (*naudu, mantu*)

Dúrchbruch *m* **1.** izlaušanās; **2.** pārrāvums (*dambja*)

dúrchdrehen *sar.* zaudēt savaldīšanos, sajukt

dúrchdringen* izspiesties (izlauzties) cauri

durchdríngen* izspiesties (izlauzties) cauri; von einer Idee durchdrungen – kādas idejas pārņemts

durcheinánder juku jukām, cits cauri citu

Durcheinánder *n* sajukums; juceklis; jūklis

dúrchfahren* izbraukt cauri

Dúrchfahrt *f* **1.** caurbraukšana; auf der D. – caurbraucot; **2.** caurbrauktuve; D. verboten! – cauri braukt aizliegts!

Dúrchfall *m* **1.** izkrišana; izgāšanās; **2.** *med.* caureja

dúrchfallen* izgāzties, izkrist [cauri]

Dúrchfuhr *f* **1.** caurbraukšana; **2.** tranzīts; **~erlaubnis** *f* caurbraukšanas atļauja; **~verbot** *n* caurbraukšanas aizliegums

dúrchführen 1. izvest (izvadīt) cauri; ein Schiff durch die Meerenge d. – izvest (izvadīt) kuģi cauri jūras šaurumam; **2.** izpildīt (*uzdevumu*); izdarīt (*mēģinājumus*); veikt, realizēt (*plānu, programmu*)

Dúrchführung *f* **1.** izvadīšana (*cauri kaut kam*); **2.** izpildīšana; izdarīšana, veikšana, realizēšana

Dúrchgang *m* **1.** eja (*caur kādu vietu*); **2.** cauri iešana; kein D.! – izejas nav!

Dúrchgangslager *n* filtrācijas nometne

Dúrchgangsverkehr *m* tranzītsatiksme

Dúrchgangszug *m* tiešās satiksmes ātrvilciens

Dúrchgangswagen *m* tiešās satiksmes vagons

dúrchgehen* iziet cauri; der Antrag ging durch – priekšlikumu pieņēma

dúrchgreifend radikāls

dúrchhalten* izturēt [līdz galam]

dúrchkommen* tikt cauri

dúrchkreuzen pārsvītrot, pārvilkt krustu

durchkréuzen 1. šķērsot (*jūru ar kuģi*); **2.** *pārn.* pārvilkt krustu, izjaukt (*nodomus, plānus*)

dúrchlassen* laist cauri

dúrchlaufen* izskriet cauri; iztecēt cauri

dúrchlesen* izlasīt

durchléuchten caurskatīt (*ar rentgenstariem*)

dúrchmachen *sar.* **1.** pārciest, izciest; pārdzīvot; **2.** izņemt (*mācību vielu*), pabeigt (*kursus*)

Dúrchmesser *m* diametrs, caurmērs

dúrchqueren šķērsot

Dúrchreise f caurbraukšana; auf der D. – caurbraucot

Dúrchreisevisum [..v..] m tranzītvīza

Dúrchsage f informācija, kas tiek paziņota radio, televīzijā

durchscháuen redzēt cauri; atklāt (*kāda plānus, noslēpumu*)

dúrchschlafen* gulēt, nogulēt (*visu nakti*)

Dúrchschlag m **1.** *tehn.* caurumsitis; **2.** kāstuve, siets

dúrchschlagen* izkāst, izlaist (izrīvēt) caur sietu; **sich d.** izsisties (izlauzties) cauri

durchschlágen* izsist caurumu

Dúrchschnitt m **1.** šķērsgriezums; **2.** caurmērs; im D. – caurmērā; vidējais aritmētiskais; Durchschnittsalter n – vidējais vecums; Durchschnittsverdienst m – vidējā izpeļņa

dúrchschnittlich caurmērā, vidēji

Dúrchschnitts‖leistung f viduvējs sniegums; caurmēra sniegums; **~mensch** m vidusmēra cilvēks

dúrchsehen* **1.** izskatīt (*pārbaudīt*); **2.** skatīties cauri

dúrchsetzen izdabūt cauri, panākt; es gelang ihm, seinen Willen durchzusetzen – viņam izdevās panākt, lai tiktu izpildīta viņa griba; **sich d.** panākt savu [mērķi]

durchsétzt (*mit etw.*) piesātināts; caurstrāvots

Dúrchsicht f caurskatīšana, izskatīšana

dúrchsichtig caurspīdīgs

dúrchstellen savienot tālruņa sarunu

dúrchstreichen* pārsvītrot, izsvītrot

Dúrchsuchungsbefehl m kratīšanas orderis

Dúrchwahl f tieša tālruņa saruna

dúrchwühlen, durchwü′hlen izrakņāt; izrakāt, izvandīt

dü′rfen drīkstēt; man darf nicht – nedrīkst; darf ich Sie bitten? – vai es drīkstu jūs lūgt?

dürr **1.** sauss, izkaltis; nokaltis; **2.** (*par cilvēku*) kalsns

Dü′rre f sausums

Durst m slāpes

dúrsten, dü′rsten **1.** slāpt, būt izslāpušam; **2.** (*nach*) *pārn.* alkt; nach Ruhm d. – alkt [pēc] slavas

dúrstig izslāpis; ich bin d. – man slāpst, es esmu izslāpis

Dúschbad n dušas telpa

Dúsche f duša

Dü′senantrieb m reaktīvais dzinējs

dü′ster drūms

Dútzend n ducis; **~e** von Menschen – desmitiem cilvēku

dúzen uzrunāt ar «tu»; **sich d.** būt uz «tu»

E

E′bbe *f* bēgums; Flut und E. – paisums un bēgums

ében 1. līdzens, gluds; **2.** tieši; e. das meine ich – tieši tā es domāju; **3.** tikko, nupat, patlaban

E′benbild *n* attēls; er ist E. seines Bruders *pārn.* – viņš ir brālis kas brālis

ébenbürtig līdzvērtīgs; ein ~er Gegner – līdzvērtīgs pretinieks

E′bene *f* **1.** līdzenums; klajums; **2.** *mat.* plakne

ébenfalls tāpat, arī

ébenso 1. tāpat, tikpat; **2.** tāds pats

ébenso viel tikpat, tikpat daudz

E′beresche *f* sērmūkslis, pīlādzis

ébnen nolīdzināt, nogludināt

E′chse *f* ķirzaka

echt īsts; ~es Gold – īsts zelts; ein ~er Freund – īsts (patiess) draugs

E′cke *f* stūris, kakts

éckig stūrains

édel 1. cēls, cildens; **2.** dižciltīgs

E′delgas *n* cēlgāze

E′delmut *m* cēlums, cildenums; cēlsirdība, augstsirdība

E′delstein *m* dārgakmens

Editión *f* iespiests literārs izdevums

EDV *f* saīs. (*elektronische Datenverarbeitung*) elektroniskā datu apstrāde

Effékt *m* efekts

Effékten *dsk. ek.* vērtspapīri, kurus tirgo biržā

effektív efektīvs

efféktvoll efektīgs

effiziént *ek.* izdevīgi, lietderīgi

egál: es ist ganz e. – tas ir gluži vienalga

E′gge *f* ecēšas

éhe pirms, iekam[s]

E′he *f* laulība; eine E. schließen (eingehen) – [no]slēgt laulību; die E. scheiden – šķirt laulību

E′heberatung *f* baznīcas vai valsts iestāde, kas nodarbojas ar laulības jautājumiem; ģimenes konsultācija

éhelich laulības-; ~e Kinder – laulībā dzimuši bērni

éhemalig kādreizējais, senākais, bijušais, agrākais

éhemals kādreiz, senāk, agrāk

E′hepaar *n* laulāts (precēts) pāris

éher 1. agrāk; **2.** ātrāk

E′he‖scheidung *f* laulības šķiršana; ~**schließung** *f* laulības, salaulāšanās, laulības reģistrācija

E′hre *f* gods; auf E.! – goda vārds!; j-m zu ~n – kādam par godu

éhren 1. godāt; cienīt; **2.** godināt

E′hrenamt *n* goda amats

e′hrenamtlich bez maksas, goda pienākumu izpildot

éhrenhaft 1. godīgs; **2.** godājams; cienījams

E′hren‖mitglied *n* goda biedrs; ~**pflicht** *f* goda pienākums; ~**platz** *m* goda vieta; ~**sache** *f* goda lieta éhrenvoll goda pilns, godpilns

E'hren‖wache f godasardze; ~wort n godavārds

éhrgeizig godkārīgs

éhrlich godīgs

éhrlos bezgodīgs, negodīgs

E'hrung f godināšana, godināšanas ceremonija

Ei n ola; weichgekochtes Ei – mīksti [no]vārīta ola; hartgekochtes Ei – cieti [no]vārīta ola

Ei'be f īve

Ei'che f ozols

Ei'chel f ozolzīle

Ei'chhörnchen n vāvere

Eid m zvērests; den E. leisten – zvērēt; unter E. bezeugen – apliecināt ar zvērestu; der E. des Hippokrates med. – Hipokrata zvērests

Ei'dechse f ķirzaka

Ei'dgenosse m Šveices valsts pilsonis

Ei'dgenossenschaft f: die Schweizerische Eidgenossenschaft – oficiāls Šveices Konfederācijas nosaukums

Ei'dotter m olas dzeltenums

Ei'er‖kuchen m pankūka; ~speise f ēdiens, kas izgatavots no olām

Ei'fer m centība, cītība; aizrautība; degsme, dedzība; im E. – uztraukumā; (strīda) karstumā; in E. geraten – iekarst, iedegties, aizrauties

Ei'fersucht f greizsirdība

éifrig centīgs, cītīgs; uzcītīgs; dedzīgs

éigen 1. savs; paša-; in ~er Person – personīgi; sich etw. zu e. machen – apgūt; 2. īpatnējs; raksturīgs; 3. savāds, dīvains

Ei'genart f īpatnība, savdabīgums

Ei'genbrötler m īpatnis, savrupnieks

éigenhändig pašrocīgs; e. abgeben – nodot personīgi

Ei'genkapital n ek. pašu kapitāls

Ei'gen‖liebe f patmīlība; egoisms; ~lob n pašuzslava; lielīšanās; lielība

Ei'genschaft f īpašība

Ei'gensinn m ietiepība; stūrgalvība

éigensinnig ietiepīgs, stūrgalvīgs

éigentlich 1. īsts; patiess; 2. īstenībā, īsti; patiesībā; was wollen Sie e.? – ko jūs īsti gribat?

Ei'gentum n īpašums; j-s geistiges E. – kāda intelektuālais īpašums

Ei'gentümer m īpašnieks

éigentümlich īpatnējs; raksturīgs

éigentü'mlich savdabīgs; savāds; dīvains; īpatnējs

Ei'gentumsdelikt n jur. noziegums pret personisko īpašumu

Ei'genverbrauch m pašpatēriņš

éigenwillig patvaļīgs; ietiepīgs; stūrgalvīgs; patvarīgs

éignen, sich derēt, noderēt; būt piemērotam

Ei'l‖bote m ziņnesis; kurjers; ~brief m steidzama vēstule

Ei'le f steiga; in E. – steigā; das hat keine E. – tas nav steidzami

éilen 1. steigties; traukties; 2. būt steidzamam; eilt es mit dieser

Sache? – vai šī lieta steidzama?; eilt sehr! – ļoti steidzami!

Ei′lgut *n* steidzams sūtījums

éilig 1. steidzīgs; ich habe es e. – es steidzos; **2.** steidzams

Ei′mer *m* spainis; ◇ etw. ist im E. *sar.* – bezcerīgi, pagalam

ein *m* (eine *f*, ein *n*) **1.** *nenoteiktais artikuls*; **2.** viens; **3.** kāds

Ei′nakter *m* viencēliens (*luga*)

einánder viens otru (otram); cits citu (citam)

éináschern 1. kremēt; **2.** sadedzināt ugunsgrēkā

éinatmen ieelpot

Ei′nbahnstraße *f* vienvirziena [ceļš]

Ei′nband *m* iesējums

éinbegriffen: mit e. – ieskaitot

éinberufen* **1.** sasaukt (*sapulci, kongresu*); **2.** iesaukt (*karadienestā*)

éinbilden, sich (*dat.*) **1.** iedomāties; du bildest dir nur ein, krank zu sein – tu tikai iedomājies, ka esi slims; **2.** būt iedomīgam; er bildet sich nichts auf seinen Erfolg ein – viņš nav iedomīgs savu panākumu dēļ

Ei′nbildung *f* **1.** iedoma; iztēle; fantāzija; **2.** iedomība; uzpūtība

Ei′nbildungskraft *f* iztēles spēja

Ei′nblick *m*: E. haben (*in etw.*) – būt priekšstatam (*par kaut ko*); E. geben (gewähren) – ļaut ieskatīties (*dokumentos*); E. bekommen (gewinnen) – gūt priekšstatu (*par kaut ko*); ieskatīties (*dokumentos*)

éinbrechen* **1.** ielauzt; **2.** ielauzties; in ein Land e. – ielauzties (iebrukt) kādā valstī; **3.** [pēkšņi] iestāties, uznākt (*par tumsu, nakti, ziemu*)

éinbürgern piešķirt pilsoņa tiesības; sich e. ieviesties, iesakņoties

éinbüßen ciest materiālus zaudējumus; bei einer Spekulation viel Geld e. – spekulācijas dēļ zaudēt daudz naudas

éindämmen 1. aizsprostot, aizdambēt; **2.** *pārn.* ierobežot

éindeutig nepārprotams, skaidrs

éindringen* **1.** iespiesties; ielauzties; iesūkties; **2.** *pārn.* iedziļināties

éindringlich neatlaidīgs; pārliecinošs

Ei′ndruck *m* iespaids; auf j-n E. machen – atstāt uz kādu iespaidu; unter dem E. des Erlebnisses stehen – būt pārdzīvojuma iespaidā; ◇ (*bei j-m*) E. schinden *sar.* – censties atstāt labu iespaidu

éineinhálb pusotra

éinerlei vienāds; tāds pats

einerléi vienalga

éinerseits no vienas puses

éinfach vienkāršs; ~er Soldat – ierindas kareivis

Ei′nfahrt *f* **1.** iebraukšana; **2.** iebrauktuve; vārti; ieeja (*ostā*)

éinfallen* **1.** iekrist; sabrukt; **2.** iebrukt (*svešā teritorijā*); **3.** ienākt (iešauties) prātā; was fällt dir ein! – kas tev nāk prātā!, ko tu esi iedomājies!

Ei′nfalt *f* vientiesība; naivitāte

éinfältig vientiesīgs, naivs

Ei'nfamili|enhaus *n* ģimenes māja

éinfarbig vienkrāsains

éinfassen ietvert, ierāmēt; iedarināt apkalumā (*dārgakmeņus*)

Ei'nfluss *m* **1.** ietekme; E. haben (*auf j-n*) – ietekmēt (*kādu*); unter j-s E. stehen – būt kāda ietekmē; **2.** ieteka, grīva; **~sphäre** *f* ietekmes sfēra

éinflussreich ietekmīgs; iespaidīgs

éinförmig 1. vienveidīgs; **2.** vienmuļīgs, vienmuļš

éinfrieren 1. sasaldēt, iesaldēt (*gaļu, dārzeņus*); **2.** pārtraukt; Verhandlungen e. – pārtraukt sarunas

éinfügen ievietot

Ei'nfuhr *f* **1.** ievedums, imports; **2.** ievešana, importēšana; **~beschränkung** *f* importa ierobežojums; **~sperre** *f* importa blokāde

Ei'nfuhrbewilligung *f* ievešanas atļauja; importa licence

éinführen 1. ievest, importēt; **2.** ieviest (*metodi*); ievest; **3.** ievadīt (*darbā*)

Ei'nführung *f* **1.** ievešana; **2.** ieviešana; **3.** ievads; ievadījums

Ei'ngabe *f* **1.** iesniegums; die E. prüfen – izskatīt iesniegumu; **2.** datu ievadīšana datorā

Ei'ngang *m* ieeja

éingangs (*ar ģen.*) sākumā, iesākumā

éingebildet iedomīgs; uzpūtīgs

Ei'ngebung *f* iedvesma, pēkšņa ideja

éingehen* 1. ieiet; **2.** (*par vēstulēm*) pienākt, ienākt; **3.** ierauties, sa-

rauties (*par audumu*); **4.** (*auf ar akuz.*) piekrist; eine Wette e. – saderēt, noslēgt derības; **5.** (*auf ar akuz.*) iedziļināties (*kādā jautājumā*); **6.** (*par dzīvniekiem*) nobeigties; (*par augiem*) iznīkt

éingehend 1. pamatīgs, sīks; **2.:** ~e Post – ienākošais pasts

Ei'ngemachte *n* **1.** ievārījums; **2.** konservēti augļi (dārzeņi)

éingerechnet ierēķināts, ieskaitīts, pieskaitīts

éingeschrieben ierakstīts (*par vēstuli*); reģistrēts

Ei'ngeständnis *n* atzīšanās

éingestehen atzīt; seinen Fehler e. – atzīt savu kļūdu

Ei'ngeweide *dsk.* iekšas; iekšējie orgāni

Ei'ngeweihte *m vai f* persona, kam uzticēts kāds noslēpums

éingewöhnen, sich iedzīvoties, pierast

éingewurzelt iesakņojies

éingießen* ieliet

éingleisig viensliežu-

Ei'ngreiftruppe *f mil.* ātras reaģēšanas vienība

éingrenzen ierobežot, norobežot

Ei'ngriff *m* **1.** iejaukšanās; **2.** operācija; chirurgischer E. – ķirurģiska operācija

éinhalten* 1. ievērot (*termiņu, rīkojumu*); **2.** apstāties, pārtraukt, izbeigt; rimties, mitēties; mit der Arbeit e. – pārtraukt (beigt) strādāt

éinhändigen iesniegt, nodot (*per-sonīgi*)

éinheimisch vietējs; šejienes-; pašu zemes-

Ei'nheit *f* 1. vienība, vienotība; 2. *daž. noz.* vienība; 3. mērvienība; **Ge-wichts~** *f* svara mērvienība; **Längen~** *f* garuma mērvienība; **Währungs~** *f* naudas mērvienība

éinheitlich 1. vienveidīgs; 2. vienots; e. handeln – rīkoties vienoti

Ei'nheitspreis *m* standarta cena

éinholen 1. panākt, iedzīt; 2. nopirkt; e. gehen – iet iepirkties; 3.: Genehmigung e. – dabūt atļauju; Rat e. – lūgt padomu

Ei'nhorn *n* vienradzis (*fantāzijas tēls*)

éinhüllen ietīt, satīt; ievīstīt; **sich e.** ietīties, satīties, ietīstīties

éinig: e. sein – būt vienisprātis (vienādās domās); [sich] e. werden (*über ar akuz.*) – vienoties (*par kaut ko*)

éinige daži, nedaudzi; nedaudz

éinigen vienot, apvienot; **sich e.** (*über ar akuz.*) vienoties (*par kaut ko*)

éinigermaßen kaut cik, necik; puslīdz; zināmā mērā

Ei'nigkeit *f* vienība; vienotība; vienprātība

Ei'nigung *f* vienošanās; zu einer E. kommen – panākt vienošanos

éinjährig viengadīgs; viengadējs; gadu vecs

éinkalkulieren ierēķināt, pierēķināt klāt

éinkassieren iekasēt; Schulden e. – iekasēt parādus

Ei'nkauf *m* pirkums; Einkäufe machen – iepirkties

éinkaufen iepirkt

Ei'nkaufspreis *m* iepirkuma cena

Ei'nkaufszentrum *n* tirdzniecības centrs

éinkehren (*bei j-m*) iegriezties

Ei'nklang *m* saskaņa; in E. bringen – saskaņot

éinkleiden ieģērbt; ietērpt; seine Gedanken in Worte e. – izteikt savas domas vārdos

Ei'nkommen *n* ienākums

Ei'nkommen[s]steuer *f* ienākuma nodoklis; Einkommen[s]steuerer-klärung *f* – ienākumu deklarācija

éinladen*[a] iekraut (*preces*)

éinladen*[b] ielūgt, uzlūgt; uzaicināt; zum Mittagessen e. – ielūgt pusdienās

Ei'nladung *f* ielūgums; uzaicinājums

Ei'nlage *f* 1. iemaksa; noguldījums; 2. ieliekamā zolīte; 3. pielikums (*vēstulei*)

éinlassen* ielaist; **sich e.** (*in, auf ar akuz.*) ielaisties; sich in ein Gespräch mit j-m e. – ielaisties ar kādu sarunā

éinlegen 1. ielikt; 2. iekonservēt; iemarinēt; iesālīt (*sēnes*); 3.: ein gutes Wort e. (*für j-n*) – aizbilst kādu labu vārdu (*par kādu*)

éinleiten ievadīt; ~de Worte – ievad-vārdi

Ei´nleitung *f* ievads; ievadījums

éinlesen *dator*. ievadīt datorā no-skenēto informāciju

éinleuchten: das leuchtet mir nicht ein – to es nevaru saprast; tas man nav skaidrs; das muss jedem e. – tas katram jāsaprot

éinliefern ievest, atvest (*slimnieku slimnīcā vai cietumnieku cietumā*)

éinmachen [ie]konservēt; [ie]marinēt; ievārīt (*ogas, augļus*)

éinmal 1. reiz, vienreiz; es war e. – reiz bija; **2.**: nicht e. – pat ne; auf e. – 1) uzreiz, pēkšņi, piepeši; 2) reizē, vienā reizē; uzreiz

éinmischen, sich iejaukties; sich in fremde Angelegenheiten e. – jaukties citu darīšanās

éinmütig vienprātīgs

Ei´nnahme *f* **1.** ieņēmums; ienā-kums; **2.** *mil*. ieņemšana

Ei´nnahmequelle *f* ieņēmumu avots

éinnehmen* 1. *daž. noz*. ieņemt; Geld e. – ieņemt naudu; eine Festung e. – ieņemt cietoksni; **2.** aizņemt (*vietu*); von j-m / etw. eingenommen sein – izjust pret kādu / kaut ko lielu patiku

éinordnen ierindot, iekļaut

éinpacken iesaiņot

éinprägen, sich iegaumēt

éinquartieren 1. iemitināt; **2. sich e.** apmesties (*uz neilgu laiku*)

éinrechnen ierēķināt, ieskaitīt; mit

eingerechnet – ieskaitot, ierēķi-not

éinreden 1. iestāstīt, iegalvot; **2.** (*auf j-n*) mēģināt pārliecināt (*kādu*)

éinreichen iesniegt (*rakstu, rēķinu*)

Ei´nreise *f* iiECEĻOŠANA

Ei´nreisegenehmigung *f* ieceļošanas (iebraukšanas) atļauja

éinrichten 1. ierīkot; iekārtot; **2.** ie-kārtot, izkārtot

Ei´nrichtung *f* **1.** ierīkošana; ie-kārtošana; **2.** (*fabrikas, dzīvokļa*) iekārta

eins viens (*skaitot*); es ist e. – pulkstenis ir viens

éinsam vientuļš, vientulīgs

Ei´nsatz *m* **1.** *tehn*. ieliktnis; rezerves daļa (*darbarīkiem*); **2.** ielaidums, iešuve (*veļā, tērpā*); **3.** laišana darbā, [pie]lietošana; mit (unter) E. – pielietojot, laižot darbā; unter (mit) E. des Lebens – riskējot ar dzīvību; **4.** likme (*kāršu spēlē*)

éinschalten ieslēgt (*strāvu, radio-aparātu*); **sich e.** ieslēgties; ie-saistīties (*kādā pasākumā*)

Ei´nschaltquote *f* personu procents, kuras skatās noteiktu televīzijas vai radio raidījumu

éinschenken ieliet (*glāzēs, tasēs dzeršanai*)

éinschlafen* 1. aizmigt, iemigt; **2.** no-tirpt

éinschläfern iemidzināt

éinschlagen* 1. iesist, iedzīt (*naglu*); **2.** izsist, izdauzīt (*logu*); **3.** ietīt

(*papīrā*); **4.** iespert (*par zibeni*);
5.: einen Weg e. – [sākt] iet pa
kādu ceļu

éinschleichen, sich ielavīties, iezag-
ties

éinschleusen kādu slepeni kaut kur
iefiltrēt

éinschließen* **1.** ieslēgt (*istabā*); **2.** ie-
slēgt; ielenkt; apņemt; **3.** ieskaitīt

éinschmeicheln, sich (*bei j-m*) pie-
glaimoties, pielabināties

éinschmuggeln slepeni (kontra-
bandas ceļā) ievest valstī

Eí'nschnitt *m* **1.** iegriezums; grie-
zums; grieziens; **2.** robs

éinschränken ierobežot; **sich e.** ie-
robežoties

Eí'nschreibebrief *m* ierakstīta vēs-
tule

éinschreiben* ierakstīt

Eí'nschreiben *n* ierakstīta vēstule
vai sūtījums; etw. als E. schicken –
sūtīt kā ierakstītu sūtījumu

Eí'nschreiben! ierakstīts! (*uzraksts
uz apdrošinātas vēstules*)

éinschulen bērnu pierakstīt skolā

éinsehen atzīt; seinen Fehler e. – atzīt
savu kļūdu

éinseitig **1.** vienpusīgs; vienpusējs;
2. uz vienas puses; vienā pusē;
vienas puses-

éinsetzen **1.** ielikt; ievietot; **2.** laist
darbā; **3.** iecelt (*amatā*); **4.** sākt,
iesākt; sākties

éinsichtig saprātīgs, prātīgs

éinsitzig vienvietīgs

éinspeichern *dator.* ievadīt datus,
saglabāt

éinsperren ieslodzīt, ieslēgt

Eí'nspruch *m* iebildums; ieruna;
protests; E. erheben – celt iebil-
dumus; protestēt

Eí'nspruchsrecht *n* protesta tiesības;
veto tiesības

éinst reiz, kādreiz

Eí'nstand *m*; seinen E. geben –
sarīkot kolēģiem nelielus svētkus,
sākot strādāt jaunā darbavietā

Eí'nstands‖gebühr *f*, **~geld** *n* iestā-
šanās maksa (nauda)

éinstecken iebāzt; etw. e. müssen
sar. – paciest, samierināties; eine
Kritik e. müssen – paciest kritiku

éinsteigen* **1.** iekāpt (*vilcienā, auto*);
e. bitte! – lūdzu, iekāpiet!; **2.** pie-
dalīties, līdzdarboties; in ein Pro-
jekt e. *sar.* – līdzdarboties pro-
jektā

éinstellen **1.** ielikt; ievietot; nolikt;
novietot; **2.** pieņemt (iesaistīt)
darbā; **3.** pārtraukt, izbeigt (*darbu*);
4. *tehn.* iestādīt, nostādīt; nore-
gulēt; **sich e.** ierasties

Eí'nstellungsgespräch *n* saruna starp
darba devēju un pretendentu uz
darba vietu, darba intervija

éinstimmen **1.** sākt dziedāt līdzi;
2. *pārn.* piebalsot

éinstimmig **1.** vienbalsīgs; **2.** vien-
prātīgs

éinstöckig vienstāva-

éinströmen ieplūst

éinstürzen sabrukt, sagāzties; iebrukt

éintauchen **1.** iemērkt, iemērcēt; iegremdēt; **2.** ienirt

éinteilen iedalīt

éintönig vienmuļš, vienmuļīgs, monotons

Eí'ntopf *m* sautējums no dārzeņiem vai dārzeņiem un gaļas

Eí'ntracht *f* vienprātība; saskaņa; saticība, saderība

éintragen* ierakstīt (*sarakstos*), reģistrēt

éinträglich ienesīgs, rentabls

éintreffen* ierasties

éintreten* **1.** ieiet; ienākt; treten Sie ein! – lūdzu, nāciet iekšā!; **2.** (*par gadalaikiem*) sākties; **3.** iestāties (*partijā, biedrībā*); **4.**: für j-n e. – aizstāvēt kādu, nostāties kāda pusē

Eí'ntritt *m* **1.** ienākšana; ieeja; **2.** iestāšanās

Eí'ntrittskarte *f* ieejas biļete

éinüben iemācīties; iestudēt

éinverstanden: e. sein – būt ar mieru; e. ! – labi!; es esmu ar mieru!; piekrītu!

Eí'nverständnis *n* **1.** saprašanās, vienprātība; **2.** piekrišana; mit E. des Direktors – ar direktora piekrišanu

Eí'nwand *m* iebildums; einen E. erheben – iebilst

éinwandern ieceļot; imigrēt

éinwandfrei nevainojams

éinwechseln iemainīt

Eí'nwegspritze *f* vienreizējās lietošanas šļirce

éinweichen iemērkt

éinweihen **1.** svinīgi atklāt (*pieminekli*); **2.:** j-n in ein Geheimnis e. – uzticēt (atklāt) kādam noslēpumu; j-n in eine Sache e. – iepazīstināt kādu ar kādu lietu

éinwenden* iebilst, celt iebildumus (ierunas)

éinwickeln ietīt; satīt; ievīstīt; **sich e.** ietīties, satīties; ievīstīties

éinwilligen (*in ar akuz.*) piekrist; būt ar mieru, būt mierā (*ar kaut ko*); in einen Vorschlag e. – piekrist kādam priekšlikumam

Eí'nwohner *m* iedzīvotājs

Eí'nwurf *m* **1.** iemešana; iesviešana; **2.** sprauga (*vēstuļu kastē, automātos*); **3.** *sp.* iemetiens, metiens; **4.** *pārn.* replika; iebildums

Eí'nzelhandel *m* mazumtirdzniecība

Eí'nzelheit *f* sīkums, detaļa; nicht auf ~en eingehen – neielaisties sīkumos

Eí'nzelkampf *m sp.* individuālā cīņa

Eí'nzelkind *n* vienīgais bērns ģimenē

éinzeln atsevišķs; dažs; im ~en – atsevišķi; ~es hat mir dort gefallen – kaut kas (šis un tas) man tur patika

éinziehen* **1.** ievilkt; ievērt (*pavedienu*); **2.** (*in ar akuz.*) ievilkties, iekravāties (*jaunā dzīvoklī*); Erkundigungen e. – ievākt ziņas

éinzig vienīgs; e. und allein – vienīgi; tikai

Eis *n* **1.** ledus; **2.** saldējums; ◇ sich auf dünnes E. begeben – riskēt

Ei′s‖bahn *f* slidotava; **~berg** *m* aisbergs; **~blume** *f* leduspuķe; **~brecher** *m* ledlauzis; **~diele** *f* saldējuma kafejnīca

Ei′schnee *m* saputots olbaltums

Ei′sen *n* dzelzs

Ei′senbahn *f* dzelzceļš; mit der E. fahren – braukt pa dzelzceļu

Ei′senbahn‖fahrt *f* brauciens pa dzelzceļu; **~station** *f* dzelzceļa stacija; **~unglück** *n* dzelzceļa katastrofa; **~verkehr** *m* dzelzceļa satiksme

Ei′sen‖beton *m* dzelzsbetons; **~erz** *n* dzelzsrūda; **~gießerei** *f* čuguna lietuve; **~hütte** *f* metalurģiskā rūpnīca; **~industrie** *f* melnā metalurģija

éisern dzelzs-

éisfrei brīvs no ledus; bez ledus; ein **~er** Hafen – neaizsalstoša osta

Ei′sgang *m* ledus iešana

Ei′shockey [..ki] *n* hokejs [uz ledus]

éisig ledains; auksts kā ledus

Ei′s‖kaffee *m* kafija ar saldējumu; **~kunstlauf** *m* daiļslidošana; **~lauf** *m* slidošana; **~läufer** *m* slidotājs, slidskrējējs; **~schnelllauf** *m* ātrslidošana; **~segeln** *n* burāšana ar ledusjahtām

Ei′stee *m* tēja ar ledu

Ei′szapfen *m* lāsteka

éitel 1. godkārīgs; uzpūtīgs; iedomīgs; **2.** sekls; tukšs; āriškīgs

Ei′ter *m* strutas, pūžņi

Ei′weiß *n* olbaltums

E′kel *m* riebums, pretīgums

ékelhaft riebīgs, pretīgs

Elan [e′lã *vai* e′la:n] *m* spars, sajūsma; degsme; pacilātība

Elch *m* alnis

Elefánt *m* zilonis

elegánt elegants

Elektrifizíerung *f* elektrifikācija, elektrificēšana

eléktrisch elektrisks; elektrības-

Elektrizitä′t *f* elektrība

Elektrizitä′tswerk *n* elektrostacija

Eléktroschweißer *m* elektrometinātājs

Elemént *n* **1.** *daž. noz.* elements; **2.** *dsk.* elementi, (*kādas zinātnes*) pamati

elementár elementārs; pamata-; Elementarbegriff *m* – pamatjēdziens; Elementarkenntnisse *dsk.* – pamatzināšanas; Elementarregel *f* – pamatlikums

élend nožēlojams; trūcīgs; nabadzīgs

E′lend *n* posts, nabadzība

elf vienpadsmit

Elf *f* futbola komanda

E′lfenbein *n* ziloņkauls

eliminíeren likvidēt; iznīcināt

E′llbogen *m* elkonis

E′lster *f* žagata; geschwätzig wie eine E. – plāpīgs kā žagata

E′ltern *dsk.* vecāki

E-Mail *n* elektroniskais pasts, e-pasts

e-mailen [′i:meilən] nosūtīt ar elektronisko pastu

Embárgo *n ek.* embargo

E

Empfáng *m* **1.** saņemšana; **2.** (*viesu*)
uzņemšana; **3.** pieņemšana; **4.** (*radio*)
uztveršana

empfángen* **1.** saņemt; **2.** uzņemt
(*viesus*); **3.** pieņemt; **4.** uztvert (*pa
radio, televīziju*)

Empfä́nger *m* **1.** saņēmējs; **2.** [ra-
dio]uztvērējs

empfä́nglich uzņēmīgs, jūtīgs; pie-
ejams; atsaucīgs

Empfángschef [..ʃɛf] *m* admini-
strators (*viesnīcā*)

empféhlen* ieteikt, iesacīt; rekomen-
dēt; **sich e.**: es empfiehlt sich – ir
ieteicams

Empféhlung *f* padoms; ieteikums;
Empfehlungsschreiben *n* – rak-
stisks ieteikums

empfínden* just, sajust; izjust

empfíndlich **1.** jutīgs; **2.** manāms,
jūtams; **3.** *pārn.* jūtīgs; viegli aiz-
vainojams

empór uz augšu, augšup

empö́ren izraisīt (radīt) sašutumu
(*kādā*); **sich e. 1.** (*über ar akuz.*)
sašust; **2.** (*gegen*) sacelties; sa-
dumpoties

Empórkömmling *m niev.* iznirelis

Empö́rung *f* **1.** sašutums; **2.** sacel-
šanās, dumpis

émsig čakls; rosīgs; darbīgs

E'nde *n* **1.** gals; **2.** beigas; no-
beigums; zu E. sein – beigties; zu
E. bringen – nobeigt, pabeigt;
letzten ~s – galu galā

E'ndeffekt *m* gala rezultāts

énden **1.** beigties, nobeigties; **2.** beigt

éndgültig galīgs

éndlich beidzot, galu galā

éndlos bezgalīgs

E'ndspiel *n sp.* **1.** fināls, finālspēle
(*sacīkstēs*); **2.** galotne (*šaha spēlē*)

E'ndstation *f* galastacija; *pārn.* gala-
punkts

Energíe *f* enerģija; **~erzeugung** *f*
enerģijas ražošana; **~quelle** *f*
enerģijas avots; **~verbrauch** *m*
enerģijas patēriņš; **~versorgung** *f*
apgāde ar enerģiju

eng **1.** šaurs; **2.** ciešs

Engagement [āgaʒ(ə)'mā:] *n* entu-
ziasms, degsme; etw. mit großem
E. tun – darīt kaut ko ar lielu
degsmi

E'ngpass *m* šaurs ceļš (šaura taka)
kalnos

E'nkel *m* mazdēls

Enkláve [.. v..] *f* anklāvs

Ensemble [ā'sā:bl] *n* ansamblis

entbéhren (*ar akuz. vai ģen.*) iztikt
bez (*kaut kā*), pieciest (*kaut ko*);
trūkt (*kaut kā*); etw. e. können –
varēt iztikt bez kaut kā (pieciest
kaut ko)

entbínden* **1.** (*ar ģen., von*) at-
brīvot, atsvabināt (*no solījuma*);
2. dzemdēt

Entbíndung *f* **1.** atbrīvošana; at-
svabināšana (*no solījuma*); **2.** dzem-
dības

Entbíndungsanstalt *f* dzemdību
nams

entdécken atklāt; atrast

E'nte *f* pīle; preses pīle

entéhren laupīt godu, apkaunot

entéignen atsavināt, eksproprïēt

entérben atņemt mantojumu (*testamentāri*)

entfállen* **1.** izkrist (*no rokām*); **2.** aizmirst[ies]; der Name ist mir entfallen – vārds man ir aizmirsies; **3.** (*auf ar akuz.*) iznākt; auf ihn entfiel der größte Teil – viņam iznāca (tika) lielākā daļa

entfálten **1.** attīt; atlocīt; **2.** attīstīt; izvērst; **sich e.** **1.** atvērties, atraisīties (*par pumpuriem*); **2.** attīstīties, izvērsties

entférnen attālināt, dabūt (aizgādāt, aizvākt) projām; novērst (*šķēršļus*); iztīrīt (*traipu*); **sich e.** attālināties, aiziet

Entférnung *f* **1.** attālums, atstatums; **2.** aizgādāšana projām; atstādināšana (*no amata*)

entflámmen **1.** aizdedzināt, iededzināt, likt uzliesmot; **2.** *pārn.* sajūsmināt; **3.** aizdegties, iedegties

entfü'hren aizvest, nolaupīt

entgégen **1.** pret; e. dem Befehl – pret pavēli; **2.** pretī, pretim; sie wohnen uns e. – viņi dzīvo mums pretī

entgégengesetzt pretējs; in die ~e Richtung gehen – iet pretējā virzienā

entgégenkommen* nākt pretī (*arī pārn.*)

Entgégenkommen *n* pretimnākšana

entgégensetzen [no]stādīt pretī, likt pretī; **sich e.** pretoties

entgégnen atbildēt

Entgégnung *f* atbilde

entgléisen izlēkt (noskriet) no sliedēm

enthálten* saturēt, ietvert sevī; diese Flasche enthält Essig – šai pudelē ir etiķis; **sich e.** (*ar ģen.*) atturēties (*no kaut kā*)

enthében* (*ar ģen.*) **1.** atbrīvot (*no kaut kā*); **2.** atstādināt, atcelt (*no amata*)

enthü'llen atklāt; atsegt

entkálken atkaļķot

entkómmen* (*ar dat.*) izbēgt, aizbēgt; izglābties (*no kaut kā*)

entkórken atkorķēt

entkrä'ften **1.** atņemt (laupīt) spēku, novājināt; **2.** atspēkot, apgāzt (*pierādījumus, pārmetumus*)

entláden* **1.** izkraut (*kuģi, vagonu*); **2.** izlādēt (*ieroci*)

entláng gar; den (am) Fluss e. – gar upi

entlárven atmaskot

entlássen* atlaist; atbrīvot

entlédigen, sich (*ar ģen.*) atbrīvoties; atkratīties; tikt vaļā (*no kaut kā*); sich der Kleider e. – novilkt drēbes

entlégen nomaļš, atstats; attāls

entmútigen atņemt (laupīt) drosmi; sich e. lassen – zaudēt dūšu

entnéhmen* (*ar dat.*) **1.** ņemt, paņemt, izņemt; **2.** *pārn.* secināt; aus dem Gesagten entnehme ich, dass... – no sacītā es secinu, ka...

entrü'sten, sich sašust, saskaisties

Entsáfter *m* sulu spiede

entságen (*ar dat.*) atsacīties, atteikties (*no kaut kā*)

entschä'digen (*j-n für etw.*) atlīdzināt, kompensēt (*kādam kaut ko*)

entschéiden* izšķirt; izlemt; sich e. (*für*) izšķirties (*par*)

entschéidend izšķirošs

Entschéidung *f* lēmums; izlemšana; izšķiršanās

entschíeden noteikts, drošs, nešaubīgs

entschlíeßen, sich (*zu*) izlemt; izšķirties (*par kaut ko*)

entschlóssen noteikts, apņēmīgs, nešaubīgs

Entschlóssenheit *f* noteiktība, apņēmība; nešaubīgums

entschlü'pfen (*ar dat.*) izslīdēt; izmukt; izsprukt; pasprukt

Entschlúss *m* lēmums; apņemšanās

entschlü'sseln atšifrēt

entschúldigen atvainot, piedot; attaisnot; e. Sie bitte! – atvainojiet (piedodiet), lūdzu!; sich e. atvainoties; sich bei j-m wegen etw. e. – atvainoties kādam par kaut ko

Entschúldigung *f* atvainošanās, aizbildināšanās

entsétzen^a (*ar ģen.*) atbrīvot, atcelt (*no amata*)

entsétzen^b pārbiedēt; iedvest šausmas; sich e. šausmināties; pārbīties

entsétzlich šausmīgs, briesmīgs

entséuchen dezinficēt

entsínnen*, sich (*ar ģen.*) atminēties, atcerēties

Entspánnung *f* atslābums; atslābšana, saspīlējuma (sasprindzinājuma) mazināšanās

entspréchen* (*ar dat.*) atbilst, saskanēt

entstéhen izcelties, rasties, tapt

entstéllen 1. izkropļot, izķēmot; 2. *pārn.* izkropļot; sagrozīt (*faktus*)

enttäu'schen pievilt (*cerības*), likt vilties

entwä'ssern nosusināt; drenēt

entwéder: e.... oder... – vai nu..., vai...; e. oder – viens no diviem

entwéichen* 1. attālināties; izbēgt; atkāpties; 2. izplūst (*par gāzi, tvaiku*)

entwénden nozagt

entwérfen* uzmest, uzskicēt (*plānu, zīmējumu*)

Entwérter *m* kompostrs

Entwértung *f* vērtības pazemināšana; devalvācija

entwíckeln *daž. noz.* attīstīt; sich e. attīstīties

Entwícklung *f* 1. attīstība; 2. attīstīšana; attīstīšanās

Entwícklungsland *n* attīstības zeme

Entwíckler *m fot.* attīstītājs

Entwúrf *m* uzmetums, skice; projekts; Gesetzes~ *m* likumprojekts

entwúrzeln 1. izraut ar visām saknēm; 2. *pārn.* iznīdēt; galīgi izskaust

entzíehen* (*j-m etw.*) atņemt, atraut (*kādam ko*); **sich e.** izvairīties; atrauties; izbēgt

Entzíehungskur *f* ārstniecības kurss alkoholiķiem vai narkomāniem

entzíffern atšifrēt

entzü'ckend brīnišķīgs, apburošs, burvīgs

entzü'ckt sajūsmināts

Entzúgserscheinung *f* (*sāpīga*) organisma reakcija hronisku narkomānu vai alkoholiķu ārstēšanas laikā

entzü'nden aizdedzināt, iededzināt, iededgt; **sich e. 1.** aizdegties, iedegties; **2.** *med.* iekaist

Entzü'ndung *f* **1.** aizdedzināšana; aizdegšana; **2.** *med.* iekaisums

Epidemíe *f* epidēmija

Epóche *f* laikmets

er viņš; ich habe ihm einen Brief geschrieben – es uzrakstīju viņam vēstuli; ich sehe ihn – es viņu redzu

Eráchten *n* domas; ieskats; meines ~s – pēc manām domām, pēc mana ieskata

E'rbanlage *f* iedzimtība

erbármen, sich (*ar ģen., über ar akuz.*) apžēloties; iežēloties

Erbáuer *m* cēlājs

E'rbe[a] *m* mantinieks

E'rbe[b] *n* mantojums; Erbanspruch *m* – mantojuma tiesības; Erbteilung *f* – mantojuma sadalīšana; ein E. antreten – saņemt mantojumu; ein E.

ausschlagen – atteikties no mantojuma

érben mantot

E'rbgut *n* pārmantoto gēnu kopums

E'rbkrankheit *f* iedzimta slimība

erblícken ieraudzīt, saskatīt

erbréchen* atlauzt, uzlauzt; einen Brief e. – atplēst vēstuli; **sich e.** vemt

E'rbschleicher *m* mantojuma izkrāpējs

E'rbse *f* zirnis

E'rdbeben *n* zemestrīce; **~warte** *f* seismiskā stacija

E'rdbeere *f* zemene; **Garten~** *f* dārza zemene; **Wald~** *f* meža zemene

E'rde *f* **1.** zeme, augsne; **2.** Zeme (*planēta*)

E'rdgas *n* dabasgāze

E'rdgeschoss *n* ēkas pirmais stāvs

E'rd‖kugel *f* zemeslode; **~kunde** *f* ģeogrāfija

E'rdnuss *f* zemesrieksts

E'rdöl *n* nafta

E'rdölarbeiter *m* naftas rūpniecības strādnieks, naftinieks

E'rdpech *n* asfalts

erdrü'cken 1. nospiest (*nonāvēt*); **2.** *pārn.* nospiest, nomākt

E'rdrutsch *m* nogruvums

E'rd‖satellit *m* mākslīgais Zemes pavadonis; **~teil** *m* pasaules daļa; **~trabant** *m* *astr.* Zemes pavadonis (*dabiskais*)

E'rdumlaufbahn *f* satelīta orbīta ap Zemi

Eréignis

326

Eréignis *n* notikums, atgadījums
erfáhren*[a] **1.** uzzināt; **2.** pieredzēt,
  piedzīvot
erfáhren[b] pieredzējis, piedzīvojis
Erfáhrung *f* pieredze
erfássen aptvert; saprast
erfínden* izgudrot; izdomāt
Erfíndung *f* izgudrojums
Erfólg *m* panākumi; sekmes; veiksme
erfólg‖los bez panākumiem; nesek-
  mīgs, neveiksmīgs; **~reich** panā-
  kumiem bagāts; sekmīgs, veiksmīgs
erfórderlich vajadzīgs, nepieciešams
erfórdern prasīt; das erfordert viel
  Zeit – tas prasa daudz laika
erfórschen izpētīt, izdibināt
erfréulich iepriecinošs; eine ~e Wen-
  dung – patīkams pavērsiens
erfríern nosalt
Erfríeng *f* apsaldējums
erfríschen, sich atspirdzināties; at-
  svaidzināties; atveldzēties
Erfríschung *f* **1.** atspirdzinājums;
  atsvaidzinājums; atveldzējums;
  2. atspirdzinājums (*dzēriens, ēdiens*)
Erfríschungsraum *m* bufete
erfǘllen 1. izpildīt; **2.** piepildīt (*pilnu*);
  sich e. piepildīties
ergä́nzen papildināt
ergében, sich 1. (*aus*) izrietēt; aus
  dem Bericht ergibt sich, dass... –
  no ziņojuma izriet (var secināt),
  ka...; **2.** padoties; **3.** nodoties (*kā-
  dam netikumam)*; wenn sich die
  Gelegenheit ergibt – ja būs ie-
  spējams

Ergébnis *n* rezultāts, iznākums; **Ab-
  stimmungs~** *n* balsošanas rezul-
  tāti; **Forschungs~** *n* pētījuma
  rezultāts; **Verhandlungs~** *n* sa-
  runu rezultāts
ergíebig auglīgs; ienesīgs; bagāts,
  bagātīgs; ražīgs
ergonómisch laiku un enerģiju tau-
  pošs darbs
ergráuen nosirmot
ergréifen* satvert, saķert; einen Beruf
  e. – izvēlēties profesiju; das Wort
  e. – ņemt vārdu; Maßnahmen e. –
  veikt pasākumus; die Gelegenheit
  e. – izmantot izdevību; j-s Partei e. –
  nostāties (pāriet) kāda pusē
erháben 1. reljefs, konvekss; izliekts;
  2. dižs, dižens; cēls, cildens; izcils
erhálten* **1.** uzturēt, uzglabāt, sa-
  glabāt; **2.** saņemt, dabūt; einen
  Brief e. – saņemt vēstuli; **sich e.**
  uzglabāties; saglabāties (*labā stā-
  voklī*)
erhében* **1.** pacelt; **2.** *pārn.* celt,
  pacelt; sacelt; die Stimme e. –
  pacelt balsi; Protest e. – protestēt;
  Einspruch e. – celt iebildumus;
  3. ievākt; piedzīt (*nodokļus*); **sich
  e. 1.** piecelties; **2.** pacelties; **3.** sa-
  celties (*rīkot sacelšanos)*; **4.** iz-
  celties; sacelties; der Sturm erhob
  sich – sacēlās vētra
erhéblich ievērojams; svarīgs; eine
  ~e Summe – krietni liela summa
erhéitern uzjautrināt
erhítzen sakarsēt; **sich e. 1.** sakarst,

sakarsēties; **2.** *pārn.* iekarst, iekaist

erhö′hen paaugstināt, pacelt

erhólen, sich 1. atpūsties, atspirgt; **2.** atgūties; atžirgt; attapties (*no bailēm*)

Erhólung *f* atpūta; atpūšanās

E′rika *f* virši

erínnern (*j-n an ar akuz.*) atgādināt (*kādam kaut ko*); **sich e.** (*ar ģen., an ar akuz.*) atcerēties, atminēties

Erínnerung *f* **1.** atmiņa; zur E. – atmiņai; pieminai; **2.** ~en *dsk.* atmiņas

erkálten atdzist

erkä′lten, sich saaukstēties

Erkä′ltung *f* saaukstēšanās

erkä′mpfen izcīnīt; den Sieg e. – izcīnīt uzvaru

erkénnen* 1. pazīt (*pēc gaitas*); **2.** atzīt (*savu vainu*)

Erkénntnis *f* uzskats, viedoklis; zur E. gelangen – gūt uzskatu

erklä′ren 1. izskaidrot, paskaidrot; **2.** paziņot; pasludināt; izsludināt; deklarēt; etw. für ungültig e. – izsludināt kaut ko par nederīgu

Erklä′rung *f* paziņojums; **Austritts~** *f* paziņojums par izstāšanos (*no partijas, organizācijas*); **Kriegs~** *f* kara pieteikums; **Regierungs~** *f* valdības paziņojums; **Rücktritts~** *f* paziņojums par demisiju

erkránken (*an ar dat.*) saslimt (*ar kādu slimību*); an der Grippe e. – saslimt ar gripu

erkúndigen, sich (*nach etw.*) apvaicāties, apjautāties (*par kaut ko*)

erlángen 1. aizsniegt; **2.** sasniegt; gūt, iegūt

Erláss *m* **1.** rīkojums, pavēle; dekrēts; **2.** atlaišana (*soda*)

erlássen* 1. izdot (*likumu, rīkojumu*); **2.** atlaist; atbrīvot; j-m eine Strafe e. – atlaist kādam sodu

erláuben atļaut, ļaut; es ist erlaubt – ir atļauts, drīkst

Erláubnis *f* atļauja

erläu′tern izskaidrot, paskaidrot

E′rle *f* alksnis

erlében pieredzēt, piedzīvot

Erlébnis *n* piedzīvojums; pārdzīvojums

erlédigen nokārtot, pabeigt, izbeigt; die Sache ist erledigt – lieta ir nokārtota

erléichtern atvieglot, atvieglināt

erléiden* ciest; izciest, pārciest; eine Niederlage e. – ciest sakāvi; tikt sakautam

erlérnen iemācīties

Erlö′s *m* ieņēmums, ienākums, peļņa

erlö′schen* 1. izdzist, nodzist; **2.** nebūt vairs spēkā; izbeigties (*par termiņu*)

ermä′chtigen pilnvarot

ermä′ßigen pazemināt (*cenas*)

Ermáttung *f* nogurums; pagurums; atslābums

ermítteln izzināt; izdibināt

Ermíttlung *f* policijas izmeklēšana

ermö'glichen dot iespēju, [pa]darīt iespējamu

ermü'den 1. nogurdināt; **2.** nogurt; pagurt

ermúntern uzmundrināt; uzmudināt

ermútigen iedrošināt, iedrosmināt; iedvest drosmi

ernä'hren uzturēt; barot, ēdināt; **sich e.** pārtikt

Ernä'hrung f **1.** uzturēšana; barošana, ēdināšana; **2.** uzturs, barība

ernénnen* iecelt (*kādā amatā*)

ernéuern 1. atjaunot; **2.** salabot, izlabot; atsvaidzināt

erníedrigen 1. pazemināt; **2.** pazemot; **sich e.** pazemoties

ernst nopietns

E'rnte f **1.** raža; **2.** ražas novākšana

E'rnte‖arbeiten dsk. ražas novākšanas darbi; **~ertrag** m (*visa*) raža

E'rntedankfest n rel. ražas svētki oktobra pirmajā svētdienā

érnten 1. ievākt, novākt (*ražu*); **2.** pārn. gūt (*slavu, piekrišanu*), ievākt (*darba augļus*), iemantot (*nepateicību*)

eróbern iekarot

erö'ffnen 1. atvērt (*veikalu, iestādi, kontu*); **2.** atklāt (*sēdi, debates, sezonu*); **sich e.** rasties, pavērties; eine Möglichkeit eröffnet sich – rodas iespēja

Erö'ffnung f **1.** atvēršana; **2.** atklāšana; **3.** atklātne (*šaha spēlē*); **4.** paziņojums; atklājums; j-m eine E.

machen – atklāt (paziņot) kādam kaut ko

erö'rtern iztirzāt; apspriest

erpréssen šantažēt

erráten* atminēt, uzminēt

errégen 1. uztraukt, satraukt; **2.** radīt, izraisīt, modināt (*naidu, prieku, šaubas, aizdomas*); **sich e.** uztrauktes

Erréger m slimības ierosinātājs, vīruss

erréichen 1. aizsniegt, sasniegt; **2.** pārn. sasniegt (*mērķi*); den Zug e. – paspēt uz vilcienu

erríchten 1. uzcelt (*māju, pieminekli*); **2.** iekārtot, ierīkot; dibināt; nodibināt; einen Kindergarten e. – ierīkot bērnudārzu

erríngen* izcīnīt; einen Sieg e. – izcīnīt uzvaru

errö'ten nosarkt

Errúngenschaft f sasniegums; ieguvums, guvums

Ersátz m **1.** atvietotājs, aizvietotājs, aizstājējs; surogāts; **2.** sp., mil. rezerve; **3.** atlīdzība; E. leisten (*für etw.*) – atlīdzināt (*kaut ko*)

Ersátz‖spieler m rezervists, rezerves spēlētājs; **~teil** m rezerves daļa

erschéinen* **1.** parādīties; ierasties; **2.** iznākt (*par grāmatām, laikrakstiem*)

Erschéinen n **1.** parādīšanās; ierašanās; **2.** (*grāmatu, laikrakstu*) iznākšana

Erschéinung f **1.** daž. noz. parādība; **2.** parādīšanās; in E. treten – pa rādīties; **3.** (*par cilvēku*) āriene, izskats; **Alters~** *f* vecuma pazīme; **Folge~** *f* sekas; **Mangel~** *f* trūkums

erschíeßen nošaut

erschlágen nosist

erschö'pfen 1. izsmelt; **2.** nogurdināt; ◇ j-s Geduld ist erschöpft – kāda pacietība ir izsmelta

erschö'pfend 1. izsmeļošs; **2.** nogurdinošs

erschö'pft 1. izsmelts; iztukšots; **2.** noguris, pārguris

erschrécken* 1. (*vor ar dat.*) sabīties, izbīties (*no*); **2.** sabiedēt, izbiedēt

erschü'ttern 1. satricināt; **2.** *pārn.* satriekt; iedragāt

erschwéren apgrūtināt, padarīt grūtāku

erséhen* redzēt, saskatīt; daraus ist zu e., dass... – no tā redzams, ka...

ersétzen 1. atvietot, aizvietot, aizstāt; **2.** atlīdzināt (*izdevumus, zaudējumus*)

erspáren 1. ietaupīt, iekrāt; atlicināt; **2.** (*j-m etw.*) *pārn.* aiztaupīt (*pūles*)

Erspárnis *f* **1.** ietaupījums; **2.** ~se *dsk.* ietaupījumi (*nauda*)

erst 1. vispirms; **2.** tikai; e. heute – tikai šodien

erstárren sastingt (*aiz aukstuma, bailēm*)

E'rstaufführung *f* pirmuzvedums, pirmizrāde

Erstáunen *n* izbrīns

érste pirmais; wer war der e.? – kurš

bija pirmais?; fürs e. – 1) vispirms; 2) pagaidām, iesākumam

erstéhen nopirkt, iegādāties; ein neues Auto e. – nopirkt jaunu automašīnu

érstens pirmkārt, vispirms

erstícken 1. noslāpēt, nosmacēt; **2.** *pārn.* apslāpēt; apspiest; nomākt; **3.** noslāpt, nosmakt

erstrécken, sich izplesties, sniegties, [iz]stiepties

ersúchen (*j-n um etw.*) lūgt (*kādam kaut ko*)

ertáppen pieķert; j-n beim Lügen e. – pieķert kādu melos

ertéilen dot, sniegt; eine Auskunft (Erlaubnis) e. – dot uzziņu (atļauju); einen Befehl e. – dot pavēli, pavēlēt; Unterricht e. – pasniegt stundas, mācīt

ertö'nen atskanēt; ieskanēties

Ertrág *m* peļņa, ienākums

ertrágen* paciest, panest

erträ'glich paciešams, panesams

ertrínken* noslīkt, slīkt

erü'brigen, sich: es erübrigt sich, davon zu sprechen – ir lieki par to runāt

eruíeren izpētīt, izzināt

erwáchen pamosties; atmosties, mosties

erwáchsen pieaudzis

erwáchsen*b 1. izaugt, pieaugt; **2.** *pārn.* rasties, [iz]celties; daraus kann Schaden e. – no tā var celties zaudējumi

Erwáchsenenbildung *f* pieaugušo izglītība

erwä'gen* apsvērt

Erwä'gung *f* apsvēršana, apsvērums; in E. ziehen – apsvērt

erwä'hnen pieminēt; minēt

erwä'rmen sasildīt; iesildīt; piesildīt; **sich e. 1.** sasilt, iesilt; **2.** sasildīties, iesildīties

erwárten gaidīt; sagaidīt; ◇ das war zu e. – tas jau bija gaidāms

Erwártung *f* gaidas; cerības; sich in seinen ~en täuschen – vilties savās cerībās; in E. Ihrer Antwort... – gaidot Jūsu atbildi... (*vēstules noslēgumā*)

erwécken 1. modināt, pamodināt; atmodināt; uzmodināt; **2.** *pārn.* modināt (*cerības, aizdomas*)

erwéisen* izrādīt, parādīt; izdarīt; j-m einen Dienst e. – izdarīt kādam pakalpojumu; e. Sie mir den Gefallen und... – esiet, lūdzu, tik laipns un...; j-m die letzte Ehre e. – parādīt kādam pēdējo godu; **sich e.** izrādīties; es erwies sich, dass... – izrādījās, ka...

erwéitern paplašināt

Erwérb *m* **1.** izpeļņa, peļņa; **2.** ieguvums

erwérben* **1.** nopelnīt; **2.** iegūt, iemantot

erwérbslos bez darba

erwídern atbildēt

erwíschen 1. notvert, noķert; **2.** pieķert

Erz *n* rūda; **~ader** *f* rūdas dzīsla; **~grube** *f* rūdas raktuve; Eisenerz *n* – dzelzsrūda

erzä'hlen stāstīt; izstāstīt, pastāstīt

Erzä'hlung *f* **1.** stāstījums; **2.** stāsts

erzéugen 1. radīt; **2.** ražot

Erzéugnis *n* ražojums, produkts

Erzéugung *f* **1.** radīšana; **2.** ražošana

erzíehen* audzināt

Erzíeher *m* audzinātājs

Erzíehung *f* audzināšana

Erzíehungsgeld *n* valsts pabalsts, ko maksā 24 mēnešus pēc bērna piedzimšanas

erzíelen gūt, sasniegt; panākt; Einigung e. – panākt vienošanos; gute Ergebnisse e. – gūt (sasniegt) labus rezultātus

erzü'rnen sadusmot

es 1. viņš, tas; viņa, tā; **2.** tas; er ist es – viņš ir tas; **3.** (*bezpersoniskais vietniekvārds, netulkojams*): es regnet – līst; es ist früh – ir agrs; es ist dunkel – ir tumšs

E'sche *f* osis

E'sel *m* ēzelis

Eskapáde *f* izlēciens; sich tolle ~n leisten – atļauties izlēcienus

E'spe *f* apse

Esperánto *n* esperanto

Esprésso *m* automāta kafija

E'ssbesteck *n* galda (ēšanas) piederumi (*nazis, dakšiņa, karote*); galda piederumu komplekts

éssen* ēst; [zu] Mittag e. – ēst pusdienas, pusdienot; zu Abend

e. – ēst vakariņas, vakariņot; sich satt e. – pieēsties

'ssen *n* **1.** ēšana; **2.** ēdiens; j-m zu Ehren ein E. geben – sarīkot mielastu kādam par godu

'ssen[s]marke *f* pusdienu talons uzņēmuma vai universitātes ēdnīcā

'ssig *m* etiķis

'ss‖löffel *m* ēdamkarote; **~tisch** *m* ēdamgalds; **~waren** *dsk.* [pārtikas] produkti; **~zimmer** *n* ēdamistaba

stablishment [is'tæbliʃmənt] *n* sabiedrības sociālais slānis, kam ir lielākā vara un kas parasti ir konservatīvs

tage [e'ta:ʒə] *f* stāvs

tat [e'ta:] *m ek.* budžets; einen E. aufstellen – sastādīt budžetu; einen E. kürzen – samazināt budžetu

tikétt *n* preces etiķete

liche daži, kādi; e. Male – dažas reizes; nach ~r Zeit – pēc kāda laika

tui [e'tvi:] *n* etvija

wa 1. apmēram; ap; in e. acht Tagen – apmēram pēc nedēļas; apmēram 8 dienās; **2.** varbūt, gadījumā; kommt er e. nicht? – vai viņš varbūt nenāks?

was 1. kaut kas; **2.** mazliet, nedaudz; e. besser – mazliet (nedaudz) labāk

ich jums; jūs; wir fahren mit e. – mēs brauksim [kopā] ar jums; wie haben sie e. empfangen? – kā viņi jūs uzņēma?

éuer *m* (eu[e]re *f*, euer *n*, eu[e]re *dsk.*) jūsu; statt e. – jūsu vietā

Eukalýptus *m* eikalipts; **~öl** *n* – eikaliptu eļļa

Eu'le *f* pūce

éuretwegen jūsu dēļ

Eu'rocard [..k..] *f* kredītkarte

Eu'rocheque [..ʃɛk] *m* eiročeks

Europä'er *m* eiropietis

europä'isch eiropeisks; Eiropas-

Európaparlament *n* Eiropas Parlaments

Európapokal *m* Eiropas kausa izcīņas sacensības

európaweit visas Eiropas mērogā

Eu'ter *n* tesmenis

Euthanásie *f med.* eitanāzija

eventuéll [..v..] eventuāls; varbūtējs; iespējams

evidént [..v..] skaidrs, acīm redzams

éwig mūžīgs; auf e. – uz mūžu, uz visiem laikiem

exákt eksakts; precīzs

Exámen *n* eksāmens; ein E. machen – likt eksāmenu

exekutíeren izpildīt nāvessodu

Exekutíve [..və] *f* izpildinstitūcija

Exíl *n* trimda, izsūtījums; politiskā patvēruma zeme; ins E. gehen – doties trimdā

Existénz *f* eksistence; **~minimum** *n* iztikas minimums

Existénzgründung *f* personīgas firmas vai veikala dibināšana, kas rada darbavietu sev

existíeren eksistēt

exklusív izmeklēts; smalks; aristo-
krātisks

Exót *m* cilvēks, augs vai dzīvnieks
no eksotiskām zemēm

expandíeren *ek.* strauji augt, izplesties

Expérte *m* eksperts

explodíeren eksplodēt

Explosión *f* eksplozija

Expórt *m* eksports, izvedums; **~ar-
tikel** *m* eksportprece; **~handel** *m*
eksporta tirdzniecība

exportíeren eksportēt, izvest

Expréss *m* tālsatiksmes ātrvilciens;
Intercity~ *m* starppilsētu eks-
presis

exquisít izmeklēts, smalks

éxtra speciāls; ārkārtējs; sevišķ;
izcils

E'xtra *n* papildu ērtības, par k
jāmaksā papildus pie preces cena

extrém radikāls, ekstrēms

Extremísmus *m pol.* ekstrēmisms

F

Fábel *f daž. noz.* fabula; **~tier** *n*
pasaku dzīvnieks (*pūķis*); **~wesen**
n pasaku būtne (*feja*)

fábelhaft 1. lielisks; **2.** pasakains

Fabrík *f* fabrika; rūpnīca; **~anlage** *f*
fabrikas komplekss; **~ware** *f* fab-
rikas ražojums, prece; **~halle** *f*
cehs

Fabrikát *n* rūpnieciska produkcija,
ražojums

fabríkneu pilnīgi jauns, nelietots

Fach *n* **1.** plaukts (*skapī*); atvilktne
(*galdā*); nodalījums (*portfelī*);
2. (*zinātnes*) nozare; mācību priek-
šmets (*skolā*); **3.** profesija; speci-
alitāte; er versteht sein Fach – viņš
ir speciālists savā nozarē; **~gebiet**
n nozare, joma; **~gelehrte** *m* spe-
ciālists; **~kenntnis** *f* kompetence;
~zeitschrift *f* speciālais žurnāls;
~begriff *m* jēdziens, termins

Fáchabitur *f* pabeigta apmācība aro
skolā

Fách‖arbeiter *m* kvalificēts strā
nieks; **~ausbildung** *f* profesi
nālā izglītība; **~ausdruck** *m* te
mins; **~kraft** *f* speciālists

Fácharzt *m* ārsts speciālists; ein
für Chirurgie – ķirurgs

Fä'cher *m* vēdeklis

Fáchgeschäft *n* specializēts veika

Fách‖literatur *f* speciālā literatū
~mann *m* speciālists; **~richtun**
nozare, specialitāte; **~schule** *f* tehr
kums

fáchmännisch lietpratīgs

Fáckel *f* lāpa

Fáckelzug *m* lāpu gājiens

fáde 1. sājš; bez garšas; **2.** *pār*
garlaicīgs, neinteresants

Fáden *m* pavediens

fä'hig spējīgs

ä'higkeit *f* spējas; er hat große ~en – viņam ir lielas spējas

ahl blāvs; bāls; bālgans

ahnden: nach j-m/etw. fahnden – intensīvi meklēt *(parasti policijas meklēšana)*

áhndung *f* policijas meklēšana; eine F. einleiten – ievadīt meklēšanu; eine F. einstellen – pārtraukt (pabeigt) meklēšanu

áhndungsliste *f* meklējamo personu saraksts

áhne *f* 1. karogs; 2. *poligr.* sleja

áhnenträger *m* karognesējs

áhrbahn *f* ielas braucamā daļa

ahrbar 1. braucams; 2. pārvietojams; ein ~er Drehkran – pārvietojams grozāmais celtnis

áhrdamm *m* ielas braucamā daļa; ielas bruģis

ä'hre *f* prāmis, pārceltuve; die F. legt ab – prāmis dodas ceļā; die F. legt an – prāmis piestāj krastā

ahren* 1. braukt; 2. vest; aizvest

áhrer *m (satiksmes līdzekļa)* vadītājs; šoferis

áhrerflucht *f*: F. begehen – aizbraukt no notikuma vietas pēc avārijas izraisīšanas

áhrerlaubnis *f* braukšanas atļauja; šofera tiesības (apliecība)

áhr‖gast *m* pasažieris, braucējs; **~geld** *n* braukšanas maksa; **~karte** *f* biļete *(dzelzceļa, tramvaja)*; **~kartenschalter** *m* biļešu kase; **~plan** *m* vilcienu (autobusu) saraksts; **~rad** *n* velosipēds, divritenis; **~schein** *m (braukšanas)* biļete; **~stuhl** *m* lifts

Fáhrgestell *n tehn.* šasija

fáhrlässig 1. neuzmanīgs, paviršs; 2.: ~e Tötung *jur.* – nonāvēšana neuzmanības dēļ

Fáhrprüfung *f* braukšanas eksāmens

Fáhrstuhlführer *m* lifta apkalpotājs

Fáhrt *f* brauciens; reiss; freie F. – 1) brīvs ceļš; 2) bezmaksas brauciens

Fáhrtreppe *f* slīdošās kāpnes, eskalators

Fáhrzeug *n* satiksmes (transporta) līdzeklis

Fáhrzeugbrief *m* automašīnas tehniskā pase

fair [fɛːər] *sar.* taisnīgi, godīgi

Fakultä't *f* fakultāte

Fálke *m* vanags; Falkenjagd *f* – medības ar vanagiem

Fall *m* 1. krišana; kritiens; kritums; 2. gadījums; 3. *gram.* locījums; 4. *jur.* lieta; ◇ auf jeden F. (auf alle Fälle) – noteikti; für alle Fälle – drošības labad; auf keinen F. – nekādā gadījumā

Fálle *f* lamatas; slazds

fállen* 1. krist; nokrist; 2. *pārn.* krist *(kaujā)*; 3. kristies; die Preise f. – cenas krīt[as]; 4.: in die Augen (ins Auge) f. – durties (krist) acīs; es fällt mir schwer – man nākas grūti

Fall-out ['fɔ:laut] *m* radioaktīvie nokrišņi

falls ja; gadījumā, ja

Fállschirm *m* izpletņis

Fállschirm‖springen *n* lēkšana ar izpletni; **~jäger** *m* mil. izpletņlēcējs; **~springer** *m* sp. izpletņlēcējs; **~turm** *m* izpletņlēcēju tornis

Fálltür *f* lūka; grīdā iebūvētas durvis

falsch 1. neīsts, viltots; **2.** nepareizs; **3.** nepatiess; divkosīgs

fä'lschen viltot

fä'lschlich maldīgi, kļūdaini

Fálschmünzer *m* naudas viltotājs

Fáltboot *n* saliekamā laiva

Fálte *f* **1.** ieloce; kroka; **2.** krunka, grumba; die Stirn in ~n ziehen – savilkt pieri grumbās

fálten 1. locīt; salocīt; **2.** likt ieloces

Famíli‖e *f* ģimene

Famíli‖enbetrieb *m* ģimenes uzņēmums

Famíli‖enname *m* uzvārds

Famíli‖enstand *m* ģimenes stāvoklis

Fan *m* fans

fángen* ķert, tvert; noķert; saķert; Fische f. – zvejot zivis; Feuer f. – aizdegties

Fángfrage *f* āķīgs jautājums

Fárbe *f* **1.** krāsa; **2.** masts (*kāršu spēlē*)

fárbecht audums u.c., kas nezaudē krāsu pēc mazgāšanas

fä'rben krāsot; nokrāsot

Fárbenblindheit *f* krāsu aklums

fárbenfroh raibs, košs, spilgts

Fárb‖film *m* krāsu filma; **~stift** *m* krāsu zīmulis; **~stoff** *m* krāsviela

Fárbige *m* cilvēks, kam nav balt ādas krāsa, krāsainais

Fä'rbung *f* krāsojums; nokrāsa

Farm *f* ferma; **Geflügel~** *f* putn ferma; **Schlangen~** *f* čūsku ferm

Farn *m* paparde

Fasán *m* fazāns; **Fasanenjagd** *f* fazānu medības

Fásching *m* karnevāls

Faschísmus *m pol.* fašisms

Fáser *f* šķiedra; **Fleisch~** *f* gaļ šķiedra; **Holz~** *f* koka šķiedr: **Chemie~** *f* ķīmiskā šķiedra

Fass *n* **1.** muca; vāts; **2.** kubls

fássen 1. tvert; satvert; saņemt; nc tvert; **2.**: der Saal fasst über tau send Menschen – zālē var sai vairāk nekā tūkstoš cilvēku; d¢ Topf fasst zwei Liter – podā iei¢ divi litri; **3.** aptvert, saprast; **4.**: eine Beschluss f. – nolemt; Mut f. saņemt drosmi; **sich f.** saņemtie: savaldīties; sich kurz f. – izteikties I

Fássung *f* **1.** ietvars; apkalums; redakcija (*formulējums*); **3.**: j aus der F. bringen – izvest kāc no pacietības; aus der F. geraten zaudēt savaldīšanos (pacietību)

fássungslos pārsteigts; šokēts

fast gandrīz

fásten gavēt

Fástenzeit *f rel.* gavēnis

Fástnacht *f* pēdējās dienas pirr gavēņa

fasziníeren fascinēt, aizraut, apbu savaldzināt

faul 1. sapuvis; satrunējis; sasmacis; **2.** slinks; kūtrs; laisks; **3.**: ~er Witz – muļķīgs joks; ◇ an der Sache ist etw. f. – te ir kaut kas aizdomīgs

Fáulbaum *m* ieva

fáulenzen slinkot

Fáulheit *f* slinkums; kūtrums; laiskums

Faust *f* dūre

Fax *n* faksa sistēma; **~anschluss** *m* faksa pieslēgums; **~gerät** *n* faksa aparāts

fáxen nosūtīt pa faksu

Fébruar *m* februāris

féchten* paukot

Féchten *n* paukošana

Féder *f* 1. *daž. noz.* spalva; **2.** atspere

Féder‖ball *m sp.* badmintons; **~bett** *n* pēlis

fédern 1. būt atsperīgam; ~der Gang – atsperīga gaita; **2.** (*par putniem*) mest spalvas

Feed-back ['fi:dbɛk] *n sar.* pozitīva kritiska atsauksme vai recenzija

Feeling ['fi:liŋ] *n sar. jaun.* sajūta

fégen 1. slaucīt; mēzt; **2.** (*par vēju*) brāzties, drāzties

Féhl‖alarm *m* viltus trauksme; **~diagnose** *f* nepareiza diagnoze; **~einschätzung** *f* kļūdains novērtējums; **~entwicklung** *f* nepareiza attīstība; **~information** *f* nepareiza informācija

Féhlanzeige *f sar.* garām, nepareizi

Féhlbetrag *m* kases deficīts

féhlen 1. trūkt, nepietikt; es fehlt uns an Geld – mums trūkst (nepietiek) naudas; **2.** nebūt klāt; wer fehlt heute? – kas šodien nav ieradies? (*skolā*); ◇ was fehlt dir? – kas tev kait (vainas)?

Féhler *m* kļūda; trūkums; einen F. machen – kļūdīties, izdarīt kļūdu

féhlerhaft kļūdains, ar kļūdām, ar trūkumiem

Féhlgeburt *f* spontānais aborts

Féier *f* svinības; svētki

Féierabend *m* darba laika, darba dienas beigas

féierlich svinīgs

féiern 1. svinēt; **2.** sumināt, godināt, cildināt; **3.** atpūsties; nestrādāt

Féiertag *m* svētku diena; svinamā diena

féig[e] gļēvs

Féige *f* vīģe

féilen 1. vīlēt (*ar vīli*); **2.** *pārn.* [no]slīpēt

fein 1. smalks; ~ste Sorte – augstākā labuma; **2.** jauks; smalks; izsmalcināts

Feind *m* ienaidnieks

féindlich naidīgs; ienaidnieka-; ienaidnieku-

féindselig naidīgs

Féingefühl *n* smalkjūtība; takts

Féinkost *f* gastronomija; delikateses

Féinschmecker *m* gardēdis

Féin‖wäsche *f* smalkveļa; **~waschmittel** *n* neitrāls mazgāšanas

līdzeklis, mazgājamais līdzeklis
smalkveļai

Feld *n* lauks; druva; tīrums; ◇ j-n
aus dem F. schlagen – uzveikt,
uzvarēt (*konkurentu*); das F. räumen – atkāpties

Féld‖messer *m* mērnieks; **~weg** *m*
lauku ceļš, zemesceļš

Fell *n* āda, kažokāda; ◇ j-m das F.
über die Ohren ziehen – kādam
novilkt ādu pār acīm; ein dickes F.
haben – būt ar biezu ādu

Félsen *m* klints

Fénchel *m* fenhelis

Fénster *n* logs; das F. geht auf die
Straße – logs ir ielas pusē

Fénsterbrett *n* palodze

Féri‖en *dsk.* brīvdienas

Féri‖en‖haus *n* atpūtas nams; **~job**
[dʒɔp] *m* darbs brīvdienās; **~lager**
n atpūtas nometne

Féri‖enkurs *m* mācību kurss brīvlaikā vai atvaļinājumā

Férkel *n* sivēns

fern tāls; von f. und nah – no
tuvienes un tālienes

Férnbedienung *f* tālvadība, distantvadība; tālvadības pults

férnbleiben* neierasties; nepiedalīties; einer Versammlung f. – neapmeklēt sapulci

Férne *f* tālums, tāliene; tāle

Férn‖empfang *m* tālu raidstaciju
uztveršana; **~gespräch** *n* tālsaruna; **~glas** *n* tālskatis; binoklis;
~rohr *n* teleskops; tālskatis

Férnfahrer *m* tālbraucējs šoferis

Férnmeldeamt *n* nodaļa pastā tālsarunām vai telegrāfam

Férnschreiben *n* telekss

Férnsehen *n* televīzija

Férnseher *m* televīzijas aparāts, televizors

Férnsehsendung *f* televīzijas raidījums

férnstudieren studēt neklātienē

Férn‖studium *n* tālmācība, studijas
neklātienē; **~verkehr** *m* tālsatiksme

Férnverkehrsstraße *f* maģistrāle

Férse *f* papēdis; ◇ j-m auf den **~n**
sein – sekot kādam pa pēdām

fértig gatavs; pabeigts, nobeigts

Fértiggericht *n* gatavs ēdiens, kas
tikai jāuzsilda

Fértigkeit *f* izveicība; veiklība, veiklums; prasme

Féssel *f* ķēde, važas

fest 1. ciets; 2. stingrs; stiprs; ciešs;
3. pastāvīgs, noteikts; **~er** Wohnsitz – pastāvīga dzīvesvieta; **~e**
Anstellung – štata vieta

Fest *n* svētki; svinības; **~ansprache**
f svinīga uzruna; **~essen** *n* svētku
mielasts; **~rede** *f* svinīga runa

Féstgeld *n* termiņnoguldījums

féstgesetzt noteikts, nosacīts, nolikts

fésthalten turēt cieši, saturēt; (*an ar
dat.*) pieturēties

féstigen stiprināt; nostiprināt

Féstigkeit *f* 1. cietums; 2. stingrums;
stiprums; 3. *pārn.* nelokāmība;
noteiktība

féstlegen noteikt, nosacīt (*termiņu*); den Tag f. – noteikt (nosacīt) dienu; die Tagesordnung f. – noteikt dienaskārtību

féstlich svētku-; svinīgs

Féstnahme *f* apcietināšana, arests

Féstplatte *f dator.* cietais disks

féstsetzen noteikt, nosacīt (*termiņu*); den Tag f. – noteikt (nosacīt) dienu

Féstspiele *dsk.* festivāls

féststellen konstatēt, noteikt

Féstung *f* cietoksnis; Festungsgraben *m* – cietokšņa grāvis; Festungswall *m* – cietokšņa valnis

Féte *f sar.* svinības, svētki

fett tauks, trekns

Fett *n* tauki

Fétzen *m* skranda, driska; in F. zerreißen – saplēst driskās

féuchtfröhlich *hum.* viegli iereibis

Féuer *n* **1.** uguns; **2.** ugunsgrēks; **3.** *pārn.* kvēle, degsme, karstums; **4.** *mil.* šaušana, apšaude; F.! – uguni!; im F. stehen – atrasties uguns joslā; ◇ mit F. spielen – rotaļāties ar uguni; für j-n durchs F. gehen – kāda dēļ izdarīt visu; F. fangen – iedegties, sajūsmināties; iemīlēties

féuerfest ugunsdrošs

féuergefährlich ugunsnedrošs

Féuer‖löscher *m* ugunsdzēšanas aparāts; **~melder** *m* ugunsgrēka signālaparāts

féuern 1. kurināt; **2.** šaut; **3.** *sar.* atlaist no darba

Féuerstein *m* krams

Féuer‖versicherung *f* apdrošināšana pret ugunsgrēku; **~wehr** *f* ugunsdzēšanas komanda; ugunsdzēsēji

Féuerwerkskörper *m* mazas raķetes (*uguņošanai*)

Féuerzeug *n* šķiltavas

Fíchte *f* egle; Fichtennadel *f* – egles skuja; Fichtenzapfen *m* – egles čiekurs

Fíeber *n* drudzis; er hat F. – viņam ir paaugstināta temperatūra (drudzis)

fighten ['faitn] *sp. sar.* cīnīties

Figúr *f* **1.** *daž. noz.* figūra; **2.** augums

Filet [fi'le:] *n* fileja; **Rinder~** *n* liellopu fileja; **Hähnchen~** *n* cāļa fileja

Film *m daž. noz.* filma; plastischer F. – stereofilma; dieser F. läuft in mehreren Kinos – šo filmu demonstrē (rāda) vairākos kinoteātros; einen F. drehen – uzņemt filmu; **~atelier** *m* kinostudija; **~branche** *f* kinoindustrija; **~diva** *f* kinozvaigzne; **~verleih** *m* filmu noma

Fílmaufnahme *f* filmas uzņemšana

fílmen filmēt

Fílm‖festspiele *dsk.* kino (filmu) festivāls; **~schauspieler** *m* kinoaktieris; **~vorführung** *f* filmas demonstrēšana

fíltern filtrēt

Filz *m* filcs; tūba

Fílzstift *m* flomāsters
Finánzamt *n* finanšu inspekcija
finanzíeren finansēt
Fíndelkind *n* atradenis
fínden* 1. atrast; 2. *pārn.* rast; 3. atzīt, uzskatīt (*par*); ich finde es recht – es uzskatu, ka tas ir pareizi
Fínderlohn *m* atradēja atalgojums par atradumu
Fínger *m* pirksts; ~**abdruck** *m* pirkstu nospiedums; ~**zeig** *m* mājiens; ◇ keinen F. krumm machen – neko nedarīt, slinkot; die Finger von etw. lassen – neķerties klāt; (*bei etw.*) die Finger im Spiel haben – būt slepeni kaut kur iejauktam
Fíngerhut *m* uzpirkstenis
Fink *m* žubīte
fínster 1. tumšs; es wird f. – satumst; 2. *pārn.* tumšs; drūms
Fínsternis *f* 1. tumsa; tumsība; 2. *astr.* aptumsums
Fírma *f* firma; Firmenchef *m* – firmas vadītājs; Firmeninhaber *m* – firmas īpašnieks; Firmenkapital *n* – firmas kapitals; Bau~ *f* būvfirma; Handels~ *f* tirdzniecības firma; Liefer~ *f* piegādātājfirma
Fisch *m* zivs; ◇ stumm wie ein F. – mēms kā zivs; ein großer F. *sar. hum.* – svarīga persona; weder F. noch Fleisch – ne zivs, ne gaļa; ne šis, ne tas
físchen zvejot
Físcher *m* zvejnieks

Físch‖gericht *n* zivju ēdiens; ~**suppe** *f* zivju zupa
Fítness *f* laba fiziskā forma
Fítnesscenter *n* veselības centrs
fix 1. noteikts; 2. žigls, mudīgs; ātrs; 3. žigli, mudīgi; ātri; f. und fertig – pilnīgi gatavs
fíxen injicēt narkotikas
Fíxer *m* narkomāns
flach 1. lēzens; plakans; ein ~er Teller – lēzens šķīvis; 2. sekls (*arī pārn.*)
Flä́che *f* 1. līdzenums; 2. virsma
Flachs *m* lini
Flágge *f* (*neliels*) karogs
Flámme *f* liesma
Flámmeri *m* krēms (*saldais ēdiens*); aukstais pudiņš
Flásche *f* pudele
Fláschenöffner *m* pudeļu attaisāmais (*metāla vāciņiem*)
Flaum *m* dūna; pūka
fláuschig pūkains; eine ~e Wolldecke – pūkaina vilnas sega
fléchten* vīt; pīt
Fleck *m* 1. traips; plankums; 2. vieta
Fléckentferner *m* traipu tīrāmais līdzeklis
fléckig 1. traipains, notraipīts; plankumains; 2. lāsains, (*par dzīvnieku*) raibs
Flédermaus *f* sikspārnis
Fleisch *n* 1. miesa; 2. gaļa; 3. mīkstums (*augļiem*)
Fléischbrühe *f* buljons
Fléischwolf *m* gaļas maļamā mašīna

fléißig čakls; centīgs, uzcītīgs

flexíbel lokans, elastīgs

flícken lāpīt; salāpīt

Flíeder *m* ceriņi; fliederfarben – ceriņu krāsā

Flíege *f* 1. muša; 2. taurenītis (*kaklasaites veids*)

flíegen* lidot, laisties

Flíegenpilz *m* mušmire

flíehen* 1. bēgt; mukt; 2. izvairīties

Flíese *f* flīze

Flíeßband *n* konveijers, slīdošā lente

flíeßen tecēt; plūst

flíeßend tekošs; plūstošs; ein ~es Deutsch sprechen – tekoši (brīvi) runāt vāciski

Flímmerkiste *f hum.* televizors

flímmern mirgot; vizēt; vizuļot; zviļot; ņirbēt

flink žigls, ātrs, mudīgs

Flínte *f* [medību] bise

Flítterwochen *dsk.* medusmēnesis

Flócke *f* pārsla

Floh *m* blusa

Flóhmarkt *m* sīkumtirgus

Flop *m sar.* neveiksme vai neizdošanās darbā

Floppydisk [ˈflɔpiˈdisk] *f dator.* diskete

Floríst *m* florists

Floß *n* plosts

Flósse *f* plezna

Flö'te *f* flauta

flott brašs; dzīvs; bezbēdīgs; ņiprs

Flótte *f* flote; Flottenstützpunkt *m* – jūras bāze

flúchen lādēt, lādēties; lamāties

Flucht *f* bēgšana

flü'chtig 1. ķīm. gaistošs; 2. paviršs; acumirklīgs; ātri pārejošs; īslaicīgs

Flü'chtling *m* bēglis; Flüchtlingslager *n* – bēgļu nometne

Flug *m* lidojums

Flúgblatt *n* skrejlapa

Flü'gel *m* 1. spārns; 2. flangs, spārns; 3. flīģelis

Flúg‖feld *n* lidlauks; ~**gast** *m* [lidmašīnas] pasažieris; ~**hafen** *m* lidosta; ~**platz** *m* lidlauks; ~**schein** *m* lidmašīnas biļete; ~**verkehr** *m* gaisa satiksme; ~**wesen** *n* aviācija; ~**wetter** *n* labi meteoroloģiskie apstākļi lidošanai

Flúggesellschaft *f* lidsabiedrība

Flúglotse *m* lidostas dispečers

Flúgzeug *n* lidmašīna

Flúgzeugträger *m* aviācijas bāzeskuģis

Flúnder *f* bute

Flur[a] *m* priekšnams; koridors, gaitenis

Flur[b] *f* lauks; klajums

Fluss *m* 1. upe; 2. plūdums; plūsma; ~**arm** *m* atteka; ~**bett** *n* gultne

flü'ssig šķidrs; tekošs, plūstošs

Flü'ssigkeit *f* šķidrums

flü'stern čukstēt; mit j-m f. – sačukstēties

Flut *f* 1. paisums; 2. *pārn.* (*asaru, vēstuļu*) plūdi; (*vārdu*) birums

Flútlicht *n* starmeši stadionā

Föderatión *f* federācija

Fóhlen *n* kumeļš

fö′hnen žāvēt matus ar fēnu

Fólge *f* 1. sekas; 2. secība; 3. (*grā-matu*) sērija; 4.: F. leisten – izpildīt (*pavēli*); sekot (*aicinājumam*)

fólgen 1. sekot; 2. klausīt, paklausīt; j-s Rat f. – klausīt kāda padomam; 3. (*aus*) izrietēt; aus diesem Brief folgt, dass... – no šās vēstules izriet (var secināt), ka...

fólgend 1. šāds; 2. sekojošs; nākošais

fólgendermaßen šādi, šādā veidā, sekojoši

fólgenschwer ar smagām sekām; ein ~er Unfall – nelaimes gadījums ar smagām sekām

fólgern secināt

fólglich tātad

Fóli∥e *f* alumīnija folija

Fonds [fō:] *m* fonds; **Hilfs~** *m* palīdzības fonds; **Studien~** *m* studiju fonds

Font *m* dator. fonts

fórdern prasīt; pieprasīt

fö′rdern 1. veicināt, sekmēt; 2. iegūt (*ogles, sāli, rūdu*)

Form *f* forma; veids; [nicht] in F. sein *pārn.* – [ne]būt formā

formatíeren dator. formatēt

forméll 1. korekts, pieklājīgs; 2. formāls, stīvs

fórmen veidot

Fórmsache *f* formalitāte; das ist eine reine F. – tā ir tikai formalitāte

Formulár *n* formulārs, veidlapa

fórschen pētīt

Fórscher *m* pētnieks

Fö′rster *m* mežzinis

fort projām, prom; ich muss f. – man jāiet (jābrauc) projām; in einem f. – nepārtraukti, bez apstājas (mitas); und so f. – un tā tālāk (joprojām)

Fórtbildungskurse *dsk.* kvalifikācijas paaugstināšanas kursi

fórt∥bleiben * neierasties, neatnākt; **~fahren** * 1. aizbraukt, braukt projām; aizceļot; 2. turpināt; fahre fort [wie bisher]! – turpini tāpat tālāk!; 3. [aiz]vest projām; **~gehen** * iet (aiziet) projām

fórtgeschritten samērā vēlā attīstības stadijā

fórtlaufen * skriet (aizskriet) projām

fórtlaufend: -e Nummern – numuri pēc kārtas; secīgi

fórt∥pflanzen, sich 1. vairoties; 2. izplatīties (*par skaņu*); **~schaffen** aizgādāt projām; [aiz]vest projām; [aiz]nest projām

fórtschreiten attīstīties tālāk

Fórtschritt *m* 1. progress; 2. sekmes

fórtschrittlich progresīvs

fórtsetzen turpināt

Fórtsetzung *f* turpinājums

fórtwährend pastāvīgs, nepārtraukts

Fóto *n* fotogrāfija

Fotográf *m* fotogrāfs; Berufsfotograf *m* – profesionāls fotogrāfs; Hobby-fotograf *m* – fotogrāfs amatieris

Fotografíe *f* fotogrāfija

Fotokopíe *f* kopējamā aparātā izgatavota kopija

Fracht *f* 1. krava; 2. *ek.* frakts

Frácht‖brief *m* (*preču, kravas*) pavadzīme; *jūrn.* konosaments; **~geld** *n* maksa par kravas pārvadāšanu; **~gut** *n* mazā ātruma krava, lēnvedums

Fráge *f* jautājums; **~n stellen** – uzdot jautājumus

Frágebogen *m* anketa

frágen jautāt, vaicāt; **nach j-m f.** – prasīt pēc kāda

Frágestellung *f* jautājuma nostāde

fráglich apšaubāms; apstrīdams

fráglos neapšaubāms, neapstrīdams

Fraktión *f* frakcija

Fraktúr *f* lūzums (*kaula*)

frankíeren uzlīmēt pastmarku pasta sūtījumam; **einen Brief f.** – uzlīmēt vēstulei pastmarku

frappíerend pārsteidzoši, negaidīti

frä′sen frēzēt

Frä′ser *m* **1.** frēzētājs; **2.** *tehn.* frēze

Frau *f* **1.** sieviete; **2.** [precēta] sieva; **3.** (*uzruna, pie uzvārda*) kundze

Fráuen‖arzt *m* ginekologs; **~mannschaft** *f* sieviešu komanda (*sportā*)

Fráuenhaus *n* sociāla institūcija sievietēm

Fráuenrechtlerin *f* cīnītāja par sieviešu līdztiesību

Freak [fri:k] *m* cilvēks, kas izturas neatbilstoši sabiedrības normām

frech nekaunīgs, bezkaunīgs

frei 1. *daž. noz.* brīvs; **unter ~em Himmel** – zem klajas debess; **2.** brīvs, bez maksas; **~er Eintritt** – ieeja bez maksas (brīva)

Fréibad *n* atklātais peldbaseins

Fréie *n*: **ins F. – svaigā gaisā; ins F. fahren** – izbraukt zaļumos; **im ~n** – brīvā dabā, zem klajas debess

Fréigänger *m* cietumnieks, kas drīkst strādāt ārpus cietuma, bet nakšņo cietumā

Fréi-Haus-Lieferung *f* bezmaksas piegāde mājās

Fréiheit *f* brīvība

Fréiheitskampf *m* brīvības cīņa

Fréikarte *f* brīvbiļete

Fréikörperkultur *f* nūdisms

fréilassen* atbrīvot, atlaist brīvībā

fréilich 1. protams, bez šaubām; **2.** bet, tikai

Fréilicht‖bühne *f* brīvdabas teātris; **~museum** *n* brīvdabas muzejs

fréimütig vaļsirdīgs, atklāts

fréisprechen* *jur.* attaisnot

Fréistilringen *n sp.* brīvā cīņa

Fréitag *m* piektdiena

Fréiübungen *dsk. sp.* brīvās kustības

fréiwillig brīvprātīgs

fremd svešs, nepazīstams; **ich bin hier f.** – es šeit esmu svešinieks; **die Sache ist mir f.** – es neesmu lietas kursā

Frémde[a] *m* svešinieks

Frémde[b] *f* svešums, svešatne

Frémdenführer *m* gids, tūristu pavadonis

frémdgehen kļūt neuzticīgam (*laulātajam vai partnerim*)

Frémd‖sprache *f* svešvaloda; **~wort** *n* svešvārds

fréssen* **1.** (*par dzīvniekiem*) ēst; **2.** *sar.* rīt; **3.** saēst (*par kodēm*)

Fréude *f* prieks, līksme

fréuen iepriecināt, darīt prieku; **sich f.** priecāties; līksmot; es freut mich, Sie zu sehen – man ir prieks (es priecājos) jūs redzēt; sich über etw. (*ar akuz.*) f. – priecāties par kaut ko; ◇ freut mich, [Sie kennen zu lernen]! – priecājos iepazīties!

Fréund *m* **1.** draugs; ein F. der Kunst – mākslas draugs (cienītājs); **2.** (*von etw.*) cienītājs; er ist kein F. von... – viņam nepatīk...

Fréundin *f* draudzene

fréundlich **1.** laipns; **2.** jauks, patīkams

Fréundschaft *f* draudzība

fréundschaftlich draudzīgs

Fréundschaftsspiel *n sp.* draudzības spēle

Fríeden *m* miers; Friedensangebot *n* – miera piedāvājums; Friedensbedingungen *dsk.* – miera nosacījumi; Friedensverhandlungen *dsk.* – miera sarunas; Freidensvertrag *m* – miera līgums; den F. erhalten – saglabāt (nosargāt) mieru

Fríedenspolitik *f* miera politika

fríedfertig miermīlīgs, saticīgs

Fríedhof *m* kapsēta

fríedlich **1.**ʳ miermīlīgs; **2.** mierīgs; auf ~em Wege – miera ceļā

fríeren* **1.** salt; **2.** aizsalt; sasalt; **3.**: es friert – salst

Frikadélle *f* kotlete

frisch **1.** svaigs; spirgts; **2.** vēss, dzestrs

Frísche *f* **1.** svaigums; spirgtums; **2.** vēsums, dzestrums

Friseur [..′zø:r] *m* frizieris

Friseuse [..′zø:zə] *f* friziere

frisíeren frizēt; **sich f.** frizēties

Frisíersalon *m* frizētava

Frist *f* **1.** laiks, laika sprīdis; **2.** termiņš; die F. ist abgelaufen – termiņš ir izbeidzies; die F. verlängern – pagarināt termiņu

frístlos beztermiņa-

Frisúr *f* frizūra

frittíeren cept karstā eļļā vai taukos

froh priecīgs; jautrs, līksms

frö′hlich priecīgs; jautrs, līksms

fromm dievbijīgs

Front *f* **1.** fronte; **2.** ierinda

Frosch *m* varde

Frost *m* sals; **~einbruch** *m* sala iestāšanās; **~schaden** *m* sala nodarītie zaudējumi

Frucht *f* auglis

Frúchtwechsel *m lauks.* augseka

frúchtbar auglīgs

Frúchtfleisch *n* augļa (*ābola, bumbiera*) mīkstums

frúchtlos neauglīgs

Frúchtsaft *m* augļu sula

früh agrs; morgen f. – rīt no rīta

frü′her **1.** agrākais; **2.** agrākais, bijušais; **3.** agrāk; **4.** agrāk, senāk

Frü′herkennung *f* agrīnā diagnostika

Frü′hling *m* pavasaris; im F. – pavasarī

Früʹhstück *n* brokastis
früʹhstücken brokastot
früʹhzeitig 1. agrs; **2.** priekšlaicīgs, pāragrs
Frust *m* frustrācija
Fuchs *m* lapsa; **~bau** *m* lapsas ala; **~falle** *f* lapsu lamatas
füʹgen, sich 1. atgadīties, notikt; **2.** padoties, pakļauties
füʹhlen just, sajust; izjust; den Puls f. – pārbaudīt (taustīt) pulsu; **sich f.** justies
Füʹhlung *f* kontakts; mit j-m F. aufnehmen – nodibināt kontaktu ar kādu
Fúhre *f* vezums (*krava*)
füʹhren 1. vest; **2.** vadīt; **3.** būt pārdošanā (*par precēm*); **4.** būt [klāt] (*dokumentiem*); **5.** *sp.* būt vadībā (priekšgalā); **6.** (*zu*): das wird zu gutem Erfolg f. – tam būs labi panākumi; ein Gespräch f. – sarunāties; einen Kampf (*gegen ar akuz.*) f. – cīnīties pret ko; ein ruhiges Leben f. – mierīgi dzīvot
Füʹhrer *m* **1.** vadītājs; vadonis; **2.** gids, pavadonis; **3.** ceļvedis (*grāmata*); **~eigenschaften** *dsk.* līdera īpašības; **~persönlichkeit** *f* līdera personība; **~rolle** *f* vadošā (līdera) loma; **~natur** *f* līdera tips, līderis
Füʹhrung *f* vadīšana; vadība
Fúhrunternehmen *n* kravas transporta uzņēmums
Füʹlle *f* pārpilnība; in Hülle und F. – pārpilnām

füʹllen pildīt; iepildīt; piepildīt; **sich f.** pildīties, piepildīties
Füʹllfederhalter *m* pildspalva
Fund *m* atradums; Münzfund *m* – depozīts (*monētu*)
Fúndbüro *n* atrasto mantu birojs
fundíert labi pamatots; seine Aussagen sind wissenschaftlich f. – viņa izteikumi ir zinātniski pamatoti
füʹnf pieci
füʹnfhundert piecsimt
Füʹnfkampf *m sp.* pieccīņa
füʹnfte piektais
füʹnfzehn piecpadsmit
füʹnfzehnte piecpadsmitais
füʹnfzig piecdesmit
füʹnfzigste piecdesmitais
fungíeren darboties; als etw. f. – strādāt par
Funk *m* radio (*iekārta vai informācijas pārraide*)
Fúnkanlage *f* radioiekārta; radioierīce
Fúnke[n] *m* dzirkstele; dzirksts
fúnken pārraidīt pa radio (radiotelegrāfu)
Fúnker *m* radiotelegrāfists, radists
Fúnk‖spruch *m* radiogramma; **~station** *f* raidstacija; **~störung** *f* traucējumi pārraidē; **~verbindung** *f* radiosakari
Funktionäʹr (*partijas, arodbiedrības*) aktīvists, darbinieks
funktioníeren funkcionēt, strādāt, darboties

Fúnk‖wesen *n* radiotehnika; **~zeichen**
n radiosignāls
für 1. (*ar akuz.*): das ist für Sie – tas
ir jums; für Kinder – bērniem;
2. par; für j-n sorgen – rūpēties
par kādu; für ein Jahr – vienam
gadam, uz vienu gadu; Tag für
Tag – diendienā; ein für allemal –
reizi par visām reizēm; für immer –
uz visiem laikiem; was für ein –
kāds; das habe ich für 100 Mark
gekauft – to es nopirku par 100
markām
Fúrche *f* **1.** vaga; **2.** krunka, grumba
(*sejā*)
Furcht *f* bailes; izbailes; F. vor etw.
(*dat.*) haben – baidīties (*no kaut kā*)
fúrchtbar briesmīgs, drausmīgs
fü'rchten, sich f. (*vor ar dat.*)
baidīties, bīties
fü'rchterlich briesmīgs, šausmīgs,
baismīgs, drausmīgs
Fü'rsorge *f* gādība, aizgādība; soziale
F. – sociālā apgāde
Fü'rsprache *f* : für j-n F. einlegen –
aizrunāt par kādu, aizlikt (aizbilst)
par kādu labu vārdu
Furt *f* brasls
Fusion [fu'zio:n] *f ek.* apvienošanās,

saplūšana (*firmu, banku, uzņē-
mumu*); Fusionsverhandlungen
dsk. – sarunas par apvienošanos;
Fusionsvertrag *m* – līgums par
apvienošanos
Fuß *m* **1.** kāja; zu F. – kājām; **2.** pēda
(*mērs*); **3.** (*kalna*) pakāje; ◇ auf
eigenen Füßen stehen – būt pat-
stāvīgam; auf großem Fuß[e]
leben – dzīvot plaši, izšķērdīgi; j-m
zu Füßen liegen – kādu pielūgt; j-m
auf den F. treten – kādu aizvainot
Fúßball *m* futbols
Fúßball‖elf *f* futbola komanda; **~feld**
n futbola laukums; **~spieler** *m*
futbolists; futbola spēlētājs; **~welt-
meisterschaft** *f* pasaules meistar-
sacīkstes futbolā
Fúß‖boden *m* grīda; **~gänger** *m*
gājējs; **~note** *f poligr.* zemteksta
piezīme; **~weg** *m* **1.** ietve, trotuārs;
2. taka; kājceliņš
Fútter[a] *n* barība (*dzīvniekiem*); ēda-
mais; grünes F. – zaļbarība; **~trog**
m barības sile; Trockenfutter *n* –
sausbarība
Fútter[b] *n* padrēbe
Fútterpflanze *f* lopbarības augs
fü'ttern[a] **1.** barot; **2.** ēdināt (*mazu
bērnu*)
fü'ttern[b] oderēt

G

Gábe *f* **1.** dāvana, velte; **2.** dāvanas, dotības, talants; **Auffassungs~** *f* uztveres spēja; **Dichter~** *f* dzejnieka talants; **Redner~** *f* oratora dotības

Gábel *f* **1.** dakša; **2.** *lauks.* dakšas

gáffen blenzt; stulbi skatīties; skatīties, muti ieplētis

Gag [gɛk] *m* triks; *sar.* kaut kas pēkšņs un pārsteidzošs

Gage [ˈgaːʒə] *f* mākslinieka honorārs

gä'hnen 1. žāvāties; **2.** atvērties, rēgoties (*par bezdibeni*)

Galaxíe *f* galaktika

Galeríe *f daž. noz.* galerija

Gálle *f* žults

Gang *m* **1.** gaita; in G. setzen – iekustināt; **2.** gājums; gājiens; **3.** eja; gaitenis; **4.** ēdiens; das Essen bestand aus drei Gängen – pusdienās bija trīs ēdieni; **Erkundungs~** *m* izlūkgājiens; **Streifen~** *m* patruļa

gángbar ejams; dieser Weg ist nicht mehr g. – pa šo ceļu vairs nevar iet

gä'ngig (*par precēm*) ejošs

Gangster [ˈgɛŋstər] *m* gangsteris

Gángway [ˈgɛŋvei] *f* lidmašīnas vai kuģa traps

Gans *f* zoss; Gänsebraten *m* – zoss cepetis; Gänsefeder *f* – zoss spalva; Gänseleber *f* – zoss aknas

Gä'nsefüßchen *dsk. sar.* pēdiņas;

ein Wort in G. setzen – likt kādu vārdu pēdiņās

Gä'nsehaut *f* zosāda

ganz 1. vesels; die Tasse ist g. – tase ir vesela; ~e Zahlen – veseli skaitļi; einen ~en Tag – veselu dienu; **2.** viss; den ~en Tag – visu dienu; **3.** pavisam, gluži; g. gut – gluži labi; g. gleich – vienalga

gánztägig ar darbalaiku 24 stundas; das Lokal ist g. geöffnet – restorāns ir atvērts 24 stundas (visu diennakti)

gar 1. gatavs (*par ēdienu*); **2.** ļoti, visai, pavisam; g. nicht – nemaz; g. nichts – nekas

Garáge [..ʒə] *f* garāža

Garantíe *f* garantija

Garantíeschein *m* garantija; garantijas raksts

Gárbe *f* kūlis; kūlītis

Gárde *f* gvarde; ~korps *n* gvardes korpuss; ~regiment *n* gvardes pulks

Garderóbe *f* **1.** garderobe, ģērbtuve; **2.** garderobe, apģērbs

Gardíne *f* logu aizkars

gä'ren* rūgt

Garn *n* **1.** diegs; diedziņi; dzija; **2.** tīkls; j-m ins G. gehen *pārn.* – ieskriet kāda tīklā; ~knäuel *n vai m* kamols; ~spule *f* spole, spolīte

Garnéle *f* garnele

Gárten *m* dārzs

Gártenarchitekt *m* ainavu arhitekts

Gártenbau *m* dārzkopība

Gä'rtner *m* dārznieks

Gärtneréi *f* dārzniecība

Gas *n* gāze; **~ableser** *m* gāzes skaitītājs; **~feuerzeug** *n* gāzes šķiltavas; **~geruch** *m* gāzes smaka; **~hahn** *m* gāzes krāns

Gásherd *m* gāzes pavards

Gáspistole *f* gāzes pistole

Gásse *f* iela; ieliņa

Gássi: einen Hund G. führen *sar.* – izvest suni pastaigāties

Gast *m* viesis, ciemiņš

Gástarbeiter *m* viesstrādnieks

Gä'stebuch *n* atsauksmju grāmata; viesu grāmata

Gástfamili|e *f* ģimene, kas apmaiņas kārtībā uzņem citas valsts skolēnu; viesģimene

Gást‖freundschaft *f* viesmīlība; **~haus** *n* viesnīca; **~stätte** *f* ēdnīca; restorāns

Gastrítis *f med.* gastrīts

Gászähler *m* gāzes skaitītājs

Gátte *m* (*precēts*) vīrs

Gáttin *f* (*precēta*) sieva

Gáttung *f* suga; šķirne

Gáumen *m anat.* aukslējas

Gebä'ck *n* cepums; cepumi

Gebä'rde *f* žests, vaibsts

gebä'ren* dzemdēt

Gebäu'de *n* ēka, celtne

gében* **1.** dot; was wird heute im Theater gegeben? – ko šovakar izrāda teātrī?; sich Mühe g. –

pūlēties; **2.**: es gibt – ir; es gibt noch viel zu tun – vēl daudz kas darāms; was gibt's Neues? – kas jauns?

Gebét *n* lūgšana, lūgsna

Gebíet *n* **1.** apgabals; novads; **2.** sfēra, joma; nozare

gebíldet izglītots

Gebínde *n* grezns puķu pušķis

Gebírge *n* kalni; kalnājs; kalnu grēda

gebírgig kalnains

gebógen izliekts, saliekts

gebóren 1. dzimis; sie ist eine **~e** Müller – viņas pirmslaulības uzvārds ir Millere; er ist der **~e** Lehrer – viņš dzimis (īsts) skolotājs; **2.**: g. sein – piedzimt; er ist 1935 geboren – viņš ir dzimis 1935. gadā

Gebót *n* **1.** pavēle, prasība; j-m zu **~e** stehen – būt kāda rīcībā; **2.** *rel.* bauslis (*arī pārn.*)

Gebráuch *m* lietošana; das ist außer G. gekommen – to vairs nelieto; vor/nach G. – pirms/pēc lietošanas; die Flasche vor G. gut schütteln – pudeli pirms lietošanas saskalot

gebráuchen lietot

gebräu'chlich lietojams

Gebráuchs‖anweisung *f* lietošanas pamācība; **~gegenstand** *m* plaša patēriņa priekšmets

Gebráuchsartikel *m* patēriņa prece

Gebráuchtwagen *m* lietota automašīna

Gebráuchtwaren *dsk.* lietotas mantas
gebréchlich 1. vārgs, sanīcis; **2.** gaudens, kroplīgs, pilns vainām
Gebü'hr *f* **1.** nodeva, nodoklis; **2.**: nach G. – pēc nopelniem, pienācīgi; über G. – pārmērīgi; vairāk, nekā [pie]nākas
gebúnden 1. sasiets; saistīts; **2.** *poligr.* iesiets
Gebúrt *f* **1.** dzimšana; von G. an – kopš dzimšanas; **2.** dzemdības; **3.** izcelšanās; er ist Lette von G. – viņš ir dzimis latvietis; Geburtenrate *f* – dzimstības procents; Geburtenrückgang *m* – dzimstības samazināšanās; Geburtsurkunde *f* – dzimšanas apliecība
Gebúrtenkontrolle *f* dzimstības kontrole
Gebúrts‖schein *m* dzimšanas apliecība; **~tag** *m* dzimšanas diena
Gebü'sch *n* krūmi, krūmājs
Gedä'chtnis *n* **1.** atmiņa; **2.** piemiņa, atcere; zum G. – piemiņai, atcerei; **~schwäche** *f* slikta atmiņa; **~störung** *f* atmiņas traucējumi
gedä'mpft 1. sutināts; **2.** (*par skaņu*) klusināts, apslāpēts
Gedánke *m* doma; ideja
Gedánkengang *m* domu gaita; einem G. folgen [können] – [spēt] sekot kāda domu gaitai
gedánkenlos neapdomīgs; neapdomāts
Gedéck *n* [ēdam]galda piederumi (*vienai personai*); bitte legen Sie

noch ein G. auf! – lūdzu, uzklājiet vēl vienai personai!
gedéihen* [labi] padoties; izdoties; zelt, plaukt
gedénken* **1.** būt nodomājušam; ich gedenke hier eine Woche zu bleiben – es esmu nodomājis palikt šeit vienu nedēļu; **2.** (*ar ģen.*) atcerēties, atminēties; pieminēt
Gedénk‖tafel *f* piemiņas (memoriālā) plāksne; **~tag** *m* piemiņas (atceres) diena
Gedícht *n* dzejolis, dzeja
Gedrä'nge *n* drūzma, burzma; ins G. geraten *sar.* – nonākt laika trūkumā
gedrúckt iespiests
Gedúld *f* pacietība; etwas G. fassen – mazliet paciesties
gedúlden, sich paciesties
gedúldig pacietīgs
geéignet derīgs, piemērots
Gefáhr *f* briesmas; auf die G. hin... – riskējot ar...
gefä'hrden apdraudēt
Gefáhrenzulage *f* piemaksa par bīstamu darbu
gefä'hrlich bīstams, riskants
Gefä'hrte *m* biedrs (*ceļā, pasākumā, laulībā*)
gefállen* patikt; sich etw. g. lassen – paciest kaut ko; das lasse ich mir nicht g. – to es necietīšu
Gefállenᵃ *m* pakalpojums; laipnība; j-m einen G. tun – izdarīt kādam pakalpojumu; würden Sie mir einen G. tun? – vai jūs būsiet tik laipns...?

Gefállen[b] *n* patikšana, patika; daran finde ich kein G. – tas man nepatīk

gefä´llig 1. patīkams; **2.** pakalpīgs; iztapīgs; laipns; **3.**: was ist g.? – ko jums, lūdzu?; ar ko varu pakalpot?

Gefángene *m* gūsteknis; Gefangenenaustausch *m* – gūstekņu apmaiņa

Gefä´ngnis *n* cietums; **~aufseher** *m* cietuma uzraugs; **~insasse** *m* cietumnieks; **~zelle** *f* cietuma kamera; Untersuchungsgefängnis *n* – izmeklēšanas cietums

Gefä´ß *n* **1.** trauks; **2.** asinsvads; **~erweiterung** *f* asinsvadu paplašināšanās; **~verengung** *f* asinsvadu sašaurināšanās

Gefécht *n* kauja; cīņa

Geflécht *n* pinums; režģis

gefléckt lāsains, lāsumains, plankumains

Geflü´gel *n* mājputni

Geflü´gel‖zucht *f* putnkopība; **~züchter** *m* putnkopis

Geflü´ster *n* čuksti

Gefólge *n* svīta, pavadoņi

Gefríer‖punkt *m* *fiz.* sasalšanas punkts, nullpunkts; **~fach** *n* saldētava; **~beutel** *m* saldējamais maisiņš

Gefü´ge *n* **1.** struktūra; uzbūve; **2.** *tehn.* savienojums; salaidums

Gefü´hl *n* **1.** jūtas; **2.** sajūta, izjūta; ◇ j-s **~e** erwidern – atbildēt uz kāda jūtām; mit gemischten **~en** – ar dalītām jūtām

gefü´hllos 1. nejūtīgs, bezjūtīgs, bez jūtām; **2.** nejutīgs

gefü´llt pildīts; ~es Huhn *kul.* – pildīta vista

gegen 1. pret; g. den Strom – pret straumi; g. seinen Willen – pret savu gribu; g. j-n streng sein – būt stingram pret kādu; **2.** pret, uz; g. Norden – pret (uz) ziemeļiem; **3.** ap; g. fünf Uhr – ap pulksten pieciem; es waren g. hundert Personen – bija ap simt personu (cilvēku); **4.**: g. Quittung – pret kvīti; ein Mittel g. Kopfschmerzen – līdzeklis pret galvassāpēm

Gégenbesuch *m* pretvizīte

Gégend *f* apvidus; apkārtne, apkaime

Gégendienst *m* pretpakalpojums

gegeneinánder viens pret otru, cits pret citu

Gégen‖gift *n* pretinde; **~mittel** *n* pretlīdzeklis; **~rede** *f* ieruna, iebildums; **~satz** *m* pretstats, kontrasts; pretruna

gégenseitig savstarpējs

Gégensprechanlage *f* interkoma iekārta

Gégenstand *m* **1.** priekšmets, lieta; objekts; **2.** tēma; sižets

Gégenstimme *f* (*balsošanā*) balss pret

Gégenteil *n* pretstats; im G. – gluži otrādi (pretēji); das G. behaupten *sar.* – apgalvot pretējo

gegenü´ber 1. pretim, pretī; pāri pretim; das Hotel steht dem Theater g. – viesnīca atrodas pretī teātrim;

2. pret; er empfindet dir g. Achtung – viņš jūt cieņu pret tevi; die Pflicht der Heimat g. – pienākums pret dzimteni; **3.** salīdzinot ar; seinem Bruder g. wirkt er klein – salīdzinājumā ar savu brāli viņš šķiet mazs

Gégenverkehr m pretējās ceļa joslas satiksme, pretimbraucošās automašīnas; es herrscht starker G. – pretī brauc daudz automašīnu

Gégenwart f **1.** tagadne; **2.** klātbūtne; in seiner G. – viņa klātbūtnē, viņam klātesot

gégenwärtig 1. tagadējs, pašreizējs; g. sein – būt klāt; **2.** tagad; pašreiz, pašlaik

Gégenwind m pretvējš

Gégner m **1.** pretinieks; **2.** oponents

Gehált[a] m saturs, sastāvs

Gehált[b] n alga; Gehaltsabrechnung f – algas aprēķins; Gehaltserhöhung f – algas paaugstinājums; Gehaltskonto n – algas konts; Gehaltskürzung f – algas pazeminājums; Gehaltszulage f – algas pielikums

gehéim slepens; apslēpts

Gehéimabkommen n slepena vienošanās

Gehéimnis n noslēpums; **Amts~** n amata noslēpums; **Beicht~** n bikts noslēpums; **Staats~** n valsts noslēpums; ein offenes G. – visiem zināms noslēpums

géhen* iet; staigāt; g. Sie geradeáus! – ejiet taisni uz priekšu!; der Zug geht um sechs Uhr – vilciens [at]iet pulksten sešos; in die Schule g. – iet skolā; an die Arbeit g. – ķerties pie darba; in Stücke g. – saplīst; vor sich g. – notikt, norisināties; wie geht es [Ihnen]? – kā [jums] iet (klājas)?; es geht nicht – tā nevar

Gehílfe m palīgs

Gehírn n (*galvas*) smadzenes; **~erschütterung** f smadzeņu satricinājums; **~tumor** m smadzeņu audzējs; **~windung** f smadzeņu rieva

Gehírnhautentzündung f *med.* meningīts

Gehírnschlag m *med.* insults

Gehírnwäsche f *sar.* smadzeņu skalošana; eine G. mit j-m machen – garīgi apstrādāt

Gehö'r n dzirde

gehórchen paklausīt; klausīt

gehö'ren 1. piederēt; **2.** (*zu*) piederēt (*pie*), piederēties, iederēties; das gehört nicht zur Sache – tas neattiecas uz lietu; **sich g.** pieklāties, klāties, piederēties, pienākties

gehö'rig 1. piederīgs, piederošs; **2.** pienācīgs, piedienīgs

gehórsam paklausīgs

Gehórsam m paklausība

Géier m *zool.* lija

Géige f vijole

Géiger m vijolnieks

Géigerzähler m Geigera skaitītājs

Géiselnahme f ķīlnieku saņemšana

Geist *m* **1.** gars; **2.** gars, rēgs, spoks;
Geisterstunde *f* – spoku stunda;
Geisteszustand *m* – psihiskais
stāvoklis
géistesabwesend izklaidīgs
Géistesgegenwart *f* attapība
géistes‖krank garīgi slims; **~schwach**
garā vājš, plānprātīgs
Géisteswissenschaft *f* humanitārā
zinātne
géistig 1. garīgs, gara-; **2.**: **~e** Getränke –
alkoholiskie dzērieni
Géistliche *m* garīdznieks
Géistlichkeit *f* garīdzniecība
Geiz *m* skopums
Géizhals *m* skopulis, sīkstulis
géizig skops, sīksts
gekǘ'nstelt samākslots, nedabisks
Gel *n* želeja
Gelä́'chter *n* smiekli, smiešanās; zum
G. werden – kļūt par apsmieklu
Gelä́'nde *n* apvidus
Gelä́'nde‖fahrt *f* *sp.* motokross;
~lauf *m* *sp.* kross
Gelä́'nder *n* margas, treliņi
gelángen nokļūt, nonākt; ans Ziel g. –
sasniegt mērķi
gelássen mierīgs, savaldīgs
geläú'fig 1. zināms, pazīstams; ie-
rasts; das ist mir g. – to es labi zinu
(protu); das Wort ist mir nicht g. –
šis vārds man ir neierasts; **2.** (*par
valodu*) tekošs, brīvs; in **~em**
Deutsch sprechen – brīvi runāt
vāciski
geláunt: gut g. sein – būt labā omā

gelb dzeltens
Gélbfieber *n* med. dzeltenais drudzis
Gélbsucht *f* med. dzeltenā kaite
Geld *n* nauda; das kostet viel G. – tas
dārgi maksā; in barem G. zahlen –
maksāt skaidrā naudā; **~buße** *f*
naudas sods; **~entwertung** *f* in-
flācija; **~spende** *f* ziedojums
Géldautomat *m* bankomāts
Géld‖einlage *f* naudas noguldījums,
depozīts; **~schein** *m* naudaszīme;
~umlauf *m* naudas apgrozījums;
~wechsel *m* **1.** naudas maiņa;
2. naudas maiņas punkts
Géldwäsche *f* sar. naudas atmazgāšana
Gelee [ʒe'le:] *n vai m* želeja
gelégen 1. ērts, izdevīgs, parocīgs;
zu **~er** Zeit – izdevīgā laikā; das
kommt mir g. – tas ir īstā laikā, tas
man ir izdevīgi; **2.**: ein entfernt **~er**
Ort – nomaļa vieta
Gelégenheit *f* izdevība; izdevīgs ga-
dījums; ◇ die G. beim Schopf
ergreifen – izmantot izdevību;
Gelegenheitsarbeiter *m* – gadī-
juma darbu strādnieks
gelégentlich 1. gadījuma-; nejaušs;
2. ja gadās, ja iznāk; frag ihn g.,
ob... – pajautā viņam, ja iznāk,
vai...; **3.** (*ar ģen.*) sakarā ar; g.
ihres Jubiläums – sakarā ar viņas
jubileju
Geléhrte *m* zinātnieks
Gelénk *n* anat. locītava
Gelénkbus *m* autobuss ar savieno-
jumu starp vagoniem

Gelíebte *m* mīļais; mīļotais; mīļākais
gelíngen* izdoties
Gelö'bnis *n* svinīgs solījums; ein G.
ablegen – dot svinīgu solījumu
gélten* **1.** derēt, būt spēkā; die
Fahrkarte gilt nicht mehr – biļete
vairs nav derīga; **2.** (*als, für*)
skaitīties (*par*), tikt uzskatītam (*par*)
Géltung *f* nozīme, nozīmība; hier
kommt sein Talent zur G. – te
izpaužas (parādās) viņa talants
Gemáhl *m* vīrs, dzīvesbiedrs
Gemáhlin *f* sieva, dzīvesbiedre
Gemä'lde *n* glezna
Gemä'lde‖ausstellung *f* gleznu iz-
stāde; **~galerie** *f* gleznu galerija;
~sammlung *f* gleznu kolekcija
gemä'ß (*ar dat.*) pēc; saskaņā ar;
atbilstoši; der Vorschrift g. –
saskaņā ar priekšrakstu; alters-
gemäß – atbilstoši vecumam; er-
wartungsgemäß – kā jau gaidīts;
vereinbarungsgemäß – saskaņā ar
vienošanos; fachgemäß – pro-
fesionāli
gemèin 1. parasts; vienkāršs; **~er**
Soldat – ierindas kareivis; **2.** kopējs;
kopīgs; ich habe nichts mit ihm g. –
man ar viņu nav nekā kopīga;
3. zems, zemisks; nekrietns; rupjš
Geméinde *f* **1.** pagasts; **2.** *rel.* draudze
Geméineigentum *n* sabiedriskais
īpašums
geméingefährlich sabiedrībai bīs-
tams (*noziedznieks*)
geméinsam kopējs, kopīgs; **~e** Inte-

ressen – kopīgas intereses; **~e**
Erklärung – kopēja deklarācija
Geméinschaft *f* cilvēku grupa, kuru
saista kaut kas kopējs; **Arbeits~** *f*
darba grupa; **Dorf~** *f* ciema ie-
dzīvotāji; **Forschungs~** *f* pētnie-
cības grupa; in G. mit j-m / etw. –
kopā ar kādu; Gemeinschafts-
gefühl *n* – vienotības sajūta
geméssen nosvērts; apdomāts
Gemétzel *n* asinspirts, masveida no-
galināšana, slepkavošana
Gemísch *n* maisījums; sajaukums;
mistrojums
gemíscht sajaukts, samaisīts
Gemü'se *n* saknes; dārzeņi; dārzāji
Gemü'se‖bau *m* sakņkopība; dārzeņ-
kopība; **~eintopf** *m* dārzeņu sau-
tējums; **~garten** *m* sakņu dārzs
Gemü't *n* raksturs, daba; **~er** *dsk.*
domas, prāti; die erregten **~er**
beruhigen – nomierināt uztrauktos
ļaužu prātus
gemü'tlich omulīgs, patīkams; ērts
Gemü'tsmensch *m* laipns un labsir-
dīgs cilvēks
gemü'tvoll sirsnīgs, omulīgs
Gen *n* *biol.* gēns; **~forscher** *m* gēnu
pētnieks; **~manipulation** *f* gēnu
pārveidošana; **~material** *n* ģenē-
tiskais materiāls; **~mutation** *f* gēnu
mutācija
genáu 1. noteikts; akurāts; precīzs;
peinlich g. – pedantiski; **2.** tieši;
precīzi; es sind g. drei Meter –
[šeit] ir tieši 3 metri

Genáuigkeit f precizitāte; mit G. – noteikti, droši

Genéhmigung f atļauja, piekrišana; die G. erhalten – dabūt atļauju

Generál m ģenerālis

Generál‖probe f ģenerālmēģinājums; **~reparatur** f kapitālremonts; **~streik** m vispārējs streiks; **~versammlung** f pilnsapulce

generálüberholen tehn. kapitāli izremontēt, atjaunot

Generálüberholung f kapitālais remonts

Generatión f paaudze

Generátor m ģenerators

generéll vispārējs

genésen* izveseļoties, atveseļoties

Genésung f izveseļošanās; atveseļošanās

geniál ģeniāls

Genick n pakausis; sich das G. brechen – lauzt sprandu (kaklu)

Genie [ʒe..] n ģēnijs

genieren [ʒe..], **sich** kautrēties, kaunēties

genießbar baudāms

genießen* **1.** baudīt; izbaudīt; die Natur g. – izbaudīt dabas skaistumu; sie genießt allgemeine Achtung – visi viņu cienī; **2.** iebaudīt (ieēst)

génmanipuliert ar pārveidotiem gēniem

Genóm n genoms

Genósse m biedrs (arodbiedrībā, sociāldemokrātu, sociālistu vai komunistu partijā)

Genóssenschaft f kooperatīvs; artelis

Genóssin f biedre, biedrene

Genre [ʒɑ̃:rə] n žanrs

Géntechnologie f gēnu tehnoloģija

genúg diezgan, pietiekoši, pietiekami

genü'gen pietikt, būt diezgan; das genügt – pietiek; das genügt mir nicht – ar to man nepietiek; das genügt meinen Wünschen – tas ir tā, kā es vēlos

genü'gend pietiekošs, pietiekams

genü'gsam pieticīgs

Genü'gsamkeit f pieticība

Genúgtuung f gandarījums

Genúss m **1.** bauda; baudījums; **2.** baudīšana; (alkohola) lietošana

Genússmittel n baudviela

Geografíe f ģeogrāfija

Geologíe f ģeoloģija

Gepä'ck n bagāža; saiņi

Gepä'ck‖aufbewahrung f **1.** bagāžas uzglabāšana; **2.** bagāžas glabātava; **~netz** n bagāžas tīkls (vagonā); **~schein** m bagāžas kvīts; **~träger** m **1.** [bagāžas] nesējs; **2.** bagāžnieks (divritenim); **~wagen** m bagāžas vagons

Gépard m gepards

Gepflógenheit f paradums, paraža

Gepláuĺder n tērzēšana; pļāpāšana; čalošana

geráde **1.** taisns; eine g. Linie – taisna līnija; **2.** (par cilvēka raksturu) taisns, taisnīgs; **3.** pāra-; g. Zahl – pārskaitlis; **4.** tieši; g. zur rechten Zeit kommen – nākt tieši īstā laikā

geradeáus taisni uz priekšu

gerádebiegen iztaisnot; izlabot

gerádestehen uzņemties atbildību; ich muss für diesen Fehler g. – es esmu atbildīgs par šo kļūdu

Gerä′t *n* **1.** [darba]rīks; instruments; **2.** [mājsaimniecības] piederumi; **3.** aparāts, ierīce

geráten* 1. nonākt, nokļūt; in eine peinliche Lage g. *pārn.* – nokļūt neērtā stāvoklī; **2.** padoties, izdoties; **3.** (*nach j-m*) g. – atsisties (*kādā*)

Gerä′teturnen *n* vingrošana rīkos

Geratewóhl *n*: aufs G. – uz labu laimi

geräu′chert kūpināts, žāvēts

geräu′mig ērts, liels, plašs; eine ~e Wohnung – (plašs) liels dzīvoklis

Geräu′sch *n* troksnis; **~kulisse** *f* fons (*trokšņa*); **~pegel** *m* trokšņa līmenis

geräu′schlos klusi, klusām, bez trokšņa

gerécht taisns, taisnīgs

Geréchtigkeit *f* taisnīgums, taisnība

Geréchtigkeitsgefühl *n* taisnīgums, taisnības izjūta

Geréde *n* **1.** (*tukša*) runāšana; runas; **2.** [ļaužu] valodas; tenkas; ins G. kommen – [no]nākt ļaužu valodās

geréizt sakaitināts, nervozs; eine ~e Atmosphäre – nervoza gaisotne

Geríchtª *n* ēdiens; maltīte; ein schmakkhaftes G. – garšīgs ēdiens; zu Mittag gab es zwei ~e – pusdienās bija divi ēdieni; **Fisch~** *n* zivju ēdiens; **Fleisch~** *n* gaļas ēdiens; **Fertig~** *n* lietošanai gatavs ēdiens (*pusfabrikāts*); **Schnell~** *n* ātri pagatavojams ēdiens

Geríchtᵇ *n* tiesa; vor G. stellen – nodot tiesai; **Schwur~** *n* zvērināto tiesa; **Schieds~** *n* šķīrējtiesa; ◇ über j-n G. halten – spriest tiesu par kādu; das Jüngste G. *rel.* – Pastarā tiesa

Geríchts‖hof *m* tiesu palāta; tribunāls; **~verfahren** *n* tiesas process

Geríchtskosten *dsk.* tiesas izmaksas

Geríchtsvollzieher *m jur.* tiesu izpildītājs

geríng mazs, sīks, nieliels; nicht im ~sten – it nemaz, ne mazākā mērā

geríngschätzig nicīgs, nievājošs, nicinošs

gerínnen* sarecēt; saiet, sakupt; (*par metālu, taukvielām*) sastingt, sasalt

Geríppe *n* **1.** skelets; ģindenis; **2.** *tehn.* karkass

gérn[e] labprāt; ich möchte g. ins Theater gehen – es labprāt aizietu uz teātri; ich habe ihn gern – man viņš patīk; es viņu mīlu

Gérste *f* mieži

Gérstenkorn *n med.* miežgrauds

Gerúch *m* **1.** oža; **2.** smaka; smarža; **3.**: er steht in schlechtem G. – viņam ir slikta slava

Gerü′cht *n* baumas, tenkas; valodas; runas

Gerü′mpel *n* krāmi, grabažas

Gerü′st *n* sastatnes

gesámmelt: ~e Werke – kopoti raksti

gesámt viss; die ~e Familie – visa ģimene

Gesámt‖eindruck m kopiespaids; **~ergebnis** n gala iznākums, gala rezultāts; **~summe** f kopsumma, kopējā summa; **~zahl** f kopskaits

Gesándte m sūtnis

Gesándtschaft f sūtniecība

Gesáng m **1.** dziedāšana; **2.** dziesma; **3.** dziedājums

Gesáng[s]buch n rel. dziesmu grāmata

Geschä'ft n **1.** darīšanas; **2.** darījums; ein G. abschließen – noslēgt darījumu; **3.** veikals; uzņēmums; firma

geschä'ftig darbīgs, rosīgs

geschä'ftlich 1. veikalniecisks; veikala-; ~e Unterredung – veikalnieciska saruna; **2.** [veikala] darīšanas; er ist g. verreist – viņš ir aizbraucis veikala darīšanās

Geschä'ftsessen n darba pusdienas

geschä'ftsfähig jur. rīcībspējīgs

Geschä'ftsführer m uzņēmuma vadītājs

Geschä'fts‖haus n tirdzniecības nams; **~jahr** n saimniecības gads; **~mann** m veikalnieks, komersants; **~partner** m darījumu partneris

Geschä'ftsordnung f nolikums, reglaments; eine G. aufstellen – izstrādāt nolikumu; gegen die G. verstoßen – pārkāpt reglamentu

geschéhen* notikt; gadīties, atgadīties; g. ist g. – kas noticis – noticis; kas bijis – bijis; es ist ihm recht g. – tā viņam vajadzēja; to viņš bija pelnījis

Geschéhnis n notikums, gadījums, atgadījums

geschéit gudrs, prātīgs, saprātīgs

Geschénk n dāvana; **~gutschein** m dāvanu karte; **~packung** f dāvanas iesaiņojums; ein G. überreichen – pasniegt dāvanu

Geschíchte f **1.** vēsture; **2.** stāsts; **3.** [at]gadījums, lieta; das ist eine dumme G.! – muļķīga lieta!; mach keine ~n! sar. – netaisi muļķības (jokus)!

geschíchtlich vēsturisks

geschíckt veikls, izveicīgs

Geschíedene m šķirtenis

Geschírr n **1.** trauki; trauks; **2.** zirglietas; aizjūgs

Geschírrspüler m trauku mazgājamā mašīna

Geschlécht n **1.** paaudze; kommende ~er – nākamās paaudzes; **2.** biol. dzimums; das starke G. – stiprais dzimums (vīrieši); das menschliche G. – cilvēce; **3.** dzimta; **4.** gram. dzimte

geschléchtsreif sasniedzis dzimumbriedumu

Geschléchtsverkehr m dzimumakts

Geschmáck m **1.** garša; die Butter ist von sehr gutem G. – sviestam ir ļoti laba garša; **2.** gaume; das ist nach meinem G. – tas ir manā

gaumē; ich finde daran keinen G. –
tas nav manā gaumē

geschmáck‖los 1. bezgaršīgs, bez
garšas; **2.** bezgaumīgs; **~voll 1.**
garšīgs; **2.** gaumīgs

Geschö'pf *n* radījums, radība; būtne

Geschóss[a] *n* šāviņš

Geschóss[b] *n* (*mājas*) stāvs

Geschréi *n* kliegšana; bļaušana;
bļaustīšanās; klaigas

Geschü'tz *n* mil. lielgabals; weit-
tragendes G. – tālšāvējs lielgabals;
◇ gegen j-n/etw. schweres G.
auffahren – kādu stipri kritizēt

Geschwä'tz *n* pļāpāšana, mēļošana;
pļāpas

geschwéige: g. denn... – nemaz ne-
runājot par to; kur nu vēl

geschwínd ātrs, žigls, veikls

Geschwíndigkeit *f* ātrums; Geschwin-
digkeitsbegrenzung *f* – ātruma
ierobežojums; Geschwindigkeits-
kontrolle *f* – ātruma kontrole;
Geschwindigkeitsmessung *f* –
ātruma mērījums; Geschwindig-
keitsüberschreitung *f* – noteiktā
ātruma neievērošana (pārkāpšana)

Geschwíster *dsk.* brālis un māsa;
brāļi un māsas

Geschwórene *m* zvērinātais tiesā
(*sevišķi ASV*)

Geschwúlst *f* audzējs; gutartige G. –
labdabīgs audzējs; bösartige G. –
ļaundabīgs audzējs

Geschwü'r *n* augonis, čūla

Gesélle *m* **1.** zellis; palīgs; **2.** puisis;

3. amatnieks, kas pēc mācību laika
nokārtojis eksāmenu

geséllen, sich piebiedroties, pievie-
noties

Geséllschaft *f* **1.** sabiedrība; klassen-
lose G. – bezšķiru sabiedrība;
2. sabiedrība; biedrība; wissen-
schaftliche G. – zinātniskā bied-
rība; G. mit beschränkter Haftung
(GmbH) – sabiedrība ar iero-
bežotu atbildību; **3.** sabiedrība,
kompānija; zur G. – kompānijas
pēc (dēļ), kompānijā; j-m G.
leisten – [pa]kavēt laiku kādam;
4. viesības; eine G. geben – rīkot
viesības; in eine G. gehen – iet
viesībās

Geséllschafter *m* ek. paju īpašnieks,
uzņēmuma akcionārs ar savu ka-
pitālu

geséllschaftlich sabiedrisks; sabied-
rības-

Geséllschaftslehre *f* socioloģija

Geséllschaftsordnung *f* sabiedriskā
iekārta

Gesétz *n* likums; ◇ mit dem G. in
Konflikt kommen – izdarīt likum-
pārkāpumu

Gesétz‖buch *n* kodekss; likumu
krājums; **~entwurf** *m* likumpro-
jekts

Gesétzesvorlage *f* likumprojekts; eine
G. einbringen – iesniegt likum-
projektu

gesétzgebend likumdevējs; **~e** Ge-
walt – likumdevēja vara

G

gesétzlich likumīgs, likuma-; g. ge-
schützt – ar likumu aizsargāts
gesétzlos nelikumīgs
gesétzmäßig likumīgs; likumsaka-
rīgs; g. vorgehen – rīkoties pēc
likuma

gesétzwidrig pretrunā ar likumu
Gesícht n seja; diese Farbe steht ihr
gut zu G. – šī krāsa viņai piestāv;
j-m etw. ins G. sagen – teikt
kādam kaut ko [taisni] acīs; ◇
über das ganze G. strahlen –
izrādīt savu prieku; ein langes G.
machen – izrādīt vilšanos; j-d
zeigt sein wahres G. – kāds parāda
savu īsto dabu; das G. verlieren –
zaudēt pašcieņu
Gesíchts‖kreis m redzesloks, ap-
vārsnis; **~punkt** m viedoklis
Gesíchtszug m vaibsts
Gesínnung f uzskati; noskaņojums
gespánnt 1. sasprindzināts; ich bin
auf das Ergebnis g. – man ļoti
interesē zināt, kāds būs rezultāts;
2. saspīlēts; ~e Beziehungen –
saspīlētas attiecības
Gespénst n spoks, gars; ◇ ~er
sehen – pārlieku raizēties, bai-
dīties, baiļoties
Gespö'tt n zobošanās; sein G. mit j-
m treiben – zoboties par kādu;
zum G. [der Leute] werden – kļūt
[ļaudīm] par apsmieklu
Gesprä'ch n saruna; das G. bringen
(auf ar akuz.) – sākt runāt (par
kaut ko)

gesprä'chig runīgs, valodīgs
Gespü'r n intuīcija
Gestált f 1. forma, veids, izskats;
tēls; 2. augums, stāvs
gestálten veidot, izveidot; **sich g.**
izveidoties; izvērsties
Gestä'ndnis n atzīšanās; ein G.
ablegen – atzīties; ein G. ver-
weigern – atteikties atzīties; ein
G. widerrufen – atsaukt atzī-
šanos
gestátten atļaut; g. Sie bitte! – at-
ļaujiet, lūdzu!; ist es gestattet zu
rauchen? – vai drīkst smēķēt?
Géste f žests
gestéhen* atzīt; atzīties; seine Schuld
g. – atzīt savu vainu; ich muss g.,
dass... – [man] jāatzīst, ka...; offen
gestanden – atklāti sakot
Gestéin n iezis
Gestéll n 1. statīvs, statnis; 2. šasija
géstern vakar; g. früh – vakar [agri]
no rīta
gestréift svītrains, svītrots
géstrig vakarējs; vakardienas-
Gestrü'pp n krūmājs
Gestü't n zirgaudzētava
Gesúch n lūgums; iesniegums; ein
G. einreichen – iesniegt lūgumu
(iesniegumu)
gesúnd 1. vesels; g. werden – iz-
veseļoties, kļūt veselam; 2. veselīgs
Gesúndheit f veselība
Gesúndheitslehre f higiēna
Gesúndheitswesen n veselības aiz-
sardzība

Gesúndheitszeugnis *n* ārsta izziņa par veselības stāvokli, ko iesniedz darba devējam

Geträ′nk *n* dzēriens

Getréide *n* labība

Getréide‖anbau *m* graudkopība; ~**kulturen** *dsk.* graudaugi

getrénnt šķirts; šķirti

Getríebe *n tehn.* dzinējs

getúpft punktots

geü′bt ievingrināts

Gewä′chs *n* augs, stāds

Gewä′chshaus *n* siltumnīca

Gewä′hr *f* drošība, galvojums; garantija; G. übernehmen *(für etw.)* – garantēt *(kaut ko)*, galvot *(par kaut ko)*

gewä′hren dot, piešķirt; Asyl g. – piešķirt patvērumu; j-m einen Kredit g. – piešķirt kredītu

gewä′hrleisten galvot; garantēt

Gewált *f* **1.** vara; **2.** spēks; mit aller G. – visiem spēkiem; aus aller G. – no visa spēka; cik jaudas

gewáltig 1. stiprs, spēcīgs, varens; **2.** milzīgs; ļoti liels

gewáltsam ar varu; piespiedu kārtā

Gewálttat *f* vardarbība, vardarbības akts

gewándt veikls; izveicīgs

Gewä′sser *n* ūdeņi

Gewébe *n* **1.** audums; ein G. von Lügen *pārn.* – melu tīkls; **2.** *anat., bot.* audi

Gewéhr *n* šautene

Gewérbe *n* amats, arods; pastāvīgs darbs tirdzniecības vai amatniecības jomā vai pakalpojumu sniegšanā

Gewérkschaft *f* arodbiedrība; welcher G. gehört er an? – kādas arodbiedrības biedrs viņš ir?

Gewérkschaftler *m* arodbiedrības biedrs; arodbiedrības darbinieks

Gewérkschafts‖beitrag *m* arodbiedrības biedru maksa; ~**buch** *n* arodbiedrības biedra karte; ~**mitglied** *n* arodbiedrības biedrs

Gewícht *n* **1.** svars; smagums; **2.** atsvars; svaru bumba; **3.**: eine Frage von G. – svarīgs jautājums; seine Meinung hat kein G. – viņa domas nav svarīgas; kein G. auf etw. legen – uzskatīt kaut ko par nesvarīgu

Gewíchtheben *n sp.* svarcelšana

Gewíchtsklasse *f sp.* svara kategorija

gewíeft *(par cilvēku)* rūdīts, izmanīgs; ein ~er Geschäftsmann – rūdīts biznesmenis

Gewínn *m* **1.** peļņa; ienākums; das bringt G. – tas dod peļņu; **2.** laimests; ~**anteil** *m* peļņas daļa; ~**auszahlung** *f* loterijas laimesta izmaksa; jedes zehnte Los ist ein G. – katra desmitā loterijas biļete laimē; **3.** ieguvums; das wird ein großer G. sein – tas būs liels ieguvums

gewínnen* 1. laimēt, vinnēt; **2.** iegūt *(ogles, rūdu)*; **3.** gūt; iegūt; iemantot; Einfluss g. – gūt virsroku;

G

4. uzvarēt (*kaujā, sacensībā, derībās*)

Gewínnzahl *f* skaitlis, kas laimējis loterijā

gewíss 1. skaidrs, drošs, noteikts; zināms; **2.** kāds; zināms; ein ~er Herr N. – kāds N. kungs; in ~er Hinsicht – dažā ziņā; **3.**: g. sein (*ar ģen.*) – būt drošam (pārliecinātam) (*par kaut ko*); **4.** droši, bez šaubām, noteikti, katrā ziņā

Gewíssen *n* sirdsapziņa; j-m ins G. reden – apelēt pie kāda sirdsapziņas

gewíssenhaft apzinīgs

gewíssenlos bez sirdsapziņas; negodīgs

Gewíssensbisse *dsk.* sirdsapziņas pārmetumi

gewíssermaßen zināmā mērā; savā ziņā; tā sakot

Gewíssheit *f* skaidrība, drošība; noteiktība; ich muss G. darüber haben – man jābūt drošam (skaidrībā) par to

Gewítter *n* [pērkona] negaiss; ~**front** *f* negaisa fronte; ~**wolke** *f* negaisa mākonis

gewö'hnen (*an ar akuz.*) radināt, pieradināt; **sich g.** (*an ar akuz.*) pierast; pieradināties; aprast

Gewóhnheit *f* ieradums, paradums; ieraža; paraža; das ist mir zu einer G. geworden – tas man kļuvis par paradumu

Gewóhnheitsrecht *n jur.* paražu tiesības

gewö'hnlich parasts

gewóhnt parasts; ierasts; pierasts; ich bin es g. – es esmu [tā] pieradis (paradis)

Gewö'lbe *n* velve; spraislis

Gewü'rz *n* garšviela

Gezéiten *dsk.* plūdmaiņas (*paisums un bēgums*)

gezwúngenermaßen piespiedu kārtā, apstākļu spiests

Gicht *f med.* podagra

gíerig kārs; kārīgs; alkatīgs; **geld~** naudaskārs; **macht~** varaskārs; **rach~** atriebības kārs; **raff~** mantrausīgs

gíeßen* 1. liet; **2.** *tehn.* liet, izliet; **3.**: es gießt – (*par lietu*) gāž kā ar spaiņiem

Gießeréi *f* lietuve, metāllietuve

Gift *n* inde

gíftig indīgs

Gíftmüll *m* indīgās atkritumvielas

Gípfel *m* **1.** virsotne; galotne; **2.** *pārn.* kalngali; auf dem G. des Ruhms – slavas kalngalos

Gípfelkonferenz *f pol.* konference augstākajā līmenī

Gips *m* ģipsis; ~**abdruck** *m* – ģipša nospiedums; ~**verband** *m* ģipša pārsējs

Giráffe *f* žirafe

Giro ['ʒi:ro] *n* bezskaidras naudas norēķini starp kontiem

Giro‖konto ['ʒi:ro..] *n ek.* tekošais rēķins; norēķinu konts

Giroverkehr ['ʒi:...] *m* klīringa tirdzniecība

Gítter *n* treliņi, restes; margas; režģis
Glanz *m* spožums; spīdums; mirdzums
glä´nzen 1. spīdēt, mirdzēt, laistīties;
2. *pārn.* spīdēt; durch sein Wissen
g. – spīdēt ar savām zināšanām
glä´nzend spīdošs, mirdzošs, spīdīgs,
spožs
Glas *n* **1.** stikls; **2.** glāze; ein G. Bier –
glāze alus
Gláser *m* stiklinieks
glä´sern 1. stikla-; **2.** *pārn.* stiklains
Glásfiber *f* stikla šķiedra
Gláshütte *f* stikla rūpnīca
Glasúr *f* glazūra, glazējums
Gláswolle *f* stikla vate
glatt 1. gluds; **2.** slidens; glums
Glátteis *n* atkala; ◇ j-n aufs G.
führen – piekrāpt, pievilt
glä´tten gludināt; nogludināt; izglu-
dināt
Glátze *f* kails galvvidus; **Stirn~** *f*
atsegta piere
Gláube *m* ticība
gláuben 1. ticēt; **2.** domāt; j-n im
Urlaub g. – domāt, ka kāds ir
atvaļinājumā; ich glaubte dich in
Wien – es domāju, ka tu esi Vīnē
Gláubensfreiheit *f* ticības brīvība
gláubhaft ticams, pārliecinošs; seine
Entschuldigung klingt nicht g. –
viņa atvainošanās skan nepār-
liecinoši
Gläu´biger *m* galvotājs, garants
gleich 1. vienāds; vienlīdzīgs; līdzīgs;
tāds pats; ganz g. – gluži vienalga;
2. tūlīt

gléichberechtigt līdztiesīgs, ar vie-
nādām tiesībām
Gléichberechtigung *f* līdztiesība
gléichen* līdzināties; būt līdzīgam;
er gleicht seinem Vater – viņš ir
līdzīgs savam tēvam
Gléichgewicht *n* līdzsvars
gléichgültig vienaldzīgs; es ist mir
g., ob... – man ir vienalga, vai...
Gléichheitszeichen *n* vienlīdzības
zīme
gléichmäßig vienmērīgs; samērīgs
gléichmütig nosvērts; aukstasinīgs
Gléichnis *n* līdzība
Gléichstrom *m el.* līdzstrāva
Gléichung *f mat.* vienādojums
gléichzeitig 1. vienlaicīgs; **2.** vienā
laikā, vienlaikus
Gleis *n* sliedes; sliežu ceļš; ein totes
G. – strupceļš; aufs totes G.
geraten *pārn.* – nonākt strup-
ceļā
Gléitboot *n* slīdlaiva
gléiten* **1.** slīdēt; zu Boden g. –
noslīdēt zemē; **2.** planēt
Gléitzeit *f* slīdošais grafiks darbā
Glied *n* **1.** loceklis; **2.** *anat.* loceklis,
ekstremitāte; **3.** (*ķēdes*) loceklis,
posms
glíedern sadalīt
glímmen* gailēt, kvēlot; gruzdēt
globál globāls
Glóbetrotter *m sar.* pasaules apceļo-
tājs
Glócke *f* zvans
Glóckenspiel *n* zvanu spēle

Glótze *f sar. niev.* televizors; vor der G. sitzen – blenzt televizorā

glótzen blenzt

Glück *n* laime; er hat G. – viņam ir laime; viņam laimējas; etw. auf gut G. versuchen – pamēģināt kaut ko uz labu laimi; ◊ auf gut G. – uz labu laimi (*kaut ko darīt*); er hat mehr G. als Verstand [gehabt] – viņam ir paveicies

·**glü′cklich** laimīgs

Glü′cksbringer *m* talismans

Glü′ckwunsch *m* laimes vēlējums; apsveikums; mcinen herzlichsten G.! – sirsnīgi apsveicu!

glü′hen 1. kvēlot; kaist; gailēt; **2.** *pārn.* kvēlot, degt

Glü′hwein *m* karstvīns

Glü′hwürmchen *n* jāņtārpiņš

Glut *f* svelme; kvēle; liels karstums

Gnáde *f* žēlastība; apžēlošana; um G. bitten – lūgt žēlastību; Gnaden-brot *n* – žēlastības maize

gnä′dig 1. žēlīgs; **2.** cienīts (*uzrunā*)

Gókart *m sp.* gokarts

Gold *n* zelts; **~ader** *f* zelta dzīsla; **~barren** *m* zelta stienis; **~legierung** *f* zelta sakausējums; **~mine** *f* zelt-raktuve; **~wäscher** *m* zelta skalotājs

gólden zelta-; zeltīts; zeltains

Góldhamster *m* zeltainais kāmis

Góldrausch *m* zelta drudzis

Góldschmied *m* zeltkalis

Golf[a] *m* liels jūras līcis

Golf[b] *n sp.* golfa spēle; **~ball** *m* golfa bumbiņa; **~schläger** *m* golfa nūja

Góndel *f* **1.** gondola; **2.** trošu dzelz-ceļa kabīne

gö′nnen atvēlēt; j-m / sich eine Pause g. – kādam / sev atvēlēt atpūtas brīdi

Gö′nner *m* labvēlis, mecenāts

Gott *m* dievs

Gö′tterspeise *f* augļu želeja, sald-ēdiens

Góttheit *f* dievība

Gö′tze *m* elks; Götzendienst *m* – kalpošana elkam; Götzenverehrung *f* – elku pielūgšana

Gourmet [gʊr′me:] *m* gardēdis

Gouverneur [guvɛr′nø:r] *m* ASV pavalsts gubernators

Grab *n* kaps; zu ~e tragen – apbedīt, apglabāt

gráben* rakt; izrakt

Gráben *m* **1.** grāvis; **2.** *mil.* ierakums, tranšeja

Grábschänder *m* kapu apgānītājs

Grábung *f parasti arheol. vai ģeol.* izrakumi

Grad *m* **1.** *daž. noz.* grāds; heute sind 20 G. Wärme – šodien ir 20° silts; **2.** pakāpe; im höchsten ~e – visaugstākā mērā

Graffíti *dsk.* publiski sienu zīmējumi

Gramm *n* grams

Grammátik *f* gramatika

Grándhotel *n* liela, grezna viesnīca

Grapefruit [′gre:pfru:t] *f* greipfrūts

Gras *n* zāle; ◊ über etw. G. wachsen lassen – pamazām nodot aizmir-stībai

grä'sslich drausmīgs, briesmīgs; riebīgs; nejauks

Grä'te *f* asaka

Gratifikatión *f* naudas prēmija sevišķos gadījumos

gratiníeren pārkaisīt ar sieru un apcept cepeškrāsnī

grátis par velti, bez maksas, bez atlīdzības

Gratulatión *f* apsveikums, laimes vēlējums

gratulíeren (*j-m zu etw.*) apsveikt, vēlēt laimes; j-m zum Geburtstag g. – apsveikt kādu dzimšanas dienā

grau 1. pelēks; **2.** sirms

gráuen[a] aust; der Morgen graut – aust rīts

gráuen[b], **sich** (*vor. ar dat.*) bīties, šausmināties; mich graut, venn ich an das Examen denke – mani pārņem šausmas, iedomājoties par eksāmenu

Gráupen *dsk.* grūbas

gráusam nežēlīgs, bargs

Gráuzone *f* krēslas zona

gravíeren [..v..] gravēt

gravíerend [..v..] nozīmīgs; ein ~er Fehler – smaga kļūda; ein ~er Unterschied – būtiska atšķirība

gréifen* **1.** tvert, ķert; grābt, kampt; aus der Luft g. *pārn.* – grābt no gaisa (*izdomāt*); **2.** (*zu*) ķerties (*pie*); zu den Waffen g. – ķerties pie ieročiem

Greis *m* sirmgalvis

grell spožs, žilbinošs

Grénz‖beamte *m* robežapsardzes ierēdnis; **~bezirk** *m* pierobežas apgabals; **~konflikt** *m* robežkonflikts; **~verkehr** *m* pierobežas satiksme; **~verletzung** *f* robežpārkāpums (*bruņots*)

Grénzbereich *m* **1.** robežjosla saskarzinātņu starpā; **2.** robežzona; teritorija abpus robežai

Grénze *f* robeža; limits

grénzen (*an ar akuz.*) robežot[ies] (*ar kaut ko*)

Grénzübergang *m* robežas šķērsošanas vieta

Grénzwert *m* **1.** vērtība, ko nedrīkst pārkāpt; **2.** *mat.* robežvērtība

Grieß *m* manna

Griff *m* **1.** rokturis; spals; osa; kāts; **2.** tvēriens; ķēriens; kampiens

gríffbereit pa rokai

Grill *m* grils; **~kohle** *f* grila ogles; **~rost** *m* grila režģis; **~spieß** *m* grila iesms

Grílle *f* sienāzis; circenis

Grimm *m* lielas dusmas; niknums; piktums

grínsen smīnēt

grob rupjš

Grog *m* groks

groggy ['grɔgi] *sar.* noguris

groß 1. liels; garš (*augumā*); **2.** liels; dižens

gróßartig lielisks; grandiozs

Grö'ße *f* **1.** lielums; **2.** lielums, diženums

Größeltern *dsk.* vecaistēvs un vecā-
māte

Großhandel *m* vairumtirdzniecība

Groß∥macht *f* lielvalsts; **~mut** *f*
augstsirdība

großmütig augstsirdīgs

Groß∥mutter *f* vecāmāte; **~vater** *m*
vecaistēvs

Groupie ['gru:pi] *n sar.* sieviete
fane, it īpaši popzvaigznes fane,
kas cenšas ar to nodibināt perso-
nisku, seksuālu kontaktu

Grúbe *f* 1. bedre; 2. raktuve

grün 1. zaļš; 2. zaļš, negatavs

Grund *m* 1. (*jūras, upju, trauku*)
dibens; 2. zeme; grunts; 3. pamats,
pamatojums; iemesls; aus diesem
~e – tāpēc; šī iemesla dēļ; im ~e
[genommen] – būtībā; von G. auf
– no pašiem pamatiem

Grúndbuch *n* zemesgrāmata; **~amt** *n*
Zemesgrāmatas dienests

gründen dibināt, nodibināt

Grúnder *m* dibinātājs

Grúnd∥gesetz *n* pamatlikums; kon-
stitūcija; **~lage** *f* pamats; bāze

Grúndkenntnis *f* pamatzināšanas

grúndlich pamatīgs

Grúndnahrungsmittel *n* pārtikas
pamatprodukti

Grúndonnerstag *m rel.* Zaļā Ceturt-
diena pirms Lieldienām

Grúndrecht *n* pamattiesības

Grúnd∥riss *m* plāns; **~satz** *m* princips;
~stück *n* zemes (apbūves) gabals

Grúndschule *f* pamatskola

Grúndversorgung *f* apgāde ar pašu
nepieciešamāko

Grüne *m* Zaļo partijas dalībnieks

Grúppe *f* grupa

Gruß *m* sveiciens

grüßen sveicināt; pasveicināt; sveikt;
j-n g. lassen – sūtīt kādam svei-
cienu; grüßen Sie bitte Ihre Freunde
– pasveiciniet, lūdzu, savus draugus

Grúßwort *n* īsa oficiāla uzruna (*kāda
pasākuma atklāšanā*)

Grütze *f* 1. putraimi; 2. putra

Gúlasch [gu:...] *m vai n* gulašs

Gully ['gʊli] *m* ielas šahta ar režģi
ūdens notecei

gültig derīgs; g. sein – būt derīgam;
būt spēkā; die Fahrkarte ist vier-
undzwanzig Stunden g. – brauk-
šanas biļete derīga diennakti

Gúmmi *m* gumija

Gúmmibärchen *n* želejas konfektes
lācīšu formā

Gúmmischuh *m* galoša

Gúmmizug *m* ieverāmā gumija

Gunst *f* 1. labvēlība; er steht bei ihr
sehr in G. – viņa viņam ir ļoti
labvēlīga; 2.: zu j-s ~en – kāda
labā; zu meinen ~en – manā labā

gúnstig labvēlīgs

Gúnstling *m* favorīts, protežējamais

gúrgeln skalot rīkli, muti

Gúrke *f* gurķis

Gürtel *m* 1. josta; 2. josla, zona

Guss *m* 1. lējums; liešana; aus einem
G. *pārn.* – viengabalains; 2. (*spē-
cīga*) lietusgāze

Gússeisen *n* čuguns

gut labs; ich halte es für g. – es uzskatu, ka tas ir labi; zum ~en wenden – vērst par labu; im ~en sagen – teikt par labu; seien Sie so gut! – esiet tik labs (laipns)!; ein ~es Stück Weges – krietni liels ceļa gabals

Gut *n* **1.** manta; īpašums; **2.** muiža; **3.** prece; ◇ unrecht G. gedeihet nicht – netaisna manta augļus nenes

Gútachten *n* atsauksme; (*lietpratēja*) atzinums

Gü'te *f* **1.** labsirdība; haben Sie die G.! – esiet tik laipns!; **2.** (*preču*) kvalitāte; labums; von ausgezeichneter G. – augstākā labuma

Gü'teklasse *f* kvalitātes kategorija; labuma pakāpe

Gü'ter‖transport *m* preču pārvadājumi; ~**versand** *m* preču nosūtīšana

Gü'terzug *m* preču vilciens

Gü'tezeichen *n* kvalitātes zīme

Gúthaben *n* aktīvs (*bilancē*)

gútheißen* atzīt par labu

gútmachen vērst par labu, izlabot

gútmütig labsirdīgs

Gútsbesitzer *m* muižas īpašnieks

Gútschein *m* kupons (*preču iegādei, pakalpojumu saņemšanai*)

Gútsverwalter *m* muižas pārvaldnieks

Gymnástik *f* vingrošana

H

Haar *n* **1.** mats; dichtes H. – biezi mati; um ein H. *pārn.* – par mata tiesu; um kein H. besser *pārn.* – ne par matu labāks; **2.** (*dzīvnieku*) spalva; ~**ausfall** *m* matu izkrišana; ~**bürste** *f* matu suka; ~**büschel** *m* matu šķipsna; ~**spange** *f* matu sprādze; ◇ etw. ist an den ~en herbeigezogen – pievilkts aiz matiem, neticams; ein H. in der Suppe finden – sīkumaini kritizēt, piesieties; sich in den ~en liegen – ķildoties

háaren mest spalvu

Háarklammer *f* matu sprādze

Háarnadel *f* matadata

Háarschnitt *m* matu griezums, frizūra

háben* **1.** būt (*izsaka piederību*); ich habe – man ir; ich habe ihn gern – man viņš patīk, es viņu mīlu; ich habe diese Arbeit zu erledigen – man jāpadara šis darbs; was hast du? *sar.* – kas tev kait (noticis)?; du hast gut reden – tev viegli runāt; was haben wir heute für einen Tag? – kas šodien [ir] par dienu?; **2.** *palīga darbības vārds*; wir haben geschrieben – mēs rakstījām

habilitíeren aizstāvēt zinātnisku darbu, iegūstot tiesības mācīt augstskolā

hábsüchtig mantkārīgs, mantrausīgs

Háckbraten *m* maltas gaļas cepetis, viltotais zaķis

Hácke[a] *f* kaplis

Hácke[b] *f* papēdis

hácken 1. cirst; kapāt; 2. kaplēt; 3. knābt

Hácker *m* hakeris, datorpirāts

Háck‖fleisch *n* malta gaļa; **~frucht** *f* *lauks.* rušināmaugs

Hácksteak *n* maltā šnicele

Háfen *m* osta; **~becken** *n* ostas akvatorija; **~gebühr** *f* ostas no deva; **~gelände** *n* ostas teritorija; ◇ im H. der Ehe landen *hum.* – apprecēties

Háfer *m* auzas

Háfer‖flocken *dsk.* auzu pārslas; **~schleim** *m* auzu tume

Haft *f* apcietinājums; arests; Untersuchungshaft *f* – iepriekšējais apcietinājums

Háftbefehl *m jur.* apcietināšanas orderis

háften[a] (*an ar dat., auf ar akuz.*) pielipt; būt pielipušam; an den Schuhen haftet Lehm – pie kurpēm pielipuši māli

háften[b] (*für*) galvot, atbildēt (*par*)

Háftung *f* atbildība; H. für etw. übernehmen – uzņemties atbildību

Hágebutte *f* mežrozītes paauglis

Hágel *m* krusa

hágeln: es hagelt – birst krusa

Hahn[a] *m* gailis; Hahnenkamm *m* –

gaiļa sekste; ◇ danach kräht kein Hahn – tas nevienu neinteresē

Hahn[b] *m* krāns; den H. aufdrehen (zudrehen) – atgriezt (aizgriezt) krānu

Hä′hnchen *n* ēšanai paredzēts gailis vai vista

hä′keln tamborēt

Háken *m* āķis; kāsis; ķeksis

halb 1. pus-; es ist h. eins – ir pusviens; eine ~e Stunde – pusstunda; auf ~em Wege – pusceļā; 2. uz pusi (*mazāks, lētāks utt.*); pa pusei; dieses Zimmer ist h. so groß wie... – šī istaba ir uz pusi mazāka nekā...; h. im Ernst – pa pusei nopietni

Hálbedelstein *m* pusdārgakmens

Hálbfabrikat *n* pusfabrikāts

Hálbfinale *n sp.* pusfināls

Hálbinsel *f* pussala

Hálbleiter *m* pusvadītājs

Hálbmond *m* pusmēness

Hálbschuh *m* ielas kurpe

hálbtags nepilnu darba dienu; h. arbeiten – strādāt nepilnu darba dienu

Hálbtagskraft *f* darbinieks, kas strādā pusslodzi

Hálbwertszeit *f fiz.* radioaktīvo vielu pussabrukšanas periods

Hálbzeit *f sp.* puslaiks

Hä′lfte *f* puse

Hálle *f* halle, (*liela*) zāle

Hállenbad *n* peldbaseins (*slēgtās telpās*)

Hals *m* kakls; aus vollem ~e – pilnā kaklā (*kliegt*); ◇ etw. in den falschen H. kriegen – pārprast; H. über Kopf – pa kaklu pa galvu; j-m j-n auf den H. hetzen – kādam kādu uzrīdīt

Hálsband *n* kaklasiksna (*sunim*)

Hals-Nasen-O′hrenarzt *m* ausu, kakla, deguna ārsts

Hálstuch *n* kaklauts

halt! stāt!

Halt *m* **1.** balsts; atbalsts; **2.** apstāšanās; einen kurzen H. machen – mazliet (īsu brīdi) apstāties

háltbar izturīgs, stiprs

Háltbarkeitsdatum *n* lietošanas termiņš (*produktiem*)

Háltbarkeitsdauer *f* [uz]glabāšanas laiks (*pārtikas produktiem*)

hálten* 1. turēt; noturēt; saturēt; sein Wort h. – turēt vārdu; **2.** (*für*) uzskatīt, turēt (*par kaut ko*); für wen h. Sie mich? – par ko jūs mani uzskatāt?; **3.** apturēt, pieturēt; wie lange hält hier der Zug? – cik ilgi vilciens te stāvēs?

Háltestelle *f* pieturas vieta, pietura, piestātne

Hálteverbot *n* **1.** apstāšanās aizliegums transporta līdzekļiem; **2.** vieta, kur transporta līdzekļiem stāvēt aizliegts

háltmachen apstāties

Háltung *f* stāja; izturēšanās; H. bewahren – nezaudēt savaldīšanos

Hámburger *m* **1.** Hamburgas iedzīvotājs; **2.** *kul.* hamburgers

Hámmel *m* auns

Hámmelfleisch *n* jēra (aitas) gaļa

Hámmer *m* āmurs, veseris

Hámster *m* kāmis

Hand *f* roka; die H. drücken – spiest roku; bei der H. – pie rokas; ich habe freie H. (*arī pārn.*) – man ir brīvas rokas; das hat H. und Fuß – tam ir stingrs pamats; Hände weg! – rokas nost!; ich habe alle Hände voll zu tun – man ir pilnas rokas darba; ◊ j-m zur H. gehen – palīdzēt kādam; etm. nicht aus der H. geben – neizlaist no rokām, neatdot; von der H. in den Mund leben – dzīvot no rokas mutē; zwei linke Hände haben – būt neveiklam; für j-n seine H. ins Feuer legen – galvot par kādu

Hánd‖arbeit *f* **1.** rokdarbs; rokdarbi; **2.** roku darbs; **3.** fizisks darbs; **~ball** *m sp.* rokasbumba; **~buch** *n* rokasgrāmata

Hándel *m* tirdzniecība; Handelspartner *m* – tirdzniecības partneris

hándeln 1. rīkoties, darboties; **2.** tirgoties; **3.**: es handelt sich um... – runa ir par...; es handelt sich um einen Irrtum – ir noticis pārpratums

Hándels‖abkommen *n* tirdzniecības līgums; **~flotte** *f* tirdzniecības flote; **~vertretung** *f* tirdzniecības pārstāvniecība; **~verkehr** *m* tirdzniecības sakari

Hándelsklasse *f* preces šķira

Hánd‖gepäck *n* rokas bagāža; **~griff**
m **1.** paņēmiens, ķēriens (*darbā*);
2. rokturis; spals

Hä'ndler *m* tirgotājs

Hándlung *f* darbība, rīcība

Hándschellen *dsk.* roku dzelži

Hánd‖schrift *f* **1.** rokraksts; **2.** manu-
skripts, rokraksts; **~schuh** *m*
cimds; **~tasche** *f* rokassoma; **~tuch**
n dvielis; **~werk** *n* amats, arods

Hándschuhfach *n* automašīnas plaukts

Hándy ['hɛndi] *n* mobilais tālrunis

Hä'ngebrücke *f* vanšu tilts

Hä'ngegleiter *m* deltaplāns

Hä'ngematte *f* šūpuļtīkls

hä'ngen[a] kārt, pakārt, uzkārt; karināt;
◇ lass den Kopf nicht h.! –
nenokar galvu!

hä'ngen*[b] **1.** karāties; **2.:** an j-m h.
pārn. – mīlēt kādu; das Kind
hängt an ihm – bērns ir viņam ļoti
pieķēries

Hä'ngepartie *f* atlikta partija (*šaha
spēlē*)

Hä'ngeschrank *m* piekaramais ska-
pis virtuvē

Hä'ngsel *n* (*piešūtais*) drēbju pakara-
mais

hä'nseln nerrot, ķircināt

Hántel *f sp.* hantele

hantíeren rīkoties, darboties (*ar ko*)

Háppen *m* kumoss

Happening ['hɛpəniŋ] *n* (*sportā vai
mākslā*) publiska akcija, hepenings

happy ['hɛpi] *sar.* ļoti labi

Happyend ['hɛpi'ɛnt] *n* laimīgas beigas

Hárfe *f mūz.* arfa

Hárke *f* grābeklis

hármlos nekaitīgs; eine ~e Bemer-
kung – nevainīga piezīme; dieses
Medikament ist völlig h. – šis
medikaments ir gluži nekaitīgs

Harn *m* urīns

Harsch *m* sērsna, apledojis sniegs

hart 1. ciets; **2.** *pārn.* grūts, bargs

hä'rten rūdīt

hártgekocht: ein ~es Ei – cieti
novārīta ola

Hártgeld *n* monētas

hártnäckig stūrgalvīgs, neatlai-
dīgs

Harz *n* sveķi

Hasch *n saīs.* hašišs

Háschisch *n vai m* hašišs

Háse *m* zaķis

Hásenscharte *f med.* zaķalūpa

Hass *m* naids, ienaids

hássen nīst, ienīst; neieredzēt

hä'sslich neglīts, nejauks

Háube *f* **1.** aube; **2.** *tehn.* apvalks;
vāks, pārsegs

Hauch *m* elpa, dvaša

háuen* **1.** cirst; **2.** sist; pērt

Háufen *m* **1.** kaudze; guba; čupa;
2. bars; pūlis; ein H. Menschen
sar. – bars ļaužu

Háufenwolke *f* gubmākonis

häu'fig 1. biežs; daudzkārtējs; **2.** bieži;
daudzkārt

Haupt *n* galva (*arī pārn.*)

Háuptberuf *m* pamatdarbs, pamat-
nodarbošanās

Háupt‖mann *m mil.* kapteinis; **~bahnhof** *m* galvenā stacija; **~postamt** *n* galvenais pasts; **~sache** *f* [pats] galvenais

háuptsächlich 1. galvenais; svarīgākais; **2.** galvenokārt, sevišķi

Háuptstadt *f* galvaspilsēta

Háuptversammlung *f* kopsapulce

Haus *n* **1.** māja; nams; zu ~e – mājās; nach ~e gehen – iet uz mājām; **2.** palāta (*valdība*); **3.**: von H. aus – no bērnu dienām, no bērnības; in (etwas) zu H. sein – labi prast kaut ko

Háus‖arzt *m* ģimenes ārsts; **~angestellte** *f* mājkalpotāja; **~arrest** *m* mājas arests

Háusdurchsuchung *f* policijas kratīšana

Háusen *m* beluga (*zivs*)

Háus‖flur *m* priekšnams; **~frau** *f* mājasmāte, namamāte; mājsaimniece; **~gemeinschaft** *f* **1.** ģimenes locekļi; **2.** mājas iedzīvotāji; **~halt** *m* **1.** mājsaimniecība; den H. führen – vadīt [mājas] saimniecību; **2.** budžets

Háusfriedensbruch *m jur.* krimināli sodāma ielaušanās svešas personas dzīvoklī vai zemesīpašumā

Háusgemeinschaft *f* visi īres nama iedzīvotāji

Háushalt *m* **1.** mājsaimniecība; **2.** budžets; Haushaltsausschuss *m* – budžeta komisija; Haushaltsdefizit *n* – budžeta deficīts; Haushaltsplan *m* – budžeta projekts

Háushaltsartikel *m* saimniecības prece

Háushaltshilfe *f* algota palīdze mājsaimniecībā

Háus‖haltung *f* mājturība; **~herr** *m* mājastēvs, namatēvs; **~industrie** *f* mājrūpniecība

häu'slich 1. mājas-; **2.** saimniecisks

Háusordnung *f* režīms (*sanatorijās*)

Háusrat *m* iedzīve

Háussuchung *f* kratīšana

Haut *f* **1.** āda; **2.** plēve (*vārītam pienam*); **3.** miza (*plūmēm*); apvalks; **~ausschlag** *m* ādas izsitumi; **~entzündung** *f* ādas iekaisums; **~jucken** *n* ādas nieze; **~rötung** *f* ādas apsarkums

háuteng pieguļošs apģērbs

H-Bómbe *f sais.* ūdeņraža bumba

Hébamme *f* vecmāte

Hébel *m* svira

hében* 1. celt; pacelt; das Bildungsniveau [..ni'vo:] h. *pārn.* – paaugstināt izglītības līmeni; **2.** *sp.* uzspiest (*svarcelšanā*)

Hecht *m* līdaka

Heck *n jūrn.* kuģa pakaļgals

Hécke *f* dzīvžogs

Héckklappe *f* automašīnas aizmugures bagāžnieka durvis

Heer *n* **1.** karaspēks; armija; **2.** pulks; bars

Héfe *f* raugs

Heft *n* 1. burtnīca; das Werk erscheint in 10 Heften – darbs iznāks 10 burtnīcās; **2.** (*žurnāla*) numurs

héften 1. piespraust; piestiprināt; **2.** sadiegt; **3.** *poligr.* brošēt

héftig stiprs; spēcīgs

Héftklammer *f* saspraude (*papīra*)

Héftpflaster *n* leikoplasts

Héhler *m* zagtu mantu uzpircējs un tirgotājs

Héidelbeere *f* mellene

heil vesels; sveiks; die Hand ist wieder heil – roka ir atkal vesela

Héiland *m rel.* Pestītājs

héilen 1. ārstēt, dziedēt; dziedināt; izārstēt; **2.** dzīt, sadzīt

Héilgymnastik *f* ārstnieciskā vingrošana

héilig svēts

Héiligabend *m* 24. decembris, svētvakars

Héilige *m rel.* svētais

Héiligtum *n* 1. svētvieta; **2.** svētums

Héil‖kunde *f* ārstniecība, medicīna; **~mittel** *n* ārstniecības līdzeklis; **~quelle** *f* ārstniecības (dziedniecības) avots; **~stätte** *f* ārstniecības iestāde

Héilpraktiker *m* dziednieks

Heim *n* 1. mājas; mājoklis; **2.** kopmītne; **3.** patversme, mītne; **Alten~** *n* veco ļaužu pansionāts; **Kinder~** *n* bērnunams; **Tier~** *n* dzīvnieku patversme

Héimat *f* dzimtene

héimatlos bez dzimtenes

Héimatmuseum *n* novadpētniecības muzejs

Héimatrecht *n* pilsoņa tiesības

Héimkehr *f* atgriešanās mājās (dzimtenē)

héimlich 1. slepens; **2.** slepeni, slepus

Héimweh *n* ilgas pēc dzimtenes (mājām)

Héimwerker *m* mājamatnieks

héiraten 1. precēt, apprecēt; **2.** precēties, apprecēties

Héiratsantrag *m* bildinājums

Héiratsschwindler *m* laulību afērists

héiser aizsmacis

heiß karsts; es ist h. – ir karsts

héißen* 1. saukt, nosaukt; **2.** likt; pavēlēt; wer hat dich geheißen, das zu schreiben? – kas tev lika to rakstīt?; **3.** saukties; wie heißen Sie? – kā jūs sauc?; **4.** nozīmēt; was soll das h.? – ko tas nozīmē?; das heißt – tas ir

héiter 1. jautrs; **2.** (*par laiku*) skaidrs

héizen kurināt, apkurināt

Héizer *m* kurinātājs

Héiz‖kraftwerk *n* termoelektrostacija; **~körper** *m* radiators; **~öl** *n* šķidrais kurināmais, mazuts

Héizperiode *f* apkures sezona

Héizung *f* kurināšana; apkure

Hektár *m vai n* hektārs

Héktik *f* nervoza steiga

Held *m* varonis

héldenhaft varonīgs

Héldentat *f* varoņdarbs

hélfen* palīdzēt
Hélfer *m* palīgs
Helikópter *m* helikopters
hell 1. gaišs; **2.** skanīgs; ein ~er
Klang – dzidra skaņa
Hélle *n* gaišais alus
Helm *m* bruņucepure, kaska, ķivere
Hemd *n* krekls; das H. wechseln –
uzvilkt citu kreklu
Hémdbluse *f* vīriešu krekla piegrie-
zuma sieviešu blūze
hémmen kavēt; aizkavēt; bremzēt
Hémmung *f* **1.** kavēklis; šķērslis;
2. aizture (*psiholoģijā*)
Hénkel *m* osa, rokturis (*grozam,
kannai*)
hénken kārt, pakārt (*cilvēku*)
Hénne *f* vista
Hepatítis *f med.* hepatīts
her 1. šurp; hin und h. – šurp un turp;
von oben h. – no augšas; **2.** kopš;
es ist eine Woche h., dass... – ir
jau nedēļa, kopš...; das ist schon
lange h. – tas ir jau sen
heráb zemē, lejā, lejup
herábsetzen 1. pazemināt (*cenas*);
2. noniecināt
herán šurp; klāt
herángehen* ķerties pie darba
herántreten* pieiet; bitte treten Sie
näher heran! – lūdzu, nāciet tuvāk!
heráuf augšā, uz augšu, augšup
heráufkommen* **1.** uznākt augšā;
2. *pārn.* tikt uz augšu
heráus ārā, laukā; h. mit der Sprache!
sar. – runā!; stāsti!

heráusbilden, sich izveidoties, attīs-
tīties
heráusfordern izaicināt
Heráusforderung *f* izaicinājums
heráusgeben* **1.** izdot; gesammelte
Werke h. – izdot kopotus rakstus;
2. izsniegt, izdot; können Sie mir
auf hundert Mark h.? – vai jūs
man varat izdot no 100 markām?
heráushalten, sich neiejaukties; aus
diesem Streit halte ich mich heraus –
šai strīdā es neiejaucos
heráuskommen* iznākt, nākt klajā;
das Werk ist soeben herausge-
kommen – darbs ir patlaban iz-
nācis; das kommt auf eins heraus –
iznāk viens un tas pats
heráusstellen izlikt ārā; **sich h.** iz-
rādīties; seine Behauptung stellte
sich als wahr heraus – viņa ap-
galvojums izrādījās pareizs
herb rūgtens; sūrs; skābs (*vīns*)
herbéi šurp
Herbizíd *n* herbicīds
Herbst *m* rudens; im H. – rudenī
Herd *m* pavards; ~**platte** *f* plīts virsma
Hérde *f* ganāmpulks; bars
Hérdentrieb *m* bara instinkts
heréin iekšā
heréinlassen* ielaist
Héring *m* siļķe; **Brat~** *m* cepta siļķe;
Räucher~ *m* kūpināta siļķe; **Salz~** *m*
sālīta siļķe
hérkommen* **1.** atnākt; **2.** rasties,
[iz]celties, nākt
Hérkunft *f* izcelšanās

Heroín *n* heroīns

Herr *m* kungs

hérrlich lielisks, brīnišķīgs

Hérrschaft *f* **1.** kundzība, vara; **2.**: meine ~en! – kungi!

hérrschen valdīt

hérstellen izgatavot, ražot

Hérstellung *f* izgatavošana, ražošana

herúm apkārt, ap

herúnter zemē, lejā, lejup

herúnterkommen* **1.** [no]nākt lejā; **2.** *pārn.* nonīkt, panīkt; pagrimt

herúnterladen *dator.* interneta materiālu ierakstīt, iekopēt savā datorā; ein Programm h. – iekopēt, pārkopēt programmu

herúnterstürzen krist zemē, gāzties zemē

herúnterwirtschaften *sar.* slikti saimniekojot, nolaist firmu, uzņēmumu

hervór uz priekšu; uz āru; ārā

hervórheben* izcelt, uzsvērt

hervórragend izcils, ievērojams

hervórrufen* **1.** izsaukt; **2.** izraisīt, radīt, modināt

hervórtun, sich izcelties (*starp citiem*)

Herz *n* sirds; etw. leichten ~ens tun – darīt kaut ko ar vieglu sirdi; **~flattern** *n* sirdsklauves; **~schwäche** *f* sirds vājums; **~transplantation** *f* sirds transplantācija; ◇ sich (*dat.*) ein H. fassen – saņemt dūšu; von ganzem ~en – no visas sirds; j-d / etw. bricht j-m das H. – sāpināt; j-m sein H. ausschütten – kādam izkratīt sirdi

Hérzfehler *m med.* iedzimta sirdskaite

Hérzinfarkt *m* infarkts

hérzlich sirsnīgs; ein ~er Empfang – sirsnīga uzņemšana; ~e Grüße – sirsnīgi sveicieni

Hérzschrittmacher *m* sirds stimulators

Hérzversagen *n* sirds apstāšanās, nepietiekamība

Hétze *f* kūdīšana, rīdīšana; eine H. gegen j-n betreiben – kūdīt pret kādu

hétzen rīdīt; kūdīt; vajāt; trenkāt

Heu *n* siens; H. machen – pļaut sienu

héucheln izlikties; liekuļot

Héuschnupfen *m* alerģiskas iesnas no putekšņiem

Héuschrecke *f* sisenis

héute šodien; von h. an, ab h. – sākot ar šodienu; h. früh – šorīt; h. Nacht – šonakt

Héxe *f* ragana

Hieb *m* cirtiens; sitiens

hier šeit, te, še

híer‖auf **1.** uz to; **2.** pēc tam, tad; **~durch** ar to, ar šo; **~hér** šurp; **~ü′ber** par to; **~zú** turklāt

Hightech ['haɪˈtɛk] *n vai f* augstas tehnoloģijas-

Hílfe *f* palīdzība; H. leisten (bringen) – palīdzēt, sniegt palīdzību; zu H. nehmen – ņemt palīgā; zu H. rufen – saukt palīgā; [zu] H.! – palīgā!; **~ruf** *m* palīgā sauciens; Hilfsaktion *f* – palīdzības akcija; Hilfsdienst *m* – palīdzības dienests

hílflos bezpalīdzīgs; nevarīgs

Hímbeere *f* avene

Hímmel *m* debess; unter freiem H. – zem klajas debess; ◇ im siebten H. sein – būt ļoti laimīgam; j-n / etw. in den H. heben – kādu ļoti slavēt

Hímmelfahrt *f rel.* Debesbraukšanas diena (*40 dienas pēc Lieldienām*)

hin turp; h. und her – šurp un turp; h. und wieder – šad un tad

hináb lejā, uz leju, lejup; den Berg h. – no kalna lejā

hináuf augšā, uz augšu, augšup; den Fluss h. – augšup pa upi

hináufgehen* iet augšā; die Treppe h. – iet (kāpt) augšā pa kāpnēm

hináufklettern kāpt augšā

hináus ārā, laukā; darüber h. – bez tam vēl

hináusgehen* **1.** iziet; **2.** *pārn.* pārsniegt

híndern kavēt, traucēt; likt šķēršļus ceļā

Híndernis *n* kavēklis; šķērslis; ein H. nehmen *sp.* – veikt šķērsli; ~se überwinden – pārvarēt grūtības

Híndu *m* hinduists

hindúrch **1.** caur[i] (*vietas nozīmē*); **2.**: die ganze Nacht h. – visu [cauru] nakti

hinéin **1.** iekšā; **2.**: bis in die Nacht h. arbeiten – strādāt līdz vēlai naktij

hinéingehen* ieiet iekšā

hinéinsehen* ieskatīties, skatīties iekšā; ielūkoties

hínfallen nokrist

híngeben* atdot, aizdot projām; **sich h.** atdoties, nodoties, ziedoties; sich der Hoffnung h. – lolot cerības

hínken klibot

hínkriegen *sar.* labi padarīt; das hast du gut hingekriegt – to tu esi labi padarījis

hínreißen* aizgrābt; aizraut; sich h. lassen – aizrauties

Hínsicht *f*: in dieser H. – šai ziņā; in H. (*auf ar akuz.*) – ņemot vērā

hínsichtlich (*ar ģen.*) attiecībā uz; sakarā ar

hínten beigās; aizmugurē; pakaļgalā; nach h. – uz beigām (aizmugurē); von h. – no muguras (mugurpuses)

hínter aiz; h. dem Haus – aiz mājas

Hinterblíebene *m* (*aizgājēja*) palicēji

hintereinánder viens aiz otra, cits aiz cita

Híntereingang *m* ieeja pa sētas durvīm

Híntergedanke *m* apslēpta (slepena) doma; apslēpts nolūks

hintergéhen piekrāpt, pievilt

Híntergrund *m* aizmugure; fons

Hínterhalt *m* slēpnis

Hínterhof *m* iekšpagalms

Hínterkopf *m* pakausis

Hinterlássenschaft *f* mantojums; H. antreten – pārņemt mantojumu

hinterzíehen piesavināties (*naudu*); Steuern h. – nenomaksāt nodokļus

hinü′ber pāri; otrā pusē; pāri uz otru pusi (*braukt, iet*)

hinü′berfahren* 1. pārvest pāri (*braukšus*); **2.** pārbraukt pāri

hinü′bergehen* pāriet pāri, pāriet otrā pusē

hinúnter zemē, lejā, uz leju, lejup; den Berg h. – no kalna lejup

hinúntergehen* iet lejā; die Treppe h. – iet lejā pa kāpnēm

Hínweis *m* aizrādījums; norādījums; **~schild** *n* norādījuma zīme, plāksne

hinzú klāt

hinzú́fügen 1. pielikt klāt, pievienot klāt; **2.** piebilst

Híppie *m vēst.* hipijs

Hirn *n* smadzenes; **~haut** *f* smadzeņu apvalks; **~tumor** *m* smadzeņu audzējs; **~zelle** *f* smadzeņu šūna

Hírngespinst *n* murgs, murgaina ideja

Hirsch *m* briedis; **~geweih** *n* brieža ragi; **~kuh** *f* briežumāte

Hirte *m* gans

históriach vēsturisks

Hítparade *f* labāko hitu raidījums

Hítze *f* karstums; tveice; svelme; in der H. des Gefechts – cīņas karstumā; in H. geraten (kommen) – iekarst, iekaist

hítzig karsts; dedzīgs; straujš; ātrs (*dusmās*)

Hítzkopf *m* karstgalvis

Hítzschlag *m* karstuma dūriens

HIV *n* saīs. AIDS (*vīruss*); HIV-negativ – AIDS negatīvs; HIV-positiv – AIDS pozitīvs

Hobby [′hɔbi] *n* hobijs, vaļasprieks

Hóbel *m* ēvele

Hóbelbank *f* ēvelsols

hóbeln ēvelēt

hoch augsts; fünf Meter h. – piecus metrus augsts; hohe Preise – augstas cenas; hohes Alter – liels vecums; auf hoher See – atklātā jūrā; im hohen Norden – tālu ziemeļos

Hoch *n*: ein dreifaches H. auf j-n ausbringen – uzsaukt kādam trīs reizes «Lai dzīvo!» (*tosts*)

Hóchachtung *f* liela cieņa

Hóchdruckgebiet *n* augstspiediena apgabals

Hóchhaus *n* augstceltne

hóchkarätig *sar.* **1.** ar lielu nozīmi vai augstas kvalitātes (*aktieris, politiķis*); **2.** *sp.* ļoti labs, izcils

Hóchmut *m* augstprātība; uzpūtība

hóchmütig augstprātīgs; uzpūtīgs

Hóch‖ofen *m* domna, domnas krāsns; **~sommer** *m* vasaras vidus

Hóchsaison *f* sezonas vidus

Hóchschule *f* augstskola

Hóchspannung *f* augstspriegums

Hóchsprung *m sp.* augstlēkšana

höchst visaugstākais; es ist ~e Zeit – ir pēdējais laiks

hö′chstens [vis]lielākais; maksimums

Hö′chstleistung *f* **1.** augstākais sasniegums; **2.** *tehn.* vislielākā jauda; **3.** rekords; die H. überbieten – pārspēt rekordu

Hóchverrat *m* valsts nodevība

Hóchwasser *n* ūdens uzplūdi, kas draud ar plūdiem

hóchwertig augstvērtīgs

Hóchzeit *f* kāzas

Hóchzeits‖brauch *m* kāzu paraža; **~feier** *f* kāzu svinības; **~paar** *n* līgavas pāris; **~reise** *f* kāzu ceļojums

hócken tupēt

Hócker *m* ķeblis, ķeblītis

Hockey ['hɔki] *n* hokejs

Hóckeyspieler *m* hokejists

Hof *m* **1.** pagalms; sēta; **2.** galms; **3.** (*lauku*) sēta; (*zemnieku*) mājas; **4.**: den H. machen – parādīt uzmanību, simpātijas (*sievietei*); **Hinter~** *m* iekšpagalms; Hofnarr *m* – galma āksts

hóffen cerēt

Hóffnung *f* cerība; H. machen – dot (iedvest) cerību; H. haben (hegen) – cerēt

hö́flich pieklājīgs

Hö́he *f* **1.** augstums; in die H. fliegen – uzlidot gaisā; auf der H. der Wissenschaft – zinātnes augstumos (kalngalos); **2.** augstiene; ◇ nicht [ganz] auf der H. sein *sar.* – nebūt gluži veselam

Hö́henangst *f* bailes no augstuma

Hö́henkurort *m* kalnu kūrorts

Hö́hepunkt *m* **1.** augstākā vieta; **2.** kalngali; kulminācijas punkts

hö́her augstāks; augstāk

hohl 1. caurs; ar tukšu (cauru) vidu; tukšs; dobs; **2.**: ~e Wangen –

iekrituši vaigi; ~e Augen – iegrimušas (dziļas) acis; die ~e Hand – sauja; **3.** dobjš

Hö́hle *f* **1.** ala; **2.** miga, midzenis; **3.** dobums

Hö́hlenmalerei *f* alu glezniecība senajās kultūrās

Hóhlmaß *n* tilpuma mērs

Hohn *m* izsmiekls; apsmiekls

hólen 1. atnest; atvest; dabūt; paņemt; j-n h. lassen – aizsūtīt pēc kāda, likt atvest kādu; **2.**: Atem h. – ievilkt elpu; Rat h. – prasīt padomu

Hö́lle *f* elle; ◇ j-m die H. heiß machen *sar.* – kādu iebiedēt, piedraudēt

Holocaust ['ho:lokaust] *m* holokausts

hólpern kratīties, raustīties (*automašīna uz nelīdzena ceļa*)

Holz *n* **1.** koksne, koks; **2.** malka; kokmateriāli; **3.** (*mazs*) mežs, mežiņš; **~brett** *n* koka dēlis; **~klotz** *m* koka klucis; **~scheit** *n* pagale; **~span** *m* koka skals

Hólzhauer *m* mežcirtējs

hö́lzern 1. koka-; **2.** kokains

Home-page ['hoʊmpeitʃ] *f dator.* interneta mājas lapa

Homosexuélle *m* homoseksuāls

Hónig *m* medus

Honorár *n* honorārs

Hooligan ['hu:ligən] *m* huligāns, it .īpaši futbola līdzjutējs

Hópfen *m* apiņi; **~stange** *f* apiņu maikste

hö́rbar dzirdams; sadzirdams

hórchen klausīties; (*slepeni*) noklau-
sīties

hö́ren **1.** dzirdēt; wir haben viel über
Ihr Land gehört – mēs esam daudz
dzirdējuši par jūsu zemi; er lässt
nichts von sich hören – par viņu
nekas nav dzirdams; no viņa nav
nekādu ziņu; **2.** klausīties; **3.** (*auf
ar akuz*.) klausīt; auf seinen Rat h. –
klausīt viņa padomam

Hö́rer[a] *m* klausītājs

Hö́rer[b] *m* (*tālruņa*) klausule

Horizónt *m* horizonts, apvārsnis

Hormón *n* hormons

Horn *n* rags

Horoskóp *n* horoskops

Hórror *m* šausmas; Hórrorfilm *m* –
šausmu filma; Horrorgeschichte *f* –
šausmu stāsts

Hö́rsaal *m* klausītava, auditorija

Hö́rspiel *n* raidluga

Hort *m* bērnudārzs

Hóse *f* bikses; Hosenbein *n* – bikšu
stara; ◇ die ~n anhaben *sar*. – būt
noteicējam; etw. geht in die H.
sar. – neizdodas

Hósenträger *dsk*. bikšturi

Hospíz *n* slimnīca veciem, neārstē-
jami slimiem cilvēkiem

Hostéss *f* **1.** jauna sieviete, kas
gadatirgos vai ceļojumos pavada
grupu un sniedz informāciju;
2. prostitūta

Hótdog *m vai n kul*. hotdogs

Hotél *n* viesnīca

Hotline ['hɔtlain] *f* karstais telefons

hübsch glīts, jauks

Húbschrauber *m av*. helikopters

Huf *m* nags (*zirgam*)

Húfeisen *n* pakavs

Hǘfte *f* gūža, gurns; Hüftgelenk *n* –
gūžas locītava; Hüftumfang *m* –
gurnu apkārtmērs

Hǘgel *m* pakalns, uzkalns

Huhn *n* vista

Hǘhnerauge *n* varžacs

Hǘhner‖stall *m* vistu kūts; ~zucht *f*
vistkopība

Hǘlle *f* apvalks, apsegs; pārklājs; ◇
in H. und Fülle – papilnam, atliku
likām

Hǘlse *f* **1.** čaumala; čaula; **2.** pāksts;
3. *mil*. čaulīte

Hǘlsenfrucht *f* pākšaugs

humanitä́r žēlsirdīgs

Húmmer *m* omārs

Humór *m* humors

húmpeln klibot

Hund *m* suns; Hundefutter *n* – suņu
barība; Hundegebell *n* – suņa
rejas; Hundehaare *dsk*. – suņa
spalva; Hundehütte *f* – suņabūda;
Hunderasse *f* – suņu suga

húndert simt[s]

Húnger *m* **1.** bads; H. leiden – ciest
badu; **2.** izsalkums; ich habe H. –
es esmu izsalcis

Húngerkur *f* ārstnieciskā badošanās;
bada diēta

húngern badoties, ciest badu

Húngersnot *f* bads; diesem Gebiet

droht eine H. – šim apgabalam draud bads

húngrig izsalcis

Húpe *f* automašīnas signalizācijas ierīce

hü'pfen lēkāt; auf einem Bein h. – lēkāt uz vienas kājas

Hü'rde *f sp.* barjera; eine H. nehmen – pārvarēt barjeru

Hü'rdenlauf *m* barjerskrējiens

Húrrikan *n* orkāns; viesuļvētra

hústen klepot

Hústen *m* klepus; **~anfall** *m* klepus lēkme

Hutᵃ *m* cepure, platmale

Hutᵇ *f* aizsardzība; uzraudzība; auf der H. sein – uzmanīties; sargāties

hü'ten 1. sargāt, glabāt; uzraudzīt;

das Vieh h. – ganīt lopus; **2.**: das Bett h. – palikt gultā (*slimības dēļ*); **sich h.** (*vor*) sargāties, uzmanīties

Hü'tteᵃ *f* būda

Hü'tteᵇ *f* lietuve; metalurģiskā rūpnīca

Hü'tten‖arbeiter *m* metalurgs; **~industrie** *f* metalurģiskā rūpniecība

Hygi‖éne *f* higiēna

Hýmne *f* himna

Hypnóse *f* hipnoze; j-n in H. versetzen – kādu nohipnotizēt; unter H. stehen – būt hipnozes stāvoklī

Hypothék *f* hipotēka; eine H. aufnehmen – uzņemties hipotēku, noslēgt hipotēkas līgumu

hystérisch histērisks

I

ich es; gedenkst du meiner? – vai tu mani [ar] atceries?; vai tu par mani [ar] iedomājies?; er kennt mich – viņš mani pazīst

íchbezogen egoistisks

ideál ideāls

Idée *f* ideja, doma

identifizíeren identificēt

Identitä't *f* identitāte

idiótensicher muļķudrošs (*aparāts, ierīce*)

Idól *n* elks

I'gel *m* ezis

ignoríeren ignorēt

ihr 1. viņai; ich gehe zu ihr – es eju pie viņas; **2.** jūs; **3.** viņas-; viņu-; das ist ihr Vater – tas ir viņas (viņu) tēvs

íhrerseits no viņas (viņu) puses; (*viņa, viņi*) no savas puses

íllegal nelegāls

Illegalitä't *f* nelegalitāte; in die I. gehen *pol.* – aiziet (noiet) pagrīdē

Illusión *f* ilūzija

Illustratión *f* ilustrācija

im = in dem; im Winter – ziemā

Image ['imitʃ] *n* imidžs, veidols

I'mbiss *m* uzkožamais, uzkoda; einen

kleinen I. [ein]nehmen – mazliet uzkost (iekost)

Imitatión *f* imitācija

imitíeren imitēt

I'mker *m* biškopis, bitenieks, dravnieks

imméns ļoti liels

ímmer vienmēr, aizvien; pastāvīgi; auf i. – uz visiem laikiem; er wird i. größer – viņš kļūst aizvien lielāks

ímmerfort pastāvīgi, bez pārtraukuma

Immobíli|en *dsk. jur.* nekustamais īpašums

Immunitä´t *f* imunitāte

Imperialísmus *m* imperiālisms

ímpfen potēt

I'mpfpass *m* potēšanas pase

implantíeren implantēt

Impórt *m* imports

importíeren importēt, ievest

imstánde: i. sein – būt spējīgam, spēt, varēt

in: in Hamburg – Hamburgā; in die Schule gehen – iet skolā; in dieser Zeit – šai laikā; in der Sonne liegen – gulēt saulē; in einer halben Stunde – pēc pusstundas

I'nbegriff *m* simbols

ínbegriffen ieskaitot

indém 1. kamēr; **2.** ar to, ka...

indés[sen] 1. pa to laiku, tai laikā; **2.** tomēr

índirekt netiešs

indiskrét indiskrēts, netaktisks

indisponíert nevesels; der Chef ist

heute i. – šefs šodien ir nevesels (*arī kā formāla aizbildināšanās*)

individuéll [..v..] **1.** individuāls; **2.** individuāli

Indíz *n jur.* netiešais pierādījums

Industríe *f* industrija, rūpniecība; **~abgase** *dsk.* rūpnieciskās izplūdes gāzes; **~abwässer** *dsk.* rūpnieciskie notekūdeņi; **~anlage** *f* rūpniecības komplekss

Industríeausstellung *f* rūpniecības izstāde

industriéll industriāls

Industriélle *m* rūpnieks

ineinánder viens otrā; cits citā

in flagránti: j-n in flagranti erwischen – piekert, darot kaut ko aizliegtu

Inflatión *f* inflācija; Inflationsrate *f* – inflācijas procents

infólge (*ar ģen.*) dēļ

infolgedéssen tādēļ, tāpēc

Informátik *f* informātika, datorzinātne

Informatión *f* informācija

informíeren informēt

Infotainment ['..tein..] *n* izklaidējošas ziņas un informācija radio un televīzijā

Infrastruktúr *f* infrastruktūra

Infusión *f med.* pilienu injekcija

I'ngwer *m* ingvers

I'nhaber *m* īpašnieks

inhaftíeren apcietināt

inhalíeren *med.* izdarīt inhalāciju

I'nhalt *m* **1.** saturs; **2.** tilpums

I'nhaltsangabe *f* anotācija (*grāmatai, kinofilmai*)

ínhaltslos bezsaturīgs, tukšs
ínhaltsreich saturīgs, ar vērtīgu (bagātu) saturu
I´nhaltsverzeichnis *n* satura rādītājs
initiíeren ierosināt, dot impulsu
Injektión *f* injekcija
injizíeren injicēt
inkompatíbel *dator.* nesavienojams
In-Kráft-Treten *n* stāšanās spēkā (*likuma*)
I´nland *n*: im I. – iekšzemē
inmítten (*ar ģen.*) vidū; i. des Sees – ezera vidū
ínnen iekšā; iekšpusē; von i. – no iekšpuses; nach i. – uz iekšu, uz iekšpusi
I´nnenarchitekt *m* iekštelpu arhitekts
I´nnenminister *m* iekšlietu ministrs
I´nnenpolitik *f* iekšpolitika
I´nnere *n* vidus; vidiene; iekšiene
ínnere iekšējais
ínnerhalb **1.** iekšā; iekšpusē; iekšienē; i. der Stadt – pilsētas robežās; **2.** laikā; i. dreier Tage – trīs dienu laikā
ínnerlich iekšķīgs; iekšējs
í´nnewohnen piemist
ínnig sirsnīgs; ~e Freundschaft – sirsnīga draudzība
ins = in das; ins Zimmer gehen – iet istabā
insbesóndere [it] īpaši, [it] sevišķi
I´nschrift *f* uzraksts (*uz pieminekļiem, monētām*)
Insékt *n* insekts, kukainis; Insektenstich *m* – kukaiņa kodiens

Insektizíd *n* insekticīds
I´nsel *f* sala
Inserát *n* sludinājums (*avīzē*); ein I. aufgeben – ielikt sludinājumu [avīzē]
inseríeren ievietot sludinājumu (*avīzē*)
ínsgesamt kopā [ņemot]
Insider [´insaidər] *m* nozarē vai darba grupā strādājoša kompetenta persona
insófern šai ziņā; tiktāl; du hast i. recht – šai ziņā tev taisnība
insoférn ciktāl, par cik
Inspiratión *f* iedvesma
instánd: i. halten – turēt (uzturēt) kārtībā; i. setzen – izlabot, salabot, remontēt; savest kārtībā
ínständig neatlaidīgs; eine ~e Bitte – sirsnīgs lūgums; j-n i. bitten – gauži (ļoti) lūgt kādu
Instínkt *m* instinkts
Institút *n* institūts
Instrumént *n* instruments; **Schlag~** *n* sitamais instruments; **Streich~** *n* stīgu instruments; **Tasten~** *n* taustiņinstruments
Insuffiziénz *f* nepietiekamība; **Herz~** *f* sirds nepietiekamība
inszeníeren inscenēt
intákt darbojošs
intéger lojāls, godīgs, uzticams
integríeren iekļaut; ein neues Schulkind in die Klasse i. – iekļaut klasē jaunu skolēnu
Intellektuélle *m* inteliģents
intelligént inteliģents
Intelligénz *f* inteliģence

Intendánt *m* teātra vai televīzijas raidītāja vadītājs

intensív intensīvs

Intensívstation *f* reanimācijas nodaļa slimnīcā

I'ntercity *m* ātrvilciens starp lielām pilsētām

interessánt interesants

Interésse *n* interese; I. haben (*für*) – interesēties (*par*)

interessíeren, sich (*für*) interesēties (*par*); sich für Sport i. – interesēties par sportu

intérn iekšējs; **betriebs~** uzņēmuma iekšējais-; **universitäts~** universitātes iekšējais-

internationál internacionāls, starptautisks

I'nternet *n* dator. interneta sistēma

Interníst *m* ārsts iekšķīgās slimībās, terapeits

I'nterpol *f* interpols

interpretíeren interpretēt, izskaidrot

Interventión [..v..] *f* intervencija

I'nterview [..vju:] *n* intervija

intím intīms

íntolerant neiecietīgs

Intríge *f* intriga

investíeren [..v..] investēt, ieguldīt (*kapitālu*)

Investitión [..v..] *f ek.* investīcija; investēšana; (*kapitāla*) ieguldījums; ieguldīšana

ínwendig 1. iekšējs; **2.** iekšā, iekšpusē

inwieférn, inwiewéit kādā mērā, cik; ciktāl

inzwíschen pa to laiku, pa to starpu, tai laikā

írden māla-

írdisch zemes-

írgend∥ein kaut kāds; **~was** kaut kas; **~wie** kaut kā; **~wo** kaut kur; **~wohin** kaut kurp

Ironíe *f* ironija

írreführen maldināt

irrelevánt nesvarīgs, nebūtisks

írren 1. maldīties, klīst; **2.** *pārn.* (*arī sich i.*) maldīties, kļūdīties

írreparabel nelabojams; neremontējams

írrsinnig ārprātīgs, vājprātīgs

I'rrtum *m* maldīšanās, maldi; pārpratums

I'slam *m* islams

isolíeren izolēt

J

ja jā; das sagte ich dir ja! – to jau es tev teicu!; ja sagen – teikt «jā», piekrist

Jacht *f* jahta

Jáchtklub *m* jahtklubs

Jácke *f* jaka; žakete

Jackétt [ʒa..] *n* žakete

Jagd *f* medības; **~beute** *f* medījums;

~**erlaubnis** *f* medību atļauja; ~**re-vier** *n* medību teritorija; auf [die] J. gehen – iet medībās

jágen 1. medīt; **2.** dzīt; trenkt; dzenāt; trenkāt; **3.** traukties, drāzties; dzīties; hinter j-m herjagen – dzīties kādam pakaļ

Jä'ger *m* mednieks

jäh 1. pēkšņs, piepešs; **2.** stāvs, kraujš

Jahr *n* gads; **Schalt~** *n* garais gads; dieses J. – šogad, šai gadā; in den besten ~en – spēka gados, brieduma gados

jáhrelang gadiem ilgi, gadiem

Jáhres∥bericht *m* gada pārskats; ~**einkommen** *n* gada ienākums; ~**tag** *m* gadadiena; ~**zeit** *f* gadalaiks

Jáhrgang *m* **1.** izdošanas gads; **2.** gadagājums; welcher J. sind Sie? – kādā gadā jūs esat dzimis?

Jáhreshauptversammlung *f* gada pilnsapulce, pārskata sapulce

Jahrhúndert *n* gadsimts, gadu simtenis

jä'hrlich 1. gada-; **2.** ik gadus; einmal j. – reizi gadā

Jáhrmarkt *m* gadatirgus

Jáhrzehnt *n* gadu desmits

Jam [dʒæm] *n* džems

Jámmer *m* **1.** vaimanas; **2.** bēdas, posts

jámmern 1. vaimanāt; gausties; **2.**: es jammert mich zu sehen... – žēl skatīties...

Jánuar *m* janvāris

Jasmín *m* jasmīns

jä'ten ravēt

jáuchzen gavilēt, līksmot

jáulen gaudot (*par suni*)

jawóhl jā; jā gan; tieši tā; protams

Jazz [dʒɛs] *m* džezs

je 1. kādreiz, jebkad; **2.** pa, ik pa; je drei – pa trīs; **3.**: je..., desto; je..., je – jo..., jo; je mehr, desto besser – jo vairāk, jo labāk

jédenfalls katrā ziņā

jéder katrs, ikviens, ikkatrs, ikkurš; j. von uns – ikviens no mums; auf jeden Fall – katram gadījumam; zu j. Zeit – katrā laikā

jédesmal katrreiz, katru reizi, ik reizi

jedóch tomēr; taču

Jeep [dʒi:p] *m* džips

jehér: von j. – no (kopš) seniem laikiem

jémals jebkad; kaut kad; kādreiz

jémand kāds, kaut kāds

jéner *m* (jene *f*, jenes *n*, jene *dsk.*) tas (tā, tie)

jénseits 1. viņpus; j. des Flusses – viņpus upes; **2.** viņā pusē

Jetset ['dʒɛtsɛt] *m* bagātnieki, kas dodas izklaides braucienos no vienas vietas uz otru

jetten ['dʒɛtn] ātri ar lidmašīnu kaut kur aizlidot

jétzig tagadējs; pašreizējs; šolaiku-

jetzt tagad, pašlaik, patlaban; bis j. – līdz šim brīdim; von j. ab – no šī brīža

Job [dʒɔp] *m sar.* īslaicīgs darbs

jobben [′dʒɔbn] īslaicīgi strādāt

joggen [′dʒɔgn] lēni skriet

Jogging [′dʒɔgiŋ] n lēns skrējiens

Jóghurt m jogurts

Johánnisbeere f jāņoga

Joint [dʒɔint] m sar. hašiša vai marihuānas cigarete

Journalíst [ʒur..] m žurnālists

Júbel m gaviles

júbeln līksmot; gavilēt

Jubilä′um n jubileja

júcken niezēt

Júdo n sp. džudo

Júgend f 1. jaunība; 2. jaunatne

júgendlich jaunības-; jauneklīgs; jaunavīgs

Júgendliche m jaunietis

Júli m jūlijs

Jumbojet [′jʊmbodʒɛt] m ļoti liela pasažieru lidmašīna

jung jauns; von j. auf – no mazotnes, no jaunām dienām

Júngeᵃ m zēns, puika

Júngeᵇ n (dzīvnieku) mazulis

Jü′nger m rel. Jēzus māceklis

Júnggeselle m vecpuisis

jüngst 1. jaunākais; der ~e Sohn – jaunākais dēls; die ~en Ereignisse – jaunākie (pēdējie) notikumi; 2. nesen; nupat; šajās dienās

Júngwähler m jaunais vēlētājs (kas vēlē pirmo reizi)

Júni m jūnijs

Junkie [′dʒaŋki] m sar. narkomāns

Júra bez art. tieslietas; jurisprudence; tiesību zinātnes; J. studieren – studēt tieslietas (jurisprudenci)

Juríst m jurists

Jury [ʒy′ri:, ′ʒyri] f žūrija

Justíz f justīcija; tieslietas; tiesa

Justízirrtum m tiesu kļūda

Juwél n 1. dārgakmens; 2. pārn. dārgums

K

Kabarétt n kabarē; varietē

Kábel n kabelis; **~anschluss** m televīzijas kabeļpieslēgums; **~fernsehen** n kabeļtelevīzija; **~kanal** m kabeļtelevīzijas kanāls

Kabíne f kabīne

Kabinétt n ministru kabinets

Kabinétts‖beschluss m kabineta lēmums; **~bildung** f ministru kabineta veidošana; **~krise** f kabineta krīze; **~mitglied** n kabineta loceklis, ministrs; **~sitzung** f kabineta sēde

Káchel f krāsns podiņš

Káder m vai n kadrs

Kä′fer m vabole

Káffee m kafija

Káffee‖haus n kafejnīca; **~kanne** f kafijas kanna; **~maschine** f kafijas automāts; **~pulver** n šķīstošā kafija; **~satz** m kafijas biezumi

Kä′fig *m* krātiņš; būris

kahl kails, pliks

Káhlschlag *m* kailcirte

Kahn *m* laiva

Kai *m* (*izbūvēta*) krastmala

Kájak *m sp.* smailīte

Kakao [ka′kau] *m* kakao

Kalb *n* teļš

Kálbsbraten *m* teļa cepetis

Kalénder *m* kalendārs

Kalk *m* kaļķi; gebrannter K. – dedzi-nātie kaļķi; gelöschter K. – dzēstie kaļķi

Kalkü′l *n vai m* 1. apsvērumi, plāni, kalkulācija; 2. aprēķins; etw. aus reinem K. machen – kaut ko darīt aiz aprēķina

kalt auksts; es ist k. – ir auksts; ~e Getränke – atspirdzinošie dzērieni; ~e Platte – aukstie uzkožamie; etw. k. stellen – nolikt aukstumā

káltblütig aukstasinīgs

Kä′lte *f* 1. aukstums; sals; 2. *pārn.* vēsums, dzedrums

Kä′ltefach *n* saldētājkamera (*ledus-skapī*)

kált lassen*: das lässt mich kalt – man tur ne silts, ne auksts

Kált‖schale *f* aukstā saldā zupa; ~verpflegung *f* sausā pārtikas (uztura) deva; ~wasserhahn *m* aukstā ūdens krāns; ~welle *f* ķī-miskie ilgviļņi

Kamél *n* kamielis

Kámera *f daž. noz.* kamera

Kamerád *m* biedrs

Kamerádschaft *f* 1. biedriskums; 2. biedri

Kamílle *f* kumelīte

Kamín *m* kamīns

Kamm *m* 1. ķemme, suka; 2. (*kalna*) kore; mugura; 3. sekste

kä′mmen [sa]ķemmēt, [sa]sukāt; sich k. [sa]ķemmēties, [sa]sukāties

Kámmer *f* 1. istabiņa; kambaris; pieliekamais; 2. palāta; 3. kamera

Kampagne [..′panjə] *f* kampaņa; **Presse~** *f* preses kampaņa; **Wahl~** *f* vēlēšanu kampaņa; **Werbe~** *f* reklāmas kampaņa

K

Kampf *m* cīņa; kauja; der K. ums Dasein – cīņa par eksistenci

kä′mpfen cīnīties; um den ersten Platz k. – cīnīties par pirmo vietu

Kä′mpfer *m* cīnītājs

Kámpfgenosse *m* cīņasbiedrs

Kanál *m* kanāls

Kandidát *m* kandidāts; Kandidaten-liste *f* – kandidātu saraksts

kandíert iecukurots

Kanínchen *n* trusis

Kaníster *m* tvertne (*ūdenim, eļļai, benzīnam*)

Kánne *f* kanna

Kánte *f* 1. mala; šķautne; 2. apmale; apšuvums; ◇ etw. auf die hohe K. legen – pietaupīt nebaltām dienām

Kánten *m* maizes dona

Kantíne *f* bufete (*kazarmās, rūpnīcās*)

Kanü′le *f med.* injekcijas adata

Kanzléi *f* kanceleja, birojs

Kap *n* klintsrags

Kapazitä't *f* **1.** ražotspēja; jauda; die K. einer Maschine – mašīnas jauda; **2.** tilpums; ietilpība; **3.**: er ist eine K. auf seinem Gebiet – viņš ir sava aroda lietpratējs

Kapélle *f* **1.** *mūz.* kapela; **2.** kapela, baznīciņa

Káper *f* kaperi (*garšviela*)

kapíeren *sar.* saprast

Kapitál *n* kapitāls

Kapitálanlage *f* kapitālieguldījums

Kapitálflucht *f* kapitāla aizplūšana no valsts uz ārzemēm

Kapitalísmus *m* kapitālisms

Kapitalíst *m* kapitālists

kapitalístisch kapitālistisks

Kapitálmarkt *m* vērtspapīru birža

Kapitálverbrechen *n* sevišķi smags noziegums

Kapitä'n *m* kapteinis

Kapítel *n* (*grāmatas*) nodaļa

Kapitulatión *f* kapitulācija

Káppe *f* **1.** cepure (*ar nagu*); **2.** *tehn.* pārvalks; vāks; **3.** (*apavu*) kape; ◇ etw. auf seine (eigene) K. nehmen *sar.* – uzņemties atbildību

kapútt saplēsts; salauzts; pagalam, beigts

kapúttgehen* saplīst, salūzt; samaitāties

Karáffe *f* karafe

Karambolage [..´la:ʒə] *f sar.* vairāku automašīnu sadursme

Karaméll *m vai n* karameles masa

Karamélle *f* karameles konfektes

Karáte *n sp.* karatē

Kárfreitag *m rel.* Lielā Piektdiena pirms Lieldienām

karg **1.** skops; eine ~e Antwort *pārn.* – skopa (īsa) atbilde; **2.** trūcīgs; ein ~es Leben führen – trūcīgi dzīvot

Káries [..əs] *f med.* kariess

karitatív labdarīgs; labdarības- (*organizācija*)

Kárneval [..val] *m* karnevāls

Karosseríe *f tehn.* automašīnas virsbūve

Karotín *n* karotīns

Karótte *f* burkāns

Kárpfen *m* karpa

Kárre *f*, **Kárren** *m* riča, ķerra

Karríere *f* karjera

Karríerefrau *f* sieviete, kas taisa karjeru (*pozitīvā nozīmē*)

Karriéremacher *m niev.* karjerists

Kárte *f* **1.** (*ģeogrāfiskā*) karte; **2.** (*dzelzceļa, teātra*) biļete; **3.** atklātne; kartīte; **4.** ēdienkarte; **5.** (*spēļu*) kārts; ◇ mit offenen ~n spielen – necensties neko noslēpt; alles auf eine K. setzen – likt visu uz vienu kārti; riskēt; auf die falsche K. setzen – izdarīt nepareizu izvēli; kļūdīties

Kartéi *f* kartotēka; **~zettel** *m* kartotēkas kartīte

Kartéll *n ek.* kartelis

Kártentelefon *n* tālrunis, kur zvana ar telekarti

Kartóffel *f* kartupelis; **~brei** *m* kartupeļu biezenis; **~kloß** *m* kartupeļu klimpa; **~puffer** *m* kartupeļu pankūka

Kartóffelchips *f* kartupeļu čipss

Kartóffel‖erntemaschine *f* kartupeļu novācamais kombains; **~legemaschine** *f* kartupeļu stādāmā mašīna

Kárwoche *f rel.* Lieldienu nedēļa

Kä'se *m* siers

Kä'sekuchen *m* biezpienmaizīte

Kasíno *n* kazino

Kásse *f* kase; ◇ knapp bei K. sein – būt naudas grūtībās

Kássenpatient *m* slimokasē apdrošināts pacients

Kassétte *f* kasete

Kasséttenrecorder *m* kasešu magnetofons

Kassíerer *m* kasieris

Kastáni‖e *f* **1.** kastanis; **2.** kastaņa

Kásten *m* kaste; lāde

Katalóg *m* katalogs

Katamarán *m sp.* katamarāns

Katarákt *m* krāce, ūdenskritums

Katárr *m med.* katars

Katáster *m vai n* zemes kadastrs

Katastróphe *f* katastrofa; Katastrophendienst *m* – katastrofu dienests

Kategoríe *f* kategorija

Kattún *m* katūns

Kátze *f* kaķis

káuen *f* košļāt; gremot; zelēt

Kauf *m* pirkšana; pirkums

káufen pirkt

Käu'fer *m* pircējs

Káufhaus *n* universālveikals

Káufkraft *f ek.* naudas, arī personas pirktspēja

Káuf‖mann *m* (*dsk.* **~leute**) tirgotājs

Káugummi *m* košļājamā gumija

kaum [tik] tikko; gandrīz; tiklīdz; es ist k. zu glauben – gandrīz neticami

Kautión *f* **1.** ķīla; **2.** galvojums; drošības nauda; garantija; gegen K. – pret ķīlu (drošības naudu, galvojumu); K. stellen – dot ķīlu; iemaksāt drošības naudu; galvot

Káviar [..v..] *m* kaviārs, ikri; körniger K. – graudainais kaviārs; roter K. – sarkanais kaviārs

K

Kéfir *m* kefīrs

Kégel *m* **1.** ķeglis; **2.** *mat.* konuss

kégeln sist ķeglus

Kéhle *f* rīkle

kéhren[a] [pa]vērst; zum besten k. – vērst par labu

kéhren[b] slaucīt (*ar slotu*); mēzt

Kéhricht *m* saslaukas, gruži

Kéhrseite *f* otrā puse; kreisā puse

Keil *m* ķīlis

Keim *m* asns; dīglis

kein neviens, nekāds; k. Mensch – neviens [cilvēks]; auf ~en Fall – nekādā gadījumā (ziņā); k. einziges Mal – ne reizi

kéines‖falls nekādā gadījumā (ziņā); **~wegs** nepavisam, nekādā ziņā ne

Keks *m* cepums

Kelch *m* **1.** kauss; **2.** *bot.* kausiņš

Kéller *m* pagrabs

Kéllner *m* viesmīlis; (*bufetē*) ēdienu izsniedzējs

kénnen* pazīt; zināt; ich kenne ihn dem Namen nach – es viņu pazīstu pēc [uz]vārda

kénnen lernen* iepazīt, iepazīties

Kénntnis *f* **1.** zināšanas; **2.**: j-m etwas zur K. geben – kādam kaut ko paziņot; zur K. nehmen – ievērot

Kénnwort *n* parole

kénnzeichnen 1. atzīmēt, iezīmēt; **2.** raksturot

Kérbe *f* iegriezums; robs

Kerl *m sar.* zēns; puisis; vīrs

Kern *m* **1.** (*augļa*) kauliņš; kodols; **2.** (*atoma*) kodols; **3.** būtība; das ist der K. der Sache – tā ir jautājuma būtība

Kérnbrennstoff *m* kodoldegviela

Kerosín [..z..] *n* aviācijas benzīns

Kérze *f* svece

Késsel *m* katls

Késselraum *m* katlu māja (telpa)

Ketchup ['kɛtʃap] *n* kečups

Kéttcar [..ka:r] *m* bērnu automobilis ar pedāļiem

Kétte *f* **1.** ķēde; važas; **2.** (*pērļu*) virkne; **3.** rinda; eine K. von Bergen – kalnu grēda

Kéttenglied *n* ķēdes posms

kéuchen elst, tusnīt

Kéuchhusten *m med.* garais klepus

keusch šķīsts, tikls; kautrīgs

Keyboard ['ki:bɔ:d] *n dator.* tastatūra

kídnappen nolaupīt, saņemt par ķīlnieku

Kíefer[a] *m* žoklis

Kíefer[b] *f* priede

Kíeme *f* žaunas

kíllen *sar.* nogalināt

Kilográmm (kg) *n* kilograms (kg)

Kilométer (km) *n* kilometrs (km)

Kind *n* bērns; von K. auf – no mazotnes

Kínder‖arzt *m* bērnu ārsts; **~funk** *m* raidījums bērniem; **~garten** *m* bērnudārzs; **~heim** *n* bērnunams; **~krippe** *f* mazbērnu novietne; **~wagen** *m* bērnu ratiņi

Kínderhort *m* dārzs bērniem, kur strādājošo vecāku bērni uzturas pēc skolas vecaku darba laikā

Kínderschänder *m* pedofils

Kíndesmisshandlung *f jur.* bērnu mocīšana un sišana (*parasti no vecāku puses*)

Kíndheit *f* bērnība

kíndisch bērnišķīgs (*par pieaugušu cilvēku*)

Kinn *n* zods

Kíno *n* kinoteātris

Kiósk *m* kiosks

Kíppe *f* cigaretes izsmēķis

kíppen 1. apgāzt; **2.** apgāzties; zaudēt līdzsvaru

Kírche *f* baznīca

Kirsch *m* ķiršu liķieris

Kírsche *f* ķirsis

Kíssen *n* spilvens

Kíssenbezug *m* spilvendrāna

Kíste *f* kaste

Kitt *m* ķite, tepe

kítten [sa]līmēt; ieķitēt (*logu rūtis*)

kítzeln 1. kutināt; **2.** kutēt; es kitzelt mich – man kut

Kíwi *f* kivi

Kládde *f* piezīmju burtnīca; klade

Kláge *f* **1.** žēlošanās; sūdzēšanās; *jur.* sūdzība; er reichte eine K. ein – viņš iesniedza sūdzību; **2.** vaimanas

klágen 1. žēloties; sūdzēties; **2.** sūdzēt

klä'glich 1. žēlabains; bēdīgs; **2.** nožēlojams

Klámmer *f* **1.** iekava; **2.** *tehn.* skava

Klamótte *f sar.* grabažas, krāmi, kankari; *dsk. sar.* apģērbs

Klang *m* skaņa

kláng‖los neskanīgs; bezskaņas-; **~voll** skanīgs

Kláppe *f tehn., anat.* vārstulis, vārsts

kláppenᵃ **1.** klaudzināt; **2.** klaudzēt

kláppenᵇ: die Sache klappt – lieta iet; viss iet gludi (kā vajag)

Kláppsitz *m* paceļams un nolaižams sēdeklis

Klápsmühle *f sar.* nervu klīnika, psihiatriskā slimnīca

klar 1. skaidrs; dzidrs; der Himmel wird k. – [debesis] noskaidrojas; **2.** saprotams; das ist doch k.! – tas taču ir skaidrs (saprotams)!

Klä'ranlage *f* notekūdeņu attīrīšanas iekārta

klä'ren noskaidrot; man muss die Sachlage k. – jānoskaidro apstākļi; **sich k.** noskaidroties (*par laiku, debesīm*)

klárkommen* tikt galā, paveikt;

kommst du mit der Aufgabe klar? – vai tu tiksi galā ar uzdevumu?

klárstellen paskaidrot, noskaidrot

Klásseᵃ *f* (*sabiedrības*) šķira

Klásseᵇ *f* **1.** klase; ein Schüler der achten K. – astotās klases skolēns; eine Kajüte erster K. – pirmās klases kajīte; eine Fahrkarte zweiter K. – biļete braukšanai otrajā klasē; **2.** kategorija; klase; ein Tennisspieler erster K. – pirmās klases tenisists

Klássenkampf *m* šķiru cīņa

klássenlos: die ~e Gesellschaft – bezšķiru sabiedrība

klassifizíeren klasificēt

Klatsch *m* tenkas

klátschenᵃ plaukšķināt; Beifall k. – aplaudēt

klátschenᵇ tenkot

Kláue *f* (*putna vai zvēra*) nags

Kláusel *f jur.* atruna

Klausúr *f* rakstisks pārbaudījums

Klavíer [..v..] *n* klavieres

Klébeband *n* plastikāta līmlente

klében 1. līmēt; Marken auf einen Briefumschlag k. – uzlīmēt markas uz aploksnes; **2.** pielipt; būt pielipušam

Klébestift *m* līmzīmulis

klébrig lipīgs

Klecks *m* traips

Klee *m* āboliņš

Kleid *n* tērps; apģērbs; kleita

kléiden 1. [ap]ģērbt; sie ist gut gekleidet – viņa ir labi ģērbusies;

2. piestāvēt; diese Farbe kleidet dich – šī krāsa piestāv; **sich k.** ģērbties

Kléidung *f* apģērbs; drēbes

klein mazs; k. von Wuchs – maza auguma; von k. auf – no mazotnes; ein k. wenig – mazliet

Kléin‖auto *n* mazlitrāžas automašīna; **~bauer** *m* sīkzemnieks; **~bürger** *m* sīkpilsonis; **~bus** *m* mikroautobuss; **~garten** *m* ģimenes dārziņš, mazdārziņš

Kléingeld *n* sīknauda

Kléinigkeit *f* sīkums; nieks

kléinkariert *niev.* aprobežots (*par cilvēku*)

kléinlich sīkumains

kléinmütig mazdūšīgs

Klémme *f* spīle; spaile; in der K. sein – būt sprukās (spīlēs)

kléttern kāpt, rāpties [augšā]; vīties (*par augiem*)

Kléttverschluss *m* apģērba aizdare

klícken klikšķēt

Kliff *n* stāva klinšu siena jūras krastā

Klíma *n* klimats

Klímaanlage *f* gaisa kondicionēšanas iekārta

Klínge *f* asmens

Klíngel *f* zvans; zvārgulis

klíngeln zvanīt; es klingelt – zvana

klíngen* skanēt; šķindēt

Klínik *f* klīnika

Klíppe *f* zemūdens klints

klírren žvadzēt; šķindēt; das Geschirr klirrt – trauki šķind

Klon *m biol.* klons

klónen klonēt

klópfen 1. klauvēt; ans Fenster k. – klauvēt pie loga; **2.** sist; einen Nagel in die Wand k. – sist (dzīt) naglu sienā

Klóster *n* klosteris

Klotz *m* klucis; bluķis; ◇ j-m ein K. am Bein sein – būt kādam par apgrūtinājumu

Klub *m* klubs

Kluft *f* **1.** aiza, bezdibenis; **2.** plaisa

klug gudrs; daraus werde ich nicht k. – es te nekā nesaprotu

Klúgscheißer *m sar. niev.* gudrelis; viszinis

Klúmpen *m* (*liels*) gabals; (*zemes*) pika, kukurznis

knábbern grauzt, našķēties

Knä'ckebrot *n* sausā (kraukšķīgā) maize; galete

knácken 1. kost; kraukšķināt; Nüsse k. – kost riekstus; **2.** krakšķēt (*par ledu*)

knállen 1. pliukšķināt; **2.** blīkšķēt; rībēt; ein Schuss knallt – atskan šāviens

knállhart brutāls

knapp 1. trūcīgs (*par uzturu*); skops (*par atbildi*); šaurs; die Hose ist k. – bikses ir šauras; **2.** līdz ar nagiem; [tik] tikko

Knárre *f sar.* ierocis, pistole

Knast *m sar.* cietums

knáttern 1. sprēgāt, sprakšķēt; **2.** tarkšķēt

Knébel *m* vīkšķis, ar ko gūsteknim aizbāž muti
knéifen* knaibīt; [ie]kniebt
Knéte *f sar.* nauda
knéten mīcīt
Knie *n* celis, ceļgals; Kniegelenk *n* – ceļgala locītava
knī|en stāvēt uz ceļiem; mesties ceļos
knífflich sarežģīts
Knirps *m sar.* mazs zēns
knístern čaukstēt, čabēt *(papīrs, zīds)*
knítterfrei neburzīgs
Knóblauch *m* ķiploks; **~zehe** *f* ķiploka daiviņa
Knóchen *m* kauls; **~bruch** *m* kaula lūzums; **~gewebe** *n* kaulaudi; **~mark** *n* kaula smadzenes
Knockaut [nɔk'aut] *m sp.* nokauts
Knopf *m* **1.** *(drēbju)* poga; *(apkakles vai aproces)* podziņa; den K. annähen – piešūt pogu (podziņu); **2.** *(zvana)* poga; *(kniepadatas)* galviņa
Knóspe *f* pumpurs
Knóten *m* mezgls
Know-how [nou'hau] *n* zinātība
knü'llen burzīt
Knü'ller *m sar.* grāvējs, sezonas nagla
knü'pfen 1. [sa]siet; vīt *(ligzdu)*; **2.** *pārn.* saistīt; große Erwartungen an etw. k. – saistīt ar kaut ko lielas cerības
knúrren ņurdēt, rūkt *(par suni)*
Koalitión *f* koalīcija
Koalitións‖partner *m* koalīcijas partneris; **~regierung** *f* koalīcijas valdība

Koch *m* pavārs
kóchen 1. vārīt, gatavot *(ēdienu)*; **2.** virt; vārīties; vor Wut k. – vārīties no dusmām
Kócher *m (spirta, elektriskā)* plītiņa; *(elektriskais)* katliņš
Kö'chin *f* pavāre; virēja
Kóchwurst *f* vārāmā desa
Kode [ko:t] *m* kods
Kö'der *m* ēsma; einen K. auslegen – izlikt ēsmu *(dzīvnieku pievilināšanai)*
Koffeín *n* kofeīns; koffeínfrei – kofeīnu nesaturošs; koffeínhaltig – kofeīnu saturošs
Kóffer *m* koferis
Kógnakschwenker *m* konjaka glāze
Kohl *m* kāposti
Kóhle *f* ogles
Kóhlenbergwerk *n* ogļraktuve
Kohlrábi *m* kolrābis
Kokaín *n* kokaīns
kóksen lietot kokaīnu
Kólben *m* **1.** *ķīm.* kolba; **2.** *tehn.* virzulis
kollabíeren *med.* sabrukt; pārciest kolapsu
Kollégbuch *n (studenta)* atzīmju grāmatiņa
Kollége *m* kolēģis, darbabiedrs
Kollektión *f* kolekcija
kollektív kolektīvs
Kollektív *n* kolektīvs
Koloníe *f* kolonija
Kolónne *f* kolonna
Kóma *n med.* koma

K

Komét *m* komēta
Komfort [..'foːr] *m* ērtības, komforts
Kómma *n* komats
Kommándo *n* **1.** komanda, pavēle;
2. komanda; nodaļa; **3.** pavēl-
niecība; das K. führen – komandēt
kómmen* [at]nākt; ierasties; wie
komme ich zum Bahnhof? – kā lai
aizeju uz staciju?; wann kommen
wir an die Reihe? – kad būs mūsu
kārta?; einen Arzt k. lassen –
izsaukt ārstu; komm her! – nāc
šurp!; an den Tag k. – nākt
[dienas] gaismā, atklāties; um etw.
kommen – kaut ko pazaudēt; zu
sich k. – 1) atgūt samaņu; 2)
atjēgties
Kommentár *m* komentārs
Kommúne *f* komūna; die Pariser K. –
Parīzes Komūna
Kommunísmus *m* komunisms
kommunístisch komunistu-; komu-
nistisks
Kompárse *m* statists (*kinofilmā, teātrī*)
kompatíbel *dator.* savienojams
kompetént kompetents, lietpratīgs
komplétt pilnīgs; neiztrūkstošs
Komplíze *m* līdzvainīgais
komplizíert sarežģīts
Komplótt *n* sazvērestība
Komponíst *m* komponists
Kompromíss *m* kompromiss; einen
K. eingehen – noslēgt kompromisu
Konditoréi *f* konditoreja
Kondóm *n* kondoms
Konfékt *n* konfekte

Konfektión *f* gatavi apģērbi
Konferénz *f* konference, sanāksme
Konflíkt *m* konflikts; in einen K.
eingreifen – iejaukties konfliktā;
sich aus einem K. heraushalten –
neiejaukties konfliktā
Kö'nig *m* karalis (*arī šahā un kāršu
spēlē*); **~in** *f* karaliene; (*šahā*)
dāma
konjugíeren locīt (*darbības vārdu*)
konkrét konkrēts
Konkurrént *m* konkurents
Konkúrs *m* bankrots; den K. eröffnen
– sākt bankrota procedūru
kö'nnen* **1.** varēt, spēt; man kann –
var; man kann nicht – nevar;
könnte ich Frau N. sprechen? –
vai es varētu runāt ar N. kundzi?;
2. prast, mācēt; er kann Deutsch –
viņš prot vāciski
Kö'nnen *n* prasme; großes K. –
izcila meistarība
Konsequénz *f* **1.** konsekvence; secība;
2. ~en – secinājums; sekas; die
~en ziehen – secināt; die ~en
tragen – atbildēt par sekām
Konsérve [..və] *f* konservi
Konsulát *n* konsulāts
Konsúm *m* patēriņš
Konsumént *m* ek. patērētājs
Konsúmgüter *dsk.* patēriņa preces
Kontákt *m* kontakts, sakars
Kontáktlinse *f* kontaktlēca
Kónto *n* konts, rēķins
Kóntoauszug *m* konta izraksts
konträ'r pretējs (*raksturs, viedoklis*)

Kontrástmittel *n med.* kontrastviela
Kontrólle *f* kontrole
Kontróllturm *m* kontroltornis lidostā
konvertíeren *ek.* konvertēt
Konvói [..v..] *m* vairāki transport-
līdzekļi, it īpaši automobiļi, kopā;
konvojs
Konzépt *n* koncepcija, uzmetums, plāns
Kopf *m* **1.** galva; den K. nicht
hängen lassen – nenokārt galvu;
Hals über K. – pa galvu pa kaklu;
das ist ein kluger K. – tam ir galva
uz pleciem; **2.** kāpostgalviņa
Kópfhörer *m* radioaustiņas; telefona
austiņas
Kópfschmerzen *dsk.* galvassāpes;
ich habe K. – man sāp galva
Kópfsteinpflaster *m* bruģis
Kopíe *f* kopija
Kopíergerät *n* kopējamais aparāts
Korb *m* grozs
Kord *m* velvets
Kórken *m* korķis
Kórk[en]zieher *m* korķvilķis
Korn *n* **1.** grauds; **2.** labība; rudzi
Kórnblume *f* rudzupuķe
Kö'rper *m* ķermenis; korpuss
Kö'rper‖bau *m* ķermeņa uzbūve;
~**kultur** *f* fiziskā kultūra
kö'rperbehindert fizisks invalīds
kö'rperlich miesas-; fizisks
Kö'rperschaft *f* korporācija; organi-
zācija; K. des öffentlichen Rechts –
sabiedriska organizācija
Kö'rperschulung *f* sp. ķermeņa vin-
grinājumi, treniņš

Korps [ko:r[*n daž. noz.* korpuss;
das diplomatische K. – diplomā-
tiskais korpuss
korrékt 1. pareizs; **2.** korekts (*par
uzvešanos*)
Korrespondént *m* korespondents
Kórridor *m* koridors, gaitenis
korrumpíeren piekukuļot
korrúpt pērkams, piekukuļojams
Korruptión *f* korupcija, kukuļošana;
pērkamība
Kosmétik *f* kosmētika, skaistumkop-
šana
kosmétisch kosmētisks; ~es Mittel
– līdzeklis skaistumkopšanai
Kósmonaut *m* kosmonauts
Kósmos *m* kosmoss, Visums
Kost *f* barība; uzturs; **Roh~** *f* zaļ-
barība; **Schon~** *f* diētisks uzturs;
er steht in K. und Logis [..'ʒi:] –
viņš nodrošināts ar uzturu un
dzīvokli
kóstbar dārgs
kósten[a] maksāt; was kostet das? –
cik tas maksā?; koste es, was es
wolle – lai tas maksā ko maksādams
kósten[b] [no]garšot
Kósten *dsk.* izdevumi; *dsk.* izmak-
sas; ~**erstattung** *f* izmaksu at-
maksāšana; ~**senkung** *f* izmaksu
pazemināšana; ~**steigerung** iz-
maksu paaugstināšana; ◇ auf
meine K. – uz mana rēķina
Kóstenanschlag *m* izdevumu tāme
Kóstenaufwand *m* izdevumi
kóstenlos par velti

K

Kóstenvoranschlag *m* tāme
kö'stlich gards, garšīgs
Kostü'm *n* (*sieviešu*) kostīms
Kotelétt *n* karbonāde ar kauliņu
Kótflügel *m tehn.* automašīnas dubļu-
   sargs
krä'chzen ķērkt
Kraft *f* **1.** spēks; stiprums; mit aller
   K., aus vollen Kräften – no visa
   spēka; in K. treten – stāties spēkā;
   ein Gesetz in K. setzen – ieviest
   likumu; ein Gesetz außer K. setzen
   – atcelt likumu (noteikumu); **2.** *fiz.*
   enerģija
Kráftfahrzeugwerk *n* automašīnu
   rūpnīca
krä'ftig spēcīgs, stiprs; ein ~es Essen
   – spēcinošs ēdiens
Kráft‖rad *n* motocikls; **~verkehr** *m*
   autosatiksme; **~wagen** *m* auto-
   mašīna; **~werk** *n* spēkstacija
Krágen *m* apkakle
Krä'he *f* vārna
krä'hen dziedāt (*par gaili*)
Krä'ker *m* ciets, sāļš cepums, krekers
Krampf *m* krampji; spazmas; **Mus-
   kel~** *m* muskuļu krampji; **Ma-
   gen~** *m* kuņģa spazmas
krámphaft krampjains
krank slims; k. werden – saslimt; er
   ist plötzlich k. geworden – viņš
   pēkšņi saslimis; ◇ das macht
   mich [ganz] k. *sar.* – tas man krīt
   uz nerviem
Kránkengymnastik *f* ārstnieciskā
   fizkultūra

Kránken‖haus *n* slimnīca; **~kasse** *f*
   slimokase; **~schein** *m* zīme par
   apdrošināšanu, lai nav jāmaksā
   par vizīti pie ārsta; **~versicherung** *f*
   apdrošinājums slimības gadīju-
   mā
Kránkheit *f* slimība
Kránkheits‖erreger *m* slimības ie-
   rosinātājs; **~symptom** *n* – slimī-
   bas simptoms; **~überträger** *m*
   slimības nēsātājs, pārnēsātājs;
   ~bild *n* slimības aina
krä'nklich slimīgs
Kranz *m* vainags; einen K. nieder-
   legen – nolikt vainagu
Krä'tze *f med.* kašķis
krátzen skrāpēt; kasīt
Krátzer *m* nobrāzums
Kráulschwimmen *n sp.* krauls
kraus sprogains; cirtains
Kraut *n* **1.** zāle; zāles; heilsames K. –
   ārstniecības augs; **2.** zaļumi; dār-
   zeņi; **3.** kāposti
Kráut‖markt *m* dārzeņu tirgus;
   ~werk *n* garšsaknes
Krawátte *f* kaklasaite
Kreatión *f* radīšana; veidošana, mo-
   delēšana
kreatív radošs
Krebs *m daž. noz.* vēzis
Kredít *m* kredīts
Kredítkarte *f* kredītkarte
kredítwürdig kredītspējīgs
Kréide *f* krīts
kreíeren radīt; veidot, modelēt
Kreis *m* **1.** aplis; **2.** apgabals

kréisen griezties; riņķot
Kréislauf *m* cikls; riņķojums; cirku-
lācija, riņķošana
Krémpe *f* (*cepures*) mala
Kreuz *n* krusts
kréuzen 1. [sa]krustot; **2.** šķērsot
(*ceļu*); **sich k.** krustoties; izmai-
nīties ceļā
Kréuzfahrt *f* ceļojums ar kuģi, kruīzs
Kréuzung *f* **1.** krustošana; šķērso-
šana; **2.** (*ielu*) krustojums
Kréuzverhör *n jur.* nopratināšana
Krícket *n sp.* krikets
kríechen* līst
Krieg *m* karš
kríegerisch kareivīgs, kareivisks
Kríegs‖beschädigte *m* kara invalīds;
~**entschädigung** *f* atlīdzinājums
par zaudējumiem karā, reparācijas;
~**erklärung** *f* kara pieteikums;
~**gefangene** *m* karagūsteknis; ~**het-
zer** *m* kara kūrējs; ~**wirren** *dsk.*
kara jukas; ~**zustand** *m* kara-
stāvoklis
Kriminálbeamte *m* kriminālpolicijas
ierēdnis
kriminéll krimināls
Kríppe *f* mazbērnu novietne
Kríse *f* krīze
Krísengebiet *n* krīzes reģions
Kristáll *m* kristāls
Kritík *f* kritika
kritisíeren kritizēt
Króne *f* **1.** (*valdnieka*) kronis, vai-
nags; **2.** (*koka*) vainags; galotne;
3. (*zoba*) kronītis

Krónprinz *m* princis troņmant-
nieks
Krónzeuge *m* galvenais liecinieks
Krö'te *f* krupis
Krü'cke *f* kruķis
Krug *m* krūze
krumm līks
krü'mmen [sa]liekt; [sa]locīt; **sich
k.** liekties; locīties (*aiz sāpēm*); der
Weg krümmt sich – ceļš met
līkumu
Krü'ppel *m* kroplis
Krúste *f* garoza
Kü'che *f* virtuve
Kúchen *m* rausis; kūka
Kü'chenchef *m* šefpavārs
Kúckuck *m* dzeguze
Kúgel *f* **1.** bumba; **2.** *mil.* lode; **3.** *sp.*
lode
Kúgel‖lager *n* lodīšu gultnis; ~**stoßen**
n sp. lodes grūšana
Kúgelschreiber *m* lodīšu pild-
spalva
Kuh *f* govs
kühl vēss; dzestrs
Kü'hlbox *f* dzesējamā kaste ar vāku
kü'hlen [at]dzesēt
Kü'hler *m* automašīnas radiators
Kü'hlschrank *m* ledusskapis
kühn drosmīgs; drošsirdīgs
Kultúr *f* kultūra
kulturéll kulturāls
Kúmmer *m* bēdas; raizes; rūpes
kü'mmern, sich k. (*um*) rūpēties
(*par*)
Kúmpel *m sar.* kalnracis

K

Kúnde^a *f* ziņa, vēsts
Kúnde^b *m* pircējs, klients
Kúndendienst *m* **1.** ziņu birojs; **2.** pasūtījumu galds (*veikalā*); **3.** serviss (*klientiem, pircējiem*)
kúndgeben* darīt zināmu; paziņot
Kúndgebung *f* **1.** paziņojums; **2.** demonstrācija; manifestācija
kü´ndigen 1. anulēt, lauzt (*līgumu*); **2.** atlaist (*no darba*); uzteikt (*darbu*)
Kü´ndigung *f* **1.** (*līguma*) anulēšana; **2.** (*darba*) uzteikums
Kúndschaft *f* klientūra; pircēji
kü´nftig 1. nākamais; nākošais; **2.** turpmāk; uz priekšu
Kunst *f* **1.** māksla; **2.** (*izcila*) prasme
Kúnstfehler *m* ārsta kļūda (*operācijā u. tml.*)
kúnstfertig 1. izveicīgs; **2.** prasmīgs (*kādā amatā*)
Kúnstgriff *m* **1.** (*veikls*) paņēmiens; **2.** triks
Kü´nstler *m* mākslinieks; artists
kü´nstlerisch māksliniecisks
kü´nstlich 1. mākslīgs; **2.** mākslots; neīsts
Kúnst‖seide *f* mākslīgais zīds; **~werk** *n* mākslas darbs
Kúpfer *n* varš
kúppeln sakabināt; savienot
Kur *f* ārstēšana; eine K. machen – izņemt ārstēšanās kursu
Kúrbel *f* kloķis; rokturis
kuríeren [iz]ārstēt; dziedināt
Kurs *m* **1.** virziens, kurss; **2.** vērts-

papīru cena; **3.** politikas virziens; **4.** lekciju kurss
Kúrsbuch *n* vilcienu saraksts
Kü´rschner *m* kažokādu izstrādātājs
Kúrve [..v..] *f* **1.** *mat.* līkne; **2.** ceļa pagrieziens
kurz īss; von etw. k. berichten – īsi par kaut ko pastāstīt; in ~er Zeit – drīzumā; k. nach – drīz pēc tam; k. vor – īsi pirms; vor ~em – nesen; k. und gut – vārdu sakot; īsi un skaidri
Kúrzarbeit *f* saīsināts darba laiks
Kü´rze *f*: in K. – 1) drīzumā, tuvākajā laikā; 2) īsos vārdos
kü´rzen [sa]īsināt; die Zeit k. – pakavēt laiku
kúrzfristig pēkšņs; eine ~e Abreise – pēkšņa aizbraukšana
kü´rzlich nesen
Kúrzschluss *m* **1.** īssavienojums; **2.** nepārdomāta rīcība
Kúrzschrift *f* stenogrāfija
kúrzsichtig tuvredzīgs
Kúrzstreckler *m* *sp.* īso distanču skrējējs, sprinteris
Kü´rzung *f* **1.** saīsinājums; **2.** samazinājums
Kúrzwaren *dsk.* galantērijas preces
kúschelig mīksts, silts, omulīgs
kúscheln paglausties
Kúscheltier *n* mīkstā rotaļlieta
Kuss *m* skūpsts
kü´ssen skūpstīt
Kü´ste *f* piekraste; (*jūras*) krasts

L

lában [at]spirdzināt; **sich l.** [at]spir-
dzināties
Labór n, **Laboratórium** n labora-
torija
lä´cheln smaidīt
láchen smieties; sich krank l. – aiz
smiekliem vai [pušu] plīst
lä´cherlich smieklīgs; uzjautrinošs
Lachs m lasis; **Räucher~** m kūpināts
lasis
Lack m laka
Láckentferner m [nagu] lakas šķīdi-
nātājs
Ládefähigkeit f celtspēja
láden*[a] **1.** [ie]kraut; **2.** mil. [pie]lādēt
láden*[b] aicināt; [ie]lūgt
Láden m **1.** veikals; **2.** slēģis, aiz-
virtnis
Ládendieb m veikalu zaglis
Ládenschluss m brīdis, pēc kura
veikalā vairs nedrīkst neko pārdot;
veikala slēgšana
Láderaum m (kuģa) tilpne; kravas
telpa
Ládung f krava
Lady [´le:di] f **1.** kundze (saistībā ar
angļu cilmes personvārdiem);
2.: First Lady f – valsts prezidenta
sieva
Láge f **1.** novietojums; [atrašanās]
vieta; **2.** stāvoklis; apstākļi; **3.** kārta,
slānis; ◇ nicht in der L. sein, etw.
zu tun – nebūt spējīgam kaut ko
izdarīt

Láger n **1.** (preču) noliktava; **2.** no-
metne; **3.** tehn. gultnis
Lageríst m noliktavas strādnieks
lágern nolikt uzglabāšanai, atlikt vē-
lākam laikam
lahm 1. klibs; **2.** paralizēts; gaudens;
~e Hand – paralizēta roka
lahm légen apturēt, pārtraukt; durch
den Unfall war der Verkehr stun-
denlang lahm gelegt – satiksmes
negadījuma dēļ satiksme tika ap-
turēta uz vairākām stundām
Lä´hmung f paralīze
Laib m klaips; kukulis
Láie m diletants
Láienkunst f mākslinieciskā paš-
darbība
Láken n palags
Lakrítze f lakrica
Láma n lama
lamentíeren gausties, žēloties
Lamétta n «eņģeļu mati» (eglītes
rotājums)
Lamm n jērs
Lámpe f lampa; spuldze
Lámpenschirm m abažūrs
Land n **1.** lauks. zeme; **2.** [saus]-
zeme; an[s] L. gehen – izkāpt
krastā; **3.** lauki; auf dem ~e – uz
laukiem; **4.** valsts; zeme
Lándarbeiter m laukstrādnieks
Lándeanflug m lidmašīnas tuvo-
šanās lidlaukam
Lándebahn f av. nolaišanās josla

lánden 1. *jūrn., mil.* izcelt (*malā, krastā*); **2.** piestāt[ies] (*malā*); izcelties (*malā, krastā*); **3.** *av.* nosēsties

Lándenge *f* zemes šaurums

Lä′nder‖kunde *f* reģionālā ģeogrāfija; **~spiel** *n* starptautiskas sacensības

Lándhaus *n* vasarnīca; lauku māja

Lándkarte *f* ģeogrāfiskā karte

lä′ndlich lauku-; lauciniecisks

Lándschaft *f* **1.** apvidus; **2.** ainava, dabasskats

Lánds‖mann *m* (*dsk.* **~leute**) tautietis; novadnieks

Lándstraße *f* lielceļš; šoseja

Lándung *f* **1.** izcelšanās malā; *jūrn., mil.* desants; **2.** *av.* nosēšanās

Lándungsbrücke *f* kuģa traps

Lánd‖wirt *m* lauksaimnieks; fermeris; **~wirtschaft** *f* lauksaimniecība; **~zunge** *f* ģeogr. zemes mēle

lang 1. garš; ein Meter l. – metru garš; **2.** ilgs; vor ~er Zeit – sensenis; zwei Stunden l. – divas stundas ilgs (ilgi)

lánge ilgi; wie l. dauert die Vorstellung? – cik ilga būs izrāde?; schon l. – jau sen; es ist schon l. her – ir pagājis ilgs laiks, jau sen

Lä′nge *f* **1.** garums; **2.** ilgums

Lángeweile *f* garlaicība

lángfristig ilgtermiņa-; ilgstošs

lä′nglich [ie]garens

längs gar

lángsam lēns

längst sen; kopš seniem laikiem

Lángstreckenläufer *m* sp. garo distanču skrējējs, gargabalnieks

Lángstreckenrakete *f* tālās distances raķete

Langúste *f* langusts

lángweilen garlaikot; **sich l.** garlaikoties

lángweilig garlaicīgs

Lapalie [la′pa:ljə] *f* nieks, sīkums; sich wegen einer L. aufregen – uztraukties par sīkumiem

Láppen *m* lupata

Lärm *m* troksnis; jezga; ◇ viel L. um nichts – liela brēka par neko

lä′rmen trokšņot

Láser [′le:zər] *m fiz.* lāzers

lássen 1. atstāt; j-n im Stich[e] l. – pamest kādu likteņa varā; lass das! – izbeidz!, atmet to!; lass mich in Ruhe! – liec mani mierā!; **2.** likt; j-n rufen l. – likt kādu pasaukt; sich einen Anzug machen l. – pasūtīt sev uzvalku; **3.** [at]ļaut; l. Sie mich Ihnen helfen! – atļaujiet jums palīdzēt!; lass hören! – stāsti!, runā!; lass[t] uns gehen! – iesim!

lä′ssig brīvs, nepiespiests

Lásso *n* laso

Last *f* **1.** nasta; krava; **2.** *pārn.* slogs; smagums; j-m zur L. fallen – būt kādam par nastu (slogu)

lä′stig apgrūtinošs

Lástkraftwagen *m* smagā automašīna

Last-Minute-Flug [la:st'minit..] *m* biļete, ko lidojumam pērk pēdējā brīdī pirms izlidošanas

latént slēpts, nemanāms; eine ~e Gefahr – slēptas briesmas

Latérne *f* laterna; lukturis

Latríne *f* sausā tualete ārā

Laub *n* lapotne

Láube *f* lapene

Láuch *m* puravs

láuern uzglūnēt

Lauf *m* **1.** skriešana; skrējiens; **2.** ritums; gaita; im vollen L. – pilnā gaitā; im L. der Zeit – ar laiku, laika gaitā; im L. einer Woche – nedēļas laikā; **Gelände~** *m* kross; **Hürden~** *m* barjerskrējiens, **Staffel~** *m* stafetes skrējiens

Láufbahn *f* **1.** *sp.* skrejceļš; **2.** dzīves gājums; karjera

láufen* 1. skriet; sich müde l. – noskrieties; **2.** griezties (*par riteņiem*); **3.**: der Film läuft schon die dritte Woche – filmu [iz]rāda jau trešo nedēļu; ◇ na, wie läufts? – kā klājas?; etw. läuft wie geschmiert – klājas ļoti labi; viss notiek, kā paredzēts; etw. ist gelaufen – tur vairs nevar neko darīt

láufend tekošs; am ~en Band – pie konveijera; *pārn.* nepārtraukti; ~en Monats – šā mēneša-; auf dem ~en sein – būt lietas kursā

Läu'fer *m* **1.** skrējējs; **2.** laidnis (*šahā*)

Láufkundschaft *f* nepastāvīgie klienti, pircēji

Láufmasche *f* zeķei noiris valdziņš

Láufsteg *m* mēle (*modes skatē*)

Láufwerk *n* tehn. dzinējs; **Disketten~** *n* dator. dzinis

Láune *f* **1.** oma, garastāvoklis; **2.** untums; ~n haben – untumoties

láuschen 1. (*vērīgi*) klausīties; **2.** (*slepeni*) [no]klausīties

laut[a] **1.** skaļš; mit ~er Stimme – skaļā balsī; **2.** skaļi

laut[b] pēc; saskaņā ar; l. Vorschrift – pēc priekšraksta; l. des Gesetzes – saskaņā ar likumu

Laut *m* skaņa

läu'ten zvanīt

Láutsprecher *m* skaļrunis; reproduktors

Láva [..v..] *f* lava

Lavéndel [..v..] *m* lavanda

Lawíne *f* lavīna

Lawínen‖gefahr *f* lavīnas draudi; **~opfer** *n* lavīnas upuris; **~warnung** *f* brīdinājums par lavīnu

Lay-out ['le:'aut] *n* teksta un attēlu izkārtojums laikrakstā, žurnālā vai grāmatā

Leader ['li:dər] *m* sp. līderis

leasen ['li:zn] izmantot līzingu

Leasing ['li:ziŋ] *n* līzings

lében dzīvot; es lebe! – lai dzīvo!; leben Sie wohl! – dzīvojiet sveiki!, ardievu!

Lében *n* **1.** dzīvība; ums L. kommen – aiziet bojā; **2.** dzīve; mūžs; **3.** dzīvība; rosība; das L. und Treiben in den Straßen – kustība ielās

lebéndig 1. dzīvs; 2. dzīvs, mundrs
Lébenserhaltungstrieb *m* dzīvības
dziņa
Lébenserwartung *f* vidējais dzīves
ilgums
lébensgefährlich dzīvību apdraudošs;
bīstams
Lébensgefährte *m* dzīvesbiedrs (*ne-
reģistrētā laulībā*)
Lébenshaltungskosten *dsk.* iztikai
nepieciešamie līdzekļi, izmaksas
Lébenslauf *m* 1. dzīves gājums;
2. biogrāfija
Lébensmittel *dsk.* pārtika
Lébensmittelgeschäft *n* pārtikas vei-
kals
Lébensstandard *m* dzīves līmenis
Lébensversicherung *f* dzīvības ap-
drošināšana
Léber *f* aknas
Léberwurst *f* aknu desa
lébhaft rosīgs; dzīvs
Leck *n* sūce
lécken laizīt
lécker gards
Léckerbissen *m* gardums, gards
kumoss
Léder *n* (*izstrādāta*) āda
lédig neprecējies
lédiglich tikai, vienīgi
leer tukšs
léeren [iz]tukšot
Léerlauf *m* tukšgaita
Léertaste *f dator.* garais intervāla
taustiņš
legál legāls

legalisíeren legalizēt
légen [no]likt; Eier l. – dēt olas; sich l.
1. [no]gulties, [no]likties; 2. norimt
Legíerung *f* sakausējums
Legislatúrperiode *f* parlamenta lo-
cekļu darbības periods
Lehm *m* māls
léhnen pbesliet; atbalstīt; sich l. (*an
ar akuz.*) pieslieties; atbalstīties
Léhrbuch *n* mācību grāmata
Léhre *f* 1. mācība; 2. apmācība;
apmācīšana; 3. [pa]mācība; das ist
ihm eine L. – tā viņam [laba]
mācība; Abstammungs~ *f* evo-
lūcijas mācība
léhren mācīt
Léhrer *m* skolotājs; pasniedzējs; ~in *f*
skolotāja; pasniedzēja
Léhrling *m* māceklis
Léhr‖mittel *n* mācību līdzeklis; ~stuhl
m katedra
Leib *m* miesa; ķermenis
Léibesvisitation [..v..] *f* personas
kratīšana
Léibgericht *n* mīļākais ēdiens
léiblich miesīgs; der ~e Vater –
miesīgais tēvs
Léibwächter *m* miesassargs
Léiche *f* līķis
Léichenfledderei *f* līķa apzagšana
Léichenhalle *f* kapliča kapos
leicht viegls; ~er Schlaf – caurs
miegs
Léicht‖athlet *m sp.* vieglatlēts; ~ath-
letik *f* vieglatlētika; ~gewicht *n*
vieglais svars

léicht‖gläubig lētticīgs; **~sinnig** vieglprātīgs

leid žēl; es tut mir l. – man ļoti žēl; er tut mir l. – man viņa žēl

Leid *n* ciešanas; bēdas; j-m L. zufügen – [no]darīt kādam pāri

léiden* 1. ciest; paciest; ich kann ihn nicht l. – es viņu nevaru ciest; **2.** (*an ar dat.*) ciest; slimot; er leidet an Rheumatismus – viņš slimo ar reimatismu

Léiden *n* ilga un smaga slimība

Léidenschaft *f* kaislība

léider diemžēl

léidlich 1. [pa]ciešams; **2.** ciešami; puslīdz [labi]

Léiharbeiter *m* pagaidu darbinieks

léihen* 1. aizdot (*kādam*); **2.** (*von*) aizņemties

Léihhaus *n* lombards

Léihmutter *f* sieviete, kas pēc mākslīgas apaugļošanas iznēsā svešu bērnu

Leim *m* līme

Léine *f* **1.** pavada; groži; **2.** virve

Léinen *n* linaudekls

Léinöl *n* lineļļa

Léinwand *f* **1.** audekls; **2.** ekrāns (*kinoteātrī*)

léise kluss

léisten padarīt; veikt; Widerstand l. – pretoties; Gewähr l. (*für*) – galvot, garantēt; **sich l.** atļauties

Léistung *f* **1.** veikums; veiktais darbs; sasniegumi; **2.** *tehn.* ražīgums; jauda

Léistungs‖fähigkeit *f* **1.** darbaspējas; **2.** *tehn.* ražīgums; jauda; **~lohn** *m* gabaldarba samaksa

Léistungssport *m* profesionālais sports

Léitartikel *m* ievadraksts

léiten vadīt

Léiter[a] *m* vadītājs; gute und schlechte L. der Elektrizität – labi un slikti elektrības vadītāji

Léiter[b] *f* (*pieslienamās*) kāpnes

Léitfaden *m* rokasgrāmata

Léitplanke *f* metāla vai betona barjera ielas vai ceļa malā; gegen die L. prallen – atsisties pret barjeru

Léitung *f* **1.** vadība; **2.** vads

Léktor *m* **1.** cilvēks, kas izdevniecībā manuskriptu novērtē un sagatavo iespiešanai; redaktors; **2.** augstskolas lektors

Lektorát *n* izdevniecības daļa, kurā strādā redaktori; redakcija

lénken 1. vadīt (*arī automašīnu*); **2.** griezt; vērst; die Aufmerksamkeit l. (*auf ar akuz.*) – pievērst uzmanību (*kaut kam*)

Lénkrad *n* (*automašīnas*) stūre

Lépra *f med.* lepra

Lérche *f* cīrulis

lérnbehindert garīgi atpalicis cilvēks

lérnen mācīties

lésbar (*viegli*) salasāms

Lésbe *f* lesbiete

lésbisch lesbisks

lésegeschätzt *dator.* teksts, ko var nolasīt tikai pēc paroles ievadīšanas

Lésekarte *f* lasītāja kart[īt]e
lésen*[a] lasīt
lésen*[b] **1.** lasīt (*ogas*); **2.** izlasīt (*šķirojot*)
Léser *m* lasītājs
Lésesaal *m* lasītava, lasītāju zāle
létzte 1. pēdējais; **2.** pagājušais; ~n
　Mittwoch – pagājušo trešdien
léuchten spīdēt; mirdzēt
Léuchter *m* svečturis
Léuchtreklame *f* gaismas reklāma
Léuchtröhre *f* ar gāzi pildītas gaismas
　caurulītes, ko izmanto gaismas
　reklāmu veidošanai
Léuchtturm *m* bāka
léugnen noliegt
Leukämíe *f med.* leikēmija
Léute *dsk.* ļaudis
Libélle *f* spāre
liberál liberāls
Licht *n* **1.** gaisma; ans L. kommen –
　atklāties; nākt gaismā; **2.** svece
líchtempfindlich gaismjutīgs
Líchtorgel *f* ritmizēta gaisma diskotēkās
Líchtung *f* izcirtums
Lid *n* plakstiņš
Lídschatten *m* plakstiņu ēnas
lieb mīļš; patīkams; das ist mir l. – tas
　man ir patīkami
Líebe *f* mīlestība
Líebes‖affäre *f* intīms sakars; ~be-
　ziehung *f* intīmas attiecības; ~er-
　klärung *f* mīlestības atklāšana
líeben mīlēt
Líebenswürdigkeit *f* laipnība
líeber labāk
líebkosen glāstīt, apmīļot

Líebling *m* mīlulis
Lied *n* dziesma
Líederbuch *n* dziesmu krājums
líederlich paviršs, nevīžīgs
Líefer‖auto *n* preču [piegādes] auto-
　mašīna; ~frist *f* piegādes termiņš
　(laiks)
líefern piegādāt; Waren ins Haus l. –
　piegādāt preces mājās
Líefer‖schein *m* preču pavadzīme;
　~termin *m* piegādes termiņš
Líeferung *f* piegāde
Líeferwagen *m* neliela kravas auto-
　mašīna preču izvadāšanai
líegen* **1.** gulēt; **2.** atrasties; die Stadt
　liegt am Meer – pilsēta atrodas pie
　jūras
líegen lassen* aizmirst; atstāt (*kaut*
　kur)
Líege‖platz *m* guļamvieta (*vagonā*);
　~stuhl *m* atpūtas krēsls
líften savilkt sejas ādu kosmētiskas
　ķirurģiskas operācijas gadījumā
Límit *n* limits, ierobežojums
Límo *f sar.* limonāde
Limonáde *f* limonāde
Limousíne [..mu..] *f* liela un grezna
　automašīna; limuzīns
Línde *f* liepa
líndern remdēt; atvieglināt (*sāpes*)
Lineál *n* lineāls
Líni‖e *f* līnija; svītra; in erster L. –
　pirmām kārtām
link kreiss; ~er Hand – pa kreisi; die
　~e Seite – kreisā puse (*arī audu-*
　mam)

Línke *f* kreisā roka

links pa kreisi; kreisajā pusē; von l. – no kreisās puses; nach l. – pa kreisi

Línksextremismus *m* kreisais ekstrēmisms

Línkshänder *m* kreilis

Línse *f* **1.** *bot.* lēca; **2.** *fiz.* lēca

Líppe *f* lūpa; ◇ an j-s Lippen ~n – kādu ļoti uzmanīgi klausīties; etw. nicht über die ~n bringen können – nespēt pateikt (*ko nepatīkamu*)

Líppenstift *m* lūpu zīmulis

líspeln šļupstēt

List *f* viltība; mit L. und Tücke – ar viltu

Líste *f* saraksts

lístig viltīgs

Líter *m vai n* litrs

Literatúr *f* literatūra; die schöne L. – daiļliteratūra

Lítfaßsäule *f* afišu stabs

live [laif]: etw. l. übertragen/senden – pārraidīt tiešraidē

Lizénz *f* licence; eine L. beantragen – pieprasīt licenci; eine L. erwerben – iegūt licenci; eine L. erteilen – piešķirt licenci

Lob *n* uzslava; slavinājums

Lóbby *f* lobijs

lóben slavēt

Loch *n* **1.** caurums; atvere; **2.** ala

Lóch‖band *n* perfolente; **~karte** *f* perfokarte

Lócher *m* papīru caurumotājs

Lócke *f* sproga, cirta

lócken vilināt

Lóckenwickler *m* matu rullītis

lócker 1. irdens; **2.** vaļīgs; ļodzīgs

lóckig sprogains, cirtains

Lö′ffel *m* **1.** karote; **2.** (*ekskavatora*) kauss

Loge [′loːʒə] *f* loža

Loggia [′lɔdʒa] *f* lodžija

Lógo *n* logotips

lógo *sar.* loģiski, saprotami

Lohn *m* alga; atalgojums (*strādnieka*)

Lóhnabbau *m* darba algas pazemināšana

lóhnen [**sich**] atmaksāties; es lohnt [sich] nicht – neatmaksājas, nav vērts

Lóhnerhöhung *f* darba algas paaugstinājums

Lóhnsteuer *f* algas nodoklis

Lóhnsteuerkarte *f* algas nodokļa karte

Lokál *n* restorāns

Lokomotíve [..v..] *f* lokomotīve

Lokomotívführer *m* lokomotīves vadītājs

Look [lʊk] *m* kādam laikam tipiskais modes stils

Lórbeer *m* laurs

los brīvs; atraisīts; die Tür ist l. – durvis ir vaļā; l.! – sākt!; uz priekšu!; was ist l.? – kas noticis?

Los *n* **1.** laimests; **2.** (*loterijas*) biļete; **3.** liktenis

Lö′schapparat *m* ugunsdzēšamais aparāts

lö′schen 1. [ap]dzēst; **2.** nodzist; **3.**: den Durst l. – dzesēt (remdēt) slāpes

Lö′segeld *n* izpirkuma maksa

lö′sen 1. atbrīvot; atraisīt; **2.** lauzt (*līgumu*); **3.** atrisināt (*uzdevumu*); **4.** izšķīdināt; **5.**: eine Fahrkarte l. – iegādāties [braukšanas] biļeti

lósfahren* sākt braukt

lóslassen* atbrīvot; atlaist

Lósung *f* **1.** lozungs; **2.** parole

Lö′sung *f* **1.** atraisīšana; **2.** (*līguma*) laušana; **3.** (*uzdevuma*) atrisinā-šana; **4.** ķīm. šķīdums, šķīdinājums

lö′ten lodēt

Lotión *f* losjons

Lótse *m* locis

Lóttoschein *m* loterijas biļete

Lö′we *m* lauva; Löwenmähne *f* – lauvas krēpes; Löwenpranke *f* – lauvas ķetna

LSD *n* LSD narkotika

Luchs *m* lūsis

Lü′cke *f* izlaidums (*tekstā*); tukša vieta; robs; caurums

Luft *f* gaiss; ◇ die L. ist rein ! *sar.* – gaiss ir tīrs!; es herrscht dicke L. – saspringta gaisotne; j-n wie L. behandeln – ignorēt; etw. fliegt in die L. – kaut kas uzsprāgst; etw. ist aus der L. gegriffen – no gaisa pagrābts; halt die L. an! – nestei-dzies!; nepārspīlēt!; paklusē!

Lúft‖abwehr *f* pretgaisa aizsardzība; **~bad** *n* gaisa pelde[s]; **~filter** *m* gaisa filtrs; **~verschmutzung** *f* gaisa piesārņojums

Lúftaufnahme *f* uzņēmums no gaisa

lúftdicht gaisnecaurlaidīgs, hermē-tisks

Lúftdruck *m* gaisa spiediens

lü′ften [iz]vēdināt

Lúft‖fahrt *f* aviācija; **~hafen** *m* lidosta; **~kurort** *m* klimatiskais kūrorts; **~post** *f* gaisa pasts; mit Luftpost befördern – nosūtīt pa gaisa pastu

Lúftgewehr *n* pneimatiskais ierocis

Lúftpirat *m* gaisa pirāts

Lü′ftung *f* vēdināšana; ventilācija

Lúftzug *m* caurvējš

Lü′ge *f* meli

lü′gen* melot

Lü′gner *m* melis

lukratív [..f] daudzsološs, ienesīgs; ein ~es Angebot – vilinošs pie-dāvājums

Lunch [lʌntʃ] *m* otrās brokastis, lenčs

Lúnge *f* plauša

Lúngenentzündung *f* plaušu karsonis

Lust *f* **1.** prieks; patika; **2.** vēlēšanās; tieksme; ich habe L., das zu machen – es vēlos to darīt

lústig 1. priecīgs; sich über j-n l. machen – izsmiet kādu; **2.** jocīgs; jautrs

Lústspiel *n* komēdija; joku luga

Lutheráner *m* luterānis

lútherisch luterisks

Lútscher *m* sūkājama konfekte uz kociņa

Lúxus *m* luksuss, greznums

lynchen [′lynçən] linčot

M

máchen 1. darīt; taisīt; pagatavot; was machst du? – ko tu dari?; einen Ausflug m. – doties izbraukumā; eine Kur m. – izņemt ārstēšanās kursu; sich einen Anzug m. lassen – pasūtīt uzvalku; **2.**: das macht nichts – tas nekas; **3.**: sich Notizen m. – rakstīt piezīmes; sich an die Arbeit m. – ķerties pie darba

Macho ['matʃo] *m* mačo, bravūrīgs un robusts vīrietis

Macht *f* **1.** spēks; varenība; varenums; **2.** (*valsts*) vara; **3.** lielvalsts; valsts; **~antritt** *m* stāšanās pie varas; **~ergreifung** *f* varas sagrābšana; **~gier** *f* varaskāre; **~übernahme** *f* varas pārņemšana

mä'chtig 1. varens; spēcīgs; **2.** milzīgs; **~e** Vorräte – milzīgi krājumi

Mácke *f sar.* īpatnība, dīvainība, tiks

Mä'dchen *n* meitene

Magazín *n* žurnāls

Mágen *m* kuņģis; **~säure** *f* kuņģa sula; **~schleimhaut** *f* kuņģa gļotāda

máger 1. kalsns; vājš; **2.** *pārn.* trūcīgs; **~es** Auskommen – trūcīga iztika; **~e** Ernte – zema raža

Magíe *f* maģija

Mági|er *m* mags

Magíster *m* maģistrs

Magnétstreifen *m* metāla diegs uz kredītkartes

Mahd *f* pļauja

Mä'hdrescher *m* labības kombains

mä'hen pļaut

Mahl *n* **1.** maltīte; **2.** mielasts

máhlen* [sa]malt

Máhlzeit *f* maltīte; M.! – labu apetīti!

máhnen atgādināt

Máhnschreiben *n* atgādinājums

Mai *m* maijs

Máifeier *f* Pirmā Maija svētki

Máiglöckchen *n* kreimene, maijpuķīte

Mailbox ['meil..] *f dator.* elektroniskā pasta kastīte internetā

Mais *m* kukurūza; **~kolben** *m* kukurūzas vālīte

Majoritä't *f* majoritāte; (*balsu*) vairākums

makáber baiss

Make-up [me:k'ʌp] *n* **1.** kosmētika; grims; **2.** krāsošanās, kosmētikas lietošana

Mákler *m* aģents

Makulatúr *f* makulatūra

mal 1. reiz; zwei m. zwei ist vier – divreiz divi – četri; **2.** *sar.* jel; tik; sag m.! – saki [jel]!

Mal[a] *n* **1.** zīme; **2.** dzimumzīme

Mal[b] *n* reize; viele **~e** – daudz reižu; mit einem Mal[e] – uzreiz, pēkšņi

málen 1. krāsot; **2.** gleznot

Máler *m* **1.** krāsotājs; **2.** gleznotājs

Maleréi *f* glezniecība

Malz *n* iesals

Málzbier *n* tumšais alus

man: m. sagt – runā; m. braucht – vajag; m. kann – var; m. kann nicht – nevar

mánagen menedžēt

Mánager *m* menedžeris

máncher *m* (manche *f*, manches *n*, manche *dsk*.) dažs (daža, daži); manche Leute – daži [cilvēki]; manches – daudz kas

máncherlei dažāds, visāds; daždažāds

mánchmal dažreiz

Mandánt *m* advokāta klients

Mandaríne *f* mandarīns

Mándel *f* 1. *bot*. mandele; 2. *anat*. mandele; geschwollene ~n – uztūkušas mandeles

Mángel *m* trūkums; M. an Nahrung – barības trūkums; M. an Vertrauen – uzticības trūkums; M. an Bildung – izglītības trūkums

mángeln trūkt; es mangelt mir an nichts – man nekā netrūkst

Mángelware *f* deficīta prece

Mángo *f* mango

Manifést *n* manifests

manipulíeren manipulēt

Mánko *n* 1. trūkums; 2. *ek*. trūkstošā naudas summa kasē

Mann *m* 1. vīrietis; 2. cilvēks; 3. vīrs (*dzīvesbiedrs*)

Mannequin [..ˈkɛ̃:] *n* sieviete modeļu demonstrētāja

mä′nnlich 1. vīriešu-; das ~e Geschlecht *gram*. – vīriešu dzimte; 2. vīrišķīgs

Mánnschaft *f* 1. *sp*. komanda; 2. (*kuǵa*) komanda, apkalpe, ekipāža; 3. *mil*. ierindas sastāvs

Mánnschaftskampf *m* komandu sacensības; Sieger in M. sein *sp*. – kļūt par uzvarētāju komandu sacīkstēs

Mántel *m* 1. mētelis; šinelis; 2. (*riepas*) apvalks

Manuskrípt *n* manuskripts

Máppe *f* 1. aktu vāki; 2. portfelis; soma

Márathonlauf *m sp*. maratonskrējiens

Mä′rchen *n* pasaka

Marihuána *n* marihuāna

Marílle *f* aprikoze

Marináde *f* marināde

Maríne *f* 1. jūras [kara] flote; 2. (*gleznā*) jūras ainava

Mark *n* kaulu smadzenes; durch M. und Bein gehen – 1) tas iet līdz kaulam (*par sāpēm*); 2) tas iet cauri kauliem (*par griezīgu skaņu*)

Márke *f* 1. pastmarka; 2. (*fabrikas vai preču*) zīme

Márketing *n* mārketings, tirgzinība

markíeren marķēt

Markíse *f* sauljums, markīze

Markt *m* tirgus

Márkt‖halle *f* tirgus paviljons; **~preis** *m* tirgus cena

Márktlücke *f* tirgus niša

Márktwert *m ek*. tirgus vērtība

Márktwirtschaft *f ek*. tirgus ekonomika

Marmeláde *f* marmelāde, džems

Mármor *m* marmors

Maróne *f* ēdamais kastanis

Mars *m* Marss; Marssonde *f* – Marsa zonde

Márschall *m* maršals

Márschflugkörper *m mil.* zema lidojuma raķete, ko nevar noteikt ar radaru

marschíeren maršēt, soļot

Mártinshorn *n* ugunsdzēsēju, policijas vai ātrās palīdzības signalizācija

Mä'rtyrer *m* moceklis

Marxísmus *m* marksisms

März *m* marts

Másche *f* (*adīkļa*) valdziņš; cilpa; (*tīkla, sieta*) acs

Maschíne *f* mašīna

Maschínenbau *m* mašīnbūvniecība

Másern *dsk.* masalas

Máske *f* maska

Másken‖ball *m*, **~fest** *n* masku balle, maskarāde

Máskenbildner *m* profesionāls aktieru grimētājs un frizieris

Maß *n* 1. mērs; ein Anzug nach M. – pēc mēra šūts uzvalks; M. nehmen – noņemt mēru; 2. (*daudzuma*) pakāpe; in ungenügendem ~e – nepietiekami, mazā mērā

Massáker *m* asinspirts

massakríeren sarīkot asinspirti

Másse *f* 1. masa; viela; 2. masa, milzums; in ~n – masveidīgi, lielās masās

Máßeinheit *f* mērvienība

Mássenbedarfsgüter *dsk.* plaša patēriņa preces

Mássen‖herstellung *f* masveida ražošana; **~ware** *f* plaša patēriņa prece

Mássenkarambolage *f* vairāku automašīnu sadursme

Masseur [ma'sø:r] *m* masieris

mä'ßig mērens; atturīgs; sātīgs

máßlos neizmērojams; bezgalīgs

Máßnahme *f* pasākums; umfassende ~n – plaši pasākumi; ~n ergreifen – veikt pasākumus

Mast *m* masts

Materiál *n* materiāls

Materialísmus *m* materiālisms

materialístisch materiālistisks

Mathematík *f* matemātika

Mathemátiker *m* matemātiķis

Matinée *f* priekšpusdienas izrāde

Matrátze *f* matracis

Matríze *f poligr.* matrice

Matróse *m* matrozis

Matsch [mætʃ] *m vai n* mačs, sacīkstes

matt 1. vārgs; gurdens; 2. (*par krāsu*) blāvs; nespodrs; 3.: m. setzen – pieteikt matu (*šahā*)

Máuer *f* mūris

Maul *n* (*zvēra, dzīvnieka*) mute; purns

Máulkorb *m* uzpurnis

Mául- und Kláuenseuche *f* mutes un nagu sērga

Máulwurf *m* kurmis

Máurer *m* mūrnieks

Maus *f* 1. pele (*dzīvnieks*); 2. pele (*datora tehniskā ierīce*); ◇ weiße Mäuse sehen – būt apskurbušam

Mayonnaise [majɔ'neːzə] *f* majonēze

Mechániker *m* mehāniķis

mechánisch 1. mehānisks; 2. mehāniski

mechanisíeren mehanizēt

Medikamént *n* medikaments

Medizín *f* 1. medicīna; 2. zāles, medikaments

Medizínmann *m* dziednieks (*primitīvām tautām*)

Meer *n* jūra

Méer‖busen *m* jūras līcis; **~enge** *f* jūras šaurums

Méeresspiegel *m* jūras līmenis

Méerrettich *m* mārrutks

Mehl *n* milti

Méhltau *m* miltrasa

mehr 1. vairāk; um so m. – jo vairāk; und dergleichen m. – un vēl tamlīdzīgi; 2. vairs; er ist kein Kind m. – viņš vairs nav bērns

méhren vairot

méhrere vairāki; daži

méhrfach vairākkārtējs; vairākkārtīgs

Méhrheit *f* vairākums

Méhrkampf *m sp.* daudzcīņa

méhrmals vairākkārt

Méhrwertssteuer *f* pievienotās vērtības nodoklis

méiden* [iz]vairīties

Méile *f* jūdze

mein *m* (meine *f*, mein *n*, meine *dsk.*) mans

Méineid *m* (*apzināti*) nepatiesa liecība tiesā

méinen domāt; šķist; was m. Sie damit? – ko jūs ar to domājat?, kā jūs to domājat?

méinetwegen manis dēļ (pēc); m.! – man nav iebildumu!, manis pēc!

Méinung *f* domas; ieskats; meiner M. nach – pēc manām domām; die öffentliche M. – sabiedrības viedoklis

Méinungsumfrage *f* viedokļu aptauja

Méinungsverschiedenheiten *dsk.* domstarpības

meist 1. (*par vairumu, daļu*) vislielākais; die ~en Menschen – vairums cilvēku; 2. visvairāk; lielāko tiesu; am ~en – visvairāk

méistens pa lielākajai daļai, lielākoties; visvairāk

Méister *m* 1. meistars; 2. *sp.* čempions

Méisterbrief *m* amatnieka meistara diploms

méistern tikt galā, paveikt; ein schwieriges Problem m. – tikt galā ar smagu problēmu

Méisterschaftsspiel *n* meistarsacīkstes

Méisterstück *n* meistardarbs (*meistara nosaukuma iegūšanai*)

Méisterwerk *n* meistardarbs

mélden [pa]ziņot; die Zeitungen m. – laikraksti ziņo, ka...; sich zum Wort m. – lūgt vārdu

Melange [me'lãʒ] *f* kafija uz pusēm ar pienu

Méldefrist *f* pieteikšanās termiņš

Méldung *f* ziņojums; paziņojums

mélken* slaukt

Mélkerin *f* slaucēja

Melóne *f* melone; Wassermelone *f* – arbūzs

Ménge *f* **1.** daudzums; skaits; **2.** pūlis; bars

Méngenrabatt *m* vairumtirdzniecības atlaide

Ménsa *f* studentu ēdnīca

Mensch *m* cilvēks

ménschenfeindlich naidīgs cilvēkiem

ménschen‖freundlich humāns, cilvēcīgs; **~scheu** nesabiedrisks; bikls

Ménschenrechte *dsk.* cilvēktiesības

Ménschheit *f* cilvēce

ménschlich humāns, cilvēcīgs

Menü *n* **1.** ēdienkarte; **2.** *dator.* izvēlne

Mérkblatt *n* atgādne

mérken manīt; pamanīt; sich etw. m. – iegaumēt kaut ko

mérklich manāms

Mérkmal *n* pazīme; iezīme

mérkwürdig 1. savāds; **2.** ievērojams; ievērības cienīgs

Message [ˈmɛsidʒ] *f sar.* ziņojums, ziņa; īsziņa

Mésse *f* **1.** gadatirgus; **2.** *rel.* mise

méssen* mērīt

Mésser *n* nazis

Messías *m rel.* mesija, pestītājs

Méssung *f* mērīšana, mērījums

Metáll *n* metāls

Meteór *m astr.* meteors

Meteorít *m astr.* meteorīts

Méter *n* metrs

Méterware *f* prece, ko pārdod metriem

méutern dumpoties, sacelties

Míeder *n* **1.** stīvdrēbes josta (*sieviešu svārkiem*); **2.** ņieburs

Míederwaren *dsk.* korsetes; krūšturi

Míene *f* sejas izteiksme; vaibsti

Míete *f* **1.** īre; noma; **2.** īres (nomas) maksa; die M. zahlen – maksāt īri (nomu)

míeten īrēt; nomāt

Míetsvertrag *m* īres (nomas) līgums

Míkrofilm *m* mikrofilma

Míkrowellenherd *m* mikroviļņu krāsns

Mílbe *f* ērce; **Hausstaub~** *f* putekļu ērcīte

Milch *f* piens; saure M., dicke M. – rūgušpiens

Mílchkanne *f* piena kanna

Mílchstraße *f astr.* Piena Ceļš

mild lēnprātīgs; maigs; ~er Winter – mērena ziema

míldern remdināt (*sāpes*); mīkstināt (*spriedumu*)

Milieu [miˈljøː] *n* apkārtējā vide

militánt kareivīgs

Militä'r *n* karaspēks; armija

Militä'rdienst *m* karadienests

militä'r‖frei karaklausībai nepadots; ~pflichtig karaklausībai padots

Millión *f* miljons

mínder 1. mazāks; **2.** mazāk

Mínderheit *f* mazākums

Mínderheitsregierung *f* mazākuma valdība

M

mínderjährig nepilngadīgs; maz-
gadīgs

Mínderung *f* mazināšanās; eine M.
der internationalen Spannungen –
starptautiskā saspīlējuma mazinā-
šanās

mínderwertig mazvērtīgs

míndestens vismaz

Míne *f kalnr.* raktuve

Mínigolf *n sp.* minigolfs

Ministérium *n* ministrija

Minúte *f* minūte; zehn ~n nach zwölf –
desmit minūtes pāri divpadsmitiem;
fünf ~n vor neun – bez piecām
[minūtēm] deviņi

Mirabélle *f* plūme

míschen maisīt; [sa]jaukt; **sich m.**
maisīties; [ie]jaukties

Míschung *f* sajaukums

miserábel nožēlojams

missáchten neievērot

missbílligen neatzīt par labu; [no]pelt

missbráuchen ļaunprātīgi izmantot

Mísserfolg *m* neveiksme

missfállen* nepatikt

missglü´cken neveikties, neizdoties

missgö´nnen nenovēlēt, skaust

misslíngen* neizdoties

misstráuen neuzticēties

Mísstrauen *n* neuzticēšanās; neuzticība

Mísstrauensantrag *m pol.* iero-
sinājums izteikt neuzticību val-
dībai, kādam ministram

Míssverständnis *n* pārpratums

mit 1. ar; wir gehen m. Ihnen – mēs
ejam ar jums; m. der Zeit – ar

laiku; m. Vorsicht – piesardzīgi,
uzmanīgi; ich fahre m. der Eisenbahn
– es braucu ar vilcienu; ich komme
m. der Straßenbahn – es atbraucu
ar tramvaju; m. Recht – ar tie-
sībām; m. dem Hammer – ar
āmuru; **2.** pa; ich schicke den
Brief m. der Post – es sūtu vēstuli
pa pastu

Mítarbeiter *m* līdzstrādnieks

miteinánder viens ar otru; cits ar citu

mítführen vest līdzi

Mítgefühl *n* līdzjūtība

mítgehen* 1. iet līdzi; **2.:** etw. m.
lassen – nozagt

Mítglied *n* loceklis; (*organizācijas,
partijas*) biedrs

Mítgliedskarte *f* biedra karte

Mítkämpfer *m* cīņubiedrs

Mítleid *n* līdzjūtība; bei j-m M.
erregen – radīt kādā līdzjūtību

mítmachen piedalīties

mítnehmen* ņemt līdzi

mítschuldig līdzvainīgs

Míttag *m* pusdiena; gegen M. – ap
pusdienas laiku; zu M. essen –
pusdienot

Míttagessen *n* pusdienas

Mítte *f* vidus

mítteilen [pa]ziņot

Mítteilung *f* [pa]ziņojums

Míttel *n* **1.** līdzeklis; **2.** *dsk.* [materiālie]
līdzekļi

Míttel‖alter *n* viduslaiki; **~gewicht** *n
sp.* vidējais svars

míttelmäßig viduvējs

míttels ar (*kaut kā*) palīdzību; m. eines Kranes – ar celtņa palīdzību

Míttelsmann *m* starpnieks starp pretiniekiem vai partneriem

Míttelstreckenläufer *m sp.* vidējo distanču skrējējs

mítten vidū; m. auf der Straße – [pašā] ielas vidū

Mítternacht *f* pusnakts

míttlere vidējs; in ~n Jahren – vidējos gados; von ~r Größe – vidēja auguma

Mítverantwortung *f* līdzatbildība

Míttwoch *m* trešdiena; am M. – trešdien

mítwirken piedalīties; darboties līdzi

Mítwisser *m* līdzzinātājs

Míxer *m* mikseris

Mixtúr *f sar.* mikstūra

Móbbing *n* psihoterors

Mö′bel *n* mēbele

mobíl kustīgs; kustams

Mobílfunk *m* mobilā tālruņa tīkls

mobilisíeren mobilizēt

Móde *f* mode; eine neue M. auf-bringen – ieviest jaunu modi

Módefan *m* modes āksts, frants

Módel *n* fotomodelis

Modéll *n* 1. modelis; paraugs; 2. foto-modelis

Módem *n dator.* modems

Móden‖schau *f* modes skate; **~zeit-schrift** *f* modes žurnāls

Moderátor *m* moderators

moderíeren moderēt

modérn mūsdienu-; moderns

Modúl *n* modulis

mö′gen* 1. vēlēties, gribēt; ich möchte Sie um eine Auskunft bitten – es gribētu [no jums] uzzināt; 2.: es mag sein – var būt; 3. patikt; ich mag das nicht – man tas nepatīk

mö′glich iespējams; alles Mögliche – viss iespējamais; sein Möglichstes tun – darīt visu iespējamo

Mö′glichkeit *f* iespējamība, varbū-tība

Mohn *m* magone

Mö′hre *f* burkāns

mokíeren, sich ironizēt

Molkeréi *f* 1. pienotava; 2. piena produktu veikals

Momént[a] *m* moments, acumirklis; einen M.! – acumirkli!

Momént[b] *n* [izšķirošais] apstāklis; faktors

momentán momentāns, acumirklīgs

Mónat *m* mēnesis

mónatlich [ik]mēneša-; die Zeit-schrift erscheint m. – žurnāls iznāk katru mēnesi

Mónatsgehalt *n* ierēdņa vai kalpotāja alga

Mónatsschrift *f* mēnešraksts

Mönch *m* mūks

Mond *m* mēness

Mondamín *n* kukurūzas ciete

Móndlandefähre *f* Mēness gondola

Móndschein *m* mēnesnīca

Mónitor *m* televizora vai datora ekrāns, monitors

Mónster *n* monstrs, briesmonis

M

Móntag *m* pirmdiena; am M. –
pirmdien

Montáge [..ʒə] *f* montāža

Montágehalle [..ʒə..] *f* montāžas cehs

Moor *n* purvs; muklājs

Moos *n* sūna

Móosbeere *f* dzērvene

Morál *f* morāle

Mord *m* slepkavība

mórgen rīt; m. früh – no rīta, rīt agri

Mórgen *m* rīts; guten M.! – labrīt!;
am M. – no rīta

Mórgen∥dämmerung *f* [rīt]ausma;
~gymnastik *f* rītarosme; **~post** *f*
rīta pasts; **~rock** *m* rītakleita; **~rot** *n*
rītablāzma

mórgens no rīta, no rītiem; rītos

Mórphium *n* morfijs

Moschée *f* mošeja

Moskíto *m* moskīts

Móslem *m rel.* musulmanis

Most *m* augļu sula

Motél *n* motelis

motivíeren [..v..] motivēt; j-n m. –
ierosināt, pamatot

Móto-Cross *n vai m* motokross

Mótor *m* motors

Mótor∥boot *n* motorlaiva; **~rad** *n*
motocikls; **~sport** *m* motosports

Mótorhaube *f* automašīnas motora
pārsegs

Mountainbike ['mauntnbaik] *n sp.*
kalnu divritenis

Mousepad ['mauspɛt] *n dator.* peles
paliktnis

Mö'we *f* kaija

Mü'cke *f* ods

mü'de noguris; m. werden – nogurt;
m. machen – nogurdināt

Múffel *m sar. niev.* īgņa

Mü'he *f* pūles; sich M. geben –
pūlēties; es ist verlorene M. –
veltas pūles; mit M. und Not – tik
tikko

Mü'hle *f* dzirnavas

mü'hsam 1. grūts; nogurdinošs; **2.** ar
pūlēm (grūtībām)

Mulátte *m* mulats

Mull *m* marle

Müll *m* atkritumi; **~abladeplatz** *m*
atkritumu izgāztuve; **~entsorgung** *f*
atkritumu iznīcināšana; **Atom~** *m*
radioaktīvie atkritumi; **Gift~** in-
dīgie atkritumi; **Haus~** *m* sadzīves
atkritumi

Mü'ller *m* dzirnavnieks

Mü'llkippe *f* atkritumu izgāztuve

múlmig neomulīgs, nedrošs, bailīgs

Multiplikátor *m* multiplikators

Mumps *m med.* cūciņas

Mund *m* mute; einen großen M.
haben – lielīties, plātīties; nicht auf
den M. gefallen sein – atjautīgs;
den M. halten – turēt muti; sich
(*dat.*) etw. vom M. absparen –
kaut ko sev atraut, taupīt

Múndart *f* izloksne; dialekts

mü'nden ietecēt, ieplūst (*par upi*);
die Straße mündet auf einen Platz –
iela iziet uz laukumu, iela izbeidzas
laukumā

mü'ndig pilngadīgs

mü'ndlich mutisks, mutvārdu-
Mü'ndung f grīva, ieteka
múnter mundrs; sprigans; spirgts
Mü'nzamt n naudas kaltuve
Mü'nze f monēta
múrmeln 1. murmināt; **2.** burbuļot, čalot
Mus n biezenis
Múschel f **1.** gliemežnīca, gliemežvāks; **2.** (auss) gliemežnīca
Muséum n muzejs
Musical ['mju:zikl] n mūzikls
Musík f mūzika
musikálisch muzikāls; mūzikas-
Musíkbox f mūzikas automāts kafejnīcā
Músiker m mūziķis
Musíkstück n skaņdarbs
Múskel m muskulis
Mü'sli n pārslu, rozīņu un riekstu maisījums, sausās brokastis
Múße f brīvs laiks, vaļas brīdis
mü'ssen vajadzēt; er muss fort – viņam jādodas prom; man muss – vajag, nepieciešams

mü'ßig bezdarbīgs; dīks
Múster n **1.** paraugs, modelis; **2.** (auduma) raksts
mústern 1. vērīgi apskatīt; **2.** pārbaudīt
Mut m drosme, drošsirdība; M. fassen – sadūšoties
Mutatión f biol. mutācija
mutíeren mutēt
mútig drosmīgs, drošsirdīgs
mútlos mazdūšīgs
mútmaßlich iespējams, hipotētisks; den ~en Tathergang beschreiben – attēlot notikumu iespējamo norisi
Mútter[a] f māte
Mútter[b] f tehn. uzgrieznis
mü'tterlich mātes-
Múttermal n dzimumzīme
Mútterschaftsurlaub m pēcdzemdību atvaļinājums; M. beantragen – pieprasīt pēcdzemdību atvaļinājumu
Múttersprache f dzimtā valoda
Mü'tze f cepure
Mýstik f mistika

N

Nábel m naba; ~**schnur** f nabas saite
nach 1. (laika nozīmē) pēc; n. Tisch – pēc pusdienām; n. Rückkehr – pēc atgriešanās; **2.** (norāda virzienu) uz; n. Hause gehen – iet mājās; n. Berlin fahren – braukt uz Berlīni; **3.** (norāda noteicošo faktoru) pēc;

j-n nur dem Namen n. kennen – pazīt kādu tikai pēc vārda; der Reihe n. – pēc kārtas; n. wie vor – joprojām; meiner Meinung n. – pēc manām domām; n. und n. – pamazām, pakāpeniski
náchahmen atdarināt (kādu)

Náchbar *m* kaimiņš

Náchbehandlung *f* pēcoperācijas ārstēšana

Náchbildung *f* atdarinājums, imitācija

nachdém 1. pēc tam kad; n. ich das gehört hatte... – pēc tam kad es to dzirdēju...; 2.: je n. – atkarībā no tā, kā...; kā to ņem

náchdenken* padomāt, pārdomāt

Náchdruck[a] *m* uzsvērums; spēks, spars; mit N. – sparīgi

Náchdruck[b] *m* 1. pārdrukāšana; 2. pārdrukājums; 3. papildmetiens, atkārtots iespiedums

náchdrücklich 1. uzsvērts; sparīgs; pārliecinošs; 2. sparīgi; pārliecinoši

nacheinánder viens pēc otra; cits pēc cita

Náchfolger *m* pēctecis

náchforschen pētīt, vākt informāciju

Náchfrage *f* 1. *ek.* pieprasījums; 2. apvaicāšanās

náchgeben* piekāpties; padoties

náchgehen* 1. sekot; 2. noskaidrot (*kādu lietu*); 3.: die Uhr geht nach – pulkstenis atpaliek

náchgiebig piekāpīgs

nachhér vēlāk, pēc tam

náchholen atgūt, panākt (*nokavēto*)

Náchklang *m* atbalss; atskaņa

Náchkomme *m* pēcnācējs

Náchlass *m* mantojums; der literarische N. eines Dichters – dzejnieka literārais mantojums

náchlässig nevērīgs; nevīžīgs

náchmachen atdarināt, imitēt

Náchmittag *m* pēcpusdiena; spät am N. – pievakarē

náchmittags pēcpusdienā; um fünf Uhr n. – pulksten piecos pēc pusdienas

Náchnahme *f* pēcmaksa

náchprüfen pārbaudīt, kontrolēt

Náchricht *f* ziņa; [pa]ziņojums; informācija

Náchrichtendienst *m* 1. sakaru dienests; 2. izlūkošanas dienests; 3. telegrāfa aģentūra

Náchrichtensperre *f* informācijas blokāde

Náchruf *m* nekrologs

náchschlagen* uzšķirt, uzmeklēt, pārbaudīt (*vārdnīcā*)

Náchschlagewerk *n* uzziņu literatūra (*vārdnīca, enciklopēdija*)

Náchsicht *f* iecietība, sapratne; mit j-m N. haben – būt iecietīgam pret kādu

náchsitzen skolā palikt pēc stundām (*par sodu*)

Náchspeise *f* deserts, saldais ēdiens

Náchspiel *n* sekas (*nepatīkamas*); das wird noch ein N. haben! – tas nepaies bez sekām!

nächst 1. tuvākais; 2. nākošais, nākamais; am ~en Tage – nākamajā dienā; das ~e Mal – nākamreiz

nä'chstens tuvākajā laikā, drīzumā

Nacht *f* nakts; gute N.! – ar labu nakti!; in der N. – naktī, pa nakti

Náchteil *m* zaudējums; im N. sein –
būt neizdevīgā stāvoklī
Náchtigall *f* lakstīgala
Náchtklub *m* naktsklubs
nä'chtlich nakts-
náchträglich 1. vēlāks; papildu-;
2. vēlāk; piedevām
nachts naktī, pa nakti; naktīs
Náchttresor *m* nakts seifs bankā
náchvollziehen* iedomāties, iztēloties
Náchweis *m* pierādījums
Náchwort *n* pēcvārds; epilogs
Náchwuchs *m* **1.** jaunaudze; **2.** jaunā
paaudze
Nácken *m* skausts
nackt kails, pliks
Nádel *f* **1.** adata; **2.** ~n *dsk.* skujas
Nágel[a] *m* (*pirksta*) nags
Nágel[b] *m* nagla
nágen grauzt, krimst
Nágetier *n* grauzējs
náh[e] 1. tuvs; **2.** (*kaut kam*) tuvumā;
tuvu
Nä'he *f* tuvums; tuvība; in der N. –
tuvumā
nä'hen šūt
nä'her 1. tuvāks; **2.** sīkāks (*par
aprakstu, stāstījumu*)
nä'hern, sich 1. tuvoties; **2.** tuvināties
Náhkampf *m* tuvcīņa
Nä'hrboden *m* barotne
nä'hren ēdināt; barot; **sich n.** baroties;
pārtikt
náhrhaft barojošs; sātīgs
Náhrung *f* barība; uzturs; pārtika
Náhrungsmittel *dsk.* pārtikas produkti

Nä'hrwert *m* uzturvērtība
Naht *f* šuve, vīle
Náhtzugabe *f* vīles tiesa
Náhverkehr *m* tuvsatiksme
Náme *m* vārds; uzvārds; nosaukums;
im Namen [unserer Gruppe] –
[mūsu grupas] vārdā
námens vārdā, uzvārdā
Námensvetter *m* vārdabrālis
náhmhaft slavens; ievērojams
nä'mlich 1. proti; jo; **2.** tas pats
Nápalm *n* napalms
Nárbe *f* rēta
Narkóse *f* narkoze, anestēzija; ~**arzt** *m*
ārsts anesteziologs; **Teil~** daļēja
narkoze; **Voll~** *f* pilna narkoze
Narr *m* **1.** muļķis; ģeķis; **2.** nerrs,
āksts
náschen našķēties
Náschwerk *n* saldumi; kārumi
Náse *f* deguns; eine gute N. haben –
būt ar labu nojautu; ◇ auf die N.
fallen *sar.* – ciest neveiksmi; seine
N. in etw. (*akuz.*) stecken – ie-
jaukties, bāzt savu degunu; die N.
hoch tragen – būt iedomīgam; j-m
etw. unter die N. reiben – pateikt
kādam ko nepatīkamu
Náshorn *n* degunradzis
nass slapjš, mitrs; n. machen –
saslapināt; samitrināt; n. werden –
samirkt, izmirkt
Natión *f* nācija
Nationalitä't *f* nacionalitāte, tautība
Nationáltracht *f* tautastērps
Natúr *f* **1.** daba; **2.** raksturs, daba

N

Natúrfaser *f* dabiskā šķiedra
Natúrgewalten *dsk.* dabas spēki
Natúrheilkunde *f* homeopātija
Natúrkost *f* dabisks, veselīgs uzturs
natü´rlich 1. dabisks; **2.** dabiski;
3. protams
Nébel *m* migla; **~schwaden** *m* miglas
vāls
Nébelscheinwerfer *m* miglas lukturis
(*automašīnām*)
nében blakus, līdzās; n. uns – blakus
mums; das Haus befindet sich n.
der Brücke – māja atrodas pie tilta
Nébenarbeit *f* blakus darbs
nebenbéi starp citu; n. gesagt –
blakus minot
Nébenberuf *m* blakus darbs
Nébenbeschäftigung *f* blakus darbs
nebeneinánder viens pie otra; cits
pie cita; blakus, līdzās
Nébenkosten *dsk.* papildu izmaksas
Nébenprodukt *m* blakusprodukts
Nébensache *f* blakus lieta; das ist
eine N. – tas ir mazsvarīgi
Nébenverdienst *m* blakus peļņa
Nébenwirkung *f* blakusparādība;
blakne; diese Tabletten haben keine
N. – šīm tabletēm nav nekādas
blaknes
néblig miglains
nécken ķircināt
Néffe *m* brāļadēls; māsasdēls
négativ negatīvs, noliedzošs, noraidošs
Néger *m* nēģeris (*mūsdienās politisku
apsvērumu dēļ vairāk izplatīta
forma* Schwarze *m*)

negíeren noliegt
néhmen* ņemt; j-m die Hoffnung n. –
laupīt kādam cerības; ein Taxi n. –
braukt ar taksometru; n. Sie Platz!
– sēdieties!; für Ernst n. – uzņemt
nopietni (*kaut ko*); sich in Acht n. –
piesargāties; etwas in Acht n. –
ievērot; ein Ende n. – beigties; ◇
hart im Nehmen sein – būt iz-
turīgam; sich (*dat.*) etw. nicht n.
lassen – uzstāt kaut ko darīt; wie
mans nimmt *sar.* – kā to ņem
Neid *m* skaudība
néigen 1. noliekt; pieliekt; **2.** tiekties,
sliekties (*uz kaut ko*); **sich n.**
paklanīties, noliekties
Néigung *f* **1.** slīpums; nogāze; **2.** tiek-
sme, simpātijas
nein nē; n. sagen – atteikt
Néktar *m* **1.** nektārs; **2.** nektārs –
sula ar ūdeni
Nektaríne *f* nektarīns
Nélke *f* neļķe; Gewürznelke *f* –
krustnaglīņa
nénnen* nosaukt, minēt; **sich n.**
saukties
Nénner *m* saucējs; ◇ einen gemein-
samen N. finden – atrast kop-
saucēju, pamatu kopējai darbībai
Néon *n* neons
Néonfarbe *f* spilgta luminiscējoša
krāsa
Nerv *m* nervs; j-m auf die **~en** gehen
– krist kādam uz nerviem
nérven *sar.* traucēt, kaitināt, krist uz
nerviem

Nérvenarzt *m* ārsts nervu slimībās

Nérvensäge *f sar.* traucēklis

Nérvenzusammenbruch *m* nervu sabrukums

nervö's [..v..] nervozs

Néscafe *m* šķīstošā kafija

Néssel *f* nātre

Nésselfieber *n* alerģija, nātru drudzis

Nest *n* ligzda

nett glīts; jauks

Netz *n* tīkls

Nétzanschluss *m* pieslēgums tīklam

neu jauns; aufs ~e, von ~em – par jaunu, no jauna

Néuauflage *f* atkārtots, pārlabots izdevums

néuerdings 1. nesen; šais dienās; **2.** no jauna, atkal

Néuerer *m* novators

Néuerscheinung *f* **1.** jaunums; **2.** jauns izdevums

Néuerung *f* jauninājums

néugierig ziņkārīgs

Néuheit *f* jaunums; letzte N.! – pēdējais jaunums!

Néuigkeit *f* jaunums, jauna ziņa

Néujahr *n* Jaungads

Néumond *m astr.* jauns mēness

neun deviņi

néunhundert deviņsimt, deviņi simti

néunte devītais

néunzehn deviņpadsmit

néunzehnte deviņpadsmitais

néunzig deviņdesmit

néunzigste deviņdesmitais

Néureiche *m* jaunbagātnieks

Neutralitä't *f* neitralitāte

Neutrónenbombe *f* neitronu bumba

nicht ne; ich komme n. mit – es neiešu līdzi; n. groß – neliels; n. wahr? – vai ne?; n. doch! – 1) nē taču!; 2) nevajag!

Níchtangriffspakt *m* neuzbrukšanas pakts

Níchtbeachtung *f* neievērošana, ignorēšana

Níchte *f* brāļameita; māsasmeita

níchtig 1. nederīgs; anulēts; **2.** niecīgs; nenozīmīgs

Níchtraucher *m* nesmēķētājs; ich bin N. – es nesmēķēju

nichts nekas; n. Neues – nekā jauna; das macht (schadet) n.! – tas nekas!

nichtsdestowéniger tomēr, neraugoties uz to

nícken [pa]māt (*ar galvu*)

nie nekad; n. und nimmer – nemūžam, nekad

níeder 1. zems; **2.** zemē, lejā; **3.**: n.! – nost [ar]...!

Níeder‖gang *m* **1.** riets; **2.** pagrimums; pagrimšana; **~lage** *f* sakāve

níedergeschlagen nomākts, depresīvs

níederknien nomesties ceļos

Niederlássung *f* **1.** firmas filiāle; **2.** ārzemnieka tiesības uz pastāvīgu dzīvi valstī

níederlegen 1. nolikt; **2.** pārtraukt darbu; nolikt amata pilnvaras; **3.** sākt streikot

N

Niederschlag *m* **1.** nogulsnes; **2.** no-krišņi; **3.** *sp.* nokauts
Niedertracht *f* zemiskums
niedlich glīts; jauks
niedrig 1. zems; **2.** *pārn.* zemisks
niemals nekad
niemand neviens
Niemandsland *n* **1.** zona starp divu valstu robežām; **2.** nevienam ne-piederoša zeme
Niere *f* niere
niesen šķaudīt
Nikotín *n* nikotīns
nimmermehr nekad vairs
nirgends nekur
Nische *f* niša; eine ökologische N. – ekoloģiskā niša
Nistkasten *m* putnu būris kokā
Nitrát *n* nitrāts
Niveau [..'vo:] *n* līmenis
Nobélpreis *m* Nobela prēmija; Nobel-preisträger *m* – Nobela prēmijas laureāts
Nobody ['no:bɔdi] *m* neviens, neno-zīmīgs cilvēks
noch vēl; immer n. – vēl aizvien; n. einmal – vēlreiz; n. einmal so groß – dɪvtik liels; weder du n. ich – ne tu, ne es
nóchmals vēlreiz, atkārtoti
nomíníeren nominēt
Nónne *f* mūķene
nonstop [nɔn'stɔp] bez pārtraukuma, neapstājoties
Nórden *m* ziemeļi (*debespuse*); von N. – no ziemeļiem; nach N. – uz

ziemeļiem; der hohe N. – tālie ziemeļi
nö'rdlich 1. ziemeļu-; **2.** uz ziemeļiem, ziemeļos
Nórdlicht *f* ziemeļblāzma
Nórdpol *m* Ziemeļpols
Norm *f* norma
normál normāls
Normálbenzin *n* parastais benzīns
normíeren normēt
Not *f* **1.** vajadzība; nepieciešamība; **2.** posts, trūkums, nabadzība
Notár *m* notārs
Nótarzt *m* ātrās palīdzības ārsts
Nótaufnahme *f* ātrās palīdzības uz-ņemšanas nodaļa
Nót‖ausgang *m* papildizeja, rezer-ves izeja; **~bremse** *f* [avārijas] bremze (*vilcienā*)
Nótdienst *m* avārijas dienests
Nóte *f* **1.** *pol.* nota; **2.** *mūz.* nots; **3.** at-zīme (*zināšanu novērtējums*)
Notebook ['noʊtbʊk] *n* dator. pār-nēsājamais dators
Nótfall *m*: im N. – ārkārtējas nepie-ciešamības gadījumā
notíereл piezīmēt, pierakstīt; eine Adresse n. – pierakstīt adresi
nö'tig vajadzīgs; nepieciešams
nö'tigenfalls vajadzības gadījumā
Notíz *f* piezīme
Notízbuch *n* piezīmju grāmatiņa
Nótlösung *f* pagaidu risinājums
Nótrufnummer *f* palīdzības telefoni Vācijā – policija 110, ugunsdzēsēji 112, ātrā palīdzība 19 222

N

Nótstand *m* **1.** katastrofāls (grūts) stāvoklis; **2.** izņēmuma stāvoklis

Nótwehr *f* nepieciešamā aizsargāšanās

nótwendig nepieciešams

Novémber [..v..] *m* novembris

Nu: im N. – [acu]mirklī

nü'chtern 1. tukšā dūšā; neēdis; **2.** neiereibis; **3.** *pārn.* saprātīgs

Núdelholz *m* mīklas veltnis

Núdeln *dsk.* nūdeles

Núgat *m vai n* karameles masa ar riekstiem un šokolādi konfekšu pildījumam

null nulle; es ist heute n. Grad – šodien ir nulle [grādu]

Null *f* nulle; es sind zehn Grad unter N. – ir desmit grādu zem nulles; zwei Grad über N. – divi grādi virs nulles

Núlldiät *f* diēta – ūdens, vitamīni, minerālvielas

Núlltarif *m*: zum N. – par velti

Númmer *f* numurs

Númmernschild *n* automašīnas numura zīme

nun 1. tagad; von n. an – no šā brīža; **2.**: nun! – nu!; n. endlich! – nu beidzot!

nur tikai

Nuss *f* rieksts

Nútte *f sar.* prostitūta

nútzbar [no]derīgs; izmantojams

Nútzeffekt *m tehn.* lietderības koeficients

nútzen, nü'tzen 1. izmantot; **2.** [no]-derēt; wozu nützt das? – kam tas noder (domāts)?; wozu nützt das alles? – ko tas viss līdz?

Nútzen *m* labums; N. ziehen (*aus etw.*) – gūt labumu (*no kaut kā*)

Nútzholz *n* lietaskoki

nü'tzlich [no]derīgs

Nü'tzlichkeitsdenken *n* pragmatisms

nútzlos veltīgs

Nylon ['nailɔn] *n* neilons

O

Oáse *f* oāze

ob 1. vai; ich möchte wissen, ob er kommt – es gribētu zināt, vai viņš ieradīsies; **2.**: als ob – it kā

O'bdach *n* pajumte; patvērums; ~lose *m* bezpajumtnieks

O'bdachlosenasyl *n* bezpajumtnieku patversme

Obduktíon *f med.* sekcija

óben augšā; von o. – no augšas

O'ber *m* viesmīlis

óbere virsējais; augšējais

O'berfläche *f* virsma, virspuse, augšpuse

óberhalb 1. augšpus; **2.** augšpusē; augšā

O'berhand *f* virsroka; O. gewinnen – gūt virsroku

O'ber‖hemd n virskrekls; **~schule** f vidusskola

O'berschwester f nodaļas vecākā māsa (*slimnīcā*)

óberst augstākais

O'berst m pulkvedis

O'berweite f krūšu apkārtmērs

obgléich kaut gan; lai gan

O'bhut f aizsardzība; unter j-s O. stehen – būt kāda aizsardzībā j-n in seine O. nehmen – ņemt kādu savā aizsardzībā

Objékt n **1.** objekts; **2.** *gram.* papildinātājs

Obligatión f obligācija

obligatórisch obligāts

Oboe [o'bo:ə] f *mūz.* oboja

O'bmann m pārstāvis, runasvīrs; der O. der Gewerkschaft – arodbiedrības pārstāvis

observíeren [..v..] izsekot, novērot

Observíerung [..v..] f policijas organizēta kādas personas izsekošana

Obst n augļi

O'bst‖bau m augļkopība; **~baum** m augļu koks; **~saft** m augļu sula

O'bstschale[a] f augļu trauks

O'bstschale[b] f augļa miza (*āboliem, banāniem, apelsīniem*)

obwóhl kaut gan, lai gan

O'chse m vērsis

ö'de tukšs; neapdzīvots; tuksnesīgs

Ö'dem n tūska

oder vai; jeb; entweder... o.... – vai nu..., vai...; wir fahren entweder heute o. morgen – mēs braucam vai nu šodien, vai rīt

O'fen m krāsns

ófenfrisch svaigi cepts (*maize*)

óffen 1. vaļējs; atvērts; **2.** vaļsirdīgs; atklāts; **3.** brīvs; neaizņemts

óffenbar acīm redzams

Offenbárung f atklāsme

óffenherzig vaļsirdīgs

ö'ffentlich 1. sabiedrisks; ~e Meinung – sabiedriskā doma; **2.** publisks; atklāts (*par lekciju, sēdi*)

Ö'ffentlichkeit f **1.** sabiedrība; **2.** atklātība; in aller Ö. – [pilnīgi] atklāti; publiski

Ö'ffentlichkeitsarbeit f sabiedrisko attiecību veidošana

Offérte f *ek.* rakstisks piedāvājums; j-m eine O. machen – piedāvāt

offiziéll oficiāls

Offizíer m virsnieks

offline ['ɔflain] *dator.* nesaistīts ar citiem datoriem

ö'ffnen [at]vērt; attaisīt; die Tür ö. – atvērt durvis; **sich ö.** atvērties; attaisīties

Ö'ffnung f atvere; sprauga; caurums

Ö'ffnungszeit f iestādes, muzeja, veikala darba laiks

oft bieži

óhne 1. bez; alle o. Ausnahme – visi bez izņēmuma; **2.**: o. dass er ein Wort gesagt hätte – ne vārda neteicis

O'hnmacht f **1.** bezsamaņa, ģībonis; **2.** *pārn.* bezspēcība; nevarība

Ohr *n* auss; er hat gute ~en – viņam ir laba dzirde; ◇ lange ~en bekommen – ziņkārīgi klausīties; ganz O. sein – būt ļoti uzmanīgam; auf den ~en sitzen *sar.* – nedzirdēt, neklausīties; ein offenes O. für j-n / etw. haben – izrādīt sapratni un interesi; seinen ~en nicht trauen – neticēt savām ausīm; j-n übers O. hauen – piekrāpt kādu

O'hrenschützer *m* ausu sildītājs

O'hrfeige *f* pļauka

okay [o'ke:] labi; tā, kā vajag; kārtībā

Ö'kobauer *m* zemnieks, kas ražo ekoloģiski tīru lauksaimniecības produkciju

Ö'kofreak [..fri:k] *m sar.* cilvēks, kas pārmērīgi aizraujas ar ekoloģiju un vides aizsardzību

Ökologíe *f* ekoloģija

ökológisch ekoloģisks

ökonómisch 1. ekonomisks; ekonomijas-; 2. taupīgs

Ö'kosystem *n* ekosistēma

Október *m* oktobris

Októberfest *n* lielākie alus svētki septembrī Minhenē

Öl *n* 1. eļļa; in Ö. malen – gleznot ar eļļas krāsām; 2. nafta; ~bohrung *f* naftas urbums; ~embargo *n* naftas embargo; ~gewinnung *f* naftas ieguve; ~raffinerie *f* naftas rafinērija

Oldie ['o:ldi] *m sar.* vecs šlāgeris, filma

Oldtimer ['o:ltaimər] *m* ļoti veca un tāpēc vērtīga automašīna

ö'len eļļot

Ö'lfilm *m* plāns naftas slānis uz ūdens

Ö'lgemälde *f* eļļas glezna

Olíve [..v..] *f* olīva

Ö'lpest *f* ūdens un piekrastes piesārņojums ar naftu

Ö'lpflanze *f* eļļas augs

Olympiáde *f* olimpiāde

Olýmpiasieger *m* uzvarētājs olimpiskajās spēlēs

olýmpisch: die Olympischen Spiele – olimpiskās spēles; das ~e Feuer – olimpiskā uguns

Omelett [ɔm(ə)'lɛt] *n* omlete

O'nkel *m* tēvocis

online ['ɔnlain] *dator.* saistīts ar citiem datoriem

OP *m saīs.* operāciju zāle slimnīcā

O'per *f* opera

Operatión *f dаž. noz.* operācija

Operátor *m* lielu datoru apkalpes speciālists

Operétte *f* operete

O'pern‖glas *n* [teātra] binoklis; ~haus *n* opera (*celtne*)

O'pfer *n* upuris

ópfern upurēt, ziedot; sich o. upurēties, ziedoties

Oppositión *f* opozīcija; Oppositionsführer *m* – opozīcijas līderis; Oppositionspartei *f* – opozīcijas partija

Optión *f ek.* opcija

Orákel *n* orākuls
orange [o'rã:ʒə] oranžs, oranžkrāsas-
Orange [o'rã:ʒə] *f* apelsīns
Orangeat [oraŋ'ʒa:t] *n* iecukurotas apelsīnu miziņas
Oratórium *n* oratorija
Orchéster *n* orķestris
órdentlich kārtīgs
O'rder[a] *f mil.* rīkojums, pavēle
O'rder[b] *f ek.* rīkojums, uzdevums
órdnen kārtot; sakārtot; regulēt
O'rdner *m* biezi aktu vāki, mape dokumentu iešūšanai
O'rdnung *f* **1.** kārtība; **2.** *pol.* iekārta
O'rdnungswidrigkeit *f jur.* pārkāpums
Oregáno *m* oregano (*garšviela*)
Orgán *n* orgāns; **~empfänger** *m* transplantācijas orgāna saņēmējs; **~entnahme** *f* orgāna izņemšana; **~spende** *f* orgāna došana transplantācijai
Orgánbank *f* transplantācijai paredzēto orgānu banka
Organisatión *f* organizācija
Organisatións‖fehler *m* organizatoriska kļūda; **~gabe** *f* organizatora talants; **~tätigkeit** *f* organizēšana, organizācija
organisíeren organizēt
Organísmus *m* organisms
Organíst *m* ērģelnieks
Orgásmus *m* orgasms
O'rgel *f* ērģeles
ori‖entálisch orientāls; austrumniecisks; austrumu-

ori‖entíeren orientēt; **sich o.** orientēties
Originál *n* oriģināls; **~ausgabe** *f* oriģinālizdevums; **~fassung** *f* oriģinālvariants; **~gemälde** *n* oriģinālglezna
Orkán *m* orkāns; vētra
Ort *m* vieta; apvidus; **an O. und Stelle sein** – būt uz vietas
órten lokalizēt ar instrumentu palīdzību
ö'rtlich vietējs
O'rtschaft *f* neliela apdzīvota vieta
O'rtsgespräch *n* vietēja telefona saruna
O'rtszeit *f* vietējais laiks
O'ssi *m sar.* bijušās Austrumvācijas iedzīvotājs
O'sten *m* **1.** austrumi (*debespuse*); **2.** austrumu zemes; **der Ferne O.** – Tālie Austrumi; **der Nahe O.** – Tuvie Austrumi; **der Mittlere O.** – Vidējie Austrumi
O'stern *n* Lieldienas
ö'stlich austrumu-; austrumniecisks
out [aut] *sar.* izgājis no modes
outen ['autn]: **sich als etw. o.** – atklāt par sevi kādu nepatīkamu faktu
Overall ['o:vərɔ:l] *m* darba kombinezons
O'zean *m* okeāns; **der Atlantische O.** – Atlantijas okeāns; **der Stille O.** – Klusais okeāns
Ozón *n* ozons
Ozónloch *n* ozona caurums

P

paar: ein p. Tage – pāris dienu; mit
  ein p. Worten – dažos vārdos
Paar *n* pāris; ein P. Handschuhe –
  [viens] pāris cimdu
páaren, sich pāroties
páarweise pāros, [pa] pāriem
Pacht *f* noma; **~vertrag** *m* nomas
  līgums
páchten nomāt
Pack *m* paka, sainis
Pä'ckchen *n* paciņa, sainītis
Páckeis *n* ledus krāvumi
pácken[a] [sa]kravāt; [ie]saiņot; den
  Koffer p. – sakravāt koferi
pácken[b] saķert, satvert
Páckung *f* **1.** iesaiņojums, iepako-
  jums; **2.** komprese; eine warme P.
  machen – uzlikt sildošu kompresi
Páddelboot *n* smailīte (*laiva*)
Pakét *n* sainis, paka
Palást *m* pils
Palástrevolution [..v..] *f pol.* sazvē-
  restība
Palátschinke *f* plānā pankūka
palétti; *parasti*: alles p.! *sar.* – viss ir
  kārtībā!
Pálmkätzchen *n* pūpols
Pálmsonntag *m rel.* svētdiena pirms
  Lieldienām, Pūpolsvētdiena
Pánda *m* panda
paníeren *kul.* apviļāt olā un rīvmaizē
Paníermehl *n* rīvmaize
Pánik *f* panika; in P. geraten – nonākt
  panikā

Pánne *f* avārija, klizma [ceļā]
Pánnendienst *m* avārijas dienests
  (*automašīnām*)
Pánter *m* pantera
Pantóffel *m* rītakurpe
Pánzer *m* **1.** bruņas; **2.** *mil.* tanks
Pánzerglas *n* bruņustikls
Pánzerschrank *m* seifs, dzelzs skapis
Papíer *n* **1.** papīrs; **2.** *dsk.* dokumenti
Páppe *f* kartons; pape
Páppel *f* papele
Páprika *m vai n* paprika
Papst *m* pāvests
Parabólantenne *f* paraboliskā an-
  tena
Paradíes *f* paradīze
parallél paralēls
Paranóia *f med.* paranoja
Parfü'm *n* smaržas
Park *m daž. noz.* parks
párken novietot automašīnu (*auto-
  mobiļu stāvvietā*); p. verboten!,
  nicht p.! – automašīnām stāvēt
  aizliegts!
Párk‖gebühr *f* maksa par auto-
  mašīnu stāvvietu (novietošanas
  maksa stāvvietā); **~platz** *m* stāv-
  vieta, novietne (*automašīnām*);
  ~verbot *n* stāvēšanas aizliegums
  (*automašīnām*)
Párkkralle *f* automašīnu bloķējamā
  ierīce
Parlamént *n* parlaments; die Mit-
  glieder des ~s – parlamenta locekļi

Parlamentä′r *m* parlamentāris (*karā*)
Parlamentárier *m* parlamenta depu-
    tāts, parlamentārietis
Parodonthóse *f med.* parodontoze
Paróle *f* **1.** parole; **2.** lozungs
Partéi *f* **1.** *pol.* partija; **2.** *jur.* puse
Partéi∥**buch** *n* partijas biedra karte;
    ~funktionär *m* partijas darbinieks
partéiisch neobjektīvs
partéilich partijisks; partijas-
partéilos bezpartijisks
Partéi∥**mitglied** *n* partijas biedrs;
    ~tag *m* partijas kongress
Partérre *n* **1.** apakšstāvs; **2.** *teātr.*
    parters
Partíe *f daž. noz.* partija; eine P.
    Schach – šaha partija
Partíkel *n* daļiņa, graudiņš (*pelnu,*
    putekļu)
Pártner *m* partneris
Pártnerlook *m*; *parasti*: im P. –
    vienāda stila un krāsas apģērbs,
    lai norādītu partnerību
Pártnerschaft *f* partnerība
Party [′paːrtiː] *f* viesības; [saviesīgs]
    vakars
Pass[a] *m* pase
Pass[b] *m* (*kalnu*) pāreja; taka
passábel pietiekoši labs, pieņemams
Passagier [..′ʒiːr] *m* pasažieris
pássen būt piemērotam; piestāvēt;
    derēt; die ~de Größe – atbilstošais
    [apģērba] izmērs
passíeren[a] notikt, atgadīties
passíeren[b] izliet vai izspiest caur
    sietu

Passíerschein *m* caurlaide
Pásswort *n dator.* parole
Páste *f* pasta
Pastéte *f* **1.** pildīts groziņš; **2.** pastēte
Pástor *m* luterāņu mācītājs
Páte *m* krusttēvs
Páter *m* katoļu priesteris, piederīgs
    kādam ordenim
Patient [..′tsϊɛnt] *m* ārsta pacients
Pátin *f* krustmāte
Pauschále *f* atlaide no kopējās naudas
    summas
Páuse *f* **1.** pauze; pārtraukums; **2.** *teātr.*
    starpbrīdis
Pay-TV [′peitiviː] *n* maksas televīzija
PC *m saīs.* personālais dators
Pech *n* **1.** piķis; **2.** *pārn.* neveiksme,
    ķeza; er hat P. – viņam neveicas
Peepshow [′piːpʃoː] *f* erotiska pro-
    gramma, ko noskatās atsevišķi
    caur lodziņu
Pégel *m* līmenis (*ūdens*)
péinlich nepatīkams (*jautājums, situ-*
    ācija)
Péllkartoffel *f* ar mizu vārīts kartupelis
Pelz *m* **1.** zvērāda; **2.** kažoks
Péndel *n* svārsts
Péndel∥**bus** *m* piepilsētas autobuss;
    ~verkehr *m* vietējā (piepilsētas)
    satiksme; **~zug** *m* piepilsētas vil-
    ciens
peníbel pedantisks
Pénis *m* penis
Pensión *f* **1.** pensija; **2.** pansionāts
Penthouse [′penthaʊs] *n* parasti dārgs
    dzīvoklis uz mājas plakanā jumta

Peperóni *f* asie pipari
per pa; p. Post – pa pastu
perfékt perfekts; pilnīgs; teicams
Perióde *f* **1.** posms, periods; **2.** menstruācija
Pérle *f* pērle
Persón *f* persona; den Tisch für drei ~en decken – klāt galdu trim personām
Personál *n* iestādes vai firmas viss personāls
Personálabteilung *f* kadru daļa, personāla daļa
Personálakte *f* personas lieta
Personálausweis *m* personas apliecība
Persónen‖kraftwagen *m* vieglā automašīna; **~zug** *m* pasažieru vilciens
persö′nlich personisks
Persö′nlichkeit *f* personība
Pestizíd *n* pesticīds
Petról *n* petroleja
Petróle|um *n* petroleja
pétzen *sar.* sūdzēties, nosūdzēt (*par bērniem*)
Pfad *m* taka; kājceliņš; Pfadfinder *m* – skautu organizācijas dalībnieks, skauts
Pfahl *m* stabs; pālis; **~bau** *m* pāļu būve
Pfand *n* ķīla
pfä′nden *jur.* aprakstīt [mantu]; p. lassen – apķīlāt
Pfándhaus *n* lombards
Pfándschein *m* ķīlu zīme
Pfánne *f* panna

Pfánnkuchen *m* pankūka
Pfárrer *m* mācītājs; garīdznieks
Pfau *m* pāvs
Pféffer *m* pipari
Pféfferkuchen *m* piparkūka
Pféfferminze *f* piparmētra
Pféife *f* **1.** svilpe; stabule; **2.** pīpe
pféifen* svilpt; svilpot; stabulēt
Pféiler *m* stabs; pīlārs; der P. einer Brücke – tilta balsts
Pferd *n* zirgs; zu ~e – jāšus
Pférde‖rennen *n* zirgu skriešanās sacīkstes; **~zucht** *f* zirgkopība
Pfiff *m* svilpiens
Pfíngsten *n* *rel.* Vasarsvētki
Pfíngstrose *f* peonija
Pfírsich *m* persiks, firziķis; **~haut** *f* persika miza
Pflánze *f* augs, stāds
pflánzen stādīt
Pfláster *n* **1.** plāksteris; **2.** bruģis
Pfláume *f* plūme
Pfége *f* kopšana
pflégeleicht viegli kopjams
pflégen 1. kopt; rūpēties; **2.** mēgt; būt paradušam; er pflegt so zu handeln – viņš tā mēdz rīkoties
Pflicht *f* pienākums; **~gefühl** *n* pienākuma apziņa; **~besuch** *m* pieklājības vizīte; **~fach** *n* obligātais priekšmets (*mācību iestādē*); **~lektüre** *f* obligātā (*mācību*) literatūra; **~versicherung** *f* obligātā apdrošināšana
pflü′cken [no]plūkt; [no]raut; Beeren p. – ogas lasīt

Pflug *m* arkls
pflü'gen art
Pfö'rtner *m* vārtu (durvju) sargs
Pfóte *f* ķepa; ķetna
Pfrópfen *m* korķis; aizbāznis; tapa
pfúschen slikti (neprasmīgi, pavirši) strādāt
Pfü'tze *f* peļķe
Phantómbild *n* fotorobots
Philatelíe *f* filatēlija
Philologíe *f* filoloģija
Philosophíe *f* filozofija
Phobíe *f med.* slimīgas bailes
Physík *f* fizika
Physiologíe *f* fizioloģija
Píckel *m* pūtīte, pumpa
Pícknick *n* piknīks
picobéllo [..k..] *sar.* ļoti tīri un kārtīgi
Píeper *m* peidžeris
Pier *m* mols
Píercing [..s..] *n* ādas, ausu, lūpu u. c. izšaušana rotu ielikšanai
pikánt pikants
pikíert aizvainots, aizskarts, sašutis
Pílger *m* svētceļnieks
Pílle *f* pilula; (*zāļu*) lodīte, zirnītis
Pilót *m* pilots; **~film** *m* seriāla ievadfilma; **~projekt** *n* pilotprojekts; **~sendung** *f* sērijas ievadraidījums; **~studie** *f* pētījumu sērijas ievads
Pils *n* Pilzenes alus
Pílsener *n* Pilzenes alus
Pilz *m* sēne
pink spilgti rozā

Pínsel *m* ota
Pioníer *m* **1.** pionieris; **2.** pionieris, celmlauzis; **3.** *mil.* sapieris
Pipeline ['paiplain] *n* gāzes vai naftas vads
Pirátensender *m* privāts radioraidītājs bez licences
Pistázie *f* **1.** pistācija (*augs*); **2.** pistācija (*rieksts*)
Pistóle *f* pistole
Pízza *f* pica
Pizzeríá *f* picērija
Placébo *n med.* zāles bez ķīmiskas iedarbības
plädíeren argumentēt par vai pret
Plädoyer [plɛdoa'je:] *n* prokurora vai advokāta runa tiesā
Pláge *f* mokas
Plakát *n* plakāts
Plakétte *f* piespraude ar uzrakstu
Plan *m daž. noz.* plāns
Pláne *f* liels auduma vai plastikāta pārsegs
Planét *m* planēta
Planetárium *n* planetārijs
plán‖gemäß, **~mäßig** plānveidīgs, plānveida-
plántschen plunčāties
Plásma *n* plazma
Plast *m* plastmasa
Plateau [pla'to:] *n* plakankalne
platt **1.** līdzens; plakans; **2.** plakaniski; kārtām
Plátte *f daž. noz.* plate, plāksne
Pláttenspieler *m* [skaņuplašu] atskaņotājs (*ierīce*)

Platz *m* **1.** vieta; P. nehmen – apsēsties; den ersten P. belegen – iegūt pirmo vietu (*sportā*); **2.** laukums

Plátzangst *f* klaustrofobija

Plä'tzchen *n* mazi apaļi cepumi

plátzen [pār]sprāgt; [pār]plīst

platzíeren izvietot, novietot

Plátzregen *m* ļoti spēcīgs īslaicīgs lietus

pláudern tērzēt

Play-back ['pleibɛk] *n* dziedāšana ar fonogrammu

Pléite *f* bankrots; neveiksme

plö'tzlich 1. piepešs, pēkšņs; **2.** piepeši, pēkšņi

plump lempīgs; neveikls

Plúnder *m* krāmi, apģērbs

plü'ndern 1. izlaupīt (*veikalu, māju*); **2.** *hum.* atņemt, apēst; den Kühlschrank p. – iztukšot ledusskapi

Pneu [pnø:] *m* ar gaisu pildīta riepa

póchen klauvēt; pukstēt, sist (*par sirdi*)

Pódiumsdiskussion *f* diskusija uz podija skatītāju klātbūtnē

Poesíe *f* dzeja

Pokál *m* kauss (*sportā*)

Póker *m vai n* pokers

pókern 1. spēlēt pokeru; **2.** finansiāli riskēt

Pol *m* pols

Polár‖fuchs *m* polārlapsa; **~kreis** *m* Polārais loks; **~licht** *n* ziemeļblāzma

Police [po'li:sə] *f* polise; **Versicherungs~** *f* apdrošināšanas polise

Políer *m* priekšstrādnieks (*celtniecībā*)

Poliklínik *f* poliklīnika

Politésse *f* ierēdne, kas uzrauga, vai automašīnas tiek novietotas atļautās vietās

Politík *f* politika

Polítiker *m* politiķis; politisks darbinieks

politisch politisks; **~e** Ökonomie – politiskā ekonomija

Polizéi *f* policija; **~einheit** *f* policijas vienība; **~streife** *f* policijas patruļa

Polizéipräsidium *n* policijas centrālā ēka

Polizéirevier [..v..] *n* **1.** policijas iecirknis, ēka; **2.** teritorija, ko kontrolē policija

Póllen *m* ziedputekšņi; **~allergie** *f* putekšņu alerģija

Pólster *n* polsteris (*dīvānam*)

Pólstergarnitur *f* mīksto mēbeļu garnitūra

Póltergeist *m* poltergeists

póltern rībēt, trokšņot

polytéchnisch politehnisks

populä'r populārs

populä'rwissenschaftlich populārzinātnisks

Pómmes *f* kartupeļi frī

Pommes frites [pɔm'frit(s)] *f dsk.* kartupeļi frī

Pool ['pu:l] *n saīs.* peldbaseins

Pópcorn [..k..] *n* popkorns

Pórno *m sar.* pornogrāfiju saturošs darbs

porö's porains

P

Portier [..'tje:] *m* durvju sargs, šveicars

Portión *f* porcija, deva

Pórto *n* porto, pasta izdevumi (*par sūtījumiem*)

Porträ't *n* portrets

Porzellán *n* porcelāns

Position *f* pozīcija

pósitiv pozitīvs

Pósse *f*, **Póssen** *m* **1.** farss, joku luga; **2.** (*rupjš*) joks

Post *f* pasts; per P., mit der P. – pa pastu

Póst‖amt *n* pasts; telegraphische ~anweisung – pasta pārvedums pa telegrāfu

Póstanweisung *f* **1.** naudas pārvedums; **2.** papīrs, kas jāaizpilda pastā

Pósten *m* **1.** postenis, (*atbildīgs*) amats; **2.** *mil.* [sarg]postenis; [auf] P. stehen – stāvēt sardzē

Póst‖fach *n* (*abonējamā*) pasta kastīte (*pastā*); ~karte *f* pastkarte; atklātne

póstlagernd pēc pieprasījuma (*vēstule*)

Póstleitzahl *f* pasta [nodaļas] indekss

Póstscheckkonto *n* tekošs rēķins pastā

Power ['paʊə] *f sar.* spēks, enerģija

prä'chtig, **práchtvoll** grezns, krāšņs

prä'gen 1. kalt (*naudu*); **2.** iespiest, uzspiest; **3.** *pārn.* veidot, darināt

prägnánt spilgti izteikts

práhlen lielīties

práktisch praktisks

Pralíne *f* šokolādes konfekte ar pildījumu

Prä'mi‖e *f* prēmija

prämíeren prēmēt

präsént klātesošs

Präsidént *m* prezidents, priekšsēdētājs

Präsídium *n* prezidijs

Práxis *f* prakse

Präzedénzfall *m* precedents

präzís[e] precīzs

prédigen spredikot

Preis *m* **1.** cena; um keinen P. – neparko, nekādā ziņā; **2.** godalga; balva; den ersten P. erhalten – saņemt pirmo godalgu

Préisausschreiben *n* konkurss

Préiselbeere *f* brūklene

Préisfrage *f* konkursa jautājums

Préisklasse *f* cenu kategorija

Préis‖liste *f* cenrādis; ~senkung *f* cenu pazeminājums; ~träger *m* godalgas ieguvējs; laureāts

Préllung *f* sasitums, zilums

Premíer *m* premjerministrs

Présse[a] *f* prese; eine gute P. haben – gūt labas atsauksmes laikrakstos

Présse[b] *f tehn.* spiede; prese

Présse‖agentur *f* preses aģentūra; ~freiheit *f* preses brīvība; ~vertreter *m* preses pārstāvis

Présseerklärung *f* paziņojums presei

Préssesprecher *m* preses sekretārs

Prestige [prɛs'ti:ʒə] *n* prestižs

príma pirmšķirīgs; pirmklasīgs; p. Qualität – augstākā labuma; das ist ja p.! – lieliski!

Prinzíp *n* princips

Príse *f* šķipsniņa (*sāls, piparu*)
privát [..v..] privāts; personisks
Privilég [..v..] *n* priekšrocība
pro par; drei Mark p. Stück – trīs markas gabalā; zehn Mark p. Person – desmit markas no katra [cilvēka]
Probánd *m* izmēģinājuma persona
Próbe *f* 1. pārbaude; [iz]mēģinājums; **2.** paraugs; **3.** *teātr.* mēģinājums
probíeren 1. pārbaudīt; [iz]mēģināt; **2.** nogaršot
Problém *n* problēma
Produktión *f* 1. ražošana; **2.** produkcija
Produktións‖kosten *dsk.* ražošanas [paš]izmaksa; **~weise** *f* ražošanas veids
produzíeren ražot
Proféssor *m* profesors
Prófi *m sp.* profesionālis
Profít *m* peļņa; labums
Prognóse *f* prognoze
Prográmm *n* programma
Projektíl *n* šāviņš
Projéktor *m* projektors
Promenáde *f* promenāde, bulvāris
prominént prominents, izcils; ievērojams
prompt nekavējoties
Propagánda *f* propaganda
propagíeren propagandēt
prósit! uz veselību!
Prospékt *m* prospekts
Prostitutión *f* prostitūcija; der P. nachgehen – nodarboties ar prostitūciju

Protestánt *m rel.* protestants
protestíeren protestēt, iebilst
Protokóll *n* protokols; etw. ins P. aufnehmen – ierakstīt protokolā
Provisión [..v..] *f* starpniecības nauda
provisórisch [..v..] provizorisks; pagaidu-; uz laiku
provokánt [..v..] izaicinošs, provokatīvs
Prozént *n* procents
Prozéntsatz *m* procentu likme
Prozéss *m* **1.** process, norise; **2.** *jur.* prāva, process
Prozéssor *m dator.* procesors
prü'fen 1. pārbaudīt, izmēģināt; **2.** eksaminēt
Prü'fung *f* **1.** pārbaudījums; izmēģinājums; **2.** eksāmens; pārbaudījums
Prü'fzeit *f* pārbaudes laiks
prü'geln sist; pērt
PS [pe:'ɛs] *n* zirgspēks
Psychologíe *f* psiholoģija
Psychophármaka *dsk. med.* nomierinošie līdzekļi, miega līdzekļi
Psychotérror *m sar.* psihoterors
Publicity [pa'blisiti] *f* publicitāte
Públikum *n* publika, skatītāji
Puck *m* ledus hokeja ripa
Púdding *m* pudiņš, sacepums
Púder *m* pūderis
Púfferstaat *m* bufervalsts
Pullóver [..v..] *m* pulovers; svīteris
Puls *m* pulss
Púlver *n* pulveris
Púma *m* puma

P

Púmpe f sūknis
púmpen sūknēt
Pumps [pœmps] m elegantas sieviešu augstpapēžu kurpes
Punk [paŋk] m panks
Punkt m punkts; P. zwölf – tieši divpadsmit
pü′nktlich precīzs
Punsch m punšs

Púppe f 1. lelle; 2. (labības) statiņš
Púppentheater n leļļu teātris
Putsch m pučs
Putz m 1. (tērpa) rotājums; rota; 2. apmetums
pútzen 1. spodrināt; tīrīt; 2. greznot; post; 3. apmest (ar javu)
Pútzfrau f apkopēja
Puzzle ['pazl] n puzlis

Q

Quadrát n kvadrāts
Qual f mokas; mocības
quä′len mocīt
qualifizíeren kvalificēt; sein berufliches Können q. – paaugstināt savu kvalifikāciju
Qualitä′t f kvalitāte
Qualm m (biezi) dūmi; garaiņi
Quantitä′t f kvantitāte, daudzums
Quarantä′ne [ka..] karantīna
Quark m biezpiens
Quartál n kvartāls; ceturksnis
Quatsch m sar. 1. muļķības, blēņas; 2. pļāpas, tenkas
quátschen runāt muļķības (niekus)
Quécksilber n dzīvsudrabs
Quélle f avots
quéllen* 1. [iz]plūst; [iz]tecēt; 2. [iz]mirkt; piemirkt; 3. [pie]briest

quer 1. šķērss; 2. šķērsām; kreuz und q. – krustām šķērsām
Queréle f mazs, nepatīkams strīds
Querfeldéinlauf m sp. kross
Quér‖gasse f, **~straße** f šķērsiela
Quérschnittlähmung f med. paralīze
querü′ber [slīpi] iepretī
quétschen 1. [sa]spiest; Trauben q. – spiest vīnogas; 2. med. kontuzēt
Quíckie m vai n sar. ātrais sekss
Quirl m putotājs, maisītājs
quittíeren parakstīties par (kaut kā) saņemšanu
Quíttung f kvīts; eine Q. ausstellen – izrakstīt kvīti
Quiz [kvis] n viktorīna, konkurss (televīzijā, radio)
Quóte f kvota

R

Rabátt *m* vairumtirdzniecības atlaide

Rabbíner *m* rabīns

Rábe *m* krauklis

Ráche *f* atriebība

Ráchen *m* rīkle

rä'chen atriebt; **sich r.** atriebties

Racket ['rɛkət] *n* gangsteru banda, rekets

Rad *n* **1.** rats; ritenis; **2.** velosipēds

Rádarschirm *m* radara ekrāns

Radáu *m* troksnis; tracis

Rád fahren* braukt ar divriteni

radíeren 1. [iz]dzēst (*ar gumiju*); **2.** asēt

Radíergummi *m* dzēšamgumija

Radíerung *f* asējums, oforts

Radíes|chen *n* redīss

Rádio‖aktivität [..v..] *f* radioaktivitāte; **~apparat** *m* radioaparāts; **~bastler** *m* radioamatieris; **~sendung** *f* radioraidījums; **~übertragung** *f* radiopārraide

Rádlerhose *f* riteņbraucēju bikses

Rádspur *f* (*riteņa*) sliede; gramba

raffiníert 1. *tehn.* tīrīts, rafinēts; **2.** izsmalcināts; **3.** viltīgs; rūdīts

rágen pacelties; slieties

Ragout [ra'gu:] *n* ragū

Rahm *m* krējums (*salds*); saurer R. – skābs krējums

Ráhmen *m* ietvars

Rain *m* eža

Rakéte *f* rakete

Rallye ['rɛli] *f vai n* rallijs

Rand *m* mala

Rándstreifen *m* ceļa nomale, pa kuru nebrauc, bet kur drīkst apstāties

Rang *m* **1.** *mil.* dienesta pakāpe; rangs; **2.** šķira; kārta; kategorija; **3.** (*teātra*) balkons

Rangíerbahnhof *m* šķirotava (*dzelzceļa*)

rangieren [raŋ'ʒi:rən] šķirot dzelzceļa vagonus

Ránzen *m* (*skolēna*) mugursoma

ránzig 1. sasmacis; **2.** rūgtens (*par krējumu, taukiem, sviestu*)

rasánt ļoti ātrs

rasch ātrs; žigls

rásen 1. trakot, plosīties; **2.** joņot, drāzties (*par vilcienu, auto*)

Rásen *m* zālājs; velēna; mauriņš

Rásenmäher *m* zāles pļāvējs

Rásensprenger *m* zālāja rasinātājs

rasíeren [no]skūt; **sich r.** [no]skūties ◼**R**

Rasíer‖klinge *f* žilete, bārdas asmenītis; **~zeug** *n* skūšanās piederumi

ráspeln rīvēt, sarīvēt

Rásse *f* **1.** rase; **2.** suga; **3.** šķirne

Rássel *f* bērnu grabulis

Rast *f* atpūta

rásten atpūsties

Rást‖haus *n* motelis; **~stätte** *f* viesnīca (restorāns) autotūristiem

Rat[a] *m* padome

Rat[b] *m* padoms

Ráte f daļas maksājums; daļa; in ~n zahlen – maksāt pa daļām

ráten* 1. dot padomu; 2. [uz]minēt

Rátenzahlung f nomaksa pa daļām; etwas in ~en erwerben – iegādāties kaut ko uz nomaksu

Ráthaus n rātsnams

rátlos: r. sein – būt bez padoma; nezināt, ko iesākt

Rátschlag m padoms

Rä′tsel n mīkla; ein R. lösen – atminēt mīklu

rä′tselhaft mīklains, neizprotams

Rátte f žurka; Rattenfalle f – žurku slazds; Rattengift n – žurku inde

rau 1. nelīdzens; raupjš; rupjš; 2. aizsmacis; skarbs (par balsi); 3. nelaipns; skarbs; 4. tehn. [līdz galam] neapstrādāts

ráuben [no]laupīt

Rauch m dūmi

ráuchen 1. smēķēt; 2. kūpēt

Ráucher m smēķētājs

Ráucherabteil n vagons (nodalījums) smēķētājiem

räu′chern kūpināt; žāvēt

Ráuchfang m skurstenis

Ráuchwarena dsk. kažokādas; kažokādu izstrādājumi

Ráuchwarenb dsk. tabakas izstrādājumi (preces)

Ráufasertapete f tapete, kuru vēl krāso

Raum m telpa

Ráumanzug m astronauta skafandrs

Ráumausstatter m interjerists

räu′men 1. novākt, aizvākt; 2. atstāt, izvākties, atbrīvot (par telpām, teritoriju)

Ráumflug m lidojums kosmosā, kosmiskais (starpplanētu) lidojums

Ráuminhalt m tilpums

Ráumschiff n kosmosa kuģis

Ráupe f 1. kāpurs; 2. kāpurķēde

Rausch m 1. reibums, skurbums; er hat einen R. – viņš ir ieskurbis; 2. sajūsma

ráuschen šalkt; čabēt; čaukstēt

Ráuschgift n narkotika

Raver ['reivə] m sar. tehnomūzikas fans

Ravióli n pelmeni

Rázzia f masveida kratīšana (ko izdara policija); aptvarste

reagíeren reaģēt

Reaktión f reakcija

realisíeren realizēt, īstenot

Realísmus m reālisms

Rébhuhn n [lauku] irbe

Réchen m grābeklis

Réchenschaft f norēķins; j-n zur R. ziehen – saukt kādu pie atbildības; R. über etwas ablegen – dot par kaut ko norēķinu; atskaitīties par kaut ko

Recherche [re′ʃɛrʃə] f intensīvi informācijas meklējumi; pētījumi

recherchíeren meklēt informāciju

réchnen 1. rēķināt; 2. (auf ar akuz., mit) rēķināties (ar kaut ko), paļauties (uz kaut ko); mit den Tatsachen r. – rēķināties ar faktiem

Réchnung *f* rēķins; aprēķins; nach meiner R. – pēc mana aprēķina; R. tragen – rēķināties (*ar kaut ko*), ņemt vērā (*kaut ko*); eine R. bezahlen – samaksāt rēķinu; eine R. überweisen – pārskaitīt naudu pēc rēķina; ◇ das geht auf meine R. – es to samaksāšu

Réchnungsjahr *n* (*uzņēmuma, firmas*) bilances gads

recht[a] **1.** labais; ~er Hand – pa labi; die ~e Seite – labā puse; **2.** *mat.* taisns; ~er Winkel – taisns leņķis; **3.** īsts, pareizs; er hat recht – viņam ir taisnība

recht[b] **1.** visai, diezgan; itin; ļoti; r. gut – ļoti labi; **2.** pareizi, īsti; das ist recht – tas ir pareizi

Recht *n* tiesība[s]; mit [vollem] R. – ar pilnām tiesībām

Réchte *f* labā roka

réchtfertigen attaisnot; **sich r.** [at]taisnoties

récht‖los beztiesīgs; ~**mäßig** likumīgs

rechts labajā pusē; pa labi; von r. – no labās puses; nach r. – pa labi

Réchtsanwalt *m* advokāts; aizstāvis

Réchtsbeistand *m jur.* juriskonsults

Réchtsberater *m* juriskonsults

Réchtschreibung *f* pareizrakstība, ortogrāfija

réchtsextremistisch labēji ekstrēmistisks

réchtsfähig tiesībspējīgs

Réchtsprechung *f* jurisdikcija

Réchtsstaat *m pol.* tiesiska valsts

réchtswidrig nelikumīgi

réchtzeitig 1. savlaicīgs; **2.** savlaicīgi; īstā laikā

Reck *n sp.* stienis

récken stiept; staipīt; **sich r.** stieptiesь; staipīties

recyclen [ri′saik(ə)ln] otrreizēji pārstrādāt

Recycling [ri′saikliŋ] *n* otrreizējā pārstrāde

Redakteur [..′tø:r] *m* redaktors

Redaktión *f* redakcija

Réde *f* runa; wovon ist die R.? – par ko ir runa?; eine R. halten – teikt runu; uzstāties ar runu; ◇ große ~n schwingen *sar. niev.* – plātīties, lielīties; davon kann keine R. sein – par to nevar būt ne runas; etw. ist nicht der R. wert – kaut kas ir nesvarīgs, nenozīmīgs; j-n zur R. stellen – pieprasīt no kāda paskaidrojumu

Rédefreiheit *f* vārda brīvība

réden runāt; [sa]runāties

Rédensart *f* izteiciens, teiciens; leere ~en – tukšas frāzes

redigíeren rediģēt

Rédner *m* runātājs

rédselig runīgs; pļāpīgs

Referát *n* referāts

Referénz *f* rekomendācijas

Refórmhaus *n* pārtikas veikals ekoloģiski tīriem produktiem

Refórmkost *f* ekoloģiski tīri produkti

Regál *n* plaukts

Regátta *f* burāšanas (airēšanas) sa-
cīkstes

rége dzīvs; rosīgs; kustīgs; darbīgs;
~s Treiben – rosība; ~r Verkehr –
dzīva satiksme

Régel *f* likums; noteikums; in der R. –
kā parasts; parasti; vienmēr

régel‖los neregulārs; ~**mäßig** regulārs;
kārtējs

régeln regulēt; kārtot

Régelverstoß *m* noteikumu pārkā-
pums

régen kustināt; pakustināt; **sich r.**
kustēties; pakustēties

Régen *m* lietus; ~**front** *f* lietus josla;
~**pfütze** *f* peļķe; ~**schauer** *f* lietus-
gāze; ~**tropfen** *m* lietus lāse

Régen‖bogen *m* varavīksne; ~**bogen-
presse** *f* sar. bulvārprese; ~**mantel** *m*
lietusmētelis; ~**schirm** *m* lietus-
sargs

Régenwald *m* lietusmežs

Régenzeit *f* lietus periods

Reggae ['rɛgei] *m* mūz. regejs

Regie [re'ʒi:] *f* režija

regíeren pārvaldīt; valdīt

Regíerung *f* valdība

Regíerungs‖erklärung *f* valdības
paziņojums; ~**chef** *m* premjer-
ministrs, valdības galva; ~**partei** *f*
valdības partija; ~**wechsel** *m* val-
dības maiņa

Regimént *n* mil. pulks

Región *f* apvidus; novads; sfēra

Regisseur [reʒi'sø:r] *m* režisors

régnen: es regnet – līst

Régung *f* **1.** kustība; **2.** [jūtu] uzplū-
dums; tieksme

régungslos nekustīgs

Reh *n* stirna

Réibeisen *n* metāla vai plastmasas
rīve

réiben* berzt; berzēt; rīvēt

reich bagāts; bagātīgs; r. an (*ar dat.*) –
bagāts ar (*kaut ko*)

Reich *n* impērija; valsts

réichen 1. sniegt; pasniegt; **2.** pietikt,
būt diezgan; **3.** sniegties

réichhaltig bagātīgs (*piedāvājums,
ēdienkarte*)

Réichtum *m* bagātība; pārpilnība

reif nogatavojies; nobriedis

Réife *f* gatavība; [no]briedums; zur
R. kommen (gelangen) – nobriest

réifenᵃ nogatavoties; nobriest

réifenᵇ sarmot; es hat über Nacht
gereift – naktī ir bijusi sarma

Réife‖prüfung *f* gatavības pārbau-
dījums; ~**zeugnis** *n* gatavības ap-
liecība

Réihe *f* rinda; außer der R. – bez
rindas; der R. nach – rindas kār-
tībā, pēc kārtas

Réihenfolge *f* kārtība, secība

Réihenhaus *n* rindu māja

Reim *m* atskaņa

rein 1. tīrs; skaidrs; **2.** pavisam,
gluži; r. gar nichts – gluži nekas

Réinemachen *n* tīrīšana, uzkopšana

Réingewinn *n* tīrā peļņa

réinigen tīrīt; notīrīt; iztīrīt

Reínkarnation *f* reinkarnācija

R

Reis *m* rīsi

Réise *f* ceļojums; brauciens; auf der R. – ceļojumā; ceļā; glückliche R.! – laimīgu ceļu!

Réise‖beschreibung *f* ceļojuma apraksts; **~büro** *n* ceļojumu (tūrisma) birojs; **~führer** *m* **1.** gids; **2.** ceļvedis (*grāmata*); **~gefährte** *m* ceļabiedrs; **~route** *f* ceļojuma maršruts; **~scheck** *m* ceļojuma čeks; **~spesen** *dsk.* ceļojuma izdevumi

réisen ceļot; braukt

Réisende *m* ceļotājs

Réisig *n* žagari

réißen* 1. plēst; plosīt; **2.** plīst; trūkt; mir reißt die Geduld – manai pacietībai ir beigas

Réißer *m* kases gabals (*filma, teātra izrāde*); grāvējs

Réißnagel *m* papīra piespraude

Réißverschluss *m* rāvējslēdzis

Réißwolf *m* papīra smalcinātājs

Réißzwecke *f* papīra piespraude

Réitbahn *f* manēža

réiten* jāt; jādīt

Réiter *m* jātnieks

Réitsport *m* jāšanas sports

réizbar ātri (viegli) aizkaitināms

réizen 1. kairināt; uzbudināt; **2.** kaitināt; izaicināt; **3.** vilināt, valdzināt

réizend jauks; valdzinošs, pievilcīgs

réizvoll valdzinošs, pievilcīgs

reklamíeren sūdzēties, iesniegt reklamāciju

Rekonstruktión *f* rekonstrukcija

Rekórd *m* rekords; einen R. aufstellen (brechen) – uzstādīt (pārspēt) rekordu

Rekórder *m* magnetofons (*kasešu vai video*); atskaņotājs

Rekórdhalter *m* rekordists, rekorda īpašnieks

Réktor *m* rektors

relatív relatīvs, attiecīgs

relevánt nozīmīgs, svarīgs

Reliéf *n* reljefs

Religión *f* reliģija

Remake ['ri:meik] *n* dziesmas vai filmas jauna versija

Remis [rə'mi:] *n* neizšķirts rezultāts (*šahā*); R. machen – nospēlēt neizšķirti

Remouláde *f* aukstā mērce

Rendíte *f* peļņa no vērtspapīriem

Rénn‖auto *n* sacīkšu automašīna; **~bahn** *f* treks, velodroms; hipodroms; **~boot** *n* sacīkšu laiva

rénnen* skriet

Rénnen *n* sacīkstes (*skriešanā, rikšošanā, motosportā*); R. mit Hindernissen – šķēršļu skrējiens

Rénnfahrer *m* sacīkšu braucējs

renommíert plaši pazīstams, populārs

rentábel rentabls

Rénte *f* pensija

Rénten‖anspruch *m* tiesības uz pensiju; **~empfänger** *m* pensijas saņēmējs; **~erhöhung** *f* pensijas paaugstinājums

Réntner *m* pensionārs

R

Reparatúr *f* remonts; **~kosten** *dsk.* remonta izmaksas; **~werkstatt** *f* – remontdarbnīca

reparíeren remontēt, labot

Repórter *m* reportieris; (*laikraksta*) korespondents

Reprínt *m* atkārtots nelabots izdevums

Reptíl *n* rāpulis

Repúblík *f* republika

republikánisch republikānisks; republikas-

Resérve [..v..] *f* rezerve, krājums

reservíeren [..v..] rezervēt

Resolutión *f* rezolūcija; eine R. fassen (annehmen) – pieņemt rezolūciju

Résozialisierung *f* resocializācija

respektíeren respektēt

Ressourcen [rɛˈsʊrsn] *dsk.* resursi

Rest *m* **1.** atlikums; **2.** pārpalikums; (*drānas*) atgriezums

Restaurant [rɛstoˈrãː] *n* restorāns

réstlos pilnīgs; bez atlikuma

Resultát *n* rezultāts

rétten glābt; **sich r.** glābties

Réttung *f* [iz]glābšana; [iz]glābšanās; glābiņš

Réttungs‖boot *n* glābšanas laiva; **~stelle** *f* ātrās palīdzības punkts; **~wagen** *m* ātrās palīdzības auto

Réue *f* nožēla

revanchieren, sich [revãˈʃiːrən] **1.** atmaksāt; **2.** revanšēties

Revíer [..v..] *n* **1.** apgabals; **2.** policijas iecirknis

Revolutión [..v..] *f* revolūcija

rezéptfrei bez receptes

Rezeption [..ˈtsioːn] *f* viesnīcas administrācija

rezéptpflichtig pēc receptes

Rhéuma *n*, **Rheumatísmus** *m* reimatisms

Rhýthmus *m* ritms

ríchten 1. adresēt; sūtīt; einen Brief an j-n r. – sūtīt (adresēt) kādam vēstuli; **2.** iztaisnot; **3.** tiesāt; **sich r. 1.** (*nach etw.*) vadīties (*no, pēc kaut kā*); **2.** (*auf ar akuz., gegen*) vērsties; alle Augen r. sich auf ihn – visu skatieni pievēršas viņam

Ríchter *m* tiesnesis

Ríchterskala *f* Rihtera skala

Ríchtfest *n* spāru svētki

Ríchtgeschwindigkeit *f* maksimālais ātrums uz autoceļa

ríchtig pareizs; īsts

Ríchtung *f* virziens

ríechen* 1. ost, ostīt; saost; **2.** ost, smaržot (*pēc kaut kā*)

Ríege *f sp.* vingrotāju komanda

Ríegel *m* aizšaujamais, aizbīdnis

Ríemen *m* siksna

Ríesenrad *n* panorāmas ritenis

ríesig gigantisks, milzīgs

Rind *n* liellops; Rinderwahnsinn *m* – liellopu trakumsērga

Rínde *f* **1.** (*koka*) miza; **2.** (*maizes*) garoza

Ríndfleisch *n* liellopu (vērša) gaļa

Ring *m* **1.** gredzens; **2.** aplis; riņķis; **3.** *sp.* rings

Ríngbahn *f* loka dzelzceļš

Ríngbuch *n* aktu vāki ar metāla riņķiem dokumentu iešūšanai

Ríngelnatter *f* zalktis

ríngen* cīkstēties, cīnīties; lauzties

Ríngen *n*, **Ríngkampf** *m sp.* cīņa; laušanās; griechischrömischer Ringkampf – klasiskā cīņa

Ríngkämpfer *m sp.* cīkstonis

ringsúm [vis]apkārt

Rínne *f* rene, tekne; noteka

rínnen* tecēt; ritēt

Ríppe *f* riba

Rísiko *n* risks; ein R. eingehen – riskēt

riskíeren riskēt

Risótto *m vai n* vārīti rīsi ar dārzeņiem

Riss *m* **1.** plīsums; plaisa; **2.** (*celtnes*) mets, plāns

Rituál *n* rituāls

Rítze *f* sprauga; plaisa

Rivále [..v..] *m* sāncensis, konkurents

rivalisíeren [..v..] konkurēt

Rízinusöl *n* rīcineļļa

Roastbeef ['ro:s(t)bi:f] *n* rostbifs

Rock *m* **1.** svārki; **2.** žakete

Rócker *m* rokeris

ródeln braukt ar ragaviņām no kalna

Róggen *m* rudzi

roh 1. jēls; zaļš (*nevārīts*); **2.** *tehn.* neapstrādāts; **3.** rupjš; brutāls

Róhkost *f* svaigs, termiski neapstrādāts uzturs

Rohr *n* **1.** caurule; **2.** niedre

Rö'hre *f* **1.** caurule; **2.** elektronu lampa

Róhrpost *f* pneimatiskais pasts

Róhstoff *m* jēlviela; izejviela

Rólle *f* **1.** *tehn.* veltnis; rullītis; skritulis; bloks; **2.** (*veļas*) rullis; **3.** tīstoklis, rullis; **4.** *teātr.* loma; das spielt keine R. – tam nav nekādas nozīmes

róllen 1. velt, ritināt; **2.** velties, ritēt; **3.** rūkt; dārdēt; rībēt

Róller *m* skrejritenis

Róllo *n* uz augšu saritināmas žalūzijas

Róllschuh *m* skrituļkurpes

Róllstuhl *m* invalīdu ratiņi

Rólltreppe *f* slīdošās kāpnes, eskalators

Román *m* romāns; **Abenteuer~** *m* dēku romāns; **Grusel~** *m* šausmu romāns; **Zukunfts~** *m* fantastikas romāns

rósa rožains, sārts

Róse *f* roze

Rósenmontag *m* pirmdiena pirms Pelnu dienas

Rosíne *f* rozīne

Rost[a] *m* rūsa

Rost[b] *m* ārdi, [krāsns] restes

R

rósten rūsēt

rö'sten 1. [sa]cept; kaltēt (*maizi*); grauzdēt (*kafiju*); **2.** mērcēt (*linus*); **3.** *tehn.* apdedzināt; kausēt (*rūdu*)

róstig sarūsējis

rot sarkans

Rótlichtviertel *n* pilsētas rajons, kurā ir daudz publisko namu

Rouge [ru:ʃ] *n* rozā pūderis

Route ['ru:tə] *f* ceļš; maršruts

Routíne [ru..] *f* rutīna, paradums

Rü'be *f* rācenis, lopbarības rācenis; gelbe R. – burkāns; weiße R. – kālis; rote R. – biete

Ruck *m* grūdiens; rāviens; mit einem R. – vienā rāvienā

Rü'ckantwort *f*: R. bezahlt – par [vēstules] atbildi samaksāts

Rü'cken *m* 1. mugura; 2. (*kalna*) kore; 3. *poligr.* [grāmatas] muguriņa

Rü'ckendeckung *f* 1. aizmugures aizsardzība; 2. morāls atbalsts

Rü'ckenwind *m* 1. vējš no mugurpuses; 2. *pārn.* ceļavējš

Rü'ckfahrkarte *f* biļete braucienam turp un atpakaļ

Rü'ckfall *m* recidīvs

Rü'ckgaberecht *n* tiesības atdot atpakaļ nopirkto preci, ja neapmierina tās kvalitāte

Rü'ckgang *m* panīkums; atpakaļiešana; [sa]mazināšanās

Rü'ckhalt *m* balsts, atbalsts

Rü'ckkehr *f* atgriešanās

Rúcksack *m* mugursoma

Rü'cksicht *f* uzmanība; rēķināšanās (*ar kādu*); mit R. auf seine Verdienste – ievērojot viņa nopelnus

rü'cksichtslos 1. neuzmanīgs; rupjš; 2. nesaudzīgs

rü'ckständig 1. atpalicis; 2. nokavēts (*par maksājumu*)

Rü'ckstrahler *m* velosipēda vai automašīnas aizmugures atstarotājs

Rü'cktritt *m* atkāpšanās no amata

Rü'ckversicherung *f* pārapdrošināšana

rü'ckwärts atpakaļ; atmuguriski; r. gehen – kāpties atpakaļ, iet atmuguriski

Rü'ckwärtsgang *m tehn.* atpakaļgaita

Rúder *n* 1. airis; 2. *jūrn.* stūre; das R. führen – stāvēt pie stūres, būt par stūrmani

Rúderboot *n* airu laiva

rúdern airēt, irties

Rúdern *n* airēšana

Rúdersport *m* airēšanas sports

Ruf *m* 1. sauciens; 2. [uz]aicinājums; 3. reputācija; slava; ein Gelehrter von R. – slavens zinātnieks

rúfen* saukt

Rugby ['rʌkbi] *n sp.* regbijs

Rü'ge *f* bāriens; rājiens

Rúhe *f* 1. miers; 2. klusums; 3. atpūta; ◇ in [aller] R. – mierīgi; sich nicht aus der R. bringen lassen – neļauties provokācijai, saglabāt mieru; j-n in R. lassen – likt kādu mierā; sich zur R. setzen – iet pensijā

rúhen gulēt; dusēt; atpūsties

Rúhetag *m* atpūtas diena, brīvdiena

rúhig mierīgs; rāms; lēns

Ruhm *m* slava

rü'hmen slavēt, slavināt; sich r. (*mit*) lielīties, dižoties (*ar kaut ko*)

Ruhr *f med.* dizentērija

Rü'hrei *n* olu kultenis

rü′hren 1. kustināt; pakustināt; 2. mai-
sīt, kult; 3. aizkustināt; saviļņot;
sich r. kustēties; rosīties

rü′hrselig sentimentāls

Ruíne *f* drupas

Rumpf *m* 1. rumpis; 2. (*lidmašīnas,
kuǵa*) korpuss

Rumpsteak [′rʊmpste:k] *n* romšteks

Rúmtopf *m* rumā iecukuroti augļi

rund 1. apaļš; 2.: r. gerechnet –
[rēķinot] apaļos skaitļos

Rúnde *f sp.* 1. (*skrējiena*) aplis; 2.
raunds (*boksā*)

Rúndfahrt *f* brauciens, ekskursija
(*pa pilsētu, rajonu*)

Rúndfunk *m* radio

Rúndfunkempfänger *m* radiouz-
tvērējs

Rúnd‖reise *f* brauciens (*pa valsti,
apvidu*); ~schau *f* apskats

Rúndstricknadel *f* apaļadāmā adata

rúnzeln savilkt grumbās, saraukt (*pieri*)

rúpfen plūkt; plucināt

Rushhour [′raʃ′auər] *f* sastrēgum-
stunda

Ruß *m* kvēpi; sodrēji

Rü′ssel *m* (*ziloņa*) snuķis; (*cūkas*)
šņukurs; (*kukaiņa*) smeceris

rü′sten bruņot; apbruņot; **sich r.**
bruņoties; [sa]gatavoties

Rü′stung *f* 1. bruņošanās; 2. bruņo-
jums

Rúte *f* vica; rīkste

Rútschbahn *f* bērnu slīdkalniņš

rútschen slīdēt; šļūkt

rü′tteln kratīt; purināt

S

Saal *m* zāle

Saat *f* 1. sēkla; 2. sēja; sēšana; 3. zel-
menis

Sábbat *m ebr. rel.* diena, kad notiek
dievkalpojumi un nestrādā

Sabotage [..′ta:ʒə] *f* sabotāža

Sáche *f* 1. lieta; 2. ~n *dsk.* mantas,
iedzīve; die ~n des Reisenden –
ceļotāja bagāža

Sáchkenntnis *f* lietpratība, kompe-
tence

sáchkundig lietpratīgs, kompetents

Sáchlage *f* stāvoklis; apstākļi; situ-
ācija

sáchlich lietišķs; objektīvs; būtisks;
ein ~er Unterschied – būtiska
atšķirība

sä′chlich: ~es Geschlecht *gram.* –
nekatra dzimte

Sáchverständige *m* lietpratējs; eks-
perts

Sack *m* maiss

Sáckgasse *f* aklā iela; strupceļš

sä′en sēt

Safári *f* safari

Safe [ze:f] *m* seifs

Saft *m* sula

Ságe *f* teika; leǵenda

Sä'ge *f* zāģis; **~mehl** *n* zāģskaidas

ságen teikt; sacīt; pateikt, pasacīt; man sagt, dass... – saka, ka...

Sä'gewerk *n* zāģētava

Sáhne *f* krējums; saure S. – skābs krējums

Saison [zɛ'zõ:] *f daž. noz.* sezona

Sáite *f* stīga

Sákko ['zakko] *m vai n* (*vīriešu*) svārki, žakete

Salámi *f* salami desa

Salát *m* salāti

Sálbe *f* ziede

Salon [za'lõ:, za'loŋ] *m daž. noz.* salons

Salz *n* sāls

sálzen* sālīt

Sálzstange *f* sālsstandziņa (*cepums*)

Sä'maschine *f* sējmašīna

Sáme[n] *m* sēkla

sámmeln 1. vākt; savākt; krāt; sakrāt; 2. lasīt (*ogas, sēnes*); **sich s.** 1. [sa]-pulcēties; 2. sakopot domas

Sámmelpunkt *m* sapulcēšanās vieta

Sámmlung *f* 1. krājums; kolekcija; 2. (*materiālu*) vākšana

Sámstag *m* sestdiena

Samt *m* samts

sä'mtlich visi [bez izņēmuma]; pilnā sastāvā

Sanatórium *n* sanatorija

Sand *m* smiltis; **~korn** *n* smilšu grauds

Sándbank *f* sēklis

Sándboard [..bɔ:d] *n* smilšu dēlis

Sánddorn *m* smiltsērkšķis

Sándstein *m* smilšakmens

Sandwich ['zɛntvitʃ] *n* sendvičs

sanft maigs; liegs

Sä'nger *m* dziedātājs; dziedonis

saníeren 1. izremontēt; 2. *ek.* padarīt rentablu

Sanitä'ter *m* sanitārs

Sanitä'tsstelle *f* medicīniskais punkts

Sanktión *f* sankcija; mit ~en drohen – piedraudēt ar sankcijām

sanktioníeren atbalstīt, sankcionēt

Sarg *m* zārks

Satellít *m* 1. *pol.* satelīts; 2. *astr.* pavadonis

Satellítenübertragung *f* satelīttele-vīzijas pārraide

Satín *m* satīns

satt paēdis; sich s. essen – krietni paēst, pieēsties; ich habe es s. – man [tas] ir apnicis

Sáttel *m* segli

sátteln seglot

Sáttelzug *m* kravas vilcējs (*auto-mašīna*)

sä'ttigen 1. [labi] paēdināt, mielot; 2. *ķīm.* piesātināt

Satz *m* 1. teikums; 2. (*simfonijas*) daļa; 3. lēciens; 4. nogulsnes; 5. komplekts; 6. *poligr.* salikums; 7. *sp.* sets

Sátzung *f* statūti

sáuber tīrs, spodrs

sáuer skābs

Sáuerampfer *m* skābenes

Sáuerkraut *n* skābēti kāposti

Sáuerstoff *m* skābeklis

Sáuerteig *m* iejavs

sáufen* **1.** dzert (*par dzīvnieku*); **2.** žūpot

sáugen* **1.** sūkt; **2.** zīst

Sáuger *m* knupītis uz pudelītes

Säu'gling *m* zīdainis

Säu'le *f* kolonna

Saum *m* **1.** vīle; šuve; **2.** mala; apmale

säu'men[a] [ap]vīlēt (*drēbi*)

säu'men[b] vilcināties, kavēties

Sáuna *f* sauna

Säu're *f* **1.** skābe; **2.** skābums

sáusen **1.** šalkt; svilpt; **2.** drāzties, brāzties

Sáuwetter *n sar.* suņa laiks

S-Bahn ['ɛs..] *f* pilsētas dzelzceļš

Scanner ['skɛnər] *m* skeneris

Schach *n* šahs; Sch. spielen – spēlēt šahu

Scháchǁbrett *n* šaha galdiņš; **~spieler** *m* šahists, šaha spēlētājs

Schacht *m* šahta; **Lüftungs~** *m* ventilācijas šahta

Scháchtel *f* kārba; kastīte

Scháchwettkampf *m* šaha turnīrs

scháde žēl; das ist sch.! – cik žēl!; es ist sch. um sie – žēl viņas

Schä'del *m* galvaskauss

scháden kaitēt; das schadet nichts! – tas nekas!

Scháden *m* **1.** zaudējums; ļaunums; **2.** (*miesas*) bojājums; ievainojums

Schádenersatz *m* materiāla kompensācija par zaudējumiem

schä'digen kaitēt; nodarīt zaudējumus

schä'dlich kaitīgs

Schä'dling *m* kaitēklis

Schaf *n* aita

scháffen* **1.** radīt; **2.** darboties; strādāt; wir werden es sch. – mēs to paveiksim

Scháffen *n* **1.** jaunrade; daiļrade; **2.** darbs; darbība; **3.** radīšana

Scháffner *m* konduktors; (*vilciena*) pavadonis

Schal *m* šalle, lakats

Schále *f* **1.** miza; (*olas*) čaumala; (*grauda*) apvalks; **2.** (*lēzens*) trauks

schä'len lobīt; mizot; einen Apfel sch. – mizot ābolu; **sich sch.** lobīties (*par ādu*)

Schall *m* skaņa

Schallǁdämmung *f* trokšņa slāpēšana; **~dämpfer** *m* skaņas slāpētājs; **~mauer** *f* skaņas barjera

schálldicht skaņnecaurlaidīgs

schállen* skanēt; atskanēt

schálten[a] ieslēgt (*elektrību*)

schálten[b] rīkoties; saimniekot (*pēc patikas*); sch. und walten – saimniekot

Schálter *m* **1.** (*kases*) lodziņš; **2.** *tehn.* slēdzis

Scháltjahr *n* garais gads

Schálttag *m* 29. februāris

Scham *f* **1.** kauns; **2.** kaunīgums

schä'men, sich kaunēties

Schánde *f* kauns; negods

Schar *f* bars; pulks; eine Sch. Vogel – putnu bars

scharf **1.** ass; **2.** ass, sīvs (*par garšu, smaku*); **3.** spalgs, griezīgs (*par* *skaņu*); **4.** ass; skaudrs (*par sā-pēm*); **5.** ass; vērīgs (*par ska-tienu*)

schä´rfen asināt, trīt

schárfmachen uzkūdīt, uzrīdīt

Schárfschütze *m* snaiperis

schárfsichtig ar asu skatienu, vērīgs

schárfsinnig 1. asprātīgs; **2.** ar asu prātu; attapīgs

Schárlach *m med.* šarlaks

Schä´rpe *f* plata lente (*ap vidukli vai pāri pleciem*); šalle

Schátten *m* ēna; ◇ j-m wie ein Sch. folgen – kādam neatlaidīgi sekot; über seinen Sch. springen – pār-varēt sevi; in j-s Sch. stehen – tikt ievērotam mazāk par kādu citu

Scháttenkabinett *n pol.* ēnu kabinets

Schattíerung *f* nokrāsa; (*krāsu*) nianse

scháttig ēnains

Schatz *m* **1.** manta; **2.** *pārn.* dārgums, acuraugs

schä´tzen 1. cienīt, godāt; **2.** novērtēt; sich glücklich sch. – uzskatīt sevi par laimīgu

Schátzmeister *m* kasieris (*kādā or-ganizācijā, partijā*)

Schau *f* **1.** skate; **2.** izstāde

scháudern šausmināties; [no]drebēt; es schaudert mich – mani pārņem šausmas

scháuen skatīties; um sich sch. – raudzīties apkārt; nach j-m sch. – 1) meklēt kādu [ar acīm]; 2) pieskatīt kādu

Scháufel *f* lāpsta

scháufeln lāpstot, samest (saraust) ar lāpstu

Scháufenster *n* skatlogs

Scháukasten *m* vitrīna ar stiklu

Scháukel *f* šūpoles

scháukeln šūpot; **sich sch.** šūpoties

Scháum *m* putas

schäu´men putot; das Bier schäumt – alus puto

Scháumgummi *m* putu gumija

Scháumstoff *m* putuplasts

Scháumünze *f* (*piemiņas*) medaļa

Scháu‖platz *m* arēna; **~spiel** *n* **1.** luga; drāma; **2.** *pārn.* skats, aina; **~spieler** *m* aktieris; **~spielhaus** *n* teātris

Scháuprozess *m* paraugprocess

Scháustück *n* eksponāts (*muzejā, izstādē*)

Scheck *m* čeks

Schéibe *f* **1.** disks; ripa; **2.** mērķis (*šaušanai*); **3.** (*loga*) rūts; **4.** šķēle; die Zitrone in ~n schneiden – sagriezt citronu šķēlītēs

Schéibenwischer *m* automašīnas logu tīrītājs

schéiden* 1. [at]šķirt; atdalīt; **2.** šķirt (*laulību*); sich sch. lassen – šķir-ties; **3.** šķirties; izšķirties

Schéidewand *f* starpsiena

Schéidung *f* laulības šķiršana

Schéidungs‖grund *m* šķiršanās ie-mesls; **~prozess** *m* šķiršanās prāva

Schein[a] *m* spīdums; spožums

Schein[b] *m* šķietamība; ārējais izskats; zum Sch. – formas (izskata) pēc

Schein[c] *m* apliecība; dokuments

schéinbar šķietams

schéinen*[a] spīdēt, mirdzēt

schéinen*[b] šķist, likties; es scheint mir – man šķiet

Schéinwerfer *m* starmetis

Schéitel *m* 1. galvvidus; pauris; 2. celiņš (*matos*); einen Sch. ziehen – [iz]šķirt celiņu; er trägt den Sch. rechts – viņš šķir celiņu labajā pusē

schéitern 1. (*an ar dat.*) ciest avāriju; iet bojā (*par kuģi*); 2. piedzīvot neveiksmi; izjukt (*par pasākumu*)

schélmisch šķelmīgs

schélten* 1. bārt; 2. bārties

Schénkel *m* augšstilbs, gurns

schénken dāvināt; uzdāvināt; Aufmerksamkeit sch. – veltīt uzmanību

Schérbe *f* lauska; drumsla

Schére *f* 1. šķēres; 2. (*vēža*) spīles

schéren*[a] griezt; apgriezt; cirpt; apcirpt

schéren[b], sich 1. (*um etw.*) rūpēties, raizēties (*par kaut ko*); 2. *sar.* laisties lapās; [aiz]vākties [projām]

Scherz *m* joks

schérzen jokot

scheu bikls; nedrošs; kautrīgs

Schéune *f* šķūnis

Schicht *f* 1. kārta; slānis; 2. maiņa (*darbā*); pro Sch. – maiņā

schícken [aiz]sūtīt

Schíckimícki *m sar.* dārgi un eleganti ģērbti cilvēki, kas cenšas radīt tādu iespaidu

Schícksal *n* liktenis; Schicksalswende *f* – likteņa pavērsiens

Schícksalsschlag *m* likteņa trieciens

Schíebedach *n* automašīnas atbīdāmais jumts

schíeben* 1. stumt; bīdīt; grūst; 2. spekulēt; etw. auf die lange Bank sch. – novilcināt

Schíeber *m* 1. aizbīdnis; bulta; 2. spekulants

Schíedsgericht *n jur.* šķīrējtiesa

Schíedsrichter *m* 1. šķīrējtiesnesis; 2. *sp.* tiesnesis

schief greizs, šķībs; slīps

schíelen šķielēt

Schíene *f* 1. (*dzelzceļa*) sliede; 2. *med.* šina

schíeßen* šaut

Schíeßsport *m* šaušanas sports

Schiff *n* kuģis

Schífffahrt *f* 1. kuģniecība; kuģošana; 2. brauciens ar kuģi

Schiff‖bau *m* kuģu būvniecība; ~bruch *m* kuģa bojāeja (katastrofa)

Schíffsverkehr *m* kuģu satiksme

Schild[a] *m* vairogs

Schild[b] *n* 1. izkārtne; 2. plāksnīte; etiķete (*uz pudelēm, burtnīcām u. tml.*)

schíldern aprakstīt; tēlot; iztēlot; attēlot

Schíldkröte *f* bruņurupucis

Schilf *n* niedres; meldri

schíllern zaigot, laistīties (*dažādās krāsās*)

S

Schímmel *m* 1. pelējums; 2. sirmis; balts zirgs

Schímmelpilz *m* pelējuma sēnīte

schímmern mirdzēt; spīdēt; mirgot; zaigot

schímpfen lamāt

Schímpfwort *n* lamuvārds

Schínken *m* šķiņķis

Schirm *m* 1. lietussargs; 2. aizslietnis; aizsargs; 3. (*cepures*) nags

Schírmherr *m* aizbildnis, patrons

Schlacht *f* kauja; ~**feld** *n* kaujas lauks; ~**hof** *m* lopkautuve

schláchten kaut; nokaut

Schlaf *m* miegs

Schlä'fe *f* deniņi

schláfen* gulēt

Schláflosigkeit *f* bezmiegs

Schláfmittel *n* miega zāles

schlä'frig miegains; snaudulīgs

Schláf‖wagen *m* guļamvagons; ~**zimmer** *n* guļamistaba

schláfwandeln būt mēnessērdzīgam

Schlag *m* 1. sitiens; spēriens (*zibens*); 2. (*pulksteņa*) sišana; (*sirds*) puksts; 3. (*automašīnas*) durvis; 4. rase; pasuga

Schlágader *f* artērija

Schláganfall *m* trieka

schlágen* 1. sist; Eier sch. – kult olas; die Uhr schlägt – pulkstenis sit; 2.: das Herz schlägt – sirds pukst; **sich sch.** cīnīties; kauties

Schláger *m* 1. grāvējs (*par populāru dziesmu, filmu*); 2. sezonas jaunums

Schlä'ger *m* hokeja vai beisbola nūja, tenisa vai badmintona rakete

schlágfertig atjautīgs, asprātīgs; er ist sch. – viņš nav uz mutes kritis

Schlágstock *m* policista steks

Schlágwort *n* lozungs; trāpīgs vārds

Schlamássel *m vai n sar.* nelāga situācija, ķibele, ķeza; im S. sitzen/stecken – būt ķezā

Schlamm *m* dūņas; dubļi

Schlámmbäder *dsk.* dūņu vannas

Schlámmschlacht *f sar.* nelietišķa saruna, ķilda ar savstarpējiem apvainojumiem

Schlánge *f* 1. čūska; 2. (*pircēju*) rinda; Sch. stehen – stāvēt rindā

schlank slaids

Schlánkheitsmittel *n* novājēšanas līdzeklis

Schláppschwanz *m sar.* lupata, gļēvulis

Schlaráffenland *n* leiputrija; wie im Sch. leben – dzīvot grezni, bagāti

schlau viltīgs; slīpēts

Schlauch *m* 1. šļūtene; 2. (*riepu*) kamera

Schláuchboot *n* piepūšamā laiva

schlecht slikts; nelabs

schléichen* līst; zagties

Schléichwerbung *f* slēpta, netieša reklāma

Schléier *m* plīvurs

Schléife *f* 1. (*pušķī sasieta*) lente; 2. cilpa

schléifen* 1. trīt; asināt; 2. slīpēt; pulēt

Schléifmaschine *f* slīpējamā mašīna
Schleim *m* gļotas
schléndern klaiņot, blandīties
schléppen 1. vilkt; vazāt; vilkt tauvā
(*kuģi*); **2.** stiept (*kaut ko smagu*)
schléudern sviest, mest
Schléuderpreis *m* ārkārtīgi zema cena
Schléudersitz *m* lidmašīnas kata-
pultas sēdeklis
schléunigst nekavējoties; cik iespē-
jams ātri
Schléuse *f* slūžas
schlicht vienkāršs, pieticīgs
schlíeßen* 1. aiztaisīt, slēgt; **2.** beigt;
pabeigt; **3.** noslēgt (*līgumu*); **4.** se-
cināt; **5.** aizvērties; slēgties; die
Tür schließt von selbst – durvis
pašas aizveras; die Geschäfte sind
heute geschlossen – veikali šodien
slēgti; **6.** beigties
Schlíeßfach *n* aizslēdzams nodalī-
jums stacijas bagāžas glabātavā
schlíeßlich beidzot
Schliff *m* slīpējums
schlimm slikts; nelabs, ļauns
Schlínge *f* cilpa
schlíngen* pīt, vīt; einen Knoten
sch. – sasiet mezglu
Schlíngpflanze *f* vīteņaugs
Schlips *m* kaklasaite
Schlítten *m* kamanas; ragaviņas;
~kufe *f* ragavu sliece
Schlíttschuh *m* slida; Sch. laufen –
slidot
Schlitz *m* griezums, šķēlums; sprauga
Schloss[a] *n* pils

Schloss[b] *n* **1.** atslēga; **2.** (*šautenes*)
aizslēgs
Schlósser *m* atslēdznieks
Schlucht *f* grava; aiza
schlúchzen šņukstēt; elsot
Schluck *m* malks
Schlúckauf *m* žagas; den Sch. haben –
žagoties
schlúcken rīt; norīt
schlúmmern snaust
schlü'pfen slīdēt; izslīdēt; in den
Mantel sch. – [ātri] uzvilkt mēteli
Schlü'pfer *m* (*sieviešu*) biksītes
Schluss *m* **1.** beigas; noslēgums;
zum Sch. – beigās; **2.** secinājums;
slēdziens; Schlüsse ziehen – secināt
Schlü'ssel *m* atslēga; Sch. zu einer
Sache finden – izprast kādu lietu
Schlúss‖folgerung *f* secinājums; slē-
dziens; **~wort** *n* galavārds
Schlússstrich *m*: einen Sch. unter
etw. (*akuz.*) ziehen – pielikt punktu
(*kaut kam nepatīkamam*)
Schlússverkauf *m* preču izpārdo-
šana (*sezonas beigās par pazemi-
nātām cenām*)
Schmach *f* kauns; negods
schmal šaurs; tievs
Schmálspurbahn *f* šaursliežu dzelz-
ceļš
Schmalz *n* kausēti tauki
Schmarótzer *m* liekēdis; parazīts
schmécken garšot; das schmeckt gut –
garšo labi
schméicheln glaimot
schméißen* sviest, mest; svaidīt, mētāt

S

schmélzen* 1. kausēt; izkausēt; **2.** kust; izkust; der Schnee schmilzt – sniegs kūst

Schmélzkäse *m* kausētais siers

Schmerz *m* sāpes; **~mittel** *n* pretsāpju līdzeklis; **~schwelle** *f* sāpju slieksnis

schmérzen 1. sāpēt; **2.** sāpināt

Schmérzensgeld *n* sāpju nauda

schmérzhaft sāpīgs

schmérzlich sāpīgs; bēdīgs; **~e** Nachricht – bēdīga ziņa

schmérz‖los nesāpīgs; bezsāpju-; **~stillend** sāpes remdējošs-

Schmétterling *m* tauriņš

Schmied *m* kalējs

schmíeden kalt; kaldināt

schmíeren 1. ziest; triept; smērēt; **2.** smērēt, ķēpāt (*netīri rakstīt, krāsot*)

Schmínke *f* grims; smiņķis

Schmö´ker *m sar.* lubu romāns

schmóllen gražoties

schmóren sutināt, sautēt

Schmuck *m* **1.** rota, greznums; **2.** dārglietas; rotaslietas

schmü´cken [iz]rotāt, [iz]greznot; **sich sch.** [iz]rotāties, [iz]greznoties

Schmúggel *m* kontrabanda; spekulācija

Schmutz *m* netīrumi; dubļi

schmútzig netīrs

Schnábel *m* **1.** knābis; **2.** snīpis (*traukiem*)

Schnábeltier *n* pīļknābis

Schnálle *f* sprādze

Schnáppschuss *m* momentuzņēmums fotogrāfijā

Schnaps *m* degvīns

Schnápsidee *f sar.* nereāla, muļķīga iedoma

schnárchen krākt

Schnáuze *f* (*dzīvnieka*) purns

Schnécke *f* gliemezis

Schnee *m* sniegs

Schnéefräse *f* ielu tīrāmā mašīna, kas sniegu nopūš

Schnéepflug *m* ielu tīrāmā mašīna, kas sniegu nobīda malā

Schnéetreiben *n* spēcīgs sniegputenis

Schneewíttchen *n* pasaku tēls Sniegbaltīte

Schnéide *f* asmens

schnéiden* griezt; graizīt; **sich sch.** iegriezt sev (*pirkstā*)

Schnéider *m* drēbnieks; **~in** *f* šuvēja

schnéien snigt; es schneit – snieg

schnell ātrs; žigls

Schnéllhefter *m* dokumentu ātršuvējs

Schnéllstraße *f* ātrgaitas šoseja

Schnéllzug *m sar.* ātrvilciens

Schnitt *m* **1.** grieziens; griezums; **2.** piegrieztne; piegriezums; ein Kleid von neuestem Sch. – moderni pašūts tērps; nach dem neuesten Sch. – pēc jaunākās modes

Schníttlauch *m* sīpolloki

Schníttmuster *n* piegrieztne

Schnítzel *n* šnicele

Schnúller *m* zīdaiņu knupītis

Schnúpfen *m* iesnas; sich einen Sch. holen – dabūt iesnas

Schnur *f* aukla
schnü′ren sasiet; savilkt
Schnúrrbart *m* ūsas
schnúrren murrāt
Schnü′rsenkel *m* kurpju saite
Schock *m* šoks
Schö′ffe *f* tiesas piesēdētājs
Schokoláde *f* šokolāde
schon jau; sch. gut! – ir jau labi!; sch.
    lange – jau sen
schön 1. skaists, daiļš; **2.** skaisti;
    labi; das ist sch.! – tas ir jauki!;
    danke sch.! – pateicos!; bitte sch.! –
    lūdzu!; die ~e Literatur – daiļ-
    literatūra
schónen saudzēt; taupīt
Schö′nheit *f* **1.** skaistums; **2.** skaistule
Schónkost *f* diētisks uzturs
schónungslos nesaudzīgs
schö′pfen smelt; Luft sch. – ieelpot
    [svaigu gaisu]; Mut sch. – sadū-
    šoties
schö′pferisch radošs; ~e Arbeit –
    radošs darbs
Schö′pfung *f* **1.** radīšana; **2.** darinā-
    jums; darbs
Schórle *f vai n* augļu sulas un
    minerālūdens maisījums
Schórnstein *m* skurstenis
Schórnsteinfeger *m* skursteņslau-
    cītājs
Schoß *m* **1.** klēpis; im Sch. der Erde –
    zemes klēpī; auf dem Sch. sitzen –
    sēdēt klēpī; auf den Sch. nehmen –
    [pa]ņemt klēpī; **2.** stūri *(frakai
    mugurpusē)*

schräg slīps
Schrámme *f* nobrāzums
Schrank *m* skapis
Schránke *f* **1.** barjera; iežogs; **2.** robeža
Schránkwand *f* liela sekcija pa visu
    sienu
Schráube *f* skrūve
schráuben skrūvēt; pieskrūvēt; sa-
    skrūvēt
Schráubenzieher *m* skrūvgriezis
Schráubstock *m* skrūvspīles; spīles
Schrébergarten *m* mazdārziņš kolo-
    nijā
Schréck[en] *m* izbailes; šausmas
schrécklich šausmīgs, briesmīgs
Schrei *m* kliedziens
schréiben* rakstīt
Schréibkraft *f* cilvēks, kas raksta
    dokumentus ar rakstāmmašīnu vai
    datoru
Schréibmaschine *f* rakstāmmašīna
schréien* kliegt
schréiten* soļot, iet; zur Abstim-
    mung sch. – sākt balsošanu; zu
    Werke sch. – ķerties pie darba
Schrift *f* **1.** rokraksts; **2.** *poligr.*
    burti; **3.** raksts; apcerējums; ge-
    sammelte ~en – kopoti raksti;
    Anklage~ *f* apsūdzības raksts;
    Beschwerde~ *f* sūdzība; **Bitt~** *f*
    lūgums; **Schmäh~** *f* paskvila
Schríftführer *m* persona, kas raksta
    sanāksmes protokolu, protokolētājs
schríftlich rakstisks
Schríftsteller *m* rakstnieks
Schríftverkehr *m* sarakste *(oficiāla)*

S

schrill spalgs, griezīgs (*par skaņu, balsi*)

Schritt *m* solis; im Sch. – soļiem

schroff 1. stāvs, kraujš; **2.** skarbs; ass; nelaipns (*par izturēšanos*)

Schrott *m* lūžņi

Schúb‖fach *n* atvilktne; **~karren** *m* ķerra

schü'chtern kautrīgs; bikls

Schuh *m* kurpe

Schúh‖fabrik *f* apavu fabrika; **~macher** *m* kurpnieks; **~werk** *n* apavi

Schúlbank *f* skolas sols

schuld: sch. sein (*an ar dat.*) – būt vainīgam (*pie kaut kā*)

Schuld *f* **1.** vaina; **2.** parāds

schúldig 1. vainīgs; **2.:** sch. sein – būt parādā; was bin ich sch.? – cik es esmu parādā?, cik man jāmaksā?

Schúldschein *m* parādzīme

Schúldspruch *m* tiesas spriedums, kurā persona tiek atzīta par vainīgu; notiesājošs spriedums

Schúle *f* skola

Schü'ler *m* skolnieks

Schúlpflicht *f* obligātā izglītība (apmācība)

Schúlter *f* plecs

Schúltüte *f* liela konfekšu tūta, ko skolēns saņem pirmajā skolas dienā

Schúppen *m* **1.** šķūnis; nojume; **2.** garāža; angārs

Schü'rze *f* priekšauts

Schuss *m* šāviens

Schü'ssel *f* bļoda

Schússwaffe *f* šaujamierocis

Schü'ttelfrost *m* drudzis

schü'tteln kratīt; purināt; vor dem Gebrauch sch.! – pirms lietošanas saskalot! (*par zālēm*)

schü'tten [sa]bērt; es schüttet – līst straumēm

Schutz *m* **1.** aizsardzība; apsardzība; **2.** patvērums; **~brille** *f* aizsargbrilles; **~helm** *m* aizsargcepure; **~hülle** *f* aizsargapvalks; **~farbe** *f* aizsargkrāsa; **~impfung** *f* aizsargpotēšana

Schü'tze *m* **1.** šāvējs; **2.** strēlnieks

schü'tzen (*vor ar dat.*) sargāt; aizsargāt; aizstāvēt (*no kaut kā*); **sich sch.** (*vor ar dat.*) aizsargāties; aizstāvēties (*no kaut kā*)

Schútzgeld *n* regulāri maksājamā nauda reketam

schútzlos neaizsargāts

Schútzmarke *f* reģistrēta preču zīme

Schútzumschlag *m* apvāks

schwach vājš; vārgs; nespēcīgs

Schwä'che *f* **1.** vājums; vārgums; **2.** vājība; er hat Sch. für Musik – mūzika ir viņa vājība

Schwáger *m* svainis

Schwä'gerin *f* svaine

Schwálbe *f* bezdelīga

Schwamm *m* sūklis

Schwan *m* gulbis

schwánger 1.: sch. sein – būt grūtniecības stāvoklī; eine ~e Frau – grūtniece; **2.** grūsnējs, grūsns (*par dzīvniekiem*)

Schwángerschaft *f* grūtniecība

Schwángerschafts‖abbruch *m* grūt-
niecības pārtraukšana; **~beschwer-
den** *dsk.* ar grūtniecību saistītas
sūdzības; **~gymnastik** *f* vingro-
šana grūtniecēm; **~test** *m f* grūt-
niecības tests

schwánken **1.** ļodzīties; grīļoties;
līgoties; **2.** svārstītics, šaubīties

Schwánkung *f* svārstība

Schwanz *m* aste; ļipa

Schwarm[a] *m* aizraušanās; jūsma

Schwarm[b] *m* **1.** (*bišu*) spiets; **2.** (*putnu*)
bars; **3.** (*ļaužu*) pūlis; drūzma

schwä′rmen[a] (*für*) aizrauties; jūs-
mot; sapņot (*par kaut ko*)

schwä′rmen[b] spietot

schwarz melns

Schwárzarbeit *f* nelegāls darbs, par
ko nemaksā nodokļus

Schwárzarbeiter *m* persona, kas
strādā nelegālu darbu

Schwárze *m vai f* **1.** cilvēks ar melnu
ādas krāsu; **2.** persona ar ļoti kon-
servatīviem politiskiem uzskatiem

schwárzfahren* braukt vilcienā vai
autobusā bez biļetes

Schwárzmarkt *m* melnais tirgus

schwátzen, schwä′tzen pļāpāt; čalot;
tērzēt

Schwébebahn *f* piekaru [dzelz]ceļš

Schwébebalken *m sp.* vingrošanas
baļķis

schwében **1.** karāties; svārstīties;
2. lidināties; in einer Traumwelt
sch. – kavēties sapņu pasaulē

Schwéfel *m* sērs

Schwéfelquelle *f* sēravots

schwéigen* klusēt

Schwéigepflicht *f* klusēšanas pienā-
kums

schwéigsam nerunīgs, kluss

Schwein *n* cūka

Schwéine‖fleisch *n* cūkgaļa; **~zucht** *f*
cūkkopība

Schweiß *m* sviedri

schwéißen *tehn.* metināt

schwélen kvēlot (*par oglēm*)

Schwélle *f* **1.** slieksnis; **2.** (*dzelzceļa*)
gulsnis

schwéllen* pampt; tūkt; briest (*par
pumpuriem*)

Schwéllung *f* pietūkums

schwer **1.** smags; **2.** grūts

Schwérathletik *f sp.* smagatlētika

Schwérelosigkeit *f* bezsvara stā-
voklis

schwér fallen* sagādāt grūtības; es
fällt mir schwer... – man ir grūti...

schwérfällig smagnējs; tūļīgs

Schwérgewicht *n sp.* smagsvars

schwérhörig vājdzirdīgs; pakurls

Schwér‖industrie *f* smagā rūpnie-
cība; **~punkt** *m* smaguma punkts

Schwéster *f* **1.** māsa; **2.** medicīnas
māsa

Schwíeger‖eltern *dsk.* vīra (sievas)
vecāki; **~mutter** *f* vīramāte; sievas-
māte; **~sohn** *m* znots; **~tochter** *f*
vedekla; **~vater** *m* vīratēvs; sievas-
tēvs

Schwíele *f* tulzna

S

schwíerig smags, grūts; ein ~er Mensch – smaga rakstura cilvēks

Schwíerigkeit f grūtības; grūtums; ◇ j-m ~en machen – kādam sagādāt grūtības

Schwímm‖bad n peldētava; ~becken n peldbaseins

schwímmen* peldēt

Schwímmer m peldētājs

Schwímmflosse f peldpleznas (apavi)

Schwímmflügel m ar gaisu pildīti roku riņķi bērniem, kuri nemāk peldēt

Schwímmreifen m ar gaisu pildīts peldriņķis

Schwímmsport m peldēšana, peldēšanas sports

Schwíndel[a] m reibonis

Schwíndel[b] m krāpšana; blēdība

schwíndeln[a] reibt; mir schwindelt – man reibst

schwíndeln[b] krāpt; blēdīties

schwínden* [sa]mazināties; [iz]zust; izgaist

schwíngen* 1. vicināt; vēcināt; 2. svārstīties; vibrēt

schwítzen svīst

schwö́'ren* zvērēt; apzvērēt

schwul sar. homoseksuāls; Schwule m – homoseksuālis

schwül smacīgs; tveicīgs

Schwung m 1. vēziens; 2. spars, vēriens

Schwur m zvērests

Schwúrgericht n zvērināto tiesa

Seal [si:l] m kotiks (āda)

sechs seši

séchshundert sešsimt

séchste sestais

séchzehn sešpadsmit

séchzehnte sešpadsmitais

séchzig sešdesmit

séchzigste sešdesmitais

Secondhandladen [ˈsɛkənd'hɛnd..] m lietotu preču veikals

See[a] m ezers

See[b] f jūra; ~gang m jūras viļņošanās; ~not f avārijas situācija uz jūras; j-n aus S. retten – palīdzēt avārijas situācijā

Séefahrt f 1. jūras brauciens; 2. kuģniecība

séekrank slims ar jūras slimību

Séele f dvēsele

Sée‖macht f jūras [liel]valsts; ~mann m jūrnieks; ~not f avārijas situācija kuģim

Ségel n bura; mit vollen ~n – pilnās burās

Ségel‖boot n burinieks; buru laiva; ~flieger m planierists; ~flugsport m planierisms; ~flugzeug n planieris; ~sport m burāšana

ségeln burāt

séhen* 1. redzēt; 2. raudzīties, skatīties; s. Sie mal! – paraugieties!; durch ein Fernglas s. – skatīties ar tālskati; sich s. lassen – parādīties, ierasties; ◇ sich bei j-m s. lassen – iegriezties ciemos; es nicht gern s., wenn... – nepiekrist kāda rīcībai

Séhenswürdigkeit f ievērojama vieta (lieta); ich möchte mir die ~en der

Stadt ansehen – es gribētu apskatīt pilsētas ievērojamākās vietas

Séhkraft *f* redze, redzes spēja

Séhne *f* **1.** cīpsla; **2.** (*loka*) stiegra

Séhnsucht *f* ilgas; alkas

sehr ļoti; wie s. auch... – cik ļoti arī...; zu sehr – pārāk, par daudz

Séide *f* zīds; **Natur~** *f* dabiskais zīds; **Roh~** *f* jēlzīds

séiden zīda-

Séife *f* ziepes

Séifenblase *f* ziepju burbulis; etw. zerplatzt wie eine S. – kaut kas saplīst kā ziepju burbulis

Séifenoper *f* televīzijas seriāls

Séifenschale *f* ziepju trauciņš

Seil *n* tauva; virve

Séil‖**bahn** *f* trošu dzelzceļš; **~springen** *n* lēkšana ar lecamauklu (*bērniem*); **~tänzer** *m* virves dejotājs

sein* *a būt; das kann s. – iespējams; tas var būt; er ist zu Hause – viņš ir mājās

sein[b] *m* (seine *f*, sein *n*, seine *dsk.*) viņa-; savs

Sein *n* esamība

séinetwegen viņa dēļ

seit 1. kopš, no; s. wann? – no (kopš) kura laika?; s. gestern – kopš vakardienas; s. kurzem – kopš neilga laika; **2.** kopš; s. er hier ist,... – kopš viņš ir šeit,...

seitdém no tā laika

Séite *f* **1.** puse; **2.** lappuse; **3.** sāns; S. an S. – plecu pie pleca

Séitensprung *m* sāņsolis, laulības pārkāpums

séitwärts sāņus; uz sāniem

Sekretä´r *m* sekretārs

Sekt *m* dzirkstošais vīns

Sektión *f* nodaļa, sekcija

Sekundä´rliteratur *f* zinātniska literatūra par literāriem darbiem, palīgliteratūra

Sekúnde *f* sekunde

selbst[a] pats

selbst[b] pat

sélb‖**ständig** patstāvīgs

Sélbstauslöser *m* automātiskais slēdzis (*fotoaparātam*)

Sélbstbedienung *f* pašapkalpošanās

Sélbstbestimmungsrecht *n* pašnoteikšanās tiesības

sélbstbewusst pašapzinīgs

Sélbst‖**binder** *m* kaklasaite; **~gefühl** *n* pašapzinīgums; pašapziņa; **~kosten** *dsk.* pašizmaksa; **~kritik** *f* paškritika

Sélbsterhaltungtrieb *m* pašsaglabāšanās instinkts

Sélbsthilfegruppe *f* pašpalīdzības grupa alkoholiķiem, narkomāniem u. c.

Sélbstkostenpreis *m* pašizmaksa

sélbstlos nesavtīgs, pašaizliedzīgs

Sélbstmord *m* pašnāvība

sélbstständig patstāvīgs

Sélbststudium *n* pašmācība; sich etw. im S. aneignen – kaut ko apgūt pašmācības ceļā

sélbsttätig automātisks

sélbstverständlich pats par sevi saprotams

Sélbstverteidigung *f* pašaizsardzības paņēmienu kopums

Sélbstverwaltung *f* pašvaldība

sélbstzufrieden pašapmierināts

sélten rets; nicht s. – nereti; bieži vien

Sélterswasser *n* zelteris

séltsam savāds, dīvains

Seméster *n* semestris

Sémmel *f* apaļa maizīte

Senát *m* **1.** senāts; **2.** zinātniskā padome (*augstskolā*)

Séndefolge *f* (*radio*) raidījumu programma

sénden* 1. (*arī vāji lokāms*) sūtīt; **2.** (*vāji lokāms*) raidīt (*pa radio*)

Sénder *m* **1.** (*radio*) raidītājs; **2.** [no]-sūtītājs

Séndung *f* **1.** sūtījums (*pa pastu*); **2.** (*radio*) pārraide; **3.** misija

Senf *m* sinepes

seníl senils

Sénior *m* seniors

sénken 1. nolaist zemē; iegremdēt; **2.** pazemināt (*cenas*); die Preise sind gesenkt worden – cenas pazeminātas; **3.** noliekt (*galvu*); die Stimme s. – pazemināt balsi; **sich s.** nolaisties, grimt; (*par ūdens līmeni*) kristies

sénkrecht vertikāls, svērtenisks

Sensatión *f* sensācija; Sensationsmeldung *f* – sensacionāls paziņo-

jums; sensationslüstern – sensāciju kārs

Sénse *f* izkapts; Sensenblatt *n* – izkapts asmenis

sensíbel jūtīgs, smalkjūtīgs

Separatísmus *m* separātisms

Septémber *m* septembris

Séri|e *f* sērija

Sérver [..v..] *m dator.* centrālais dators, serveris

Sérvice ['zø:rvis] *m* serviss

servíeren [..v..] pasniegt (*pie galda*); servēt

Serviétte *f* servjete, salvete

Sésam *m* sezams

Séssel *m* atzveltnes krēsls

Séssellift *m* pacēlājs kalnos

sésshaft vienā vietā dzīvojošs; nometnieku-

Set *n* sērija, komplekts

Sétzei *n kul.* vēršacs

sétzen 1. [no]likt; [no]sēdināt; **2.** *poligr.* salikt; **sich s. 1.** [ap]sēsties; **2.** *ķīm.* nogulsnēties; etw. in Betrieb s. – ieslēgt, iedarbināt; ein Kind in die Welt s. – dzemdēt bērnu

Séuche *f* sērga, epidēmija; Seuchenherd *m* – epidēmijas avots

séufzen nopūsties

Sex *m* sekss

Séxtourismus *m sar.* tūrisms, kas saistīts ar seksu

séxy seksīgs

Shampoo ['ʃampu] *n* šampūns

Shop [ʃop] *m* veikals

Shorts [ʃo:rts] *dsk.* īsbikses, šorti

Show [ʃo:] *f* šovs, izklaides raidījums
televīzijā u. c.
Showbusiness [ˈʃo:biznis] *n* izklai-
des industrija
sich sev; sevi; ◇ an und für s. – pats
par sevi
Síchel *f* sirpis
sícher 1. drošs; 2. droši; noteikti
Sícherheit *f* 1. drošība; noteiktība;
2. garantija
Sícherheitsabstand *m* drošības dis-
tance starp automašīnām
Sícherheitsgurt *m* drošības josta
automašīnā vai lidmašīnā
sícherheitshalber drošības labad
síchern nodrošināt
síchtbar redzams
síckern pilēt; sūkties; das Fass sickert –
muca tek
sie 1. *f* viņa; *akuz.* viņu; sie kommt –
viņa nāk; wir sehen sie – mēs viņu
redzam; ich gehe zu ihr – es eju pie
viņas; das ist ihr Vater – tas ir
viņas tēvs; 2. *dsk.* viņi; viņas;
akuz. viņus; viņas; ich habe es
ihnen gesagt – es to viņiem sacīju
Sie (*pieklājības forma*) jūs; (*vēstulēs*)
Jūs; ich schreibe Ihnen erst heute –
es rakstu Jums tikai šodien
Sieb *n* siets
síebenᵃ sijāt
síebenᵇ septiņi
síebenhundert septiņsimt
Síebenschläfer *bez art.* 27. jūnijs,
Septiņu gulētāju diena
síebente septītais

síebzehn septiņpadsmit
síebzehnte septiņpadsmitais
síebzig septiņdesmit
síebzigste septiņdesmitais
síeden* 1. vārīt; 2. vārīties
Síedlung *f* ciemats
Sieg *m* uzvara; den S. davontragen –
izcīnīt uzvaru
Síegel *n* zīmogs
síegen uzvarēt
Síeger *m* uzvarētājs
Síegerehrung *f* uzvarētāju godinā-
šana
síegreich uzvarām vainagots (bagāts)
Siesta [ˈziɛsta] *f* pusdienas pauze,
miegs, atpūta
Signál *n* signāls; zīme; **Alarm~** *n*
trauksmes signāls; **Warn~** *n* brī-
dinājuma signāls; **Blink~** *n* gais-
mas signāls; **Rauch~** *n* dūmu
signāls
Signatúr *f* mākslinieka paraksts uz
savas fotogrāfijas
Sílbe *f* zilbe
Sílber *n* sudrabs
Sílberblick *m sar.* mazliet šķielējošs
skatiens; er hat einen S. – viņš
šķielē
Sílberfuchs *m* sudrablapsa
sílbern sudraba-
Sílberschmied *m* sudrabkalis
Silikón *n* silikons
Silvéster [..v..] *n* Vecgada vakars;
gada pēdējā diena
Simulátor *m* simulators (*aparāts*)
simulíeren simulēt; imitēt

Sinfoníe *f* simfonija

Sinfoníeorchester *n* simfoniskais orķestris

síngen* dziedāt

Single[a] [siŋgl] *f* maza skaņuplate, kur katrā pusē ir tikai viena dziesma

Single[b] [siŋgl] *m* neprecējies, solo

sínken* grimt; [no]slīgt; noslīdēt; die Sonne sank – saule norietēja

Sinn *m* 1. nozīme; jēga; 2. izjūta; izpratne; für etw. S. haben – izprast kaut ko; ◇ nicht bei ~en sein – nespēt sakarīgi domāt un rīkoties; sich etw. aus dem S. schlagen – vairs nedomāt

Sínnbild *n* simbols

Sínnestäuschung *f* halucinācija

sínnlos bezjēdzīgs; muļķīgs, nesaprātīgs

Síntflut *f* grēkuplūdi

Sítte *f* paraža; ~n *dsk.* tikumi, parāžas

Síttenpolizei *f* tikumības policija

síttlich tikumīgs

Situatión *f* situācija; **Konflikt~** *f* konflikts, konflikta situācija; **Krisen~** *f* krīzes situācija, krīze

Sitz *m* 1. sēdeklis; [sēd]vieta; 2. mītne; rezidence

Sítzblockade *f* sēdošā demonstrācija, pikets

sítzen* sēdēt

Sítzung *f* sēde

Skalpéll *n* skalpelis

Skandál *m* skandāls

Skateboard ['skeitbɔːd] *n* skrituļdēlis

Ski [ʃiː] *m* slēpe

Skinhead ['skinhɛd] *m* skūtgalvis

Skíspringen *n sp.* lēkšana no tramplīna

Skláve *m* vergs

Skónto *m vai n* atlaide, ja par preci maksā skaidrā naudā

Slálom *m*, **Slálomlauf** *m sp.* slaloms

Slip *m* apakšbikses

Slípper *m* kurpe bez aukliņām

Slógan *m* teikums reklāmā, sauklis

Slum [slam] *m* trūcīgo kvartāls lielā pilsētā

smart eleganti ģērbts

Smog *m* smogs

Snack [snɛk] *m* uzkoda

Snowboard ['snoʊbɔːrd] *n* sniega dēlis

so tā, šādā (tādā) veidā; so ein – tāds; so dass – tā kā

sobáld tiklīdz, līdzko

Sócke *f* (*vīriešu*) zeķe; ~n *dsk.* (*īsās*) zeķ[īt]es

Sódbrennen *n* grēmas

soében nupat, tikko

Sófa *n* kušete, (*mazs*) dīvāns

soférn ja; tā kā

sofórt tūlīt

sogár pat

sógenannt tā saucamais

Sóhle *f* zole; pazole

Sohn *m* dēls

soláng[e] kamēr

Solárium *n* 1. aparāts solārijā; 2. solārijs – salons

Solárzelle *f* saules baterija

sólcher *m* (solche *f*, solches *n*, solche *dsk.*) tāds

Soldát *m* kareivis, zaldāts; kara-
vīrs
Söˈldner *m* algotnis; Söldner an-
weiren – vervēt, līgt algotņus
solidárisch solidārs
solíde solīds
Soll *n* **1.** *ek.* debets; **2.** norma; plāna
uzdevums; das S. überfüllen –
pārsniegt normu
sóllen* **1.**: ich soll zum Bahnhof
fahren – man jābrauc uz staciju;
2.: er soll gestern angekommen
sein – viņam bijis jāatbrauc vakar;
3.: du hättest es sagen s. – tev tas
būtu bijis jāpasaka; was soll ich
tun? – ko lai [es] daru?; wenn er
kommen sollte... – ja viņš atnāk...
sómit tātad; tādējādi
Sómmer *m* vasara; im S. – vasarā;
ein verregneter S. – lietaina vasara;
~hitze *f* vasaras svelme; **~sonnen-
wende** *f* vasaras saulgrieži
Sómmersprosse *f* vasarraibums
Sónde *f* zonde
Sónderausgabe *f* (*grāmatas*) speciāl-
izdevums; (*laikraksta*) speciāl-
numurs; (*marku*) speciālizlaidums
sónderbar savāds, dīvains
Sónderfall *m* izņēmuma gadījums
sóndern bet; nicht ich, s. er – nevis
es, bet viņš; nicht nur..., s. auch... –
ne vien..., bet arī...
Sónderschule *f* specskola garīgi
atpalikušiem bērniem
Song *m* **1.** popmūzikas dziesma; **2.** sa-
tīriska vai kritiska dziesma

Sónnabend *m* sestdiena
Sónne *f* saule
Sónnen‖blume *f* saulespuķe; **~brand**
m **1.** saules tveice (svelme); **2.** ie-
degums; **~brille** *f* saulesbrilles;
~schein *m* saules gaisma; **~schirm**
m saulsargs; **~stich** *m* saules-
dūriens; **~uhr** *f* saules pulkstenis;
~wende *f* saulgrieži
Sónnenfinsternis *f* Saules aptum-
sums
sónnig saulains
Sónntag *m* svētdiena
Sónntagsfahrer *m* *sar.* slikts auto-
braucējs
sonst 1. citādi; pretējā gadījumā;
2. bez tam; vēl; sonst noch etwas? –
vēl [kaut] kas?; sonst nichts –
vairāk neko; **3.** parasti; wie s. – kā
parasts; mehr als s. – vairāk nekā
parasti
Sórge *f* rūpes; raizes
sórgen (*für etw.*) rūpēties (*par kaut
ko*); **sich s.** (*um etw.*) bažīties,
raizēties (*par kaut ko*)
Sórgenkind *n* rūpju bērns
Sórgepflicht *f* pienākums rūpēties
Sórgerecht *n* tiesības rūpēties
sórgfältig rūpīgs
sórglos bezrūpīgs; nevērīgs
Sórte *f* šķirne
sortíeren šķirot
SOS *n* SOS signāls
Sóße *f* mērce
Soundkarte [ˈsaʊnd..] *f* *dator.* skaņas
karte

S

Soundtrack [ˈsaʊndtrɛk] *m sar.*
filmas mūzika, arī kasetes vai
kompaktdiska ierakstā

sovíel 1. tik daudz; doppelt s. –
divreiz tik daudz; **2.**: s. ich weiß –
cik es zinu

sowéit 1. tiktāl; **2.** ciktāl, cik; s. mir
bekannt ist – cik man zināms

sowíe 1. tiklīdz; **2.** kā arī

sowiesó tā kā tā, tik un tā

sowóhl: s...., als auch... – tiklab..., kā
arī...; gan..., gan [arī]...

soziál sociāls, sabiedrisks

Soziálabbau *m* valsts sociālās palī-
dzības samazināšana

Soziálamt *n* iestāde, no kuras pilsoņi
saņem sociālo palīdzību

Sozialísmus *m* sociālisms

sozialístisch sociālistisks

Soziálversicherung *f* sociālā apdro-
šināšana

sozuságen tā sakot

Spagetti, Spaghetti [ʃpaˈɡɛti] *dsk.*
spageti

Spálte *f* **1.** plaisa; sprauga; **2.** *poligr.*
sleja

spálten skaldīt; [sa]šķelt

Spáltung *f* skaldīšana; [sa]šķelšana;
[sa]šķelšanās

Spánge *f* sprādze

spánnen izstiept, stiept

spánnend satraucošs

Spánnung *f* **1.** sasprindzinājums;
saspīlējums; **2.** sasprindzinātība;
saspīlētība; **3.** *tehn., el.* spriegums

Spánplatte *f* skaidu plate

spáren 1. taupīt; Zeit s. – taupīt laiku;
2. krāt

Spárkasse *f* krājkase

spä′rlich trūcīgs; nabadzīgs; ~e
Beleuchtung – vājš apgaismo-
jums

spársam taupīgs

Spaß *m* joks; S. beiseite! – bez
jokiem!, jokus pie malas!

spáßen jokot[ies]

spáßig jocīgs

spät vēls; wie s. ist es? – cik
pulkstenis?

Spáten *m* lāpsta

spazíeren gehen* [iet] pastaigāties

Spazíergang *m* pastaiga

Speck *m* speķis

Spedition *f* transporta pārvadājumu
firma

Speer *m* šķēps

Spéerwerfen *n* šķēpa mešana

Spéichel *m* siekalas

spéichern 1. krāt, uzkrāt; **2.** *dator.*
ierakstīt un saglabāt informāciju

spéien* spļaut

Spéise *f* ēdiens

Spéise‖eis *n* saldējums; ~**karte** *f*
ēdienkarte

spéisen 1. ēst; **2.** ēdināt, barot; **3.** *tehn.*
barot; pievadīt (*enerģiju*)

Spéise‖saal *m* ēdamzāle, ēdnīca;
~**wagen** *m* restorānvagons; ~**zim-**
mer *n* ēdamistaba

Spekulánt *m* akciju vai nekustamā
īpašuma spekulants

Spénde *f* ziedojums

spénden ziedot

Spérma *n* sperma

spérren 1. aizsprostot; **2.** slēgt (*ro-bežu*); Durchfahrt gesperrt! – cauri braukt aizliegts!; **3.** [no]slēgt (*gāzi, tālruni*)

Spésen *dsk. ek.* [pieskaitāmie] iz-devumi; [pieskaitāmās] izmaksas

Spezialíst *m* speciālists

spezífisch specifisks

Sphä́re *f* sfēra, joma

Spíegel *m* spogulis

Spíegelei *n* vēršacs (*cepta ola*)

Spiel *n* spēle; Olympische ~e – olimpiskās spēles; etw. aufs S. setzen – riskēt ar kaut ko

Spíelbank *f* spēļu kazino

spíelen 1. spēlēt; Geige s. – spēlēt vijoli; Schach s. – spēlēt šahu; **2.** tēlot; eine Rolle s. – tēlot lomu; den Beleidigten s. *pārn.* – tēlot apvainoto; das spielt keine Rolle – tam nav nekādas nozīmes

Spíeler *m sp.* spēlētājs

Spíel‖gerät *n sp.* sporta spēļu in-ventārs; **~plan** *m* (*teātra*) reper-tuārs; **~platz** *m* spēļu laukums; **~zeug** *n* rotaļlieta

Spíeßbürger *m* mietpilsonis

Spikes [ʃpaiks] *dsk.* riepu dzelkšņi automašīnai

Spínne *f* zirneklis

spínnen* vērpt

spioníeren spiegot, izspiegot

spitz ass; smails; eine ~e Bemerkung – asa (dzēlīga) piezīme

Spítze[a] *f* **1.** smaile; galotne; virsotne; **2.** (*kurpes*) purngals; **3.** (*koka*) galotne; **4.** (*cigaretes*) iemutis; **5.**: an der S. – priekšgalā

Spítze[b] *f* mežģīne

spítzen [uz]asināt; nodrāzt (*zīmuli*); ◇ die Ohren s. – ausīties

Spítzenleistung *f* **1.** rekords; aug-stākais sasniegums; **2.** *tehn.* maksi-mālā jauda

Spítzer *m* zīmuļu asināmais

Splítter *m* **1.** šķemba; drumsla; lauska; **2.** skabarga

Splíttergruppe *f pol.* grupējums, kas atšķēlies no pamatgrupas

spónsern sponsorēt

Spónsor *m* sponsors

spontán pēkšņs, spontāns

Sport *m* sports; S. treiben – nodar-boties ar sportu

Spórt‖art *f* sporta veids; **~funk** *m* sporta raidījumi

Spórtler *m* sportists

Spot *m* īss reklāmas raidījums

Spott *m* izsmiekls; zobošanās; (*ļauns*) joks

spö́tteln ironizēt

spótten izsmiet; zoboties

spö́ttisch izsmejošs; zobgalīgs

Spráche *f* valoda; in deutscher S. – vācu valodā

Spráchführer *m* sarunvārdnīca

Spray [ʃpre:, spre:] *n vai m* pulveri-zatorā iepildīts šķidrums

Spréchanlage *f* interkoma iekārta mājās

spréchen* runāt; sarunāties; s. Sie deutsch? – vai jūs runājat vāciski?; ich spreche [nicht] deutsch – es [ne]runāju vāciski; du sprichst ein schlechtes Deutsch – tu slikti runā vāciski

Sprécher *m* diktors; runasvīrs

Spréch‖stunde[n] *f* runas stundas, pieņemšanas laiks; **~zimmer** *n* pieņemamā istaba

spréngen 1. [uz]spridzināt; **2.** apslacīt; laistīt (*ielas*)

Spríchwort *n* sakāmvārds; paruna

spríeßen* dīgt; plaukt

Spréngstoff *m* sprāgstviela

Spríngbrunnen *m* strūklaka

spríngen* **1.** lēkt; **2.** saplīst; saplaisāt; sasprāgt

Sprínger *m* zirdziņš (*šaha spēlē*)

Sprit *m sar.* benzīns, degviela

Sprítze *f* šļirce; eine S. geben – izdarīt iešļircinājumu (injekciju)

sprítzen 1. laistīt; aplaistīt; apslacīt; **2.** injicēt

Sprítztour *f sar.* neliels izbraukums ar automašīnu

Spross *m* **1.** *bot.* atvase; dzinums; **2.** *pārn.* pēcnācējs, atvase

Spróssenwand *f sp.* zviedru siena

Spruch *m* **1.** izteiciens; aforisms; **2.** *jur.* spriedums

Sprúchband *f* transparents, plakāts

Sprúdel *m* **1.** minerālavots; **2.** minerālūdens

Sprung *m* **1.** lēciens; **2.** plīsums; plaisa

Sprúng‖brett *n* tramplīns; **~feder** *f* atspere

Sprúngschanze *f* tramplīns

spúcken spļaut

Spuk *m* rēgs, spoks, parādība

Spúle *f* spole

spü'len skalot; izskalot

Spur *f* **1.** pēdas; **2.** sliede; keine S. – nekā tamlīdzīga

Spúrenelement *n biol.* mikroelements

spúrlos bez pēdām, bez vēsts

Squash [skvɔʃ] *n sp.* skvošs

Staat *m* **1.** valsts; **2.** štats, pavalsts

Stáatenlose *m* bezpavalstnieks

Stáats‖angehörige *m* pavalstnieks; **~angehörigkeit** *f* pavalstniecība; **~anwalt** *m* prokurors

Stáatsbesuch *m* valsts vizīte

Stáatsexamen *n* valsts eksāmens

Stáatsgeheimnis *n* valsts noslēpums

Stáatshaushalt *m* valsts budžets

Stáatsmann *m* valstsvīrs

Stáatsstreich *m* valsts apvērsums

Stab *m* **1.** kārts; **2.** *mil.* štābs

Stábhochspringen *n sp.* kārtslēkšana

stabíl pastāvīgs, stabils

stabilisíeren stabilizēt

Stáchel *m* **1.** (*bites*) dzelonis; **2.** ērkšķis; **3.** (*eža*) adata

Stáchelbeere *f* ērkšķoga

Stádion *n* stadions

Stadt *f* pilsēta

Stádt‖bahn *f* elektriskais dzelzceļš (*pilsētas robežās*); **~rundfahrt** *f* brauciens pa pilsētu

Stä'dter *m* pilsētnieks

Stáffellauf *m* stafetes skrējiens
Stahl *m* tērauds
Stáhlbeton *m* dzelzsbetons
Stáhlwerk *n* tēraudlietuve
Stall *m* kūts; stallis
Stamm *m* **1.** stumbrs; **2.** cilts; dzimta
stámmen [iz]celties, nākt (*no*); sie stammt aus Salzburg – viņa ir dzimusi Zalcburgā
Stand[a] *m* **1.** atrašanās vieta; stāvoklis; der S. des Wassers – ūdens līmeņa augstums; **2.** stāvoklis; situācija
Stand[b] *m* (*tirgotāja*) novietne; kiosks
Stándesamt *n* dzimtsarakstu birojs
stä´ndig pastāvīgs
Stándlicht *n* gabarītugunis (*automašīnām*)
Stándpunkt *m* viedoklis
Stánge *f* **1.** kārts; maikste; **2.** *tehn.* serdenis; **3.** *sp.* stienis
stark **1.** stiprs; spēcīgs; **2.** (*skaitliski pēc apjoma*) liels; eine zwanzig Mann ~e Abteilung – divdesmit vīru liela nodaļa; das Buch ist vierzig Bogen s. – grāmata ir četrdesmit loksnes bieza; **3.** ļoti; visai; ein s. bevölkertes Land – biezi apdzīvota zeme
Stä´rke[a] *f* **1.** stiprums; spēks; **2.** resnums; biezums
Stä´rke[b] *f* ciete
stä´rken[a] stiprināt; spēcināt
stä´rken[b] stīvināt
starr **1.** nekustīgs; ~er Blick – stings skatiens; **2.** sastindzis; stīvs

stárren cieši skatīties, blenzt
stárrköpfig, stárrsinnig stūrgalvīgs; ietiepīgs
Start *m* *sp.* starts
stárten *sp.*, *av.* startēt; s. lassen – ļaut startēt; pacelties (*par lidmašīnu*)
Statement [´steitmənt] *n* paziņojums; ein S. abgeben – sniegt paziņojumu
Statión *f* stacija; pieturas vieta
statt vietā; s. zu... – lai gan...
Stä´tte *f* vieta
státtfinden* notikt; die Vorstellung findet am Sonntag statt – izrāde būs svētdien
Státus *m* statuss
Statút *n* statūti; Statutenänderung *f* – grozījumi statūtos
Stau *m* automašīnu sastrēgums; im S. stecken – iekļūt sastrēgumā
Staub *m* putekļi
stáubig putekļains
Stáubsauger *m* putekļu sūcējs
Stáudamm *m* dambis; aizsprosts
stáunen (*über ar akuz.*) brīnīties
Steak [ʃte:k] *n* steiks
stéchen* **1.** [ie]durt; durstīt; **2.** dzelt (*par biti*); **3.** gravēt
Stéckbrief *m* meklējamās personas apraksts policijā
Stéckdose *f* kontaktligzda
stécken* [ie]spraust; [ie]bāzt; ielikt
stécken bleiben* iestrēgt
Stécker *m* kontaktdakša
Stécknadel *f* kniepadata
stéhen* stāvēt; ◇ auf eigenen Füßen s. – būt patstāvīgam; wie steht´s? –

S

kā klājas?; dieser Hut steht ihr gut –
šī cepure viņai labi piestāv
stéhen bleiben* apstāties
Stéhimbiss *m* vienkārša ēdnīca, kur
ēd, stāvot kājās
Stéhlampe *f* stāvlampa
stéhlen* zagt; nozagt
steif 1. stīvs; stings; **2.** (*no aukstuma*)
sastindzis
stéigen* kāpt; paaugstināties; celties
(*par ūdens līmeni*)
stéigern kāpināt; paaugstināt
steil stāvs, kraujš
Stein *m* **1.** akmens; **2.** (*augļu*) kau-
liņš; ◇ einen S. ins Rollen bringen –
izdarīt kaut ko, kam ir negatīvas
sekas; j-m ~e in den Weg legen –
kādam likt šķēršļus ceļā; bei j-m
einen S. im Brett haben – kādam
patikt
Stéingut *n* māla trauki; keramika
stéinig akmeņains
Stéinkohle *f* akmeņogles
Stéinpilz *m* baravika
Stélle *f* **1.** vieta; an Ort und S. sein –
būt uz vietas; **2.** [darba]vieta
stéllen 1. likt; nolikt; novietot; **2.**; eine
Frage s. – izvirzīt jautājumu, jautāt
Stéllung *f* **1.** stāvoklis; poza; *sp.*
pozīcija; **2.** amats; [darba]vieta;
3. viedoklis; S. zu einer Frage
nehmen – ieņemt kādā jautājumā
zināmu nostāju
Stéllungnahme *f* viedoklis, uzskats
Stéllvertreter *m* vietas izpildītājs;
aizstājējs

Stémpel *m* zīmogs; spiedogs
Stépptanz *m* steps
Stérbehilfe *f* eitanāzija
stérben* mirt; nomirt
stérblich mirstīgs
steríl sterils
Stern *m* zvaigzne; **~bild** *n* zvaigznājs;
~schnuppe *f* komēta; **~warte** *f*
observatorija
stets vienmēr; pastāvīgi
Stéuer[a] *f* nodoklis; **~erklärung** *f*
nodokļu deklarācija; **~gelder** *dsk.*
visa nauda, ko valsts saņem no-
dokļos; **~einnahmen** *dsk.* no-
dokļu ieņēmumi; **~erhöhung** *f*
nodokļu paaugstināšana; **~erleich-
terung** *f* nodokļu atvieglojumi;
~senkung *f* nodokļu pazeminā-
šana
Stéuer[b] *n* stūre
Stéuerfreibetrag *m* ar nodokli neap-
liekamā ienākumu daļa
stéuern vadīt (*automašīnu, kuģi*)
Stéuerparadies *n* ek. sar. ārzonas
valsts vai teritorija
Stéuerzahler *m* nodokļu maksātājs
Stewardess ['stju:ərdεs] *f* stjuarte
Stich *m* **1.** dūriens; dzēliens; **2.** dū-
riens (*šujot*); **3.** gravīra
Stíchtag *m* termiņš (*par maksā-
jumiem, preču piegādi*)
stícken izšūt
Stíefel *m* zābaks
Stíef‖mutter *f* pamāte; **~sohn** *m*
padēls; **~tochter** *f* pameita; **~vater** *m*
patēvs

Stiel *m* 1. rokturis; kāts; spals; 2. (*lapas, augļa*) kātiņš

Stíerkampf *m* vēršu cīņa

Stift *m* 1. spraudīte; 2. zīmulis; 3. *tehn.* tapa, tapiņa; kniedīte

stíften dibināt; nodibināt

Stíftung *f* fonds

Stil *m* stils

stílgerecht stila prasībām atbilstoši; stila-

still kluss; rāms; im ~en – klusībā, slepus

Stílle *f* klusums; miers

stíllen 1. apmierināt; den Durst s. – dzesēt slāpes; 2. zīdīt (*bērnu*)

Stíllstand *m* 1. apstāšanās; [ap]-klusums; 2. (*mašīnas*) dīkstāve

Stímmabgabe *f* balsošana

stímmberechtigt balsstiesīgs

Stímme *f* balss; sich der S. enthalten – (*balsošanā*) atturēties

stímmen 1. balsot; 2. saskanēt; atbilst; das stimmt [nicht] – tas [nav] pareizi, [nav] kārtībā; 3. uz-skaņot (*mūzikas instrumentu*)

Stímmrecht *n* balsstiesības, tiesības balsot

Stímmung *f* noskaņojums; garastā-voklis

Stímmzettel *m* vēlēšanu biļetens

stimulíeren stimulēt

stínken smirdēt, smakot

stínksáuer *sar.* ļoti dusmīgs, nikns

Stipéndium *n* stipendija

Stirn *f* piere

Stock^a *m* spieķis; nūja; boze

Stock^b *m* (*mājas*) stāvs; ich wohne im zweiten S. – es dzīvoju trešajā stāvā

Stö́ckelschuh *m* sieviešu kurpes uz ļoti augstiem un smailiem papē-žiem

Stoff *m* 1. viela, materiāls; 2. audums, drāna

stö́hnen stenēt

stólpern klupt; über die Schwelle s. – klupt pār slieksni

stolz lepns; s. sein auf etw. – lepoties ar kaut ko

stópfen 1. lāpīt (*zeķes*); 2. bāzt; piebāzt

stóppen 1. apturēt, apstādināt; 2. mērīt laiku (*ar hronometru*)

Stóppuhr *f* hronometrs

Stör *m* store

Storch *m* stārķis

stö́ren traucēt; iztraucēt; lassen Sie sich nicht s.! – neliecieties trau-cēties!

Stö́rfaktor *m* traucēklis

storníeren atsaukt, apturēt (*pasū-tījumu, grāmatojumu*)

Stö́rung *f* traucējums

Stóry *f* saturs, stāsts

Stoß *m* trieciens; grūdiens

Stóßdämpfer *m tehn.* (*automašīnas*) amortizators

stóßen* 1. grūst; pagrūst; 2. uzgrūs-ties (*kaut kam*); sich s. 1. grūs-tīties; 2. sasisties

Stóßverkehr *m* sastrēgumstunda (*pastiprināta satiksme noteiktā diennakts laikā*)

Stóßzahn *m* ziloņa ilknis

stóttern stostīties

Stráfanzeige *f*: S. gegen j-n erstatten – ierosināt krimināllietu pret kādu

Stráfe *f* sods (*arī naudas*)

stráfen sodīt

Stráfentlassene *m* vai *f* persona, kas pēc soda izciešanas izlaista no cietuma

Stráfgesetzbuch *n* *jur.* kriminālkodekss

Stráfstoß *m* *sp.* soda sitiens

Strahl *m* 1. stars; 2. strūkla

stráhlen starot; mirdzēt

Strä'hne *f* matu šķipsna

stramm 1. stingrs; cieši savilkts; 2. brašs

Strámpelhöschen *n* lācītis (*zīdaiņu apģērba gabals*)

Strand *m* [jūras] krasts; pludmale, jūrmala

stránden uzskriet uz sēkļa; ciest avāriju

Strándkorb *m* sauļošanās grozs pludmalē

Straps *m* zeķturis

Stráße *f* iela; ceļš

Stráßenbahn *f* tramvajs

Stráßenbahn‖führer *m* tramvaja vadītājs; **~strecke** *f* tramvaja līnija

Stráßen‖kreuzung *f* ielu krustojums; **~überführung** *f* viadukts, ceļa pārvads; **~unterführung** *f* [gājēju] tunelis; **~verkehr** *m* ielu satiksme

Stráßenverkehrsordnung *f* ceļu satiksmes noteikumi

Strauch *m* krūms

Straußᵃ *m* (*puķu*) pušķis

Straußᵇ *m* strauss

strében (*nach etw.*) tiekties (*pēc kaut kā*)

Stréber *m* niev. censonis (*skolā*)

Strécke *f* 1. ceļa posms; trase; 2. *sp.* distance; 3. [dzelzceļa] līnija

strécken [iz]stiept; staipīt; **sich s.** 1. stiepties; staipīties; 2. izplesties

Streich *m* 1. sitiens; 2. joks; draiskulība

stréicheln glaudīt, glāstīt

stréichen* 1. krāsot; 2. [uz]ziest; 3. [iz]svītrot; 4. glaust; das Haar glatt s. – pieglaust matus

Stréichholz *n* sērkociņš

Stréichorchester *n* stīgu orķestris

Stréife *f* patruļa (*policijas*)

stréifen skart, pieskarties, aizskart

Stréifen *m* 1. svītra; 2. sloksne; strēmele

Streik *m* streiks; in [den] S. treten – sākt streiku; einen S. ausrufen – pieteikt streiku

stréiken streikot

Streit *m* strīds, ķilda

stréitbar ķildīgs

stréiten* 1. (*über ar akuz.*) strīdēties, ķildoties; 2. (*für etw.*) cīnīties (*par kaut ko*)

Stréitkräfte *dsk.* valsts visas militārās organizācijas un militārie spēki

streng stingrs; bargs
Stress *m* stress, spriedze
stréssen radīt stresu
stréssig stresa-
stréuen kaisīt; bārstīt
Strich *m* svītra; līnija; domuzīme
Strícher *m sar.* prostituēts vīrietis
Stríchkode *m* svītrkods
Strick *m* virve, valgs
strícken adīt
Stríckmaschine *f* adāmmašīna
Stríck‖nadel *f* adāmadata; **~waren**
    dsk. adījumi
stríppen taisīt striptīzu
Strípper *m* striptīza izpildītājs; **~in** *f*
    striptīza dejotāja
Striptease ['ʃtripti:s] *m* striptīzs
Stroh *n* salmi
Stróhmann *m* fiktīva persona
Strolch *m* klaidonis
Stromᵃ *m* **1.** (*liela*) upe; **2.** straume;
    (*arī pārn.*) mit dem S. schwimmen –
    peldēt pa straumei; es gießt in
    Strömen – [lietus] gāž straumēm
Stromᵇ *m el.* strāva
strö'men 1. plūst, tecēt; **2.** (*strauji*)
    doties (*par cilvēkiem*); **3.**: der
    Regen strömt – lietus gāž kā ar
    spaiņiem
Strómlini‖enform *f* plūdlīniju forma
Strö'mung *f* strāvojums
Strómverbrauch *m* strāvas patēriņš
Strúdel *m* atvars
Strumpf *m* zeķe
Stuck *m* ģipša java
Stück *n* gabals

Stü'cklohn *m* samaksa par gabal-
    darbu
Studént *m* students
Studéntenfutter *n* dažādu riekstu
    un rozīņu maisījums
Stúdi‖e *f* skice
Stúdien‖bewerber *m* [augstskolas]
    reflektants; **~gebühr** *f* mācību
    maksa (*augstskolā*)
studíeren 1. studēt; er studiert
    Medizin – viņš studē medicīnu;
    2. mācīties (*augstskolā*)
Stúfe *f* pakāpiens
Stuhl *m* krēsls
stumm mēms
stumpf truls; neass
Stúnde *f* stunda; eine halbe S. –
    pusstunda; vierundzwanzig **~n** –
    diennakts
stü'ndlich ik stundu, katru stundu
Stunt [stant] *m* kino kaskadieru triks
Stuntman ['stantmɛn] *m* kaskadieris
stupíd[e] aprobežots, stulbs
stur ietiepīgs, stūrgalvīgs
Sturm *m* **1.** vētra; **2.** *mil.* triecien-
    uzbrukums; im S. nehmen – ieņemt
    triecienā; ◇ ein S. im Wasserglas –
    liela brēka par sīkumiem
Stü'rmer *m sp.* uzbrucējs
stü'rmisch vētrains
Sturz *m* kritiens
stü'rzen 1. [ap]gāzt; nogāzt; **2.** gāz-
    ties; krist; **sich s.** mesties (*uz kaut
    ko*); gāzties
Stü'tze *f* **1.** balsts; **2.** *pārn.* atbalsts,
    atspaids

S

stü′tzen balstīt; atbalstīt; **sich s.** atspiesties; atbalstīties

Stü′tzpunkt *m* militāra bāze

Styling [′stailiŋ] *n* kaut kāds veidojums, dizains

Subvention *f ek.* valsts subsīdijas

Súchaktion *f* policijas organizēta meklēšana

súchen meklēt; Arbeiter gesucht! – vajadzīgi strādnieki!

Sucht *f* atkarība (*no alkohola, narkotikām*)

Sü′den *m* dienvidi (*debespuse*); nach S. fahren – braukt uz dienvidiem

sü′dlich dienvidu-; dienvidniecisks

Sü′dpol *m* Dienvidpols

Suite [′svi:t(ə)] *f* vairākistabu numurs viesnīcā

Sultaníne *f* liela gaišā rozīne

Sü′lze *f* galerts

Súmme *f* summa

súmmen **1.** sanēt; sīkt; džinkstēt; dūkt; **2.** dungot

Sumpf *m* purvs

Sü′nde *f* grēks

Súper *n*; Súperbenzin *n* superbenzīns

Súpermarkt *m* pārtikas lielveikals

Súppe *f* zupa, vira

Surfbrett [′sø:rf..] *n* sērfinga dēlis

surfen [′sø:rfn] sērfot

súrren sīkt; dūkt; rūkt

suspendíeren uz laiku atbrīvot no darba

süß salds

Sü′ßstoff *m* cukura aizvietotājs

Sü′ßwasser *n* saldūdens

Sweater [′svɛtər] *m* svīteris

Swímmingpool [..pu:l] *m* peldbaseins privātmājā vai viesnīcā

Symból *n* simbols

Sympathíe *f* simpātijas; j-m seine S. bekunden – kādam izrādīt savas simpātijas

Symptóm *n* simptoms

synchronisíeren dublēt (*filmu*)

Synthesizer [′zyntəsaizər] *m* sintezators

Systém *n* sistēma

Széne *f* **1.** skatuve; **2.** *teātr.* aina; skats; **3.** *pārn.* scēna

T

Tábak *m* tabaka; **~mischung** *f* tabakas izlase; **~qualm** *m* tabakas dūmi; **Kau~** *m* košļājamā tabaka; **Schnupf~** *m* šņaucamā tabaka

Tabélle *f* tabula

Tablétt *n* paplāte

Tablétte *f* (*zāļu*) tablete

Tabulátor *m dator.* tabulators

Tachométer *m tehn.* tahometrs

Tádel *m* nopelšana; rājiens

tádellos nevainojams

tádeln [no]pelt; nosodīt

Táfel *f* **1.** tāfele; **2.** plāksne; **3.** tabula

Tä′felung *f* sienas panelis, apšuvums

Tag *m* diena; am ~e – dienā; eines ~es – kādu dienu; guten T.! – labdien!; ◇ keinen guten T. haben – neveikties; einen schlechten T. haben – būt sliktā garastāvoklī; etw. kommt an den T. – kaut kas nonāk atklātībā; in den T. hinein leben – dzīvot, nedomājot par rītdienu

Tágebau *m* derīgo izrakteņu atklātā ieguve

Tágegeld *n* komandējuma dienasnauda

Tágelohn *m* dienas alga

tágen[a] noturēt sēdi (sesiju)

tágen[b]: es tagt – aust gaisma

Tágesheimschule *f* pagarinātās dienas skola

Tágesnachrichten *dsk.* dienas ziņas

Tágesordnung *f* (*sapulces*) darba kārtība; auf der T. stehen – būt darba kārtībā

tä′glich ikdienas-; katru dienu, ik dienas

Tágung *f* 1. sēde; 2. (*parlamenta*) sesija

Takt *m* 1. *mūz.* takts; 2. takts, smalk-jūtība

Táktik *f* taktika

Tal *n* ieleja, leja

Talént *n* talants

Talkshow [′tɔːkʃo:] *f* telediskusija

Támpon *m* tampons

tangieren [taŋ′gi:rən] pieskarties, skart

Tank *m* 1. *mil.* tanks; 2. (*benzīna*) tvertne, rezervuārs, tanks

Tánkstelle *f* benzīna tanks

Tánkwart *m* strādnieks degvielas uzpildes stacijā

Tánne *f* egle

Tánnenbaum *m* egle; (*svētku*) eglīte

Tánte *f* krustmāte, tante

Tanz *m* deja

tánzen dejot

Tapéte *f* tapete

tapezíeren tapsēt

tápfer drosmīgs, drošsirdīgs; dūšīgs

Tápferkeit *f* drosme, drošsirdība

Taríf *m* tarifs

Tarífsatz *m* tarifa likme

tárnen maskēt

Tásche *f* 1. kabata; 2. soma; portfelis

Táschen‖buch *n* kabatas (piezīmju) grāmatiņa; **~rechner** *m* mikro-kalkulators; **~tuch** *n* kabatas lakatiņš

Tásse *f* tase, tasīte

Tastatúr *f* tastatūra

Táste *f* taustiņš (*klavierēm, rakstām-mašīnai*)

tásten taustīt, grābstīt

Tat *f* rīcība; darbs; in der T. – [pa]tiešām; j-n auf frischer T. ertappen – pieķert kādu

tä′tig darbīgs, rosīgs, aktīvs; t. sein als... – strādāt par...

Tä′tigkeit *f* darbība; darbīgums; rosība

Tátkraft *f* enerģija; spars

Tátort *m* vieta, kur noticis noziegums

Tátsache *f* fakts; ◇ die ~n verdrehen – sagrozīt faktus; j-n vor vollendete ~n stellen – nostādīt kādu faktu priekšā

tátsächlich 1. faktisks, patiess; **2.** [pa]-
tiešām; faktiski

Tátze *f* ķetna; ķepa

Tau[a] *m* rasa

Tau[b] *n* tauva; (*resna*) virve

taub kurls

Táube *f* balodis

Táubenschlag *m* baložu mājiņa

táubstumm kurlmēms

táuchen 1. iegremdēt; iemērkt; **2.** nirt;
ienirt

Táucher *m* **1.** nirējs; **2.** ūdenslīdējs

Táuchsieder *m* elektriskā spirāle
ūdens vārīšanai

táuen kust; der Schnee taut – sniegs
kūst

Táufe *f rel.* kristības

táugen [no]derēt; das taugt zu nichts –
tas nekam (nekur) neder

Táugenichts *m* slaists; dīkdienis

táuglich derīgs, noderīgs

táumeln grīļoties; streipuļot

Tausch *m* [ap]maiņa; [ap]mainī-
šana

táuschen [ap]mainīt; etw. mit j-m t. –
ar kaut ko savstarpēji [ap]mainīties

täu'schen maldināt; [ap]mānīt; **sich
t.** maldīties; kļūdīties

táusend tūkstoš

Táuwetter *n* atkusnis

Táxi *n* taksometrs

taxíeren vērtēt, novērtēt

Táxistand *m* taksometru stāvvieta

Team [ti:m] *n* **1.** *sp.* komanda,
vienība; **2.** brigāde, grupa

Téchnik *f* tehnika

téchnisch tehnisks; tehnikas-; aus
~en Gründen – tehnisku iemeslu dēļ

Téchno *n vai m* elektroniski ritmizēta
moderna mūzika

Téddy *m* mazs, mīksts bērnu rotaļ-
lācītis

Tee *m* tēja

Téebeutel *m* tējas maisiņš

Tée‖kanne *f* tējkanna; **~löffel** *m*
tējkarote

Teenager ['ti:ne:dʒər] *m* pusaudzis,
padsmitnieks

Teich *m* dīķis

Teig *m* mīkla

Teil *m* daļa; zum T. – pa daļai, daļēji

téilen 1. [sa]dalīt; **2.** dalīties; Freud
und Leid mit j-m t. – dalīties ar
kādu priekos un bēdās

Téilhaber *m* firmas finansiālais līdz-
īpašnieks

Téilnahme *f* **1.** piedalīšanās; **2.** līdz-
jūtība

téilnehmen* piedalīties; ņemt dalību;
an Sportwettkämpfen t. – pie-
dalīties sporta sacensībās

teils pa daļai, daļēji

téilweise 1. pa daļām, daļās; **2.** pa
daļai; daļēji

Téilzahlung *f* nomaksa pa daļām

Téilzeitarbeit *f* darbs nepilnu darba
dienu

Télefax *n* **1.** pārraides sistēma; **2.** faksa
aparāts; **3.** pārraidīta kopija

Telefón *n* telefons, tālrunis

Telefonát *n* tālruņa saruna; ein T.
führen – runāt pa tālruni

telefoníeren zvanīt pa tālruni
telefónisch 1. telefonisks; **2.** pa telefonu
Télefonkarte *f* telekarte
Telefónzelle *f* tālruņa būdiņa
telegrafíeren telegrafēt
telegráfisch 1. telegrāfisks; ~e Postan-weisung – telegrāfisks pasta (nau-das) pārvedums; **2.** pa telegrāfu
Telegrámm *n* telegramma
Téletext *m* teleteksts
Télex *n* telekss
Téller *m* šķīvis; ein flacher T. – lēzens šķīvis
Temperatúr *f* temperatūra; ~**anstieg** *m* temperatūras paaugstināšanās; ~**kurve** *f* temperatūras līkne; ~**schwankung** *f* temperatūras svārstības
Témpo *n* temps
tendíeren tiekties, virzīties, sliekties; er tendiert zu überstürzten Entsch-lüssen – viņš mēdz izdarīt pār-steidzīgus lēmumus
Ténnis *n* teniss
Ténnis‖platz *m* tenisa laukums; ~**schläger** *m* tenisa rakete; ~**spieler** *m* tenisists
Téppich *m* paklājs, tepiķis
Téppichboden *m* mīkstais grīdas segums
Termín *m* termiņš; den T. einhalten – ievērot termiņu
Termínkalender *m* piezīmju kalen-dārs
Terrorísmus *m* terorisms

Testamént *n* testaments
tésten izmēģināt
Téstperson *f* izmēģinājuma persona
Tétanus *m med.* stingumkrampji
téuer dārgs
Téufel *m* velns, jods, nelabais
Text *m* teksts
téxten rakstīt tekstu dziesmai vai reklāmai
Téxter *m* vārdu autors
Textílwaren *dsk.* tekstilpreces
Theáter *n* teātris; das T. beginnt um sieben – izrāde sākas pulksten septiņos
Théke *f* (*bāra*) lete
Théma *n* **1.** temats; **2.** *mūz., lit.* tēma
Thermálquelle *f* karstais avots
Thermométer *n* termometrs
Thérmosflasche *f* termoss
Thése *f* tēze
Thriller [ˈθrilər] *m* trilleris
Thúnfisch *m* tuncis
Tícket *n* lidmašīnas vai kuģa biļete
tief 1. dziļš; **2.** zems (*par toņiem, balsi*)
Tíefe *f* **1.** dziļums; dzelme; **2.** (*toņa, balss*) zemums
Tíefgarage *f* pazemes garāža
tíefkühlen saldēt saldētavā
Tíefkühlfach *n* saldētājkamera (*ledus-skapī*)
Tíefland *n* zemiene
tíefsinnig dziļdomīgs
Tier *n* dzīvnieks, zvērs
Tíerhandlung *f* zooveikals
Tíerheim *n* dzīvnieku patversme

T

Tíerkreiszeichen *n* Zodiaka zīme

tílgen 1. iznīcināt; deldēt; 2. dzēst (*parādu*)

Timing ['taimiŋ] *n* vairāku pasākumu plānveida hronoloģiska koordinācija

Tínte *f* tinte

típpen rakstīt ar rakstāmmašīnu

Tisch *m* galds; den T. decken – klāt galdu; ◇ (*mit etw.*) reinen T. machen – noskaidrot situāciju; etw. unter den T. fallen lassen – vairs neievērot

Tíschler *m* galdnieks

Tísch‖tennis *n* galda teniss; ~tuch *n* galdauts

Títel *m* 1. tituls; 2. (*grāmatas, sacerējuma*) nosaukums, virsraksts

Toast [to:st] *m kul.* grauzdiņš, grauzdēta maizīte, tosts

toasten ['to:stən] grauzdēt (*maizītes*)

Toaster ['to:stər] *m* tosters

tóben plosīties, trakot

Tóchter *f* meita

Tóchtergesellschaft *f* meitasuzņēmums

Tod *m* nāve

tö'dlich nāvīgs, nāvējošs

Toilétte [toa..] *f* tualete

toleránt iecietīgs, tolerants

toleríeren akceptēt, respektēt

toll traks

Tóllwut *f* trakumsērga

Tomáte *f* tomāts

Tomátenmark *n* tomātu biezenis

Tomographíe *f med.* tomogrāfija

Ton[a] *m* 1. tonis; skaņa; 2. akcents, uzsvars; 3. (*krāsas*) tonis

Ton[b] *m* māls

Tóndichtung *f* skaņdarbs (*kompozīcija*)

tö'nen 1. skanēt; 2. ietonēt, piešķirt nokrāsu

Tóner *m* toneris

Tónfilm *m* skaņu filma

Tónne *f* 1. muca; 2. tonna

Top *n* krekliņš uz lencītēm, tops

Topf *m* pods

Tö'pfer *m* podnieks

Tö'pferscheibe *f* podnieka ripa

Tor[a] *n* vārti; ein T. schießen *sp.* – iegūt vārtus

Tor[b] *m* muļķis; nelga

Tornádo *m* viesuļvētra Ziemeļamerikā

Tórte *f* torte

Tórwart *m sp.* vārtsargs

tot miris; beigts; nedzīvs

totál 1. totāls, pilnīgs; 2. pilnīgi, galīgi

Totálschaden *m* transporta līdzekļa bojājumi, kas pēc avārijas vairs nav labojami

tö'ten nogalināt

Tótenschein *m* miršanas apliecība

tótschießen* nošaut

tótschlagen* nosist

Toupet [tu'pe:] *n* vīriešu pusparūka

toupíeren [tu..] uzkasīt matus

Tour [tu:r] *f* 1. brauciens; izbraukums; pastaiga; 2. *tehn.* pagrieziens; 3. gājiens (*šahā*); (*dejas*) figūra

Touríst [tu:..] *m* tūrists
Tourístenheim [tu:..] *n* tūristu mītne
Tower ['taʊər] *m* kontroltornis lidostā
Trabánt *m astr.* pavadonis
Tracht *f* tērps (*tautas*)
Trágbahre *f* nestuves
trä'ge kūtrs, gauss
trágen* **1.** nest; nēsāt; **2.** valkāt,
    nēsāt; **3.**: zur Schau t. – izrādīt;
    izstādīt; die Kosten t. – segt
    izdevumus
Trä'ger *m* **1.** nesējs; **2.** *pārn.* (*kādas
    idejas vai uzskatu*) pārstāvis;
    ~**rakete** *f* nesējrakete
Trailer ['treilər] *m* pie automašīnas
    piekabināms dzīvojamais vago-
    niņš
Trainer ['trɛ:..] *m* treneris
trainíeren [trɛ..] trenēt; **sich t.** trenēties
Training ['trɛ:..] *n* treniņš
Tráiningsanzug ['trɛ:..] *m* treniņtērps
Trakt *m* relatīvi liela kādas lielas
    ēkas daļa; im südlichen T. –
    dienvidu spārnā
Tráktor *m* traktors
trámpen ceļot ar autostopu; Tramper
    m – ceļotājs ar autostopu
Trámpolin *n sp.* batuts
Trä'ne *f* asara
Transfér *m ek.* transfērs
Transfusión *f* tiešā asins pārliešana
    no viena cilvēka citam
Transít *m* tranzīts
transportíeren transportēt, pārvest,
    aizvest
Transvestít [..vɛs..] *m* transvestīts

Tráube *f* vīnogu ķekars; ~**n** *dsk.*
    vīnogas
Tráubensaft *m* vīnogu sula
tráuen[a] ticēt; uzticēties
tráuen[b] laulāt; sich standesamtlich t.
    lassen – sareģistrēties dzimtsa-
    rakstu birojā
Tráuer *f* skumjas; bēdas; sēras
tráuern sērot
Traum *m* sapnis
Tráuma *n* trauma
träu'men sapņot
tráurig bēdīgs, skumjš
Tráuung *f* laulību ceremonija; die
    standesamtliche T. – laulības
    dzimtsarakstu birojā; die kirch-
    liche T. – laulības baznīcā
tréffen* **1.** trāpīt (*mērķī*); **2.** sastapt;
    satikt; ◇ Maßnahmen t. – veikt
    pasākumus; **sich t.** **1.** satikties;
    wo t. wir uns? – kur mēs satik-
    simies?; **2.**: es trifft sich gut,
    dass... – ir labi, ka...
Tréffen *n* **1.** [sa]tikšanās; **2.** sa-
    lidojums, sanāksme
tréffend trāpīgs; zīmīgs
Tréffer *m* **1.** trāpījums (*mērķī*); **2.** lai-
    mests; einen T. erzielen – laimēt
    (*loterijā*)
Tréffpunkt *m* satikšanās (sapulcē-
    šanās) vieta
tréiben* **1.** dzīt; sadzīt; **2.** darbināt
    (*motoru*); **3.** nodarboties; darīt
    (*kaut ko*); Sport t. – nodarboties ar
    sportu; nodoties sportam; Scherz
    t. – jokoties

T

Tréibsand *m* plūstošās smiltis

Tréibstoff *m* degviela

Trend *m* galvenais attīstības virziens, tendence

trénnen 1. [at]šķirt; izšķirt; **2.** ārdīt (*vīli*); **sich t.** (*von*) šķirties

Tréppe *f* kāpnes; zwei ~n hoch – trešajā stāvā

Tresór *m* seifs

tréten* 1. mīdīt; **2.** iet; nākt; treten Sie näher! – nāciet tuvāk!; aus den Ufern t. – iziet no krastiem; in Kraft t. – stāties spēkā

Trétmine *f* kājnieku mīna

treu uzticīgs; uzticams

Tréue *f* uzticība; j-m die T. halten – būt uzticīgam

tréu‖herzig vaļsirdīgs; sirsnīgs; **~los** neuzticīgs; neuzticams

Tribü'ne *f* tribīne

Tríchter *m* piltuve

Trick *m* triks

Trieb *m* **1.** dziņa; tieksme; **2.** instinkts; **3.** dzinums, asns, atvase

Tríeb‖kraft *f* dzinējspēks; **~wagen** *m* motorvagons

trínken* dzert; auf j-s Wohl t. – dzert uz kāda veselību

Trip *m* īss ceļojums

Tritt *m* solis

Tríttbrett *n* kāpslis; pakāpiens

Tríúmph *m* triumfs; **~bogen** *m* triumfa arka; **~zug** *m* triumfa gājiens

triviál [..v..] nenozīmīgs, triviāls

trócken sauss

Tróckenlegung *f* nosusināšana

ttrócknen 1. [iz]žāvēt; **2.** žūt; kalst

Trö'delmarkt *m* sīkumtirgus, krāmu tirgus

Trómmel *f* bungas; **~fell** *n* bungādiņa

trómmeln bungot; sist bungas

Trópen *dsk. ģeogr.* tropi

Tropf *m* pilienu sistēmas aparāts; am T. hängen – būt pieslēgtam pie sistēmas

trópfen pilēt

Trópfen *m* pile, piliens; lāse

Trost *m* mierinājums; iepriecinājums

trö'sten mierināt

Tróstpreis *m* gandarījuma balva

trotz neraugoties uz; par spīti; t. alledem – neraugoties uz visu; t. des Befehls – neraugoties uz pavēli

Trotz *m* spīts; spītība

trótzdem neraugoties uz to; tomēr

trótzig spītīgs; stūrgalvīgs

trü'be 1. apmācies; **2.** *pārn.* duļķains; blāvs (*par gaismu*); **3.** *pārn.* drūms; bēdīgs; t. Aussichten – bēdīgas izredzes

trü'gen* vilt; mānīt

trü'gerisch mānīgs; māņu-

Trü'mmer *dsk.* drupas; gruveši

Trumpf *m* trumpis

Trupp *m* **1.** [karaspēka] nodaļa; vienība; **2.** pulks; bars

Trúppe *f* teātr. trupa; ~n *dsk.* karaspēks

Trust [trast] *m* trests

Trút‖hahn *m* tītars; **~henne** *f* tītaru mātīte

T-Shirt ['ti:ʃøːrt] *n* T krekls
Tuberkulóse *f med.* tuberkuloze
Tuch *n* **1.** lakats, lakatiņš; **2.** vadmala
tü'chtig 1. krietns; spējīgs; lietpratīgs; **2.** pamatīgi; kā nākas
Túgend *f* tikums; Ehrlichkeit ist eine T. – godīgums ir tikums
Túlpe *f* tulpe
tun* darīt; izdarīt; ich habe viel zu t. – man ir daudz darīšanu; das tut nichts – [tas] nekas; ich habe nichts damit zu t. – man ar to nav nekāda sakara
Túnnel *m* tunelis
Tür *f* durvis; ◇ etw. zwischen T. und Angel tun – darīt steigā;

offene ~en einrennen – lauzties atvērtās durvīs; j-m die T. weisen – kādam parādīt durvis
Turm *m* tornis
Túrm‖kran *m* torņa celtnis; **~springen** *n sp.* [dail]lēkšana no torņa
túrnen vingrot
Túrner *m* vingrotājs
Túrn‖halle *f* vingrotava; **~übung** *f* vingrojums
Túrnus *m* noteikts cikls
Tusch *m*: einen T. blasen – spēlēt tušu
Tússi *f sar.* jauna sieviete
Tü'te *f* tūta
Typ *m* tips
Týphus *m med.* tīfs

U

U'-Bahn *f* metro
ü'bel slikts; nelabs; nicht ü.! – itin labi!; nav ko iebilst
ü'ben vingrināties (*klavieru spēlē*); nodarboties (*ar kaut ko*); **sich ü.** (*in ar dat.*) vingrināties; du musst dich im Lesen ü. – tev jāvingrinās lasīšanā
ü'ber 1. pār, virs; pāri; er wohnt ü. mir – viņš dzīvo virs manis; die Brücke führt ü. den Fluss – tilts ved pāri upei; ü. Erwarten – necerēti; ü. hundert Mark – pāri par simt markām; **2.** par; ü. etwas sprechen – runāt par kaut ko

überáll visur
überánstrengen pārpūlēt; **sich ü.** pārpūlēties
Ü'berbevölkerung *f* pārapdzīvotība
Ü'berbleibsel *n* pārpalikums; paliekas
Ü'berblick *m* pārskats
überbríngen nodot (*ziņu, apsveikumu, vēstuli, dāvanu*)
Ü'berdosis *f* pārmērīga deva
übereinánder cits virs cita, viens uz otra
Überéinkommen *n* vienošanās; noruna; zu einem Ü. gelangen – panākt vienošanos

U

überéinstimmen saskanēt; mit j-m
ü. – būt ar kādu vienisprātis
überfáhren* 1. sabraukt; 2. pārvilkt
viegli pāri (ar otu)
ü'berfahren* 1. pārbraukt; 2. pārvest
(pārcelt) pāri
Ü'berfahrt f 1. pārbraukšana, brau-
ciens (pāri jūrai, upei); 2. pār-
brauktuve
überfállen pēkšņi uzbrukt
Ü'berfluss m pārpilnība; im Ü. leben –
dzīvot pārpilnībā
ü'berflüssig lieks
überfórdern izvirzīt pārmērīgas pra-
sības; mit der Situation überfordert
sein – netikt galā ar radušos
situāciju
ü'berführen pārvest pāri, pārcelt
pāri (upei)
überfü'hren jur. pierādīt (vainu)
Überfü'hrung f 1. viadukts; 2. trans-
portēšana, pārvešana; 3. jur. (vai-
nas) pierādīšana
überfü'llen piepildīt (pieliet) pārāk
pilnu
überfü'llt pārpildīts; der Saal war
[von Menschen] ü. – zāle bija
pārpildīta
Ü'bergang m pāreja
Ü'bergangslösung f pagaidu risinā-
jums
Ü'bergangsmantel m rudens (pava-
sara) mētelis
übergében* nodot, atdot
übergéhen* nepamanīt; ignorēt; izlaist
überháupt vispār

überhólen 1. aizsteigties priekšā;
pārspēt, pārsniegt; 2. kapitāli [iz]-
remontēt; pamatīgi apskatīt un
pārbaudīt (motoru)
Ü'berholmanöver [..v..] n apdzīšanas
manevrs
Ü'berholverbot n apdzīšanas aiz-
liegums
überhö'ren ne[sa]dzirdēt (aiz neuz-
manības); izlikties nedzirdam
überlássen* atstāt (kāda ziņā, rīcībā);
atļaut (izvēlēties)
Überlástung f pārslodze
überlében 1. pārdzīvot (laika ziņā);
2. pārdzīvot, pārciest
überlégen[a] pārdomāt, apsvērt
überlégen[b] pāráks; j-m ü. sein an
etw. – pārspēt kādu kaut kādā ziņā
Überlégung f pārdomāšana; apsvēr-
šana; apdoms
Ü'bermaß n pārpilnība; pārmērī-
gums
übermítteln nodot; nosūtīt (vēstuli)
ü'bermorgen parīt
Übermü'dung f pārgurums
übernáchten pārnakšņot
übernéhmen* 1. pārņemt; saņemt;
einen Auftrag ü. – saņemt uz-
devumu; 2. uzņemties; die Verant-
wortung ü. – uzņemties atbildību
überquéren šķērsot
überráschen pārsteigt
Überráschung f pārsteigums
überréden pierunāt
Ü'berschallgeschwindigkeit f virs-
skaņas ātrums

überschä'tzen pārvērtēt
überschréiten* pāriet; pārkāpt
Ú'berschrift *f* virsraksts
Ú'berschuss *m* atlikums, pārpalikums; uzvija
Überschwémmung *f* plūdi
überséhen* 1. pārredzēt, pārskatīt; 2. nepamanīt, palaist garām
übersétzen [pār]tulkot; aus dem Deutschen ins Lettische ü. – pārtulkot no vācu valodas latviski
Übersétzer *m* tulkotājs
Ú'bersicht *f* pārskats; apskats; Ü. über die neuesten politischen Ereignisse – pārskats par jaunākajiem politiskajiem notikumiem
ü'bersichtlich pārskatāms
ü'bersiedeln pārcelties uz dzīvi (*citur*); mainīt dzīvesvietu
überstéhen pārciest, izturēt (*nepatikšanas*)
Ú'berstunden *dsk.* virsstundas
übertrágen*a 1. pārnest; pārnēsāt (*lipīgās slimības*); 2. pārraidīt (*pa radio*); durch den Rundfunk ü. – pārraidīt pa radio; 3. [pār]tulkot; 4. pārnest (*grāmatvedībā*)
übertrágenb pārnests; in ~er Bedeutung – pārnestā nozīmē
übertréiben* pārspīlēt
übertréten* 1. pārkāpt (*likumu*); 2. pārkāpt (*kaut kam pāri*)
überwä'ltigen pārvarēt, pārspēt
Überwéisung *f* (*naudas*) pārvedums
überwínden* pārvarēt; pieveikt

überzéugen pārliecināt; er ist davon überzeugt – viņš par to ir pārliecināts; **sich ü.** pārliecināties
Ú'berzug *m* pārvalks; spilvendrāna
ü'blich parasts; pieņemts; so ist es ü. – tā pieņemts
U'-Boot *n* zemūdene
ü'brig pārējais; lieks; atlicis
ü'brigens turklāt; starp citu
Ú'bung *f* 1. vingrināšanās; trenēšanās; 2. vingrinājums; 3. iemaņa; prakse
U'fer *n* krasts; krastmala
U'fo, UFO *n* (unknown flying object (*angl.*) – unbekannter Flugkörper) NLO (neidentificēts lidojošs objekts)
Uhr *f* pulkstenis; deine U. geht nach – tavs pulkstenis ir vēlāks; wie viel U. ist es? – cik pulkstenis?; um acht U. früh – [pulksten] astoņos no rīta
U'hr‖armband *n* pulksteņsaite; **~macher** *m* pulksteņmeistars
ultimatív [..f] ultimatīvs
U'ltimo *m ek.* mēneša pēdējā diena
U'ltraschall *m* ultraskaņa
um 1. (*vietas nozīmē*) ap; apkārt; eine Reise um die Welt – ceļojums apkārt pasaulei; 2. (*laika nozīmē*) ap; um diese Zeit – ap šo laiku; die Zeit ist um – laiks pagājis; um drei Uhr – pulksten trijos; 3. (*izsaka salīdzinājumu*) par; um einen Kopf kleiner – par galvas tiesu mazāks; 4.: um... willen (*ar ģen.*) – dēļ; Jahr um Jahr – gads pēc gada;

U

gadu no gada; kämpfen um etw. – cīnīties par kaut ko; um keinen Preis – neparko; **5.**: um zu – lai; um so mehr – jo vairāk; **6.**: rechts um! – pa labi apkārt [griezties]!

úmarbeiten pārstrādāt; pārtaisīt

umármen apkampt

U′mbau *m* pārbūve

U′mbruch *m* lielas pārmaiņas politikā

úmdenken mainīt viedokli atkarībā no situācijas

úmdisponieren citādi izlemt, citādi plānot

úmdrehen apgriezt; griezt apkārt; **sich u. 1.** apgriezties [apkārt]; **2.** pagriezties atpakaļ

U′mfang *m* apjoms; apmērs; in vollem U. – pilnos apmēros; pilnā apjomā

umfássen apņemt, aptvert, apskaut

U′mfeld *n* vide (*sociālā, politiskā*)

U′mgang *m* **1.** apiešanās; **2.** saiešanās; das ist kein U. für dich – tā nav tev piemērota sabiedrība

U′mgangssprache *f* sarunvaloda

umgében* apņemt; ietvert; ielenkt

Umgébung *f* **1.** apkārtne; apkaime; **2.** vide

úmgehen* **1.** griezties; **2.** iet apkārt; **3.** apieties, rīkoties (*ar kaut ko*)

umgéhen* apiet [apkārt]; izvairīties

U′mgehungsstraße *f* apvedceļš

úmgekehrt 1. apgriezts; otrāds; pretējs; **2.** otrādi; pretēji

úmgestalten pārveidot

U′mhängetasche *f* plecu soma

umhér apkārt; visapkārt

úmhören, sich apklausīties

úmkehren 1. griezties atpakaļ; kurz vor dem Ziel u. – īsi pirms mērķa griezties atpakaļ; **2.** apgriezties; **3.** apgriezt otrādi

úmkleiden pārģērbt; **sich u.** pārģērbties

úmkommen* iet bojā; dabūt galu

U′mkreis *m* apkārtne

umkréisen 1. ielenkt, aplenkt; **2.** (*ap kaut ko*) lidināties, laisties, riņķot

U′mlauf *m* riņķošana, cirkulācija; in U. setzen – laist apgrozībā; **~bahn** *f* orbīta

U′mleitung *f* novirzīšanās; novadīšana citā virzienā (*par satiksmi*)

U′mriss *m* kontūra

U′msatz *m* ek. apgrozījums

U′mschau *f* apskats; internationale U. – starptautiskais apskats

U′mschlag *m* **1.** ietinums; iesaiņojums; **2.** apvāks (*grāmatai*); **3.** aploksne; **4.** kompress, apliekamais

úmschließen* ieslēgt; aptvert; apņemt

úmschreiben aprakstīt

úmschulen cilvēkiem ar kādu amatu iemācīt citu amatu, pārskolot

U′mschwung *m* **1.** apgrieziens; **2.** pārn. lūzums; (*pēkšņa*) pārmaiņa; apvērsums; pagrieziens

úmsehen, sich 1. atskatīties [atpakaļ]; **2.** apskatīties [vis]apkārt; **3.** pameklēt (*kaut ko*)

U'msicht *f* piesardzība; apdomība
úmsiedeln pārvietot uz citu dzīves-
vietu (*piespiedu kārtā*)
umsónst 1. par velti, bez atlīdzības;
2. veltīgi
U'mstand *m* apstāklis; ◇ machen
Sie keine Umstände! – nepūlieties!
úmständlich 1. ļoti sīks; pārāk plašs;
2. apgrūtinošs; sarežģīts
U'msteig[e]karte *f*, U'msteiger *m*
pārsēšanās biļete
úmsteigen* pārsēsties (*citā vilcienā*)
úmstellen 1. pārvietot; pārlikt; 2. pār-
kārtot; den Betrieb u. – pārkārtot
uzņēmumu
úmstrukturieren pārstrukturēt
U'msturz *m* pučs
úmtauschen apmainīt
úmwandeln pārvērst; pārgrozīt
U'mweg *m* 1. apkārtceļš; līkums;
2. *pārn.* aplinku ceļš
U'mwelt *f* apkārtējā vide
úmwerfen* apgāzt, apsviest
umwíckeln aptīt; ievīstīt
úmziehen* pārvākties (*citur dzīvot*);
sich u. pārģērbties
U'mzug *m* 1. pārvākšanās; 2. gājiens
(*karnevālā*)
únabhängig neatkarīgs
únangebracht nevietā
únangenehm nepatīkams
U'nannehmlichkeit *f* nepatikšanas;
nepatīkams gadījums
únanständig nepieklājīgs; neuzvedīgs
únaufhörlich nepārtraukts; nemitīgs
únaufmerksam neuzmanīgs

únausgeglichen nelīdzsvarots
únbarmherzig nežēlīgs, bezsirdīgs
únbebaut 1. neapstrādāts (*par zemi*);
2. neapbūvēts
únbedacht neapdomāts; pārsteidzīgs;
neapdomīgs
únbedingt pilnīgs, absolūts
únbegreiflich neaptverams, nesapro-
tams
únbegrenzt neaprobežots; neierobe-
žots
únbegründet nedibināts, nepamatots
únbehaglich neomulīgs
únbekannt nezināms, nepazīstams
U'nbekannte *m* nepazīstamais; sve-
šais
únbekümmert bezrūpīgs
únbemannt bez cilvēkiem (*lidojums
kosmosā, kosmosa kuģis*)
únbemerkbar nepamanāms
únbequem neērts
únberechenbar neaprēķināms
únbeschränkt neierobežots
únbestechlich nepiekukuļojams
únbestimmt nenoteikts
únbewusst 1. neapzināts, instinktīvs;
2. nevilšs, netīšs
únbrauchbar nelietojams
und 1. un; Lesen u. Schreiben –
lasīšana un rakstīšana; 2. bet; ich
gehe fort, u. du bleibst da – es
aiziešu, bet tu paliksi šeit; 3.: u. so
weiter (usw.) – un tā tālāk (utt.); u.
ob! – un kā vēl!; u. zwar – [un]
proti
úndankbar nepateicīgs

U

úndenkbar neiedomājams
únendlich bezgalīgs, neizmērojams
únentbehrlich nepieciešams
únentgeltlich 1. bez atlīdzības; bez-
maksas-; **2.** par velti, bez atlīdzības
únentschieden neizšķirts; das Spiel
endete u. – spēle beidzās neizšķirti
únerhört nedzirdēts
únerschütterlich nesatricināms
únerträglich nepanesams, neciešams
únerwartet negaidīts
únfair negodīgi, netaisnīgi
U'nfall *m* nelaimes gadījums
únfrankiert vēstule bez pastmarkas
U'nfug *m* nedarbs; nebūšana; pie-
dauzīga rīcība; U. treiben – darīt
nedarbus, ālēties
úngeachtet neraugoties uz; lai gan;
u. der Gefahr – lai gan draud
briesmas
U'ngeduld *f* nepacietība
úngefähr apmēram, aptuveni
úngeheuer milzīgs, varens
úngelernt neapmācīts; ~er Arbeiter –
nekvalificēts strādnieks
úngemütlich neomulīgs, nepatīkams;
j-d wird u. – kāds kļūst dusmīgs
úngenau neprecīzs, nenoteikts
úngenügend nepietiekošs, nepietie-
kams
úngerade 1. ne visai taisns, līks;
2.: eine u. Zahl – nepārskaitlis
úngerecht netaisns, netaisnīgs (*sprie-
dums, sods, vērtējums*)
úngeschickt neveikls, bezpalīdzīgs
únglaublich neticams

U'nglück *n* nelaime; liksta
úngültig nederīgs (*biļete, pase*)
U'niform *f* formas tērps
Unión *f* savienība; ūnija
Universitä't [..v..] *f* universitāte
únklar neskaidrs, nesaprotams
U'nkosten *dsk.* izdevumi; auf U.
von... – uz... rēķina
U'nkraut *n* nezāle
U'nmenge *f sar.* liels (milzīgs) dau-
dzums
únmenschlich 1. necilvēcisks; **2.** ne-
cilvēcīgs
únmittelbar tiešs
únmöglich neiespējams
únnötig nevajadzīgs, lieks
únnütz nederīgs; nevajadzīgs; veltīgs
únrecht nepareizs; aplams
U'nrecht *n* netaisnība; pārestība
únregelmäßig neregulārs
U'nruhe *f* nemiers; satraukums
únser mūsu
U'nsinn *m* bezjēdzība; blēņas
U'nstimmigkeit *f* nesaskaņas
únten apakšā; lejā; nach u. – uz leju,
lejup; von u. – no apakšas
únter 1. (*norāda uz darbības vir-
zienu vai vietu zem kaut kā*) zem,
apakš; er stellt die Bank u. den
Tisch – viņš paliek solu zem
galda; die Bank steht u. dem Tisch –
sols stāv zem galda; die Bank u.
dem Tisch hervorziehen – izvilkt
solu no galdapakšas; **2.** starp;
starpā; er setzte sich u. die Zu-
schauer – viņš apsēdās starp skatītā-

jiem; er saß u. den Zuschauern –
viņš sēdēja skatītāju vidū; u. uns
gesagt – starp mums runājot; u.
anderem – tai skaitā; **3.** ar; u. der
Bedingung, dass... – ar noteikumu,
ka...; ◇ u. vier Augen – zem
četrām acīm

unterbréchen* pārtraukt

únterbreiten paskaidrot, iesniegt
(*plānu, priekšlikumu*)

únterbringen* novietot; ievietot; den
Kranken im Sanatorium u. – ie-
vietot slimnieku sanatorijā

unterdéssen pa to laiku

unterdrü´cken apspiest; nomākt

untereinánder savā starpā; savstar-
pēji

Unterfü´hrung *f* tunelis

U´ntergang *m* **1.** riets; norietēšana;
2. bojāeja; sabrukums

U´ntergrund *m* pagrīde

U´ntergrundbahn (U´-Bahn) *f* apakš-
zemes dzelzceļš, metro

U´nterhalt *m* apgādība; apgāde; apgā-
dāšana

unterhálten* **1.** uzturēt; das Feuer
im Ofen u. – uzturēt krāsnī uguni;
gute Beziehungen zu j-m u. –
uzturēt ar kādu labas attiecības;
2. uzturēt, apgādāt (*ģimeni*); **3.** [pa]-
kavēt laiku; **sich u. 1.** sarunāties;
2. izklaidēties

U´nterholz *n* pamežs

únterirdisch apakšzemes-

unterjóchen pakļaut jūgā (verdzībā)

U´nterhaus *n* apakšpalāta

U´nterkunft *f* **1.** pajumte; patvērums;
2. kopmītne

U´nterlage *f* **1.** paliekamais; paklājs
(*gulēšanai*); **2.** *tehn.* paliktnis;
balsts; **3.** ~n *dsk.* dati; dokumentācija

unterlássen 1. kaut ko vairs nedarīt;
2. neizdarīt

U´ntermiete *f* apakšīre

unterminíeren graut (*autoritāti, po-
zīciju, reputāciju*)

unternéhmen* uzsākt; uzņemties;
eine Reise u. – doties ceļojumā

Unternéhmen *n* uzņēmums

únterordnen pakārtot; pakļaut

U´nterricht *m* **1.** apmācība; mācīšana;
2. (*mācību*) stundas, nodarbības

unterríchten 1. apmācīt; mācīt; [in]
Deutsch u. – mācīt vācu valodu;
2. (*über ar akuz., von*) informēt

U´nterrock *m* apakšsvārki

U´ntersatz *m* neliels paliktnis

Unterschä´tzung *f* nepietiekams no-
vērtējums; novērtēšana par zemu

unterschéiden* izšķirt; atšķirt; **sich u.**
atšķirties

U´nterschied *m* starpība; atšķirība

unterschlágen piesavināties (*naudu,
dokumentus*)

unterschréiben* parakstīt

U´nterschrift *f* paraksts

únterschwellig neapzināti esošas
jūtas, bailes, naids

U´nterseeboot (U´-Boot) *n* zemūdene

Unterstéllung *f* apmelojums; eine
böswillige U. – ļaunprātīgs apmelo-
jums

unterstréichen* 1. pasvītrot; **2.** *pārn.* uzsvērt

unterstü'tzen atbalstīt; pabalstīt

untersúchen 1. izmeklēt; einen Kranken u. – izmeklēt slimnieku; **2.** *jur.* izpētīt, izdarīt izmeklēšanu

Untersúchung *f* **1.** izmeklēšana; *med.* apskate; **2.** pētījums; [iz]pētīšana

Untersúchungshaft *f* iepriekšējs apcietinājums

U'ntertan *m* pavalstnieks

U'ntertasse *f* apakštase

úntertauchen 1. ienirt, palīst zem ūdens; **2.** iemērkt; iegremdēt

unterwégs ceļā; pa ceļam

unterwéisen ierādīt; pamācīt

unterwérfen* pakļaut; **sich u.** pakļauties

unterzéichnen parakstīt

úntragbar nepieņemams, neizturams; die Kosten des Projekts sind u. – projekta izmaksas nav pieņemamas

únüberlegt neapdomīgs, vieglprātīgs

únvermeidlich nenovēršams; neizbēgams

únvernünftig nesaprātīgs

únverschämt bezkaunīgs

únverständlich nesaprotams; neskaidrs

únverzeihlich nepiedodams

únweit netālu

U'nwetter *n* slikts laiks

únwiderlegbar neapgāžams; neapstrīdams

únwillkürlich nevilšs; netīšs; neapzināts

únwohl nevesels

U'nzahl *f* milzīgs skaits (daudzums)

únzählig neskaitāms

únzulässig nepieļaujams

únzurechnungsfähig *jur.* nepieskaitāms

Update ['apdeit] *n* *dator.* datorprogrammas jauna, uzlabota versija

ü'ppig bagātīgs, kupls

úralt ļoti vecs; ļoti sens

U'rgewalt *f* pirmatnējais dabas spēks

U'rheber *m* ierosinātājs, iniciators; autors

U'rheberrecht *n* autortiesības

U'rkunde *f* dokuments; (*oficiāls*) raksts; **Geburts~** *f* dzimšanas apliecība; **Heirats~** *f* laulības apliecība

U'rlaub *m* atvaļinājums; auf U. gehen – iet atvaļinājumā; auf U. sein – būt atvaļinājumā

U'rsache *f* iemesls; cēlonis; keine U.! – nav par ko [pateikties]!

U'rsprung *m* izcelšanās; cilme; [pirm]sākums

úrsprünglich sākotnējs

U'rteil *n* spriedums

úrteilen (*über ar akuz.*) spriest

V

váge [v..] neskaidrs; neprecīzs (*atmiņas, priekšstats*)

Válentinstag [v..] *m* Valentīna diena, 14. februāris

Vampír [v..] *m* vampīrs

variábel [v..] mainīgs (*lielums*)

Váse [v..] *f* vāze

Váter *m* tēvs

Váterland *n* tēvija, tēvzeme

vä'terlich tēva-, tēvišķīgs

Váterschaftsklage *f* sūdzība tiesā paternitātes noteikšanai

Váterunser *n rel.* tēvreize

Véilchen *n* vijolīte

Ventíl [v..] *n tehn.* ventilis, vārsts

verábreden norunāt; es geschah, wie verabredet – notika, kā bija norunāts; **sich v.** (*mit j-m*) norunāt satikšanos

verábschieden atbrīvot no darba; aizlaist pensijā; **sich v.** atvadīties

veráchten nicināt; nievāt

verallgeméinern vispārināt (*vērojumu, rezultātu*)

veráltet novecojis

verä'nderlich mainīgs, grozīgs

verä'ndern grozīt, mainīt; **sich v.** grozīties, mainīties, pārvērsties

Verä'nderung *f* **1.** grozīšana; pārmainīšana; **2.** pārgrozība, pārmaiņa

Veránlagung *f* dotības; spējas

veránlassen izraisīt; ierosināt; mudināt (*uz kaut ko*)

veránschlagen aprēķināt, kalkulēt, sastādīt tāmi

veránstalten organizēt

verántworten atbildēt (*par kaut ko*), būt atbildīgam (*par kaut ko*)

verántwortlich atbildīgs

Verántwortung *f* atbildība; j-n zur V. ziehen – saukt kādu pie atbildības; die V. übernehmen – uzņemties atbildību

verárbeiten 1. pārstrādāt; **2.** apstrādāt

verä'rgern sadusmot

verárschen *sar.* piemuļķot

Verbánd *m* **1.** *med.* pārsējs; apsējs; einen V. anlegen – uzlikt pārsēju; **2.** savienība; biedrība; **3.** *tehn.* savienojums

verbérgen* paslēpt, slēpt

verbéssern 1. labot; izlabot; **2.** uzlabot; **sich v.** laboties

verbíeten* aizliegt; Rauchen verboten! – smēķēt aizliegts!

verbínden* **1.** sasiet; **2.** *med.* pārsiet (*ievainojumu*); **3.** savienot; falsch verbunden! – nepareizi savienots! (*tālruņa sarunā*)

Verbíndlichkeiten *dsk.* parādi, saistības

Verbíndung *f* **1.** savienojums; chemische V. – ķīmisks savienojums; keine V. bekommen – nedabūt savienojumu (*pa tālruni*); **2.** sakars; die V. aufnehmen – nodibināt sakarus (*pazīšanos*)

V

verbíttert sarūgtināts
verblü'hen noziedēt
verbórgen apslēpts; slepens
Verbót *n* aizliegums
verbóten aizliegts; Eintritt v.! – ieeja aizliegta!; Rauchen v.! – smēķēt aizliegts!
Verbráuch *m* patērēšana; patēriņš; V. an Energie – enerģijas patēriņš
verbráuchen 1. izlietot; patērēt; 2. nolietot; nonēsāt (*drēbes, apavus*)
Verbréchen *n* noziegums
Verbrécher *m* noziedznieks
verbréiten izplatīt; sich v. izplatīties
verbrénnen* 1. sadedzināt; nodedzināt (*elektrību, gāzi*); 2. sadegt
verbríngen* pavadīt (*laiku*)
Verbü'ndete *m* sabiedrotais
Verdácht *m* aizdomas
verdä'chtig aizdomīgs
verdáuen sagremot (*arī pārn.*)
Verdéck *n* 1. (*kuģa augšējais*) klājs; 2. nolaižamais automašīnas vai bērnu ratiņu jumts
verdérben* 1. [sa]bojāt; [sa]maitāt; sagandēt; 2. [sa]bojāties; [sa]maitāties
verdíenen [no]pelnīt
Verdíenst[a] *m* peļņa, izpeļņa
Verdíenst[b] *n* nopelns
verdóppeln divkāršot; dubultot
verdríeßlich 1. nepatīkams; 2. īgns, sapīcis
Verdrúss *m* nepatika; sarūgtinājums; īgnums
verdúnkeln aptumšot

verdü'nnen 1. padarīt tievāku (plānāku); 2. ķīm. atšķaidīt; vājināt (*koncentrāciju*)
verdúnsten izgarot, iztvaikot
veréhren 1. godāt, cienīt; 2. *sar.* [uz]dāvināt (*kaut ko kaut kam*)
Veréin *m* savienība; biedrība
veréinbaren norunāt; saskaņot
Veréinbarung *f* vienošanās
veréinigen apvienot; savienot; sich v. apvienoties; savienoties
Veréinigung *f* 1. savienība, sabiedrība; 2. savienošana
verérben atstāt, nodot mantojumā (*īpašumu, ģenētiskās īpašības*)
Verfáhren *n* 1. rīcība; izturēšanās; 2. paņēmiens; metode; 3. *jur.* process; lieta
Verfáll *m* 1. sabrukums; 2. panīkums; pagrimums; Verfallsdatum *n* – lietošanas termiņa beigas (*pārtikas precēm*)
verfállen* 1. sabrukt; sagrūt; 2. panīkt; pagrimt
Verfásser *m* sacerētājs, autors
Verfássung *f* konstitūcija; satversme
verfólgen sekot; vajāt; dzīties pakaļ
Verfólgungswahn *m* vajāšanas mānija
verfü'gen noteikt; pavēlēt; norīkot
Verfü'gung *f* rīkojums; j-m zur V. stehen – būt kāda rīcībā
verfü'hren pavedināt, pavest
Vergángenheit *f* pagātne; das gehört der V. an – tas attiecas uz pagātni
vergéblich velts, veltīgs

vergéhen* 1. paiet (*par laiku*); 2. pāriet (*par sāpēm*); zust (*par prieku*)

Vergéhen *n* pārkāpums; noziegums

vergéssen* aizmirst

vergésslich aizmāršīgs

vergéuden izšķiest, izšķērdēt

vergewáltigen izvarot

vergewíssern, sich (*über ar akuz.*) pārliecināties

vergíften saindēt, noindēt

Vergléich *m* salīdzinājums

vergléichen* salīdzināt

Vergnü'gen *n* prieks; patika; izprieca

Vergnü'gungspark *m* atrakciju parks

vergrö'ßern palielināt; **sich v.** palielināties

Vergü'nstigung *f* priekšrocība, privilēģija, atvieglojums

vergü'ten atlīdzināt, kompensēt (*darbu, zaudējumus*)

verháften apcietināt

verhálten*, **sich** 1. izturēties; 2. attiekties; 3.: die Sache verhält sich so – lieta ir šāda

Verhálten *n* izturēšanās; uzvešanās

Verhä'ltnis *n* 1. samērs; proporcija; im V. zu etw. – salīdzinājumā ar kaut ko; 2. attieksme; attiecības; 3. ~se *dsk.* apstākļi (*arī dzīves*)

verhä'ltnismäßig samērā

verhándeln (*über ar akuz.*) apspriesties, vest sarunas

Verhándlungen *dsk.* sarunas

verhásst ienīsts, neieredzēts

verhéeren izpostīt; das Erdbeben hat weite Gebiete verheert – zemes-

trīce ir izpostījusi plašus apgabalus

verhéimlichen slēpt, turēt slepenībā

verhéiraten (*mit j-m*) apprecināt (*ar kādu*); (*an j-n*) izprecināt (*kādam*); **sich v.** apprecēties

verhéiratet precējies

verhíndern aizkavēt, nepieļaut

verhö'hnen izsmiet, izzobot

Verhö'r *n* [no]pratināšana

verhö'ren [no]pratināt; **sich v.** pārklausīties

verhü'ten novērst; izsargāties

Verhü'tungsmittel *n* pretapaugļošanās līdzeklis

verifizíeren [v..] pārbaudīt, vai ir pareizs

verírren, sich apmaldīties; noklīst no ceļa

Verjä'hrung *f* noilgums

verkábelt: v. sein – pieslēgts kabeļtelevīzijas tīklam

Verkáuf *m* pārdošana; noiets; zum V. kommen – nākt pārdošanā

verkáufen pārdot

Verkäu'fer *m* pārdevējs

Verkéhr *m* 1. satiksme; ein reger V. – dzīva satiksme; im V. sein – kursēt (*par vilcienu*); 2. saiešanās; brieflicher V. – sarakstīšanās; 3. apgrozība; im V. sein – būt apgrozībā; dem V. entziehen – izņemt no apgrozības

verkéhren 1. uzturēt satiksmi, kursēt (*par autobusiem, kuģiem*); 2. (*mit j-m*) saieties (*ar kādu*)

V

Verkéhrs‖ampel *f* gaismas signāl-
aparāts (*satiksmes regulēšanai*),
luksofors; **~delikt** *n* satiksmes
noteikumu pārkāpums; **~dichte** *f*
satiksmes blīvums; **~durchsage** *f*
paziņojums par satiksmi; **~mittel** *n*
satiksmes līdzeklis; **~stau** *m*
satiksmes sastrēgums; **~unfall** *m*
satiksmes negadījums; **~wesen** *n*
transports
verkéhrt 1. ačgārns; aplams; **2.** ačgārni,
aplami
verklágen iesūdzēt tiesā
verkléinern pamazināt, samazināt
verknállen, sich *sar.* iemīlēties
verkómmen* 1. panīkt; **2.** pagrimt;
paklīst
verkö'rpern iemiesot
verkráften uzturēt morālu spēku, lai
pārvarētu kaut ko nepatīkamu
verkü'mmern panīkt
verkü'nden paziņot, pasludināt
verkü'rzen saīsināt; padarīt īsāku
Verlág *m* izdevniecība
verlángen prasīt, vēlēties
verlä'ngern pagarināt
verlássen* atstāt, pamest; **sich v.**
(*auf ar akuz.*) paļauties
Verláuf *m* (*notikumu*) gaita, norise;
im V. der Unterhandlungen –
sarunu gaitā
verláufen* paiet, aizritēt (*par laiku*)
verlégen[a] **1.** pārvietot; pārcelt (*uz citu
vietu*); **2.** nobāzt, nolikt (*nevietā*);
3. atlikt, pārcelt (*sēdi*)
verlégen[b] apjucis, samulsis

Verlégenheit *f* apjukums
Verléger *m* izdevējs
Verléih *m* noma
verlétzen 1. ievainot; **2.** aizskart;
aizvainot; **3.** pārkāpt (*likumu*); die
Spielregeln v. – pārkāpt spēles
noteikumus
Verlétzung *f* **1.** ievainojums; **2.** aiz-
skaršana, aizvainošana; **3.** (*likuma
vai noteikuma*) pārkāpšana; eine
V. der Verkehrsregeln – satiks-
mes noteikumu pārkāpšana
verbéugen noliegt
verléumden apmelot, nomelnot
verlíeben, sich iemīlēties
verlíeren* [pa]zaudēt
verlóben, sich saderināties
Verlúst *m* **1.** zaudējums; **2.** zudums
(*par svaru*)
Vermä'chtnis *n* testaments
vermárkten kaut ko izreklamēt, lai
pārdotu
vermásseln izdarīt slikti, sabojāt
verméhren vairot; pavairot; **sich v.**
vairoties
verméiden* izvairīties; izsargāties
Vermérk *m* piezīme, atzīme
verméssen uzmērīt (*zemesgabalu*)
vermíeten izīrēt, iznomāt
vermíndern [pa]mazināt
vermítteln būt par starpnieku; sa-
gādāt; veicināt
Vermíttlung[a] *f* starpniecība
Vermíttlung[b] *f* telefona centrāle
Vermö'gen[a] *n* īpašums
Vermö'gen[b] *n* spēja; das geht über

mein V. – tas ir pāri maniem
spēkiem
vermö′gend turīgs, pārticis
vermúten iedomāties; [no]jaust
vermútlich 1. šķietams; paredzams;
2. laikam; kā liekas
Vermútung *f* pieņēmums, hipotēze
vernáchlässigen atstāt novārtā; ne-
vērīgi izturēties; die Arbcit v. –
būt nolaidīgam darbā; sein Äußeres
v. – nerūpēties par savu ārieni
Vernéhmung *f* nopratināšana poli-
cijā; Vernehmungsprotokoll *n* –
nopratināšanas protokols
vernéinen noliegt
vernétzen *dator.* saslēgt datorus tīklā
verníchten iznīcināt; izpostīt
Vernúnft *f* prāts; saprāts
vernü′nftig prātīgs, saprātīgs; v.
werden – nākt pie prāta, kļūt
prātīgam
verö′ffentlichen 1. publicēt, izdot;
2. izsludināt; paziņot
veródnen 1. noteikt; dot rīkojumu;
2. *med.* parakstīt (*zāles*); noteikt
(*slimnieka režīmu*)
verpácken iesaiņot
verpássen nokavēt, palaist garām;
eine Gelegenheit v. – palaist garām
izdevību
verpátzen izbojāt
verpfä′nden ieķīlāt
verpflíchten uzlikt par pienākumu;
sich v. (*zu etw.*) uzņemties (*kaut ko*)
Verpflíchtung *f* pienākums; saistība
Verpútz *m* apmetums

Verrát *m* nodevība
verráten* 1. nodot (*kādu*); **2.** izpaust
(*noslēpumu*)
Verrä′ter *m* nodevējs
verréchnen aprēķināt; sich v. pār-
rēķināties
verréisen aizceļot; aizbraukt
verrénken izmežģīt
verrü′ckt ārprātīgs, traks
Vers *m* pants
verságen 1. liegt; atteikt; noraidīt;
2. neklausīt; atteikties kalpot; er
hat dabei versagt – viņš ar to nav
ticis galā; **3.** izrādīties glēvam un
nevarīgam
Verságer *m* zaudētājs, neveiksminieks
versámmeln [sa]pulcēt; sich v. [sa]-
pulcēties
Versámmlung *f* sapulce, sanāksme
Versándhaus *n* firma, kas pircējam
nosūta pēc kataloga izvēlēto preci
Versándkosten *dsk.* [pār]sūtīšanas
maksa (izdevumi)
versäu′men kavēt, nokavēt (*stundas*);
den Zug v. – nokavēt vilcienu
verschénken atdāvināt, izdāvāt
verschíeben* 1. pārbīdīt; **2.** pārcelt
uz citu laiku
verschíeden dažāds, atšķirīgs
verschláfen*ᵃ nogulēt (*kādu laiku*;
nokavēt guļot); sich v. aizgulēties
verschláfenᵇ miegains, samiegojies
verschléchtern pasliktināt; sich v.
pasliktināties
Verschléíß *m* nolietojums (*mašīnas*,
iekārtas)

V

verschlíeßen* aizslēgt, noslēgt; **sich v.** noslēgties, norobežoties
verschlóssen **1.** aizslēgts; noslēgts; **2.** *pārn.* noslēgts, sevī noslēdzies
verschlúcken norīt
Verschlúss *m* aiztaisāmais; aizslēgs
verschlü'sseln šifrēt, kodēt
verschréiben* *med.* parakstīt (*zāles*)
verschwéigen* noklusēt; neizpaust
verschwénden izšķiest, izšķērdēt
verschwínden* nozust, pazust
Verschwö'rung *f* sazvērestība
verséhen* apgādāt; **sich v. 1.** (*mit etw.*) apgādāties; **2.** pārskatīties, kļūdīties; wer hätte sich das v. – kas to būtu domājis (gaidījis)
Verséhen *n* kļūda; pārskatīšanās; aus V. – aiz pārskatīšanās
versétzen **1.** pārvietot; pārcelt (*citā klasē, darbā uz citu vietu*); **2.:** in Freude v. – iepriecināt; einen Schlag v. – iesist
verséuchen piesārņot (*ūdeņus, zemi*)
versíchern **1.** apdrošināt (*dzīvību*); **2.** apgalvot; apliecināt; **sich v.** apdrošināties
Versícherung *f* **1.** apdrošināšana; **2.** apgalvojums
versíegeln aizzīmogot
versínken* nogrimt
versö'hnen samierināt; **sich v.** salabt, izlīgt
versórgen (*mit etw.*) apgādāt (*ar kaut ko*); **sich v.** apgādāties, nodrošināties
Versórgung *f* apgādāšana; apgāde

verspä'ten novēlot, nokavēt; **sich v.** novēloties, nokavēties
Verspä'tung *f* nokavēšanās
verspíelen paspēlēt, pazaudēt
verspótten izzobot, izsmiet
verspréchen* [ap]solīt; **sich v.** pārteikties
Verspréchen *n* [ap]solīšanās; solījums
verstáatlichen nacionalizēt
Verstánd *m* prāts
verstä'ndig prātīgs; saprātīgs
verstä'ndigen informēt, paziņot; **sich v.** saprasties
verstä'ndlich saprotams
verstä'rken pastiprināt; **sich v.** pastiprināties
verstáuchen izmežģīt
Verstéck *n* slēptuve, paslēptuve
verstécken noslēpt, paslēpt; **sich v.** noslēpties, paslēpties
verstéhen* **1.** saprast; v. Sie mich? – vai jūs mani saprotat?; **2.** prast, mācēt; er versteht nichts davon – viņš no tā neko nesaprot
verstéigern pārdot izsolē
verstéllen, **sich** izlikties
verstópfen aizbāzt
Verstórbene *m* aizgājējs, mirušais
Versúch *m* **1.** mēģinājums; **2.** eksperiments; Versuchsanlage *f* – izmēģinājumu iekārta; Versuchsgelände *n* – izmēģinājumu poligons; Versuchsreihe *f* – testu sērija
versúchen [pa]mēģināt; [iz]mēģināt

V

Versúchsperson *f* izmēģinājuma persona

Versúchung *f* kārdinājums

vertágen atlikt, nolikt (*uz citu laiku*)

vertéidigen aizstāvēt; **sich v.** aizstāvēties

vertéilen izdalīt, sadalīt

vertíefen padziļināt

Vertrág *m* līgums

vertrágen* panest, paciest; **sich v.** satikt, sadzīvot

Vertrágs‖abschluss *m* līguma noslēgšana; **~partner** *m* līgumpartneris; **~text** *m* līguma teksts

vertráuen (*ar dat.*) uzticēties; (*auf ar akuz.*) paļauties

Vertráuen *n* uzticēšanās; uzticība

vertráut 1. tuvs; labi pazīstams; **2.**: v. sein (*mit etw.*) – (*kaut ko*) labi pārzināt

Vertráute *m* uzticības persona

vertréten* **1.** aizstāt; **2.** pārstāvēt; ein Land v. – pārstāvēt kādu valsti; **3.**: seine Ansicht v. – aizstāvēt savu viedokli

Vertréter *m* **1.** vietnieks, aizstājējs; **2.** pārstāvis

Vertrétung *f* **1.** aizvietošana; aizstāšana; **2.** pārstāvība; pārstāvēšana

Vertríebene *m*, *f* cilvēks, kas kara vai citu apstākļu dēļ pametis dzimteni

verúnglücken ciest (iet bojā) nelaimes gadījumā, ciest avārijā

verúntreuen piesavināties (*svešu naudu*)

verúrsachen būt par iemeslu; Streit v. – izraisīt strīdu

verúrteilen notiesāt

vervíelfältigen pavairot (*kādu rakstu*)

vervóllkommnen papildināt; uzlabot; **sich v.** papildināt savas zināšanas

verwálten pārvaldīt

Verwáltung *f* **1.** pārvalde; **2.** pārvaldīšana

Verwáltungsstelle *f* pārvalde, administratīva iestāde

verwándeln pārveidot

verwándt 1.: v. sein – būt rados (*ar kādu*); **2.** *pārn.* radniecisks

Verwándte 1. *m* radinieks; **2.** *f* radiniece

Verwárnung *f* brīdinājums

verwéchseln samainīt (*līdzības dēļ*), sajaukt

verwéigern liegties, atteikties; die Antwort v. – neatbildēt, atteikties atbildēt

verwéilen pakavēties

Verwéis *m* aizrādījums; rājiens

verwénden* izlietot

Verwéndung *f* izlietošana

verwíckeln 1. samudžināt (*dziju*); **2.** (*in ar akuz.*) *pārn.* iepīt, iejaukt

verwírklichen realizēt, īstenot

verwírren 1. sajaukt (*matus*); samudžināt (*dziju*); **2.** samulsināt

Verwírrung *f* **1.** sajaukšana; **2.** samulsums

verwö́hnen lutināt; izlutināt

verwúndern radīt izbrīnu; **sich v.** izbrīnīties

V

Verwü'stung *f* izpostīšana
Verzéichnis *n* saraksts
verzéihen* piedot; v. Sie! – piedodiet!
Verzéihung *f* piedošana; V.! – piedodiet!
verzíchten (*auf ar akuz.*) atsacīties, atteikties (*no kaut kā*)
verzö'gern novilcināt; **sich v.** aizkavēties, novilcināties
verzóllen muitot; etw. v. – par kaut ko samaksāt muitas nodevu
verzwéifeln (*an ar dat., über ar akuz.*) izmist
verzwéifelt izmisis, izmisīgs, izmisuma pilns; v. sein – būt izmisumā
Vésper *f* katoļu dievkalpojums (parasti vakarā)
Vídeo [v..] *n* video; Videoclip *m* – videoklips
Vieh *n* lopi
Víeh‖bestand *m* lopu [kop]skaits; ~zucht *f* lopkopība
viel 1. daudz[i]; **2.** daudz; v. besser – daudz labāk
víelfach 1. daudzkārtējs; **2.** daudzkārt, bieži
Víelfalt *f* daudzveidība
vielléicht varbūt
víelseitig daudzpusīgs
vier četri
Víereck *n* četrstūris
víerhundert četrsimt
víerte ceturtais
Víertel *n* **1.** ceturtdaļa; **2.** (*stundas*) ceturksnis; es ist [ein] V. nach

eins – ceturksnis pāri vieniem; **3.** kvartāls (*pilsētā*)
Víertel‖jahr *n* (*gada*) ceturksnis; ~stunde *f* ceturtdaļstunda
víerzehn četrpadsmit
víerzehnte četrpadsmitais
víerzig četrdesmit
víerzigste četrdesmitais
Vílla [v..] *f* villa
Violíne [v..] *f* vijole
Virtuélle Realitä't *f* *dator.* trīsdimensiju telpa datorā
Vírus [v..] *n vai m* vīruss
Visítenkarte [v..] *f* vizītkarte
visuéll [v..] vizuāls
Vísum [v..] *n* vīza; ein V. für die Einreise erteilen – piešķirt ieceļošanas vīzu; das V. erhalten – saņemt vīzu
Vitamín [v..] *n* vitamīns
V-Mann *m* policijas informators
Vógel *m* putns
Vogel-Stráuß-Politik *f* strausa taktika
Volk *n* tauta, ļaudis
Vö'lkerball *m* bērnu spēle tautas bumba
Vólks‖abstimmung *f* tautas nobalsošana, plebiscīts; ~befragung *f* visas tautas aptauja, referendums; ~lied *n* tautasdziesma
Vólksentscheid *m* referendums
Vólkshochschule *f* pieaugušo izglītības iestāde ar vakara nodarbībām vai kursiem
Vólksverdummung *f* tautas muļķošana; V. betreiben *sar.* – muļķot tautu

Vólkszählung *f* oficiāla tautas skaitīšana
voll 1. pilns; das Stadion war ganz v. – stadions bija gluži pilns; **2.** pilnīgi, pilnā mērā
vóll beschäftigt nodarbināts pilnu darba dienu
vollbríngen paveikt, izdarīt (*kaut ko nozīmīgu, ārkārtēju*)
vollénden pabeigt
Volleyball ['vɔli..] *m* volejbols
vö′llig 1. pilnīgs; **2.** pilnīgi, pavisam; das genügt v. – ar to pilnīgi pietiek
vólljährig pilngadīgs
vollkómmen 1. pilnīgs; **2.** pilnīgi, pavisam
Vóllmacht *f* pilnvara
Vóllmond *m* pilns mēness, pilnmēness
Vóllnarkose *f* pilna narkoze
vóllständig pilnīgs
Vóllversammlung *f* plēnums; pilnsapulce; ģenerālā asambleja
vóllzählig 1. pilnā skaitā esošs; **2.** pilnā skaitā
vollzíehen* izpildīt (*spriedumu, uzdevumu*)
Vollzúgsorgan *n* izpildinstitūcija
Volúmen [v..] *n* apjoms, tilpums
voluminö′s [v..] liels, apjomīgs
vom = von dem; vom Hörensagen – pēc baumām (nostāstiem); vom 20. Januar bis 1. Februar – no 20. janvāra līdz 1. februārim
von no; der Zug kommt von Leipzig – vilciens pienāk no Leipcigas; ein

Brief von meinem Freund – vēstule no [mana] drauga; von Zeit zu Zeit – laiku pa laikam; von Beruf – pēc profesijas; ein Gedicht von Heine – Heines dzejolis; er ist Berliner von Geburt – viņš ir dzimis berlīnietis
vor 1. (*vietas nozīmē*) priekšā; pie; er steht vor dem Fenster – viņš stāv pie loga; **2.** (*laika nozīmē*) pirms; vor Sonnenaufgang – pirms saules lēkta; vor vierzehn Tagen – pirms divām nedēļām; **3.** (*norāda uz cēloni*) no, aiz; vor Freude – aiz prieka; vor allem – pirmkārt, vispirms
Vórabend *m* priekšvakars
Vórahnung *f* priekšnojauta
vorán pa priekšu, priekšā; priekšgalā
voráus pa priekšu, iepriekš; im v. – iepriekš; j-m v. sein – būt (aizsteigties) kādam priekšā
voráus‖sehen* paredzēt; ~setzen prasīt (*kā priekšnoteikumu*); būt par priekšnoteikumu (*kaut kam*)
Voráussetzung *f* **1.** pieņēmums; unter der V., dass... – pieņemot, ka...; **2.** priekšnoteikums
Vórbedingung *f* priekšnoteikums
Vórbehalt *m* nosacījums; unter dem V. – ar nosacījumu
vorbéi garām, pāri (*pagājis*); das Schlimmste ist v. – ļaunākais ir garām
vórbereiten sagatavot; **sich** v. sagatavoties

Vórbereitung *f* sagatavošana; [sa]-gatavošanās

vórbestraft ar iepriekšēju sodāmību

vórbeugen novērst (*slimību, strīdu*)

Vórbild *n* paraugs, priekšzīme

Vórbildung *f* priekšzināšanas, sagatavotība

vórder priekšējs

Vórderansicht *f* pretskats

Vórdergrund *m* priekšplāns

vórdringen izlauzties uz priekšu

vóreingenommen (*gegen, für etw.*) aizspriedumains; neobjektīvs

Vórfahrtsstraße *f* galvenais ceļš pēc ceļu satiksmes noteikumiem

Vórfall *m* atgadījums; notikums

vórfristig pirmstermiņa-; pirms termiņa

vórführen parādīt; demonstrēt, izrādīt (*tērpus, filmu*)

Vórgang *m* 1. notikums; 2. norise; gaita

Vórgesetzte *m* priekšnieks

vórgestern aizvakar

vorhánden: v. sein – būt; būt klāt, būt dabūjamam

Vórhang *m* aizkars; priekškars

Vórhut *f* priekšpulks; avangards

vórig iepriekšējais, pagājušais; in der ~en Woche – pagājušajā nedēļā

Vórkämpfer *m* cīnītājs pirmajās rindās; celmlauzis

Vórkehrung *f* aizsardzības pasākumi; ~en treffen – veikt pasākumus aizsardzībai

vórkommen* 1. [at]gadīties; 2. būt sastopamam; 3. likties, šķist; sie

kommt mir bekannt vor – viņa man šķiet pazīstama

vórläufig 1. pagaidu-; 2. pagaidām

vórlesen* lasīt priekšā

Vórlesung *f* priekšlasījums, lekcija; in die V. gehen – ierasties uz priekšlasījumu; eine V. halten – lasīt lekciju

vórletzt priekšpēdējais

Vórliebe *f* (*für etw.*) sevišķa patika (*uz kaut ko*); er hat V. für Literatur – viņam ļoti patīk literatūra

Vórmittag *m* priekšpusdiena; heute V. – šorīt, šodien priekšpusdienā

Vórmund *m* aizbildnis

Vórname *m* (*cilvēka*) vārds

vórn[e] priekšā; von v. – no priekšas (priekšpuses); nach v. – uz priekšu

vórnehmen* 1. izdarīt, veikt (*izmeklēšanu*); ķerties (*pie kaut kā*); 2.: sich etw. v. – kaut ko apņemties

vórnherein: von v. – pašā sākumā

Vórort *m* priekšpilsēta

Vórrat *m* krājums

Vórrecht *m* pirmtiesības, privilēģija

Vórrichtung *f* ierīce, ietaise

vórsagen teikt priekšā

Vórsatz *m* princips, uzskats rīcībai

vórsätzlich apzināts, ar nolūku

Vórschlag *m* ierosinājums, priekšlikums; einen V. annehmen – pieņemt priekšlikumu

vórschlagen* ierosināt

Vórschrift *f* priekšraksts; pavēle; rīkojums

Vórschulalter *n* pirmsskolas vecums (*5–6 gadi*)

Vórschuss *m* avanss

vórsehen* paredzēt

Vórsicht *f* piesardzība; V.! – sargies!; uzmanību!

vórsichtig piesardzīgs

Vórsitzende *m* priekšsēdētājs

Vórspeise *f* uzkožamais; uzkožamie

Vórspiel *n* 1. prologs; 2. priekšspēle, uvertīra

Vórsprung *m* 1. izcilnis; 2. pārākums; pārsvars; einen V. vor j-m haben – būt pārākam par kādu

Vórstadt *f* priekšpilsēta

Vórstand *m* 1. valde; priekšniecība, vadība; 2. priekšnieks

vórstellen 1. stādīt priekšā, iepazīstināt; erlauben Sie, dass ich Ihnen Herrn N. vorstelle – atļaujiet jūs iepazīstināt ar N. kungu; 2.: sich (*dat.*) etw. v. – iedomāties (iztēloties) kaut ko; sich v. stādīties priekšā

Vórstellung *f* 1. priekšstats; hast du davon eine richtige V.? – vai tev par to ir īsts priekšstats?; das geht über alle ~en – tas ir pilnīgi neiedomājami (nesaprotami); 2. (*teātra*) izrāde; (*kino*) seanss

Vórstellungsgespräch *n* darba intervija

Vórstrafe *f* iepriekšēja sodāmība

Vórteil *m* labums; priekšrocība; im V. sein – atrasties izdevīgākā (labākā) stāvoklī

vórteilhaft izdevīgs

Vórtrag *m* 1. priekšlasījums; lekcija; 2. priekšnesums; izpildījums

vórtragen* 1. lasīt lekciju; 2. izpildīt (*māksliniecisku priekšnesumu*); deklamēt; atskaņot (*skaņdarbu, dziesmu*)

vórtrefflich teicams, lielisks

vorü'ber garām; pagājis; der Sommer ist v. – vasara ir pagājusi

vorü'bergehen* 1. aiziet garām; 2. paiet, izbeigties

Vórurteil *n* aizspriedums; sich über ~e hinwegsetzen – nebūt aizspriedumainam

Vórverkauf *m* (*biļešu*) iepriekšpārdošana

Vórwahl *f* tālruņa sarunā citas pilsētas vai valsts kods

vórwählen zvanot pa tālruni, izmantot kodu; für Stuttgart muss man 0711 v. – zvanot uz Štutgarti, jāizvēlas kods 0711

Vórwand *m* iegansts; aizbildināšanās

vórwärts uz priekšu

vórweisen* parādīt, uzrādīt; die Eintrittskarte v. – uzrādīt ieejas biļeti

Vórwort *n* priekšvārds

Vórwurf *m* pārmetums

vórzeitig priekšlaicīgs; pāragrs

vórziehen* dot priekšroku, atzīt par labāku

Vórzimmer *n* priekšistaba; priekšnams

Vórzug *m* priekšrocība

vorzü'glich teicams; lielisks

Vulkán [v..] *m* vulkāns

V

W

Wáage *f* svari

wáag[e]recht līmenisks, horizontāls

wach 1. nomodā esošs; pamodies; w. sein – būt nomodā; w. werden – pamosties; **2.** modrs

Wáche *f* **1.** sardze; auf W. sein – stāvēt sardzē; **2.** sargpostenis

wáchen 1. būt nomodā; **2.** (*über ar akuz.*) būt nomodā (*par kaut ko*); sargāt, uzmanīt

Wachólder *m* paeglis, kadiķis

Wachs *n* vasks

Wáchsamkeit *f* modrība, vērīgums

wáchsen* augt; izaugt

Wáchstube *f mil.* sardzes telpa

Wáchstuch *n* vaskadrāna

Wáchstum *n* augšana

Wáchstumsrate *f ek.* pieauguma procents tautsaimniecībā

Wä́chter *m* sargs

wáckeln grīļoties, ļodzīties

Wáde *f* (*kāju*) ikri

Wáffe *f* ierocis

Wáffenruhe *f* cīņu pārtraukums

Wáffenschein *m* ieroča atļauja

Wáffenstillstand *m* pamiers

wágen uzdrošināties; riskēt; ich wage nicht zu behaupten, dass... – es neuzdrošinos apgalvot, ka...

Wágen *m* **1.** rati; kariete, ekipāža; **2.** automašīna; **3.** vagons

Wágenpark *m* viss firmas vai uzņēmuma transports

Waggon [va'gõ:] *m* vagons

Wahl *f* **1.** izvēle; **2.** izvēlēšanās, izraudzīšanās; **3.** ~en *dsk.* vēlēšanas

wáhlberechtigt tāds, kam ir vēlēšanu tiesības

Wáhlbezirk *m* vēlēšanu apgabals

wä́hlen 1. izvēlēties; **2.** vēlēt, ievēlēt

Wä́hler *m* vēlētājs

Wáhlfach *n* fakultatīvs priekšmets skolā vai augstskolā

Wáhlkampf *m* vēlēšanu cīņa

Wáhlrecht *n* vēlēšanu tiesības

Wä́hlscheibe *f* tālruņa ciparu ripa

wahr īsts; patiess; pareizs; nicht w.? – vai ne?

wáhren saglabāt

wä́hrend 1. pa... laiku;...laikā; w. eines Jahres – gada laikā; w. des Krieges – kara laikā; **2.** kamēr

wáhrhaft patiesi, tiešām

Wáhrheit *f* patiesība, taisnība

wáhrnehmen uztvert (*skaņu, garšu, smaržu*)

Wáhrsagekunst *f* zīlēšanas, pareģošanas māksla

wahrschéinlich 1. varbūtējs; **2.** laikam, droši vien

Wä́hrung *f* valūta

Wáise *f* bārenis; bārene; Waisenheim *n* – bāreņu patversme

Wald *m* mežs

Walkie-Talkie ['wɔ:ki'tɔ:ki] *n* mazs radiotelefons

Walkman ['wɔ:kmɛn] *m* mazs kasešu atskaņotājs ar austiņām

Wall *m* valnis, uzbērums
Wállfahrer *m* svētceļnieks
Walpúrgisnacht *f* nakts uz 1. maiju –
   Valpurģu nakts
wálzen *tehn.* velmēt
Wálzer *m* valsis
Wand *f* siena; ◇ gegen eine W.
   reden – runāt veltīgi; hier haben
   die Wände Ohren – te noklausās;
   die W. hochgehen – dusmoties
wándern ceļot (*kājām*); klejot
Wánge *f* vaigs
wánkelmütig svārstīgs
wánken 1. grīļoties; 2. *pārn.* svār-
   stīties
wann kad; seit w.? – kopš kura
   laika?; bis w.? – līdz kuram laikam?
Wáppen *n* ģerbonis
Wáre *f* prece
Wáren‖ausgabe *f* pirkumu kontrole
   un izsniegšana (*veikalā*); ~haus *n*
   universālveikals
warm silts; es ist w. – ir silts
Wä́rme *f* 1. siltums; 2. *pārn.* sirs-
   nība, siltums
Wä́rmekraftwerk *n* termiskā elektro-
   stacija
wä́rmen sildīt, sasildīt; sich w.
   sasildīties
Wä́rmflasche *f* sildītājs
Wármwasserhahn *m* krāns siltajam
   ūdenim
Wárnanlage *f* signalizācijas ierīce
Wárndreieck *n* trīsstūrveida avārijas
   zīme automašīnām
wárnen brīdināt

Wárnung *f* brīdinājums
wárten (*auf ar akuz.*) gaidīt; auf eine
   Nachricht w. – gaidīt ziņu
Wä́rter *m* 1. sargs; 2. sanitārs
Wárte‖raum *m* uzgaidāmā telpa;
   ~saal *m* uzgaidāmā telpa (*stacijā*)
Wártung *f* apkope
warúm kāpēc, kādēļ
was kas; ko; w. wollen Sie? – ko jūs
   vēlaties?; w. meinen Sie damit? –
   ko jūs ar to domājat?; w. für ein...?
   – kāds...?; kas par...?
Wáschanlage *f* automašīnu mazgā-
   šanas iekārta
Wáschbecken *n* izlietne
Wä́sche *f* 1. veļa; 2. (*veļas*) mazgā-
   šana
wáschen* mazgāt; sich w. mazgāties
Wäscheréi *f* veļas mazgātava
Wä́scheschleuder *f* veļas centrifūga
Wä́schetrockner *m* veļas žāvējamā
   mašīna
Wáschmaschine *f* veļas mazgājamā
   mašīna
Wáschsalon *m* pašapkalpošanās veļas
   mazgātava
Wáschstraße *f* automātiskā automa-
   šīnu mazgātava
Wásser *n* ūdens
Wásseraufbereitung *f* ūdens attīrī-
   šana otrreizējai lietošanai
Wásserballspiel *n* ūdenspolo
wásserdicht ūdensnecaurlaidīgs
Wásser‖fall *m* ūdenskritums; ~heil-
   anstalt *f* ūdensdziedniecības ie-
   stāde; ~kraftwerk *n* hidroelektro-

W

stacija; **~leitung** *f* ūdensvads;
~spiegel *m* ūdens līmenis, ūdens
virsma; **~sport** *m* ūdenssports;
~stoff *m* ķīm. ūdeņradis; **~versorgung** *f* ūdensapgāde
Wásserski[a] *m* ūdensslēpes
Wásserski[b] *n sp.* ūdensslēpošana
Wásserwerfer *m* policijas automašīna – ūdensmetējs
Wátte *f* vate
Web *n saīs.* (*World Wide Web*)
interneta sistēma; **~adresse** *f* interneta adrese; **~seite** *f* interneta lappuse
wében* aust
Wéber *m* audējs
Wéchsel *m* 1. mija; [pār]maiņa; 2. (*naudas*) mainīšana; 3. vekselis
Wéchselbeziehung *f* savstarpējs sakars
Wéchselkurs *m* valūtas kurss
wéchseln mainīt, pārmainīt, izmainīt
Wéchselstube *f* valūtas maiņas punkts
dzelzceļa stacijā vai uz robežas
Wéchselwirkung *f* mijiedarbība
wécken modināt, pamodināt
Wécker *m* modinātājpulkstenis
wéder: w.... noch... – ne..., ne...;
nedz..., nedz...
weg projām, prom; Hände w.! –
rokas nost!
Weg *m* ceļš; auf halbem ~e – pusceļā;
sich auf den W. machen – doties
ceļā; auf diesem ~e – tādā ceļā,
tādiem līdzekļiem; auf friedlichem
~e – miera ceļā

wégen dēļ; unser Freundschaft w. –
mūsu draudzības dēļ; sich w. etw.
entschuldigen – par kaut ko atvainoties; von Rechts w. – pēc
taisnības (likuma)
wég‖fahren* [aiz]braukt projām;
~legen [no]likt pie malas; **~schaffen**
aizgādāt projām, aizvākt
Wégfahrsperre *f* pretaizdzīšanas ierīce automašīnās
Wégstrecke *f* ceļa posms, gabals
Wégweiser *m* ceļa rādītājs
Wégwerfartikel *m* vienreizējās lietošanas priekšmets
Wégwerfware *f* vienreizējās lietošanas priekšmets
weh sāpošs, sāpīgs; w. tun – sāpēt;
der Kopf tut mir w. – man sāp
galva
Wéhe *f* kāpa, kupena
wéhen 1. pūst (*par vēju*); 2. plivināties, plīvot
Wéhrdienst *m* karadienests
Wéhrdienstverweigerung *f* izvairīšanās no karadienesta, atteikums
dienēt
Wéhrersatzdienst *m* civildienests
karadienesta vietā
Wéhrpflicht *f* karaklausība
wéhtun nodarīt pāri, sāpināt, nodarīt
sāpes
Weib *n sar. niev.* sieviete
wéiblich sieviešu-; sievišķīgs
weich mīksts
wéichen* atkāpties; griezt ceļu; padoties

wéichgekocht mīksti vārīts; ein ~es Ei – mīksti vārīta ola

Wéichspüler *m* veļas mīkstinātājs, skalotājs

Wéideᵃ *f* ganības

Wéideᵇ *f* **1.** vītols; **2.** kārkls

wéiden 1. ganīt; **2.** ganīties

Wéidenkätzchen *n* pūpols

wéigern liegt; **sich w.** liegties

Wéihnachten *n* (*parasti bez artikula*) Ziemassvētki; zu W. – Ziemassvētkos

weil tādēļ ka

Wéile *f* brīdis; vaļas brīdis; eine W. – kādu laiciņu

Wein *m* **1.** vīns; **2.** vīnogas

Wéin‖bau *m* vīnkopība; **~brand** *m* konjaks; **~glas** *n* vīna glāze

Wéinbergschnecke *f* vīngliemezis

wéinen raudāt

Wéintraube *f* vīnogu ķekars

wéise gudrs

Wéiseᵃ *m* gudrais

Wéiseᵇ *f* veids; auf welche W.? – kādā veidā?; Art un W. – (*rīcības*) veids

Wéiseᶜ *f* melodija

wéisen* [no]rādīt; den Weg w. – parādīt ceļu

Wéisheit *f* gudrība

weiß balts; ~es Haar – sirmi mati

wéissagen paregot, pravietot

Wéißbier *n* gaišais alus

weit 1. tāls; **2.** plats; plašs; **3.** tālu; **4.** plaši

Wéite *f* tāle, tālums, plašums

wéiter 1. turpmāk[ais]; ohne ~es – tūlīt, nekavējoties; bis auf ~es – līdz turpmākam; **2.** tālāk; und so w. (usw.) – un tā tālāk (utt.); w. nichts – vairāk nekas

wéitsichtig tālredzīgs

Wéitsprung *m sp.* tāllēkšana

Wéitwinkelobjektiv *n* platleņķa objektīvs fotoaparātam

Wéizen *m* kvieši

wélcher *m* (welche *f*, welches *n*, welche *dsk.*) **1.** kurš (kura, kuri); kāds (kāda, kādi); an welchem Tag? – kurā dienā?; **2.** dažs, kāds

wélken vīst, novīst

Wélle *f* **1.** vilnis; **2.** *tehn.* vārpsta

Wéllenlänge *f* viļņu garums

Wéllensittich *m* viļņpapagailis

Wéllpappe *f* viļņota pape (*iepakojuma materiāls*)

Wélpe *m* (*suņa, lapsas, vilka*) kucēns

Welt *f* pasaule; alle W. – visa pasaule, visi

Wéltall *n* Visums, kosmoss

Wéltanschauung *f* pasaules uzskats

Wélt‖krieg *m* pasaules karš; **~lage** *f* starptautiskais stāvoklis; **~macht** *f* lielvalsts; **~meister** *m* pasaules čempions; **~raum** *m* izplatījums, kosmoss; **~raumfahrt** *f* kosmiskais lidojums; **~teil** *m* pasaules daļa

wénden* **1.** [pa]griezt (*citā virzienā*); **2.** apgriezt (*uz otru pusi*); **sich w.** [pa]griezties; sich mit einer Bitte an j-n w. – griezties pie kāda ar lūgumu

W

Wéndepunkt *m* pavērsiena punkts

Wéndung *f* grieziens, pagrieziens

wénig 1. nedaudz; daži; in ~en Tagen – dažās dienās; **2.** maz; nedaudz; ein w. – mazliet; zu w. – par maz

wenn 1. ja; **2.** kad; w. auch – kaut arī

wer kas; kurš; w. da? – kas tur?

Wérbeagentur *f* reklāmas aģentūra

Wérbekampagne *f* reklāmas kampaņa

wérben* 1. vervēt; **2.** (*für etw.*) aģitēt (*par kaut ko*); reklamēt; **3.** (*um*) tīkot (*pēc*); [domāt] bildināt

Wérbung *f* reklāma

wérden* kļūt, tapt

wérfen* 1. mest; sviest; **2.** atnesties, apbērnoties (*par dzīvniekiem*); **sich w.** mesties (*uz kaut ko*)

Werft *f* kuģu būvētava

Werk *n* **1.** *daž. noz.* darbs; gesammelte ~e von Schiller – Šillera kopotie raksti; ausgewählte ~e – darbu izlase; **2.** fabrika, rūpnīca; **3.** mehānisms (*pulksteņa*)

Wérk‖bank *f* darbgalds; **~halle** *f* cehs; **~statt** *f* darbnīca; **~stoff** *m* materiāls (*izejviela*); **~tag** *m* darbdiena

Wérktätige *m* strādājošais

Wérk‖teil *m* (*instrumenta*) detaļa; **~zeug** *n* darbarīks

wert 1. dārgs; cienījams; **2.** vērts; er ist w., dass... – viņš ir pelnījis, lai...; es ist zwei Mark w. – divu marku vērtībā; das ist nicht der Rede w. – par to nav vērts runāt

Wert *m* vērtība; auf etw. W. legen – kaut ko augstu vērtēt; piešķirt kaut kam lielu nozīmi

Wértbrief *m* vērtsvēstule

wérten vērtēt

wért‖los nevērtīgs; **~voll** vērtīgs, dārgs

Wértpapier *n* vērtspapīrs

Wésen *n* **1.** būtne, radījums; **2.** būtība; **3.** raksturs

wésentlich būtisks; svarīgs

wéshálb kādēļ, kāpēc

Wéssi *m sar.* kādreizējās VFR iedzīvotājs

Wéste *f* veste

Wésten *m* rietumi (*debespuse*); nach W. – uz rietumiem; von W. – no rietumiem

Wéstern *m* vesterns (*kinofilma vai grāmata*)

wéstlich rietumu-

Wéttbewerb *m* **1.** sacensība; in W. treten – iesaistīties sacensībā; **2.** konkurss

Wétte *f* derības; um die W. laufen – skrieties; um die W. schwimmen – sacensties peldēšanā; was gilt die W.? – uz ko derēsim?

wétten derēt; mit j-m um etw. w. – saderēt ar kādu uz kaut ko

Wétter *n* (*meteoroloģiskais*) laiks; wie wird das W.? – kāds būs laiks?

Wétterbericht *m* laika ziņas

Wétter‖leuchten *n* rūsa (*pie debesīm*); **~vorhersage** *f* laika prognoze

Wéttersturz *m* pēkšņa un strauja temperatūras pazemināšanās

Wétt‖kampf *m* sacensības; W. im Turnen – sacensības vingrošanā; **~lauf** *m sp.* skriešanās sacīkstes; skriešanās; **~rennen** *n* zirgu skriešanās sacīkstes; **~rudern** *n* airēšanas sacīkstes; **~schwimmen** *n* peldēšanas sacīkstes

Whirlpool ['wə:lpu:l] *m* burbuļvanna

wíchsen spodrināt (*apavus, mēbeles, grīdu*)

Wíchtelmännchen *n* pasaku rūķītis

wíchtig svarīgs

Wíckel *m* mitrā komprese

Wíckelkind *n* zīdainis, kuru vēl tin autiņos

wíckeln [ie]tīt; uztīt; tīstīt

wíder pret; w. meinen Willen – pret manu gribu

widerlégen atspēkot

wíderlich pretīgs, riebīgs

wíderrechtlich prettiesisks

Wíderrede *f* iebildums

Wíderruf *m* atsaukums

widersétzen, sich pretoties (*pavēlei, rīkojumam*)

widerspréchen* runāt pretī, iebilst

Wíderspruch *m* **1.** pretruna; **2.** iebildums; W. erheben – protestēt; celt iebildumus

Wíderstand *m* pretošanās; pretestība

Wíderstands‖bewegung *f* pretošanās kustība; **~kämpfer** *m* pretošanās kustības dalībnieks

wídmen 1. veltīt; **2. sich w.** nodoties; sich der Kunst w. – nodoties mākslai; sich der Arbeit w. – nodoties darbam

Wídmung *f* veltījums

wie 1. kā; wie bitte? – kā, lūdzu?; **2.** cik; wie alt ist er? – cik viņam gadu?; wie lange? – cik ilgi?

wíeder atkal

Wíederaufbau *m* atjaunošana, rekonstrukcija

wíedergeben* 1. atdot (*atpakaļ*); **2.** reproducēt; atveidot

Wíedergutmachung *f* kompensācija

wiederhérstellen atjaunot, restaurēt

wiederhólen atkārtot

Wíederhören *n*: auf W.! – uz sadzirdēšanos! (*atsveicināšanās, radioraidījumus vai tālruņa sarunu beidzot*)

Wíedersehen *n* atkalredzēšanās; auf W.! – uz redzēšanos!

Wíege *f* šūpulis

Wíegebraten *m kul.* viltotais zaķis

wíegen*[a] svērt; nosvērt

wíegen[b] šūpot; aijāt

Wíese *f* pļava

wiesó kāpēc

wíe víel cik; den wievielten haben wir heute? – kāds šodien datums?

wiewéit [par] cik

wild mežonīgs; savvaļas-; ~e Tiere – plēsīgi zvēri

Wild *n* medījums

wíldern nodarboties ar malumedniecību

Wíllen *m* griba

willkómmen vēlams, patīkams; herzlich w.! – sirsnīgi sveicināti!

Wíllkür *f* patvaļa

Wímpel *m* vimpelis

Wímper *f* skropsta; Wimperntusche *f* – skropstu tuša

Wind *m* vējš; **~beutel** *m* vēja kūka; **~fang** *m* vējtveris; **~mühle** *f* vējdzirnavas; **~schutzscheibe** *f* automašīnas priekšējais stikls; **~stärke** *f* vēja stiprums

Wíndel *f* autiņi (*zīdaiņu*)

Wíndelhose *f* autiņbiksītes

wínden* vīt; tīt; pīt

wíndig vējains

Wink *m* **1.** mājiens; **2.** norādījums

Wínkel *m* **1.** kakts; stūris; **2.** *mat.* leņķis; **3.** stūrenis (*rasēšanai*)

wínken [pa]māt, dot zīmi

Wínter *m* ziema; im W. – ziemā

Wínterreifen *m* ziemas riepa automašīnai

Wínter‖saat *f* ziemāju sējumi; ziemāji; **~sport** *m* ziemas sports

wínzig sīks, niecīgs; nenozīmīgs

Wípfel *m* (*koka*) galotne

wir mēs; statt unser – mūsu vietā

Wírbel *m* virpulis

Wírbelsäule *f* mugurkauls

wírken 1. darboties; **2.** (*auf ar akuz.*) iedarboties, ietekmēt; die Arznei wirkt gut – zāles iedarbojas labi

wírklich 1. īsts, patiess; reāls; **2.** [pa]tiešām

Wírklichkeit *f* īstenība

Wírkung *f* iedarbība, ietekme; sekas

wírkungslos neiedarbīgs

wírkungsvoll iedarbīgs

Wírkwaren *dsk.* trikotāžas izstrādājumi (*preces*)

Wirt *m* **1.** saimnieks; **2.** namatēvs

Wírtschaft *f* saimniecība; saimniekošana

Wírtschafterin *f* saimniecības pārzine (*viesnīcā, pansionātā*)

Wírtschaftsprüfer *m* uzņēmuma auditors

wíssen* 1. zināt; **2.** prast; zu leben w. – prast dzīvot

Wíssen *n* zināšana; zināšanas; meines ~s – cik man zināms

Wíssenschaft *f* zinātne

Wíssenschaftler *m* zinātnieks

Wítwe *f* atraitne

Wítwer *m* atraitnis

Witz *m* **1.** asprātība; **2.** joks; ~e erzählen – stāstīt anekdotes

wítzig asprātīgs

wo kur; w. ist er? – kur viņš ir?; von w. – no kurienes

wobéi turklāt

Wóche *f* nedēļa; diese W. – šajā nedēļā; šonedēļ

Wóchenendbeilage *f* laikraksta pielikums nedēļas nogalē

Wóchen‖schau *f* nedēļas apskats (*laikrakstā, kinožurnālā*); **~schrift** *f* nedēļas žurnāls; **~tag** *m* **1.** nedēļas diena; **2.** darbdiena

wö'chentlich nedēļas-; ik nedēļu notiekošs; katru nedēļu

wodúrch ar kā palīdzību; ar ko

wofü′r par ko

wohér no kurienes; w. weißt du es? – kā tu to zini?

wohín kurp; uz kurieni

wohl 1. vesels; **2.** labi; mir ist nicht w. – es nejūtos labi; **3.** laikam [gan]

Wohl *n* labums, labklājība; auf Ihr W.! – uz jūsu veselību!

wóhlfeil lēts

Wóhlgeruch *m* aromāts

wóhlhabend pārticis

Wóhlstand *m* labklājība, pārticība; im W. leben – dzīvot pārticībā

wóhltätig labdarīgs, karitatīvs

Wóhlwollen *n* labvēlība; j-m W. entgegenbringen – izrādīt labvēlību

Wóhnanhänger *m* (*automašīnas*) dzīvojamā piekabe

wóhnen dzīvot; wo w. Sie? – kur jūs dzīvojat?

Wóhngemeinschaft *f* komunālais dzīvoklis ar kopīgu saimniecību

Wóhnmobil *n* paliela automašīna kā dzīvojamā māja

Wóhnung *f* dzīvoklis

Wóhnwagen *m* dzīvojamais vago- niņš, kuru piekabina automašīnai

Wóhnzimmer *n* dzīvojamā istaba

Wolf *m* vilks

Wólke *f* mākonis, padebesis

Wólkenbruch *m* pēkšņa, spēcīga, īslaicīga lietusgāze

Wólle *f* vilna

wóllenᵃ vilnas-

wóllen*ᵇ gribēt; ich will – es gribu; was w. Sie? – ko jūs vēlaties?; er hat es tun w. – viņš to gribēja darīt; wir w. sehen! – redzēsim!, paskatīsimies!; w. wir gehen! – iesim!

womít ar ko

wonách pēc kā

woráuf uz ko; uz kā; pēc kā

woráus no kā

worín kur; w. soll man das auf- bewahren? – kur lai to uzglabā?

Workshop [′vɔ:rkʃɔp] *m* tikšanās, seminārs, diskusija

Wort *n* vārds; W. für W. – vārds vārdā; vārdu pa vārdam; aufs W. – uz godavārda; das W. ergreifen – ņemt vārdu

Wö′rterbuch *n* vārdnīca

Wórt‖schatz *m* vārdu krājums; ~**wechsel** *m* strīds, vārdu pārmaiņa

worü′ber par ko; w. lachst du? – par ko tu smejies?

worúm ap ko; par ko

wovón no kā; par ko; w. sprechen Sie? – par ko jūs runājat?

wovór no kā; kā priekšā; w. fürchtest du dich? – no kā tu baidies?

wozú kam, kādā nolūkā; w. das? – kam tas [viss]?; w. brauchst du das? – kam tev tas vajadzīgs?

Wuchs *m* augums; von hohem W. – liela auguma

wund ievainots; jēls; eine ~e Stelle – sāpīga (vārīga) vieta (*arī pārn.*)

Wúnde *f* ievainojums; brūce

W

Wúnder *n* brīnums; kein W., dass... –
nav brīnums, ka...
wúnderbar apbrīnojams; brīnišķīgs
wúnderlich dīvains, savāds
wúndern radīt izbrīnu; pārsteigt; **sich
w.** brīnīties
wúnderschön brīnumskaists, brīnum-
jauks
Wúndstarrkrampf *m* stingumkrampji
Wunsch *m* **1.** vēlēšanās; **2.** vēlējums
Wü'nschelrute *f* rīkstīte ūdens āderu
meklēšanai
wü'nschen **1.** vēlēt; novēlēt; **2.** vē-
lēties; was w. Sie? – ko jūs
vēlaties?; wie Sie w. – kā vēlaties
Wü'rde *f* cieņa

wü'rdig cienīgs
Wurf *m sp.* sviediens, metiens
Wü'rfel *m* **1.** *mat.* kubs; **2.** metamais
kauliņš
wü'rgen žņaugt
Wurm *m* tārps
Wurst *f* desa; geräucherte W. –
žāvēta desa
Wü'rstchen *n* cīsiņš, desiņa
Wü'rze *f* garšviela
Wúrzel *f* sakne; W. schlagen – laist
saknes
Wü'ste *f* tuksnesis
Wut *f* niknums; trakums
wü'tend nikns, saniknots; (*dusmās*)
trakojošs

X

X, x *n* ikss
x-Achse *f mat.* x ass
x-belíebig jebkurš, ikkatrs

Xenophobíe *f* naids pret svešinie-
kiem
x-mal neskaitāmas reizes

Y

Y, y *n* ipsilons, igreks
y-Achse *f mat.* igreka ass
Yéti *m* sniega cilvēks

Yuppie ['jʊpi, 'japi] *m* jauns cilvēks,
kam svarīga karjera darbā un labi
ienākumi

X
Y

Z

Zácke *f* zars (*ķemmei, dakšai*); žuburs

zäh 1. sīksts; izturīgs; **2.** valkans; biezs, viskozs (*par šķidrumu*)

Zahl *f* **1.** skaits; **2.** cipars

záhlen maksāt; ich möchte z. – es vēlētos samaksāt (*restorānā*); was habe ich zu z.? – cik man jāmaksā?

zä´hlen skaitīt; ich zähle ihn zu meinen Freunden – es uzskatu viņu par savu draugu

Zä´hler *m* skaitītājs; was zeigt der Z. an? – cik rāda skaitītājs?

záhl‖los neskaitāms; **~reich** liels (*skaita ziņā*); daudz

Záhltag *m* maksājumu diena

Záhlung *f* maksāšana; maksājums; iemaksa; [algas] izmaksa

záhlungsfähig maksātspējīgs

zä´hmen pieradināt

Zahn *m* zobs

Záhn‖arzt *m* zobārsts; **~bürste** *f* zobu suka; **~pasta** *f* zobu pasta; **~schmerzen** *dsk.* zobu sāpes; ich habe ~schmerzen – man sāp zobs

Záhnbelag *m* zobu aplikums

Záhnschmelz *m* zobu emalja

Zánder *m* zandarts

Zánge *f* knaibles; stangas

zánken [sich] strīdēties; ķildoties

Zápfen *m* **1.** *tehn.* rēdze; tapa; **2.** spunde

Zápfsäule *f* benzīna pildne

zart maigs; trausls

zä´rtlich maigs, mīlīgs; glāstošs

Záuber *m* maģija, burvība, burvīgums

Záuberformel *f* burvju vārdi

záudern vilcināties

Zaun *m* sēta; žogs

Zécke *f* ērce

Zéder *f* ciedrs

Zéhe *f* kājas pirksts

Zéhenspitze *f*: auf ~n – uz pirkstgaliem

zehn desmit

Zéhnkampf *m sp.* desmitcīņa

zéhnte desmitais

Zéhntel *n* desmitdaļa

Zéichen *n* zīme

Zéichenfilm *m* multiplikācijas filma

zéichnen 1. zīmēt; rasēt; **2.** parakstīt

Zéichnung *f* zīmējums; rasējums

zéigen [pa]rādīt; **sich z.** [pa]rādīties; izrādīties; sich freundlich z. – izturēties laipni; sich tapfer z. – izrādīt drošsirdību

Zéiger *m* rādītājs

Zéile *f* (*rakstu*) rinda; ◇ zwischen den ~n lesen – saprast zemtekstu

Zeit *f* laiks; es ist Z. – ir laiks; mit der Z. – ar laiku; zur Z. – 1) šobrīd; 2) (*īstajā*) laikā; ◇ j-m Z. lassen – kādu nesteidzināt; sich (*für j-n / etw.*) Z. nehmen – atlicināt laiku; seit ewigen ~en – jau ļoti ilgu laiku

Zéitbombe *f* bumba ar laika degli

Zéitgenosse *m* laikabiedrs

Z

Zéitkarte *f* sezonas karte (biļete); mēneškarte, mēnešbiļete

Zéitlang *f*: eine Z. – kādu laiku

Zéitlupentempo *n sar.*; *parasti*: im Z. – ļoti lēni, palēninātā tempā

Zéit‖raum *m* laika posms; **~schrift** *f* žurnāls

Zéitung *f* avīze, laikraksts

Zéitungs‖schau *f* laikrakstu apskats; **~stand** *m* laikrakstu kiosks

Zéitzone *f* apgabals starp meridiāniem, kur ir vienāds laiks; laika josla

Zéitzünder *m* laika deglis

Zelt *n* telts

zélten 1. uzcelt telti; **2.** mājot teltī

Zemént *m* cements

Zentiméter *n* centimetrs

Zéntner *m* 50 kilogrami

zentrál centrāls

Zentrále *f* **1.** (*tālruņa*) centrāle; **2.** *daž. noz.* centrāle

Zéntrum *n* centrs

zerbréchen* salauzt; sasist

Zerfáll *m* sabrukums

zerréißen* saplēst; pārraut

Zérrung *f* sastiepums; **Muskel~** *f* muskuļu sastiepums

zerschlágen* sasist, sadauzīt

zerstö′ren nopostīt, izpostīt; sagraut

zerstréut 1. izkaisīts; izkliedēts; **2.** izklaidīgs

Zéttel *m* zīmīte; (*papīra*) lapiņa

Zeug *n* **1.** audums; drāna; **2.** darbarīks; **3.** (*dažādas*) lietas; grabažas

Zéuge *m* liecinieks; als Z. anrufen – pieaicināt par liecinieku

Zéugenstand *m* liecinieka vieta tiesas zālē; j-n in den Z. rufen – izsaukt liecinieku

Zéugnis *n* **1.** *jur.* liecība; **2.** apliecība; (*skolas*) liecība

Zíege *f* kaza

Zíegel *m* ķieģelis

zíehen* **1.** vilkt; izvilkt; **2.** audzēt; audzināt; **3.** iet, doties; du musst z. – tev gājiens (*šaha spēlē*); **4.**: es zieht – velk (caurvējš); ◇ in Betracht z. – ņemt vērā

Zíehung *f* (*aizņēmuma*) tirāža; izloze

Ziel *n* mērķis; das Z. erreichen – sasniegt mērķi

zíelbewusst mērķtiecīgs

zíelen mērķēt, tēmēt

Zíelgruppe *f* mērķa grupa, mērķauditorija

Zíelscheibe *f* mērķis (*šaušanai*)

zíemlich puslīdz; diezgan; z. kalt – diezgan auksts

Zíffer *f* cipars

Zigarétte *f* cigarete

Zímmer *n* istaba

Zímmer‖mädchen *n* istabene; **~mann** *m* namdaris

Zins *m* procenti; **~en bringen** – [ie]nest procentus

Zínssatz *m* procentu likme

Zípfel *m* stūris; stērbele; Z. einer Wurst – desas gabaliņš

zírka apmēram

Z

Zírkel *m* **1.** cirkulis; **2.** (*mācību vai pašdarbības*) pulciņš

Zírkus *m* cirks

zíschen šņākt

Zitát *n* citāts

zitíeren citēt

Zitróne *f* citrons

zíttern drebēt

zivíl [..v..] civils

Zivíldienst [..v..] *m* civildienests karadienesta vietā

Zivílgesetzbuch [..v..] *n* civilprocesa kodekss

Zoff *m sar.* ķilda, strīds

zö'gern vilcināties, kavēties

Zölibát *n* celibāts

Zoll *m* muita; wie viel Z. habe ich zu zahlen? – cik liela muita man jāmaksā?

Zóllamt *n* muitnīca

zóllfrei brīvs no muitas

zóllpflichtig muitai pakļauts

Zóllrevision [..v..] *f* muitojamo priekšmetu apskate

Zómbie *m* zombijs

Zóne *f* zona

Zoo *m* zooloģiskais dārzs

Zopf *m* bize

Zorn *m* dusmas

zórnig dusmīgs, nikns

zu 1. (*norāda uz darbības virzienu*) pie; uz; ich gehe zu ihm – es eju pie viņa; zur Schule gehen – iet uz skolu; der Weg zum Bahnhof – ceļš uz staciju; **2.** (*vietas nozīmē*) *parasti tulkojams ar lokatīvu*; zu

Hause bleiben – palikt mājās; **3.** (*laika nozīmē*) *parasti netulkojams*; zur Zeit – pašreiz; von Zeit zu Zeit – palaikam; von Tag zu Tag – diendienā; **4.** (*norāda uz nolūku, mērķi*) zum Glück – par laimi; etw. zum Scherz sagen – sacīt kaut ko pa jokam; Wasser zum Trinken – ūdens dzeršanai; **5.** (*norāda pārvietošanās veidu*) *parasti netulkojams*; zu Fuß – kājām; zu Pferde – jāšus; zu Rad – ar velosipēdu; **6.** *partikulas nozīmē pie nenoteiksmes*; es hörte auf zu regnen – pārstāja līt; ich habe noch viel zu tun – man vēl daudz darāms; **7.** par; par daudz; pārāk; zu früh – par agru; zu groß – pārāk liels

Zúbehör *n* piederumi

zúbereiten gatavot (*ēdienu*)

Zucchíni *f* cukini

Zucht *f* **1.** audzināšana; **2.** (*dzīvnieku, augu*) audzēšana

zúcken [no]raustīties; mit den Achseln z. – [pa]raustīt plecus

Zúcker *m* cukurs

Zúckerrübe *f* cukurbiete

Zúckerspiegel *m* cukura daudzums asinīs

Zúckerwatte *f* cukura vate

zúdecken apsegt; piesegt

zueinánder halten savstarpēji atbalstīt

zúerkennen* piespriest; piešķirt; den ersten Preis z. – piešķirt pirmo godalgu

Z

zuérst vispirms

Zúfahrt *f* piebraucamais ceļš, iela

Zúfall *m* gadījums; sagadīšanās; nejaušība

zúfällig nejaušs

Zúflucht *f* patvērums

Zúfluss *m* pieteka

zufríeden apmierināts

zufríeden geben, sich apmierināties (*ar kaut ko*)

Zúfuhr *f* 1. pievešana; pievedums; 2. *tehn.* padeve, piegāde

Zug *m* 1. vilciens; 2. gājiens, procesija; 3. caurvējš; 4. (*rakstura*) vilciens; (*sejas*) vaibsti; 5. malks; in einem Z. trinken – izdzert ar vienu malku

Zúgang *m* pieeja; piekļūšana

Zúgbrücke *f* paceļamais tilts

zúgeben* 1. dot klāt (*piedevām*); 2. atzīt; pieļaut

zugléich reizē, vienlaicīgi

zugrúnde: z. gehen – iet bojā; z. legen – likt pamatā; ņemt par pamatu

zugúnsten (*kāda*) labā; par labu (*kādam*)

Zúhälter *m* suteners

Zuháuse *n* māja, pajumte

zúhören klausīties

Zúhörer *m* klausītājs

Zúkunft *f* nākotne

Zúlage *f* piemaksa

zúlassen pieļaut

Zúlassungspapiere *dsk.* automašīnas vadītāja apliecība un automašīnas tehniskā pase

zulétzt beidzot, pēdīgi

zum = zu dem; z. erstenmal – pirmoreiz; z. Beispiel – piemēram

zúmachen aiztaisīt; machen Sie bitte die Tür zu! – aizveriet, lūdzu, durvis!

zunä́chst vispirms

zǘnden 1. aizdegties; 2. aizdedzināt

Zǘndkerze *f tehn.* svece (*iekšdedzes dzinējos*)

zúnehmen* pieņemties; pieaugt; er hat zugenommen – viņš pieņēmies svarā; die Tage nehmen zu – dienas kļūst garākas

Zúnge *f* mēle

zúreden (*ar dat.*) pierunāt

zǘrnen dusmoties

zurǘck atpakaļ

zurǘck‖bleiben* atpalikt; **~geben*** atdot; **~kehren**, **~kommen*** atgriezties; **~prallen** atlēkt atpakaļ; **~weisen*** noraidīt

Zúruf *m* uzsauciens; uzmundrinājuma sauciens

Zúsage *f* piekrītoša atbilde

zusámmen kopā

zusámmen‖bringen* savākt; sapulcināt; **~fallen*** 1. sabrukt; 2. sagadīties; **~fassen** saņemt (savilkt) kopā; **~fügen** savienot

Zusámmenhang *m* sakars; sakarība

zusámmen‖hängen* būt sakarā (*ar kaut ko*); **~legen** likt, salikt [kopā]; **~stellen** sastādīt (*raidījuma programmu*)

Zúsatz *m* **1.** papildinājums; piedeva; **2.** piemaisījums

Zúschauer *m* skatītājs

Zúschauerraum *m* skatītāju zāle

Zúschlag *m* pielikums

zúschneiden* piegriezt (*apģērbu*)

Zúschuss *m* **1.** piemaksa, pabalsts; **2.** dotācija, subsīdija

zúsehen* noskatīties, noraudzīties; dem Spiel z. – noskatīties spēli

zú sein* būt slēgtam (aizvērtam); die Tür ist zu – durvis ir aizvērtas

zúspielen *sp.* piespēlēt bumbu

Zústand *m* stāvoklis

zústimmen piekrist

Zústimmung *f* piekrišana

zúströmen pieplūst

Zútat *f* piedeva (*ēdienam*)

zúteilen iedalīt; piešķirt

zútrauen: das hätte ich ihm nicht zugetraut – to es nebūtu no viņa gaidījis

Zútritt *m* pieeja; ieeja; freier Z. – atļauts iet; Z. verboten! – ieeja aizliegta!; Z. erlangen – dabūt ieejas atļauju

zúverlässig uzticams; drošs

Zúversicht *f* paļāvība

zu víel par daudz; das ist z. v.! – tas ir par daudz!

zuvór 1. pirms tam; iepriekš; **2.** vispirms, papriekš

Zúwachs *m* pieaugums

zuwéilen reizēm

zúweisen: j-m etw. z. – oficiāli kādam kaut ko piešķirt

Zúwendung *f* pabalsts

zuwíder 1. pret, pretēji; **2.**: z. werden – kļūt pretīgam, apriebties

zwánglos brīvs, nepiespiests

zwánzig divdesmit

zwánzigste divdesmitais

zwar gan; und z. – [un] proti

Zweck *m* mērķis

zwéckdienlich lietderīgs

zwéck‖los veltīgs; ~**mäßig** lietderīgs

zwei divi

zwéifach 1. divkārtējs, divkāršs; **2.** divkārt

Zwéifel *m* šaubas; es steht außer Z. – nav nekādu šaubu; ohne Z. – bez šaubīšanās

zwéifellos neapšaubāms

zwéifeln šaubīties

Zweig *m* **1.** zars; **2.** nozarojums; atzarojums

Zwéigstelle *f* firmas filiāle

zwéihundert divsimt

Zwéikampf *m* *sp.* divcīņa

zwéimal divreiz

zwéite otrais

zwéitens otrkārt

Zwerg *m* **1.** punduris; **2.** rūķītis

Zwíeback *m* sausiņš

Zwíebel *f* sīpols

Zwíelicht *n* krēsla

Zwíllinge *dsk.* dvīņi

zwíngen* [pie]spiest

Zwirn *m* diegs

zwíschen starp

Zwíschen‖fall *m* starpgadījums;   **Z**

~**raum** *m* **1.** starplaiks; **2.** atstarpe;
starptelpa

Zwítter *m* hermafrodīts

zwölf divpadsmit

zwöˈlfte divpadsmitais

Zyklón [tsy..] *m* tropu viesuļvētra

PIELIKUMI

- Latviešu–vācu ģeogrāfiskie nosaukumi
- Vācu–latviešu ģeogrāfiskie nosaukumi
- Vācu valodā visbiežāk lietojamie saīsinājumi
- Vācijas un Austrijas federālās zemes un Šveices kantoni
- Starptautiskās organizācijas
- Valūtas
- Skaitļavārdi
- Stipri vai nekārtni lokāmo darbības vārdu saraksts

LATVIEŠU-VĀCU
ĢEOGRĀFISKIE NOSAUKUMI

Saīsinājumi

dsk.	– daudzskaitlis	*p.*	– pilsēta
ez.	– ezers	*pss.*	– pussala
f	– siev. dz. vārds	*s.*	– sala
j. š.	– jūras šaurums	*ss.*	– salas
k.	– kalns, kalnu grēda	*t.*	– tuksnesis
m	– vīr. dz. vārds	*u.*	– upe
n	– nekatras dz. vārds	*v.*	– vulkāns

Abava *u.* – A′bava [..v..] *f*
Abū Dabī *p.* – Abú Dhábi *n*
Adrijas jūra – A′dria *f*, Adriátisches Meer
Afganistāna – Afghánistan *n*
Āfrika – A′frika *n*
Āhene *p.* – A′achen *n*
Akra *p.* – A′ccra *n*
Albānija – Albánien [..iən] *n*
Aleksandrija *p.* – Alexándria *n*
Algoja – A′llgäu *n*
Almati *p.* – Almatí *n*
Alpi *k.* – A′lpen *dsk.*
Alžīra *p.* – A′lgier [′alʒi:r] *n*
Alžīrija – Algérien [..iən] *n*
Aļaska *pss.* – A′laska *n*
Amazone *u.* – Amazónas *m*, Amazónenstrom *m*
Amerika – Amérika *n*
Amerikas Savienotās Valstis – Veréinigten Stáaten von Amérika *dsk.*
Amsterdama *p.* – Amsterdám *n*
Andi *k.* – A′nden *dsk*
Andora – Andórra *n*
Anglija – E′ngland *n*

Angola – Angóla *n*
Ankara *p.* – A'nkara *n*
Antarktīda – Antárktika *f*
Antarktika – Antárktis *f*
Antverpene *p.* – Antwérpen *n*
Apenīni *k.* – Apennín *m*, Apennínen *dsk.*
Apvienotie Arābu Emirāti – Veréinigten Arábischen Emiráte *dsk.*
Arābija *pss.* – Arábien [..ïən] *n*
Ararats *k.* – A'rarat *m*
Ardēni *k.* – Ardénnen *dsk.*
Argentīna – Argentínien [..ïən] *n*
Arktika – A'rktis *f*
Armēnija – Arménien [..ïən] *n*
Asunsjona *p.* – Asuncion [asun'sjɔn] *n*
Ašhabada *p.* – Aschchabád *n*
Atēnas *p.* – Athén *n*
Atlantijas okeāns –Atlántik *m*, Atlántischer O'zean
Augsburga *p.* – Au'gsburg *n*
Augstie Tatri *k.* – Hóhe Tátra *f*
Austrālija – Austrálien [..ïən] *n*
Austrija – Ö'sterreich *n*
Azerbaidžāna – Aserbaıdschán [..dʒan] *n*
Āzija – A'sien [..ïən] *n*
Azoru salas – Azóren *dsk.*

Bādenbādene *p.* – Báden-Báden *n*
Bādene-Virtemberga – Báden-Wü'rttemberg *n*
Bagdāde *p.* – Bágdád *n*
Baikāls *ez.* – Báikalsee *m*
Baireita *p.* – Bayréuth *n*
Baku *p.* – Bákú *n*
Balatons *ez.* – Balaton ['bɔlɔton] *m*
Balkāni *k.* – Bálkan *m*
Baltijas jūra – O'stsee *f*
Baltkrievija –Wéißrussland *n*
Bangkoka *p.* – Bángkok *n*

Bangladeša – Bangladésch *n*
Barselona *p*. – Barcelóna [bartse..] *n*
Baucene *p*. – Báutzen *n*
Bavārija – Báyern *n*
Bāzele *p*. – Básel *n*
Beirūta *p*. – Béirút *n*
Belfāsta *p*. – Belfast ['bɛlfa:st] *n*
Belgrada *p*. – Bélgrad *n*
Beļģija –Bélgien [..ïən] *n*
Berhtesgādene *p*. – Berchtesgáden *n*
Berlīne *p*. – Berlín *n*
Bermudu salas – Bermúdainseln *dsk.*, Bermúdas *dsk.*
Berne *p*. – Bern *n*
Bodenezers – Bódensee *m*
Bogota *p*. – Bogotá *n*
Bohēmija – Bö'hmen *n*
Bohuma *p*. – Bóchum *n*
Bolīvija – Bolívien [..vïən] *n*
Bombeja *p*. – Bómbay [..be:] *n*
Bonna *p*.–Bonn *n*
Bosfors *j. š.* – Bósporus *n*
Bosnija – Bósnien [..ïən] *n*
Brandenburga *p*. – Brándenburg *n*
Bratislava *p*. – Brátislava [.. v ..] *n*
Braunšveiga *p*. – Bráunschweig *n*
Brazīlija – Brasílien [..ïən] *n*
Brazilja *p*. – Brasília *n*
Brēmene *p*. – Brémen *n*
Brenners *k. pāreja Alpos* – Brénner *m*
Brisele *p*. – Brü'ssel *n*
Brokens *k.* – Brócken *m*
Bruneja – Brunéi *n*
Budapešta *p*. – Búdapest *n*
Buenosairesa *p*. – Buénos Ai'res *n*
Bukareste *p*. – Búkarest *n*
Bulgārija – Bulgárien [..ïən] *n*

Cīrihe *p.* – Zü'rich *n*
Citava *p.* – Zíttau *n*

Čada – Tschad *n*
Čečenija – Tschetschénien [..ïən] *n*
Čehija – Tschéchien [..ïən] *n*
Čikāga *p.* – Chicago [ʃi'ka:go:] *n*
Čīle – Chile ['tʃi:lɛ] *n*

Daka *p.* – Dacca ['daka:] *n*
Dakara *p.* – Dakár *n*
Damaska *p.* – Damáskus *n*
Dānija – Dä'nemark *n*
Dāresalāma *p.* – Daressalám *n*
Daugava *u.* – Dáugava [.. v ..] *f*
Daugavpils *p.* – Dáugavpils [.. v ..] *n*
Davosa *p.* – Davos [..'vo:s] *n*
Deli *p.* – Délhi ['deli] *n*
Desava *p.* – Déssau *n*
Dienvidāfrikas Republika – Republík Südáfrika *f*
Dīsburga *p.* – Duisburg ['dy:s..] *n*
Diseldorfa *p.* – Dü'sseldorf *n*
Dņepra *u.* – Dnepr ['dnjɛpr] *m*
Dominika – Dominíca *n*
Dominikānas Republika – Dominikánische Republík *f*
Donava *u.* – Dónau *f*
Dortmunde *p.* – Dórtmund *n*
Dublina *p.* – Dublin ['dʌblin] *n*
Dušanbe *p.* – Duschanbé *n*
Duvra *p.* – Dover ['do:vər] *n*
Džakarta *p.* – Djakárta [dʒa..] *n*
Džibuti – Djibouti [dʒi'buti] *n*
Džomolungma *k.* – Tschomolúngma *m vai f*

Egejas jūra – Ägä'is *f*, Ägä'isches Meer
Ēģipte – Ägýpten *dsk.*

Eifrata *u*. – Eu′phrat *m*
Eiropa – Európa *n*
Eislēbene *p*. – Ei′sleben *n*
Eizenaha *p*. – Ei′senach *n*
Ekvadora – Ecuadór *n*
Elbe *u*. – E′lbe *f*
Elbruss *k*. – E′lbrus *m*
Elzasa – E′lsass *n*
Ēresuns *j. š*. – Ö′resund *m*
Erevāna *p*. – Eriwán *n*, Jerewán *n*
Erfurte *p*. – E′rfurt *n*
Esene *p*. – E′ssen *n*
Etiopija – Äthiópien [..ĭən] *n*
Etna *v*. – Ä′tna *m*
Everests *sk*. **Džomolungma**

Farēru salas – Fä′rö′er *dsk*.
Fihtela kalni – Fíchtelgebirge *n*
Filipīnas *ss*. – Philippínen *dsk*.
Fīrvaldšteterezers – Víerwaldstätter See *m*
Flandrija – Flándern *n*
Flensburga *p*. – Flénsburg *n*
Florence *p*. – Florénz *n*
Florida *pss*. – Flórida *n*
Francija – Fránkreich *n*
Frankfurte pie Mainas *p*. – Fránkfurt am Main (a.M.) *n*
Frankfurte pie Oderas *p*. – Fránkfurt an der O′der (a.d.O.) *n*
Freiburga *p*. – Fréiburg *n*
Frīzija – Fríesland *n*
Frīzu salas – Fríesische I′nseln *dsk*.
Fudzijama *v*. – Fudschijáma *m*, Fúji *m*

Gambija – Gámbia *n*
Gana – Ghana [′ga:na] *n*
Ganga *u*. – Gánges *m*
Gauja *u*. – Gáuja *f*

Gelzenkirhene *p.* – Gélsenkirchen *n*
Gēra *p.* – Géra *n*
Gerlica *p.* – Gö′rlitz *n*
Gēteborga *p.* – Gö′teborg *n*
Getingene *p.* – Gö′ttingen *n*
Gibraltāra jūras šaurums – Stráße von Gibráltár
Gibraltārs *pss.* – Gibráltár *n*
Gīsene *p.* – Gíeßen *n*
Golfa straume – Gólfstrom *m*
Gota *p.* – Gótha *n*
Gotlande *s.* – Gótland *n*
Grāca *p.* – Graz *n*
Grenlande *s.* – Grö′nland *n*
Grieķija – Gríechenland *n*
Griniča *p.* – Greenwich [′grinidʒ] *n*
Gruzija – Geórgien [..ïən] *n*
Gvatemala – Guatemála *n*
Gvineja – Guinéa [gi..] *n*

Hāga *p.* – Haag *m*
Haiti *s.* – Haíti *n*
Halberštate *p.* – Hálberstadt *n*
Hamburga *p.*– Hámburg *n*
Hannovere *p.* – Hannóver *n*
Harcs *k.* – Harz *m*
Havana *p.* – Haván[n]a [.. v ..] *n*
Heidelberga *p.* – Héidelberg *n*
Heilbronna *p.* – Héilbronn *n*
Helgolande *s.* – Hélgoland *n*
Helsinki *p.* – Hélsinki *n*
Hercegovina – Herzegówina *f*
Hesene – Héssen *n*
Hidenzē *s.* – Híddensee *n*
Himalaji *k.* – Himálaja *m*
Hirosima *p.* – Hiróschima, Hiróshima [..ʃ..] *n*
Hjūstona *p.* – Houston [′hju:stən] *n*

Holande – Hólland *n*
Holivuda *p.* – Hóllywood ['hɔliwud] *n*
Honkonga *p.* – Hóngkóng *n*
Horvātija – Kroátien [..ïən] *n*
Hudzona *u.* – Hudson ['hʌdsən] *m*
Hunsriks *k.* – Húnsrück *m*

Igaunija – E'stland *n*
Inda *u.* – I'ndus *m*
Indija – I'ndien [..ïən] *n*
Indijas okeāns – I'ndischer O'zean
Indoķīna *pss.* – Indochína *n*
Inna *u.* – Inn *m*
Insbruka *p.* – I'nnsbruck *n*
Irāka – Irák *m*
Irāna – Irán *m*
Īrija – I'rland *n*
Isikuls *ez.* – Issýk-Kul *m*
Islāmabada *p.* – Islamabád *n*
Itālija – Itálien [..ïən] *n*
Izraēla – I'srael *n*

Jalta *p.* – Jálta *n*
Jamaika *s.* – Jamáika *n*
Japāna – Jápan *n*
Jaungvineja *s.* – Neuguinéa [.. gi ..] *n*
Jaunzēlande – Neuséeland *n*
Jemena – Jémen *n vai m*
Jēna *p.* – Jéna *n*
Jeņiseja *u.* – Jenisséi *m*
Jeruzāleme *p.*– Jerúsalem *n*
Jitlande *pss.* – Jü'tland *n*
Johannesburga *p.* – Johánnesburg *n*
Jordāna *u.* – Jórdan *m*
Jordānija – Jordánien [..ïən] *n*
Jura, Juras kalni – Júra *m*

Jūrmala *p.* –Júrmala *n*

Kabula *p.* – Kabúl *n*
Kaira *p.* – Kairo ['kai.. *vai* 'ka:..] *n*
Kalahari *t.* – Kalahári *f*
Kalē *p.* – Calais [ka'lɛ:] *n*
Kalifornija – Kalifórnien [..ïən] *n*
Kalkuta *p.* – Kalkútta *n*
Kambodža – Kambódscha *n*
Kamerūna – Kámerún *n*
Kanāda – Kánada *n*
Kanāriju salas – Kanárische I'nseln *dsk.*, Kanáren *dsk.*
Kanbera *p.* – Canberra [kæn'berə] *n*
Kannas *p.* – Cannes [kan] *n*
Karači *p.* – Karátschi *n*
Karakasa *p.* – Carácas [k..] *n*
Karakums *t.* – Karakúm *f*
Karību jūra – Karíbisches Meer
Karlovi Vari *p.* – Kárlovy Váry [..vi'vari] *n*
Karlsrūe *p.* – Kárlsruhe *n*
Karpati *k.* – Karpáten *dsk.*
Kasele *p.* – Kássel *n*
Kaspijas jūra – Káspisches Meer, Káspisee *m*
Kategats *j. š.* – Káttegat *n*
Katmandu *p.* – Katmándú *n*
Kaukāzs *k.* – Káukasus *m*
Kazahstāna – Kasachstán *n*
Kazbeks *k.* – Kasbék *m*
Keiptauna *p.* – Kápstadt *n*
Kenija – Kénia *n*
Kerntene – Kä'rnten *n*
Kifheizers *k.* – Kýffhäuser ['kif..] *m*
Kijeva *p.* – Kiew ['ki:ɛf] *n*
Kilimandžāro *k.* – Kilimandscháro *m*
Kīmezers – Chiemsee ['ki:m..] *m*
Kipra *s.* – Zýpern *n*

Kirgizstāna – Kirgisistán *n*
Kito *p*. – Quito ['ki:to] *n*
Klondaika *u*. – Klondike ['klɔndaik] *m*
Klusais okeāns – Pazífik *m*, Pazífischer O′zean, Stíller O′zean
Koblenca *p*. – Kóblenz *n*
Kolumbija – Kolúmbien [..ĭən] *n*
Konakri *p*. – Conákry [k..] *n*
Kopenhāgena *p*. – Kopenhágen *n*
Kordiljeri *k*. – Kordilleren [..di′ljɛ:..] *dsk.*
Koreja – Koréa *n*
Korsika *s*. – Kórsika *n*
Kostarika – Kostaríka *n*
Kotbusa *p*. – Cóttbus [k..] *n*
Krakova *p*. – Kráków [..kuf] *n*
Krēfelde *p*. – Kréfeld *n*
Krēta *s*. – Kréta *n*
Krievija – Rússland *n*
Krima *pss*.– Krim *f*
Kuba – Kúba *n*
Kurdistāna – Kúrdistán *n*
Kuršu joma – Kúrisches Haff
Kuršu kāpas – Kúrische Néhrung
Kuveita – Kuwéit *n*
Kvedlinburga *p*. – Quédlinburg *n*

Ķelne *p*. – Köln *n*
Ķīle *p*. – Kiel *n*
Ķīna – Chína *n*

Labās Cerības rags – Kap der Gúten Hóffnung
Lamanšs *j. š*. – La Manche [la′māʃ] *n*, Ä′rmelkanal *m*
Lāna *u*. – Lahn *f*
Laosa – Láos *n*
Lapasa *p*. – La Paz [la′pas] *n*
Latīņamerika – Latéinamerika *n*
Latvija – Léttland *n*

Lauzica – Láusitz *n*
Leina *p.* – Léuna *n*
Leipciga *p.* – Léipzig *n*
Lejassaksija – Níedersachsen *n*
Libāna – Líbanon *m*
Lībeka *p.* – Lü'beck *n*
Libērija – Libéria *n*
Lībija – Líbyen *n*
Lielbritānija – Großbritánnien [..ïən] *n*
Lieldienu sala – O'sterinsel *f*
Lielupe *u.* – Líelupe *f*
Liepāja *p.* – Líepaja *n*
Lietuva – Lítauen *n*
Lihtenšteina – Líechtenstein *n*
Lima *p.* – Líma *n*
Linca *p.* – Linz *n*
Līneburga *p.* – Lü'neburg *n*
Lisabona *p.* – Lisbóa [liʒ..], Líssabon *n*
Londona *p.* – Lóndon *n*
Lozanna *p.* – Lausanne [lo'zan] *n*
Lucerna *p.* – Luzérn *n*
Lugāno ezers – Lugáner See *m*
Luksemburga – Lúxemburg *n*

Madagaskara *s.* – Madagáskar *n*
Madride *p.* – Madríd *n*
Magdeburga *p.* – Mágdeburg *n*
Maiami *p.* – Miami [mai'æmi] *n*
Maina *u.* – Main *m*
Mainca *p.* – Mainz *n*
Maķedonija – Mazedónien [..ïən] *n*
Mali – Máli *n*
Manheima *p.* – Mánnheim *n*
Maroka – Marókko *n*
Māsa *u.* – Maas *f*
Maskava *p.* – Móskau *n*

Materhorns k. – Mátterhorn n
Mazāzija – Kleinásien [..ïən] n
Mehiko p. – México [.. ks ..] n
Meiningene p. – Méiningen n
Meisene p. – Méißen n
Meka p. – Mékka n
Mēklenburga – Mécklenburg [me:kl..] n
Mēklenburga-Priekšpomerānija – Mécklenburg-Vórpommern n
Meksika – Méxiko n
Melnā jūra – Schwárzes Meer n
Melnkalne – Montenégro n
Merzeburga p. – Mérseburg n
Migelezers – Mü'ggelsee m
Milāna p.– Máiland n
Minska p. – Minsk n
Minstere p. – Mü'nster n
Misisipi u. – Missisípi m
Misūri u. – Misouri [mi'su:ri] m
Moldova – Móldau n
Monako – Mónaco n
Monblāns k.– Montblanc [mõ'blā:] m
Mongolija – Mongoléi f
Monreāla p. – Montreal [mɔntri'ɔ:l] n
Montekarlo p. – Monte Cárlo n
Morāvija – Mä'hren n
Mozambika – Mosambík n
Mozele u. – Mósel f

Nairobi p. – Nairóbi n
Nāves jūra – Tótes Meer
Neibrandenburga p. – Neubrándenburg n
Neise u. – Neíße f
Nekāra u. – Néckar m
Nepāla – Nepál n
Niagara u. – Niagára m
Nīderlande – Níederlande dsk.

Nigēra – Níger *n*
Nigērija – Nigéria *n*
Nīla *u.* – Nil *m*
Nirnberga *p.* – Nü′rnberg *n*
Norvēģija – Nórwegen *n*

Ņeva *u.* – Newá *f*
Ņūfaundlenda *s.* – Neufúndland *n*
Ņujorka *p.* – New York [′nju:jɔ:[r]k] *n*

Oba *u.* – Ob *m*
Oberhauzene *p.* – O′berhausen *n*
Odera *u.* – O′der *f*
Okeānija – Ozeánien [..ĭən] *n*
Oksforda *p.* – O′xford *n*
Olimps *k.* – Olýmp *m*
Oslo *p.* – O′slo *n*
Osnabrika *p.* – Osnabrü′ck *n*
Otava *p.* – O′ttawa *n*

Pakistāna – Pákistán *n*
Palestīna – Palästína *n*
Paragvaja – Paraguay [′paragwai *vai* ..gu′a:i] *n*
Parīze *p.* – París *n*
Pekina *p.* – Péking *n*
Persijas jūras līcis – Pérsischer Golf
Peru – Perú *n*
Pilzene *p.* – Plzeñ [′plzɛnj] *n*
Pireneji *k.* – Pyrenä′en *dsk.*
Plauene *p.* – Pláuen *n*
Polija – Pólen *n*
Polinēzija – Polynésien [..ĭən] *n*
Portugāle – Pórtugal *n*
Potsdama *p.* – Pótsdam *n*
Prāga *p.* – Prag *n*
Puertoriko – Puérto Ríco *n*

Rabata *p.* – Rabát *n*
Reikjavīka *p.* – Réykjavik [..vi:k] *n*
Reina *u.* – Rhein *m*
Reinzeme-Pfalca – Rhéinland-Pfalz *n*
Remagene *p.* – Rémagen *n*
Remšeide *p.* – Rémscheid *n*
Rīdesheima *p.* – Rü'desheim *n*
Rīga *p.* – Ríga *n*
Rīgas jūras līcis – Rígaer Bucht *f*
Rīgene *s.* – Rü'gen *n*
Riodežaneiro *p.* – Río de Janeiro [..ʒa'ne:ro] *n*
Roma *p.* – Rom *n*
Rostoka *p.* – Róstock *n*
Roterdama *p.* – Rotterdám *n*
Rūdu kalni – E'rzgebirge *dsk.*
Rumānija – Rumä'nien [..ïən] *n*
Rūra *u.* – Ruhr *f*
Rūras apgabals – Rúhrgebiet *n*

Sahāra *t.* – Sáhára *f*
Saksija – Sáchsen *n*
Salvadora – El Salvadór [..v..] *n*
Sanktpēterburga *p.* – Sanktpétersburg *n*
Sarajeva *p.* – Sarajévo [..vo] *n*
Sardīnija *s.* – Sardínien [..ïən] *n*
Saūda Arābija – Saúdi-Arábien [..ïən] *n*
Sēna *u.* – Seine [sɛ:n] *f*
Senegāla – Sénegal *n*
Serbija – Sérbien [..ïən] *n*
Seula *p.* – Sö'ul *n*
Sibīrija – Sibírien [..ïən] *n*
Sicīlija *s.* – Sizílien [..ïən] *n*
Sidneja *p.* – Sydney ['sidni] *n*
Sigulda *p.* – Sígulda *n*
Silēzija – Schlésien [..ïən] *n*
Singapūra *p.* – Síngapur *n*

Sīrija – Sýrien [..ïən] *n*
Skandināvija – Skandinávien [..vïən] *n*
Skotija – Schóttland *n*
Slovākija – Slowakéi *f*
Slovēnija – Slowénien [..ïən] *n*
Sofija *p*. – Sófia *n*
Somālija – Somália *n*
Somija – Fínnland *n*
Spānija – Spánien [..ïən] *n*
Stambula *p*. – I′stanbul *n*
Stokholma *p*.– Stóckholm *n*
Stromboli *v*. – Strómboli *n*
Sudeti *k*. – Sudéten *dsk*.
Sueca *p*. – Súez *n*
Sumatra *s*. – Sumátra *n*

Šelda *u*. – Schélde *f*
Šlēsviga-Holšteina – Schléswig-Hólstein *n*
Špesarts *k*. – Spéssart *m*
Šprē *u*. – Spree *f*
Šrilanka – Sri Lánka *n*
Štāsfurte *p*. – Stáßfurt *n*
Šteiermarka *p*. – Stéiermark *n*
Štrālzunde *p*. –Strálsund *n*
Štutgarte *p*. – Stúttgart *n*
Švābija – Schwáben *n*
Švarcvalde *k*. – Schwárzwald *m*
Šveice – Schweiz *f*
Šverīne *p*. – Schwerín *n*

Tadžikistāna –Tadschíkistan *n*
Taivāna *s*. – Táiwan *n*
Tālie Austrumi – Férner O′sten
Tallina *p*. – Tállinn *n*
Tanzānija – Tansanía *n*
Taškenta *p*.– Taschként *n*

Tatri *k.* – Tátra *f*
Taunuss *k.* – Táunus *m*
Taurs *k.* – Táurus *m*
Tbilisi *p.* – Tbilíssi *n*
Tēgernezers – Tégernsee *m*
Teherāna *p.* – Teheran [te:[h]ə′ra:n] *n*
Telaviva *p.* – Tel Aviv [..a′vi:f] *n*
Temza *u.* – Thémse *f*
Tibeta – Tíbet *n*
Tigra *u.* – Tígris *m*
Tirāna *p.* – Tirána *n*
Tīringene – Thü′ringen *n*
Tirole – Tiról *n*
Tjanšans *k.* – Tienschan [′tiɛn..] *m*
Togo – Tógo *n*
Tokija *p.* – Tókio *n*
Transilvānija – Transsilvánien [.. va:nĭən] *n*
Tripole *p.* – Trípolis *n*
Trīre *p.* – Trier *n*
Tronheima *p.* – Tróndheim *n*
Tunisa *p.* – Túnis *n*
Tunisija – Tunésien [..ĭən] *n*
Turcija – Türkéi *f*
Turkmmenistāna – Turkmenistán *n*
Tuvie Austrumi – Náher O′sten

Uganda – Ugánda *n*
Ugunszeme *ss.* – Féuerland *n*
Ukraina – Ukraíne *f*
Ulanbatora *p.* – Ulán-Bátor *n*
Ulma *p.* – Ulm *n*
Upsala *p.* – U′psala, U′ppsala *n*
Urugvaja – Uruguay [..′gvai] *n*
Utrehta *p.* – U′trecht *n*
Uzbekistāna – Usbékistan *n*
Ūzedoma *s.* – U′sedom *n*

Vācija – Déutschland *n*
Vācijas Federatīvā Republika – Búndesrepublik Déutschland
Vanezers – Wánnsee *m*
Varšava *p*. – Wárschau *n*
Varta *u*. – Wárta *f*
Vašingtona *p*. – Washington [ˈwɔʃiŋtən] *n*
Vatikāns – Vatikánstaat [v..] *f*
Veimāra *p*. – Wéimar *n*
Venēcija *p*. – Venédig [v..] *n*
Venecuēla – Venezuéla [v..] *n*
Venta *u*. – Vénta [v..] *f*
Ventspils *p*. – Véntspils [v..] *n*
Versaļa *p*. – Versailles [vɛrˈzai] *n*
Vestfālene – Westfálen *n*
Vēzere *u*. – Wéser *f*
Vezuvs *v*. –Vesúv [v..] *m*
Vidējie Austrumi – Míttlerer Oˈsten
Vidusāzija – Mittelásien [..iən] *n*
Vidusjūra – Míttelmeer *n*
Viktorijas ezers – Victóriasee [v..] *m*
Viļņa *p*. – Vílnius [v..] *n*
Vīne *p*. – Wien *n*
Vircburga *p*. – Wüˈrzburg *n*
Vīsbādene *p*. – Wíesbaden *n*
Visbija *p*. – Vísby [v..] *n*
Visla *u*. – Wísla *f*
Vismāra *p*. – Wísmar *n*
Volga *u*. – Wólga *f*

Zagreba *p*. – Zagreb [ˈza..] *n*
Zalcburga *p*. – Sálzburg *n*
Zalckammergūts *k*. – Sálzkammergut *n*
Zāle *u*. – Sáale *f*
Zāra *u*. – Saar *f*
Zāras apgabals – Sáarland *n*
Zārbrikene *p*. – Saarbrüˈcken *n*

Zemmerings *k. pāreja Alpos* – Sémmering *m*
Ziemeļjūra – Nórdsee *f*
Ziemeļreina-Vestfālene – Nórdrhein-Westfálen *n*
Ziemeļu Ledus okeāns – A'rktischer O'zean, Nö'rdliches Polármeer
Zīga *u.* – Sieg *f*
Zolingene *p.* – Sólingen *n*
Zunda šaurums *sk.* Ēresuns
Zviedrija – Schwéden *n*

Ženēva *p.* – Genf *n*
Ženēvas ezers – Génfer See

VĀCU-LATVIEŠU
ĢEOGRĀFISKIE NOSAUKUMI

Zemju un pilsētu nekatras dzimtes ģeogrāfiskos nosaukumus lieto bez artikula (ar artikulu tikai tad, ja tiem blakus ir adjektīvs). Dzimtes apzīmējums *n, m, f* tiem tāpēc dots iekavās. Pārējie ģeogrāfiskie nosaukumi lietojami ar artikulu, un tiem dzimtes apzīmējums parādīts bez iekavām.

A'achen (*n*) *p.* – Āhene
A'dria *f*, **Adriátisches Meer** – Adrijas jūra
Afghánistan (*n*) – Afganistāna
A'frika (*n*) – Āfrika
Ägä'is *f*, **Ägä'isches Meer** – Egejas jūra
Ägýpten (*n*) – Ēģipte
Albánien [..ĭən] (*n*) – Albānija
Algérien [..ĭən] (*n*) – Alžīrija
A'lgier ['alʒi:r] (*n*) *p.* – Alžīra
A'llgäu (*n*) – Algoja (*novads Alpos*)
A'lpen *dsk.* (*kalni*) – Alpi
Amérika (*n*) – Amerika
Andórra (*n*) – Andora
Antárktika *f* – Antarktīda
Antárktis *f* – Antarktika
Apennín *m*, **Apennínen** *dsk.* (*kalni*) – Apenīni
Arábien [..ĭən] (*n*) (*pussala*) – Arābija
Ardénnen *dsk.* (*kalni*) – Ardēni
A'rktis *f* – Arktika
Ä'rmelkanal *m* (*jūras šaurums*) – Lamanšs
A'sien [..ĭən] (*n*) – Āzija
As-Suweis (*n*) *p.* – Sueca
Athén (*n*) *p.* – Atēnas
Äthiópien [..ĭən] (*n*) – Etiopija
Atlántik *m*, **Atlántischer O'zean** – Atlantijas okeāns
Ä'tna *m* (*vulkāns*) – Etna
Austrálien [..ĭən] (*n*) – Austrālija

Báden-Báden (*n*) *p.* – Bādenbādene
Báden-Wü′rttemberg (*n*) – Bādene-Virtemberga
Balaton [′bɔlɔton] *m ez.* – Balatons
Bálkan *m* (*kalni*) – Balkāni
Barcelóna [bartse..] (*n*) *p.* – Barselona
Báutzen (*n*) *p.* – Baucene
Báyern (*n*) – Bavārija
Bayréuth (*n*) *p.* – Baireita
Bélgien [..ïən] (*n*) – Beļģija
Berlín (*n*) *p.* – Berlīne
Bern (*n*) *p.* – Berne
Biskáya *f*, **Golf von Biskaya** – Biskajas [jūras] līcis
Bódensee *m* – Bodenezers
Bö′hmen (*n*) – Bohēmija
Bö′hmerwald *m* (*kalnu masīvs*) – Bohēmijas Mežs, Šumava
Bologna [bo′lɔnja] (*n*) *p.* – Boloņa
Bonn (*n*) *p.* – Bonna
Bordeaux [bɔr′do:] (*n*) *p.* – Bordo
Boulogne [bu′lɔnj] (*n*) *p.* – Buloņa
Bósnien [..ïən] (*n*) – Bosnija
Brándenburg (*n*) (*apgabals un pilsēta*) – Brandenburga
Bráunschweig (*n*) (*apgabals un pilsēta*) – Braunšveiga
Brémen (*n*) *p.* – Brēmene
Bretágne [brə′tanje] *f* (*pussala*) – Bretaņa
Brócken *m k.* – Brokens
Búdapest (*n*) *p.* – Budapešta
Búkarest (*n*) *p.* – Bukareste
Bulgárien [..ïən] (*n*) – Bulgārija
Búndesrepublik Déutschland – Vācijas Federatīvā Republika

Canberra [kæn′berə] (*n*) *p.* – Kanbera
Cannes [kan] (*n*) *p.* – Kannas
Champagne [ʃã′panjə] *f* – Šampaņa
Chíemsee [′ki:m..] *m* – Kīmezers
Chile [′tʃi:lɛ] (*n*) – Čīle
Chína (*n*) – Ķīna

Cóttbus [k..] (*n*) *p.* – Kotbusa
Cúba (*n*) *sk.* **Kuba**
Czestochowa [tʃɛ̃stɔ'xɔva] (*n*) *p.* – Čenstohova

Dalmátien [..ĭən] (*n*) – Dalmācija
Dä'nemark (*n*) – Dānija
Dáugava [..v..] *f u.* – Daugava
Davos [..'vos] (*n*) (*kūrorts*) – Davosa
Déutschland (*n*) – Vācija
Dnepr [dnjɛpr] *m u.* – Dņepra
Dónau *m u.* – Donava
Dóver ['do:vər] (*n*) *p.* – Duvra
Drésden (*n*) *p.* – Drēzdene
Duisburg ['dy:s..] (*n*) *p.* – Dīsburga
Dunkérque [dɔ̃e'kɛrk], **Dü'nkirchen** (*n*) *p.* – Denkerka
Dü'sseldorf (*n*) *p.* – Diseldorfa

E'lba (*n*) *s.* – Elba
E'lbe *f u.* – Elbe
E'ngland (*n*) – Anglija
E'rzgebirge *n* – Rūdu kalni
E'stland (*n*) – Igaunija
Európa (*n*) – Eiropa

Fä'rö'er *dsk.* – Farēru salas
Félsengebirge *n* – Klinšu kalni
Férner O'sten – Tālie Austrumi
Fíchtelgebirge *n* – Fihtela kalni
Fínnland (*n*) – Somija
Flándern (*n*) – Flandrija
Fránkfurt (Main), Fránkfurt (am Main), Fránkfurt (a. M.)
    (*n*) *p.* – Frankfurte pie Mainas
Fránkfurt (O'der), Fránkfurt (an der O'der), Fránkfurt
    (a. d. O.) (*n*) *p.* – Frankfurte pie Oderas
Fránkreich (*n*) – Francija
Fríesische I'nseln *dsk.* – Frīzu salas

Fríesland (*n*) – Frīzija

Geméinschaft der U'nabhängigen Stáaten – Neatkarīgo Valstu Savienība
Genf (*n*) *p.* – Ženēva
Génfer See *m* – Ženēvas ezers
Gent (*n*) *p.* – Ģente
Génua (*n*) *p.* – Dženova
Géra (*n*) *p.* – Gēra
Gibráltár (*n*) (*pussala*) – Gibraltārs; Straße von Gibraltar – Gibraltāra šaurums
Gólfstrom *m* – Golfa straume
Gö'teborg (*n*) *p.* – Gēteborga
Gótha (*n*) *p.* – Gota
Gö'ttingen (*n*) *p.* – Getingene
Graz (*n*) *p.* – Grāca
Greenwich ['grinidʒ] (*n*) – Griniča
Gríechenland (*n*) – Grieķija
Grö'nland (*n*) *s.* – Grenlande
Großbritánnien [..iən] (*n*) – Lielbritānija

Haag *m p.* – Hāga
Hámburg (*n*) *p.* – Hamburga
Hannóver [...f.. *vai* ..v..] (*n*) *p.* – Hannovere
Harz *m* (*kalni*) – Harcs
Hélgoland (*n*) *s.* – Helgolande
Hélsinki (*n*) *p.* – Helsinki
Híddensee (*n*) *s.* – Hidenzē
Himálaja *m* (*kalni*) – Himalaji
Hiróschima, Hiróshima [..ʃi..] (*n*) *p.* – Hirosima
Hólland (*n*) – Holande
Hóllywood ['hɔliwud] (*n*) *p.* – Holivuda
Húnsrück *m* (*kalni*) – Hunsriks

I'ndien [..iən] (*n*) – Indija
I'ndischer O'zean – Indijas okeāns
I'rland (*n*) – Īrija
I'sland (*n*) – Islande

I'srael (*n*) – Izraēla
I'stanbúl (*n*) *p.* – Istanbula, Stambula
Itálien [..ïən] (*n*) – Itālija

Jápan (*n*) – Japāna
Jéna (*n*) *p.* – Jēna
Jerúsalem (*n*) *p.* – Jeruzāleme
Jü'tland (*n*) (*pussala*) – Jitlande

Kairo ['kai.. *vai* 'ka:..] (*n*) *p.*– Kaira
Kánada (*n*) – Kanāda
Kanárische I'nseln *dsk.* – Kanāriju salas
Kárlsruhe (*n*) *p.* – Karlsrūe
Kä'rnten (*n*) – Kerntene
Káspisee *m* – Kaspijas jūra
Káukasus *m* – Kaukāzs, Kaukāza kalni
Káunas (*n*) *p.* – Kauņa
Kiel (*n*) *p.* – Ķīle
Kiew ['ki:ɛf] (*n*) *p.* – Kijeva
Kóblenz (*n*) *p.* – Koblenca
Köln (*n*) *p.* – Ķelne
Kopenhágen (*n*) *p.* – Kopenhāgena
Kréfeld (*n*) *p.* – Krēfelde
Kroátien [..ïən] (*n*) – Horvātija
Kúba (*n*) – Kuba
Kúrische Néhrung *f* – Kuršu kāpas
Kúrisches Haff (*n*) – Kuršu joma
Kýffhäuser ['kif..] *m* (*kalnājs*) – Kifheizers

La Manche [la'māʃ] (*n*) (*jūras šaurums*) *sk.* **Ärmelkanal**
Láppland (*n*) – Lapzeme
Latéinamerika (*n*) – Latīņamerika
Lausanne [lo'zan] (*n*) *p.* – Lozanna
Láusitz *n* – Lauzica
Léipzig (*n*) *p.* – Leipciga
Léttland (*n*) – Latvija

Líbanon 1. (*n*) *vai m* Libāna; **2.** *m* Libāna grēda
Líechtenstein (*n*) – Lihtenšteina
Lisbóa [liʒ..], **Líssabón** (*n*) *p.* – Lisabona
Lítauen (*n*) – Lietuva
Lóndon (*n*) *p.* – Londona
Lü′beck (*n*) *p.* – Lībeka
Lü′neburg (*n*) *p.* – Līneburga
Lü′ttich (*n*) *p.* – Lježa
Lúxemburg (*n*) **1.** (*valsts*) Luksemburga; **2.** *p.* Luksemburga

Maas *f u.* – Māsa
Madríd (*n*) *p.* – Madride
Mágdeburg (*n*) *p.* – Magdeburga
Máiland (*n*) *p.* – Milāna
Main *m u.* – Maina
Mainz (*n*) *p.* – Mainca
Mazedónien [..ïən] (*n*) – Maķedonija
Mallorca [mal′jɔrka] (*n*) *s.* – Maljorka
Marseille [..′sɛ:i] (*n*) *p.* – Marseļa
Mátterhorn *n* (*kalna virsotne*) – Materhorns
Mécklenburg [me:kl..] (*n*) – Mēklenburga
Méißen (*n*) *p.* – Meisene
Míttelamerika (*n*) – Centrālamerika
Míttelasien [..ïən] (*n*) – Vidusāzija
Míttelmeer (*n*) – Vidusjūra
Míttlerer O′sten – Vidējie Austrumi
Móldau *f u. sk.* **Vltáva**
Mónaco (*n*) (*valsts un pilsēta*) – Monako
Monte Cárlo (*n*) *p.* – Montekarlo
Montenégro (*n*) – Melnkalne
Mósel *f u.* – Mozele
Móskau (*n*) *p.* – Maskava
Mü′ggelsee *m* – Migelezers
Mü′nchen (*n*) *p.* – Minhene

Náher O′sten – Tuvie Austrumi

Nantes [nãt] (*n*) *p*. – Nante
Neápel (*n*) *p*. – Neapole
Néckar *m u*. – Nekāra
Néman *m u*. – Nemuna
Neubrándenburg (*n*) – Neibrandenburga
Neuséeland (*n*) – Jaunzēlande
New York [ˈnju:ˈjɔ:[r]k] (*pilsēta un ASV štats*) (*n*) – Ņujorka
Níederlande *dsk*. – Nīderlande
Níedersachsen (*n*) – Lejassaksija
Nordamérika (*n*) – Ziemeļamerika
Nórdsee *f* – Ziemeļjūra
Nórwegen (*n*) – Norvēģija
Nüˈrnberg (*n*) *p*. – Nirnberga

Oˈder *f u*. – Odera
Öˈresund *m* (*jūras šaurums*) – Ēresuns
Oˈslo (*n*) *p*. – Oslo
Osnabrüˈck (*n*) *p*. – Osnabrika
Oˈsterinsel *f* – Lieldienu sala
Öˈsterreich (*n*) – Austrija
Oˈstsee *f* – Baltijas jūra

Palästína (*n*) – Palestīna
París (*n*) *p*. – Parīze
Pas de Calais [padəkaˈlɛ:] (*n*) (*jūras šaurums*) – Padekalē
Péking (*n*) *p*. – Pekina
Pláuen (*n*) *p*. – Plauene
Pólen (*n*) – Polija
Pómmern (*n*) *vēst*. – Pomerānija
Pórtugal (*n*) – Portugāle
Pótsdam (*n*) *p*. – Potsdama
Prag (*n*) *p*. – Prāga
Préußen (*n*) *vēst*. – Prūsija
Pyrenäˈen *dsk*. (*kalni*) – Pireneji

Quédlinburg (*n*) *p*. – Kvedlinburga

Rhein *m u.* – Reina
Rhéingau *m* – Reinas novads
Ríga (*n*) *p.* – Rīga
Rígaer Bucht *f* – Rīgas [jūras] līcis
Rom (*n*) *p.* – Roma
Rü'desheim (*n*) *p.* – Rīdesheima
Rü'gen (*n*) *s.* – Rīgene
Rúhrgebiet *n* – Rūras apgabals
Rumä'nien [..ĭən] (*n*) – Rumānija
Rússland (*n*) – Krievija

Sáale *f u.* – Zāle
Saar *f u.* – Zāra
Saarbrü'cken (*n*) *p.* – Zārbrikene
Sáchsen (*n*) – Saksija
Sálzburg (*n*) *p.* – Zalcburga
Schléswig-Hólstein (*n*) – Šlēsviga-Holšteina
Schóttland (*n*) – Skotija
Schwában (*n*) – Švābija
Schwárzwald *m* (*kalnājs*) – Švarcvalde
Schwéden (*n*) – Zviedrija
Schweiz *f* – Šveice
Schwéizer A'lpen *dsk.* – Šveices Alpi
Schwerín (*n*) *p.* – Šverīne
Seine [sɛ:n] *f u.* – Sēna
Sémmering *m* (*kalnu pāreja Alpos*) – Zemmerings
Sérbien [..ĭən] (*n*) – Serbija
Sibírien [..ĭən] (*n*) – Sibīrija
Skandinávien [..vĭən] (*n*) – Skandināvija
Slowakéi *f* – Slovākija
Slowénien [..ĭən] (*n*) – Slovēnija
Sófia (*n*) *p.* – Sofija
Sólingen (*n*) *p.* – Zolingene
Spánien [..ĭən] (*n*) – Spānija
Spéssart *m* (*kalnājs*) – Špesarts
Spree *f u.* – Šprē

Stáßfurt (*n*) *p*. – Štāsfurte
Stéiermark *n* – Šteiermarka
Stóckholm (*n*) *p*. – Stokholma
Strálsund (*n*) *p*. – Štrālzunde
Strasbourg [straz′bu:r] (*n*) *p*. – Strasbūra
Stúttgart (*n*) *p*. – Štutgarte
Südáfrika (*n*) – Dienvidāfrika
Südamérika (*n*) – Dienvidamerika
Sü′dpol *m* – Dienvidpols

Tállinn (*n*) *p*. – Tallina
Teheran [te:[h]ə′ra:n] (*n*) *p*. – Teherāna
Tháiland (*n*) – Taizeme
Thémse *f u*. – Temza
Thü′ringen (*n*) – Tīringene
Tiról (*n*) – Tirole
Tókio (*n*) *p*. – Tokija
Tótes Meer – Nāves jūra
Türkéi *f* – Turcija

Ulm (*n*) *p*. – Ulma
U′ngarn (*n*) – Ungārija
U′sedom (*n*) *s*. – Ūzedoma

Vatikánstadt [v..] *f* – Vatikāns (*valsts*)
Venédig [v..] (*n*) *p*. – Venēcija
Versailles [vɛr′zai] (*n*) *p*. – Versaļa
Víerwaldstätter See *m* – Fīrvaldšteterezers
Vílnius [v..] (*n*) *p*. – Viļņa
Vltáva [v..va] *f u*. – Vltava
Vogésen [v..] *dsk*. (*kalni*) – Vogēzi

Wánnsee *m* – Vanezers
Wárschau (*n*) *p*. – Varšava
Wéimar (*n*) *p*. – Veimāra
Wéser *f u*. – Vēzere

Westfálen (*n*) – Vestfālene
Wien (*n*) *p*. – Vīne
Wíenerwald *m* (*kalnājs*) – Vīnes Mežs
Wíesbaden (*n*) *p*. – Vīsbādene
Wúppertal (*n*) *p*. – Vupertāle
Wü′rzburg (*n*) *p*. – Vircburga

Zentrálamerika (*n*) – Centrālamerika
Zíttau (*n*) *p*. – Citava
Zü′rich (*n*) *p*. – Cīrihe
Zwíckau (*n*) *p*. – Cvikava
Zýpern (*n*) *s*. – Kipra

VĀCU VALODĀ VISBIEŽĀK LIETOJAMIE SAĪSINĀJUMI

Angļu, franču, itāliešu un latīņu vārdi, kuru saīsinājumi sastopami vācu tekstos, šajā sarakstā apzīmēti ar *«angl.»*, *«fr.»*, *«itāl.»* *«lat.»*.

a. – am, an – pie
A. *vai* **a.** – Anno *vai* anno... (*lat.*) – ... gadā
a. a. O. – am angegebenen (angeführten) Ort – minētajā vietā
a. a. S. – auf angegebener (angeführter) Seite – minētajā lappusē
a. B. – **1.** auf Befehl – uz pavēli; **2.** auf Bestellung – uz pasūtījumu
Abb. – Abbildung – attēls
ABC–Staaten – Argentinien, Brasilien, Chile – Argentīna, Brazīlija, Čile
ABC–Waffen – atomare, biologische und chemische Waffen – atomieroči, bioloģiskie un ķīmiskie ieroči
Abf. – Abfahrt – atiešana
Abg. – Abgeordnete[r] – deputāts, deputāte
Abk. – Abkürzung – saīsinājums
Abs. – **1.** Absatz – rindkopa; **2.** Absender – nosūtītājs
a. b. S. – an berufsbildenden Schulen – arodskolās
Abt. – Abteilung – nodaļa
a. C. – ante Christum (*lat.*) – pirms Kristus
a. d. – an der: Frankfurt a. d. O. (an der Oder) – Frankfurte pie Oderas
a. D. – außer Dienst – atvaļināts
ADA – allgemeines Dienstalter – kopējais darba stāžs
Adr. – Adresse – adrese
A. d. Ü. – Anmerkung des Übersetzers – tulkotāja piezīme
ADV – Abteilung für Datenverarbeitung – datu apstrādes nodaļa
ADVA – automatisierte Datenverarbeitungsanlage – automatizētās datu apstrādes iekārta
AEI – Arbeitskreis Europäische Integration – Eiropas integrācijas komisija
AG – **1.** Aktiengesellschaft – akciju sabiedrība; **2.** Autonomes Gebiet – autonoms apgabals
AG – Assemblée Générale (*fr.*) – ģenerālasambleja
AGB – Arbeitsgesetzbuch – darba likumu kodekss
Agt. – **1.** Agent – aģents; **2.** Agentur – aģentūra
ahd. – althochdeutsch – senaugšvācu–

AK – Armeekorps – armijas korpuss
AKW – Atomkraftwerk – atomelektrostacija (AES)
AlG – Arbeitslosengeld – bezdarbnieka pabalsts
a. m. – ante meridiem (*lat.*) – priekšpusdienā
Anh. – Anhang – pielikums
Ank. – Ankunft – pienākšana
Anm. – Anmerkung – piezīme
Antw. – Antwort – atbilde
Art. – Artikel – (*likuma, līguma*) pants, paragrāfs
A. T. – Altes Testament – Vecā Derība
Aufl. – Auflage – **1.** izdevums; **2.** metiens
AZ – Abendzeitung – vakara avīze
a. Z. – auf Zeit – uz laiku

Bd. – Band – sējums
Bde. – Bände – sējumi
beif. – beifolgend – klāt pielikts (pievienots)
Beil. – Beilage – pielikums
Bem. – Bemerkung – piezīme
BENELUX, Benelux – Belgien, Niederlande, Luxemburg – Beniluksa Valstis – Beļģija, Nīderlande, Luksemburga
bes. – besonders – it īpaši, sevišķi
betr. – betreffend, betreffs – attiecībā uz
Betr. – Betreff: in B. – attiecībā uz
bez. – **1.** bezahlt – samaksāts; **2.** bezüglich – attiecībā uz
Bez. – **1.** Bezeichnung – apzīmējums; **2.** Bezirk – iecirknis; apgabals; rajons
Bf – Bahnhof – dzelzceļa stacija
Bhf – Bahnhof – dzelzceļa stacija
Bl. – Blatt – lapa
BLZ – Bankleitzahl – bankas indekss
BRD – Bundesrepublik Deutschland – Vācijas Federatīvā Republika (VFR)
brosch. – broschiert – brošēts
btto. – brutto – bruto
Bus – Autobus, Omnibus – autobuss
bzw. – beziehungsweise – attiecīgi; vai; respektīvi

°C – Grad Celsius – Celsija grāds
ca. – circa (*lat*.) – ap, apmēram
cal – Kalorie – kalorija
CD–ROM – Compact Disc Read Only Memory (*angl*.) – kompaktdiska lasāmatmiņa
CDU – Christlich–Demokratische Union – Kristīgo demokrātu savienība
CeBIT – Welt–Centrum der Büro– und Informationstechnik (*Messe in Hannover*) – Biroja un informācijas tehnikas centrs (*gadatirgus Hannoverē*)
CENTO – Central Treaty Organization (*angl*.) – Centrālnolīguma organizācija
CERN – European Centre for Nuclear Research (*angl*.) – Eiropas kodolpētījumu centrs
CGS–System – Zentimeter–Gramm–Sekunden–System – CGS sistēma
CIA ['si:ai'e:] – Central Intelligence Agency (*angl*.) – Centrālā izlūkošanas pārvalde (*ASV*)
Co. – Company (*angl*.) – kompānija, sabiedrība
CSU – Christlich–Soziale Union – Kristīgo sociālistu savienība

d – Durchmesser – diametrs
d. Ä. – der Ältere – vecākais
Dat. – Dativ – datīvs
DAX, **Dax** – Deutscher Aktienindex – Vācijas biržas akciju indekss
DB – Deutsche Bundesbahn – Vācijas dzelzceļš
DDR – *vēst*. Deutsche Demokratische Republik – Vācijas Demokrātiskā Republika (*VDR*)
DEFA – *vēst*. Deutsche Film–Aktiengesellschaft – Vācijas Filmu akciju sabiedrība
DGB – Deutscher Gewerkschaftsbund – Vācu arodbiedrību savienība (*VFR*)
d. Gr. – der Große – Lielais (*pie īpašvārdiem*)
d. h. – das heißt – tas ir
d. i. – das ist – tas ir
DIN – Deutsches Institut für Normung – Vācijas rūpniecisko normu un standartu institūts
Dipl. – Diplom... – diplomēts
Dipl. –Ing. – Diplomingenieur – diplomēts inženieris
Dir. – Direktor – direktors

d. J. – 1. dieses Jahres – šā gada; **2.** der Jüngere – jaunākais

DKP – Deutsche Kommunistische Partei – Vācijas Komunistiskā partija (*VFR*)

DM – Deutsche Mark – Vācijas marka (*naudas vienība*)

DP – Deutsche Post – Vācijas pasts

Dr. – doctor (*lat.*) – doktors

DR – Deutsche Reichsbahn – Vācijas dzelzceļi

Dr. h. c. – doctor honoris causa (*lat.*) – goda doktors

Dr.– Ing. – Doktor der Ingenieurwissenschaften – tehnisko zinātņu doktors

Dr. jur. – doctor juris (*lat.*) – juridisko zinātņu doktors

DRK – Deutsches Rotes Kreuz – Vācijas Sarkanais Krusts

Dr. med. – doctor medicinae (*lat.*) – medicīnas zinātņu doktors

Dr. phil. – doctor philosophiae (*lat.*) – filozofijas zinātņu doktors

dt., dtsch. – deutsch – vācu–; vācisks; vāciski

EDV – elektronische Datenverarbeitung – elektroniskā datu apstrāde

EDVA – elektronische Datenverarbeitungsanlage – elektroniskās datu apstrādes iekārta

ehem. – ehemals – kādreiz, agrāk

eigtl. – eigentlich – īstenībā

EKG *vai* **Ekg** – Elektrokardiogramm – elektrokardiogramma

etc. – et cetera (*lat.*) – un tā tālāk

EU – Europa Union – Eiropas Savienība

evtl. – eventuell – eventuāls, varbūtējs

EWE – Europäische Währungseinheit – Eiropas valūtas vienība

EWF – Europäischer Währungsfonds – Eiropas valūtas fonds

EWG – Europäische Wirtschaftsgemeinschaft – Eiropas ekonomiskā asociācija (Kopējais tirgus)

Ew. M. – Eure Majestät – Jūsu Majestāte

EWWU – Europäische Wirtschafts– und Währungsunion – Eiropas saimniecības un valūtas savienība

Ex. – Express – ekspresis (*ātrvilciens*)

exkl. – exklusive – neieskaitot

Expl. – Exemplar – eksemplārs

Exz. – Exzellenz – ekselence

°F – Grad Fahrenheit – Fārenheita grāds
Fa. – Firma – firma
f. D. G. – für Dienstgebrauch – dienesta vajadzībām
FDGB – Freier Deutscher Gewerkschaftsbund – Brīvā Vācijas arodbiedrību savienība (*VDR*)
FDJ – *vēst.* Freie Deutsche Jugend – Brīvās vācu jaunatnes savienība (*VDR*)
FD–Zug – Fern–D–Zug – tālsatiksmes ātrvilciens
Fig. – Figur – attēls, zīmējums
fr – Franc – franks
fr. – frei – brīvs
Fr – Franken – (*Šveices*) franks
Fr. – Frau – kundze
Frl. – Fräulein – jaunkundze
FS – Fernsehen – televīzija

g – **1.** Gramm – grams; **2.** Groschen – grasis (*simtdaļa Austrijas šiliņa*)
geb., gb. – geboren – dzimis
gegr. – gegründet – dibināts
gen. – genannt – minēts
gesch. – geschieden – šķirts
gest. – gestorben – miris
gez. – gezeichnet – parakstīts
GmbH – Gesellschaft mit beschränkter Haftung – sabiedrība ar ierobežotu atbildību
GUS – Gemeinschaft Unabhängiger Staaten – Neatkarīgā Valstu Savienība

ha – Hektar – hektārs
Hbf – Hauptbahnhof – galvenā dzelzceļa stacija
h. c. – honoris causa (*lat.*) – goda–; goda pēc
hd. – hochdeutsch – augšvācu–
hg. – herausgegeben – izdots
Hg. – Herausgeber – izdevējs
hl. – heilig – svēts
Hptst. – Hauptstadt – galvaspilsēta
Hr. – Herr – kungs

Hrn. – Herrn – kungam
hrsg. – herausgegeben – izdots
Hrsg. – Herausgeber – izdevējs

i. allg. – im allgemeinen – vispārīgi
I–Ausweis – Identitätsausweis – personas apliecība (*Austrijā*)
idg. – indogermanisch – indoģermāņu–
IE – Informationseinheit – informācijas vienība
IG – **1.** Interessengemeinschaft – interešu savienība, koncerns; **2.** Industrie-gewerkschaft – rūpniecības nozares darbinieku arodbiedrība
iga, IGA – Internationale Gartenbau–Ausstellung – Starptautiskā dārzkopības izstāde
i. J. – im Jahr[e]... – ... gadā
Ing. – Ingenieur – inženieris
Inh. – Inhaber – īpašnieks
inkl. – inklusive – ieskaitot
IOK – Internationales Olympisches Komitee – Starptautiskā olimpiskā komiteja
IS – Informationssystem – informācijas sistēma
i. V. – im Vorjahr – iepriekšējā gadā
IZ – **1.** Industriezentrum – rūpniecības centrs; **2.** Informationszentrum – informācijas centrs

JA – Jahresabschluss – gada pārskats
Jg. – Jahrgang – gadagājums
Jh. – Jahrhundert – gadsimts
jr., jun. – junior (*lat.*) – jaunākais

k – kilo... – kilo...
Kap. – Kapitel – nodaļa (*grāmatā*)
kcal – Kilokalorie – kilokalorija
Kfh. – Kaufhaus – veikals
Kfz – Kraftfahrzeug – smagā automašīna
kg – kilograms
Kl. – Klasse – klase
km – Kilometer – kilometrs

km/h (*angl.*) – Kilometer pro Stunde – kilometri stundā
k. o. – knockout (*angl.*) – nokauts (*boksā*)
Komp. – Kompanie – **1.** kompānija, sabiedrība; **2.** rota
Ko.–Nr. – Kontonummer – konta numurs
KP – Kommunistische Partei – komunistiskā partija
KPD – Kommunistische Partei Deutschlands/Dänemarks – Vācijas/Dānijas
    Komunistiskā partija
Krfw. – Kraftwagen – smagā automašīna
kW – Kilowatt – kilovats
KW – **1.** Kraftwerk – spēkstacija; **2.** Kurzwelle[n] – īsie viļņi
kWh – Kilowattstunde – kilovatstunda
KZ – Konzentrationslager – koncentrācijas nometne
KZW – Kurzwelle – īsviļņi

l – Liter – litrs
led. – ledig – neprecējies
Lj. – Lichtjahr – gaismas gads
LKP – Landeskriminalpolizei – federālās zemes kriminālpolicija
Lkw, LKW – Lastkraftwagen – kravas automašīna
Lok – Lokomotive – lokomotīve
lt – lutherisch – luterisks
LT – **1.** Landtag – landtāgs; **2.** Lasertechnik – lāzertehnika
Lt. – Leutnant – leitnants
ltd., Ltd – limited (*angl.*) – ar ierobežotu atbildību
LW – Langwelle[n] – garie viļņi

m – Meter – metrs
M – **1.** Mark – marka; **2.** Meile – jūdze; **3.** romiešu cipars 1000
M. – Monsieur (*fr.*) – kungs
MA. – Mittelalter – viduslaiki
MAD – Militärischer Abschirmdienst – Vācijas militārais slepenais
    dienests
Mag. – Magister – maģistrs
Md. – Milliarde – miljards; Milliarden – miljardi
MEZ – mitteleuropäische Zeit – Viduseiropas laiks
mg – Milligramm – miligrams

MG – 1. Maschinengewehr – ložmetējs; **2.** Messgerät – mēraparāts; mērinstruments

mhd. – mittelhochdeutsch – vidusaugšvācu–

Mill. – Million – miljons; *sk.* **Mio.**

min, Min. – Minute – minūte

Mio. – Million – miljons; Millionen – miljoni

Mlle. – Mademoiselle (*fr.*) – jaunkundze

mm – Millimeter – milimetrs

Mme. – Madame (*fr.*) – kundze

Mr. – Mister (*angl.*) – kungs

Mrs. – Mistress (*angl.*) – kundze

N – Nord[en] – ziemeļi

Nachf. – Nachfolger – pēctecis, pēcnācējs; Nachfolgerin – pēctece, pēcnācēja

nachm. – nachmittags – pēcpusdienā, pēcpusdienās

NASA – National Aeronautics and Space Administratorn (*angl.*) – Nacionālā aeronautikas un kosmosa apgūšanas pārvalde

NATO – North Atlantic Treaty Organization (*angl.*) – Ziemeļatlantijas līguma organizācija

NB – nota bene (*lat.*) – **1.** ievēro labi!, iegaumē!; **2.** piezīme

nd., ndd. – niederdeutsch – lejasvācu–

nhd. – neuhochdeutsch – jaunaugšvācu–

n. J. – nächsten Jahres – nākošā gada–

NNO – Nordnordost[en] – ziemeļziemeļaustrumi

NNW – Nordnordwest[en] – ziemeļziemeļrietumi

NO – Nordost[en] – ziemeļaustrumi

No. – Numero (*itāl.*) – numurs

NOK – Nationales Olympisches Komitee – nacionālā olimpiskā komiteja

NPD – Nationaldemokratische Partei Deutschlands – Vācijas Nacionāldemokrātiskā partija

Nr. – Nummer – numurs

Nrn. – Nummern – numuri

NS. – Nachschrift – postskripts

NSDAP – *vēst.* Nationalsozialistische Deutsche Arbeiterpartei – Vācijas Nacionālsociālistiskā strādnieku partija

n. St. – neuen Stils – pēc jaunā stila

NW – Nordwest[en] – ziemeļrietumi

O – Ost[en] – austrumi

o. B. – ohne Befund *med.* – bez atrades, bez patoloģiskām izmaiņām

Obus – Oberleitungsomnibus – trolejbuss

od. – oder – vai

OEZ – osteuropäische Zeit – Austrumeiropas laiks

ONO – Ostnordost[en] – austrumziemeļaustrumi

o. O. u. J. – ohne Ort[s]– und Jahr[esangabe] – bez izdošanas vietas un gada [norādījuma]

OP – Operationssaal – operāciju zāle (*slimnīcā*)

op. – opus (*lat.*) – opuss

ORF – Österreichischer Rundfunk – Austrijas radio

öS – österreichische Schilling[e] – Austrijas šiliņš

OSO – Ostsüdost[en] – austrumdienvidaustrumi

ÖVP – Österreichische Volkspartei – Austrijas Tautas partija

P – 1. Parkplatz – (*transportlīdzekļu*) stāvvieta; **2.** Personenzug – pasažieru vilciens

PC – Personal Computer (*angl.*) – personālais dators

PdA – Partei der Arbeit – Šveices Darba partija

Pf – Pfennig – feniņš

Pfd. – Pfund – mārciņa

Pfd. St. – Pfund Sterling (ts) – sterliņu mārciņa

Pkt. – Punkt – punkts

Pkw, PKW – Personenkraftwagen – vieglā automašīna

PLO – Palestine Liberation Organization (*angl.*) – Palestīnas Atbrīvošanas organizācija

PLZ – Postleitzahl – pasta indekss

PR – Public Relations (*angl.*) – sabiedriskās attiecības

prakt. Arzt – praktischer Arzt – praktizējošs ārsts

Prof. – Professor – profesors

Prov. – Provinz – province

PS – 1. Pferdestärke – zirgspēks; **2.** Postskript[um] – postskripts

r – Radius – rādiuss

r. – rechts – pa labi; labajā pusē

RAF – Rote–Armee–Fraktion – Sarkanās Armijas frakcija (*teroristiska organizācija Vācijā*)

Rbl. – Rubel – rublis

Red. – Redaktion – redakcija

Ref. – Referent – referents

resp. – respektive – respektīvi

s – Sekunde – sekunde

S – **1.** Süd[en] – dienvidi; **2.** Schilling – (*Austrijas*) šiliņš

S. – Seite – lappuse, lappusē

SED – *vēst*. Sozialistische Einheitspartei Deutschlands – Vācijas Sociālistiskā vienības partija (*VDR*)

Se. E. – **1.** Seine Eminenz – Viņa Eminence; **2.** Seine Exzellenz – Viņa Ekselence

sek, Sek. *sk*. **s**

sen. – senior (*lat*.) – vecākais, seniors

SG – Sportgemeinschaft – sporta biedrība

s. o. – sieh[e] oben! – skaties iepriekš (augšā)!

SO – Südost[en] – dienvidaustrumi

sog. – sogenannt – tā saucamais

SOS – save our souls! (*angl*.) – glābiet mūsu dvēseles!

SPD – Sozialdemokratische Partei Deutschlands – Vācijas Sociāldemokrātiskā partija

SPÖ – Sozialdemokratische Partei Österreichs – Austrijas Sociāldemokrātiskā partija

SSO – Südsüdost[en] – dienviddienvidaustrumi

SSW – Südsüdwest[en] – dienviddienvidrietumi

St. – Stunde – stunda; *sk*. **h**

St. – Saint, Sankt – svētais

St. – Stück – gabals

StGB – Strafgesetzbuch – kriminālkodekss

Str. – Straße – iela

StVO – Straßenverkehrsordnung – ceļu satiksmes noteikumi

s. u. – sieh[e] unten! – skaties turpmāk (apakšā)!

SW – Südwest[en] – dienvidrietumi

t – Tonne – tonna

Tel. – **1.** Telegramm – telegramma; **2.** Telefon – telefons

TH – Technische Hochschule – tehniskā augstskola

Tit. – Titel – tituls
TNT – Trinitrotoluol – trinitrotoluols
Toto – Totalisator – totalizators
TR – Transistor – tranzistors
Trafo – Transformator – transformators
Transp. – Transport – transports
Tsd. – Tausend – tūkstotis
TU – Technische Universität – tehniskā universitāte

u. a. – **1.** und and[e]re – un citi; und and[e]res – un cits; **2.** unter ander[e]m – starp citu; unter ander[e]n – starp citiem
u. ä. – und ähnliche[s] – un tamlīdzīgs; un tamlīdzīgi
u. a. m. – und and[e]re mehr – un citi; und and[e]res mehr – un cits
U-Bahn – Untergrundbahn – metro
u. desgl. [m.] – und desgleichen [mehr] – un tamlīdzīgs; un tamlīdzīgi
u. d. M. – unter dem Meeresspiegel – zem jūras līmeņa
ü. d. M. – über dem Meeresspiegel – virs jūras līmeņa
UdSSR – *vēst.* Union der Sozialistischen Sowjetrepubliken – Padomju Sociālistisko Republiku Savienība (PSRS)
UFO – unknown flying object (*angl.*) (unbekanntes Flugobjekt) – neidentificēts lidojošs objekts
UKW – Ultrakurzwelle[n] – ultraīsviļņi
UN – United Nations (*angl.*) – Apvienotās Nācijas
UNESCO – United Nations Educational, Scientific and Cultural Organization (*angl.*) – Apvienoto Nāciju komisija izglītības, zinātnes un kultūras jautājumos
UNICEF – United Nations International Children's Emergency Fund (*angl.*) – Apvienoto Nāciju [starptautiskais] bērnu fonds
UNO – United Nations Organization (*angl.*) (Organisation der Vereinten Nationen) – Apvienoto Nāciju Organizācija
urspr. – ursprünglich – sākotnēji
US[A] – United States [of America] (*angl.*) – [Amerikas] Savienotās Valstis
usf. – und so fort – un tā tālāk
usw. – und so weiter – un tā tālāk
UV – **1.** ultraviolett – ultraviolets; **2.** Unfallversicherung – apdrošināšana pret nelaimes gadījumiem

u. v. a. – und viele[s] andere – un daudz citu; un daudz kā cita
u. Z. – unserer Zeitrechnung – mūsu ēras

verh. – verheiratet – precējies; precējusies
verm. – vermählt – precējies; precējusies
verst. – verstorben – nomiris
Ver. St. [**v. A.**] – Vereinigte Staaten [von Amerika] – [Amerikas] Savienotās Valstis
verw. – verwitwet – atraitnis; atraitne
vgl. – vergleich[e]! – salīdzini!
v. J. – vorigen Jahres – pagājušā gada–
vm. – vormittags – priekšpusdienā, priekšpusdienās
v. M. – vorigen Monats – pagājušā mēneša–
VN – Vereinte Nationen – Apvienotās Nācijas
v. o. – von oben – no augšas
v. o. n. u. – von oben nach unten – no augšas uz leju
v. u. – von unten – no apakšas
v. u. Z. – vor unserer Zeitrechnung – pirms mūsu ēras

W – West[en] – rietumi
WBDJ – Weltbund der Demokratischen Jugend – Vispasaules demokrātiskās
  jaunatnes federācija
WC – Wasserklosett – ūdensklozets
WEZ – westeuropäische Zeit – Rietumeiropas laiks
WFR – Weltfriedensrat –Vispasaules Miera padome
WGB – Weltgewerkschaftsbund – Vispasaules arodbiedrību federācija
Whg. – Wohnung – dzīvoklis
WM – Weltmeisterschaft[en] – pasaules meistarsacīkstes
WNW – Westnordwest[en] – rietumziemeļrietumi
w. o. – wie oben – kā iepriekš minēts
WSW – Westsüdwest[en] – rietumdienvidrietumi

Yd. – Yard (*angl.*) – jards
Yds. – Yards (*angl.*) – jardi

Z. – **1.** Zahl – skaits; **2.** Zeile – rinda
z. B. – zum Beispiel – piemēram

z. H. – zuhanden, zu Händen – paša rokās

ZK – Zentralkomitee – Centrālā Komiteja

z. T. – zum Teil – pa daļai

Ztg. – Zeitung – avīze

Ztr. – Zentner – (*vācu*) centners (*50 kg*)

ZV – Zivilverteidigung – civilā aizsardzība

z. Z. – zur Zeit – patlaban, pašlaik

VĀCIJAS UN AUSTRIJAS
FEDERĀLĀS ZEMES UN ŠVEICES KANTONI

Vācija: federālās zemes
Deutschland: Bundesländer

Bādene -Virtemberga	Baden-Württember
Bavārija	Bayern
Berlīne	Berlin
Brandenburga	Brandenburg
Brēmene	Bremen
Hamburga	Hamburg
Hesene	Hessen
Lejassaksija	Niedersachsen
Mēklenburga-Priešpomerānija	Mecklenburg-Vorpommern
Reinzeme-Pfalca	Rheinland-Pfalz
Saksija	Sachsen
Saksija-Anhalte	Sachsen-Anhalt
Šlēsviga-Holšteina	Schleswig-Holstein
Tīringija	Thüringen
Zāra	Saarland
Ziemeļreina-Vestfālene	Nordrhein-Westfalen

Ausrija: federālās zemes
Österreich: Bundesländer

Augšsaustrija	Oberösterreich
Burgenlande	Burgenland
Forarlberga	Vorarlberg
Karintija	Kärnten
Lejasaustrija	Niederösterreich
Štīrija	Steiermark
Tirole	Tirol
Vīne	Wien
Zalcburga	Salzburg

Šveice: kantoni (iekavās attiecīgie puskantoni)
Schweiz: Kantone (in Klammern: zugehörige Halbkantone)

Apencelle (Innerrodene, Ausentodene)	Appenzell (Inner-Rhoden; AußerRhoden)
Ārgava	Aargau
Bāzele	Basel
Berne	Bern
Cīrihe	Zürich
Cūga	Zug
Freiburga	Freiburg
Glarusa	Glarus
Graubindene	Graubünden
Jura	Jura
Lucerna	Luzern
Neiburga	Neuenburg
Sanktgallene	Sankt Gallen
Šafhauzene	Schaffhausen
Švīce	Schwyz
Tesīna	Tessin
Turgava	Thurgau
Untervaldene (Obvaldene, Nīdvaldene)	Unterwalden (Obwalden; Nidwalden)
Ūrī	Uri
Valisa	Wallis
Vāte	Waadt
Zoloturna	Solothurn
Ženēva	Genf

STARPTAUTISKĀS ORGANIZĀCIJAS

(CIA) Centrālā izlūkošanas pārvalde — Cenlral Intelligence Agency (USA)

Afrikāņu Nacionālais kongress — Afrikanischer Nationalkongress (ANC)

Āfrikas Vienības organizācija — Organisation für die Einheit Afrikas (OAU)

Āfrikas, Karību baseina un Klusā okeāna valstis — AKP-Staaten; Staaten Afrikas, des Karibischen Raumes und des Pazifischen Ozeans

ANO Ātrās reaģēšanas spēki — UNEF UN Emergency Force

ANO Bēgļu fonds — UN Refugee Fund

ANO Bērnu palīdzības organizācija — Weltkinderhilfswerk der UN (UNICEF)

ANO Drošības padome — Sicherheitsrat der UNO

ANO Eiropas ekonomiskā komisija — UNO Wirtschaftskommission für Europa

ANO Izglītības, zinātnes un kultūras organizācija — Sonderorganisation der UN zum Zwecke der internationalen Zusammenarbeit auf den Gebieten der Erziehung, Wissenschaft und Kultur (UNESCO)

ANO Pārtikas līdzekļu un lauksaimniecības organizācija — UNO Lebensmittel- und Landwirtschaftsorganisation

Apvienotās Nācijas — Vereinte Nationen (UN)

ASV Nacionālā aeronautikas un kosmosa apgūšanas pārvalde NASA — Zivile nationale Luft- und Raumfahrtbehörde der USA (NASA)

Austrijas Tautas partija — Österreichische Volkspartei (ÖVP)

Baltijas Asambleja — Baltische Versammlung

Baltijas Ministru padome — Baltischer Ministerrat

No dzimtenes padzīto un beztiesisko personu apvienība — Bund der Heimatvertriebenen und Entrechteten (BHE)

Dienvidaustrumu Āzijas valstu asociācija — Assoziation der Südostasiatischen Nation (ASEAN)

Eiropas Arodbiedrību federācija — Europäischer Gewerkschaftsbund (EGB)

Eiropas Atomenerģijas apvienība — Europäische Atomgemeinschaft (EURATOM)

Eiropas Attīstības fonds	Europäischer Entwicklungsfonds (EEF)
Eiropas Brīvās tirdzniecības asociācija	Europäische Freihandelsorganisation (EFTA)
Eiropas Brīvo arodbiedrību konfederācija	Europäischer Bund Freier Gewerkschaften (EBFG)
Eiropas Drošības konference	Europäische Sicherheitskonferenz (KSZE)
Eiropas Drošības un sadarbības organizācija	Organisation für Sicherheit und Zusammenarbeit in Europa (OSZE)
Eiropas Ekonomikas asociācija	Europäische Ökonomische Assoziation (EEA)
Eiropas Kodolpētījumu organizācija	Europäische Organisation für Kernforschung (CERN)
Eiropas Kodolpētījumu padome	Europäischer Rat für Kernforschung
Eiropas Kopiena	Europäische Geimeinschaft (EG)
Eiropas Kosmonautikas pārvalde	Europäische Weltraumorganisation (ESA)
Eiropas Kosmosa pētīšanas organizācijas Eiropas operatīvais centrs	Europäisches Operationszentrum für Weltraumforschung der ESA (ESOC)
Eiropas Ogļu un tērauda apvienība	Europäische Gemeinschaft für Kohle und Stahl (EGKS)
Eiropas Padome	Europarat
Eiropas Parlamentārā apvienība	Europäische Parlamentarische Union (EPU)
Eiropas Parlaments	Europäisches Parlament
Eiropas Pētījumu un attīstības komiteja	Europäischer Ausschuss für Forschung und Entwicklung (EAFE)
Eiropas policija	Europäisches Polizeiamt (EUROPOL)
Eiropas Reģionālās attīstības fonds	Europäischer Fonds für regionale Entwicklung (EFRE)
Eiropas Rekonstrukcijas programma	Europäisches Wiederaufbauprogramm (OEEC)
Eiropas Rekonstrukcijas un attīstības banka	Europäische Bank für Wiederaufbau und Entwicklung (EBWE)
Eiropas Savienība	Europäische Union (EU)
Eiropas Savienības Ministru padome	Europäischer Ministerrat

Eiropas Sieviešu asociācija — Europäische Frauenunion (EFU)

Eiropas tiesa — Europäischer Gerichtshof

Ekonomiskās attīstības un sadarbības organizācija — Organisation für wirtschaftliche Zusammenarbeit und Entwicklung (OECD)

Federālais Izmeklēšanas birojs (ASV) — Bundesfahndungsamt (USA) (FBI)

Kristīgi Demokrātiskā savienība — Christlich-Demokratische Union (CDU)

Kristīgi Sociālā savienība — Christlich-Soziale Union (CSU)

Naftas eksportētāju valstu organizācija — Organisation der Erdöl exportierenden Länder (OPEC)

NATO Starptautiskie miera uzturēšanas spēki — Internationale Friedenstruppe NATO (IFOR)

Rietumeiropas pētniecības koordinācija civilu tehnoloģiju jomā — Westeuropäische Forschungskoordination im zivilen Technologiebereich (EUREKA)

Starptautiskā Atomenerģijas organizācija — Internalionale Atomenergie-Organisation (IAEA)

Starptautiskā bijušo karagūstekņu apvienība — Internationaler Bund ehemaliger Kriegsgefangener (ICFPW)

Starptautiskā Brīvo arodbiedrību konfederācija — Inlernalionaler Bund Freier Gewerkschaften (IBFG)

Starptautiskā civilās aviācijas organizācija — Internationale Zivilluftfahrtorganisation (ICAO)

Starptautiskā Demokrātiskā sieviešu federācija — Internationale Demokratische Frauenföderation (IDFF)

Starptautiskā Kriminālpolicija, Interpols — Internationale Kriminalpolizei (Interpol)

Starptautiskā Olimpiskā komiteja — Internationales Olympisches Komitee (IOK)

Starptautiskā palīdzības organizācija politieslodzītajiem *Amnesty International* — Internationale Hilfsorganisation für politische Gefangene *Amnesty International*

Starptautiskā Rekonstrukcijas un attīstības banka

Internationale Bank für Wiederaufbau und Entwicklung (IBRD)

Starptautiskā Standartizācijas organizācija

Internationale Normenvereinigung (ISO)

Starptautiskā tiesa

Internationaler Gerichtshof

Starptautiskā Tirdzniecības palāta

Internationale Handelskammer (IHK)

Starptautiskais Mēru un svaru birojs

Internationales Büro für Maße und Gewichte (IBGA)

Starptautiskais Sarkanais Krusts

Internationales Rotes Kreuz (IRK)

Starptautiskais Valūtas fonds

Internationaler Währungsfonds (IMF)

ANO Ekonomikas un Sociālā padome

UN Wirtschafts- und Sozialrat (ECOSOC)

Vācijas Apkārtējās vides un dabas aizsardzības apvienība

Bund für Umwelt und Naturschutz Deutschland (BUND)

Vācijas Federālā banka

Deutsche Bundesbank (Bbk)

Vācijas Katoļu jaunatnes savienība

Bund der Deutschen Katholischen Jugend (BDKJ)

Vācijas Komunistiskā partija

Deutsche Kommunistische Partei (DKP)

Vācijas Preses aģentūra

Deutsche Presse-Agentur (dpa)

Vacijas Sporta federācija

Deutscher Sportbund (DSB)

Vācijas Standartizācijas komiteja

Deutscher Normenausschuss (DNA)

Vācijas Vispārējā Arodbiedrību savienība

Allgemeiner Deutsche Gewerkschaftsbund (ADGB)

Vācijas Zemnieku savienība

Deutscher Bauernverband (DBV)

Ziemeļatlantijas līguma organizācija NATO

Nordatlantikpakt (NATO)

INTERNATIONALE ORGANISATIONEN

Afrikanischer Nationalkongress (ANC)	Afrikāņu Nacionālais kongress
AKP–Staaten–Staaten Afrikas, des Karibischen Raumes und des Pazifischen Ozean	Āfrikas, Karību baseina un Klusā okeāna valstis
Allgemeiner Deutsche Gewerkschaftsbund (ADGB)	Vācijas Vispārējā Arodbiedrību savienība
Assoziation der Südostasiatischen Nationen (ASEAN)	Dienvidaustrumu Āzijas valstu asociācija
Baltische Versammlung	Baltijas Asambleja
Baltischer Ministerrat	Baltijas Ministru padome
Bund der Deutschen Katholischen Jugend (BDKJ)	Vācijas Katoļu jaunatnes savienība
Bund der Heimatvertriebenen und Entrechteten (BHE)	No dzimtenes padzīto un beztiesisko personu apvienība
Bund für Umwelt und Naturschutz Deutschland (BUND)	Vācijas Apkārtējās vides un dabas aizsardzības apvienība
Bundesfahndungsamt (USA) (FBI)	Federālais Izmeklēšanas birojs (ASV)
Central Intelligence Agency (USA) (CIA)	Centrālā izlūkošanas pārvalde
Christlich-Demokratische Union (CDU)	Kristīgi Demokrātiskā savienība
Christlich-Soziale Union (CSU)	Kristīgi Sociālā savienība
Deutsche Bundesbank (Bbk)	Vācijas Federālā banka
Deutsche Kommunistische Partei (DKP)	Vācijas Komunistiskā partija
Deutsche Presse-Agentur (dpa)	Vācijas Preses aģentūra
Deutscher Bauernverband (DBV)	Vācijas Zemnieku savienība
Deutscher Normenausschuss (DNA)	Vācijas Standartizācijas komiteja
Deutscher Sportbund (DSB)	Vācijas Sporta federācija
Europäische Atomgemeinschaft (EURATOM)	Eiropas Atomenerģijas apvienība

Europäische Bank für Wiederaufbau und Entwicklung (EBWE) — Eiropas Rekonstrukcijas un attīstības banka

Europäische Frauenunion (EFU) — Eiropas Sieviešu asociācija

Europäische Freihandelsorganisation (EFTA) — Eiropas Brīvās tirdzniecības asociācija

Europäische Gemeinschaft (EG) — Eiropas Kopiena

Europäische Gemeinschaft für Kohle und Stahl (EGKS) — Eiropas Ogļu un tērauda apvienība

Europäische Ökonomische Assoziation (EEA) — Eiropas Ekonomikas asociācija

Europäische Organisation für Kernforschung (CERN) — Eiropas Kodolpētījumu organizācija

Europäische Parlamentarische Union (EPU) — Eiropas Parlamentārā apvienība

Europäische Sicherheitskonferenz (KSZE) — Eiropas Drošības konference

Europäische Union (EU) — Eiropas Savienība

Europäische Weltraumorganisation (ESA) — Eiropas Kosmonautikas pārvalde

Europäischer Ausschuss für Forschung und Entwicklung (EAFE) — Eiropas Pētījumu un attīstības komiteja

Europäischer Bund Freier Gewerkschaften (EBFG) — Eiropas Brīvo arodbiedrību konfederācija

Europäischer Entwicklungsfonds (EEF) — Eiropas Attīstības fonds

Europäischer Fonds für regionale Entwicklung (EFRE) — Eiropas Reģionālās attīstības fonds

Europäischer Gerichtshof — Eiropas tiesa

Europäischer Gewerkschaftsbund (EGB) — Eiropas Arodbiedrību federācija

Europäischer Ministerrat — Eiropas Savienības Ministru padome

Europäischer Rat für Kernforschung — Eiropas Kodolpētījumu padome

Europäisches Operationszentrum für Weltraumforschung der ESA (ESOC) — Eiropas Kosmosa pētīšanas organizācijas Eiropas operatīvais centrs

Europäisches Parlament — Eiropas Parlaments

Europäisches Polizeiamt (EUROPOL) — Eiropas policija

Europäisches Wiederaufbauprogramm (OEEC)	Eiropas Rekonstrukcijas programma
Europarat	Eiropas Padome
Internationale Atomenergie-Organisation (IAEA)	Starptautiskā Atomenerģijas organizācija
Internationale Bank für Wiederaufbau und Entwicklung (IBRD)	Starptautiskā Rekonstrukcijas un attīstības banka
Internationale Demokratische Frauenföderation (IDFF)	Starptautiskā Demokrātiskā sieviešu federācija
Internationale Friedenstruppe NATO (IFOR) NATO	Starptautiskie miera uzturēšanas spēki
Internationale Handelskammer (IHK)	Starptautiskā Tirdzniecības palāta
Internationale Hilfsorganisation für politische Gefangene *Amnesty International*	Starptautiskā palīdzības organizācija politieslodzītajiem *Amnesty International*
Internationale Kriminalpolizei (Interpol)	Starptautiskā Kriminālpolicija, Interpols
Internationale Normenvereinigung (ISO)	Starptautiskā Standartizācijas organizācija
Internationale Zivilluftfahrtorganisation (ICAO)	Starptautiskā civilās aviācijas organizācija
Internationaler Bund ehemaliger Kriegsgefangener (ICFPW)	Starptautiskā bijušo karagūstekņu apvienība
Internationaler Bund Freier Gewerkschaften (IBFG)	Starptautiskā Brīvo arodbiedrību konfederācija
Internationaler Gerichtshof	Starptautiskā tiesa
Internationaler Währungsfonds (IMF)	Starptautiskais Valūtas fonds
Internationales Büro für Maße und Gewichte (IBGA)	Starptautiskais Mēru un svaru birojs
Internationales Olympisches Komitee (IOK)	Starptautiskā Olimpiskā komiteja
Internationales Rotes Kreuz (IRK)	Starptautiskais Sarkanais Krusts
Nordatlantikpakt (NATO)	Ziemeļatlantijas līguma organizācija NATO

Organisation der Erdöl exportierenden Länder (OPEC)	Naftas eksportētāju valstu organizācija
Organisation für die Einheit Afrikas (OAU)	Āfrikas Vienības organizācija
Organisation für Sicherheit und Zusammenarbeit in Europa (OSZE)	Eiropas Drošības un sadarbības organizācija
Organisation für wirtschaftliche Zusammenarbeit und Entwicklung (OECD)	Ekonomiskās attīstības un sadarbības organizācija
Österreichische Volkspartei (ÖVP)	Austrijas Tautas partija
Sicherheitsrat der UNO	ANO Drošības padome
Sonderorganisation der UN zum Zwecke der internationalen Zusammenarbeitund auf den Gebieten der Erziehung, Wissenschaft Kultur (UNESCO)	ANO Izglītības, zinātnes un kultūras organizācija
UN Refugee Fund	ANO Bēgļu fonds
UN Wirtschafts- und Sozialrat (ECOSOC)	ANO Ekonomikas un Sociālā padome
UNEF UN Emergency Force	ANO Ātrās reaģēšanas spēki
UNO Lebensmittel- und Landwirtschaftsorganisation	ANO Pārtikas līdzekļu un lauksaim niecības organizācija
UNO Wirtschaftskommission für Europa	ANO Eiropas ekonomiska komisija
Vereinte Nationen (UN)	Apvienotās Nācijas
Weltkinderhilfswerk der UN (UNICEF)	ANO Bērnu palīdzības organizācija
Westeuropäische Forschungskoor nationim zivilen Technologiebereich (EUREKA)	Rietumeiropas pētniecības koordi nācija civilotehnoloģiju jomā
Zivile nationale Luft- und Raumfahrtbehörde der USA (NASA)	ASV Nacionālā aeronautikas un kosmosa apgūšanas pārvalde NASA

VALŪTAS

Alžīrija	1 Alžīrijas dinārs = 100 santīmi
Angola	1 kvanca = 100 lveji
Argentīna	1 Argentīnas peso =100 sentavos
Armēnija	1 drams = 100 lumas
ASV	1 ASV dolārs = 100 centi
Austrālija	1 Austrālijas dolārs = 100 centi
Austrija	1 Austrijas šiliņš = 100 graši
Azerbaidžāna	1 manats = 100
Bangladeša	1 taka = 100 paises
Beļģija	1 Beļģijas franks = 100 santīmi
Bolīvija	1 boliviano = 100 sentavos
Brazīlija	1 reāls = 100 sentavos
Bulgārija	1 leva = 100 stotinki
Čehijas Republika	1 Čehijas krona = 100 helleri
Čīle	1 Čīles peso = 100 sentavos
Dānija	1 Dānijas krona = 100 ēres
Dienvidāfrika	1 rands = 100 centi
Dienvidslāvija	1 Dienvidslāvijas jaunais dinārs = 100 paras
Ēģipte	1 Ēģiptes mārciņa = 100 piastri
Etiopija	1 birs = 100 centi
Filipīnas	1 Filipīnas peso = 100 sentavos
Francija	1 Francijas franks = 100 santīmi
Gana	1 cedi = 100 pesevas
Grieķija	1 drahma = 100 leptas
Gruzija	1 lari = 100 tetri
Horvātija	1 kuna = 100 lipas
Igaunija	1 Igaunijas krona = 100 senti
Indija	1 Indijas rūpija = 100 paises
Indonēzija	1 rūpija = 100 seni
Irāka	1 Irākas dinārs = 1000 fili
Irāna	1 riāls = 100 dināri
Īrija	1 Īrijas mārciņa = 100 pensi
Islande	1 Islandes krona = 100 aurari
Itālija	1 Itālijas lira = 100 čentezimi

WÄHRUNGEN

Algerien	1 Alger. Dinar = 100 Centimes
Angola	1 Readjusted Kwanza = 100 Lwei
Argentinien	1 Argent. Peso = 100 Centavos
Armenien	1 Dram = 100 Luma
USA	1 US-Dollar = 100 Cents
Australien	1 Austral Dollar = 100 Cents
Österreich	1 Schilling = 100 Groschen
Aserbaidschan	1 Manat
Bangladesch	1 Taka = 100 Paise
Belgien	1 Belg. Fr anc =100 Centimes
Bolivien	1 Boliviano = 100 Centavos
Brasilien	1 Real = 100 Centavos Crusado, Cruseiro
Bulgarien	1 Lew = 100 Stotinki
Tschechische Republik	1 Tschech. Krone =100 Hellers
Chile	1 Chilen. Peso - 100 Centavos
Dänemark	1 Dän. Krone = 100 Ore
Südafrika	1 Rand = 100 Cents
Jugoslavien	1 Jugoslaw, Neuer Dinar = 100 Para
Ägypten	1 Ägypt. Pfund = 100 Piaster = 1000 Milliemes
Äthiopien	1 Birr = 100 Cents
Philippinen	1 Philippin. Peso = 100 Centavos
Frankreich	1 Französ. Franc = 100 Centimes
Ghana	1 Cedi = 100 Pesewas
Griechenland	1 Drachme = 100 Lepta
Georgien	1 Lari = 100 Tetri
Kroatien	1 Kuna= 100 Lipa
Estland	1 Estn. Krone = 100 Senti
Indien	1 Ind. Rupie = 100 Paise
Indonesien	1 Rupiah = 100 Sen
Irak	1 Irak-Dinar = 1000 Fils
Iran	1 Rial = 100 Dinars
Irland	1 Ir. Pfund = 100 Pence
Island	1Island. Krone = 100 Aurar
Italien	1 Italien. Lira = 100 Centesimi

Izraēla	1 jaunais šekelis = 100 agoroti
Japāna	1 jena = 100 seni
Jaunzēlande	1 Jaunzēlandes dolārs = 100 centi
Kanāda	1 Kanādas dolārs = 100 centi
Kazahstāna	1 tenge
Kenija	1 Kenijas šiliņš = 100 centi
Kipra	1 Kipras mārciņa = 100 centi
Kirgizstāna	1 soms
Koreja	1 vons
Krievija	1 rublis = 100 kapeikas
Kuba	1 peso = 100 sentavos
Kuveita	1 Kuveitas dinārs = 100 dirhami
Ķīna	1 juaņa = 100 jiao
Latvija	1 lats = 100 santīmi
Libāna	1 Libānas mārciņa = 100 piastri
Lībija	1 Lībijas dinārs = 1000 dirhami
Lielbritānija	1 sterliņu mārciņa = l00 pensi
Lietuva	1 lits = 100 centi
Luksemburga	1 Luksemburgas franks = 100 santīmi
Malaizija	1 ringits = 100 seni
Malta	1 Maltas lira = 100 centi
Maroka	1 dirhams = 100 santīmi
Meksika	1 Meksikas peso = 100 sentavos
Mongolija	1 tugriks = 100 mongo
Nīderlande	1 Holandes guldenis = 100 centi
Norvēģija	1 Norvēģijas krona = 100 ēres
Pakistāna	1 Pakistānas rūpija = 100 paisas
Paragvaja	1 gvarani = 100 sentimos
Peru	1 jaunais sols = 100 sentimos
Polija	1 zlots = 100 groši
Portugāle	1 eskudo = 100 sentavos
Rumānija	1 leja = 100 bani
Saūda Arābija	1 Saūda riāls = 20 kirzes
Sīrija	1 Sīrijas mārciņa = 100 piastri
Slovākija	1 krona
Slovēnija	1 talars

Israel	1 Neuer Schekel = 100 Agorot
Japan	1 Yen = 100 Sen
Neuseeland	1 Neuseeland-Dollar = 100 Cents
Kanāda	1 Kanad. Dollar = 100 Cents
Kasachstan	1 Tenga/e
Kenia	1 Kenia-Schilling = 100 Cents
Zypern	1 Zypern-Pfund = 100 Cents
Kirgizstan	1 Som
Korea	1 Won
Russland	1 Rubel = 100 Kopeken
Kuba	1 Peso = 100 Centavos
Kuweit	1 Kuweit-Dinar = 100 Dirhams
China	1 Renminbi Yuan = 100 Jiao = 100 Fen
Lettland	1 Lats = 100 Santims
Libanon	1 Libanes. Pfund = 100 Piastres
Libyen	1 Libyscher Dinar - 1000 Dirhams
Großbritannien	1 Pfund Sterling = 100 Pence
Litauen	1 Lilas = 100 Centas
Luxemburg	1 Luxemburg. Franc = 100 Centimes
Malaysien	1 Ringit = 100 Seni
Malta	1 Maltesische Lira = 100 Cents = 1000 Mils
Marokko	1 Dirham = 100 Centimes
Mexiko	1 Mexikan. Peso = 100 Centavos
Mongolei	1 Tugrik = 100 Mongo
Niederlande	1 Holland. Gulden = 100 Cent
Norwegen	1 Norweg. Krone = 100 Ore
Pakistan	1 Pakistan. Rupie = 100 Paisa
Paraguay	1 Guarani = 100 Centimes
Peru	1 Neuer Sol = 100 Centimos
Polen	1 Zloty = 100 Groszy
Portugal	1 Escudo = 100 Centavos
Rumänien	1 Leu = 100 Bani
Saudi-Arabien	1 Saudi Riyal = 20 Qirshes = 100 Hallalas
Syrien	1 Syr. Pfund = 100 Piastres
Slowakei	1 Krone
Slowenien	1 Talar

Somija	1 Somijas marka = 100 penniji
Spānija	1 peseta = 100 sentimos
Šveice	1 Šveices franks = 100 rapeni
Taizeme	1 bahts = 100 stangi
Tanzānija	1 Tanzānijas šiliņš = 100 centi
Tunisija	1 Tunisijas dinārs = 1000 millimi
Turcija	1 Turcijas mārciņa/lira = 100 kuruši
Turkmenistāna	1 manats
Ungārija	1 forints =z 100 filleri
Urugvaja	1 Urugvajas peso = 100 čentezimi
Uzbekistāna	1 sums
Vācija	1 Vācijas marka = 100 feniņi
Venecuēla	1 bolivārs = 100 centimi
Vjetnama	1 dongs = 100 hao
Zaira	1 jaunais zaīrs = 100 makutas
Zviedrija	1 Zviedrijas krona = 100 ēres

Piezīme: Eiropas Savienības dalībvalstu valūta kopš 2002. gada ir **eiro**.

Finnland	1 Finnmark = 100 Pennia
Spanien	1 Peseta = 100 Centimos
Schweiz	1 Schweizer Franken = 100 Rappen
Thailand	1 Baht = 100 Stangs
Tansania	1 Tansania-Schilling = 100 Cents
Tunesien	1 Tunes. Dinar = 1000 Millimes
Türkei	1 Turk. Pfund/Lira =100 Kurus
Turkmenistan	1 Manat
Ungarn	1 Forint = 100 Filier
Urugway	1 Uruguayischer Peso = 100 Centesimos
Usbekistan	1 Sum
Deutschland	1 Dt. Mark = 100 Pfennig
Venezuela	1 Bolivar = 100 Centimos
Vietnam	1 Dong = 100 Hao
Zaire	1 Neuer Zaire =100 Makuta
Schweden	1 Schwed. Krone = 100 Ore

SKAITĻAVĀRDI

Pamata skaitļavārdi

1	viens	eins
2	divi	zwei
3	trīs	drei
4	četri	vier
5	pieci	fünf
6	seši	sechs
7	septiņi	sieben
8	astoņi	acht
9	deviņi	neun
10	desmit	zehn
11	vienpadsmit	elf
12	divpadsmit	zwölf
13	trīspadsmit	dreizehn
14	četrpadsmit	vierzehn
15	piecpadsmit	fünfzehn
16	sešpadsmit	sechzehn
17	septiņpadsmit	siebzehn
18	astoņpadsmit	achtzehn
19	deviņpadsmit	neunzehn
20	divdesmit	zwanzig
21	divdesmit viens	einundzwanzig
22	divdesmit divi	zweiundzwanzig
23	divdesmit trīs	dreiundzwanzig
24	divdesmit četri	vierundzwanzig
25	divdesmit pieci	fünfundzwanzig
26	divdesmit seši	sechsundzwanzig
27	divdesmit septiņi	siebenundzwanzig
28	divdesmit astoņi	achtundzwanzig
29	divdesmit deviņi	neunundzwanzig
30	trīsdesmit	dreißig
40	četrdesmit	vierzig
50	piecdesmit	fünfzig

60	sešdesmit	sechzig
70	septiņdesmit	siebzig
80	astoņdesmit	achtzig
90	deviņdesmit	neunzig
100	simts	(ein)hundert
101	simt viens	(ein)hunderteins
102	simtdivi	(ein)hundertzwei
200	divsimt	zweihundert
300	trīssimt	dreihundert
1 000	tūkstoš	(ein)tausend
2 000	divtūkstoš	zweitausend
10 000	desmittūkstoš	zehntausend
20 000	divdesmittūkstoš	zwanzigtausend
100 000	simttūkstoš	(ein)hunderttausend
1 000 000	miljons	eine Million
1 000 000 000	miljards	eine Milliarde

Kārtas skaitļavārdi

pirmais, -ā	(der, die, das) erste
otrais, -ā	(der, die, das) zweite
trešais, -ā	(der, die, das) dritte
ceturtais, -ā	(der, die, das) vierte
piektais, -ā	(der, die, das) fünfte
sestais, -ā	(der, die, das) sechste
septītais, -ā	(der, die, das) siebte
astotais, -ā	(der, die, das) achte
devītais, -ā	(der, die, das) neunte
desmitais, -ā	(der, die, das) zehnte
vienpadsmitais, -ā	(der, die, das) elfte
divpadsmitais,-ā	(der, die, das) zwölfte
trīspadsmitais, -ā	(der, die, das) dreizehnte
četrpadsmitais, -ā	(der, die, das) vierzehnte
piecpadsmitais, -ā	(der, die, das) fünfzehnte
sešpadsmitais, -ā	(der, die, das) sechzehnte
septiņpadsmitais, -ā	(der, die, das) siebzehnte

astoņpadsmitais, -ā	(der, die, das) achtzehnte
deviņpadsmitais, -ā	(der, die, das) neunzehnte
divdesmitais, -ā	(der, die, das) zwanzigste
divdesmit pirmais, -ā	(der, die, das) einundzwanzigste
divdesmit otrais, -ā	(der, die, das) zweiundzwanzigste
divdesmit trešais, -ā	(der, die, das) dreiundzwanzigste
divdesmit ceturtais, -ā	(der, die, das) vierundzwanzigste
divdesmit piektais, -ā	(der, die, das) fünfundzwanzigste
divdesmit sestais, -ā	(der, die, das) sechsundzwanzigste
divdesmit septītais, -ā	(der, die, das) siebenundzwanzigste
divdesmit astotais, -ā	(der, die, das) achtundzwanzigste
divdesmit devītais, -ā	(der, die, das) neunundzwanzigste
trīsdesmitais, -ā	(der, die, das) dreißigste
četrdesmitais, -ā	(der, die, das) vierzigste
piecdesmitais, -ā	(der, die, das) fünfzigste
sešdesmitais, -ā	(der, die, das) sechzigste
septiņdesmitais, -ā	(der, die, das) siebzigste
astoņdesmitais, -ā	(der, die, das) achtzigste
deviņdesmitais, -ā	(der, die, das) neunzigste
simtais, -ā	(der, die, das) (ein)hundertste
simt pirmais, -ā	(der, die, das) hunderterste
simt otrais, -ā	(der, die, das) hundertzweite
divsimtais, -ā	(der, die, das) zweihundertste
trīssimtais, -ā	(der, die, das) dreihundertste
tūkstošais, -ā	(der, die, das) (ein)tausendste
divtūkstošais, -ā	(der, die, das) zweitausendste
desmittūkstošais, -ā	(der, die, das) zehntausendste
divdesmittūkstošais, -ā	(der, die, das) zwanzigtausendste
simttūkstošais, -ā	(der, die, das) hunderttausendste
miljonais, -ā	(der, die, das) millionste
miljardais, -ā	(der, die, das) milliardste

STIPRI VAI NEKĀRTNI LOKĀMO DARBĪBAS VĀRDU SARAKSTS

Infinitiv	Präteritum (3. Person sg.)	Perfekt (3. Person sg.)
backen	backte	hat gebacken
bedürfen	bedurfte	hat bedurft
befehlen	befahl	hat befohlen
beginnen	begann	hat begonnen
beißen	biss	hat gebissen
bergen	barg	hat geborgen
bersten	barst	ist geborsten
betrügen	betrog	hat betrogen
bewegen[1]	bewog	hat bewogen
biegen	bog	hat/ist gebogen
bieten	bot	hat geboten
binden	band	hat gebunden
bitten	bat	hat gebeten
blasen	blies	hat geblasen
bleiben	blieb	ist geblieben
braten	briet	hat gebraten
brechen	brach	hat/ist gebrochen
brennen	brannte	hat gebrannt
bringen	brachte	hat gebracht
denken	dachte	hat gedacht
dreschen	drosch	hat gedroschen
dringen	drang	ist gedrungen
dünken	dünkte	hat gedünkt
dürfen	durfte	hat gedurft
empfehlen	empfahl	hat empfohlen
empfinden	empfand	hat empfunden
erklimmen	erklomm	hat erklommen
erlöschen	erlosch	ist erloschen

---

[1] Vāji lokāms «kustināt» nozīmē.

Infinitiv	Präteritum (3. Person sg.)	Perfekt (3. Person *sg.*)
erschallen	erscholl	ist erschollen
erschrecken[1]	erschrak	ist erschrocken
erwägen	erwog	hat erwogen
essen	aß	hat gegessen
fahren	fuhr	hat/ist gefahren
fallen	fiel	ist gefallen
fangen	fing	hat gefangen
fechten	focht	hat gefochten
finden	fand	hat gefunden
flechten	flocht	hat geflochten
fliegen	flog	hat/ ist geflogen
fliehen	floh	ist geflohen
fließen	floss	ist geflossen
fressen	fraß	hat gefressen
frieren	fror	hat gefroren
gären[2]	gor *vai* gärte	hat/ist gegoren
gebären	gebar	hat geboren
geben	gab	hat gegeben
gedeihen	gedieh	ist gediehen
gehen	ging	ist gegangen
gelingen	gelang	ist gelungen
gelten	galt	hat gegolten
genesen	genas	ist genesen
genießen	genoss	hat genossen
geraten	geriet	ist geraten
geschehen	es geschah	ist geschehen
gewinnen	gewann	hat gewonnen
gießen	goss	hat gegossen
gleichen	glich	hat geglichen
gleiten	glitt	ist geglitten

---

[1] Vāji lokāms «izbiedēt» nozīmē.

[2] Pārnestā nozīmē parasti lieto vājās formas.

Infinitiv	Präteritum (3. Person sg.)	Perfekt (3. Person sg.)
glimmen	glimmte, *retāk* glomm	hat geglimmt, *retāk* geglommen
graben	grub	hat gegraben
greifen	griff	hat gegriffen
haben	hatte	hat gehabt
halten	hielt	hat gehalten
hängen[1]	hing	hat gehangen
hauen[2]	hieb *vai* haute	hat gehauen
heben	hob	hat gehoben
heißen	hieß	hat geheißen
helfen	half	hat geholfen
kennen	kannte	hat gekannt
kiesen	kor	hat gekoren
klimmen	klomm	hat geklommen
klingen	klang	hat geklungen
kneifen	kniff	hat gekniffen
kommen	kam	ist gekommen
können	konnte	hat gekonnt
kreischen[3]	kreischte	hat gekreischt
kriechen	kroch	ist gekrochen
küren	kürte *vai* kor	hat gekoren
laden[4]	lud	hat geladen
lassen	ließ	hat gelassen
laufen	lief	ist gelaufen
leiden	litt	hat gelitten
leihen	lieh	hat geliehen
lesen	las	hat gelesen
liegen	lag	hat gelegen

[1] Stipri lokāms tikai «karāties» nozīmē.

[2] Stiprās formas tikai «cirst ar ieroci» nozīmē.

[3] Stiprās formas ir novecojušas.

[4] Vājās formas tikai «ielūgt» nozīmē (*sarunu valodā*).

Infinitiv	Präteritum (3. Person sg.)	Perfekt (3. Person *sg.*)
löschen[1]	losch	hat geloschen
lügen	log	hat gelogen
mahlen	mahlte	hat gemahlen
meiden	mied	hat gemieden
melken[2]	melkte *vai*	hat gemelkt *vai*
	molk	gemolken
messen	maß	hat gemessen
misslingen	misslang	ist misslungen
mögen	mochte	hat gemocht
müssen	musste	hat gemusst
nehmen	nahm	hat genommen
nennen	nannte	hat genannt
pfeifen	pfiff	hat gepfiffen
pflegen[3]	pflegte *vai*	hat gepflegt *vai*
	pflog	gepflogen
preisen	pries	hat gepriesen
quellen[4]	quoll	ist gequollen
raten	riet	hat geraten
reiben	rieb	hat gerieben
reißen	riss	hat/ist gerissen
reiten	ritt	hat/ist geritten
rennen	rannte	ist gerannt
riechen	roch	hat gerochen
ringen	rang	hat gerungen
rinnen	rann	ist geronnen
rufen	rief	hat gerufen
salzen	salzte	hat gesalzen

[1] Stipri lokāms «nodzist, izdzist» nozīmē.

[2] Stiprās formas ir novecojušas.

[3] Parasti vāji lokāms. Stiprās formas sastopamas galvenokārt zināmos savienojumos, piem., der Ruhe pflegen.

[4] Vāji lokāms «briedināt» nozīmē.

Infinitiv	Präteritum (3. Person sg.)	Perfekt (3. Person sg.)
saufen	soff	hat gesoffen
saugen	sog *vai*	hat gesogen *vai*
	saugte	gesaugt
schaffen[1]	schuf	hat geschaffen
schallen	schallte *vai*	hat geschallt
	scholl	
scheiden	schied	hat/ist geschieden
scheinen	schien	hat geschienen
schelten	schalt	hat gescholten
scheren	schor *vai*	hat geschoren
	scherte	*vai* geschert
schieben	schob	hat geschoben
schießen	schoss	hat/ist geschossen
schinden	schund	hat geschunden
schlafen	schlief	hat geschlafen
schlagen	schlug	hat geschlagen
schleichen	schlich	ist geschlichen
schleifen[2]	schliff	hat geschliffen
schleißen	schliss	hat geschlissen
schließen	schloss	hat geschlossen
schlingen	schlang	hat geschlungen
schmeißen	schmiss	hat geschmissen
schmelzen[3]	schmolz	ist geschmolzen
schnauben	schnaubte *vai*	hat geschnaubt
	schnob	*vai* geschnoben
schneiden	schnitt	hat geschnitten
schrecken[4]	schrak	hat geschrocken
schreiben	schrieb	hat geschrieben

---

[1] Stipri lokāms tikai «radīt» nozīmē.

[2] Nozīmēs «vazāt pa zemi» un «noārdīt (cietoksni)» tikai vāji lokāms.

[3] Kā *vi* tikai stipri lokāms.

[4] Vāji lokāms «baidīt» nozīmē.

Infinitiv	Präteritum (3. Person sg.)	Perfekt (3. Person *sg.*)
schreien	schrie	hat geschrie[e]n
schreiten	schritt	ist geschritten
schweigen	schwieg	hat geschwiegen
schwellen[1]	schwoll	ist geschwollen
schwimmen	schwamm	hat/ist geschwommen
schwinden	schwand	ist geschwunden
schwingen	schwang	hat geschwungen
schwören	schwor	hat geschworen
sehen	sah	hat gesehen
sein	war	ist gewesen
senden[2]	sandte	hat gesandt *vai*
	vai sendete	gesendet
singen	sang	hat gesungen
sinken	sank	ist gesunken
sinnen	sann	hat gesonnen
sitzen	saß	hat gesessen
sollen	sollte	hat gesollt
spalten	spaltete	hat gespalten
speien	spie	hat gespie[e]n
spinnen	spann	hat gesponnen
sprechen	sprach	hat gesprochen
sprießen	spross	ist gesprossen
springen	sprang	ist gesprungen
stechen	stach	hat gestochen
stecken[3]	steckte *vai* stak	hat gesteckt
stehen	stand	hat gestanden
stehlen	stahl	hat gestohlen
steigen	stieg	ist gestiegen
sterben	starb	ist gestorben

---

[1] Kā *vt* tikai vāji lokāms.

[2] Vāji lokāms nozīmē «raidīt pa radio».

[3] Kā *vt* tikai vāji lokāms.

Infinitiv	Präteritum (3. Person sg.)	Perfekt (3. Person *sg.*)
stinken	stank	hat gestunken
stoßen	stieß	hat/ist gestoßen
streichen	strich	hat gestrichen
streiten	stritt	hat gestritten
tragen	trug	hat getragen
treffen	traf	hat getroffen
treiben	trieb	hat getrieben
treten	trat	hat/ist getreten
trinken	trank	hat getrunken
trügen	trog	hat getrogen
tun	tat	hat getan
verderben[1]	verdarb	hat/ist verdorben
verdrießen	verdross	hat verdrossen
vergessen	vergaß	hat vergessen
verlieren	verlor	hat verloren
verlöschen	verlosch	ist verloschen
verzeihen	verzieh	hat verziehen
wachsen	wuchs	ist gewachsen
wägen	wog	hat gewogen
waschen	wusch	hat gewaschen
weben	wob	hat gewoben
weichen[2]	wich	ist gewichen
weisen	wies	hat gewiesen
wenden	wandte *vai* wendete	hat gewandt *vai* gewendet
werben	warb	hat geworben
werden	wurde	ist geworden
werfen	warf	hat geworfen
wiegen	wog	hat gewogen

---

[1] Nozīmē «(morāliski) samaitāt» arī vāji lokāms (novec.).

[2] Stipri lokāms tikai «atkāpties» nozīmē. Vāji lokāms «mērcēt» nozīmē.

Infinitiv	Präteritum (3. Person sg.)	Perfekt (3. Person *sg.*)
winden	wand	hat gewunden
wissen	wusste	hat gewusst
wollen	wollte	hat gewollt
wringen	wrang	hat gewrungen
ziehen	zog	hat/ist gezogen
zwingen	zwang	hat gezwungen

Wann verwendet man ss und wann ß?

ss schreibt man:
- nach einem kurzen Vokal:
    lassen, müssen, wissen, Busse (Pl von *Bus*), *Fluss*

– Ausnahme:
    Litfaßsäule (der Personenname Litfaß wird nicht Geändert)

ß **wird verwendet:**
- nach einem langen Vokal:
    fließen, gießt, sie ließen, Muße, Straße

- nach einem Diphthong:
    beißen, reißt, weißen, außen, draußen

Bei unterschiedlicher (regionaler) Aussprache gibt es entsprechende unterschiedliche Schreibungen:
    Geschoss, Geschoß; Löss / Löß

Komposita behandelt man so, als ob die einzelnen Wortteile selbständige Wörter wären:
    Kreissparkasse, Missstimmung

NB: In der Schweiz wird immer ss, nie ß geschrieben!

VISPĀRLIETOJAMĀS FRĀZES
Allgemeine Redewendungen

Labrīt!
Guten Morgen!

Labdien!
Guten Tag!

Sveiks!
Hallo!

Sveicināts!
Grüß dich!

Esiet sirsnīgi sveicināti!
Herzlich willkommen!

Uz redzēšanos!
Auf Wiedersehen!

Atā! Čau!
Tschüs! Tschüss!

Pagaidām!
Bis dann!

Uz drīzu redzēšanos!
Bis bald!

Palieciet sveiki!
Leben Sie wohl!

Līdz rītam!
Bis morgen!

Ar labu nakti!
Gute Nacht!

Laimīgu ceļu!
Glückliche Reise!
Gute Reise!

Kā jūs sauc?
Wie heißen Sie?

Kā tevi sauc?
Wie heißt du?

Mani sauc ...
Ich heiße ...

Tas ir N. kungs.
Das ist Herr N.

Atļaujiet iepazīties. Mans vārds ir ...
Gestatten Sie, dass ich mich vorstelle. Mein Name ist ...

Vai drīkstu stādīties priekšā?
Darf ich mich vorstellen?

Ļoti patīkami.
Sehr angenehm.

Priecājos ar jums tikties.
Er freut mich, Sie zu sehen.

Esmu daudz par jums dzirdējis.
Ich habe viel von Ihnen gehört.

Piedodiet, es nesadzirdēju jūsu vārdu.
Verzeihung, ich habe Ihren Namen nicht verstanden.

Vai jūs esat N. kungs?
Sind Sie Herr N.?

Piedodiet, vai jūs neesat ... ?
Entschuldigen Sie bitte, sind Sie nicht ... ?

Vai drīkstu jūs iepazīstināt?
Darf ich Sie miteinander bekannt machen?

Vai drīkstu jūs iepazīstināt ar N. kundzi?
Darf ich Sie mit Frau N. bekannt machen?

Atļaujiet iepazīstināt: N. kungs.
Darf ich vorstellen: Herr N.

Vai jūs jau esat pazīstami?
Sind Sie schon miteinander bekannt?

Diemžēl nē.
Leider nicht.

Jā, mēs esam pazīstami.
Ja, wir sind schon bekannt.

Vai jūs pazīstat N. kungu?
Kennen Sie Herrn N.?

Nē, es viņu nepazīstu.
Nein, ich kenne ihn nicht.

Sakiet, lūdzu, kas ir šis kungs?
Sagen Sie bitte, wer ist dieser Herr?

Priecājos, ka esat ieradušies.
Es freut mich, dass Sie gekommen sind.

Kāds bija ceļojums?
Wie war Ihr Reise?

Paldies, ceļojums bija patīkams.
**Danke, wir hatten eine angenehme Reise/einen angenehmen
Flug/eine angenehme Fahrt.**